개발자답게 코드로 익히는 강화학습

**개발자답게 코드로 익히는 강화학습**
수학적 장벽 없이 현실 문제를 코드로 푸는 실전형 입문서

초판1쇄 2021년 3월 31일
개정판 2025년 8월 25일

**지은이** 멀티코어, 조준희, 강장묵, 이상한, 윤철희 공저
**발행인** 최홍석

**발행처** (주)프리렉
**출판신고** 2000년 3월 7일   제 13-634호
**주소** 경기도 부천시 원미구 길주로 77번길 19 세진프라자 201호
**전화** 032-326-7282(代)   **팩스** 032-326-5866
URL www.freelec.co.kr

**편집** 고대광
**표지 디자인** 황인옥
**본문 디자인** 백지선

**ISBN** 978-89-6540-420-0

이 책은 저작권법에 따라 보호받는 저작물이므로 무단 전재와 무단 복제를 금지하며,
이 책 내용의 전부 또는 일부를 이용하려면 반드시 저작권자와 (주)프리렉의 서면 동의를 받아야 합니다.
책값은 표지 뒷면에 있습니다.
잘못된 책은 구입하신 곳에서 바꾸어 드립니다.
이 책에 대한 의견이나 오탈자, 잘못된 내용의 수정 정보 등은 프리렉 홈페이지 (freelec.co.kr) 또는 이메일(webmaster@freelec.co.kr)로 연락 바랍니다.

> 개정판

# 개발자답게 코드로 익히는 강화학습

### 수학적 장벽 없이 현실 문제를 코드로 푸는 실전형 입문서

멀티코어, 조준희, 강장묵, 이상한, 윤철희 지음

프리렉

## 시작하며

이 책은 강화학습에 대한 흥미와 관심은 있었지만, 수학적 이론의 장벽과 복잡한 코드 앞에서 주저했던 수많은 프로그래머들을 위해 집필되었다. 알파고의 등장 이후 강화학습은 '게임을 잘하는 인공지능'이라는 이미지로 대중에게 알려졌지만, 그 본질은 훨씬 더 강력하고 실용적이다. 강화학습은 단순히 정해진 데이터를 분석하는 것이 아니라, 환경과의 끊임없는 상호작용을 통해 최적의 전략을 스스로 발견해내는 능력을 가진, 자율적이고 유연한 학습 방식이다. 그리고 바로 이러한 특징은, 예측 불가능성과 복잡성이 공존하는 현실 세계의 문제를 해결하는 데 매우 적합하다.

최근 몇 년 사이, 특히 금융 시장에서 강화학습의 영향력이 빠르게 커지고 있다. 주식 시장에서의 자동 매매 시스템, 암호화폐 시장에서의 고빈도 트레이딩 전략, 원자재 선물 시장에서의 리스크 조절 모델 등에 이르기까지, 강화학습은 단순한 기술을 넘어 수익 창출의 실전 무기로 자리매김하고 있다. 그동안 금융 투자에 있어 알고리즘 전략은 일부 전문가들의 전유물처럼 느껴졌지만, 이제는 오픈소스와 시뮬레이션 기술의 발달로 누구나 실험하고 최적화할 수 있는 환경이 갖춰지고 있다. 이 책은 바로 그 변화의 중심에서, 여러분이 강화학습이라는 도구를 활용하여 실제 시장에서 의미 있는 성과를 낼 수 있도록 돕는 실전 가이드이다.

## 왜 지금, 강화학습을 공부해야 하는가?

강화학습은 인공지능 기술 중에서도 가장 '능동적'인 방식이다. 지도학습처럼 정답이 주어진 데이터셋에 의존하지 않으며, 비지도학습처럼 패턴을 수동적으로 찾는 데 머무르지도 않는다. 에이전트는 환경에 직접 행동을 취하고, 그에 대한 보상을 바탕으로 전략을 조정하며, 궁극적으로는 장기적인 성과를 최적화하는 방향으로 학습을 계속해 나간다. 이 과정은 마치 게임에서 스스로 룰을 익히고, 더 나은 플레이 방식을 발견해 가는 것과 유사하다.

특히 강화학습은 '라벨링된 대규모 데이터' 없이도 학습이 가능하다는 점에서, 데이터 수집에 어려움을 겪는 개인 개발자나 스타트업에게 매우 유리하다. 잘 설계된 시뮬레이션 환경 하나만 있으면, 에이전트는 수천 번, 수만 번의 시행착오를 거치며 스스로 데이터를 만들어내고, 이를 통해 학습을 반복할 수 있다. 주식이나 암호화폐와 같은 자산 투자 문제는 그 특성상 반복적이고, 보상 구조가 명확하며, 전략의 결과가 수익률이라는 수치로 정량화되기 때문에 강화학습이 매우 강한 효과를 발휘할 수 있다.

전통적인 회귀 분석이나 머신러닝 모델들이 과거 데이터를 기반으로 정적인 예측을 시도한다면, 강화학습 기반 시스템은 시장의 변화에 따라 전략을 능동적으로 조정하고, 실시간으로 판단을 내릴 수 있는 지능형 알고리즘을 구현할 수 있게 해준다. 이는 특히 시장이 빠르게 변동하는 환경에서 유리하게 작용한다.

## 이 책의 구성과 주요 특징

이 책은 단순한 이론서가 아니다. 이론은 반드시 실전에서 살아 있어야 한다는 철학 아래, 이 책은 독자가 직접 코드와 데이터를 다루며 강화학습의 원리를 체험하고, 그것이 실제 투자 전략으로 어떻게 구현되는지를 단계적으로 따라갈 수 있도록 구성되어 있다.

### 1. 기초 수학부터 코드 적용까지, 개념을 체화하는 설명

강화학습을 이해하기 위해 필요한 마르코프 결정 과정(MDP), 보상 함수, 가치 함수 등의 개념을 수식보다는 직관 중심으로 설명한다. 수학이 낯선 독자라도 이해할 수 있도록 복잡한 수식을 단순화하고, 개념이 실제 코드로 어떻게 연결되는지를 다양한 예제를 통해 설명했다.

### 2. 시각적 이해를 돕는 도식과 그래픽 활용

강화학습의 구조는 단어로 설명하면 어려울 수 있지만, 이를 시각적으로 표현하면 한눈에 이해할 수 있다. 상태(state), 행동(action), 보상(reward)의 관계, Q 러닝이나 PPO 알고리즘의 흐름, 정책 네트워크의 작동 방식 등을 다이어그램으로 보여줌으로써 학습자의 직관적 이해를 돕는다.

### 3. 단계적 예제로 배우는 실전 프로젝트

초반에는 에이전트가 섬을 향해 항해하는 간단한 시뮬레이션 환경을 통해 강화학습의 작동 원리를 설명하고, 이후에는 실전 데이터 기반의 프로젝트로 확장한다. 예를 들어, yfinance를 활용해 실제 주식 데이터를 불러오고, 이를 바탕으로 자산 배분 포트폴리오를 구성하고, 강화학습 알고리즘으로 전략을 학습시키며, 성능을 평가하는 전 과정을 경험할 수 있다.

### 4. 최신 알고리즘과 자동 튜닝 기법까지 폭넓게 다룸

PPO(Proximal Policy Optimization), A2C(Advantage Actor Critic) 등 최신 정책 기반 알고리즘을 중심으로 구성하였고, 하이퍼파라미터 튜닝을 위해 Optuna와 같은 자동화 도구도 함께 다룬다. 이 책을 통해 독자는 단순히 알고리즘을 쓰는 법을 넘어서 자신의 문제에 최적화된 전략을 설계하고 개선하는 방법까지 배울 수 있다.

## 이 책은 누구를 위한 책인가?

- 강화학습을 공부하고 싶지만, 수학이나 이론적 설명에서 벽을 느꼈던 개발자
- 단순한 업무 자동화를 넘어, 상황에 따라 판단하고 적응하는 지능형 시스템을 만들고 싶은 프로그래머
- 주식, 암호화폐, 원자재 등 자산 시장에 관심이 있고, 이를 통한 수익 창출 전략을 직접 설계하고 싶은 개인 투자자
- 강화학습을 활용한 인공지능 투자 앱, 로보어드바이저, 금융 관련 SaaS 제품을 기획하고 있는 스타트업 창업자 또는 기획자
- 반복적인 거래나 업무 흐름을 자동화하고, 여기에 학습 능력과 적응 능력을 부여하고 싶은 실무자

이 책은 단지 읽는 것으로 끝나지 않는다. 독자는 각 장을 따라가며 실제로 코드를 작성하고 데이터를 실험하며, 강화학습 전략이 실제로 어떤 방식으로 수익률에 영향을 주는지를 직접 체험할 수 있다. 예를 들어, 단순한 Buy & Hold 전략과의 비교 실험을 통해, 강화학습 기반 전략이 얼마나 유연하고 효율적인지를 스스로 확인할 수 있다.

여러분이 이 책을 덮을 즈음이면, 더 이상 강화학습이 막연한 개념이나 먼 미래의 기술로 느껴지지 않을 것이다. 대신, 여러분은 '에이전트를 설계하고, 환경을 만들고, 전략을 튜닝하고, 수익률을 평가하는' 전 과정을 직접 체험한 실전형 개발자가 되어 있을 것이다.

이 책이 여러분에게 있어 강화학습을 활용한 투자 전략 개발의 첫걸음이자, 인공지능을 실전 문제에 적용하는 여정의 든든한 나침반이 되길 바란다.

>>> 차례

시작하며 5

# 1  강화학습 기본 개념    17

- **1.1** 강화학습이란    18
- **1.2** 확률과 확률 과정    20
  - 1.2.1 확률    20
  - 1.2.2 조건부 확률    22
  - 1.2.3 확률 과정    24
- **1.3** 마르코프 연쇄(Markov chain)    30
  - 1.3.1 마르코프 속성    30
  - 1.3.2 마르코프 속성과 브라운 운동    34
  - 1.3.3 마르코프 연쇄    35
- **1.4** 마르코프 보상 과정    49
  - 1.4.1 마르코프 보상의 구성    49
  - 1.4.2 확률의 기댓값이란?    53
  - 1.4.3 반환값    54
  - 1.4.4 상태 가치 함수    56

# 2 강화학습 기본 알고리즘　　　　　　　　　　　　　　　　67

## 2.1 마르코프 결정 과정이란?　　　　　　　　　　　　　　68
## 2.2 MDP 구성 요소　　　　　　　　　　　　　　　　　　70
### 2.2.1 MDP에서 상태 전이 매트릭스와 보상 함수　　　　70
### 2.2.2 MDP에서 정책　　　　　　　　　　　　　　　　71
### 2.2.3 MRP와 MDP 비교 사례　　　　　　　　　　　　72
### 2.2.4 정책을 고려한 상태 전이 매트릭스와 보상 함수　74
## 2.3 MDP 상태 가치 함수　　　　　　　　　　　　　　　76
### 2.3.1 MDP 상태 가치 함수란?　　　　　　　　　　　　76
### 2.3.2 MDP 상태 가치 함수 예제　　　　　　　　　　　82
## 2.4 MDP 행동 가치 함수　　　　　　　　　　　　　　　86
### 2.4.1 MDP 행동 가치 함수란?　　　　　　　　　　　　86
### 2.4.2 MDP 행동 가치 함수와 상태 가치 함수와의 관계　88
### 2.4.3 MDP 행동 가치 함수 예제　　　　　　　　　　　91
## 2.5 MDP 최적 가치 함수　　　　　　　　　　　　　　　96
### 2.5.1 MDP 최적 가치 함수란?　　　　　　　　　　　　96
### 2.5.2 MDP 최적 가치 함수 예제　　　　　　　　　　　99
## 2.6 강화학습에 사용하는 다양한 용어　　　　　　　　　104
### 2.6.1 정책평가와 정책제어　　　　　　　　　　　　　104
### 2.6.2 모델 기반과 모델 프리　　　　　　　　　　　　105

# 3 다이나믹 프로그래밍과 몬테카를로 방법　　　　　　　107

## 3.1 다이나믹 프로그래밍　　　　　　　　　　　　　　108
### 3.1.1 다이나믹 프로그래밍이란?　　　　　　　　　　108
### 3.1.2 그리드 월드　　　　　　　　　　　　　　　　　111
### 3.1.3 다이나믹 프로그래밍 예제　　　　　　　　　　116

### 3.2 몬테카를로 방법 — 121
- 3.2.2 증분 평균을 사용한 몬테카를로 방법 — 126
- 3.2.3 몬테카를로 방법 예제 — 130

# 4 시간차 학습, 살사, Q 러닝 — 133

## 4.1 시간차 학습 — 134
- 4.1.1 시간차 학습이란? — 134
- 4.1.2 상태 가치 함수보다는 행동 가치 함수 — 137
- 4.1.3 시간차 학습 예제 — 139

## 4.2 살사 — 143
- 4.2.1 살사(SARSA) 개념 — 143
- 4.2.2 살사 예제 — 144
- 4.3.1 온폴리시와 오프폴리시 — 149

## 4.3 Q 러닝 — 149
- 4.3.2 중요도 샘플링 — 151
- 4.3.3 Q 러닝 — 157
- 4.3.4 Q 러닝 예제 — 161
- 4.3.4 살사와 Q 러닝 예제 비교 — 164

# 5 인공지능 개념 — 167

## 5.1 머신러닝 — 168
## 5.2 선형 회귀 분석 — 170
## 5.3 분류 분석 — 173
## 5.4 딥러닝 — 177
- 5.5.1 텐서플로란? — 182

5.5 프로그램으로 인공지능 기초 익히기 … 182
    5.5.2 인공신경망 기본 예제 … 183

# 6 함수 근사법 … 193

6.1 미분 … 194
6.2 편미분 … 197
6.3 스칼라와 벡터 … 199
6.4 그래디언트 … 201
6.5 경사하강법 … 203
6.6 확률적 경사하강법 … 207
6.7 강화학습에서 편미분과 경사하강법의 표기법 … 208
6.8 함수 근사법 … 210

# 7 가치기반 강화학습과 DQN 알고리즘 … 219

7.1 DQN 알고리즘 … 220
7.2 카트폴 … 224
7.3 탐험과 탐욕의 문제 … 225
7.4 DQN 알고리즘 기본 구조 … 227
7.5 DQN 알고리즘 전체 코드 리뷰 … 229
7.6 DQN 알고리즘 세부구조 살펴보기 … 234
7.7 DQN 알고리즘 학습결과 분석 … 252

# 8 정책기반 강화학습 REINFORCE 알고리즘 257

- 8.1 인공신경망 다시 보기 258
- 8.2 정책 그래디언트 261
- 8.3 REINFORCE 알고리즘 동작 방식 271
- 8.4 REINFORCE 알고리즘 기본 구조 273
- 8.5 REINFORCE 알고리즘 전체 코드 리뷰 276
- 8.6 REINFORCE 알고리즘 세부구조 살펴보기 280
- 8.7 REINFORCE 알고리즘 학습결과 분석 296

# 9 정책기반 A2C 알고리즘 301

- 9.1 액터 크리틱 알고리즘 302
  - 9.1.1 액터 크리틱 알고리즘이란? 302
  - 9.1.2 액터 크리틱 알고리즘 구조와 작동방식 304
- 9.2 어드밴티지 액터 크리틱 306
- 9.3 A2C 알고리즘 기본 구조 312
- 9.4 A2C 알고리즘 전체 코드 리뷰 314
- 9.5 A2C 알고리즘 세부구조 살펴보기 319
- 9.6 A2C 알고리즘 학습결과 분석 332

# 10 정책기반 PPO 알고리즘 337

- 10.1 중요도 샘플링 338
- 10.2 온폴리시 정책 그래디언트 341
- 10.3 클리핑 기법 344

10.4 GAE 349
10.5 PPO 알고리즘 기본 구조 351
10.6 PPO 알고리즘 전체 코드 리뷰 353
10.7 PPO 알고리즘 세부구조 살펴보기 359
10.8 PPO 알고리즘 알고리즘 학습 결과 분석 374

# 11 인공신경망 튜닝 379

11.1 인공신경망 튜닝 개요 381
11.2 입력 데이터 전처리 384
    11.2.1 표준화 385
    11.2.2 정규화 386
11.3 비용 함수의 선택 389
11.4 활성화 알고리즘 390
11.5 가중치 초기화 394
11.6 최적화 알고리즘 397
11.7 노드와 은닉층 개수에 대한 논의 400
    11.8.1 그래디언트 클리핑 403
    11.8.2 조기 종료 403
11.8 기타 모델 훈련 안정화 및 성능 향상 기법 403
11.9 PPO 알고리즘 인공신경망 튜닝 404
11.10 PPO 알고리즘 튜닝 코드 적용 408
11.11 PPO 알고리즘 튜닝 결과 분석 414

# 12 베이지안 최적화 기법 417

## 12.1 빈도주의 확률과 베이지안 확률 419
## 12.2 베이지안 확률 계산하기 421
## 12.3 베이지안 최적화 패키지 Optuna 426
### 12.3.1 Optuna 예제 428
## 12.4 optuna 최적화 전체 코드 431
## 12.5 베이지안 최적화 결과 분석 436

# 13 Stable-Baselines3 441

## 13.1 Stable-Baselines3란? 442
### 13.1.1 오픈소스 강화학습 프레임워크 소개 443
### 13.1.2 Baselines와의 관계, SB2에서 SB3로의 발전 443
### 13.1.3 왜 SB3인가? 직접 구현 vs. 라이브러리 활용 443
### 13.2.1 Policy: 에이전트의 두뇌 445
## 13.2 SB3의 핵심 구성 요소 445
### 13.2.2 Model: 학습의 중심 446
### 13.2.3 Env: 환경과의 연결고리 446
### 13.2.4 Callback: 학습 중 제어와 모니터링 446
### 13.2.5 VecEnv: 병렬 환경으로 속도 향상 447
## 13.3 예제로 알아보는 SB3의 핵심 구성 요소 447
### 13.3.1 SB3 핵심 구성 요소 이해 448
### 13.3.2 SB3 PPO 클래스 하이퍼파라미터 450
### 13.3.3 SB3 PPO 클래스 튜닝 적용 454
### 13.3.4 예제 코드 실행과 평가 지표 457
### 13.3.5 학습 결과 해석을 위한 핵심 지표 463
### 13.3.6 텐서보드 467

## 14 인공지능 자산 배분 전략     471

**14.1** 자산 배분 전략이란?     472
    14.2.1 올웨더 포트폴리오란?     473
**14.2** 레이달리오의 올웨더 포트폴리오     473
    14.2.2 자산군별 역할     474
    14.2.3 레이 달리오의 자산 배분     476
    14.2.4 올웨더 포트폴리오의 장단점     476
    14.2.5 올웨더 포트폴리오 투자성과 평가     478
    14.2.6 올웨더 포트폴리오와 강화학습     479
**14.3** 올웨더 포트폴리오 코드 구현 전략     481
**14.4** 올웨더 포트폴리오 전체 코드     483
**14.5** 올웨더 포트폴리오 세부 구조 살펴보기     489

## 15 인공지능 자산 배분 전략 튜닝     517

**15.1** 1차 튜닝: 경험적 튜닝 기법 적용     519
**15.2** 2차 튜팅: Optuna 패키지 활용     523
**15.3** 바이 앤 홀드 전략과의 비교     532
**15.4** 추가 튜닝 요소     536

찾아보기 539

# 1

## 강화학습 기본 개념

이 장에서는 강화학습이란 무엇인지 간단히 살펴보고, 본격적으로 강화학습 알고리즘을 학습하기 전에 필요한 기초 지식을 익힌다. 강화학습 알고리즘은 인공지능 분야에서 가장 난이도가 높은 기술 중 하나이므로, 이를 바로 학습하기보다는 배경지식을 탄탄히 다지는 것이 중요하다.

# 1 강화학습 기본 개념

## 1.1 강화학습이란

강화학습은 적절하게 설계된 보상 체계를 활용하여, 에이전트가 긍정적인 행동을 하도록 유도하는 최적화 기법이다. 즉, 에이전트의 행동을 제어하는 정책(Policy)을 찾아내는 과정이라고 할 수 있다.

강화학습에서 **에이전트(agent)**는 특정 **환경(environment)** 속에서 **정책(policy)**에 따라 **행동(action)**을 수행한다. 그 결과 환경의 **상태(state)**가 변화하며, 이 변화가 긍정적인지 부정적인지에 따라 **보상(reward)** 이 주어진다.

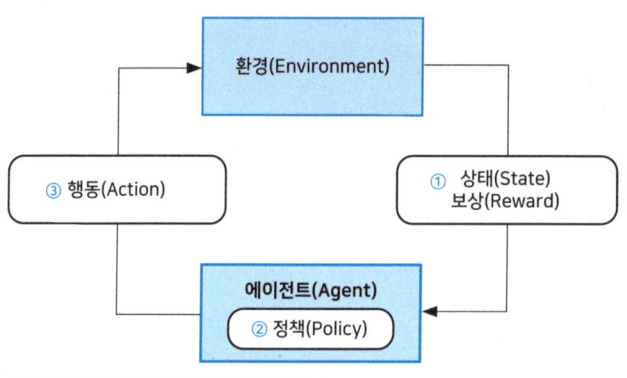

강화학습 구성요소

우수한 정책을 따른다면, 환경이 지속적으로 긍정적인 방향으로 변화할 것이며, 이에 따른 보상도 커지게 된다. 따라서 강화학습의 궁극적인 목표는 **누적 보상(sum of rewards)을 최대로 만드는 최적의 정책을 찾는 것**이다.

예를 들어, 발 밑을 볼 수 없고 앞만 볼 수 있는 아이가 꽃이 심어진 화단을 건너야 한다고 가정해보자. 만약 아이가 꽃을 밟지 않고 무사히 화단을 건넌다면, 화단은 온전한 상태로 남아 있을 것이다. 반면, 실수로 꽃을 밟게 되면 화단에는 많은 꽃이 죽어 있을 것이다.

이제, 아이가 한 걸음 내디딜 때마다 꽃을 밟으면 꾸중을 하고, 꽃을 밟지 않으면 칭찬을 해준다고 생각해보자. 아이는 여러 번 시도한 끝에 꽃을 밟지 않고 화단을 건널 수 있게 될 것이다. 이는 과거의 경험을 바탕으로 **긍정적인 결과(칭찬)**를 얻었던 행동을 기억하고 반복하면서, 점점 더 나은 행동을 학습하는 과정이다.

강화학습 기본 개념

이 예시에서 **화단**은 환경이며, **화단에 있는 꽃들**이 상태가 된다. 그리고 **칭찬과 꾸중**이 보상이며, 아이가 발을 내딛는 것이 행동에 해당한다. 마지막으로, 아이가 여러 번의 시행착오를 거쳐 학습하는 과정 자체가 강화학습이다.

우리는 성장 과정에서 무의식적으로 강화학습을 통해 많은 것을 배운다. 걸음마를 배우거나, 말을 배우거나, 자전거를 탈 때도 마찬가지다. 이러한 학습 과정에서는 실패와 성공, 칭찬과 꾸중, 아픔과 성취감과 같은 보상 체계를 경험하며 자연스럽게 필요한 기술을 익히게 된다.

행동과 상태의 종류가 단순한 경우, 이를 수학적으로 계산하여 최적의 정책을 찾을 수 있다. 하지만 행동과 상태의 경우의 수가 많아지면, 단순 계산만으로는 최적의 정책을 찾기 어려워진다. 이러한 복잡한 경우에 활용하는 것이 바로 **인공신경망**(artificial neural network)이다.

지금까지 소개한 강화학습 개념이 다소 추상적이고 이해하기 어려울 수도 있다. 하지만 앞으로 강화학습을 이해하는 데 필요한 개념들을 하나씩 학습해 나가면서, 어렵지 않게 자신의 지식으로 만들 수 있을 것이다.

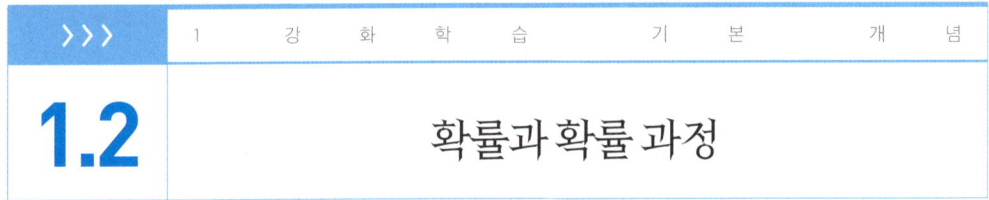

## 1.2.1 확률

강화학습을 이해하려면 먼저 **확률(probability)** 개념을 알아야 한다. 확률이란 **어떤 사건이 발생할 가능성을 수치화한 값**으로, 0에서 1 사이의 값으로 표현된다. 0은 절대 발생하지 않는 사건, 1은 항상 발생하는 사건을 의미한다.

가장 직관적인 예시는 **주사위 게임**이다. 일반적인 주사위는 1부터 6까지 총 6개의 면을 가지고 있으며, 각 면이 나올 확률은 모두 동일하다. 따라서, 특정 숫자(예: 3)가 나올 확률은:

즉, 주사위를 한 번 던졌을 때 3이 나올 확률은 1/6(약 16.67%)이다.

```
/basic/2. 확률 개념.ipynb(1/2)

import random
from collections import Counter

""" n번 주사위를 던지고 결과를 반환 """
def roll_dice(n):
    result = []
    for i in range(n):
        result.append(random.randint(1, 6))
    return result

# 주사위를 6번 던지기
dice_results = roll_dice(6)
```

```
print("주사위 결과:", dice_results)
```

```
주사위 결과: [2, 2, 5, 5, 4, 3]
```

그러나 프로그래머의 입장에서 주의할 점은, 주사위를 6번 던진다고 해서 반드시 모든 숫자가 한 번씩 나오는 것은 아니라는 것이다. 예를 들어, 파이썬에서 다음과 같은 코드를 실행해 보면:

이 코드의 출력이 [2, 2, 5, 5, 4, 3]처럼 나올 수도 있다. 즉, 4가 한 번도 나오지 않을 수도 있고, 특정 숫자가 여러 번 나올 수도 있다.

확률의 의미는 긴 시간 동안의 패턴이다. 확률이 1/6이라는 의미는, 무수히 많은 시행을 했을 때 특정 숫자가 나올 비율이 1/6에 수렴한다는 것이다. 즉, 주사위를 6번 던지는 것이 아니라 1000번, 10,000번, 1,000,000번 던지면, 각 숫자가 나오는 횟수는 점점 더 1/6 비율에 가까워진다.

이를 확인하는 간단한 파이썬 코드를 작성해보자.

**/basic/2. 확률 개념.ipynb(2/2)**

```python
""" 주사위 결과에서 각 숫자의 출현 횟수를 계산 """
def count_occurrences(results):
    #객체에서 요소의 개수를 자동으로 세어주는 기능
    return Counter(results)

""" 각 숫자가 나올 확률을 계산하여 반환 """
def calculate_probabilities(counts, n):
    probabilities = {}
    for num in range(1, 7):
        probabilities[num] = counts[num] / n
    return probabilities

# 100,000번 주사위를 던지고 확률 계산
num_trials = 100000
dice_results = roll_dice(num_trials)
counts = count_occurrences(dice_results)
probabilities = calculate_probabilities(counts, num_trials)
```

```
print("각 숫자가 나온 확률:")
for number, prob in probabilities.items():
    print(f"{number}: {prob:.3f}")
```

```
각 숫자가 나온 확률:
1: 0.166
2: 0.167
3: 0.167
4: 0.168
5: 0.166
6: 0.166
```

출력 결과는 1/6(약 0.166)에 점점 가까워진다.

확률 개념은 **무작위성(randomness)** 과 깊이 연결되어 있다. 확률적(stochastic)이라고 하면 **결과가 일정한 규칙 없이 변할 수 있음**을 의미한다. 하지만 일정한 패턴이 존재하는 경우도 있다.

예를 들어, 날씨를 예측하는 경우 "내일 비가 올 확률이 70%"라고 하면, 이것이 반드시 비가 온다는 의미가 아니라, **비슷한 조건에서 100번 예측하면 70번 정도 비가 올 것이라는 의미**이다.

강화학습에서는 **환경(environment)** 이 확률적으로 변화하며, **에이전트(agent)** 의 행동(action)이 확률적으로 결과를 만든다. 예를 들어, 게임 속 캐릭터가 앞으로 한 칸 이동했을 때, 바닥이 미끄럽다면 90% 확률로 앞으로 가고, 10% 확률로 미끄러져 옆으로 갈 수도 있다.

즉, 강화학습에서는 **모든 행동의 결과가 확률적으로 결정되며, 이를 정확히 이해하고 모델링하는 것이 핵심**이다.

### 1.2.2 조건부 확률

조건부 확률(conditional probability)은 확률의 특수한 경우로, 특정한 조건이 주어졌을 때 어떤 사건이 발생할 확률을 의미한다. 즉, 사건 A가 발생했을 때 사건 B가 발생할 확률을 $P(B|A)$ 로 표기하며, 이를 **A 사건에 대한 B 사건의 조건부 확률**이라 부른다.

예를 들어, 남학생 5명과 여학생 5명이 있는 한 학급을 가정해보자. 이 중 **남학 2명과 여학생 3명이 노트북을 가지고 있다**고 하자.

조건부 확률

이제 학급에서 무작위로 한 명을 선택할 때, 노트북을 가지고 있을 확률은 다음과 같다:

- 전체 학생 수: 10명
- 노트북을 가지고 있는 학생 수: 5명(남학생 2명 + 여학생 3명)
- 따라서, 노트북을 가지고 있을 확률은 **5/10 = 1/2**이다.

이제 조건부 확률을 계산해 보자.

### 남학생(A)일 경우, 노트북을 가지고 있을 확률 P(B|A)
- 남학생 중 노트북을 가지고 있는 학생: 2명
- 전체 남학생 수: 5명
- 따라서, **P(B|A) = 2/5**

### 여학생(A)일 경우, 노트북을 가지고 있을 확률 P(B|A)
- 여학생 중 노트북을 가지고 있는 학생: 3명
- 전체 여학생 수: 5명
- 따라서, **P(B|A) = 3/5**

/basic/3. 조건부 확률.ipynb

```python
# 조건부 확률 계산 함수
def conditional_probability(event_count, condition_count):
    """ 주어진 조건에서 특정 사건이 발생할 확률을 계산 """
    if condition_count == 0:
        return 0  # 0으로 나누는 오류 방지
    return event_count / condition_count

# 데이터 정의
num_students = 10
num_male = 5
num_female = 5
num_male_with_laptop = 2
num_female_with_laptop = 3

# 확률 계산
p_laptop_given_male = conditional_probability(num_male_with_laptop, num_male)
p_laptop_given_female = conditional_probability(num_female_with_laptop, num_female)

# 결과 출력
print(f"P(노트북 | 남학생) = {p_laptop_given_male:.2f}")
print(f"P(노트북 | 여학생) = {p_laptop_given_female:.2f}")
```

```
P(노트북 | 남학생) = 0.40
P(노트북 | 여학생) = 0.60
```

조건부 확률은 **추천 시스템, 스팸 필터링, 베이지안 통계, 강화학습** 등에서 널리 사용된다. 특히 **강화학습**에서는 특정 상태(state)에서 특정 행동(action)을 했을 때, 원하는 보상(reward)을 받을 확률을 계산하는 데 핵심적인 역할을 한다.

### 1.2.3 확률 과정

**확률 과정이란?**

확률 과정은 시간의 흐름에 따라 상태가 확률적으로 변화하는 과정을 의미한다. 즉, 현재 상태가 고정된 값이 아니라, 무작위(random)로 변화하며, 시간이 지남에 따라 특정한 패턴이 나타날 수도 있다.

쉽게 말해, 확률 과정은 예측할 수 없는 변화가 포함된 시스템을 모델링하는 방법이다. 예를 들어:

- 주식 가격 변동
- 날씨 변화
- 인터넷 트래픽 패턴

이런 시스템들은 단기으로 보면 변동성이 크지만, 장기적으로 일정한 규칙성을 가질 수 있다.

$$\{X_t\}$$

- $X$: 랜덤 변수
- $t$: 시간
- { }: 집합

확률 과정

확률 과정은 일반적으로 $\{X_t\}$와 같이 표현된다. $\{X_t\}$는 시간에 따라 변화하는 랜덤 변수의 집합이다.

즉, 확률 과정은 각 시간마다 다른 값을 가질 수 있는 확률적인 변수들의 연속된 흐름이라고 생각하면 된다.

프로그래밍에서는 복잡한 시스템을 수학적으로 모델링하고 예측하는 것이 중요하다. 확률 과정을 이용하면, 시간이 흐름에 따라 변화하는 데이터를 분석하고, 미래의 변화를 예측할 수 있다.

예를 들어, 머신러닝에서 강화학습(reinforcement learning)은 확률 과정을 기반으로 동작한다. 에이전트가 환경과 상호작용하면서 확률적으로 상태가 변하고, 이에 따라 보상을 받으며 학습한다. 여기에서 확률 변수들은 무작위로 변화하는 것이 아니라, 앞선 상태에 기반하여 바뀐다. 즉 조건부 확률이란 의미이다.

**조건부 확률과 확률 과정**

조건부 확률과 확률 과정의 관계는, 마치 이야기의 흐름과 장면 전환의 규칙처럼 이해할 수 있다.

확률 과정이란 시간의 흐름에 따라 어떤 상태가 어떻게 변하는지를 묘사하는 것이다. 주식의 가격이 오르거나 내리는 일, 날씨가 맑음에서 흐림으로 변하는 일, 혹은 게임 속 캐릭터가 한 장소에서 다른 장소로 이동하는 일 모두가 확률 과정의 예가 될 수 있다. 이러한 변화는 예측하기 어려운 무작위성을 가지고 있지만, 전혀 규칙이 없는 것은 아니다. 일정한 확률에 따라 어떤 상태가 다음 상태로 바뀌는 흐름이 존재한다.

여기서 조건부 확률이 등장한다. 조건부 확률은 어떤 정보가 주어졌을 때, 다른 사건이 일어날 가능성을 말한다. 확률 과정에서 현재 상태가 주어졌을 때 다음 상태가 어떻게 될지를 추정하는 것도 일종의 조건부 확률이다. 즉, "지금 상태가 A일 때, 다음엔 B가 될 가능성은 얼마인가?"와 같은 질문이 바로 조건부 확률의 형식이다.

> 조건부 확률이 시간 흐름을 따라 연결된 구조 → 확률 과정

예를 들어, 날씨 예측을 생각해보자. "오늘이 맑으면 내일 비가 올 확률은 20%이고, 내일이 흐리면 모레 비가 올 확률은 60%"와 같이, 현재 상태에 따라 다음 상태가 달라지는 조건부 확률이 시간 순서대로 이어질 때, 전체 날씨 변화의 흐름은 확률 과정으로 표현된다.

결국 확률 과정은 조건부 확률들이 시간 순서에 따라 이어진 구조라고 볼 수 있다. 하나하나의 상태 변화는 조건부 확률에 의해 결정되며, 이런 변화들이 연결되어 전체 확률 과정을 이룬다. 다시 말해, 확률 과정은 조건부 확률을 기반으로 설계된 시간에 따른 확률적 이야기이며, 조건부 확률은 그 이야기에서 다음 장면이 무엇이 될지를 알려주는 규칙이라 할 수 있다.

### 확률 과정의 대표적 사례: 브라운 운동

브라운 운동(Brownian motion)은 작은 입자(예: 꽃가루)가 유체(물이나 공기) 속에서 무작위로 움직이는 현상을 말한다. 이 개념은 1827년 스코틀랜드 식물학자 로버트 브라운(Robert Brown)에 의해 발견되었다.

당시에는 살아있는 생명체가 스스로 움직인다고 생각했지만, 브라운은 무생물(돌가루, 유리 입자 등)도 같은 운동을 한다는 사실을 발견했다. 이는 외부 요인(액체 분자들의 충돌)이 입자를 무작위로 움직이게 만든다는 증거였다.

이후, 알베르트 아인슈타인(Albert Einstein)은 브라운 운동을 수학적으로 모델링하여, 입자의 무작위 움직임이 액체 내 분자들의 충돌로 인해 발생한다는 것을 증명했다.

### 브라운 운동의 수학적 모델

브라운 운동은 확률 과정의 대표적인 예제이며, 이는 다음과 같은 특성을 가진다:

- 입자는 짧은 시간 동안 무작위 방향으로 움직인다.
- 일정 시간이 지나면 입자의 위치를 정확히 예측할 수 없지만, 특정 확률 분포를 따르게 된다.
- 긴 시간 동안 관찰하면, 입자의 움직임이 일정한 확률적 패턴을 형성한다.

이를 파이썬으로 간단히 시뮬레이션하면 다음과 같다.

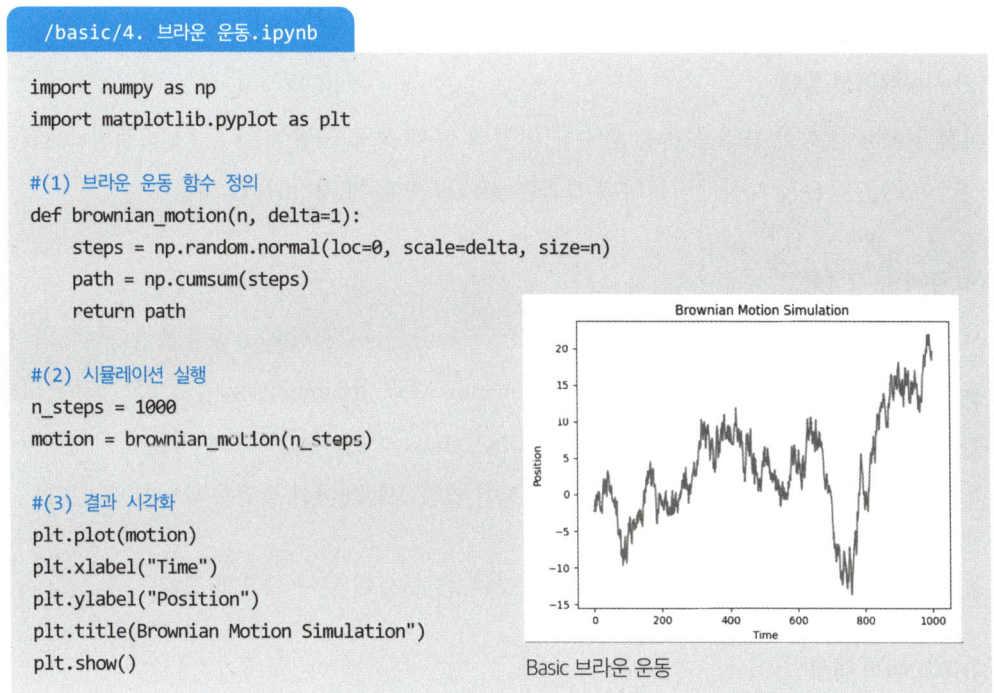

/basic/4. 브라운 운동.ipynb

```python
import numpy as np
import matplotlib.pyplot as plt

#(1) 브라운 운동 함수 정의
def brownian_motion(n, delta=1):
    steps = np.random.normal(loc=0, scale=delta, size=n)
    path = np.cumsum(steps)
    return path

#(2) 시뮬레이션 실행
n_steps = 1000
motion = brownian_motion(n_steps)

#(3) 결과 시각화
plt.plot(motion)
plt.xlabel("Time")
plt.ylabel("Position")
plt.title("Brownian Motion Simulation")
plt.show()
```

Basic 브라운 운동

브라운 운동(Brownian motion)의 각 단계를 코드의 흐름에 맞게 설명하면 다음과 같다.

## (1) 브라운 운동 함수 정의

브라운 운동을 생성하는 함수 `brownian_motion(n, delta=1)`을 정의한다. 여기서 n은 시간 스텝의 개수이며, `delta`는 각 스텝의 표준편차를 의미한다. 브라운 운동은 시간에 따라 무작위로 이동하는 경로를 나타내므로, 정규분포를 따르는 랜덤한 이동 거리들을 누적합하여 경로를 만든다.

이 함수에서는 `np.random.normal()`을 이용해 평균이 0이고 표준편차가 `delta`인 정규분포 난수를 생성하고, `np.cumsum()`을 통해 그 값을 누적하여 전체 경로를 계산한다.

> **Tip** np.cumsum
> `np.cumsum()`은 배열의 각 요소를 앞에서부터 차례로 더한 값을 반환하는 함수이다. 즉, [a, b, c, d]라는 배열이 있을 때, `np.cumsum()`을 적용하면 [a, a+b, a+b+c, a+b+c+d]와 같은 누적된 결과를 만들어준다.

## (2) 시뮬레이션 실행

이제 위에서 정의한 브라운 운동 함수를 이용해 실제 경로를 생성한다. 1,000개의 스텝을 가진 브라운 운동을 시뮬레이션하며 결과는 `motion` 변수에 저장된다.

## (3) 결과의 시각화

시뮬레이션 결과를 선 그래프로 시각화 한다. x축은 시간(time), y축은 입자의 위치(position)를 나타내며, 그래프의 제목은 'Brownian Motion Simulation'이다. `plt.plot()`을 통해 누적 경로를 선으로 그리며, xlabel, ylabel, title을 사용해 그래프에 정보를 추가한다. 마지막으로 `plt.show()`를 호출하면 그래프 창이 열려 시뮬레이션 결과를 확인할 수 있다.

코드의 실행 결과로 시각화된 시뮬레이션 그래프를 분석해 보면 다음과 같다.

## (1) 무작위적 경로

그래프의 궤적은 일정한 방향 없이 위아래로 들쭉날쭉하며 움직인다. 이는 매 순간의 움직임이 정규분포를 따르는 무작위 값으로 결정되기 때문이다. 이러한 경로를 우리는 '무작위 보행(random walk)' 또는 '브라운 운동'이라 부른다.

### (2) 누적된 결과

브라운 운동에서 생성된 이동값(스텝)은 각각 무작위이지만, 이 값들을 누적해서 경로를 만든다는 점이 중요하다. `np.cumsum()` 함수는 이전까지의 이동값을 계속 더해가며 위치를 계산하는데, 이 때문에 한 번의 큰 하락이나 상승은 그 이후의 경로에도 영향을 준다.

예를 들어, 중간에 큰 하락이 발생하면 그 순간 이후의 전체 위치가 낮은 수준에서 시작되며, 반대로 큰 상승이 생기면 이후 경로가 높은 위치에서 이어진다. 이렇게 누적되는 특성 때문에, 그래프에서는 일정 구간 동안 꾸준히 오르거나 내리는 모습이 나타날 수 있다. 즉, 매 순간이 독립적인 무작위임에도 불구하고, 누적된 결과는 일정한 흐름처럼 보이게 되는 것이다.

### (3) 장기적인 방향 없음

브라운 운동은 본질적으로 방향성이 없는 확률적 운동이다. 어떤 구간에서는 상승세를 보이지만, 다른 구간에서는 급락이 발생하는 등 예측이 어렵다. 예를 들어, 위 그래프에서는 600~800 사이 급격한 하락이 발생하지만, 이후에는 다시 가파르게 상승한다.

### 브라운 운동의 의미와 활용

브라운 운동(Brownian motion)은 본래 작은 입자가 액체나 기체 속에서 무작위로 움직이는 현상을 설명하기 위한 모델이지만, 이제는 확률 과정의 대표적인 모델로 물리학뿐 아니라 금융, 데이터 분석, 머신러닝 등 다양한 분야에서 널리 활용된다.

- 특히 확률 과정은 강화학습, 금융 모델링, 통계 물리학 같은 영역에서 핵심 도구로 사용된다.
- 불확실한 환경 속에서도 최적의 결정을 내릴 수 있도록 도와주며, 데이터의 흐름 속에서 패턴을 찾아 미래를 예측하는 데 중요한 역할을 한다.
- 프로그래밍에서는 확률 과정을 활용해 시스템을 시뮬레이션하거나 데이터를 모델링하고, 이를 기반으로 정교한 예측 모델을 개발할 수 있다.

이러한 방식은 복잡하고 예측이 어려운 문제를 해결하는 데 매우 효과적이다.

## 1.3 마르코프 연쇄(Markov chain)

### 1.3.1 마르코프 속성

마르코프 속성(Markov property)은 러시아 수학자 안드레이 마르코프(Andrey Markov)의 이름을 따서 붙여진 개념이다. 이는 확률 과정(stochastic process)의 특수한 형태이며, 이전 상태에만 의존하는 특징을 가진다. 즉, 현재 상태가 주어지면 미래 상태는 오직 현재 상태에만 영향을 받고, 과거의 정보는 필요하지 않다.

이러한 특성을 '메모리 없음(without memory)'이라고 하며, 이는 과거의 모든 데이터를 저장하고 분석하는 것이 아니라, 현재 상태만 고려하여 미래를 예측할 수 있도록 한다는 의미이다.

마르코프 속성이 중요한 이유는 미래를 예측할 때 과거의 모든 데이터를 고려할 필요 없이, 현재 상태만으로 충분하기 때문이다. 이렇게 하면 계산량이 줄어들고 모델이 단순해지며, 확률적 의사결정 시스템을 더 효율적으로 만들 수 있다.

예를 들어, 강화학습에서는 에이전트가 환경에서 학습할 때 현재 상태만을 기반으로 행동을 결정해야 하므로 마르코프 속성이 필수적이다. 자연어 처리(NLP)에서도 문장 생성 모델이 이전 단어를 기반으로 다음 단어를 예측하는 경우, 마르코프 속성이 적용된다.

또한, 금융 모델링이나 날씨 예측처럼 복잡한 데이터를 다루는 분야에서도 불필요한 과거 데이터를 제외하고 현재 상태를 중심으로 분석할 수 있도록 해준다. 이를 통해 시스템을 더 단순하고 실용적으로 만들 수 있다.

마르코프 속성을 조건부 확률로 나타내면 다음과 같다.

$$P[S_{t+1} \mid S_t] = P[S_{t+1} \mid S_1, \ldots, S_t]$$

조건부 확률로 표현한 마르코프 속성

좌변은 시간 $t$에서 상태가 $S_t$일 때 시간 $t+1$에서 상태가 $S_{t+1}$일 확률을 의미한다. 즉, $S_{t+1}$은 $S_t$에 의해서만 결정된다. $S_t$만으로 $S_{t+1}$를 알 수 있다.

우변은 과거의 모든 상태를 알고 있을 때, 다음 상태가 일어날 확률이다.

즉, 위 식의 의미는 단순히 "과거 상태를 전부 아는 것과, 현재 상태 하나만 아는 것이 일한 정보이다"라는 걸 말하는데, 이게 바로 마르코프 속성의 정의이다.

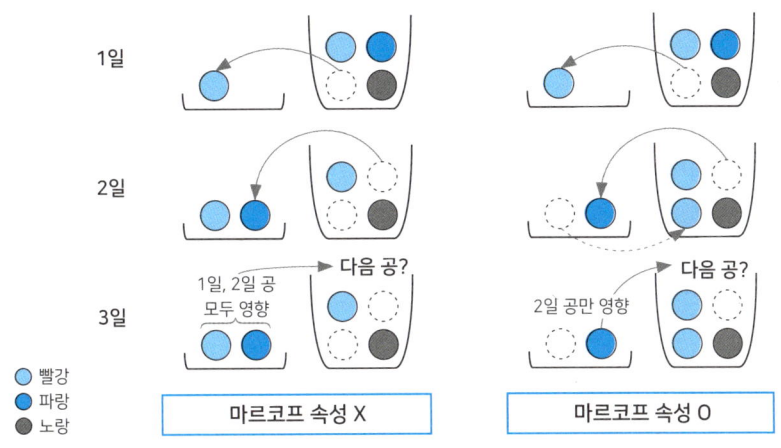

마르코프 속성

마르코프 속성을 쉽게 이해하기 위해 **자루에 담긴 공을 꺼내는 상황**을 가정해보자.

### 마르코프 속성을 만족하지 않는 경우
1. 자루에는 **빨간색 공 2개, 파란색 공 1개, 노란색 공 1개**가 들어있다고 하자.
2. 첫째 날, 하나의 공을 꺼내서 따로 보관한다.
3. 둘째 날, 또 다른 공을 꺼내서 보관한다.
4. 셋째 날 공을 꺼낼 때는 첫째 날과 둘째 날 꺼낸 공이 모두 영향을 미친다.
5. 즉, 과거의 상태(첫째 날, 둘째 날의 결과)가 셋째 날의 결과에 영향을 주므로 마르코프 속성을 만족하지 않는다.

### 마르코프 속성을 만족하는 경우
1. 같은 자루에서 매일 하나의 공을 꺼낸 후, **다시 자루에 넣는다**고 가정하자.
2. 셋째 날 공을 꺼낼 확률은 **직전 날 꺼낸 공과는 무관하며, 매번 동일한 확률을 가진다**.

3. 즉, 미래 상태는 오직 현재 상태(전날 꺼낸 공)에만 의존하므로, 이 경우는 **마르코프 속성을 만족한다**.

아래는 마르코프 속성을 사용하여 상태 전이를 시뮬레이션하는 간단한 파이썬 프로그램이다.

/basic/5. 마르코프 속성.ipynb

```python
import random

#(1) 마르코프 속성 시뮬레이션 함수 정의
def markov_prop_simulation(steps):

    #(2) 가능한 상태 정의
    states = ['빨강', '파랑', '노랑']

    #(3) 전이 확률 행렬 정의
    transition_matrix = {
        '빨강': {'빨강': 0.5, '파랑': 0.3, '노랑': 0.2},
        '파랑': {'빨강': 0.2, '파랑': 0.6, '노랑': 0.2},
        '노랑': {'빨강': 0.3, '파랑': 0.3, '노랑': 0.4}
    }

    #(4) 초기 상태의 무작위 선택
    current_state = random.choice(states)
    sequence = [current_state]

    #(5) 상태 전이 반복 수행
    for _ in range(steps):
        next_state = random.choices(
            population=list(transition_matrix[current_state].keys()),
            weights=list(transition_matrix[current_state].values())
        )[0]
        sequence.append(next_state)
        current_state = next_state

    return sequence

# (6) 상태 전이 결과 출력
simulation_result = markov_prop_simulation(10)
print("상태 전이 결과:", simulation_result)
```

상태 전이 결과: ['파랑', '빨강', '빨강', '파랑', '파랑', '파랑', '파랑', '파랑', '노랑', '빨강', '노랑']

다음은 마르코프 속성을 시뮬레이션하는 파이썬 코드를 단계별로 설명한 것이다.

### (1) 마르코프 속성 시뮬레이션 함수 정의

먼저, `markov_prop_simulation(steps)`라는 이름의 함수를 정의하고 있다. 이 함수는 사용자가 지정한 횟수만큼 상태 전이를 반복하면서, 마르코프 속성을 기반으로 한 상태의 변화를 시뮬레이션한다.

여기서 `steps`는 시뮬레이션을 몇 번 반복할지를 의미하는 정수 값이며, 예를 들어 10을 넣으면 총 10번의 상태 전이가 일어난다.

### (2) 가능한 상태 정의

마르코프 연쇄는 유한한 상태들 사이에서 이동이 이루어진다. 이 코드에서는 '빨강', '파랑', '노랑'이라는 세 가지 상태를 사용한다. 이 세 가지 상태는 시각적으로도 구분이 쉬운 색 이름이므로, 상태 변화의 흐름을 직관적으로 이해하기에 적합하다.

### (3) 상태 전이 확률 행렬 정의

마르코프 연쇄의 핵심은 현재 상태만을 기반으로 다음 상태가 결정된다는 점이다. 이를 수치적으로 표현한 것이 전이 확률 행렬(transition matrix)이다.

예를 들어, 현재 상태가 '빨강'일 경우, 다음 상태로 '빨강', '파랑', '노랑'이 각각 50%, 30%, 20%의 확률로 선택된다. 이처럼 각 상태마다 자신만의 확률 분포를 가지고 있고, 이 확률은 오직 현재 상태에만 의존한다는 점에서 마르코프 속성이 성립된다.

### (4) 초기 상태 무작위 선택

시뮬레이션은 임의의 초기 상태에서 시작된다. `random.choice(states)`를 사용하여 세 가지 상태 중 하나를 무작위로 선택하고, 그 값을 `current_state`에 저장한다.

이후 상태 변화 과정을 추적하기 위해, 선택된 초기 상태를 `sequence`라는 리스트에 저장한다.

### (5) 상태 전이 반복 수행

이제 사용자가 입력한 steps 수만큼 상태 전이가 반복된다. 각 반복에서는 현재 상태를 기준으로 다음 상태를 확률적으로 선택한다.

여기서 random.choices() 함수는 주어진 상태(population) 중에서 해당 확률(weights)에 따라 하나([0])를 선택한다. 선택된 next_state는 곧바로 현재 상태로 갱신되며, 그 경과는 sequence 리스트에 계속 추가된다.

### (6) 상태 전이 결과 출력

최종적으로 마르코프 연쇄를 따라 변화한 상태들의 순서를 담은 sequence 리스트를 반환하고, 이를 출력하여 확인할 수 있다.

이 시뮬레이션을 여러 번 실행해보면, 매번 결과가 조금씩 달라지지만, 전이 확률 행렬에 따라 특정 상태로 머무를 확률이 더 높거나 특정 상태로 자주 이동하는 경향이 보일 것이다. 이러한 확률 기반의 전이 메커니즘이 바로 마르코프 속성의 핵심이다.

이 코드는 마르코프 속성을 갖는 시스템을 간단하게 구현하고 시각화할 수 있는 예제로서, 복잡한 이론 없이도 상태 전이의 개념을 직관적으로 이해하는 데 매우 유용하다. 현재 상태만으로 다음 상태가 결정된다는 점에서, 이 시뮬레이션은 마르코프 속성의 정의를 충실히 반영하고 있다.

## 1.3.2 마르코프 속성과 브라운 운동

브라운 운동(Brownian motion)과 마르코프 속성(Markov property)은 모두 확률 과정을 이해하는 데 있어 핵심적인 개념이지만, 그 위치와 역할은 서로 다르다.

먼저, 브라운 운동은 하나의 구체적인 예를 가진 확률 과정 모델이다. 이는 작은 입자가 시간에 따라 무작위로 움직이는 현상을 수학적으로 설명하는 데 사용되며, 물리학은 물론 금융, 통계학 등 다양한 분야에서 활용된다. 시간의 흐름에 따라 연속적으로 변화하는 경로를 만들어내며, 무작위적이지만 특정한 통계적 특성을 갖는다.

반면에 마르코프 속성은 확률 과정이 가져야 할 하나의 성질 또는 조건이다. 이 속성은 "현재 상태만 알고 있으면 미래 상태를 예측할 수 있다"는 의미로, 과거의 정보가 예측에 필요하지 않다는 특징을 갖는다. 이 성질을 만족하는 확률 과정을 마르코프 과정(Markov process)이라고 부른다.

그렇다면 브라운 운동은 왜 마르코프 속성을 만족할까?

그 이유는, 브라운 운동에서의 움직임은 매 순간 독립적으로 결정되는 무작위 스텝의 누적으로 구성되어 있기 때문이다. 즉, 브라운 운동은 과거의 모든 누적 이동 결과로 현재 위치에 도달하지만, 그 다음 이동은 오직 지금 이 순간의 위치만을 기반으로 결정되기 때문에 마르코프 속성을 만족한다.

> 브라운 운동 ⊂ 마르코프 과정 ⊂ 확률 과정

브라운 운동은 마르코프 속성을 만족하는 확률 과정 중 하나이며, 마르코프 속성은 다양한 확률 과정이 만족할 수 있는 보다 일반적인 개념이다. 브라운 운동은 겉보기에는 누적된 경로처럼 보이지만, 현재 상태만으로 미래를 예측할 수 있다는 점에서 '기억하지 않는' 마르코프 과정(프로세스)의 대표적인 사례라 할 수 있다. 따라서 이 두 개념은 충돌하거나 반대되는 것이 아니라, 포함 관계로 이해하는 것이 정확하다.

### 1.3.3 마르코프 연쇄

**마르코프 연쇄란?**

마르코프 연쇄(Markov chain)는 시간의 흐름에 따라 시스템의 상태가 변화하는 확률적 과정을 말한다. 이 개념에서 가장 중요한 핵심은 바로 다음과 같다:

**"미래는 현재에만 의존한다."**

즉, 현재 상태만 알면 미래 상태를 예측할 수 있으며, 과거에 어떤 상태였는지는 전혀 중요하지 않다. 이처럼 미래 상태가 현재 상태에만 의존하고, 과거 상태는 영향을 주지 않는 특성을 마르코프 속성(Markov property)이라 부른다.

예를 들어, 날씨를 생각해보자. 오늘 날씨가 맑음이면, 내일 날씨가 맑을 확률과 흐릴 확률이 정해져 있다. 하지만, 그 확률을 정하는 데 어제의 날씨는 중요하지 않다. 즉, "오늘이 맑으니까 내일 흐릴 확률이 20%"라고 하면, 어제가 흐렸든 비가 왔든 상관없다. 이렇게 현재 상태만으로 미래 상태가 결정되는 환경을 마르코프 연쇄라고 한다.

확률 과정에서 상태는 이산적(discrete)과 연속적(continuous)으로 나뉜다.

이산적 상태는 **뚝뚝 끊어져 있고, 정해진 개수만 존재하는 상태**를 의미한다. 예를 들어, 주사위(1~6), 동전(앞/뒤), 날씨(맑음, 흐림, 비)처럼 상태가 명확하게 구분되는 경우가 이에 해당하며, 이를 다루는 것이 마르코프 연쇄(Markov chain)이다.

반면, 연속적 상태는 **부드럽게 변화하고, 무한히 세밀한 값을 가질 수 있는 상태**를 의미한다. 온도(23.1°C → 23.12°C → 23.123°C...)나 주가(3000.5 → 3001.2 → 3001.8...)처럼 연속적으로 변하는 경우를 다루는 것이 마르코프 프로세스(Markov process)이다.

즉, 상태가 정해진 몇 개의 값만 가질 수 있으면 이산적", 무한히 세밀하게 변할 수 있으면 "연속적"이라고 보면 된다.

- $S$ : 상태(State)의 집합
- $P$ : 상태 전이 매트릭스
  $P_{ss'} = P[S_{t+1} = s' \mid S_t = s]$

마르코프 체인 구성 요소

마르코프 연쇄는 시스템이 시간에 따라 변하는 방식을 설명하는 확률 모델로, 두 가지 주요 요소로 구성된다.

첫 번째 요소는 상태 집합(set of states, S)이다. 이는 시스템이 가질 수 있는 모든 가능한 상태들의 모음을 의미한다. 예를 들어, 날씨 예측을 위한 마르코프 연쇄에서는 '맑음(sunny)', '흐림(cloudy)', '비(rainy)'와 같은 상태들이 포함될 수 있다. 이러한 상태들은 이산적(discrete)이며, 특정한 개수로 한정되어 있다.

두 번째 요소는 상태 전이 메트릭스(state transition matrix, P)이다. 이는 한 상태에서 다른 상태로 변화할 확률을 정리한 행렬이다. 즉, 현재 상태를 알고 있을 때, 다음 상태로 전이될 확률을 나타낸다. 예를 들어, 오늘이 맑다면 내일도 맑을 확률이 70%, 흐릴 확률이 20%, 비가 올 확률이 10%라고 하면, 이를 행렬로 정리할 수 있다.

마르코프 연쇄는 이처럼 단순하면서도 강력한 구조를 통해, 시간이 흐르면서 상태가 확률적으로 어떻게 변해갈지를 모델링할 수 있게 해준다. 특히, 현재 상태만으로 다음 상태를 예측할 수 있다는 점에서 계산 효율성과 해석 가능성이 높으며, 이는 자연어 처리, 날씨 예측, 생물 정보학, 로봇 제어 등 다양한 분야에서 마르코프 모델을 폭넓게 사용하는 이유이기도 하다.

### 마르코프 연쇄와 브라운 운동

여기서 잠깐, **브라운 운동**과 **마르코프 연쇄**, 그리고 이 둘을 아우르는 **마르코프 프로세스**의 차이와 관계를 간단히 살펴보자.

먼저, 마르코프 연쇄(Markov chain)는 상태와 시간이 모두 이산적(discrete)인 확률 모델이다. 시스템이 일정한 시간 간격으로 상태를 전이하며, 각 상태는 명확히 구분되는 유한한 값들로 구성된다. 예를 들어, 날씨 모델에서 '맑음', '흐림', '비'와 같은 상태가 있을 수 있고, 전이 확률은 행렬 형태로 정리된다. 마르코프 연쇄는 현재 상태만 알면 미래 상태의 확률을 예측할 수 있으며, 과거 정보는 필요하지 않다는 **마르코프 속성**을 만족한다.

한편, 브라운 운동(Brownian motion)은 시간과 상태가 모두 연속적(continuous)인 확률 과정이다. 이는 입자의 위치가 시간에 따라 미세하게 흔들리며 변화하는 물리적 현상을 수학적으로 모델링한 것이다. 예를 들어, 주가의 미세한 움직임이나 온도의 부드러운 변화 등은 브라운 운동의 전형적인 적용 예이다. 이 역시 마르코프 속성을 만족하, 현재 위치만 알고 있어도 미래 위치의 확률 분포를 예측할 수 있다.

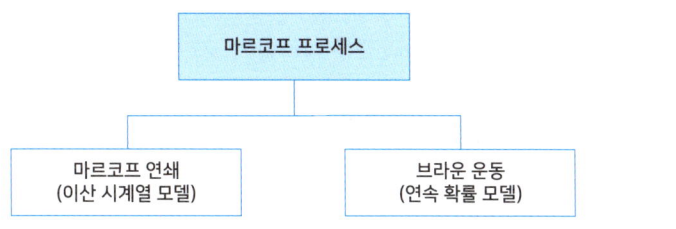

마르코프 연쇄와 브라운 운동

그렇다면 이 둘을 어떻게 함께 이해할 수 있을까?

바로 여기에서 마르코프 프로세스(Markov process)라는 보다 일반적인 개념이 등장한다. 마르코프 프로세스는 **마르코프 속성**을 만족하는 모든 확률 과정을 포함하는 상위 개념으로, 시간과 상태가 **이산적일 수도 있고, 연속적일 수도 있다**. 즉, 마르코프 연쇄와 브라운 운동은 각각 **이산적** 혹은 **연속적** 모델일 뿐, 둘 다 마르코프 프로세스라는 큰 범주 안에 속해 있다.

### 날씨 예측 모델 예제

마르코프 연쇄는 **현재 상태만으로 미래 상태를 예측할 수 있는 확률 모델**이다. 여기서는 날씨 예측을 예제로 설명해보겠다.

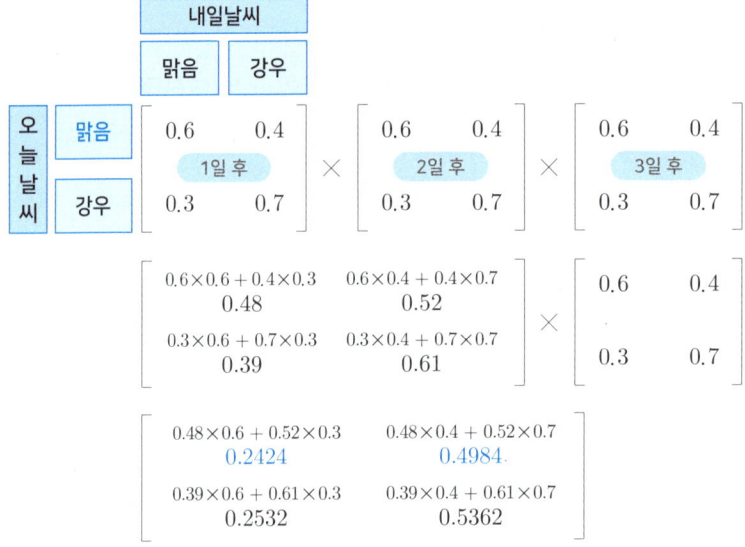

3일 후 날씨 예측

이 모델에서는 날씨를 **맑음(sunny)과 강우(rainy)** 두 가지 상태로 구분한다. 그리고 **오늘의 날씨가 주어졌을 때, 내일 날씨가 될 확률**을 표로 정리한 것이 상태 전이 행렬(state transition matrix)이다.

1일 후 날씨 상태 전이 확률을 보면 다음과 같다.

1일 후 날씨 예측

- 오늘이 맑음이면 내일도 맑을 확률이 60%, 비가 올 확률이 40%이다.
- 오늘이 비면 내일도 비일 확률이 70%, 맑을 확률이 30%이다.

이제 이 행렬을 이용하여 3일 후의 날씨 예측을 해보자.

(1일 후) 상태 전이 행렬 $\quad P_1 = \begin{bmatrix} 0.6 & 0.4 \\ 0.3 & 0.7 \end{bmatrix}$

이 행렬을 자기 자신과 곱하면 (2일 후) 상태 전이 행렬을 구할 수 있다.

(2일 후) 상태 전이 행렬 $\quad P_2 = P_1 \times P_1 = \begin{bmatrix} 0.48 & 0.52 \\ 0.39 & 0.61 \end{bmatrix}$

(3일 후) 상태 전이 행렬 $\quad P_3 = P_2 \times P_1 = \begin{bmatrix} 0.2424 & 0.4984 \\ 0.2532 & 0.5362 \end{bmatrix}$

3일 후 날씨 예측

날씨는 하루가 지나면서 매일 확률적으로 변한다. 즉, 1일 후 상태 전이 행렬을 계속 곱하면 n일 후의 상태를 예측할 수 있다.

3일 후 상태 전이 행렬을 보면 다음과 같다.

- 오늘이 맑음이면 3일 후 맑을 확률은 24.24%, 비가 올 확률은 49.84%
- 오늘이 비이면 3일 후 맑을 확률은 25.32%, 비가 올 확률은 53.62%

즉, 오늘이 맑더라도 3일 후에는 비가 올 확률이 더 높아진다. 이는 하루가 지날 때마다 상태 전이 확률이 누적되면서 변화가 일어나기 때문이다.

/basic/6. 마르코프 연쇄.ipynb

```python
import numpy as np
import random

#(1) 마르코프 연쇄 기반 날씨 예측 시뮬레이션
def generate_weather_forecast(days):
    #(2) 가능한 상태 정의: 맑음과 강우
    states = ["맑음", "강우"]

    #(3) 상태 전이 확률 정의
    transition_matrix = {
        "맑음": {"맑음": 0.6, "강우": 0.4},
        "강우": {"맑음": 0.7, "강우": 0.3}
    }

    #(4) 초기 상태를 무작위로 선택
    current_state = random.choice(states)
    forecast = [current_state]

    for _ in range(days - 1):
        #(5) 상태 전이 반복 수행
        next_state = np.random.choice(
            states, p=[transition_matrix[current_state]["맑음"],
                       transition_matrix[current_state]["강우"]]
        )
        forecast.append(next_state)
        current_state = next_state

    return forecast

#(6) 최종 예측 결과 출력
weather_forecast = generate_weather_forecast(7)
print("7일 후까지의 날씨 예측:", weather_forecast)
```

> 7일 후까지의 날씨 예측: ['맑음', '맑음', '맑음', '강우', '맑음', '맑음', '맑음']

generate_weather_forecast()라는 함수를 이용해 마르코프 연쇄로 날씨를 예측하는 과정을 설명한 것이다. 이 코드에서 중요한 부분을 단계별로 살펴보자.

**(1) 마르코프 연쇄 기반 날씨 예측 시뮬레이션 함수 정의**

이 코드는 마르코프 연쇄(Markov chain)의 개념을 활용하여, 일정한 기간 동안 날씨가 어떻게 변할지를 예측하는 시뮬레이션이다. 마르코프 연쇄의 핵심은, **현재 상태만 알면 다음 상태의 확률을 알 수 있다는 점**이다. 날씨 예측이라는 현실적인 문제를 단순화된 상태 전이 구조로 모델링하여, 확률적으로 미래의 날씨를 생성할 수 있다.

**(2) 가능한 상태 정의: 맑음과 강우**

먼저 모델에서 고려하는 **날씨의 상태는 두 가지**로 제한한다.

- "맑음": 구름이 거의 없는 맑은 날
- "강우": 비가 오거나 흐린 날

이처럼 이산적인(discrete) 두 개의 상태만을 사용함으로써, 모델이 단순해지고 확률 전이의 해석도 명확해진다.

**(3) 상태 전이 확률 정의**

마르코프 연쇄에서 가장 중요한 부분은 상태 전이 확률 행렬(transition matrix)이다. 이는 현재 상태에서 어떤 상태로 전이될지를 확률적으로 정의한다. 상태 간 전이 확률은 각 상태별로 합이 1이 되며, 이 확률 정보를 기반으로 다음 상태가 선택된다.

**(4) 초기 상태 무작위 선택**

예측 시뮬레이션은 어떤 상태에서 시작해야 한다. 여기서는 `random.choice(states)`를 사용해 '맑음' 또는 '강우' 중 하나를 무작위로 선택하여 초기 상태로 설정한다. `forecast` 리스트는 예측된 날씨들의 순서를 저장하며, 초기 상태로부터 시작된다.

### (5) 상태 전이 반복 수행

이제 설정한 일수(days)만큼 날씨를 예측한다. 매 반복마다 현재 상태를 기준으로 **전이 확률에 따라 다음 상태를 선택**한다.

- np.random.choice()는 주어진 확률 분포에 따라 상태를 선택한다.
- 선택된 상태는 다음 날의 날씨로 예측되고, 리스트에 추가된다.

이 과정을 days - 1회 반복하여 전체 예측 일수를 채운다.

### (6) 최종 예측 결과 출력

모든 예측이 완료되면, 7일간의 날씨 예측 결과가 출력된다. 이 결과는 초기 상태에 따라 달라지며, 실행할 때마다 매번 조금씩 다른 결과가 나올 수 있다. 하지만, 전체적으로는 전이 확률에 기반한 경향성을 유지한다는 점에서, 단순하지만 유의미한 확률적 예측이라 할 수 있다.

이 코드는 **마르코프 연쇄의 기본 원리**를 날씨 예측이라는 친숙한 주제로 구현한 예제이다. 현재 상태만으로 미래 상태를 결정하며, 전이 확률 행렬을 기반으로 예측을 수행한다는 점에서 **마르코프 속성**을 충실히 반영한다. 이처럼 단순한 구조의 모델이라도, 실제 데이터와 결합하면 현실 문제를 효과적으로 시뮬레이션하거나 이해하는 데 큰 도움이 될 수 있다.

### 마르코프 연쇄의 다양한 표현

다음은 주어진 마르코프 연쇄 구조를 두 가지 방식인 네트워크 형태와 매트릭스 형태로 설명한 것이다. 각 표현은 동일한 확률 모델을 시각적으로 혹은 수치적으로 보여주는 방식이며, 서로 보완적으로 이해할 수 있다.

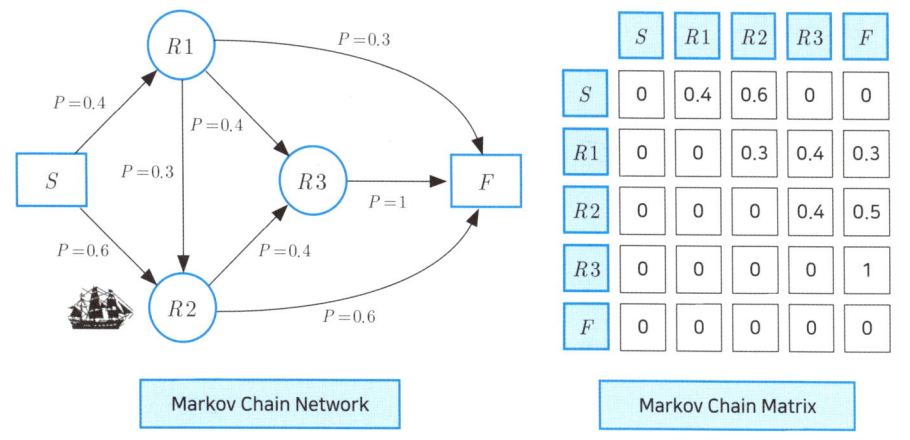

마르코프 연쇄의 다양한 표현

마르코프 연쇄(Markov chain)는 시간이 지남에 따라 **시스템의 상태가 확률적으로 변화하는 과정**을 나타내는 모델이다. 가장 중요한 특징은 **현재 상태만 알면 다음 상태의 확률을 예측할 수 있으며, 과거 상태는 고려하지 않아도 된다**는 것이다. 이러한 성질을 우리는 마르코프 속성(Markov property)이라고 부른다.

이러한 마르코프 연쇄를 표현하는 방법에는 크게 두 가지가 있다. 하나는 **네트워크(그래프)** 형태이고, 다른 하나는 **매트릭스(행렬)** 형태이다.

### (1) 네트워크(그래프) 형태로 표현하기

왼쪽 그림은 마르코프 연쇄를 **네트워크 다이어그램**으로 시각화한 것이다. 각 노드는 상태(state)를 의미하고, 화살표는 상태 간 이동 가능성을 나타낸다.

- 시작 상태는 S이고, 최종 도착 상태는 F이다.
- 그 중간에 세 개의 경유 상태, 즉 라우터(R1, R2, R3)가 존재한다.
- 각 화살표 위의 숫자는 **해당 경로로 이동할 확률**을 의미한다.

예를 들어,

- S에서 R1로 이동할 확률은 0.4
- S에서 R2로 이동할 확률은 0.6이다

이렇게 **한 상태에서 나가는 모든 경로의 확률 합은 항상 1이 되어야 한다.** 이는 마르코프 연쇄의 기본 규칙 중 하나이며, 상태별로 선택지가 확률적으로 완전하게 정의되어야 함을 뜻한다.

또한 R1에서는 R2로 0.3, R3로 0.4, F로 0.3의 확률로 이동할 수 있으며, R3에서는 무조건 F로 이동하게 되어있다(확률 1.0). 이런 구조는 경로의 흐름과 종착점을 명확하게 보여주는 데 유용하다.

### (2) 매트릭스(행렬) 형태로 표현하기

같은 정보를 오른쪽에서는 확률 전이 행렬(transition matrix)로 표현하고 있다. 이 행렬은 컴퓨터 프로그래밍이나 수치 계산에서 매우 유용하게 활용된다.

- 행(row)은 **현재 상태**
- 열(column)은 **다음 상태**
- 각 셀은 **현재 상태에서 다음 상태로 이동할 확률**

예를 들어,

- S 행을 보면, R1로 갈 확률은 0.4, R2로 갈 확률은 0.6이며, R3나 F로 바로 갈 확률은 0이다.
- R1 행을 보면, R2로 0.3, R3로 0.4, F로 0.3이다.

이 행렬의 구조는 상태가 많아질수록 점점 더 복잡해지지만, **계산의 정확성과 속도** 면에서는 탁월하다. 특히 컴퓨터 시뮬레이션, 강화학습, 마르코프 모델 기반 알고리즘에서는 이런 행렬 표현이 핵심 역할을 한다.

마르코프 연쇄는 현재 상태만을 기반으로 확률적인 다음 상태를 예측하는 시스템이다. 이를 이해하고 분석하기 위해서는 두 가지 표현 방식이 사용된다.

- **네트워크 형태**는 시각적으로 흐름과 관계를 직관적으로 보여준다.
- **행렬 형태**는 계산과 알고리즘 구현에 적합한 구조를 제공한다.

이 두 가지 표현은 동일한 내용을 담고 있으며, 서로 다른 방식으로 마르코프 모델을 설명할 뿐이다. 상황에 따라 시각화가 필요한 경우에는 그래프를, 수치 계산이 필요한 경우에는 행렬을 활용하면 된다.

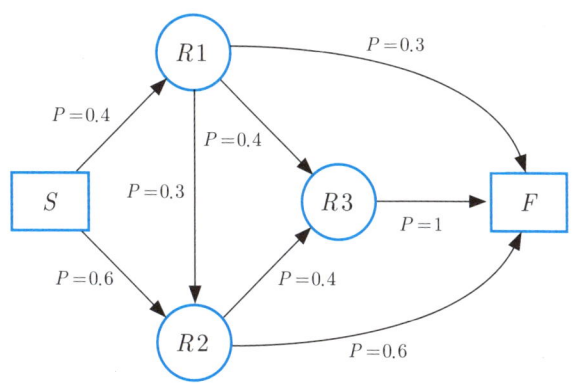

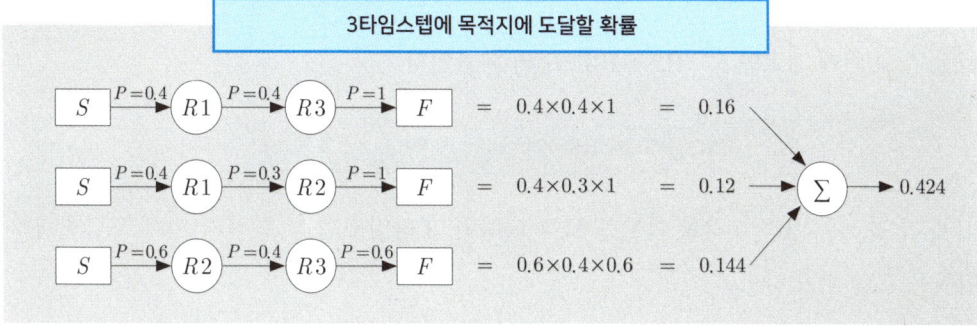

마르코프 연쇄 확률 계산

마르코프 연쇄는 현재 상태에서 다음 상태로 이동할 확률을 기반으로, 특정 시간 후에 원하는 상태에 도달할 확률을 계산하는 기법이다. 이번에는 출발점(S)에서 시작하여 정확히 3 타임스텝 후 목적지(F)에 도달할 확률을 구하는 과정을 살펴보자.

먼저, 타임스텝(time step)이란 상태가 한 번 변화하는 단계를 의미한다. 한 타임스텝마다 시스템은 주어진 확률에 따라 다른 상태로 이동할 수 있다. 예를 들어, 처음 상태가 S일 때, 한 타임스텝 후에는 S에서 직접 갈 수 있는 상태 중 하나로 전이된다. 이 과정을 반복하여 3 타임스텝 후에 정확히 목적지(F)에 도달하는 확률을 계산할 수 있다.

이 문제에서 3 타임스텝 동안 S에서 F까지 도달할 수 있는 가능한 이동 경로(에피소드)는 다음과 같이 총 3가지가 존재한다.

각 경로를 따라 이동할 확률을 구하기 위해서는 각 단계의 상태 전이 확률을 모두 곱해야 한다. 이는 각 이동이 독립적인 확률로 이루어지기 때문이다.

첫 번째 경로인 S→R1→R3→F의 확률을 계산하면 다음과 같다.

$$P(S \to R1) \times P(R1 \to R3) \times P(R3 \to F) = 0.4 \times 0.4 \times 1 = 0.16$$

두 번째 경로인 S→R1→R2→F의 확률은 다음과 같다.

$$P(S \to R1) \times P(R1 \to R2) \times P(R2 \to F) = 0.4 \times 0.3 \times 1 = 0.12$$

다음은 세 번째 경로인 S→R2→R3→F의 확률이다.

$$P(S \to R2) \times P(R2 \to R3) \times P(R3 \to F) = 0.6 \times 0.4 \times 0.6 = 0.144$$

이제 각 경로를 따라 도착할 확률을 모두 더하면, 3 타임스텝 후 목적지(F)에 도달할 전체 확률을 구할 수 있다.

$$0.16 + 0.12 + 0.144 = 0.424$$

즉, 출발점(S)에서 정확히 3 타임스텝 후 목적지(F)에 도달할 확률은 42.4%이다.

이러한 확률 계산 방식은 미래 특정 시점에서 목표 상태에 도달할 가능성을 예측하는 데 유용하며, 다양한 분야에서 활용될 수 있다. 예를 들어, 네트워크 통신에서 데이터가 특정 서버에 도달할 확률을 분석하거나, 마케팅에서 고객이 특정 행동을 취할 확률을 예측하는 데 사용할 수 있다.

마르코프 연쇄를 활용하면, 시간에 따른 확률적 변화를 체계적으로 분석하고 예측할 수 있으며, 이를 통해 의사결정의 정확도를 높일 수 있다.

## 환경과 에피소드

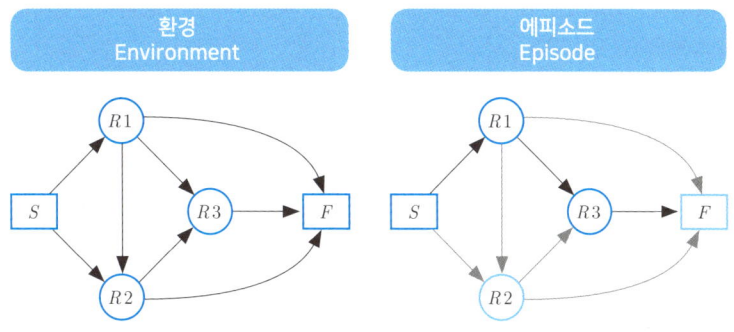

환경과 에피소드

위 그림은 **마르코프 연쇄에서의 환경(environment)과 에피소드(episode)의 차이**를 나타낸다.

왼쪽 그림은 환경(environment)을 의미하며, 시스템이 가질 수 있는 **모든 가능한 상태와 경로**를 포함하고 있다. 시작점(S)에서 출발하여 R1, R2, R3 등의 중간 경로를 거쳐 최종 목적지(F)에 도달할 수 있는 다양한 이동 경로가 표시되어 있다. 즉, 환경은 **마르코프 연쇄에서 모든 가능한 상태 변화와 전이 확률을 포함하는 전체적인 구조**를 보여준다.

반면, 오른쪽 그림은 에피소드(episode)를 나타내며, 전체 환경 중에서 **특정한 하나의 경로를 따라 이동한 사례**를 강조하고 있다. 예제에서는 S → R1 → R3 → F의 경로가 선택되었으며, 나머지 가능성은 흐릿하게 표현되어 있다. 이는 마르코프 연쇄에서 하나의 실현된 경로(한 번의 실행 과정)를 의미한다.

**즉, 환경은 모든 가능한 상태 변화의 집합이며, 에피소드는 그중 실제로 발생한 하나의 상태 변화 과정**이다. 이를 비유하자면, 환경은 **모든 경로가 표시된 지도**이고, 에피소드는 **내가 실제로 이동한 경로**라고 볼 수 있다.

| 구분 | 환경(environment) | 에피소드(episode) |
| --- | --- | --- |
| 정의 | 시스템이 가질 수 있는 모든 가능한 상태와 이동 경로를 포함한 전체 구조 | 특정한 하나의 경로를 따라 상태가 변화하는 과정 |
| 특징 | 모든 상태와 전이 확률이 포함됨 | 환경 내에서 한 번의 실행 과정만 포함됨 |
| 표현 방식 | 전체적인 네트워크 형태로 나타남 | 특정 이동 경로만 강조되고 나머지는 흐리게 표시됨 |
| 예제 | 모든 가능한 경로(S → R1 → R3 → F, S → R1 → R2 → F 등)를 포함 | 특정 경로(S → R1 → R3 → F)만 선택하여 표시 |
| 활용 목적 | 전체적인 시스템 구조를 분석하고 확률 모델을 설계하는 데 사용 | 개별 사례를 분석하여 학습 및 최적 경로를 찾는 데 활용 |
| 비유 | 모든 경로가 표시된 지도 | 내가 실제로 이동한 경로 |

환경과 에피소드 비교표

마르코프 연쇄는 다양한 분야에서 활용되며, 특히 **야구 통계 분석**에서 널리 사용된다. 2011년에 개봉한 영화 "머니볼(Moneyball)"에서도 주인공이 이 개념을 활용해 **야구 경기 결과를 예측**하는 장면이 나온다.

전통적으로 야구팀은 감각과 경험을 기반으로 선수 기용을 결정했지만, 마르코프 연쇄를 도입하면서 **과학적인 데이터 분석**이 가능해졌다. 과거의 야구 데이터를 분석해 **선수별 평균 득점 확률을 계산**하고, 이를 바탕으로 경기에서 예상 득점을 예측할 수 있다. 이를 통해 **어떤 선수를 기용할지, 어떤 타순을 배치할지** 등을 결정하며, 이러한 접근 방식은 야구 전략의 혁신을 가져왔다.

마르코프 연쇄의 핵심 목적은 **미래에 특정한 사건이 발생할 확률을 구하는 것**이다. 예를 들어,

- 3일 후 경기에서 **4번 타자의 타율**을 예측할 수도 있고,
- 3년 후 **백화점의 예상 매출**을 추정할 수도 있다.

이렇게 계산된 확률을 기반으로 **경기에 출전할 선수를 결정**하거나, **백화점의 판매 전략을 수립**하는 등의 의사결정을 내릴 수 있다. 마르코프 연쇄는 단순한 개념처럼 보이지만, 이를 효과적으로 활용하면 **데이터 기반의 합리적인 판단이 가능해지고, 전략적 의사결정을 최적화할 수 있다.**

# 1.4 마르코프 보상 과정

마르코프 보상 과정(Markov Reword Process, MRP)은 마르코프 연쇄(Markov chain)에 보상(reward) 개념과 감가율(discount factor, $\gamma$)이 추가된 모델이다. 기존의 마르코프 연쇄는 단순히 현재 상태에서 다음 상태로 전이될 확률만을 고려하는데 반해, MRP에서는 각 상태 변화가 얼마나 가치 있는지 평가할 수 있도록 설계되었다.

즉, 마르코프 연쇄에서는 상태(state)와 상태 전이 확률(transition probability, P)만 주어지지만, 상태 전이가 얼마나 좋은 것인지(보상)는 알 수 없다. 하지만 MRP에서는 각 상태 전이에 대한 보상(reward, R)이 주어지므로, 특정한 상태를 도달했을 때의 가치를 평가할 수 있다.

이 개념은 1971년, 로날드 아서 하워드(Ronald Arthur Howard)가 출판한 책에서 처음 소개되었으며, 이후 강화 학습, 최적 의사결정 모델, 금융 예측 등 다양한 분야에서 활용되고 있다.

## 1.4.1 마르코프 보상의 구성

마르코프 보상 과정(Markov Reward Process, MRP)은 마르코프 연쇄에 보상과 감가율이라는 두 가지 개념이 추가된 확률적 모델이다. 이 모델은 단순히 상태가 확률적으로 바뀌는 것뿐 아니라, 그 상태 변화가 얼마나 바람직한 지를 평가할 수 있게 해준다.

- $S$ : 상태(State)의 집합
- $P$ : 상태 전이 매트릭스
  $P_{ss'} = P[S_{t+1} = s' \mid S_t = s]$

⎫ 마르코프 연쇄

- $R$ : 보상 함수
  $$R_s = E[R_{t+1} \mid S_t = s]$$
- $\gamma$ : 감가율
  $$\gamma \in [0, 1]$$

MRP 구성 요소

MRP는 마르코프 연쇄에서 두 가지 개념이 추가되면서 다음 네 가지 요소로 구성된다.

### (1) 상태 집합(State Set, S)

먼저, 시스템이 존재할 수 있는 모든 가능한 상태들의 모음을 상태 집합(state set)이라 부른다. 이 상태들은 서로 이산적이며 구분이 가능하다. 예를 들어, 날씨 예측 시스템에서는 상태 집합 S가 다음과 같을 수 있다:

> "맑음", "비", "눈"

이렇게 어떤 시점에서 시스템이 위치할 수 있는 모든 상태를 정의하는 것이 마르코프 모델의 출발점이다.

### (2) 상태 전이 확률(transition probability, P)

두 번째 구성 요소는 상태 전이 확률(state transition probability)이다. 이는 현재 상태에서 다음 상태로 전이될 확률을 의미한다.

예를 들어, 현재 상태가 '맑음'일 때, 다음 상태가 '비'가 될 확률이 0.4라면, 다음과 같이 표현할 수 있다:

> $P(비|맑음) = 0.4$

이와 같이, 각 상태에서 가능한 다음 상태로의 전이 확률을 모두 정의하면 **전이 확률 행렬**을 구성할 수 있다. 모든 상태에서 나가는 확률의 합은 항상 1이 되어야 한다.

## (3) 보상 함수 R

마르코프 보상 과정은 마르코프 연쇄에서 한 걸음 더 나아간 개념이다. 마르코프 연쇄가 단순히 상태들 간의 확률적인 전이만을 다룬다면, 마르코프 보상 과정에서는 각 상태에 보상이 추가된다는 점이 큰 차이이다. 즉, 상태 전이뿐만 아니라, 각 상태가 얼마나 유익하거나 해로운지를 수치로 나타내는 보상값이 함께 주어지는 것이다.

이때, 각 상태에서 받게 되는 보상을 정의하는 것이 바로 보상 함수이다. 보상 함수는 상태를 입력으로 받아, 다음 상태에 도달했을 때 기대되는 즉시 보상(instantaneous reward)을 출력한다. 수학적으로는 상태 $s$에 대한 보상 함수 값을 $R_s$로 나타내며, 이는 상태 $s$에 도달했을 때 받을 수 있는 기대 보상(expected reward)을 의미한다.

$$R(s) = E[R_{t+1} | S_t = s]$$

예를 들어, 날씨를 상태로 모델링하는 시스템에서 '맑음'이라는 상태에는 보상 $+1$을, '비'라는 상태에는 보상 $-1$을 준다고 하자. 이 경우, 시스템은 맑은 날씨를 선호하고 비 오는 날을 꺼리는 방향으로 설계된 것이다. 이처럼 보상 함수는 단순한 상태의 변화가 아니라, 그 변화가 좋은지 나쁜지, 즉 유익한지 해로운지를 판단할 수 있게 해주는 기준이 된다.

마르코프 보상 과정에서는 '행동(action)'이라는 개념이 없다. 즉, 에이전트가 상태를 바꾸기 위해 선택할 수 있는 옵션이 없으며, 상태 전이는 오직 확률적으로 정해진 규칙에 따라 이루어진다.

그럼에도 불구하고, 에이전트는 상태들이 어떤 방식으로 전이되는지, 그리고 각 상태에서 어떤 보상을 받을 수 있는지를 학습하여, 총 보상을 얼마나 많이 받을 수 있는지를 예측하려 한다.

이 과정에서 보상 함수(reward function)는 출발점이 된다. 지금 내가 있는 상태가 얼마나 가치 있는지를 파악하기 위해, 먼저 그 상태에서 받을 수 있는 즉시 보상이 무엇인지를 알아야 하기 때문이다. 그리고 이 보상 함수에 기반하여, 그 상태에 계속 머무르거나 그 상태로 전이되는 것이 얼마나 장기적으로 유리한가를 계산하는 것이 바로 가치 함수(value function)이다.

즉, 보상 함수는 상태에 대한 직접적인 평가이고, 가치 함수(뒤에서 자세히 설명)는 그 상태에 머문 후 앞으로 얻을 수 있는 누적 보상의 기댓값을 평가하는 개념이라 할 수 있다. 이러한 구조 속에서, 보상 함수는 마르코프 보상 과정 전체의 핵심이자 기반이 되는 중요한 요소다.

### (4) 감가율

감가율(discount factor, $\gamma$)은 마르코프 보상 과정에서 시간이 흐를수록 미래의 보상을 얼마나 현재의 가치로 환산할 것인지를 결정하는 중요한 요소이다. 이는 단순히 '얼마나 보상을 받느냐'뿐 아니라, 언제 보상을 받느냐를 고려하는 판단 기준이라고 할 수 있다.

감가율의 값은 0과 1 사이의 실수로 설정되며, 이 수치는 미래에 받을 보상의 가치를 현재 시점에서 얼마만큼 인정할지를 나타낸다.

$$\gamma \in [0,\ 1]$$

감가율이 1에 가까울수록, 에이전트는 미래의 보상도 현재의 보상만큼 중요하게 여긴다.

반대로 감가율이 0에 가까울수록, 에이전트는 지금 당장의 보상을 더 중요하게 여기고, 미래의 보상은 무시하게 된다.

이러한 개념은 실제 상황에서도 쉽게 접할 수 있다. 예를 들어 자동차의 가치 평가에서는 시간이 지날수록 차량 가격이 감가상각되는 것이 일반적이다. 감가율이 0.8이라면, 1년 후의 가치는 원래 가격의 80%, 2년 후는 64%, 3년 후는 51.2%가 된다. 이처럼 감가율은 시간에 따라 가치가 점점 줄어드는 정도를 수치화하는 방식이다.

금융에서도 이 개념은 동일하게 적용된다. 예컨대 "오늘 받을 천만 원"과 "1년 뒤에 받을 천만 원"은 명목상 같은 금액이지만, 대부분의 사람은 지금 당장 받을 돈의 가치를 더 높게 평가한다. 만약 감가율을 0.9로 설정한다면, 1년 뒤에 받을 천만 원은 오늘 기준으로 900만 원의 가치로 계산된다. 이는 시간에 따른 가치의 할인이라는 경제적 사고를 기반으로 한다.

이러한 감가율 개념은 강화학습과 마르코프 보상 과정(MRP)에서도 동일하게 적용된다. 예를 들어 로봇이 어떤 목적지에 도달해야 하는 강화학습 문제를 생각해 보자. 단지 보상 함수만 정의되어 있다면, 로봇은 어느 방향으로 움직이든 똑같은 보상을 받을 수 있기 때문에 의미 있는 전략을 학습하기 어렵다. 그러나 감가율을 도입하면, 더 빨리 목표에 도달해 보상을 받는 것이 더 가치 있다는 신호를 줄 수 있다.

결국 감가율은 단순히 보상의 양이 아니라, 보상의 시점에 따른 중요도를 판단하는 기준이 된다. 감가율이 작을수록 단기적인 보상에 초점을 맞추는 전략이 형성되며, 감가율이 클수록 장기적인 보상까지 고려하는 전략이 유도된다.

### 1.4.2 확률의 기댓값이란?

각 사건이 벌어졌을 때의 이득과 그 사건이 벌어질 확률을 곱한 것을 전체 사건에 대해 합한 값이다. 이것은 어떤 확률적 사건에 대한 평균의 의미로 생각할 수 있다. (출처: 위키백과)

- 이산 확률 분포의 기댓값: $E(X) = \sum x f(x)$

이산확률분포에서 f(x)는 x 사건이 일어날 확률이다. x 사건의 값(이득)과 확률(p)을 곱해서 더하는 것이다.

- 주사위의 기댓값: $1 \cdot \frac{1}{6} + 2 \cdot \frac{1}{6} + 3 \cdot \frac{1}{6} + 4 \cdot \frac{1}{6} + 5 \cdot \frac{1}{6} + 6 \cdot \frac{1}{6} = 3.5$

주사위는 사건의 값이 1부터 6까지 있고 확률은 모두 1/6이다. 모든 사건과 그에 따른 확률을 고려해 기댓값을 구할 수 있다. 주사위가 가질 수 있는 값이 그 값에 대한 확률을 곱해서 합산하면 주사위 값의 평균과 같다. 즉 확률의 기댓값은 사건의 값의 평균을 구하는 것과 같다.

- 연속 확률 분포의 기댓값: $E(X) = \int_{-\infty}^{\infty} x f(x) dx$

연속확률분포에서 f(x)는 확률밀도함수이다. 이산적인 환경에서는 각각의 값을 구할 수 있지만 연속적인 환경에서는 값을 하나하나 구할 수 없기 때문에 적분을 사용한다. 적분은 주어진 그래프가 표현하고 있는 공간의 면적을 구하는 것이다.

### 1.4.3 반환값

반환값(return, G)은 **타임스텝 $t$에서 감가율을 적용하여 계산한 누적 보상의 합**을 의미한다. 이는 보통 **전체 환경이 아닌 하나의 에피소드 단위로 계산되며**, 해당 에피소드의 효율성과 가치를 평가하는 기준이 된다. 마르코프 보상 과정(MRP)에서는 반환값을 최대화할 수 있도록 환경을 설계하는 것이 중요한 목표 중 하나이다.

반환값을 계산할 때 **상태 전이 확률은 고려되지 않는다**. 그 이유는 반환값이 **이미 선택된 하나의 경로(에피소드)에 대한 보상을 평가하는 개념**이기 때문이다. 즉, 여러 가능성을 고려하는 것이 아니라, 주어진 경로에서 실제로 얻은 보상의 총합을 계산하는 방식이다.

$$G_t = R_{t+1} + R_{t+2} + \ldots = \sum_{k=0}^{\infty} \gamma^k R_{t+k+1}$$

반환값

$\gamma$는 감가율($0 \leq \gamma \leq 1$)로, 미래 보상을 현재 가치로 환산하는 역할을 한다. 미래 보상을 할인하는 방식은 **시간이 지날수록 보상의 기여도가 줄어드는 형태**이다.

- $t+1$에서 받은 보상 $R_{t+1}$은 감가율을 적용하지 않고 그대로 사용
- $t+2$에서 받은 보상 $R_{t+2}$는 감가율을 한 번 적용하여 $\gamma R_{t+2}$
- $t+3$에서 받은 보상 $R_{t+3}$는 감가율을 두 번 적용하여 $\gamma^2 R_{t+3}$

이러한 방식으로 **시간이 지날수록 보상의 영향을 줄여가며 반환값을 계산**한다.

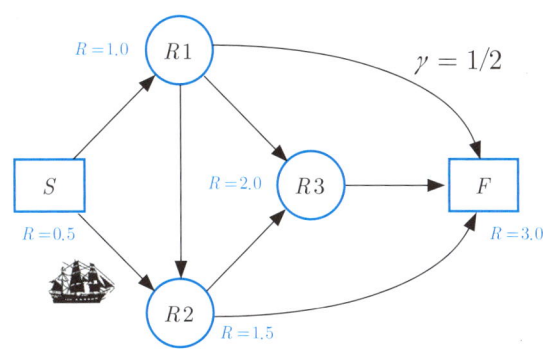

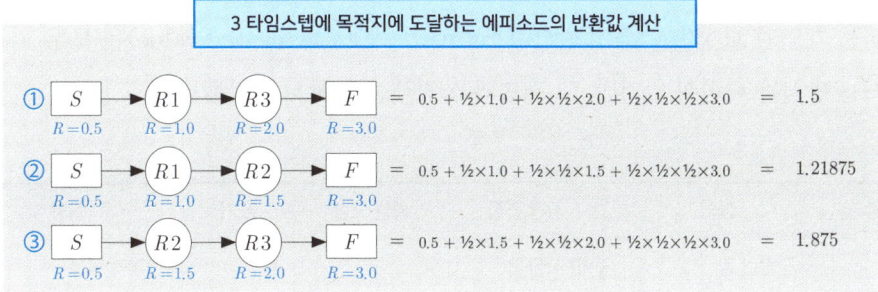

반환값 계산

이 그림은 **마르코프 보상 과정(MRP)에서 반환값(G)을 계산하는 방법**을 보여준다. 반환값은 감가율($\gamma$)을 적용하여 각 타임스텝에서 받은 보상을 할인하면서 누적하는 방식으로 계산된다. 이 예제에서는 감가율이 $\gamma = 1/2$로 설정되어 있으며, 시간이 지날수록 미래 보상의 가중치가 점점 줄어드는 효과가 있다.

그림의 위쪽 네트워크는 **가능한 상태 전이와 보상 값**을 나타내며, 아래쪽 표에서는 **3 타임스텝 동안 목표 상태(F)에 도달하는 다양한 경로에서 반환값을 계산하는 과정**을 보여준다. 반환값은 특정한 경로(에피소드)에서 실제로 얻은 보상의 총합을 의미하며, 미래 보상을 현재 가치로 환산하기 위해 감가율을 적용한다.

각 경로에서 반환값을 계산하는 과정은 다음과 같다.

- 첫 번째 경로는 S→R1→R3→F로 이어지며, 감가율을 적용하여 계산한 반환값은 **1.5**가 된다.
- 두 번째 경로는 S→R1→R2→F이며, 반환값은 **1.21875**로 계산된다.

1.4 마르코프 보상 과정

- 세 번째 경로는 S→R2→R3→F이며, 이 경우 반환값은 **1.875**가 된다.

이처럼 반환값은 각 타임스텝에서 받은 보상을 **감가율을 적용하여 할인한 후 누적하는 방식**으로 계산되며, 이를 통해 **각 에피소드의 가치를 비교할 수 있다**. 감가율이 적용됨으로써 **미래의 보상은 현재보다 낮은 가치를 가지게 되어, 시간에 따른 보상의 중요도를 조절할 수 있다**. 이 과정은 강화학습을 비롯한 다양한 최적화 문제에서 중요한 역할을 하며, **반환값을 최대화하는 방향으로 환경을 설계하는 것이 MRP의 핵심 목표 중 하나**이다.

강화학습이나 마르코프 보상 과정(MRP), 마르코프 결정 과정(MDP)을 이해할 때 자주 등장하는 개념인 보상(reward), 반환값(return), 기댓값(expected value)은 모두 '가치'를 측정하는 방식과 관련이 있지만, 그 개념과 쓰임새는 명확히 구분됩니다.

| 개념 | 정의 | 시간 관점 | 확률 포함 | 표기 | 설명 |
| --- | --- | --- | --- | --- | --- |
| 보상 | 지금 받은 값 | 한 시점 | X | $R_t$ | 현재의 보상 |
| 반환값 | 미래까지 누적 보상 | 시계열 전체 | X | $G_t$ | 보상의 총합 |
| 기댓값 | 평균적으로 얻을 값 | 불문 | O | $E[X]$ | 불확실한 보상의 평균 |

보상 vs. 반환값 vs. 기댓값

정리하면 다음과 같다.

- 보상은 **지금** 받는 점수
- 반환값은 '**앞으로 받을 모든 보상의 합**'
- 기댓값은 '**확률적으로 예상되는 평균 보상**'

## 1.4.4 상태 가치 함수

상태 가치 함수($v(s)$: state value function)는 특정 상태에서 앞으로 받을 보상의 기댓값을 계산하는 함수이다. 반환값(G)이 하나의 에피소드에서 실제로 얻은 보상의 총합을 의미한다면, 상태 가치 함수는 전체 환경(environment)에서 가능한 모든 경로를 고려한 기대 보상 값을 측정한다. 즉, 환경 전체에서 특정 상태가 얼마나 가치 있는지를 평가하는 함수이다.

'함수'라는 용어에서 짐작할 수 있듯이, 상태 가치 함수는 단순히 보상의 합을 계산하는 것이 아니라, 상태 전이 확률까지 함께 고려하여 기댓값을 계산한다. 이는 강화학습과 마르코프 보상 과정(MRP)에서 중요한 개념이다.

$$\begin{aligned} v(s) &= E[G_t \mid S_t = s] & \text{①} \\ &= E[R_{t+1} + \gamma R_{t+2} + \gamma^2 R_{t+3} + \ldots \mid S_t = s] & \text{②} \\ &= E[R_{t+1} + \gamma(R_{t+2} + \gamma R_{t+3} + \ldots) \mid S_t = s] & \text{③} \\ &= E[R_{t+1} + \gamma G_{t+1} \mid S_t = s] & \text{④} \\ &= E[R_{t+1} + \gamma v(S_{t+1}) \mid S_t = s] & \text{⑤} \end{aligned}$$

상태 가치 함수

### ① 상태 가치 함수의 정의

특정 상태 $S_t = s$에서 시작했을 때 반환값($G_t$)의 기댓값을 계산하는 것이 상태 가치 함수의 목적이다. 반환값($G_t$)은 현재 시점부터 미래에 받을 보상의 총합이다.

### ② 반환값의 확장 표현

반환값은 각 타임스텝에서 받은 보상을 감가율($\gamma$)을 적용하여 합산한 값이므로, 이처럼 표현할 수 있다. 즉, 각각의 미래 보상들을 현재 가치로 환산한 후 모두 더한 값이다.

### ③ 감가율을 분리하여 표현

두 번째 항부터 감가율 $\gamma$로 묶는다. 이는 남은 보상의 기댓값을 다시 반환값($G_{t+1}$)으로 볼 수 있도록 식을 변형하기 위한 과정이다.

### ④ 반환값을 다시 사용하여 단순화

괄호 안의 항목은 다음 시점부터의 반환값($G_{t+1}$)으로 볼 수 있다. 즉, 현재 보상 $R_{t+1}$과 다음 상태에서의 반환값($G_{t+1}$)을 결합한 형태로 표현된다.

## ⑤ 상태 가치 함수의 재귀적 표현

다음 상태에서의 가치 함수 $v(S_{t+1})$를 이용하여 더욱 일반적인 형태로 변형할 수 있다. 즉, 현재 상태의 가치는 즉각적인 보상 $R_{t+1}$과 다음 상태의 가치 $v(S_{t+1})$에 감가율을 적용하여 더한 값과 같다.

| | 측정 대상 | 특징 | 감가율 $\gamma$ | 상태 전이 확률 $P$ |
|---|---|---|---|---|
| 반환값 $G$ : Return | 에피소드 Episode | 합계 | 사용 | 미사용 |
| 상태 가치 함수 $v$ : State Value Function | 전체 환경 Environment | 기댓값 | 사용 | 사용 |

반환값과 상태 가치 함수

반환값($G$)은 개별 에피소드에서 실제 받은 보상의 총합으로, 실행할 때마다 변동될 수 있으며 상태 전이확률을 직접 사용하지 않는다. 반면, 상태 가치 함수($v$)는 특정 상태에서 장기적으로 기대할 수 있는 평균 보상을 나타내며, 상태 전이확률을 반영하여 계산된다.

두 개념 모두 감가율($\gamma$)을 적용하지만, 반환값은 개별 실행에서 할인된 보상을 합산하는 반면, 상태 가치 함수는 여러 실행을 통해 평균적인 기대 보상을 평가하는 데 사용된다.

> **Tip** 반환값이 상태 전이 확률을 직접 사용하지 않는 이유
>
> 반환값($G$)은 하나의 에피소드에서 '실제로 일어난 상태 전이 경로'에 따른 보상만을 사용하기 때문이다. 반면, 상태 가치 함수($v$)는 가능한 모든 경로를 확률적으로 고려하므로 상태 전이 확률을 직접 사용한다.

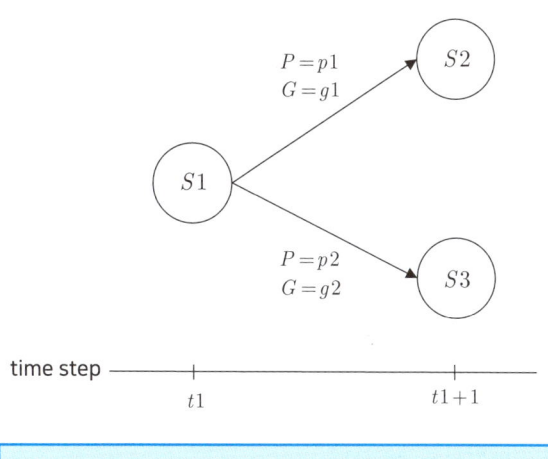

수식 1을 사용한 상태 가치 함수

상태 가치 함수는 현재 상태에서 앞으로 받을 보상의 평균적인 기댓값을 의미한다.

예를 들어, 지금 상태가 s일 때, 다음 타임스텝에는 두 가지 상태로 이동할 수 있다고 가정해보자.

- 첫 번째 상태로 이동하면 반환값이 $g1$이고, 이 상태로 이동할 확률이 $p1$
- 두 번째 상태로 이동하면 반환값이 $g2$이고, 이 상태로 이동할 확률이 $p2$

이 경우, 현재 상태에서의 기대 보상(상태 가치 함수)은 각 상태로 이동할 확률에 반환값을 곱한 후 더한 값이 된다. 즉, $v(s)=p1\times g1+p2\times g2$ 로 계산할 수 있다. 쉽게 말하면, 각 가능한 미래 상태에서 받을 보상을 예상하고, 그 확률을 반영하여 평균을 낸 것이라고 보면 된다.

### 상태 가치 함수와 밸만 방정식

$$\begin{aligned} v(s) &= E[R_{t+1} + \gamma v(S_{t+1}) \mid S_t = s] &&① \\ &= R_{t+1} + \gamma E[v(S_{t+1}) \mid S_t = s] &&② \\ &= R_{t+1} + \gamma \sum_{s' \in S} P_{ss'} v(s') &&③ \end{aligned}$$

상태 가치 함수 밸만 방정식

벨만 방정식(Bellman equation)은 상태의 가치를 **보상과 미래 가치의 기댓값**을 통해 재귀적으로 정의하며, 최적의 정책을 찾기 위한 이론적 기반으로 매우 중요하게 사용된다. 이 개념은 미국 수학자 리차드 벨만(Richard Bellman)에 의해 정리되었으며, 강화학습은 물론 동적 프로그래밍(dynamic programming) 이론의 근간을 이루는 핵심 원리이기도 하다. 벨만 방정식을 이용하면 특정 상태에서 장기적으로 얼마나 많은 보상을 받을 수 있을지 수식으로평가할 수 있고, 이것이 바로 정책(policy)을 평가하거나 최적화하는 데 결정적인 역할을 한다.

### ① 현재 상태의 가치를 기댓값으로 정의하기

이 첫 번째 수식은 벨만 방정식의 가장 일반적인 형태이다. 특정 상태 $s$에 있을 때, 앞으로 받을 보상들의 총합, 즉 **반환값의 기댓값**이 바로 그 상태의 가치 $v(s)$임을 의미한다. 즉, 지금 상태의 가치는 '지금 바로 받을 보상 + 다음 상태에서 기대할 수 있는 가치(감가율 적용)'로 요약된다.

### ② 보상과 미래 가치의 분리

두 번째 식은 벨만 방정식의 구조를 조금 더 계산하기 쉬운 형태로 바꾼 표현이다. 이 표현에서는 기댓값 안에 있던 두 항 중, 보상 항은 기댓값 바깥으로 꺼내고, 미래 상태의 가치는 그대로 기댓값 안에 남긴다.

이렇게 나누는 이유는 명확하다. 보상은 보통 현재 상태($s$)에서 주어지는 값이기 때문이다. 예를 들어, 상태가 "맑음"일 때 주어지는 보상이 항상 +1이라면, 그 보상은 확률적으로 바뀌지 않는다. 다시 말해, 상태만 보면 어떤 보상이 주어질지 이미 알고 있으므로, 기댓값을 적용할 필요가 없다. 그래서 이 보상 항은 기댓값 바깥으로 꺼낼 수 있다.

반면에 미래 상태는 다르다. 지금 상태에서 어떤 행동을 했을 때, 다음 상태가 어디로 갈지는 확률적으로 결정된다. 예를 들어, 지금 상태가 "맑음"이라고 해도, 다음 날이 "맑음", "흐림", "비"가 될 확률은 각각 다를 수 있다. 따라서 미래 상태의 가치는 확률적으로 다양한 결과가 나올 수 있고, 그 평균을 구하는 계산이 필요하다. 그래서 미래 가치에 대해서는 기댓값 연산을 그대로 남겨두는 것이다.

이렇게 식을 나누면 우리가 계산하고자 하는 핵심이 더 명확해진다. 지금 상태에서 받는 보상은 그냥 숫자로 취급하고, 다음 상태에서 어떤 결과가 나올지에 대해서만 신경 쓰면 되기 때문이다. 실제 강화학습 알고리즘에서도 이 구조가 자주 사용되며 계산이 단순하고, 가치 함수 업데이트에 직접 활용하기 좋기 때문이다.

결국 이 표현은 "지금은 확정된 보상을 받고, 미래는 확률적으로 좋은 상태로 갈 수 있다면 그 기대치를 감안하자"는 전략적 사고를 수식으로 표현한 것이라 할 수 있다.

### ③ 상태 전이 확률로 기댓값을 풀어낸 형태

세 번째 식은 **기댓값을 상태 전이 확률을 이용해 구체적으로 전개한 형태**이다. 이 식은 특정 상태에 있을 때, **가능한 모든 다음 상태에 대한 가중 평균**을 계산한 것이다. 즉, 상태 전이 확률과 다음 상태의 가치들을 곱하고, 이를 모두 합산하여 기댓값을 구한다.

- $Pss'$: 현재 상태 $s$에서 다음 상태 $s'$로 전이될 확률
- $v(s')$: 그 다음 상태의 가치

이러한 형태는 실제 가치 함수의 계산(또는 근사)에 매우 유용하게 쓰이며, 벨만 기대 방정식(Bellman expectation equation)으로 불리기도 한다.

벨만 방정식의 핵심 개념을 정리해 보면 다음과 같다.

1. 현재 상태의 가치(상태 가치 함수)는 미래 보상의 기댓값을 기반으로 계산된다.
2. 기댓값을 표현할 때, 지금 받을 보상과 다음 상태의 기대 가치(미래 보상)를 더해서 나타낸다.
3. 계산을 쉽게 하기 위해, 불필요한 상수는 앞으로 빼고 수식을 정리하면 더 간단한 형태로 만들 수 있다.
4. 마지막으로, 현재 상태의 가치 = 즉시 받을 보상 + 다음 상태 가치로 표현한 것이 벨만 방정식이다.

즉, 현재 가치(value)를 계산하려면 "미래의 예상 가치"를 활용해야 한다는 것이 벨만 방정식의 핵심 원리다. 이 개념을 활용하면, 프로그래밍으로 강화학습의 최적 정책을 계산할 수 있다.

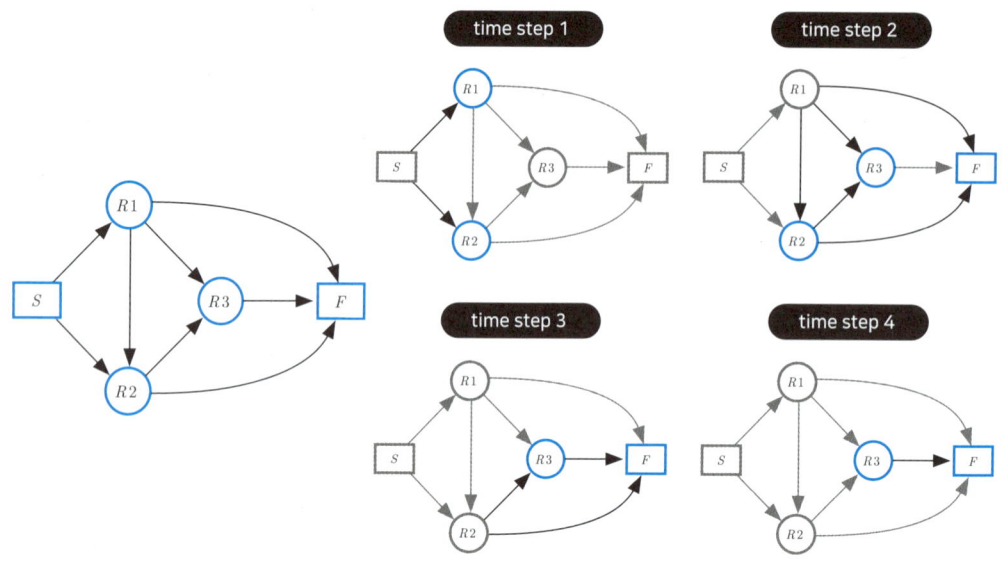

타임스탭별로 고려해야 하는 상태

위 그림은 에이전트가 시작 지점 S에서 출발하여 R1, R2, R3을 거쳐 최종 목적지 F에 이르는 과정을 시간의 흐름에 따라 네트워크 상에서 보여준다. 이 과정을 통해 벨만 방정식의 실제 적용이 어떤 상황에서는 필요 없거나 경우에 따라 오히려 비효율적일 수도 있음을 설명할 수 있다.

### 왜 벨만 방정식을 사용하는가?

우선, 벨만 방정식은 강화학습이나 최적화 문제를 수학적으로 해결하기 위한 핵심 도구다. 복잡한 환경에서 어떤 상태에서 어떤 결정을 내려야 가장 높은 보상을 얻을 수 있는지를 평가하기 위해, 우리는 상태의 가치를 수식으로 표현해야 한다.

이때 사용하는 것이 바로 벨만 방정식이다. 벨만 방정식은 현재 상태에서 받을 보상과, 미래 상태에서 기대할 수 있는 가치의 합으로 현재 상태의 가치를 정의함으로써, 복잡한 의사결정 문제를 재귀적으로 해결할 수 있게 된다.

### 그런데 왜 이 그림에서는 벨만 방정식을 그대로 쓰기 어렵다고 하는가?

이유는 간단하다. 지금 보고 있는 그림은 매우 제한된 경로와 명확한 상태 전이를 가진 단순한 네트워크이기 때문이다. 에이전트는 시작 상태에서 한 방향으로 이동해 결국 F에 도달한다. Time Step 1부터 Time Step 4까지의 경로가 명확하게 주어져 있으며, 에이전트는 선택의 여지가 없다.

이처럼 상태의 흐름이 직선적이고 선택지가 없는 환경에서는, 벨만 방정식을 사용하지 않더라도 각 경로에서 직접 받은 보상만을 더해 반환값을 바로 계산할 수 있다.

즉, 매 순간 어떤 상태로 갈지 결정해야 하는 복잡한 상황이 아니므로, 수학적으로 전체 상태 가치 함수(value function)를 수학적으로 계산할 필요가 없는 것이다.

### 벨만 방정식은 어떤 상황에서 진가를 발휘하는가?

벨만 방정식이 정말로 필요한 순간은, 상태가 많고 경로가 복잡하며, 매 순간마다 다양한 선택지가 주어지는 환경이다. 예를 들어, 어떤 상태에서는 여러 방향으로 이동할 수 있고, 그 각각의 이동이 미래 보상에 다르게 영향을 준다면, 우리는 전체적인 상태 가치 구조를 이해하고 비교해야 한다. 이럴 때는 각 상태의 가치를 계산하고, 이를 기반으로 최적의 정책(policy)을 수립해야 하며, 그 핵심 계산이 바로 벨만 방정식을 통해 이루어진다.

하지만 지금 그림처럼 정해진 경로를 따라 순서대로 이동하는 환경에서는, 미래에 대한 복잡한 기대 계산이 필요 없다. 각각의 경로를 따라가며 받은 보상을 단순히 누적하면 되기 때문에, 벨만 방정식을 굳이 사용할 필요는 없다.

### 상태 가치 함수와 벨만 방정식의 의미

그럼에도 불구하고, 이와 같은 단순한 예시에서도 상태 가치 함수의 개념은 여전히 중요하다. 상태 가치 함수는 어떤 상태에 있을 때, 앞으로 받을 수 있는 평균적인 기대 보상을 의미한다. 복잡한 환경에서는 이 가치 함수가 전체 시스템을 이해하고 학습하는 데 핵심이 되며, 벨만 방정식은 이 상태 가치 함수를 수학적으로 풀어내는 강력한 도구다.

앞선 그림처럼 경로가 명확하고 상태 전이가 순차적인 환경에서는, 벨만 방정식을 적용하는 것이 오히려 과한 접근이 될 수 있다. 그러나 현실 세계의 문제, 특히 강화학습 환경에서는 경로가 다양하고 불확실성이 많기 때문에, 상태의 가치를 재귀적으로 계산해 나가는 벨만 방정식이 매우 유용하다. 벨만 방정식은 단순한 경로 추적이 아닌, 복잡한 선택과 예측이 필요한 환경에서 그 진가를 발휘하는 수학적 기반이라 할 수 있다.

/basic/7. 마르코프 보상 과정.ipynb

```python
import numpy as np

#(1) 상태와 보상 구조 정의
states = ["S", "R1", "R2", "R3", "F"]
rewards = {
    ("S", "R1"): 0.5, ("S", "R2"): 1.5,
    ("R1", "R3"): 1.0, ("R1", "R2"): 1.5,
    ("R2", "R3"): 2.0, ("R3", "F"): 3.0
}

#(2) 감가율(Discount Factor) 설정
gamma = 1 / 2

#(3) 가능한 경로 정의
paths = [
    ["S", "R1", "R3", "F"],   # 경로 ①
    ["S", "R1", "R3", "F"],   # 경로 ②
    ["S", "R2", "R3", "F"]    # 경로 ③
]

#(4) 반환값 계산 함수 정의
def calculate_return(path):
    total_return = 0
    discount_factor = 1   # 초기 감가율

    for i in range(len(path) - 1):
        state, next_state = path[i], path[i + 1]
        reward = rewards.get((state, next_state), 0)
        total_return += discount_factor * reward
        discount_factor *= gamma   # 감가율 적용

    return total_return

#(5) 모든 경로에 대해 반환값 계산 및 출력
```

```
returns = {i+1: calculate_return(path) for i, path in enumerate(paths)}
for path_id, value in returns.items():
    print(f"경로 {path_id} 반환값: {value:.4f}")
```

```
경로 1 반환값: 1.7500
경로 2 반환값: 1.2500
경로 3 반환값: 3.2500
```

예제 코드는 감가율($\gamma=1/2$)을 적용하여 반환값(return)을 계산하고, 다양한 경로의 보상을 평가하는 프로그램이다. 프로그램의 실행 구조는 다음과 같다.

**(1) 상태와 보상 구조 정의**

가장 먼저 상태(state)들을 정의한다. 이 모델에서의 상태는 "S"에서 시작하여 "F"(final)까지 이어지는 총 5개로 구성되어 있다.

그 다음, 상태 간의 전이와 그에 따른 보상을 정의한다. 예를 들어, "S"에서 "R1"로 이동하면 0.5의 보상을 얻고, "R3"에서 "F"로 이동하면 3.0의 보상을 받는 구조이다.

**(2) 감가율 설정**

감가율 $\gamma$는 0.5로 설정되어 있다. 이는 **미래에 받을 보상의 가치를 현재보다 절반 정도로 본다**는 의미이다. 즉, 시간이 지날수록 보상의 영향력이 작아지도록 설계되어 있다.

**(3) 가능한 경로 정의**

세 가지 경로를 정의한다. 이 경로들은 "S"에서 출발하여 "F"까지 도달하는 서로 다른 이동 경로이며, 각각 다음과 같다.

- 경로 ①: S → R1 → R3 → F
- 경로 ②: S → R1 → R2 → F
- 경로 ③: S → R2 → R3 → F

이 중 "R2 → F"는 보상 테이블에 존재하지 않으므로, 경로 ②는 의미상 유효하지 않을 수 있다. 그러나 코드에서는 (state, next_state) 쌍이 테이블에 없을 경우 보상을 0으로 처리하기 때문에 실행은 가능하다.

### (4) 반환값 계산 함수 정의

이제 각 경로의 반환값을 계산하는 함수 calculate_return()을 정의한다.

이 함수는 다음과 같은 방식으로 작동한다:

- 처음에는 할인율을 1로 설정한다.
- 경로를 따라 이동하면서 현재 보상에 할인율을 곱해 누적한다.
- 이동이 한 번 이루어질 때마다 감가율을 한 번 적용해 할인율을 줄인다.

### (5) 모든 경로에 대해 반환값 계산 및 출력

모든 경로에 대해 반환값을 계산한 뒤, 그 결과를 출력한다. 출력 형식은 '경로 번호: 반환값' 형태로 구성되어 있다. 이 결과를 통해 세 가지 경로 중에서 경로 ③이 가장 높은 반환값을 가지므로 해당 경로가 가장 효율적인 전략임을 알 수 있다.

이 코드는 간단한 강화학습 개념, 특히 **감가율을 적용한 반환값 계산**의 실제 구현한 예제이다. 상태 전이와 보상을 기반으로 경로별 기대 보상을 정량적으로 비교할 수 있으며, 이는 정책 선택과 가치 평가의 기초로 이어진다. 이처럼 강화학습의 핵심 개념인 반환값, 감가율, 보상 구조를 명확히 이해하고 실습을 통해 직접 구현해보는 것은 향후 벨만 방정식, 가치 함수, 정책 최적화로 나아가는 데 큰 도움이 된다.

강화학습을 이해하는 과정에서 마르코프 보상 과정(Markov Reward Process, MRP)을 배우지만, 초반에는 수식보다 벨만 방정식이 어떤 의미를 가지는지 이해하는 것이 더 중요하다. 즉, 복잡한 환경에서는 벨만 방정식을 통해 상태 가치 함수를 계산해야 하지만, 단순한 네트워크 문제에서는 순차적으로 보상을 계산하는 방식으로 해결할 수도 있다.

# 2

## 강화학습 기본 알고리즘

강화학습 알고리즘의 본격적인 시작점은 바로 마르코프 결정 과정(MDP)이다. 지금까지 살펴본 확률 개념이나 마르코프 보상 과정(MRP)까지는 비교적 직관적으로 이해할 수 있었을 것이다. 상태가 시간에 따라 확률적으로 변화하고, 그에 따라 보상을 받는 구조는 어느 정도 그림이 그려진다. 그러나 MDP에 들어서면서부터는 학습의 난이도가 한 단계 높아진다.

그 이유는, MDP에는 기존 MRP에 없던 두 가지 핵심 요소가 추가되기 때문이다. 바로 행동(action)과 정책(policy)이다. 이제 에이전트는 단순히 상태에 따라 움직이는 것이 아니라, 어떤 행동을 선택하는지에 따라 상태 전이와 보상이 달라진다. 즉, 학습의 초점이 "무엇이 일어날까?"에서 "무엇을 해야 할까?"로 전환되는 것이다. 이 변화는 강화학습에서 매우 중요한 전환점이 된다.

이 시점에서 꼭 강조하고 싶은 점이 있다. MDP를 제대로 이해하지 못한다면, 이후에 배우게 될 Q 러닝, REINFORCE, A2C, PPO 같은 강화학습 알고리즘을 아무리 반복해서 공부하더라도, 그 본질을 파악하기 어렵다. 왜 상태-행동 가치 함수가 필요한지, 왜 정책을 업데이트해야 하는지, 왜 감가율을 적용하는지를 이해하려면 이 모든 핵심 개념들이 MDP 안에 뿌리를 두고 있다는 것을 알아야 한다.

그래서 이 장은 단순한 이론이 아니라, 앞으로 나아갈 길을 위한 토대라고 생각해야 한다. 조금 어렵더라도 MDP의 구조와 개념을 꼼꼼히 이해하고 넘어가길 바란다. MDP를 정확히 이해하면, 그 다음 단계의 강화학습 알고리즘들은 훨씬 더 선명하게 다가올 것이다.

## 2.1 마르코프 결정 과정이란?

> 2 강화학습 기본 알고리즘

마르코프 결정 과정(Markov Decision Process, MDP)은 마르코프 보상 과정(Markov Reward Process, MRP)에 행동(action, A)과 정책(policy, $\pi$)이 추가된 개념이다. MRP가 에피소드나 환경 전체의 가치를 계산하는 것이 목적이라면 MDP는 환경의 가치를 극대화하는 정책을 결정하는 것이 목적이다. 지금은 무슨 말인지 이해가 가지 않겠지만, 우선 머릿속에 '정책 결정'이라는 단어를 담아두길 바란다.

| MRP | 에이전트는 시간의 흐름(타임스텝)에 따라 상태 전이 확률에 영향을 받으며 자연스럽게 이동 |
| --- | --- |
| MDP | 에이전트는 타임스텝별로 정책에 따라 행동을 선택하고 상태 전이 확률에 영향을 받아 이동 |

MRP와 MDP에서 에이전트의 이동

마르코프 결정 과정(MDP)에 들어서면, 새롭게 등장하는 개념이 하나 있다. 바로 에이전트(agent)다. 앞서 확률 과정이나 마르코프 보상 과정(MRP)을 공부할 때는 에이전트라는 개념 없이도 충분히 상태의 변화와 보상의 흐름을 설명할 수 있었다. 예를 들어, 브라운 운동에서는 꽃가루가 물 분자에 의해 무작위로 움직이는 모습을 관찰해 확률 과정을 설명했는데, 이때의 꽃가루가 바로 에이전트의 전형적인 예가 될 수 있다. 다만, 그 당시에는 굳이 "에이전트"라는 이름을 붙이지 않았을 뿐이다.

확률 과정과 MRP에서는 환경(environment)의 상태가 시간의 흐름과 상태 전이 확률(P)에 의해 자연스럽게 변화한다. 즉, 상태는 외부 요인에 의해 수동적으로 바뀌며, 내부적으로 어떤 선택이나 판단이 개입되지 않는다. 다시 말해, 시스템은 자율적인 구조가 아니라 외부 확률에 의해 움직이는 구조다.

그러나 MDP에서는 상황이 달라진다. 이때부터는 에이전트가 주도적인 역할을 하게 된다. 에이전트는 단순히 상태 변화의 대상이 아니라, 자신의 정책($\pi$)에 따라 어떤 행동(action)을 선택하고, 그 행동의 결과로 다음 상태가 결정된다. 물론 이때도 상태 전이에는 확률($P$)이 개입되지만, 어떤 행동을 하느냐에 따라 상태 변화의 양상이 달라진다. 이런 구조는 에이전트가 수동적인 존재가 아니라 능동적으로 선택하고 환경 변화에 영향을 미치는 주체임을 의미한다.

이처럼 에이전트라는 개념이 들어가면서 MDP는 MRP와는 전혀 다른 성격을 가지게 된다. MRP가 자연현상이나 통계적 흐름을 설명하는 데 적합한 모델이라면, MDP는 어떤 주체가 판단하고 행동해야 하는 상황, 예를 들어 로봇 제어, 게임 플레이, 자율 주행, 추천 시스템처럼 결정이 필요하고 전략이 중요한 문제에 더 적합하다.

참고로, '에이전트라(agent)'라는 단어는 원래 '행동하는 존재', '행위자'를 의미한다. MDP에서의 에이전트는 말 그대로, 환경 속에서 행동을 통해 결과를 만들어내는 존재이다. 이 에이전트는 자신의 정책($\pi$)에 따라 행동을 선택하고, 그 행동은 상태 전이 확률($P$)과 함께 환경을 변화시킨다.

요약하자면, 에이전트가 등장하면서 MDP는 더 이상 수동적인 시스템이 아니다. 이제는 선택이 있고, 그 선택이 환경을 바꾸며, 그 변화가 다시 에이전트의 다음 선택에 영향을 준다. 이 상호작용 구조야말로, 강화학습이 실제 문제에 적용될 수 있도록 만드는 핵심 메커니즘이다.

# 2.2 MDP 구성 요소

## 2.2.1 MDP에서 상태 전이 매트릭스와 보상 함수

- $S$ : 상태(State)의 집합
- $P$ : 상태 전이 매트릭스
  $P_{ss'}^a = P[S_{t+1} = s' \mid S_t = s, A_t = a]$
- $R$ : 보상 함수
  $R_s^a = E[R_{t+1} \mid S_t = s, A_t = a]$
- $\gamma$ : 감가율
  $\gamma \in [0, 1]$
- $A$ : 행동(Action)의 집합
- $\pi$ : 정책 함수

MDP 구성 요소

마르코프 결정 과정(MDP)을 이해할 때 가장 먼저 짚고 넘어가야 할 개념은, 상태가 바뀌는 방식과 보상이 주어지는 방식에 '행동(action)'이라는 조건이 추가된다는 점이다. 이 변화는 마르코프 보상 과정(MRP)과 MDP의 가장 큰 차이점이기도 하다.

먼저 상태 전이 매트릭스($P$)에 대해 살펴보자.

이는 시간 $t$에 어떤 상태 $s$에 있을 때, 에이전트가 행동 $a$를 선택했을 경우, 다음 시점인 시간 $t+1$에 상태 $s'$로 바뀔 확률을 말한다. 다시 말해, 단순히 상태가 알아서 바뀌는 것이 아니라, 에이전트가 어떤 행동을 하느냐에 따라 다음 상태가 어떻게 바뀔지가 결정된다는 것이다.

예를 들어, 같은 상태 $s$에 있더라도 A라는 행동을 할 때와 B라는 행동을 할 때, 그 이후 상태가 달라질 수 있다는 뜻이다.

다음은 보상 함수($R$)이다.

이 역시 구조는 비슷하지만 개념이 조금 다르다. 이 함수는 시간 $t$에 상태 $s$에서 행동 $a$를 했을 때, 다음 시점에서 받게 될 보상의 평균값, 즉 기댓값을 나타낸다. 행동을 달리하면 받을 보상도 달라지므로, 여기에서도 행동이라는 조건이 꼭 필요하다. 같은 상태에서 전혀 다른 행동을 하면, 어떤 경우는 보상을 많이 받고, 어떤 경우는 거의 받지 못할 수도 있기 때문이다.

결국 MDP에서는 상태가 바뀌거나 보상이 주어지는 상황을 설명할 때, 상태만으로는 부족하고 반드시 행동까지 함께 고려해야 한다. 이것은 에이전트가 단순히 환경에 의해 수동적으로 변화하는 것이 아니라, 행동을 선택함으로써 환경에 영향을 미치는 능동적인 존재로 기능하기 때문이다.

그래서 MDP에서는 상태 전이 확률과 보상 계산 모두에 행동이라는 조건이 들어가야 한다는 것이다. 이를 통해 에이전트는 단순한 반응자가 아닌, **의사결정을 내리는 주체**로서 작동하게 된다.

또한, MDP에서 에이전트가 취할 수 있는 행동은 상태와 마찬가지로 **유한한 개수로 정해져 있는 경우**가 일반적이다. 예를 들어, 어떤 게임에서는 '왼쪽으로 이동', '오른쪽으로 이동', '점프', '가만히 있기'와 같이 명확히 구분된 행동의 목록이 있고, 에이전트는 그 중에서 하나를 선택하는 식이다.

이렇게 행동이 도입되면서 MDP는 단순히 변화하는 환경을 관찰하는 수준을 넘어, 에이전트가 직접 선택하고 그 선택에 따라 환경이 반응하는 상호작용의 구조로 바뀐다. 이는 강화학습이 실제로 동작하는 방식과 매우 잘 맞아떨어지며, 이후의 학습 알고리즘에서도 행동과 상태의 관계를 기반으로 전략을 세우게 된다.

## 2.2.2 MDP에서 정책

마르코프 결정 과정(MDP)에서 정책(Policy)은 에이전트가 어떤 상태에 있을 때 어떤 행동을 선택할지를 결정하는 기준을 말한다. 이 정책은 확률적인 방식으로 정의되며, 다시 말해 "특정 상태에서 특정 행동을 선택할 확률"로 표현된다.

$$\pi = P[A_t = a \mid S_t = s]$$

MDP 정책

강화학습에서 정책(policy)은 단순한 규칙을 넘어, 에이전트의 학습과 탐색, 그리고 환경에 대한 적응을 이끄는 핵심 메커니즘이다. 정책은 확률적으로 정의되기 때문에, 에이전트는 같은 상태에서도 항상 같은 행동만을 반복하지 않는다.

예를 들어, 하나의 상태에서 선택 가능한 행동이 네 가지가 있다면, 이때 각 행동에는 선택될 확률이 정해져 있으며, 이 확률의 합은 반드시 1이 된다. 어떤 행동이든 반드시 하나는 선택돼야 하기 때문이다.

가령 A 행동의 선택 확률이 60%, B 행동이 40%라면, 에이전트는 항상 A만 고르는 것이 아니라, 약 60%의 확률로 A를, 나머지 40% 확률로는 B를 선택할 수 있다. 이처럼 정책은 에이전트의 선택에 유연성과 다양성을 부여한다. 이는 마치 사람이 같은 상황에서도 항상 똑같은 결정을 내리는 것이 아니라, 때에 따라 다른 선택을 하듯이, 강화학습에서도 일정한 '의외성'을 만들어 낸다. 이 확률적 선택은 단순한 무작위가 아니라, 이후에 배우게 될 탐험(exploration) 개념과도 깊게 연결되어 있다.

강화학습에서는 에이전트가 더 나은 전략을 찾기 위해 새로운 행동을 시도하는 과정이 반드시 필요하다. 이때 정책이 확률적으로 정의되어 있기 때문에, 에이전트는 매번 약간씩 다른 행동을 선택하며 경험을 쌓고, 결과를 비교하고, 점점 더 나은 방향으로 학습을 진화시켜 나갈 수 있다.

결국, 정책은 정해진 행동만 반복하는 틀에 박힌 규칙이 아니라, 끊임없이 선택하고 실험하고 발전하는 강화학습의 중심축이다. 에이전트가 환경 속에서 살아 움직이듯 유연하게 반응하고, 변화하는 전략을 스스로 만들어 갈 수 있도록 해주는 기반이 바로 이 정책이다.

### 2.2.3 MRP와 MDP 비교 사례

강화학습을 처음 접할 때 MDP에서 갑자기 등장하는 **행동(action)**과 **정책(policy)** 개념은 다소 생소하고 어렵게 느껴질 수 있다. 하지만 다음 예제를 차근히 살펴보면 그 구조와 의미를 좀 더 명확하게 이해할 수 있다.

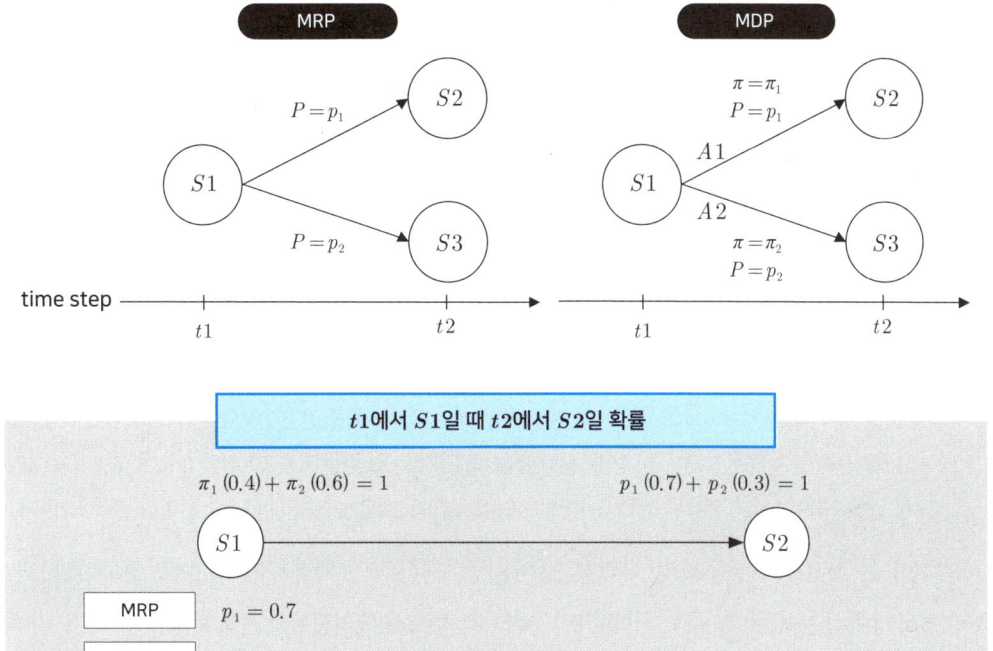

MRP와 MDP 비교 사례

먼저 **MRP 환경**은 비교적 단순하다. 시간 $t1$에서의 상태가 $S1$일 때, $t2$에서는 상태가 $S2$ 또는 $S3$로 전이될 수 있으며, 각각의 상태 전이 확률은 0.7과 0.3이다. 이 경우 $S2$에 있을 확률은 상태 전이 확률과 같기 때문에 별도의 복잡한 계산이 필요하지 않다.

하지만, **MDP 환경**에서는 조금 더 복잡한 계산이 필요하다. 그 이유는 MDP에서는 상태 이에 **행동**이라는 개념이 추가되기 때문이다. 예를 들어, 상태 $S1$에서 에이전트는 두 가지 행동, $A1$ 또는 $A2$ 중 하나를 선택할 수 있다. $A1$을 선택하면 $S2$로, $A2$를 선택하면 $S3$으로 이동할 수 있다.

여기서 중요한 것은, **에이전트가 어떤 행동을 선택할 확률**, 즉 **정책**이 따로 정해져 있다는 점이다. 이 예제에서는 $A1$을 선택할 확률이 0.4, $A2$를 선택할 확률이 0.6으로 주어져 있다.

하지만 정책만으로는 다음 상태를 정확히 예측할 수 없다. 왜냐하면 **에이전트의 선택과는 별**

**개로**, 실제로 그 행동이 어떤 상태로 이어질지는 **상태 전이 확률**에 따라 달라지기 때문이다. 마치 배를 조종하는 선장이 방향을 정하더라도, 실제 항로는 바람이나 해류의 영향을 받는 것과 같다. 행동은 에이전트의 선택이지만, 결과는 환경의 확률적 조건에 따라 정해지는 것이다.

따라서 $S1$에서 $S2$로 갈 확률을 계산하려면, 각 행동이 선택될 확률(정책)과 그 행동을 통해 $S2$로 전이될 확률(상태 전이 확률)을 곱한 뒤, 모든 가능한 행동에 대해 그것을 합산해야 한다. 예를 들어,

- $A1$을 선택할 확률은 0.4이고, $A1$을 선택했을 때 $S2$로 갈 확률이 0.7이므로 $0.4 \times 0.7 = 0.28$
- $A2$를 선택할 확률은 0.6이고, $A2$를 선택했을 때도 $S2$로 갈 확률이 0.7이라면 $0.6 \times 0.7 = 0.42$
- 두 값을 더하면 총 $0.28 + 0.42 = 0.7$이 되어, 결과적으로 MRP와 동일한 전이 확률이 나온다.

즉, MDP는 MRP보다 구조가 복잡해 보이지만, 기본적인 확률 계산은 여전히 유효하다. 단지, 정책이라는 요소가 추가됨에 따라 계산 과정에서 **에이전트의 선택 확률**을 함께 고려해야 한다는 점이 다를 뿐이다.

마지막으로 중요한 사실 하나는, MDP에서는 에이전트의 행동이 **정책에 따라 결정되며**, 이 정책은 시간에 따라 변하지 않고 **항상 같은 상태에서는 같은 확률로 행동을 선택**한다는 것이다. 또 MDP는 **마르코프 속성**을 전제로 하므로, 정책은 과거의 정보가 아니라 오로지 **현재 상태**만을 기준으로 판단된다.

결국, MDP는 MRP보다 한층 복잡하지만, 그만큼 더 **정교하고 현실적인 문제**를 다룰 수 있도록 설계된 구조이다. 에이전트가 행동을 선택하고, 그 결과가 확률적으로 정해지는 이 시스템은, 강화학습의 핵심적인 작동 원리를 명확하게 보여준다.

## 2.2.4 정책을 고려한 상태 전이 매트릭스와 보상 함수

마르코프 결정 과정(MDP)에서는 에이전트가 행동을 선택할 수 있기 때문에, 상태가 어떻게 바뀌고 어떤 보상을 받을지는 단순히 상태만으로는 설명할 수 없다. 여기서 중요한 역할을 하는 것이 바로 **정책**($\pi$)이다. 정책은 에이전트가 어떤 상태에서 어떤 행동을 선택할지

를 확률적으로 결정해주는 기준이며, MDP 전체 흐름의 방향을 결정짓는 핵심 요소다.

$$P_{SS'}^{\pi} = \sum_{a \in A} \pi(a \mid s) P_{SS'}^{a} \quad ①$$

$$R_{S}^{\pi} = \sum_{a \in A} \pi(a \mid s) R_{S}^{a} \quad ②$$

정책을 고려한 상태 전이 매트릭스와 보상 함수

기존의 마르코프 보상 과정(MRP)에서는 상태 전이 확률이 단순히 상태 간의 이동 확률이었다. 즉, 현재 상태만 알면 다음 상태로 어떻게 전이될 지가 고정되어 있었다. 하지만 MDP에서는 상황이 달라진다. 같은 상태라 하더라도 어떤 행동을 선택하는지에 따라, 그 이후의 상태나 보상이 달라질 수 있기 때문이다.

따라서 MDP를 수학적으로 다룰 때는 정책을 반영한 상태 전이 확률과 보상 함수를 새롭게 정의해야 한다. 이 개념은 다음 수식에 잘 나타나 있다.

### ① 정책을 반영한 상태 전이 확률

MDP에서는 상태 전이가 단일 확률값이 아니라, 정책에 따라 선택된 행동별 전이 확률의 가중 평균으로 바뀐다. 수식으로 표현하면 다음과 같다:

$$P_{ss'}^{\pi} = \sum_{a \in A} \pi(a \mid s) P_{ss'}^{a}$$

이는 '상태 $s$에서 정책에 따라 행동 $a$를 선택할 확률'에 '그 행동을 했을 때 상태 $s'$로 전이될 확률'을 곱한 뒤, 모든 행동에 대해 더해주는 방식이다. 이렇게 하면 최종적으로 정책을 반영한 전체 상태 전이 확률을 계산할 수 있다.

### ② 정책을 반영한 보상 함수

보상 또한 단일 값으로 계산되기 위해 정책을 반영해야 한다. 수식은 다음과 같다:

$$R_{s}^{\pi} = \sum_{a \in A} \pi(a \mid s) R_{s}^{a}$$

이 역시 같은 구조로, 정책에 따라 행동 $a$를 선택할 확률과 그 행동을 했을 때 받을 보상의 기댓값 R(s, a)을 곱한 후, 모든 가능한 행동에 대해 더한 것이다.

> **Tip** 가중평균의 합계와 평균
>
> 여기서 $\pi(a|s)$는 확률이므로 전체 합은 항상 1이 되며, 이 결과는 여러 기대 보상의 가중평균(weighted average) 형태가 된다. 즉, '정책 확률을 가중치로 둔 합계'를 구하지만, 그 가중치가 확률이기 때문에, 결과적으로는 평균과 같은 역할을 하게 된다.

이처럼 정책을 반영한 상태 전이 확률과 보상 함수를 정의하는 이유는, MDP를 MRP처럼 다룰 수 있게 만들기 위해서이다. 정책이 고정되면, 그 정책에 따라 MDP는 더 이상 '선택이 개입되는 구조'가 아니라, 확률만 존재하는 마르코프 보상 과정(MRP)처럼 변환된다.

즉, 정책이 고정되면 MDP는 마치 에이전트가 항상 일정한 확률로 행동을 선택하는 환경이 되기 때문에, 이제부터는 상태 전이도 보상도 전적으로 확률적으로 계산할 수 있게 된다.

이렇게 바뀐 구조를 이용하면, 우리는 강화학습의 핵심인 가치 함수 계산, 예측, 정책 평가를 수학적으로 명확하고 체계적으로 정리하고 풀 수 있게 된다.

## 2.3.1 MDP 상태 가치 함수란?

마르코프 결정 과정(MDP)에서도 마르코프 보상 과정(MRP)과 마찬가지로 상태 가치 함수(state value function)를 구할 수 있다. 이 함수는 어떤 상태에서 시작했을 때, 앞으로 받을 수 있는 보상의 총합의 기댓값을 의미한다.

**MRP**
$$v(s) = E[R_{t+1} + \gamma v(S_{t+1}) \mid S_t = s] \quad ①$$
$$= R_{t+1} + \gamma E[v(S_{t+1}) \mid S_t = s] \quad ②$$
$$= R_{t+1} + \gamma \sum_{s' \in S} P_{ss'} v(s') \quad ③$$

**MDP**
$$v_\pi(s) = E_\pi[R_{t+1} + \gamma v_\pi(S_{t+1}) \mid S_t = s] \quad ①$$
$$= \sum_{a \in A} \pi(a \mid s)\left(R_s^a + \gamma \sum_{s' \in S} P_{ss'}^a v_\pi(s')\right) \quad ②$$
$$= \underbrace{\sum_{a \in A} \pi(a \mid s) R_s^a}_{③\text{-}1} + \underbrace{\gamma \sum_{a \in A} \pi(a \mid s) \sum_{s' \in S} P_{ss'}^a v_\pi(s')}_{③\text{-}2} \quad ③$$

MDP 상태 가치 함수

이제부터 수식이 조금 복잡해지지만, 걱정할 필요는 없다. 하나씩 차근차근 분석하면 누구나 이해할 수 있다.

### ① 기본 구조는 MRP와 같다. 하지만 정책이 추가된다.

먼저, 상태 가치 함수의 기본적인 구조는 MRP에서와 동일하다. 즉, 현재 상태에서 받는 즉시 보상과 미래 상태에서의 기대 가치를 더한 형태이다. 하지만 MDP에서는 에이전트가 스스로 행동을 선택한다는 점에서 차이가 있다.

어떤 행동을 할지 모르기 때문에, 정책($\pi$)에 따라 행동이 확률적으로 결정되고, 그 결과로 받게 될 보상과 미래 가치를 모두 고려하여 기댓값 형태로 계산해야 한다.

### ② 정책은 행동을 선택하는 확률이다.

정책은 특정 상태에서 어떤 행동을 선택할 확률 분포이다. 예를 들어 상태 $S$에서 선택할 수 있는 행동이 두 개 있다고 해보자. 행동 $A1$을 선택할 확률이 0.6이고 행동 $A2$를 선택할 확률이 0.4라면 이 둘의 합은 반드시 1이 되어야 한다.

> **Tip** 정책은 고정된 확률 분포이다.
>
> 정책($\pi$)을 고려한 상태 가치 함수를 계산할 때는, 그 정책은 고정된 확률 분포라고 가정한다. 정책을 고정해야만, 그 정책에 따라 어떤 행동이 선택될 확률($\pi(a|s)$)과 그 행동에 따른 결과들(보상과 다음 상태)을 기반으로 기댓값을 정확히 계산할 수 있기 때문이다. 이 과정은 정책 평가(policy evaluation)라고 불리며, "현재의 정책이 얼마나 좋은가?"를 알아보는 데 쓰인다.

> **Tip 고정된 확률분포**
>
> 고정된 확률 분포란 정책이 시간에 따라 바뀌지 않고 항상 일정한 확률로 행동을 선택한다는 뜻이다. 강화학습에서의 정책 $\pi$는 상태 $s$에 있을 때 행동 $a$를 선택할 확률을 의미하며, 이것은 확률 분포로 표현된다. 예를 들어, 어떤 상태에서 행동 A를 70% 확률로, 행동 B를 30% 확률로 선택하도록 설계된 정책이 있다면, 에이전트는 그 상태에 있을 때 항상 그 비율에 따라 행동을 선택하게 된다. 이 확률이 시간에 따라 바뀌지 않고 일정하게 유지된다면, 우리는 이 정책이 고정된 확률 분포를 따른다고 말할 수 있다.
>
> 정책 평가에서는 이러한 고정된 정책을 전제로 하여 상태 가치 함수를 계산한다. 그 이유는 기댓값을 구하기 위해서는 행동 선택의 확률이 명확해야 하기 때문이다. 만약 에이전트가 같은 상태에서 매번 다른 방식으로 행동을 선택한다면, 향후 받을 보상도 계속 변하게 되어 평균적인 가치를 계산할 수 없다. 고정된 정책이 있어야만, 특정 상태에서 어떤 행동이 얼마나 자주 선택되는지를 알고, 그에 따라 전이되는 상태와 받게 되는 보상의 기댓값을 정확히 계산할 수 있다.
>
> 결국 고정된 확률 분포란, 정책 $\pi$가 상태에 따라 행동을 선택하는 확률이 일정하게 유지된다는 뜻이며, 이를 통해 정책 평가 과정에서 수학적으로 안정된 기댓값 계산이 가능해진다. 이 개념은 강화학습의 이론적 기반 중 하나이며, 정책 반복, 가치 반복과 같은 주요 알고리즘의 핵심 전제 조건이기도 하다.

이처럼 정책은 각 행동을 선택할 확률이기 때문에, 정책을 고려한 기댓값을 계산할 때는 각 행동별로 보상과 미래 가치에 해당 확률을 곱해서 모두 더해주어야 한다.

### ③-1 현재 상태에서의 보상 기댓값 계산

상태 $S$에서 정책에 따라 행동을 선택했을 때, 그 행동으로 인해 바로 받을 수 있는 직접적인 보상(즉시 보상)을 계산한다. 이때도 각 행동에 대해 정책에 따른 확률을 곱한 뒤, 모두 더해서 평균을 낸다.

### ③-2 미래 상태까지 고려한 가치 계산

이제는 행동 이후, 다음 상태로 어떻게 바뀌는지도 고려해야 한다. 여기서는 두 가지 확률이 동시에 사용된다:

- 정책에 따라 어떤 행동을 선택할지에 대한 확률
- 선택한 행동에 따라 다음 상태로 전이될 확률

즉, 먼저 어떤 행동을 할지 정하고, 그 행동을 했을 때 어디로 갈지를 고려해야 하기 때문에 수식에서는 두 번의 합($\Sigma$)이 등장한다: 하나는 행동에 대한 정책, 또 하나는 행동에 따른 상태 전이 확률이다.

$$v(s) = v_\pi(s)$$

MRP와 MDP의 상태 가치 함수 관계

강화학습을 공부하다 보면 자주 헷갈리는 부분 중 하나가 바로 상태 가치 함수 $v(s)$와 $v_\pi(s)$의 차이이다. 많은 사람이 이 두 개가 완전히 다른 값이라고 오해하는 경우가 많지만, 사실은 그렇지 않다.

이 두 함수는 **결국 같은 개념**, 즉 **'어떤 상태가 얼마나 가치 있는지'를 평가하는 함수**이다. 차이가 있다면, $v_\pi(s)$는 '정책($\pi$)을 따랐을 때'라는 조건이 붙는다는 점이다.

좀 더 쉽게 말하면,

- $v(s)$는 단순히 상태의 가치를 나타내는 일반적인 형태이고
- $v_\pi(s)$는 정책이 정해졌을 때, 그 정책을 따를 경우 **해당 상태에서 기대할 수 있는 누적 보상**을 계산한 것이다.

$$v_\pi(s) = R^\pi + \gamma P^\pi v_\pi \quad ①$$
$$v_\pi(s) = (1 - \gamma P^\pi)^{-1} R^\pi \quad ②$$

**Matrix Form**

$$\begin{bmatrix} v(1) \\ \vdots \\ v(n) \end{bmatrix} = \begin{bmatrix} R_1 \\ \vdots \\ R_n \end{bmatrix} + \gamma \begin{bmatrix} P_{11} & \cdots & P_{1n} \\ \vdots & & \vdots \\ P_{n1} & \cdots & P_{nn} \end{bmatrix} \begin{bmatrix} v(1) \\ \vdots \\ v(n) \end{bmatrix} \quad ③$$

상태 가치 함수의 간단한 형식(매트릭스 형식)

강화학습에서 상태 가치 함수는 핵심적인 개념이지만, 알고리즘에서 계산을 빠르게 처리하려면 너무 복잡한 형태보다는 **간단한 표현**이 더 유리한 경우가 많다.

예를 들어, 수식 안에 보상, 정책, 상태 전이확률, 감가율(할인율)이 모두 들어가 있으면 이

해하기 어렵고 계산도 복잡해진다. 그래서 이 요소들을 **간단한 기호와 행렬 형태로 정리**해서 표현하는 방식이 자주 사용된다.

### ① 상태 가치 함수를 간단한 기호로 표현하기

먼저, 상태 가치 함수는 두 가지로 구성되어 있다.

- 하나는 **지금 바로 받을 수 있는 보상**,
- 다른 하나는 **미래에 받을 수 있는 보상**이다.

'지금 받는 보상'은 정책을 따른 결과이므로, 간단하게 $R^\pi$라고 쓸 수 있다. 미래 보상은 조금 더 복잡하다. 정책에 따라 행동을 선택하고, 상태 전이확률에 따라 다음 상태로 이동하며, 감가율까지 적용되기 때문이다.

이 복잡한 부분은 통째로 $\gamma P^\pi v_\pi$라는 형태로 간단히 표현할 수 있다. 그래서 전체 상태 가치 함수는 이렇게 표현된다

$$v_\pi = R^\pi + \gamma P^\pi v_\pi$$

이게 바로 **강화학습 알고리즘에서 자주 사용되는 간략화된 벨만 기대 방정식**이다.

### ② 수식 정리의 목적

이제 이 수식을 알고리즘에 바로 활용하려면 $v_\pi$만 남기고 나머지는 정리해야 한다.

$$v_\pi = R^\pi + \gamma P^\pi v_\pi$$

이 식에서 오른쪽에 있는 $v_\pi$를 왼쪽으로 넘기고 묶어주면 다음과 같이 정리할 수 있다.

$$(1 - \gamma P^\pi) v_\pi = R^\pi$$

마지막으로 이 식을 $v_\pi$에 대해 정리하면 다음과 같이 간단하게 쓸 수 있다:

$$v_\pi = (1 - \gamma P^\pi)^{-1} R^\pi$$

이렇게 되면 복잡한 반복 계산 없이도, 한 번에 상태 가치 함수를 계산할 수 있다.

### ③ 왜 $s$ 대신 $s'$를 쓰지 않아도 될까?

여기서 헷갈리기 쉬운 부분이 하나 있다. 원래 상태 가치 함수를 계산할 때는, '지금 상태 $s$ 에서 출발해서 다음 상태 $s'$로 이동했을 때의 가치'를 고려해야 하므로, 수식에서는 보통 $v(s')$처럼 **다음 상태 $s'$의 가치**를 넣어야 한다.

그런데 간단한 행렬 형태로 바꿀 때는 그냥 $v_\pi$라는 하나의 벡터만 쓴다. 왜 그런 걸까?

그 이유는, 우리가 지금 **모든 상태들($v_1 \sim v_n$)에 대해 한꺼번에 계산**하고 있기 때문이다.

상태 전이확률 행렬 $P^\pi$는 정책을 반영한 상태 간의 전이 확률 정보를 모두 담고 있다. 이 행렬은 상태 $s$에서 다른 상태 $s'$로 전이될 수 있는 모든 경우의 수를 포함하고 있다. 따라서 $P^\pi \times v_\pi$라는 곱셈은, 상태별로 가능한 모든 다음 상태들의 가치 $v_\pi(s')$를 고려하여 계산을 수행한다. 즉, **행렬 연산 안에 이미 $s$와 $s'$의 모든 조합이 포함되어 있기 때문에**, 따로 $s'$를 써주지 않아도 계산 결과에는 전혀 문제가 없다.

| 표현방식 | 특징 | 다음 상태 $s'$ 필요? |
|---|---|---|
| 전통적 수식 | 상태 하나하나 계산 | 필요 |
| 행렬 표현 | 모든 상태를 한꺼번에 계산 | 불필요 |

일반수식과 행렬 표현의 상태 표시 차이

이 개념은 학생의 시험 점수를 계산하는 방식에 비유하면 훨씬 쉽게 이해할 수 있다. 먼저, 일반적인 수식 방식은 마치 선생님이 학생 한 명 한 명에게 직접 물어보는 것과 비슷하다.

"너는 수학 몇 점 받았니?", "과학은 몇 점이니?" 이렇게 개별적으로 확인한 뒤, 하나하나 평균을 내는 방식이다.

이처럼 수식 방식은 상태 하나하나에 대해 다음 상태로 갈 확률과 그 상태의 가치를 일일이 계산하면서 전체 가치를 구한다. 직관적으로는 이해하기 쉽지만, 상태가 많아질수록 계산도 반복적이고 복잡해진다.

반면, 행렬(matrix) 방식은 엑셀 시트에 모든 학생들의 점수를 정리해두고 평균을 한 줄 수식으로 계산하는 것과 같다.

즉, 상태 간 전이 확률, 보상, 상태 가치 등을 행렬과 벡터에 담아서 한 번에 계산하는 구조이다. 이 방법은 한 번의 연산으로 여러 상태를 동시에 처리할 수 있기 때문에 훨씬 빠르고 효율적이다.

이처럼 행렬 표현은 복잡한 계산을 구조화하고 자동화할 수 있게 해주는 강력한 도구다. 모든 상태를 하나씩 다루지 않고도 전체 시스템의 흐름을 통째로 계산할 수 있어서, 강화학습 알고리즘에서는 필수적인 기법으로 널리 사용된다.

### 2.3.2 MDP 상태 가치 함수 예제

이제 MDP 상태 가치 함수를 예제를 통해 알아보도록 하자.

/basic/8. 마르코프 결정 과정 상태 가치 함수.ipynb

```python
import numpy as np

#(1)상태와 행동, 감가율 정의
states = ["S", "R1", "R2", "R3", "F"]
actions = ["A1", "A2"]
gamma = 0.5

#(2)정책 π(s, a): 상태 s에서 행동 a를 선택할 확률
policy = {
    "S": {"A1": 0.6, "A2": 0.4},
    "R1": {"A1": 0.7, "A2": 0.3},
    "R2": {"A1": 1.0},
    "R3": {"A1": 1.0}
}

#(3) 상태 전이 확률 P(s, a, s')
transition_probs = {
    ("S", "A1"): "R1",
    ("S", "A2"): "R2",
    ("R1", "A1"): "R3",
    ("R1", "A2"): "R2",
    ("R2", "A1"): "R3",
    ("R3", "A1"): "F"
```

```python
}

#(4) 보상 함수 R(s, a)
rewards = {
    ("S", "A1"): 0.5,
    ("S", "A2"): 1.5,
    ("R1", "A1"): 1.0,
    ("R1", "A2"): 1.5,
    ("R2", "A1"): 2.0,
    ("R3", "A1"): 3.0
}

#(5) 경로 시뮬레이션 기반 기대 반환값 계산
def simulate_episode(start_state="S"):
    state = start_state
    total_return = 0
    discount = 1.0

    #(6) 에피소드 반복 실행
    while state != "F":
        # 현재 상태에서 정책에 따라 행동 선택
        action_probs = policy[state]
        actions_list = list(action_probs.keys())
        probs = list(action_probs.values())
        action = np.random.choice(actions_list, p=probs)

        # 보상 받기
        reward = rewards.get((state, action), 0)
        total_return += discount * reward

        # 다음 상태로 이동
        next_state = transition_probs.get((state, action), "F")
        state = next_state
        discount *= gamma

    return total_return

#(7) 여러 번 실행하여 평균 반환값 추정
n_episodes = 10000
returns = []   # 에피소드별 반환값을 저장할 리스트

for i in range(n_episodes):
    episode_return = simulate_episode()
```

```
    returns.append(episode_return)
expected_return = np.mean(returns)

print(f"정책을 따른 기대 반환값(에피소드 평균, 상태 가치 함수): {expected_return:.4f}")
```

정책을 따른 기대 반환값(에피소드 평균, 상태 가치 함수): 2.4235

### (1) 상태와 행동, 감가율 정의

이 프로그램에서는 에이전트가 위치할 수 있는 다섯 가지 상태(S, R1, R2, R3, F)를 정의하고, 가능한 행동은 두 가지(A1, A2)로 설정한다. 감가율(할인율)은 0.5로 설정되어 있으며, 이는 시간이 지남에 따라 미래 보상의 가치를 매 스텝마다 절반씩 줄여서 고려하겠다는 의미이다.

### (2) 정책 정의

에이전트는 각 상태에서 행동을 무작위로 선택하지 않고, 정책으로 정의된 확률에 따라 행동을 선택한다. 예를 들어, S 상태에서는 A1 행동을 60% 확률로, A2 행동을 40% 확률로 선택한다. 이처럼 상태마다 어떤 행동을 선택할지에 대한 확률 분포가 미리 정해져 있다.

### (3) 상태 전이 확률 정의

에이전트가 특정 상태에서 어떤 행동을 하면, 그 결과로 어떤 다음 상태로 이동하는지가 정의되어 있다. 예를 들어 S 상태에서 A1을 선택하면 항상 R1으로, R1에서 A1을 선택하면 R3로 이동한다. 이 프로그램에서는 상태 전이가 확률적으로 발생하는 것이 아니라, 매번 같은 결과가 나오는 결정론적(deterministic)으로 정의되어 있다.

### (4) 보상 함수 정의

각 상태와 행동의 조합에 따라 에이전트가 받게 되는 **즉시 보상**이 정의된다. 예를 들어, S 상태에서 A1을 선택하면 0.5의 보상을 받고, R2에서 A1을 선택하면 2.0의 보상을 받는다. 보상은 에이전트가 환경과 상호작용하면서 얻게 되는 성과 지표이다.

### (5) 경로 시뮬레이션 함수 실행

에이전트가 S 상태에서 출발하여 정책에 따라 행동을 선택하고, 종료 상태(F)에 도달할 때까지 이동하면서 보상을 누적한다. 이때, 시간이 지남에 따라 미래 보상의 영향력을 줄이기 위해 감가율을 곱해가며 보상을 합산한다. 즉, 현재 보상은 그대로 더하고, 다음 보상은 절반, 그 다음은 4분의 1로 계산하는 식이다. 이렇게 계산하여 총 누적 보상을 구한다.

### (6) 에피소드 반복 실행

이 경로 시뮬레이션을 한 번만 수행하면 행동 선택의 무작위성에 따라 결과가 운에 따라 크게 달라질 수 있으므로, 신뢰할 수 있는 평균값을 얻기 위해 **같은 과정을 수천 번 반복**한다. 에이전트가 10,000번 에피소드를 수행하도록 설정되어 있고, 각 에피소드에서 계산된 누적 보상은 리스트에 저장된다.

### (7) 평균 기대 반환값 계산 및 출력

마지막으로, 수집된 10,000개의 반환값을 평균 내어 **정책을 따랐을 때 기대할 수 있는 보상의 평균값**을 계산한다. 이 값은 현재 정책의 효율성을 수치적으로 표현한 것이며, 상태 S에서 시작할 때의 상태 가치 함수 $v_\pi(S)$를 시뮬레이션 기반으로 추정한 값이라고 볼 수 있다.

이 프로그램은 에이전트가 정책을 따라 행동했을 때, 출발 상태 S에서 어떤 평균 보상을 기대할 수 있는지를 시뮬레이션을 통해 측정하는 강화학습 실습 예제이다. 보상, 감가율, 정책, 상태 전이 등 강화학습의 핵심 개념을 실험적으로 이해하는 데 매우 유용하다.

## 2.4 MDP 행동 가치 함수

### 2.4.1 MDP 행동 가치 함수란?

강화학습에서 **마르코프 결정 과정(MDP)의 목적은 환경에서 받을 수 있는 보상의 가치를 최대화하는 정책(policy)을 찾는 것**이다. 정책이란, 특정 상태에서 어떤 행동을 선택할지를 결정하는 확률적인 규칙이다. 예를 들어, 상태 $S$에서 행동 $A1$을 할 확률이 60%, $A2$를 할 확률이 40%라면, 이것이 정책이 되는 것이다.

**좋은 정책이란, 그 정책을 따랐을 때 가치 함수(value function)의 결과가 가장 좋게 나오는 정책**을 의미한다. 즉, 정책을 따라 행동했을 때 기대되는 총 보상이 가장 큰 정책이 좋은 정책이다.

상태 가치 함수 $v_\pi(S)$는 상태 $s$에서 시작하여, 정책 $\pi$에 따라 행동했을 때 기대할 수 있는 총 보상의 크기를 계산하는 함수이다. 이 함수는 상태를 기준으로 가치를 평가하며, 어떤 상태가 얼마나 좋은 상태인지를 알려주는 역할을 한다.

하지만 정책을 더 정밀하게 평가하고 개선하기 위해서는, 단순히 상태의 가치만 알기보다는 어떤 행동이 얼마나 좋은지도 함께 평가할 수 있어야 한다.

정책을 평가하거나 **더 나은 정책을 만들기 위해서는 행동 자체의 가치를 따로 계산**할 필요가 있다. 이때 사용하는 것이 바로 **행동 가치 함수(action value function)**이며, 보통 **Q 함수**, $Q_\pi(s, a)$라고 부른다.

Q 함수는 다음과 같은 질문에 답하는 함수이다:

> "이 길을 택했을 때, 그 다음부터는 네비게이션(정책)이 안내하는 대로 쭉 간다고 하면, 전체 여행에서 얼마나 많은 보상을 기대할 수 있을까?"

즉, 상태와 행동의 조합을 기준으로 미래의 기대 보상을 계산하며, 행동을 선택하는 데 있어 보다 직접적인 판단 기준이 되는 함수이다.

$$v_\pi(s) = E_\pi[R_{t+1} + \gamma v_\pi(S_{t+1}) \mid S_t = s]$$
$$= \underbrace{\sum_{a \in A} \pi(a \mid s) R_s^a}_{\text{①-1}} + \gamma \underbrace{\sum_{a \in A} \pi(a \mid s)}_{\text{①-2}} \sum_{s' \in S} P_{ss'}^a v_\pi(s') \quad ①$$

$$q_\pi(s, a) = E_\pi[R_{t+1} + \gamma q_\pi(S_{t+1}, A_{t+1}) \mid S_t = s, A_t = a] \quad ②$$
$$= R_s^a + \gamma \sum_{s' \in S} P_{ss'}^a \pi(s', a') q_\pi(s', a') \quad ③$$

MDP 행동 가치 함수(Q 함수)

행동 가치 함수, 즉 Q 함수는 특정 상태에서 어떤 행동을 선택했을 때 앞으로 기대할 수 있는 보상의 총합을 계산하는 함수이다. **상태 가치 함수가 상태 자체의 가치를 평가**하는 것이라면, **Q 함수는 상태 + 행동이라는 조합에 대해 그 결과가 얼마나 좋은지를 평가**하는 것이다.

수식 ①은 **상태 가치 함수**를 나타낸 식이다. 이 수식에서는 상태에서 **가능한 여러 행동들에 대해 각각의 기대 보상을 모두 계산한 후 평균**을 내야 한다. 왜냐하면 상태 가치 함수는 어떤 행동을 선택할지 정해져 있지 않기 때문이다. 따라서 정책에 따라 행동을 선택할 확률을 고려해야 하고, 그 확률을 각 보상과 다음 상태의 가치에 곱해서 기댓값을 구한다. 이것이 수식에서 ①-1과 ①-2로 나뉘는 이유이다.

> **Tip** 가중평균의 합계와 평균(중요한 개념이므로 다시 한번 설명)
>
> 위 식에서 π(a|s)는 확률이므로 전체 합이 1이 되며, 이 결과는 여러 기대 보상의 가중평균(weighted average) 형태가 된다. 즉, '정책 확률을 가중치로 둔 합계'를 구하지만, 그 가중치가 확률이기 때문에, 결과적으로는 평균과 같은 역할을 하게 된다.

수식 ② 하지만 **Q 함수**는 **이미 어떤 행동을 선택한 상태에서 시작**된다. 다시 말해, 상태에서 어떤 행동을 했는지가 정해져 있기 때문에, 그 행동에 대한 기댓값만 계산하면 된다. 그래서 Q 함수 수식에는 상태 가치 함수에 있었던 행동 선택 확률(정책)을 따로 고려할 필요가 없다. 이는 곧 ①-1과 ①-2의 정책 평균 항이 사라지는 이유이기도 하다.

대신 Q 함수의 수식에는 새로운 항이 하나 추가된다. 바로 $\pi(s', a')$, **즉 다음 상태에서 어떤 행동을 할 확률**이다. 이는 왜 필요한가 하면, 행동을 한 뒤 도착한 다음 상태에서도 정책을 따라 계속 행동해야 하기 때문이다. 다음 상태에서 어떤 행동을 할지는 여전히 정책에 따라 결정되므로, 다음 상태로 전이될 확률과 그 상태에서의 정책, 그리고 그 이후의 Q 값을 모두 곱해서 더해줘야 기댓값이 완성된다.

- 지금 행동은 이미 정해져 있으니 $\pi(a|s)$는 필요 없지만
- 다음 행동은 아직 안 정해졌기 때문에 $\pi(a'|s')$는 여전히 필요하다.

결국, Q 함수는 상태 가치 함수와 구조는 비슷하지만, 이미 행동을 선택했다는 점에서 계산 과정이 단순해지며, 그 대신 다음 상태 이후의 기댓값을 구체적으로 계산하기 위해 정책을 다시 한번 고려하는 구조로 되어 있다. 이러한 특징은 Q 함수가 정책을 평가하고, 개선하는 데 매우 중요한 역할을 한다는 점을 보여준다.

### 2.4.2 MDP 행동 가치 함수와 상태 가치 함수와의 관계

$$v_\pi(s) = \sum_{a \in A} \pi(a \mid s) q_\pi(s, a) \quad ①$$

$$q_\pi(s, a) = R_s^a + \gamma \sum_{s' \in S} P_{ss'}^a v_\pi(s') \quad ②$$

행동 가치 함수와 상태 가치 함수의 관계

#### ① 상태 가치 함수

상태 가치 함수란 어떤 상태에 있을 때 앞으로 얼마나 보상을 받을 수 있을지를 평가하는 함수이다. 각 기호의 의미는 다음과 같다.

- $v_\pi(s)$: 상태 $s$에 있을 때, 정책 $\pi$를 따랐을 때의 기대 보상 총합(가치)
- $\pi(a|s)$: 상태 $s$에서 행동 $a$를 선택할 확률
- $q_\pi(s, a)$: 상태 $s$에서 행동 $a$를 했을 때 얻는 기대 보상의 총합(행동 가치 함수)

이 수식은 한 문장으로 요약하면 다음과 같다:

"상태 $s$의 가치를 계산할 때는, 그 상태에서 선택 가능한 모든 행동 $a$에 대해, 그 행동을 선

택할 확률 $\pi(a|s)$과 그 행동을 선택했을 때의 기대 보상 $q_\pi(s, a)$를 곱해서 더해줘야 한다."

즉, 이 상태에서 어떤 행동을 하게 될지는 확률적으로 정해지므로, 여러 행동의 결과를 평균내야 하고, 그 평균을 구하는 방식이 바로 이 수식이다.

### ② 행동 가치 함수

행동 가치 함수는 "이 상태에서 이 행동을 하면, 결과는 어떨까?"를 계산하는 함수다. 각 기호의 의미는 다음과 같다.

- $q_\pi(s, a)$: 상태 $s$에서 행동 $a$를 선택했을 때의 기대 보상
- $R_s^a$: 상태 $s$에서 행동 $a$를 했을 때 즉시 받는 보상. 정책에 영향을 받지 않음
- $\gamma$: 감가율(미래 보상의 중요도를 얼마나 반영할 것인지 결정)
- $P_{ss'}^a$: 상태 $s$에서 행동 $a$를 했을 때 다음 상태가 $s'$로 전이될 확률
- $v_\pi(s')$: 다음 상태 $s'$에서 정책 $\pi$를 따를 때의 기대 보상

이 수식은 이렇게 해석할 수 있다:

"상태 $s$에서 행동 $a$를 하면, 먼저 즉시 보상 $R_s^a$를 받고, 그 이후에는 상태 $s'$로 전이될 수 있는데, 각 상태 $s'$에서의 가치 $v_\pi(s')$를 감가율 $\gamma$를 곱해 기댓값 형태로 더한 것이 그 행동의 총 기대 가치이다."

즉, 현재 행동의 결과로 얻게 되는 즉각적인 보상과, 그 이후의 상태에서 추가로 기대되는 미래 보상을 더한 것이 바로 $q_\pi(s, a)$라는 뜻이다.

참고로 행동 가치 함수의 두 번째 항은 "나음 상내에서의 기대 보상"이라는 점에서, 구조적으로 상태 가치 함수와 동일한 성격을 가지며, Q 함수가 상태 가치 기반 예측 위에 세워진 함수임을 잘 보여준다.

### ③ 두 수식의 연결

$v_\pi(s)$는 $q_\pi(s, a)$를 기반으로 계산된다. 상태에서 어떤 행동을 할지는 정책에 의해 정해지고, 각 행동의 기대 보상은 $q_\pi(s, a)$로 정의되므로, 모든 행동에 대해 평균을 내야 한다.

$q_\pi(s, a)$는 $v_\pi(s')$를 기반으로 계산된다. 행동을 하고 난 뒤의 다음 상태에서 다시 정책을 따라 행동을 하게 되기 때문이다.

결국 이 두 수식은 정책을 따르는 가치의 흐름을 서로 다른 관점에서 표현한 것이다. 하나는 상태에서 출발해 행동을 평균내는 방향이고, 다른 하나는 행동에서 출발해 다음 상태의 가치를 추적하는 구조다.

결국 행동 가치 함수는 구체적인 행동이 이미 선택된 상태에서의 기댓값을 계산하며, 이는 에이전트가 실제로 어떤 행동을 선택할지를 판단하는 데 직접적으로 쓰인다. 반면 상태 가치 함수는 전체적인 상태의 유익함을 평가할 수는 있지만, 구체적인 행동 간 비교를 위해서는 행동 가치 함수의 정보가 필요하다.

따라서 강화학습에서는 정책을 평가하고, 더 나은 행동을 선택하며, 최적의 정책을 학습해 나가기 위해 행동 가치 함수가 반드시 필요한 핵심 도구로 활용된다.

④ 왜 이런 가치들을 계산할까?

이 모든 이유는 정책을 평가하고 개선하기 위해서다.

정책이란 '이 상태에서는 어떤 행동을 할 확률이 높다'는 행동의 기준인데, 이 기준이 좋은지를 판단하려면 각 상태와 행동이 얼마나 좋은 결과를 주는지를 평가해야 한다. 그래서 가치 함수들이 필요한 것이다.

결국 강화학습은 "어떻게 해야 보상을 가장 많이 받을 수 있을까?"를 고민하고, '그걸 잘 할 수 있는 행동의 기준(정책)을 찾아가는 과정'이라고 볼 수 있다.

이걸 위해 상태 가치 함수, 행동 가치 함수, 정책, 상태 전이 확률, 보상, 감가율 등이 하나의 큰 퍼즐처럼 유기적으로 연결되어 작동하는 것이다.

| 항목 | 상태 가치 함수 $v_\pi(s)$ | 행동 가치 함수 $Q_\pi(s, a)$ |
|---|---|---|
| 정의 | 정책 $\pi$를 따를 때, 상태 $s$에서 받을 기대 보상 | 상태 $s$에서 행동 $a$를 했을 때 받을 기대 보상 |
| 출발 지점 | 상태만 주어짐(행동은 아직 선택되지 않음) | 상태와 행동이 모두 주어짐(행동이 정해짐) |
| 행동 선택 | 여러 행동의 기댓값을 정책에 따라 평균 | 하나의 행동만 평가 |
| 정책 역할 | 정책은 어떤 행동을 할지를 결정함 | 정책은 다음 상태 이후 행동을 결정함 |
| 활용 목적 | 상태의 전반적인 가치 평가 | 정책 개선 및 최적 행동 선택에 직접 사용 |

상태 가치 함수 vs. 행동 가치 함수

### 2.4.3 MDP 행동 가치 함수 예제

그럼 이제 예제를 통해 마르코프 결정 과정(Markov Decision Process, MDP)에 대해 좀 더 깊이 이해해보자. 이론만으로는 다소 추상적으로 느껴질 수 있기 때문에, 구체적인 상황에 적용해보는 것이 훨씬 효과적이다.

/basic/9. 마르코프 결정 과정 행동 가치 함수.ipynb

```python
import numpy as np

# (1) 상태와 행동 정의
states = ["S", "R1", "R2", "R3", "F"]
actions = ["A1", "A2"]
gamma = 0.5   # 감가율

# (2) 정책 π(s, a): 상태에서 행동을 선택할 확률
policy = {
    "S": {"A1": 0.6, "A2": 0.4},
    "R1": {"A1": 0.7, "A2": 0.3},
    "R2": {"A1": 1.0},
    "R3": {"A1": 1.0}
}

# (3) 상태 전이 확률 P(s, a, s')
transition_probs = {
    ("S", "A1"): "R1",
    ("S", "A2"): "R2",
```

```python
        ("R1", "A1"): "R3",
        ("R1", "A2"): "R2",
        ("R2", "A1"): "R3",
        ("R3", "A1"): "F"
}

# (4) 보상 함수 R(s, a)
rewards = {
        ("S", "A1"): 0.5,
        ("S", "A2"): 1.5,
        ("R1", "A1"): 1.0,
        ("R1", "A2"): 1.5,
        ("R2", "A1"): 2.0,
        ("R3", "A1"): 3.0
}

# (5) 에피소드 시뮬레이션 함수(정책 기반 경로)
def simulate_episode(start_state="S"):
    state = start_state
    total_return = 0
    discount = 1.0

    while state != "F":
        action_probs = policy[state]
        actions_list = list(action_probs.keys())
        probs = list(action_probs.values())
        action = np.random.choice(actions_list, p=probs)

        reward = rewards.get((state, action), 0)
        total_return += discount * reward

        next_state = transition_probs.get((state, action), "F")
        state = next_state
        discount *= gamma

    return total_return

n_episodes = 10000
state_values = {}
q_values = {}

# (6) 상태 가치 함수 계산
for state in states:
```

```python
        episode_returns = []   # 각 상태에서 시작한 에피소드들의 보상 저장 리스트

        # 여러 번 시뮬레이션 실행
        for _ in range(n_episodes):
            result = simulate_episode(start_state=state)   # 해당 상태에서 에피소드 시작
            episode_returns.append(result)   # 반환값 저장

        # 평균 보상을 상태 가치로 저장
        state_values[state] = np.mean(episode_returns)

# (7) 행동 가치 함수 계산
for state in policy:
    for action in policy[state]:
        returns = []
        for _ in range(n_episodes):
            temp_state = state
            total_return = 0
            discount = 1.0

            #(7)-1 첫 행동을 강제로 선택
            reward = rewards.get((temp_state, action), 0)
            total_return += discount * reward
            next_state = transition_probs.get((temp_state, action), "F")
            temp_state = next_state
            discount *= gamma

            #(7)-2 이후부터는 정책에 따라 행동
            while temp_state != "F":
                action_probs = policy[temp_state]
                actions_list = list(action_probs.keys())
                probs = list(action_probs.values())
                next_action = np.random.choice(actions_list, p=probs)

                reward = rewards.get((temp_state, next_action), 0)
                total_return += discount * reward
                temp_state = transition_probs.get((temp_state, next_action), "F")
                discount *= gamma

            returns.append(total_return)
        q_values[(state, action)] = np.mean(returns)

# (8) 결과 출력
print("\n✅ 상태 가치 함수 Vπ(s):")
```

```
for s, v in state_values.items():
    print(f"  {s}: {v:.4f}")

print("\n✅ 행동 가치 함수 Qπ(s,a):")
for (s, a), q in q_values.items():
    print(f"  ({s}, {a}): {q:.4f}")
```

✅ 상태 가치 함수 Vπ(s):
  S: 2.4113
  R1: 2.7236
  R2: 3.5000
  R3: 3.0000
  F: 0.0000

✅ 행동 가치 함수 Qπ(s,a):
  (S, A1): 1.8618
  (S, A2): 3.2500
  (R1, A1): 2.5000
  (R1, A2): 3.2500
  (R2, A1): 3.5000
  (R3, A1): 3.0000

나머지 부분은 상태 가치 함수 예제와 동일하므로 행동 가치 함수 계산 부분에 대해서만 설명하겠다.

### (7) 행동 가치 함수 계산

이 단계는 행동 가치 함수(Q 함수), 즉 $Q_\pi(s, a)$를 시뮬레이션 기반으로 추정하는 과정이다. $Q_\pi(s, a)$는 어떤 상태 $s$에서 특정 행동 $a$를 했을 때, 그 이후 정책을 따르며 종료 상태까지 이동하면서 얻을 수 있는 기대 보상의 총합을 의미한다.

이를 계산하기 위해, 각 상태에서 가능한 행동을 하나씩 고정해놓고 시뮬레이션을 반복한다. 그 결과로 얻은 총 보상들을 평균 내어 Q값으로 저장한다.

이 과정은 아래 두 단계로 나뉜다.

### (7)-1 첫 행동을 강제로 선택

상태 가치 함수는 정책에 따라 행동을 확률적으로 선택하지만, 행동 가치 함수는 '이 행동을 한다고 가정했을 때'를 평가하는 함수이다. 따라서, 시뮬레이션에서 첫 번째 행동은 무조건 고정된 행동으로 직접 지정해서 실행한다.

예를 들어 $(S, A2)$의 Q값을 구할 때는, $S$에서 무조건 $A2$를 선택하고 그에 따른 보상을 먼저 계산한다. 이 첫 보상은 감가율 없이 그대로 누적된다.

### (7)-2 이후부터는 정책을 따름

첫 행동 이후부터는 정책에 따라 다음 행동을 확률적으로 선택한다. 상태가 바뀔 때마다 정책을 확인하여 가능한 행동 중 하나를 확률적으로 선택하고, 그 행동에 따른 보상을 누적해간다.

누적 보상에는 매 단계마다 감가율 $\gamma$를 계속 곱해주며, 미래 보상일수록 영향력을 줄인다. 이 과정을 종료 상태(F)에 도달할 때까지 반복한다. 에피소드가 끝나면 누적된 총 보상을 기록한다.

하나의 상태와 행동 조합에 대해 시뮬레이션을 반복 수행하여 평균 보상을 계산하면, 해당 조합의 행동가치 $Q_\pi(s, a)$를 추정할 수 있다. 이렇게 계산된 Q값은 현재 정책이 각 상태에서 어떤 행동을 선택하는 것이 더 유리한지를 판단할 수 있는 근거가 되며, 궁극적으로는 정책을 개선하거나 최적의 정책을 탐색하기 위한 핵심 지표로 활용된다.

## 2.5 MDP 최적 가치 함수

### 2.5.1 MDP 최적 가치 함수란?

강화학습에서 사용하는 MDP의 목적은 보상을 최대한 많이 얻는 최적의 행동 방법, 즉 최적 정책($\pi$*)을 찾는 것이다. 정책이란 말은 어떤 상태에서 어떤 행동을 선택할지를 정하는 기준을 뜻하며, 좋은 정책일수록 행동을 잘 선택해서 많은 보상을 받을 수 있다.

이때 정책이 얼마나 좋은지를 평가하기 위해 필요한 것이 바로 가치 함수(value function)이다. 가치 함수는 어떤 정책을 따랐을 때 얼마나 많은 보상을 기대할 수 있는지를 수치로 알려주는 함수이다.

가치 함수는 크게 다음 두 가지가 있다.

- 상태 가치 함수 $v(s)$: 특정 상태 s에 도착했을 때, 정책에 따라 행동해 나가면 앞으로 얼마나 많은 보상을 받을 수 있는지를 계산(기댓값)
- 행동 가치 함수 $q(s, a)$: 상태 s만이 아니라, 지금 어떤 행동 a을 했을 때부터 정책을 따르며 앞으로 받을 수 있는 보상의 총합

행동 가치 함수는 상태뿐 아니라 행동까지 포함해 평가하므로, 어떤 행동이 실제로 얼마나 좋은지를 더 구체적으로 평가할 수 있게 도와준다.

여기에서 한 걸음 더 나아간 것이 바로 최적 가치 함수(optimal value function)이다. 최적 가치 함수란, 가능한 모든 정책 중에서 가장 보상을 많이 주는 정책을 따랐을 때 나오는 가치 함수다.

$$v^*(s) = \max_{\pi} v_{\pi}(s) \quad ①$$

$$q^*(s,a) = \max_{\pi} q_{\pi}(s,a) \quad ②$$

최적상태 가치 함수와 최적행동 가치 함수

### ① 최적상태 가치 함수

$v^*(s)$는 상태 $s$에서 출발했을 때, 가장 좋은 정책을 따랐을 때 받을 수 있는 최대 기대 보상을 의미한다.

### ② 최적행동 가치 함수

$q^*(s, a)$는 상태 $s$에서 어떤 행동 $a$를 했을 때, 그 이후 가장 좋은 정책을 계속 따랐을 경우 얻을 수 있는 최대 보상이다.

$v^*(s)$와 $q^*(s, a)$는 서로 연결되어 있다. 어떤 상태에서 가능한 모든 행동에 대해 $q^*(s, a)$ 값을 계산해 보고, 그 중 가장 큰 값을 고르면 그게 $v^*(s)$가 된다. 즉, 상태 가치 함수는 가장 좋은 행동의 가치를 고른 결과이다.

$$\pi^*: \quad \pi^* \geq \pi, \forall \pi \quad ①$$
$$v_{\pi^*}(s) = v^*(s) \quad ②$$
$$q_{\pi^*}(s) = q^*(s) \quad ③$$

최적 정책의 다양한 특성

이제까지 상태 가치 함수와 행동 가치 함수, 그리고 최적 가치 함수에 대해 살펴봤다면, 이제 우리는 자연스럽게 최적 정책($\pi^*$)이라는 개념을 이해할 수 있게 된다.

> **Tip** 수학기호 ∀와 argmax
>
> 수학기호 ∀는 임의이 또는 전체의 의미를 가지고 있다. $\forall_\pi$란 모든 정책에 대해 해당한다는 의미를 가지고 있다. argmax 함수$(x)$는 조건을 만족하는 함수의 값을 가장 크게 만드는 $x$를 찾는 것이다. 예를 들어 $\text{argmax} \sin(x)$, $0 \leq x \leq 2\pi$의 경우 sin값을 최대로 하는 $x$값인 $0.5\pi$가 된다.

**최적 정책($\pi^*$)**이란, 말 그대로 가장 많은 보상을 받을 수 있도록 행동을 선택하는 방식이다. 에이전트가 이 정책을 따르게 되면, 어떤 상태에 있든지 항상 최적의 행동만을 선택하게 된다.

최적 정책은 다음과 같은 특징을 가진다:

① 최적 정책은 다른 어떤 정책보다 항상 더 높은 가치를 만든다. 즉, 어떤 정책 $\pi$와 비교해도 $\pi^*$가 주는 보상이 더 크다는 뜻이다.
② 최적 정책을 사용해서 계산한 상태 가치 함수는 최적 상태 가치 함수와 같다. 다시 말해, 상태 $s$에서 $\pi^*$를 따를 때의 기대 보상은 곧 $v^*(s)$이다.
③ 최적 정책을 사용해서 계산한 행동 가치 함수는 최적 행동 가치 함수와 같다. 즉, 상태 $s$에서 행동 $a$를 했을 때, 이후 $\pi^*$를 따를 경우 기대되는 보상은 $q^*(s, a)$가 된다.

MDP에서 최적 정책을 표현하는 방법 중 하나는 가장 가치 있는 행동만을 선택하도록 만드는 방식이다. 어떤 상태 $s$에서 여러 행동 $a$들 중에서 $q^*(s, a)$ 즉, 최적행동 가치 함수의 값이 가장 큰 행동을 먼저 찾는다. 그리고 그 행동 하나만을 확률 1로 선택하고, 나머지 행동은 확률 0으로 설정한다.

$$\pi^*(a \mid s) = \begin{cases} 1 & \text{if } a = \arg\max_{a \in A} q^*(s,a) \quad ① \\ 0 & \text{otherwise} \quad\quad\quad\quad\quad\quad\quad\quad ② \end{cases}$$

최적 정책을 나타내는 하나의 방법

정책은 결국 확률적인 선택 규칙이기 때문에 확률이 1이라는 것은 "무조건 이 행동만 한다"는 뜻이고, 확률이 0이라는 것은 "이 행동은 절대 하지 않는다"는 뜻이다. 결과적으로 이 정책은 각 상태에서 가장 좋은 행동 하나만 고르게 만들고, 항상 그 행동만을 수행하게 된다.

이렇게 정의된 정책이 바로 결정적 최적 정책(deterministic optimal policy)이라고 한다. 복잡하게 생각할 필요 없이, "항상 가장 보상이 큰 행동만 선택한다"*는 아주 단순한 전략이다. 이처럼 최적 정책은 가치 측면에서 항상 최고이고, 그 정책을 따르기만 하면 보상을 가장 많이 받을 수 있게 된다. 정리하자면, 다음과 같다.

- 상태 가치 함수는 상태의 '좋음'을 평가한다.
- 행동 가치 함수는 행동의 '효율'을 평가한다.
- 최적 가치 함수는 보상이 가장 큰 정책을 따랐을 때의 기댓값이다.
- 최적 정책은 최적 가치 함수를 만드는 행동만을 선택하는 방식이다.

이것이 MDP의 핵심이자, 강화학습이 추구하는 최종 목표이다.

## 2.5.2 MDP 최적 가치 함수 예제

최적 가치 함수의 이해를 돕기 위해 예제를 살펴보자.

/basic/10. 마르코프 결정 과정 최적 가치 함수.ipynb

```python
import numpy as np

# (1) 상태와 행동 정의
states = ["S", "R1", "R2", "R3", "F"]
actions = ["A1", "A2"]
gamma = 0.5   # 감가율

# (2) 정책 π(s, a): 상태에서 행동을 선택할 확률
policy = {
    "S": {"A1": 0.6, "A2": 0.4},
    "R1": {"A1": 0.7, "A2": 0.3},
    "R2": {"A1": 1.0},
    "R3": {"A1": 1.0}
}

# (3) 상태 전이 확률 P(s, a, s')
transition_probs = {
    ("S", "A1"): "R1",
    ("S", "A2"): "R2",
    ("R1", "A1"): "R3",
    ("R1", "A2"): "R2",
    ("R2", "A1"): "R3",
    ("R3", "A1"): "F"
}

# (4) 보상 함수 R(s, a)
rewards = {
    ("S", "A1"): 0.5,
    ("S", "A2"): 1.5,
    ("R1", "A1"): 1.0,
    ("R1", "A2"): 1.5,
    ("R2", "A1"): 2.0,
    ("R3", "A1"): 3.0
}

# (5) 에피소드 시뮬레이션 함수(정책 기반 경로)
def simulate_episode(start_state="S"):
```

```python
        state = start_state
        total_return = 0
        discount = 1.0

        while state != "F":
            action_probs = policy[state]
            actions_list = list(action_probs.keys())
            probs = list(action_probs.values())
            action = np.random.choice(actions_list, p=probs)

            reward = rewards.get((state, action), 0)
            total_return += discount * reward

            next_state = transition_probs.get((state, action), "F")
            state = next_state
            discount *= gamma

        return total_return

n_episodes = 10000
state_values = {}
q_values = {}

# (6) 상태 가치 함수 계산
for state in states:
    episode_returns = []
    for _ in range(n_episodes):
        result = simulate_episode(start_state=state)
        episode_returns.append(result)
    state_values[state] = np.mean(episode_returns)

# (7) 행동 가치 함수 계산
for state in policy:
    for action in policy[state]:
        returns = []
        for _ in range(n_episodes):
            temp_state = state
            total_return = 0
            discount = 1.0

            reward = rewards.get((temp_state, action), 0)
            total_return += discount * reward
            next_state = transition_probs.get((temp_state, action), "F")
```

```
                temp_state = next_state
                discount *= gamma

            while temp_state != "F":
                action_probs = policy[temp_state]
                actions_list = list(action_probs.keys())
                probs = list(action_probs.values())
                next_action = np.random.choice(actions_list, p=probs)

                reward = rewards.get((temp_state, next_action), 0)
                total_return += discount * reward
                temp_state = transition_probs.get((temp_state, next_action), "F")
                discount *= gamma

            returns.append(total_return)
        q_values[(state, action)] = np.mean(returns)

# (8) 결과 출력
print("\n✅ 상태 가치 함수 Vπ(s):")
for s, v in state_values.items():
    print(f"  {s}: {v:.4f}")

print("\n✅ 행동 가치 함수 Qπ(s,a):")
for (s, a), q in q_values.items():
    print(f"  ({s}, {a}): {q:.4f}")

# (9) 최적 정책 계산(가장 Q값이 높은 행동만 선택)
optimal_policy = {}
for state in policy:
    best_action = None
    best_q_value = float("-inf")
    # 가능한 모든 행동에 대해 Q값을 비교해서 가장 큰 것 선택
    for action in policy[state]:
        q = q_values.get((state, action), float("-inf"))
        if q > best_q_value:
            best_q_value = q
            best_action = action

    # 최적 정책: 가장 좋은 행동만 확률 1로 설정
    action_probabilities = {}
    for action in policy[state]:
        if action == best_action:
            action_probabilities[action] = 1.0
```

```
        else:
            action_probabilities[action] = 0.0

    optimal_policy[state] = action_probabilities

# (10) 최적 정책 출력
print("\n🌸 최적 정책 π*(s):")
for state in optimal_policy:
    for action, prob in optimal_policy[state].items():
        if prob == 1.0:
            print(f"  상태 {state} → 최적 행동: {action}")
```

---

✅ 상태 가치 함수 Vπ(s):
 S: 2.4114
 R1: 2.7238
 R2: 3.5000
 R3: 3.0000
 F: 0.0000

✅ 행동 가치 함수 Qπ(s,a):
 (S, A1): 1.8616
 (S, A2): 3.2500
 (R1, A1): 2.5000
 (R1, A2): 3.2500
 (R2, A1): 3.5000
 (R3, A1): 3.0000

🌸 최적 정책 π*(s):
  상태 S → 최적 행동: A2
  상태 R1 → 최적 행동: A2
  상태 R2 → 최적 행동: A1
  상태 R3 → 최적 행동: A1

---

### (9) 최적 정책 계산

단계에서는 앞에서 구한 행동 가치 함수($Q_\pi(s, a)$)를 기반으로 각 상태별로 가장 좋은 행동만을 선택하는 최적 정책($\pi^*$)을 만들어낸다.

그 과정은 다음과 같이 이루어진다:

- 각 상태 $s$에 대해 가능한 모든 행동 $a$의 Q값을 비교한다.

- Q값이 가장 높은 행동을 하나 선택한다. 이 행동은 '현재 상태에서 가장 많은 보상을 기대할 수 있는 행동'이다.
- 정책을 확률로 표현해야 하므로, 가장 좋은 행동에 대한 확률은 1.0으로 설정하고, 나머지 행동에 대해서는 확률을 0.0으로 설정한다.

이렇게 만들어진 정책은 결정적 정책(deterministic policy)으로, 각 상태에서 항상 최적의 행동 하나만을 선택하게 만든다.

결과적으로 이 과정은 "각 상태에서 어떤 행동을 해야 보상을 가장 많이 받을 수 있을까?"에 대한 가장 직접적이고 명확한 해답을 제공한다.

## (10) 최적 정책 출력

단계에서는 앞에서 계산한 최적 정책($\pi^*$)을 사용자에게 보기 쉽게 출력한다.

각 상태마다 최적 정책은 **확률이 1인 행동 하나**만을 포함하고 있다. 즉, 최적 정책은 "이 상태에서는 반드시 이 행동을 해야 한다"고 알려주는 결정적 지침을 담고 있다.

출력 과정은 다음과 같다:

- 각 상태 $s$에 대해 정책에 저장된 행동 중, **확률이 1.0인 행동을 찾아낸다.**
  → 이 행동이 바로 최적 정책이 추천하는 최적의 선택이다.
- 출력 형식은 다음과 같은 방식으로 보여준다:

  상태 S → 최적 행동: A2
  
  상태 R1 → 최적 행동: A1

이 결과를 통해 사용자는 어떤 상태에서 **가장 효율적인 행동이 무엇인지**를 한눈에 확인할 수 있다. 강화학습의 핵심 목표인 "좋은 정책을 찾기"가 실제로 어떤 행동 선택으로 이어지는지를 직관적으로 이해할 수 있도록 도와주는 마무리 단계라 할 수 있다.

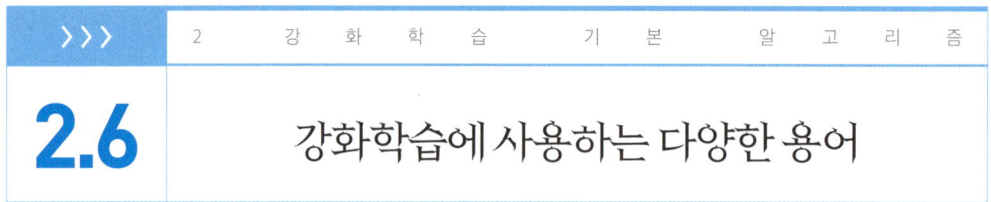

## 2.6 강화학습에 사용하는 다양한 용어

### 2.6.1 정책평가와 정책제어

강화학습에서는 다양한 용어들이 사용되는데, 처음엔 조금 복잡해 보여도 하나씩 이해하면 전혀 어렵지 않다.

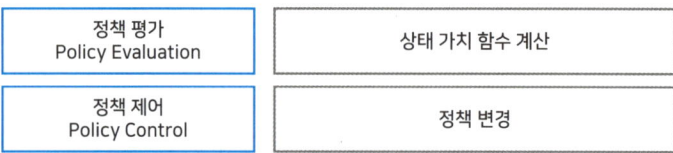

정책 평가와 정책 제어

특히 **정책, 상태 가치 함수, 정책 평가, 정책 제어**와 같은 용어는 강화학습 전체 흐름을 이해하는 데 꼭 필요한 핵심 개념이다.

먼저, 마르코프 결정 과정(MDP)에서는 특정 정책($\pi$)을 얼마나 잘 따르고 있는지 평가하기 위해 상태 가치 함수(value function)를 사용한다. 즉, 정해진 정책을 그대로 따랐을 때 각 상태에서 **얼마나 많은 보상을 기대할 수 있는지**를 계산하는 것이다.

이렇게 계산된 상태 가치 함수의 값이 크다는 것은, 그만큼 **좋은 정책**이라는 뜻이다. 왜냐하면, 정책을 따랐을 때 기대할 수 있는 보상이 크기 때문이다. 이 과정을 우리는 **정책 평가(policy evaluation)**라고 부른다.

다음 단계는 **정책 제어(policy improvement)**이다. 정책 평가를 해보니 어떤 상태에서는 지금의 정책이 비효율적일 수도 있다. 그럴 땐, 정책을 조금 바꿔서 더 좋은 행동을 선택하도록 고쳐야 한다. 즉, 더 많은 보상을 받을 수 있도록 정책을 **조정하거나 개선**하는 것이다.

정책 평가와 정책 제어는 서로 번갈아 가며 반복적으로 사용된다. 먼저 현재의 정책을 평가해보고, 그 결과를 바탕으로 더 나은 방향으로 정책을 수정한다. 그리고 바뀐 정책을 다시 평가한다. 이 과정을 계속 반복하다 보면, 결국에는 **최적의 정책**($\pi^*$)에 도달하게 된다.

이러한 반복 구조는 강화학습의 가장 기본이 되는 틀이며, 정책을 평가하고, 수정하고, 다시 평가하는 과정이 바로 **강화학습의 핵심적인 학습 과정**이라고 할 수 있다.

정책 평가와 정책 제어의 구체적인 구현 방법은 3.1 **다이내믹 프로그래밍**(dynamic programming)에서 더 구체적으로 다뤄보도록 하자.

### 2.6.2 모델 기반과 모델 프리

| 모델 기반<br>Model Based | 환경에 대한 모든 정보를 알고 있는 경우 |
|---|---|
| 모델 프리<br>Model Free | 환경에 대한 일부 정보만 알고 있는 경우 |

모델 기반과 모델 프리

**모델 기반은 "환경을 다 알고 있다"는 뜻이다.** 여기서 말하는 환경이란, MDP에서 등장했던 것처럼 **상태**(state), **행동**(action), **상태 전이확률**(P), **보상**(R), **감가율**($\gamma$) 등을 말한다. 이 모든 정보를 **사전에 알고 있거나, 수식으로 정확히 표현할 수 있다면**, 그 환경은 모델 기반이라고 할 수 있다.

예를 들어, 앞에서 살펴본 마르코프 결정 과정 그림처럼 상태가 동그라미로 표현되고, 상태 간의 전이가 화살표로 연결되어 있으며, 각 화살표 옆에 보상값이나 전이 확률이 적혀 있는 경우, 전형적인 **모델 기반 환경**이다.

즉, **다음 상태가 어디로 갈지, 눈으로 보고 알 수 있다면** 그건 모델 기반인 것이다.

**반대로, 모델 프리는 "환경을 모른다"는 뜻이다.** 모델 프리 환경에서는 상태와 행동은 알 수 있지만, **어떤 행동을 했을 때 다음 상태가 어떻게 바뀌는지 알 수 없다.** 즉, 이 환경은 마치 블랙박스처럼 동작하는 환경이다.

입력(상태와 행동)을 넣으면 출력(다음 상태와 보상)은 나오지만, 그 과정이 어떻게 계산되는지 우리는 알 수 없다. 그래서 모델 프리 강화학습에서는 다음 상태를 직접 예측하거나 계산할 수 없기 때문에 경험을 통해 반복적으로 시도하고, 그 결과를 이용해 점차 학습해 나가야 한다.

| 항목 | 모델 기반 | 모델 프리 |
|---|---|---|
| 환경 정보 | 환경의 상태 전이 0확률과 보상을 모두 알고 있음 | 환경에 대한 정보가 없음(블랙박스처럼 동작) |
| 다음 상태 예측 | 어떤 행동을 했을 때 다음 상태를 예측할 수 있음 | 다음 상태를 직접 알 수 없어 시도와 학습을 통해 추정 |
| 환경 표현 | 그림, 수식, 전이표 등으로 명확하게 표현 가능 | 환경 내부가 숨겨져 있어 직접 관찰할 수 없음 |
| 학습 방식 | 주어진 모델을 이용해 계획(planning) 가능 | 경험을 통해 가치나 정책을 직접 학습 |
| 복잡도 | 구현이 단순하고 계산이 빠를 수 있음 | 반복적인 시뮬레이션과 경험 누적이 필요 |
| 사용 예시 | 체스, 보드게임처럼 규칙이 명확한 환경 | 로봇 제어, 주식 예측, 게임 플레이 등 실제 환경 |
| 대표 알고리즘 | 다이내믹 프로그래밍, 모델 기반 계획 | Q 러닝, SARSA, DQN 등 |

모델 기반 vs. 모델 프리

# 3

## 다이나믹 프로그래밍과 몬테카를로 방법

강화학습에서 복잡한 환경의 문제를 해결하기 위해 두 가지 대표적인 접근법을 사용한다. 하나는 모델의 모든 정보를 알고 있을 때 사용하는 다이나믹 프로그래밍, 다른 하나는 환경 정보를 모른 채 실제 경험을 통해 학습하는 몬테카를로 방법이다.

다이나믹 프로그래밍은 문제를 작은 단위로 나누고 반복 계산하여 최적 정책을 찾는 방식이며, 몬테카를로 방법은 수많은 에피소드를 통해 기대 보상을 통계적으로 추정한다. 이 두 방법은 모델 기반과 모델 프리 강화학습의 출발점이라 할 수 있다.

# 3.1 다이나믹 프로그래밍

> 3 다이나믹 프로그래밍과 몬테카를로 방법

## 3.1.1 다이나믹 프로그래밍이란?

강화학습에서 MDP는 보통 복잡한 환경에서 동작한다. 상태가 수백 개에 달하고, 가능한 행동도 많아질수록 문제를 해결하는 것이 점점 더 어려워진다. 이럴 때 유용하게 사용할 수 있는 방법이 바로 **다이나믹 프로그래밍**(dynamic programming)이다.

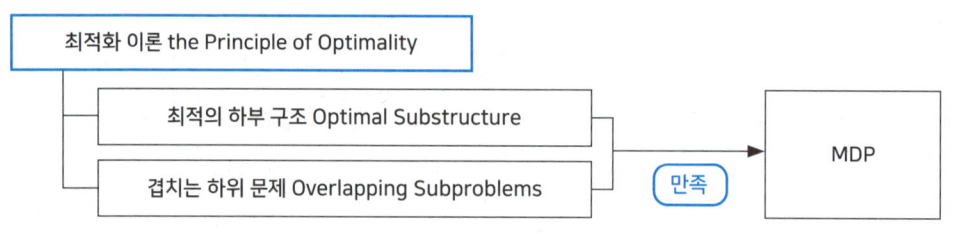

최적화 이론과 MDP

다이나믹 프로그래밍은 어렵고 복잡한 문제를 더 쉽게 풀 수 있도록 도와주는 대표적인 알고리즘 기법이다. 그 핵심은 큰 문제를 잘게 나누고, 그 조각들을 하나씩 해결해가며 전체 해답을 점진적으로 찾는 방식이다. 이 접근법은 최적화 이론(principle of optimality)에 기반하고 있으며, 이 이론을 적용하기 위해서는 두 가지 조건이 충족되어야 한다.

첫 번째 조건은 **최적의 하부 구조**(optimal substructure)이다. 이 조건은 다음과 같이 얘기할 수 있다.

> "큰 문제는 작은 문제로 나눌 수 있고, 그 작은 문제들을 잘 해결하면 결국 전체 문제도 잘 해결된다."

예를 들어, 목적지까지 가는 가장 빠른 길을 찾고 싶을 때, 중간 지점까지 가장 빠르게 가는 방법을 이미 알고 있다면, 그 정보를 활용해 전체 경로도 쉽게 구할 수 있는 것과 같다.

두 번째 조건은 **겹치는 하위 문제(overlapping subproblems)**이다. 이 조건은 말 그대로, 동일한 작은 문제가 여러 번 반복해서 등장한다는 의미다. 그래서 한 번 계산한 결과를 따로 저장해두고, 다시 그 문제가 나타날 때 이전에 저장한 결과를 재사용하는 것이 더 효율적이다.

예를 들어, 어떤 상태에서 출발하는 최적의 경로를 여러 번 계산해야 할 경우, 처음 계산한 결과를 그대로 쓰면 반복 계산을 피할 수 있다.

MDP는 이 두 조건을 모두 만족한다. MDP는 최적의 하부 구조도 있고, 같은 상태가 반복해서 등장하는 경우도 많다. 즉, MDP는 다이나믹 프로그래밍을 적용하기에 딱 좋은 구조를 가지고 있다.

따라서 복잡해 보이는 문제라도, 문제를 작게 나누고, 각 부분 문제를 해결한 뒤 그 결과를 잘 모아가면 결국 전체 문제도 쉽게 해결할 수 있게 되는 것이다.

여기서 꼭 기억할 점은, MDP는 문제를 작은 단위로 나눌 수 있기 때문에 다이나믹 프로그래밍이 유용하게 적용된다는 것이다. 최적화 이론 자체를 깊이 이해할 필요는 없다. 중요한 것은 MDP가 다이나믹 프로그래밍의 두 조건을 모두 만족하기 때문에 이 방식으로 문제를 해결할 수 있다는 점이다.

이제 모델 기반 환경에서 MDP 문제를 작은 단위로 나누어서 해결하는 가장 대표적인 방법인 다이나믹 프로그래밍에 대해 알아보자.

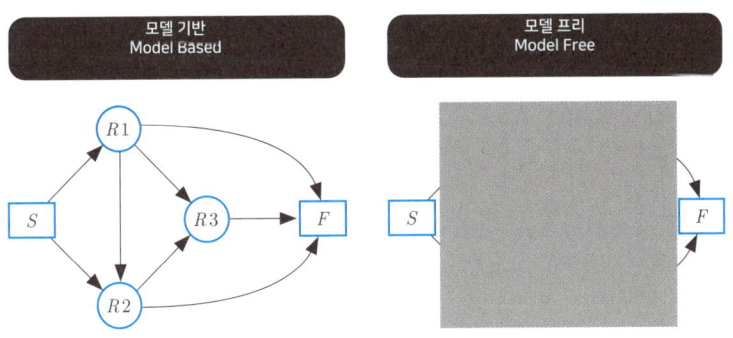

모델 기반과 모델 프리

강화학습에서는 어떤 문제를 모델 기반과 모델 프리 환경으로 나누어 생각할 수 있다. 이 개념을 쉽게 이해하려면 라우팅 예제를 떠올려보면 좋다.

모델 기반과 모델 프리의 차이는 다음과 같다.

**모델 기반 환경**에서는 에이전트가 어떤 상태(state)에서 어떤 행동(action)을 했을 때, 그 다음에 어떤 상태로 이동하는지, 그리고 그에 따른 보상이 무엇인지 모든 정보를 알고 있다. 즉, 어떤 길을 선택하면 어디로 가게 되는지를 미리 알고 있는 셈이다.

반면 **모델 프리 환경**에서는 그렇게 상세한 정보를 미리 알 수 없다. 에이전트는 오직 시작 지점과 목적지만 알고 있을 뿐, 어떤 행동을 했을 때 어떤 상태로 이동하는지는 직접 행동을 해봐야만 알 수 있다. 일종의 '시행착오'를 통해 배우는 방식이라고 볼 수 있다.

이제 **다이나믹 프로그래밍(dynamic programming)**에 대해 알아보자. 이 방법은 **모델 기반 강화 학습 기법**으로, 환경에 대한 정보를 완전히 알고 있을 때 사용할 수 있다.

좀 더 구체적으로 말하면, 다이나믹 프로그래밍은 MDP의 구성 요소인 상태(S), 행동(A), 상태 전이확률(P), 보상(R), 감가율($\gamma$) 이 다섯 가지를 모두 알고 있는 상태에서 동작한다.

이 정보를 기반으로 정책이 주어졌을 때의 상태 가치 함수($v_\pi$), 가장 좋은 정책을 따랐을 때의 최적 상태 가치 함수($v^*$), 그리고 그 정책 자체인 최적 정책($\pi^*$)까지 계산할 수 있다.

다이나믹 프로그래밍은 크게 두 단계로 이루어진다. 정책 평가(policy evaluation)와 정책 제어(policy control)이다.

## (1) 정책 평가(policy evaluation)

우선, 하나의 정책을 고정해 놓고, 그 정책을 따를 경우 각 상태에서 받을 수 있는 보상의 기대 값을 계산한다. 이 과정을 반복하면 각 상태의 가치를 점점 더 정확하게 추정할 수 있다.

여기서 사용하는 가치 함수는 처음 타임스텝에서 받는 보상과 이후 상태에서 받게 될 미래 보상의 합을 기반으로 구성된다.

각 상태의 가치를 한 번에 정확하게 구할 수는 없지만, 조금씩 업데이트를 반복하다 보면 실제 정답에 점점 가까워진다. 수학적으로 이 과정이 참된 가치 함수(true value function)에 수렴한다는 것도 이미 증명되어 있다.

### (2) 정책 제어(policy control)

이제 계산한 가치 함수를 바탕으로 현재 정책을 개선할 수 있다. 어떤 상태에서 더 높은 가치를 줄 수 있는 행동이 있다면, 그 행동을 선택하도록 정책을 수정하는 것이다. 즉, 가치가 높은 행동을 탐욕적으로(greedy) 선택해 정책을 조금 더 좋게 만드는 과정이다.

반복을 통해 최적 정책을 찾는다 정책 평가와 정책 제어는 한 번만 하는 것이 아니다. 계속 반복하면서 점점 더 나은 정책을 만들어간다. 현재 정책을 평가하고, 그 결과를 기반으로 정책을 개선하고, 다시 평가하고, 또 개선하는 과정을 반복하면 결국 최적의 정책($\pi^*$)에 도달할 수 있다.

## 3.1.2 그리드 월드

이제 앞서 설명한 개념을 좀 더 직관적으로 이해하기 위해 그리드 월드(grid world) 예제를 살펴보자.

그리드 월드는 바둑판처럼 생긴 $4 \times 4$ 격자 환경에서 에이전트가 출발해서 목적지까지 최단 경로로 이동하는 게임이다. 총 16개의 칸(상태)이 있으며, 그중 2개는 목적지(종료 상태)이고 나머지 14개의 칸 중 어디에서든 무작위로 에이전트가 시작하게 된다.

이때 에이전트가 최단 거리로 목적지에 도달하도록 정책을 설정하는 것이 이 문제의 목표가 된다. 이처럼 MDP 문제는 다이나믹 프로그래밍을 이용해 작은 단위로 나누어 반복적으로 해결할 수 있으며, 이를 통해 강화학습에서 최적의 정책을 구하는 방법을 배울 수 있다.

- 상태 전이 확률 : 1로 가정
- 보상 : 타임스텝에 따라 -1
- 초기 정책 : 랜덤(상/하/좌/우 : 0.25)

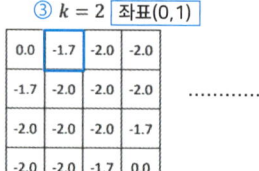
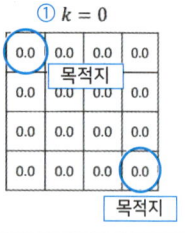

그리드 월드 예시

그리드 월드 환경은 다음과 같다.

- 이 환경은 4x4 바둑판 형태로 구성되어 있다.
- 각 칸은 하나의 상태이고, 에이전트는 상·하·좌·우 네 방향 중 하나로 이동할 수 있다.
- 이동은 랜덤이고, 각 방향으로 이동할 확률은 25%씩 동일하게 설정되어 있다.
- 매번 움직일 때마다 보상은 항상 $-1$이다. 즉, 목적지까지 빨리 가는 것이 유리하다.
- 두 개의 칸은 목적지로 설정되어 있고, 이곳에 도달하면 더 이상 이동하지 않는다.

이제 앞의 그림에서 각 단계가 무엇을 의미하는지 순서대로 살펴보자.

① $k=0$: 초기 상태

처음에는 모든 상태의 가치(value)가 0으로 설정되어 있다. 단, 목적지(왼쪽 위와 오른쪽 아래 칸)는 언제나 가치가 0으로 유지된다. 아직 아무 계산도 이루어지지 않았기 때문에 전체 그리드는 0으로 채워져 있다.

② $k=1$: 1회 정책 평가

각 칸에서 무작위 정책(상, 하, 좌, 우 각각 25%)을 따라 한 번 움직였을 때의 보상을 반영한다. 이동하면 항상 $-1$의 보상을 받기 때문에, 한 칸 떨어진 이웃 상태들의 평균적인 가치를 계산한 결과가 $-1$로 나타난다. 이 단계에서 목적지가 아닌 모든 칸의 가치가 $-1$로 바뀐다.

### ③ $k=2$: 2회 정책 평가

이번에는 한 번 더 계산을 반복한 상태이다. 예를 들어 (0,1) 위치의 값은 −1.7로 나타난다. 이 값은 바로 옆 상태들(특히 목적지 쪽)의 가치와 보상을 고려한 결과이다. 반복할수록 각 칸의 값이 점점 더 낮아지고, 목적지에서 가까울수록 가치가 높다(즉, 절댓값이 작다).

### ④ $k=\infty$: 수렴한 상태(무한 반복 후)

무한히 반복하면 각 상태의 진짜 상태 가치(true state value)를 얻을 수 있다. 목적지에서 가까운 칸은 −14, 좀 더 멀리 떨어진 칸은 −20, −22와 같이 점점 더 낮은 값을 가진다. 이 값은 '현재 이 칸에서 시작했을 때, 무작위 정책을 따르며 목적지까지 이동하면서 받을 총 보상의 기댓값'을 의미한다. 보상이 −1이므로, 절댓값이 작을수록 목적지와 가깝다는 뜻이다.

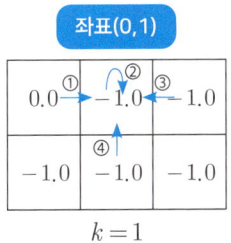

$$-1.0+(0.0*0.25+-1.0*0.25+-1.0*0.25+-1.0*0.25)=-1.75$$

상태 가치 계산

이 그림은 그리드 월드 환경에서 특정 칸, 즉 좌표 (0,1)에 있는 상태의 가치를 계산하는 과정을 보여주고 있다. 여기서 가치를 계산한다는 것은, 에이전트가 해당 위치에서 출발했을 때 앞으로 받을 수 있는 보상의 기댓값이 얼마인지 추정하는 것을 의미한다.

먼저, 전제 조건부터 살펴보자. 이 환경에서는 에이전트가 상, 하, 좌, 우 네 방향으로 무작위로 움직인다. 각 방향을 선택할 확률은 25%로 동일하며, 한 번 움직일 때마다 보상은 항상 -1이다. 즉 에이전트가 어디로 이동하든 무조건 -1의 보상을 받는다는 뜻이다.

에이전트가 위치한 좌표 (0,1)에서 네 방향으로 움직였을 때의 상황을 살펴보자.

- 왼쪽으로 이동하면 (0,0)으로 가게 되는데, 이 칸의 가치는 현재 0.0이다.
- 위쪽은 경계 바깥이라 움직일 수 없기 때문에 다시 원래 위치 (0,1)에 남게 되며, 이 칸의 가치는 -1.0이다.
- 오른쪽으로 이동하면 (0,2)로 가게 되고, 이 칸의 가치도 -1.0이다.
- 아래쪽으로 이동하면 (1,1)로 가게 되며, 역시 이 칸의 가치도 -1.0이다.

이렇게 에이전트가 네 방향으로 이동했을 때 만나는 상태들의 가치를 평균 내면 0.0*0.25 + (-1.0)*0.25 + (-1.0)*0.25 + (-1.0)*0.25 = -0.75가 된다. 여기에 한 번 이동했을 때 받는 보상(즉시보상) -1.0을 더하면 현재 위치 (0,1)의 상태 가치는 -1.75가 되는 것이다.

이처럼 무작위로 움직이는 정책 아래에서는 에이전트가 한 칸 이동할 때마다 평균적으로 얼마만큼의 가치를 기대할 수 있는지를 계산하게 된다. 이런 방식으로 각 상태의 가치가 점차 갱신되며, 반복할수록 점점 실제 가치에 가까워지게 된다. 이 과정이 바로 정책 평가이고, 이 그림은 그 중 한 단계를 시각적으로 보여주고 있는 것이다.

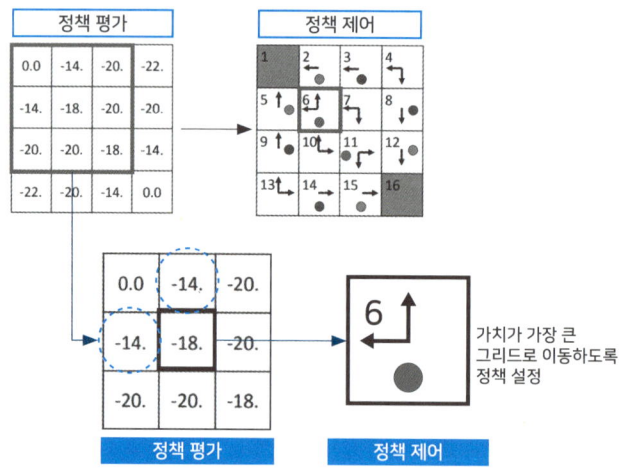

정책 업데이트

이 그림은 다이나믹 프로그래밍에서 정책 평가와 정책 제어가 어떻게 함께 작동하는지를 보여주는 예제이다.

먼저 왼쪽 표는 정책 평가 단계이다. 이 단계에서는 초기 정책(예: 상하좌우로 고르게 $0.25$의 확률로 움직이는 정책)을 기준으로 각 칸(상태)의 가치를 반복적으로 계산한다. 보상은 한 번 움직일 때마다 $-1$이 주어지기 때문에, 목적지로부터 멀어질수록 가치가 낮아지며, 반복할수록 점점 정확한 가치로 수렴하게 된다. 이 과정을 충분히 반복하면 각 그리드 상태에서 정책을 따랐을 때 기대할 수 있는 보상 값이 잘 반영된 가치 테이블이 만들어진다.

오른쪽 표는 정책 제어 단계이다. 이 단계에서는 방금 계산한 가치 테이블을 기반으로 각 칸에서 어떤 방향으로 움직여야 가장 높은 가치를 얻을 수 있을지를 판단해, 정책을 새롭게 설정한다.

이때 탐욕적(greedy) 방식이 사용된다. 각 칸에서 상하좌우로 이동할 수 있는 경우 중에서 가치가 가장 큰 칸(즉, 가장 작은 음수 값을 가지는 칸)으로 움직이는 방향의 확률을 높게 설정하고, 나머지 방향으로는 움직이지 않도록 확률을 0으로 설정한다.

예를 들어 가운데 칸의 경우 위쪽과 왼쪽에 있는 칸이 둘 다 $-14$로 가장 가치가 높다면, 이 두 방향에 대해 각각 $0.5$의 확률로 이동하도록 정책을 설정하고, 나머지 두 방향은 확률을 0으로 만든다. 이렇게 새로 설정된 정책은 이전보다 더 가치 있는 행동을 하게 만들어 준다.

이처럼 정책 평가로 가치를 계산하고, 그 값을 바탕으로 정책 제어로 정책을 개선하는 과정을 반복하면, 점점 더 좋은 정책으로 업데이트되며 결국에는 최적의 정책과 최적의 가치 함수에 도달하게 된다.

이런 방식이 바로 다이나믹 프로그래밍의 핵심 원리이다. 이제 예제 코드를 통해 한 번 더 살펴보도록 하자.

### 3.1.3 다이나믹 프로그래밍 예제

/basic/11. 다이나믹 프로그래밍.ipynb

```python
import numpy as np

# (1) 그리드 월드 환경 설정(4x4)
grid_size = 4
gamma = 1.0  # 감가율

# (2) 상태 가치 초기화
value_table = np.zeros((grid_size, grid_size))

# (3) 종료 상태(목적지)
terminal_states = [(0, 0), (grid_size - 1, grid_size - 1)]

# (4) 가능한 행동: 상, 하, 좌, 우
actions = [(-1, 0), (1, 0), (0, -1), (0, 1)]

# (5) 상태 전이 확률(각 방향 25%)
action_prob = 0.25

# (6) 정책 평가 함수 정의
def policy_evaluation(value_table, iterations=100):
    for _ in range(iterations):
        new_value_table = np.copy(value_table)

        for i in range(grid_size):
            for j in range(grid_size):
                if (i, j) in terminal_states:
                    continue
                value = 0

                for action in actions:
                    next_i, next_j = i + action[0], j + action[1]

                    # 경계를 벗어나면 현재 위치 유지
                    if next_i < 0 or next_i >= grid_size or next_j < 0 or next_j >= grid_size:
                        next_i, next_j = i, j

                    reward = -1
                    value += action_prob * (reward + gamma * value_table[next_i, next_j])
```

```python
                new_value_table[i, j] = value

        value_table = new_value_table

    return value_table

# (7) 정책 개선 함수 정의
def policy_improvement(value_table):
    policy = np.zeros((grid_size, grid_size, len(actions)))

    for i in range(grid_size):
        for j in range(grid_size):
            if (i, j) in terminal_states:
                continue

            values = []
            for action in actions:
                next_i, next_j = i + action[0], j + action[1]

                if next_i < 0 or next_i >= grid_size or next_j < 0 or next_j >= grid_size:
                    next_i, next_j = i, j

                values.append(value_table[next_i, next_j])

            best_action_value = np.max(values)

            # 가장 높은 가치로 이동할 수 있는 행동 찾기
            best_actions = [idx for idx, v in enumerate(values) if v == best_action_value]

            # 탐욕적(Greedy) 행동 선택
            for action_idx in best_actions:
                policy[i, j, action_idx] = 1 / len(best_actions)

    return policy

# (8) 정책 반복(평가 및 개선 반복 수행)
def policy_iteration(iterations=10):
    global value_table

    for _ in range(iterations):
        value_table = policy_evaluation(value_table)
        policy = policy_improvement(value_table)
```

```python
    return value_table, policy

# 실행 및 결과 출력
final_values, final_policy = policy_iteration()

# (9) 최종 상태 가치 테이블
print("최종 상태 가치 테이블:")
print(np.round(final_values, 2))

# (10) 최정 정책
print("\n최종 정책(각 상태에서의 행동 확률):")
for i in range(grid_size):
    for j in range(grid_size):
        print(f"상태 ({i},{j}): {final_policy[i,j]}")
```

```
최종 상태 가치 테이블:
[[  0. -14. -20. -22.]
 [-14. -18. -20. -20.]
 [-20. -20. -18. -14.]
 [-22. -20. -14.   0.]]

최종 정책(각 상태에서의 행동 확률):
상태 (0,0): [0. 0. 0. 0.]
상태 (0,1): [0. 0. 1. 0.]
상태 (0,2): [0. 0. 1. 0.]
상태 (0,3): [0.  0.5 0.5 0. ]
상태 (1,0): [1. 0. 0. 0.]
상태 (1,1): [0. 0. 1. 0.]
상태 (1,2): [0.  0.5 0.5 0. ]
상태 (1,3): [0. 1. 0. 0.]
상태 (2,0): [1. 0. 0. 0.]
상태 (2,1): [0.5 0.  0.  0.5]
상태 (2,2): [0. 0. 0. 1.]
상태 (2,3): [0. 1. 0. 0.]
상태 (3,0): [0.5 0.  0.  0.5]
상태 (3,1): [0. 0. 0. 1.]
상태 (3,2): [0. 0. 0. 1.]
상태 (3,3): [0. 0. 0. 0.]
```

### (1) 그리드 월드 환경 설정

4x4 크기의 격자 형태로 구성된 환경을 만든다. 총 16개의 상태가 존재하며, 에이전트는 이 상태들 사이를 이동한다. 감가율은 1.0으로 설정되는데, 이는 미래에 받는 보상의 가치를 현재와 동일하게 평가한다는 의미다.

### (2) 상태 가치 초기화

모든 상태의 가치를 0으로 시작한다. 이 가치는 앞으로의 학습을 통해 업데이트되며, 각 상태에서 출발했을 때 받을 수 있는 총 보상의 기댓값을 나타낸다.

### (3) 종료 상태 설정

왼쪽 위 모서리 (0, 0)와 오른쪽 아래 모서리(3,3)를 종료 상태로 정의한다. 이 상태에 도달하면 더 이상 움직이지 않으며, 학습 시에도 해당 상태는 건너뛴다.

### (4) 가능한 행동 정의

에이전트는 상, 하, 좌, 우 네 방향으로 이동할 수 있다. 이 네 가지 행동은 각각 격자 안에서의 이동을 뜻하며, 이동한 위치가 그리드의 경계를 벗어나면 원래 위치에 머무른다.

### (5) 상태 전이 확률 설정

초기 정책은 무작위 정책으로, 네 방향 중 어느 쪽으로든 25%의 확률로 움직인다. 이는 균등한 확률로 아무 방향이나 선택하는 정책을 의미하며, 이후 반복 과정을 통해 더 나은 정책으로 개선된다.

### (6) 정책 평가

현재 정책에 따라 상태 가치를 계산하는 단계다. 각 상태에 대해 가능한 네 가지 행동을 모두 고려하고, 그 행동을 했을 때 도달하는 다음 상태의 가치와 보상을 기반으로 새로운 상태 가치를 계산한다. 보상은 항상 −1이며, 감가율이 1이므로 다음 상태의 가치가 그대로 반영된다. 모든 행동에 대한 기댓값을 평균 내어 현재 상태의 새로운 가치로 갱신한다. 이 작업을 여러 번 반복하면서 가치 테이블이 점점 더 정확해진다.

### (7) 정책 개선
정책 평가 결과로 얻은 상태 가치 함수를 바탕으로 새로운 정책을 만드는 단계다. 각 상태에서 네 가지 가능한 행동 중 어떤 행동이 다음 상태의 가치가 가장 높은지를 확인하고, 그 방향을 선택한다. 만약 여러 방향이 같은 최대 가치를 준다면, 해당 방향들에 대해 확률을 균등하게 나누어 설정한다. 이렇게 만들어진 정책은 기존의 무작위 정책보다 더 좋은 방향성을 가진 탐욕적(greedy) 정책이다.

### (8) 정책 반복
정책 평가와 정책 개선을 번갈아 반복하면서 점점 더 좋은 정책을 만들어가는 과정이다. 처음에는 무작위 정책으로 시작하고, 평가와 개선을 반복 수행하여 정책이 더 이상 바뀌지 않을 때까지 계속한다. 이때 도달한 정책은 최적 정책이며, 이 정책을 따르면 가능한 한 빨리 종료 상태에 도달할 수 있다. 이때의 가치 테이블은 그 최적 정책을 따를 때 각 상태에서 받을 수 있는 기대 보상의 총합을 나타낸다.

### (9) 최종 상태 가치 테이블 출력
정책 반복이 완료되면 각 상태의 최종 가치가 계산된다. 이 값은 각 상태에서 출발했을 때, 최적 정책을 따를 경우 받을 수 있는 총 보상의 기댓값이다. 값이 클수록 해당 상태가 유리한 위치라는 것을 의미한다.

### (10) 최종 정책 출력
최종적으로 각 상태에서 어떤 방향으로 움직이는 것이 가장 좋은지를 나타내는 정책을 출력한다. 이 정책은 네 방향에 대한 확률로 표현되며, 어떤 방향으로 움직여야 종료 상태에 더 빨리 도달할 수 있는지를 알려준다. 종료 상태의 경우 더 이상 움직임이 없으므로, 모든 방향의 확률이 0이 된다.

지금까지 설명한 내용만으로 다이나믹 프로그래밍을 완전히 이해하긴 어렵겠지만, 강화 학습을 공부하는 데 있어서 이를 깊이 있게 파고들 필요는 없다. 따라서 이 정도로 개념을 짚고 넘어가는 것으로 충분하며, 앞으로 실제 알고리즘을 다루는 과정에서 자연스럽게 익히게 될 것이다.

## 3.2 몬테카를로 방법

### 3.2.1 몬테카를로 방법이란?

다이나믹 프로그래밍에서는 **모델을 알고 있다(model based)**는 전제하에서 정책을 평가하고 제어했다. 모델을 알고 있는 상태에서는 다음 상태를 알 수 있기 때문에 문제를 작은 단위로 나누어서 순차적으로 계산해서 최적의 정책을 찾을 수 있었다.

하지만 모델을 알지 못하는 상태(model free)에서는 보상 함수(reward function, R)와 상태 전이 확률(state transition probability, P)을 알 수 없고, 특히 다음 상태가 무엇인지 알 수 없기 때문에 다이나믹 프로그래밍 같은 문제 해결 방법을 사용할 수 없다. 이때 필요한 것이 **몬테카를로 예측**(Monte−Carlo prediction)이다.

다이나믹 프로그래밍은 전체 상태를 한 번씩 모두 실행하면서 각 상태(state)의 가치를 업데이트 했지만, 몬테카를로 예측에서는 하나의 에피소드가 끝날 때까지 실행하면서 경험을 모으고 그 경험으로 가치 함수를 계산한다.

환경에 대한 정보가 충분하지 않기 때문에 많이 사용하는 방법 중에 하나가 바로 몬테카를로 방법(Monte−Carlo method, MC)이다. 몬테카를로 방법은 정확한 수학 수식에 의해 계산하거나 측정하는 것이 아니라 확률적인 방법에 의해 값을 통계적으로 계산하는 방법이다. 계산하려는 값이 복잡할 때 정확한 결과를 얻기 보다는 근사적인 결과를 얻을 경우에 사용한다.

몬테카를로라는 이름은 이 방법을 개발한 폴란드계 미국인 수학자인 스타니스와프 울람이 모로코의 유명한 도박 도시 이름을 따온 데서 유래했다. 몬테카를로 방법은 컴퓨터로 계산하는 것에 적합하여 원자폭탄이나 수소폭탄 개발과 같은 컴퓨터 모의 실험에 사용되었으며 현재도 다양한 분야 활발히 응용되고 있다.

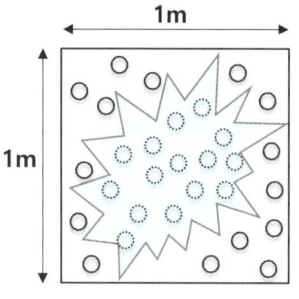

몬테카를로 방법

우리가 어떤 복잡한 다각형의 면적을 구해야 한다고 해보자. 수학적으로 식을 세워서 정확하게 계산하는 것도 가능하겠지만, 도형이 아주 복잡하다면 쉽지 않다. 이럴 때는 조금 더 직관적이고 간단한 방법으로 접근해볼 수 있다. 바로 **몬테카를로 방법(Monte-Carlo method, MC)**이다.

방법은 이렇다. 먼저 다각형을 완전히 감쌀 수 있는 정사각형을 하나 그린다. 가로와 세로의 길이가 1미터인 정사각형이라고 해보자. 이 사각형의 면적은 가로 × 세로니까 $1m^2$로 쉽게 계산된다.

이제 이 사각형 안에 무작위로 동그란 공을 던져 넣어보자. 예를 들어 총 30개의 공을 뿌렸는데, 그중 15개가 다각형 안에 들어갔다고 하자. 그렇다면 전체 공 중 절반이 다각형 안에 들어간 셈이므로, 우리는 이렇게 추정할 수 있다.

"다각형의 면적은 전체 정사각형 면적의 절반, 즉 $0.5m^2$ 정도 되겠구나."

실제로 다각형의 면적을 직접 측정하지 않고, 무작위로 실험한 결과를 바탕으로 면적을 추정한 것이다. 이처럼 **복잡한 문제를 직접 계산하지 않고 확률과 통계를 이용해 '대략적으로' 구하는 방법**이 바로 몬테카를로 방법이다.

강화학습에서도 이 방식이 유용하게 쓰인다. 에이전트가 어떤 환경에서 움직이는데, 그 환경에 대한 정보가 충분하지 않은 경우가 많다. 어떤 행동을 했을 때 다음에 어떤 일이 벌어질지, 보상을 받을지 말지도 알 수 없는 상황이다. 이럴 땐 정밀한 수식으로 계산하는 다이나믹 프로그래밍을 쓸 수 없다. 대신 몬테카를로 방법처럼 **직접 행동해 보고 그 경험을 바탕으로 학습**하는 방식이 효과적이다.

예를 들어 어떤 게임을 하는 에이전트를 생각해보자. 이 에이전트는 게임을 한 판 플레이하면서 경험을 쌓는다. 이 한 판을 우리는 '**에피소드**'라고 부른다. 에피소드가 끝나면, 에이전트는 자신이 어떤 상태에서 어떤 행동을 했고, 그 결과 어떤 보상을 받았는지 전체 흐름을 복기하면서 학습한다.

이때 중요한 조건이 있다. **몬테카를로 방법을 사용하려면, 반드시 에피소드가 있어야 한다.** 다시 말해, 시작과 끝이 있는 구조여야 한다. 예를 들어 디아블로 같은 게임은 한 판이 시작되고 끝나기 때문에 몬테카를로 방법을 적용할 수 있다. 반면 리니지 같은 MMORPG 게임은 끝이 없이 계속 이어지므로, 에피소드가 없고 몬테카를로 방식이 적용되기 어렵다.

몬테카를로 방법에서는 에피소드를 끝까지 실행한 후, 그 결과를 바탕으로 가치 함수를 계산한다. 가치 함수란 쉽게 말해, 어떤 상태에서 출발했을 때 기대할 수 있는 보상의 총합이다. 만약 우리가 환경에 대해 모든 정보를 알고 있다면, 어떤 행동을 했을 때 어떤 상태로 가는지도 알수 있으니 수식으로 계산이 가능하다. 이게 바로 다이나믹 프로그래밍 방식이다.

하지만 현실은 대부분 그렇지 않다. 다음 상태가 어디일지, 어떤 결과가 나올지 모를 경우에는 수식 계산이 어렵다. 그래서 실제로 에피소드를 수행하면서 나오는 경험을 바탕으로, **실제로 받은 보상을 합산하여 상태의 가치를 추정**하게 된다.

물론 한 번의 에피소드만으로는 정확한 값을 얻기 어렵다. 하지만 에피소드를 수십 번, 수백 번 반복하게 되면, 각 상태의 가치에 대한 평균값이 점점 더 실제 정답에 가까워진다. 결국, 수많은 시행착오를 통해 얻어진 경험들이 누적되어 **참 가치 함수에 근접하게 되는 것**이다. 이 과정을 바로 **몬테카를로 방법을 통한 학습**이라고 부른다.

**MDP**
$$v_\pi(s) = E_\pi[G_t \mid S_t = s] \quad ①$$
$$= E_\pi[R_{t+1} + \gamma v_\pi(S_{t+1}) \mid S_t = s]$$
$$= \sum_{a \in A} \pi(a \mid s)\left(R_s^a + \gamma \sum_{s' \in S} P_{ss'}^a v_\pi(s')\right)$$
$$= \sum_{a \in A} \pi(a \mid s) R_s^a + \gamma \underbrace{\sum_{a \in A} \pi(a \mid s)}_{②\text{-1}} \underbrace{\sum_{s' \in S}}_{②\text{-2}} P_{ss'}^a v_\pi(s')$$

**MC**
$$v_\pi(s) = V(s) \quad \text{when } N(s) \to \infty \quad ③$$
누적 Count : $N(s) \leftarrow N(s) + 1$ (하나의 에피소드 수행) ④
누적 Return : $S(s) \leftarrow S(s) + G_t$ ⑤
평균 Return : $V(s) \leftarrow S(s)/N(s)$ ⑥

MDP을 몬테카를로 방법으로 해결하기

이 그림은 강화학습에서 상태 가치 함수를 계산하는 두 가지 접근 방식인 **MDP(마르코프 결정 과정)** 방식과 **MC(몬테카를로)** 방식의 차이를 수식과 함께 단계적으로 보여주는 자료이다. 각각의 수식을 번호 순서대로 살펴보며, 그 의미를 하나씩 설명해보자.

① 상태 가치 함수의 정의(MDP 방식)

가장 처음에 나오는 식은 상태 가치 함수의 정의를 나타낸다. 이는 상태 $s$에서 시작해서 정책 $\pi$를 따랐을 때 앞으로 받게 될 보상의 총합 $G_t$의 **기댓값**으로 정의된다. 즉, "지금 이 상태에 있을 때 앞으로 받을 보상이 얼마나 될까?"라는 질문에 대한 평균적인 답을 구하는 수식이다.

②-1 행동을 고려한 확장

이제 상태 가치 함수를 더 구체적으로 확장해 보자. 정책 $\pi$에 따라 상태 $s$에서 어떤 행동 $a$를 선택할 확률이 주어진다. 그에 따라 얻는 보상과 다음 상태로의 전이 확률을 함께 고려

해야 한다. 이때 ②-1에서는 가능한 **모든 행동**을 고려하며, 각 행동을 선택할 확률 $\pi(a|s)$와 그 행동에서 받는 보상 R을 함께 계산한다.

### ②-2 상태 전이를 고려한 확장

한 발짝 더 나아가면, 행동 $a$를 했을 때 도달할 수 있는 **모든 다음 상태** $s'$도 함께 고려해야 한다. 다음 상태로 전이될 확률 $P$와 그 상태의 가치 $v_\pi(s')$를 곱한 후, 감가율 $\gamma$를 적용해 더한다. 이를 통해 우리는 현재 상태의 가치가 **지금 받을 보상과 미래에 받을 보상의 합**임을 알 수 있다.

이 전체 과정이 바로 MDP 방식의 상태 가치 함수 계산이며, 이는 환경의 모든 정보를 알고 있어야 가능한 계산이다.

### ③ 몬테카를로 방식의 근사

반면 몬테카를로(MC) 방식은 환경 정보를 알 수 없을 때 사용하는 방법이다. 여기서는 상태 가치 함수를 수학적으로 계산하지 않고, 여러 번의 **실제 경험을 평균**해서 추정한다. 즉, 상태 $s$에서 시작했을 때의 반환값 $G_t$를 계속 쌓아가며 그 평균을 구하면 충분히 많은 에피소드를 반복 수행했을 때 참된 상태 가치 함수 $V(s)$에 가까워진다.

### ④ 에피소드 수행 후 누적 카운트 증가

몬테카를로 방법에서는 에이전트가 한 번 에피소드를 끝낼 때마다, 해당 상태를 방문한 횟수인 $N(s)$를 1만큼 증가시킨다. 이 값은 나중에 평균을 구할 때 분모로 사용된다.

### ⑤ 반환값 누적 저장

그 에피소드에서 실제로 받은 보상의 총합, 즉 반환값 $G_t$를 해당 상태의 누적 반환값 $S(s)$에 더해 저장한다.

### (6) 평균 반환값 계산

이제 누적된 보상의 총합 $S(s)$을 해당 상태를 방문한 횟수 $N(s)$로 나누면, 그 상태에서 기대할 수 있는 평균 보상, 즉 상태 가치 함수 $V(s)$를 구할 수 있다.

이렇게 정리된 두 방식은 중요한 차이를 가진다. MDP 방식은 환경 모델이 있어야 정확한 계산이 가능하지만, 몬테카를로 방식은 환경을 알 필요 없이 경험을 통해 점점 더 정확한 추정치를 만들어낸다. 따라서 정보가 충분한 경우에는 MDP 방식이 유리하고, 정보가 부족한 모델 프리 환경에서는 몬테카를로 방식이 더욱 현실적인 대안이 된다.

### 3.2.2 증분 평균을 사용한 몬테카를로 방법

증분 평균(incremental mean)은 이전까지 계산된 평균을 기반으로, 새로운 값이 들어올 때 전체 평균을 빠르게 갱신할 수 있는 방법이다.

$$\begin{aligned}
\mu_k &= \frac{1}{k}\sum_{j=1}^{k} x_j & \text{①} \\
&= \frac{1}{k}\left(x_k + \sum_{j=1}^{k-1} x_j\right) & \text{②} \\
&= \frac{1}{k}\left(x_k + \left(\frac{k-1}{1}\right)\underbrace{\left(\frac{1}{k-1}\right)\sum_{j=1}^{k-1} x_j}_{\text{③-1}}\right) & \text{③} \\
&= \frac{1}{k}\left(x_k + (k-1)\mu_{k-1}\right) & \text{④} \\
&= \mu_{k-1} + \frac{1}{k}\left(x_k - \mu_{k-1}\right) & \text{⑤} \\
&\approx \mu_k + \frac{1}{k}\left(x_k - \mu_k\right) & \text{⑥}
\end{aligned}$$

수학적 계산 편의를 위해 변경
from $k-1$ to $k$

증분평균

#### ① 전체 평균의 정의

평균을 구하는 가장 기본적인 방식은, 지금까지 들어온 모든 값들을 더해서 그 개수로 나누는 것이다. 예를 들어 $x_1, x_2, ..., x_k$와 같은 데이터가 순차적으로 들어왔다면, 전체 평균은 이 모든 값을 더한 뒤 $k$로 나누는 방식이다. 이 과정은 간단하지만, 새로운 데이터가 들어올 때마다 전체 데이터를 다시 더해야 하기 때문에 비효율적이다.

#### ② 새 데이터 분리와 이전 합 묶기

이제 평균을 조금 다르게 생각해보자. 새롭게 들어온 마지막 데이터를 따로 떼어내고, 이전까지의 값들을 한 묶음으로 본다. 즉, 가장 최근에 들어온 데이터를 $x_k$라고 한다면, 나머지 $x_1$부터 $x_{k-1}$까지의 값은 이전까지의 데이터들이고, 이들의 합은 별도로 정리할 수 있다. 이렇게 나누면 새 데이터와 이전 데이터가 구분되어 계산하기 쉬워진다.

### ③ 프로그래밍에 유리한 형태로 변형

이전 데이터들의 평균은 $k-1$개의 데이터를 기반으로 한 값이므로, 그 평균에 $k-1$을 곱하면 이전까지의 전체 합이 된다. 이렇게 수식을 약간 조정해주면, 이전 평균을 활용해서 전체 평균을 계산할 수 있는 형태가 된다. 이 과정은 수학적으로는 의미가 같지만, 컴퓨터 프로그래밍에서는 계산을 훨씬 단순하게 만들어준다.

### ③-1 이전 데이터 합의 재표현

여기서 우리가 정리한 부분은 사실 $k-1$개 데이터의 합이다. 즉, $x_1$부터 $x_{k-1}$까지를 더한 값이며, 이것은 이전 평균에 $k-1$을 곱한 값과 같다. 이 점을 명확히 해두면 이후 계산이 훨씬 쉬워진다.

### ④ 이전 평균으로 대체

이제 앞서 계산한 $k-1$개 데이터의 평균을 활용할 수 있다. 이 값은 $\mu_{k-1}$로 표현되며, 지금까지의 평균을 의미한다. 따라서 전체 평균은 새로 들어온 데이터 하나와, 이전 평균을 적절히 조합해서 만들 수 있다. 이로써 우리는 이전까지의 평균만 알고 있다면, 새 값을 추가할 때 전체 평균을 다시 계산하지 않고도 쉽게 갱신할 수 있게 된다.

### ⑤ 증분 평균 공식 정리

수식을 조금 더 다듬으면, 새로운 평균은 '이전 평균 + 새 데이터와의 차이 × 조정 비율' 이라는 형태로 바꿀 수 있다. 여기서 조정 비율은 $1/k$이며, 데이터 개수가 늘어날수록 점점 작아진다. 이 식은 증분 평균의 핵심이다. 새 데이터가 기존 평균보다 크면 전체 평균은 살짝 올라가고, 작으면 조금 내려가게 된다.

### ⑥ 계산 편의를 위한 표현 변경

마지막으로, 프로그래밍이나 수식 정리에서 더 간단하게 쓰기 위해 평균 기호를 이전 평균이 아닌 현재 평균인 $\mu_k$로 바꾸어 사용한다. 정확하게는 이전 평균 $\mu_{k-1}$를 사용하는 것이 맞지만, 실제 코드에서는 값을 바로 갱신하면서 같은 변수 이름을 유지하는 것이 더 편리하기 때문에 이렇게 표현해도 무방하다.

이러한 증분 평균 방식은 전체 데이터를 모두 저장하거나 다시 계산하지 않아도 되기 때문에, 실시간 처리나 메모리가 제한된 상황에서 매우 유용하게 사용된다. 특히 강화학습처럼 많은 반복과 평균 계산이 필요한 분야에서 그 진가를 발휘한다. 새로운 데이터가 들어올 때마다 평균을 빠르게 갱신할 수 있으므로, 단순하면서도 강력한 도구로 활용된다.

> **MC**    $v_\pi(s) = V(s)$    when $N(s) \to \infty$
>
> 누적 Count : $N(s) \leftarrow N(s) + 1$    (하나의 에피소드 수행)
> 누적 Return : $S(s) \leftarrow S(s) + G_t$
> 평균 Return : $V(s) \leftarrow S(s)/N(s)$    ①
> 증분 평균 Incremental Mean Return : $V(s) \leftarrow V(s) + \frac{1}{N(s)}\big(G_t - V(s)\big)$    ②

증분평균을 사용한 MC

이제 우리는 몬테카를로 방법에서 상태 가치 함수를 계산할 때, 더 효율적인 방식인 증분 평균을 어떻게 사용하는지 살펴볼 차례다. 위 그림은 기존 방식과 증분 평균 방식을 비교해서 보여주고 있다. 이를 이해하기 쉽게 설명해보자.

먼저 기존의 방식에서는 상태 $s$에 대해 여러 번 에피소드를 수행한 뒤, 그때그때 받은 반환값을 모두 더하고, 수행한 횟수로 나눠서 평균을 구한다. 이 방식이 바로 그림에서 ①로 표시한 방법이다. 예를 들어 어떤 상태에서 다섯 번 에피소드를 수행했다면, 다섯 번의 보상 값을 모두 저장해두고, 그걸 더해서 다섯으로 나누는 방식이다. 이렇게 하면 평균을 구할 수는 있지만, 문제는 모든 반환값을 계속 저장해 둬야 한다는 점이다. 데이터가 많아지면 연산도 느려지고, 저장 공간도 많이 차지하게 된다.

이런 문제를 해결해 주는 것이 바로 그림에서 ②로 표시한 증분 평균 방식이다. 이 방식은 이전까지의 평균만 알고 있으면, 새로 들어온 데이터 하나만으로도 평균을 바로 갱신할 수 있다. 다시 말해, 과거 데이터를 일일이 저장하지 않아도 된다는 것이다.

그 방식은 간단하다. 새로 얻은 반환값에서 현재까지의 평균 값을 빼고, 그 차이를 지금까지 수행한 에피소드 수로 나눈다. 그리고 그 결과를 이전 평균에 더해주면 된다. 이렇게 하면 평균이 자연스럽게 최신 값까지 반영되면서도 계산은 훨씬 간단해진다.

이때 흥미로운 점은, 새로 들어온 반환값과 현재 평균이 같다면 두 값의 차이가 0이 되기 때문에, 더 이상 평균이 바뀌지 않게 된다. 이 상태는 우리가 구하고자 하는 참된 상태 가치 함수에 도달한 것을 의미한다. 즉, 더 이상 학습할 필요가 없는 완전한 상태가 된 것이다.

강화학습에서는 이런 참된 가치 함수에 수렴하도록 학습을 진행한다. 다시 말해, 반환값과 현재 가치 함수의 차이가 점점 작아지도록 정책을 개선해 나가는 것이 학습의 핵심 목표가 된다.

이처럼 증분 평균 방식은 계산을 단순하게 만들면서도 정확한 결과에 점점 가까워지도록 도와주는 매우 효율적인 방법이다. 그래서 많은 강화학습 알고리즘에서 널리 사용되고 있다.

MC

$$V(s) \leftarrow V(s) + \frac{1}{N(s)}\bigl(G_t - V(s)\bigr) \quad ①$$

$$V(s) \leftarrow V(s) + \propto \bigl(G_t - V(s)\bigr) \quad ②$$

$\frac{1}{N(s)}$을 $\propto$로 변경

프로그래밍을 위한 MC

이제 우리는 몬테카를로 방법에서 상태 가치 함수 $V(s)$를 갱신할 때, 계산을 좀 더 쉽게 만들기 위한 한 가지 기법을 살펴보려고 한다. 그림에는 두 가지 방식이 순서대로 소개되어 있는데, 각각 ①번과 ②번으로 나뉘며 그 의미를 차근차근 풀어보자.

**①번 방식은 이전에 설명한 증분 평균 방식이다.**
이 방식에서는 특정 상태에 대해 에피소드를 한 번 수행할 때마다 해당 상태의 평균 값을 조금씩 업데이트하게 된다. 얼마나 업데이트할지는 지금까지 그 상태를 몇 번 방문했는지에 따라 결정된다. 예를 들어 10번째 방문이라면, 열 번째 데이터이기 때문에 기존 평균에 아주 조금만 반영된다. 이처럼 갱신 비율이 에피소드 수에 따라 점점 작아지기 때문에, 학습이 점점 안정적으로 수렴하게 된다. 다만 이 방식은 상태별로 몇 번 방문했는지를 계속

세어야 하며, 그에 따라 매번 계산도 달라진다.

②번 방식은 위 식을 프로그래밍하기 쉬운 형태로 바꾼 것이다.

여기서는 '지금까지 몇 번 방문했는지'를 기준으로 계산하지 않고, 단순히 고정된 숫자 하나를 사용하는 방식이다. 이 숫자를 알파($\alpha$)라고 부른다. 알파는 0보다 크고 1보다 작은 값이며, 보통 0.1이나 0.01과 같은 작은 값을 사용한다. 이 값은 고정되어 있기 때문에 상태를 몇 번 방문했는지 따질 필요 없이, 매번 동일한 방식으로 평균을 업데이트할 수 있다.

이렇게 바꾸는 이유는 간단하다. 코드로 구현할 때 훨씬 간단하고, 계산도 빠르기 때문이다. 수학적으로는 앞의 방식이 더 정교할 수 있지만, 몬테카를로 방법 자체가 **경험 기반의 통계적 추정**이기 때문에, 이런 식의 간단한 대체도 실용적으로 충분히 의미가 있다. 결국 중요한 것은 정확한 계산이 아니라, 반복된 경험을 통해 점점 진짜 값에 가까워지는 것이다.

이처럼 ①번 방식은 수학적으로는 더 정밀하지만, ②번처럼 알파 값을 사용하는 방식이 프로그래밍에는 더 유리하다. 둘 다 강화학습에서는 자주 쓰이는 방식이며, 문제에 따라 적절한 방법을 선택하면 된다.

### 3.2.3 몬테카를로 방법 예제

/basic/12. 몬테카를로 방법.ipynb

```python
import random
import math

# (1) 총 던질 공의 개수
num_points = 10000
inside_circle = 0

for _ in range(num_points):
    # (2) -1에서 1 사이의 무작위 x, y 좌표 생성
    x = random.uniform(-1, 1)
    y = random.uniform(-1, 1)

    # (3) 원 안에 들어갔는지 확인(x² + y² <= 1이면 원 안)
```

```
    if x**2 + y**2 <= 1:
        inside_circle += 1

# (4) 원의 면적 추정: 정사각형 면적(4) × 비율
estimated_pi = 4 * inside_circle / num_points

print(f"추정한 원의 면적 (≈ π): {estimated_pi}")
print(f"실제 π 값: {math.pi}")
```

```
추정한 원의 면적 (≈ π): 3.1328
실제 π 값: 3.141592653589793
```

간단한 예제를 통해 알고리즘이 동작방식을 이해해보자.

### (1) 총 던질 공의 개수 설정

먼저 무작위로 던질 공의 총 개수를 설정한다. 여기에서는 10,000개의 공을 던지기로 하였으며, 이는 실험을 통해 원의 면적을 추정할 때 사용하는 표본의 크기를 의미한다. 또한 원 안에 들어간 공의 개수를 세기 위한 변수를 0으로 초기화한다.

### (2) 무작위 좌표 생성

그 다음 반복문을 이용하여 공을 한 개씩 던진다. 이때 공을 던지는 과정은 −1부터 1까지의 범위 내에서 무작위로 $x$좌표와 $y$좌표를 생성하는 방식으로 이루어진다. 이 범위는 가로 2, 세로 2인 정사각형 영역을 의미하며, 중심이 (0, 0)이고 반지름이 1인 원이 이 정사각형 안에 정확히 들어가게 된다.

### (3) 공이 원 안에 들어갔는지 판단

생성된 좌표가 원 안에 위치하는지를 확인하기 위해 피타고라스의 정리를 활용한다. 즉, $x^2$과 $y^2$을 더한 값이 1보다 작거나 같으면 그 점은 원 안에 있는 것으로 간주한다. 이 조건을 만족하는 경우, 공이 원 안에 들어간 것으로 보고, 원 안에 들어간 공의 개수를 하나 증가시킨다.

### (4) 원의 면적 추정

모든 공을 던진 후에는, 원 안에 들어간 공의 개수와 전체 공의 개수를 비교하여 원이 차지하는 비율을 계산한다. 이 비율에 정사각형의 전체 면적인 4를 곱하면 원의 면적을 추정할 수 있다. 이렇게 추정한 면적은 수학적으로 알려진 원주율 $\pi$와 매우 가까운 값을 보이게 된다. 마지막으로 추정된 $\pi$ 값과 실제 math 모듈에서 제공하는 $\pi$ 값을 함께 출력하여 비교할 수 있다.

이처럼 간단한 공 던지기 실험을 통해 복잡한 수학 계산 없이도 $\pi$를 근사적으로 계산할 수 있으며, 이것이 바로 **몬테카를로 방법**의 대표적인 예시다. 무작위 시도와 통계적 계산을 통해 정답에 점점 가까워지는 방식은 강화학습과 같은 분야에서도 매우 유용하게 활용된다.

다이나믹 프로그래밍과 몬테카를로 방법은 각각 모델 기반과 모델 프리 환경에서 강화학습을 수행하는 중요한 기초 방법이다. 두 접근법은 서로 다른 방식으로 가치 함수를 추정하지만, 모두 최적의 정책을 찾는 데 목적이 있다. 이 두 방법을 이해하면 강화학습의 핵심 구조를 자연스럽게 받아들일 수 있게 되며, 앞으로 배울 Q 러닝이나 딥러닝 기반 강화학습의 이론적 토대가 된다.

# 4

## 시간차 학습, 살사, Q 러닝

시간차 학습(TD), SARSA, Q 러닝은 모두 강화학습에서 상태 또는 행동의 가치를 학습하기 위한 알고리즘이다. 이들은 에피소드가 끝나기 전, 한 스텝 단위로 상태 가치를 갱신할 수 있는 효율적인 방법을 제공한다. SARSA는 TD 기반의 온폴리시 알고리즘으로, 실제 정책을 따르며 행동 가치 함수를 업데이트한다. 반면 Q 러닝은 오프폴리시 방식으로, 다음 상태에서 가능한 행동 중 가장 큰 Q값을 사용해 현재 상태의 Q값을 업데이트함으로써 더 빠르고 탐욕적인 학습이 가능하다. 이들은 각각의 특징에 따라 다양한 환경에 적용된다.

## 4.1 시간차 학습

> 4 시간차 학습, 살사, Q 러닝

### 4.1.1 시간차 학습이란?

몬테카를로 방법(Monte-Carlo method, MC)은 상태 가치 함수를 계산할 때 에피소드가 모두 끝난 이후에야 계산을 시작할 수 있다. 이는 곧 에이전트가 환경 속에서 하나의 경험을 처음부터 끝까지 수행해야만 학습이 가능하다는 뜻이다. 게임으로 비유하자면, 한 판을 다 끝내고 나서야 비로소 처음에 어떤 상태가 얼마나 좋은 상태였는지 판단할 수 있는 방식이다.

이러한 특성은 단순하고 직관적이라는 장점이 있지만, 학습 속도를 느리게 만드는 단점도 있다. 에피소드가 길어질수록 학습에 필요한 시간도 길어지고, 중간 과정에서는 아무런 학습도 이루어지지 않기 때문이다. 특히 종료 조건이 명확하지 않거나 에피소드가 매우 긴 환경에서는 큰 제약이 될 수 있다.

이 문제를 보완하기 위해 등장한 개념이 바로 시간차 학습(Temporal Difference learning, TD)이다. 시간차 학습은 에피소드가 끝날 때까지 기다리지 않고, 매 순간의 경험을 바탕으로 바로 상태 가치 함수를 갱신할 수 있도록 한다. 즉, 현재 상태에서 받은 보상과 다음 상태의 예측된 가치를 바탕으로 현재 상태의 가치를 즉시 업데이트하는 방식이다.

이 방식은 몬테카를로 방법처럼 실제 경험을 바탕으로 학습한다는 점에서 경험 기반이며, 동시에 다이나믹 프로그래밍처럼 다음 상태의 가치를 활용하여 계산한다는 점에서 이론 기반의 특성도 함께 가진다. 다시 말해, 경험과 이론 사이의 중간 지점에 위치한 효율적인 학습 방식이라고 할 수 있다.

정리하자면, 몬테카를로 방법은 전체 경험(에피소드)이 끝난 후에 학습을 시작하는 반면, 시간차 학습은 경험 도중에도 학습을 진행할 수 있는 방법이다. 그렇기 때문에 시간차 학습은 강화학습에서 더 빠르고 유연한 학습을 가능하게 하는 핵심 기법으로 널리 활용된다.

| MC | $V(s_t) \leftarrow V(s_t) + \propto \left(G_t - V(s_t)\right)$ | ① |
| TD | $V(s_t) \leftarrow V(s_t) + \propto \left(R_{t+1} + \gamma V(s_{t+1}) - V(s_t)\right)$ | ② |

from $G_t$ to $R_{t+1} + \gamma V(s_{t+1})$

시간차 학습 TD

### ① 몬테카를로 방식에서는 Gt라는 반환값을 사용한다.

이 반환값은 에피소드 전체가 끝났을 때 얻을 수 있는 최종적인 보상의 총합이다. 예를 들어 게임 한 판을 처음부터 끝까지 다 진행한 뒤, 그 과정에서 받은 모든 보상을 합친 값이 $G_t$다. 몬테카를로 방법은 이 $G_t$를 바탕으로 현재 상태의 가치를 업데이트한다. 하지만 이 방식은 한 가지 단점이 있다. 바로 에피소드가 끝나기 전까지는 $G_t$를 알 수 없다는 점이다. 즉, 학습을 하려면 항상 게임이 끝날 때까지 기다려야만 한다는 뜻이다. 이 때문에 학습 속도가 느려지고, 중간 중간에 배움을 적용할 수 없게 된다.

### ② 시간차 학습에서는 Gt를 더 빠르게 얻을 수 있는 값으로 바꾼다.

에피소드가 모두 끝날 때까지 기다리는 대신, 바로 다음 타임스텝에서 얻을 수 있는 보상과 예측을 활용하는 것이다. 즉, 다음 상태로 이동하자마자 즉시 알 수 있는 보상 $R_{t+1}$과, 그 다음 상태의 예상 가치 $\gamma V(s_{t+1})$을 사용하여 현재 상태의 가치를 업데이트한다. 이렇게 하면 전체 에피소드가 끝나지 않아도, 한 스텝이 끝날 때마다 바로바로 학습이 가능해진다. 이것이 바로 시간차 학습의 핵심 아이디어다. 학습이 훨씬 빠르고 효율적으로 이루어진다는 장점이 있다.

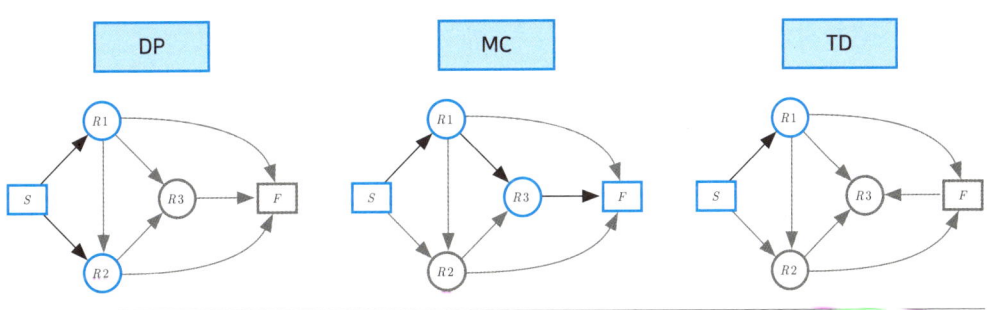

DP와 MC 그리고 TD

이 그림은 강화학습에서 대표적인 세 가지 학습 방식인 **다이나믹 프로그래밍(DP)**, **몬테카를로 (MC)**, 시간차 학습(TD)이 상태의 가치($V$)를 어떻게 학습하는지를 시각적으로 비교해 보여주는 구조이다. 각 그림은 상태 $S$에서 시작하여 여러 보상을 거쳐 최종 상태 F에 이르는 하나의 에피소드 구조를 표현하고 있으며, 굵게 표시된 부분은 해당 학습 방식이 실제로 사용하는 정보의 범위를 뜻한다. 각각을 순서대로 살펴보자.

### 첫 번째, 다이나믹 프로그래밍

다이나믹 프로그래밍(DP)은 상태 $S$에서 가능한 모든 경로를 전부 고려하여 상태의 가치를 계산하는 방식이다. 그림에서 볼 수 있듯이, $S$에서 출발해 갈 수 있는 모든 보상 경로 ($R1$, $R2$, $R3$)와 최종 상태 $F$까지의 모든 전이 가능성을 다 알고 있는 전제에서 학습이 이루어진다. 다시 말해, DP는 환경에 대한 모든 정보를 알고 있어야만 작동할 수 있으며, 모든 상태와 행동의 전이 확률을 사용하여 가치를 계산한다. 따라서 이 방식은 이론적으로 매우 강력하지만, 실제 환경에 적용하기에는 비현실적인 경우가 많다.

### 두 번째, 몬테카를로 방법

몬테카를로 방법(MC)은 DP와 달리 모든 상태를 계산하지 않는다. 대신, 실제로 한 번 경험한 **완전한 에피소드**만을 사용하여 학습을 수행한다. 그림에서는 상태 S에서 출발하여 $R1$ → $R3$ → $F$로 이어지는 하나의 경험 경로만 굵게 표시되어 있다. 이는 MC가 전체 가능성을 계산하는 것이 아니라, 오직 실제로 에이전트가 지나간 경로에 대해서만 상태의 가치를 업데이트한다는 것을 보여준다. MC는 환경의 모델을 몰라도 되며, 단지 에피소드가 끝나고 나면 그때 얻은 총 보상(return)을 바탕으로 가치 업데이트를 수행한다.

### 세 번째, 시간차 학습

시간차 학습(TD)은 몬테카를로 보다 더 빠르고 즉각적인 방식이다. MC는 전체 에피소드가 끝나야만 학습이 가능하지만, TD는 단 한 걸음을 옮겼을 때 바로 학습이 가능하다. 그림에서는 S에서 R1로 이동한 단 한 구간만 굵게 표시되어 있다. 즉, TD는 지금 상태에서 받은 보상과 다음 상태의 추정된 가치만으로 현재 상태의 가치를 업데이트한다. 이처럼 TD는 전체 경로도, 전체 에피소드도 필요 없으며, 한 스텝 단위로 조금씩 학습을 진행해 나간다. 그래서 MC보다 더 빠르게 반응하며, 온라인 학습에 특히 적합하다.

| 항목 | DP | MC | TD |
|---|---|---|---|
| 환경정보 | 완전한 모델 필요<br>(전이확률, 보상) | 모델 불필요<br>(경험 기반) | 모델 불필요<br>(경험 기반) |
| 학습시점 | 반복 계산을 통해 동시에<br>전체 상태 갱신 | 에피소드가 끝난 후 | 매 타임스텝마다 바로 갱신 |
| 학습단위 | 모든 상태, 행동, 전이 | 에피소드 전체 | 현재 상태와 다음 상태만 |
| 수렴 속도 | 빠름<br>(단, 모델 필요) | 느림<br>(에피소드 종료까지 대기) | 빠름<br>(즉시 학습 가능) |
| 계산 및<br>저장량 | 높음<br>(전체 상태 계산) | 중간<br>(에피소드별 반환값 저장) | 낮음<br>(한 스텝씩 계산) |
| 실시간 학습 | 불가능 | 불가능<br>(에피소드 종료 후 학습) | 가능<br>(온라인 학습에 적합) |
| 대표특징 | 이론적으로 정확하고 정밀 | 단순하고 직관적이며<br>모델이 필요 없음 | 빠르고 효율적이며<br>실시간 반영 가능 |
| 사용 예시 | 시뮬레이션 환경 이론 연구 | 게임플레이 기록기반 평가 | 로봇 제어, 게임, 실시간 환경 등 |

이론 비교

## 4.1.2 상태 가치 함수보다는 행동 가치 함수

강화학습에서 에이전트는 주어진 환경 속에서 어떤 상태에 있을 때 어떤 행동을 선택해야 가장 좋은 결과를 얻을 수 있는지 스스로 학습해 나간다. 이때 중요한 개념 중 하나가 바로 **Q 함수**, 즉 **행동 가치 함수다**. Q 함수는 특정 상태에서 특정 행동을 했을 때 기대할 수 있는 가치를 계산해주는 함수이다. 다시 말해, 지금 내가 이 상태에서 이 행동을 선택한다면 앞으로 얼마나 좋은 결과를 얻게 될지를 수치로 알려주는 기준이 된다.

비슷한 개념으로 상태 가치 함수도 있다. 상태 가치 함수는 현재 상태 자체의 가치를 평가하는 함수로, 어떤 정책을 따를 때 해당 상태가 얼마나 유리한지를 나타낸다. 반면 Q 함수는 한 걸음 더 들어가, 그 상태에서 특정 행동을 했을 때 얻을 수 있는 기대 보상을 계산한다는 점에서 차이가 있다. 예를 들어 같은 상태에 있더라도, 행동에 따라 결과가 달라질 수 있기 때문에 Q 함수는 더 정교한 가치 평가를 가능하게 해준다.

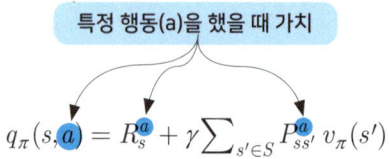

$$q_\pi(s,a) = R_s^a + \gamma \sum_{s' \in S} P_{ss'}^a v_\pi(s')$$

Q 함수(행동 가치 함수)

Q 함수의 계산은 단순히 지금 받을 보상만을 기준으로 하지 않는다. 해당 행동을 했을 때 얻는 **즉시 보상**과 함께, 그 이후에 도달할 수 있는 **다음 상태의 가치까지 함께 고려하여** 계산된다. 이때 중요한 점은, 다음 상태가 어떤 상태가 될지는 확률적으로 결정된다는 것이다. 따라서 가능한 모든 상태에 도달할 확률을 고려해 기대값을 계산해야 한다.

이제 여기서 시간차 학습(Temporal Difference learning, TD)을 떠올려보자. TD는 전체 에피소드가 끝날 때까지 기다릴 필요 없이, 한 타임스텝이 끝날 때마다 바로 상태의 가치를 갱신할 수 있는 방법이다. 에이전트는 현재 상태에서 행동을 하고, 다음 상태로 이동하면서 얻은 보상과 그 상태의 예측된 가치를 기반으로 현재 상태의 가치를 조금씩 수정해 나간다. 이 과정을 반복하면서 점점 더 정확한 가치 함수로 수렴하게 된다.

$$\pi'(s) = \arg\max_{a \in A} Q(s,a)$$

모델 프리 환경에서 정책 제어

TD 학습은 특히 **모델 프리(model free)** 환경, 즉 환경의 구조나 상태 전이 확률, 보상 함수 등에 대한 사전 정보가 전혀 없는 상황에서도 사용할 수 있다. 에이전트는 자신이 어떤 행동을 하면 다음에 어떤 상태로 가게 될지 전혀 알지 못하지만, 실제로 해본 경험을 통해 조금씩 배우고 적응해 나간다. 이때 유일하게 알고 있는 것은 현재 상태에서 가능한 행동의 목록뿐이다.

그렇다면 이런 상황에서 에이전트는 어떤 행동을 선택해야 할까? 바로 지금까지의 경험을 통해 가장 좋은 결과를 가져왔던 행동을 선택하면 된다. 이를 위해 활용되는 것이 바로 **Q 함수다**. 에이전트는 각 상태에서 가능한 모든 행동에 대해 Q값을 계산한 뒤, 그중에서 **가장 Q값이 높은 행동을 선택**하도록 정책을 업데이트하게 된다.

이러한 정책 업데이트 과정은 수식으로도 표현할 수 있다. 에이전트는 현재 상태에서 선택 가능한 행동들 중, Q값이 가장 높은 행동을 선택함으로써 정책을 점차 개선해 나간다. 이를 수학적으로 표현하면 $\pi'(s) = \mathrm{argmax}_a Q(s, a)$와 같은 형태가 된다. 즉, 현재 상태 $s$에서 가능한 모든 행동 $a$ 중에서 $Q(s, a)$가 가장 큰 행동을 새로운 정책 $\pi'$에서 선택하겠다는 뜻이다.

이 방식은 매우 직관적이면서도 강력한 학습 전략이다. 환경에 대한 사전 정보 없이도 오직 경험만을 통해 학습하고, 그 경험을 바탕으로 점점 더 나은 결정을 내릴 수 있도록 정책을 개선해 나간다. Q 함수는 "이 상태에서 이 행동을 하면 얼마나 좋을까?"라는 질문에 수치로 답해주는 도구이고, TD 학습은 그 답을 실제 경험을 바탕으로 조금씩 조정해가며 진짜 답에 가까워지도록 만들어주는 과정이라 할 수 있다.

이처럼 Q값을 기반으로 정책을 점진적으로 개선해 나가는 과정은 강화학습의 핵심 메커니즘 중 하나이며, 많은 알고리즘에서 중심적인 역할을 수행한다. 다음 장에서 다룰 SARSA는 이러한 흐름 속에서, TD 학습 방식 위에 Q 함수를 적용한 대표적인 알고리즘이다.

### 4.1.3 시간차 학습 예제

시간차 학습(TD)은 에이전트가 한 스텝 이동할 때마다 다음 상태의 보상과 예측된 가치를 바탕으로 현재 상태의 가치를 바로 갱신하는 방식이다. 간단한 예제를 통해 이 과정을 직접 확인해 보자.

/basic/13. TD.ipynb

```
import numpy as np
import random
```

```python
# (1) 상태 정의 및 인덱스 매핑
states = ['S', 'R1', 'R2', 'R3', 'F']
state_to_index = {
    'S': 0,
    'R1': 1,
    'R2': 2,
    'R3': 3,
    'F': 4
}

V = np.zeros(len(states))   # 상태 가치 초기화

# (2) 가능한 모든 경로 정의(상태쌍과 보상 포함)
paths = [
    [('S', 'R1', 0), ('R1', 'R3', 0), ('R3', 'F', 1)],          # 경로 1
    [('S', 'R1', 0), ('R1', 'F', 1)],                            # 경로 2
    [('S', 'R2', 0), ('R2', 'R3', 0), ('R3', 'F', 1)],          # 경로 3
    [('S', 'R2', 0), ('R2', 'F', 1)],                            # 경로 4
    [('S', 'R1', 0), ('R1', 'R2', 0), ('R2', 'R3', 0), ('R3', 'F', 1)]  # 경로 5 (신규)
]

# (3) 학습 파라미터
alpha = 0.1
gamma = 0.9
episodes = 500

# (4) TD(0) 학습 루프
for ep in range(episodes):
    trajectory = random.choice(paths)   # (5) 무작위 경로 선택

    for (s, s_next, reward) in trajectory:
        i = state_to_index[s]
        j = state_to_index[s_next]
        V[i] += alpha * (reward + gamma * V[j] - V[i])   # (6) TD 업데이트

# (7) 결과 출력
print("상태 가치 함수 (V):")
for s in states:
    print(f"V({s}) = {V[state_to_index[s]]:.2f}")
```

```
상태 가치 함수 (V):
V(S) = 0.84
V(R1) = 0.92
V(R2) = 0.94
V(R3) = 1.00
V(F) = 0.00
```

### (1) 상태 정의 및 인덱스 매핑

이 환경에는 총 다섯 개의 상태가 등장한다. 시작 상태 $S$를 포함해 중간 상태 R1, R2, R3, 그리고 종료 상태 F로 구성되어 있다. 각 상태는 배열 내의 위치에 따라 고유한 인덱스를 부여받는다. 이러한 인덱스는 나중에 상태 가치를 저장하고 갱신할 때 사용된다. 모든 상태의 가치 값은 0으로 초기화되며, 학습을 통해 점차 업데이트된다.

### (2) 가능한 모든 경로 정의

에이전트가 매 에피소드마다 탐험할 수 있는 다섯 가지 경로를 정의한다. 각 경로는 상태 간 이동의 순서와 해당 전이에서의 보상을 포함하고 있다. 예를 들어, S → R1 → R3 → F 경로는 세 개의 단계로 구성되어 있으며, 마지막 R3 → F에서만 보상이 1로 주어진다. 모든 경로는 종착점이 F이며, 그 외의 전이에는 보상이 없다. 경로 중에는 S → R2 → F처럼 짧고 직접적인 경로도 있고, S → R1 → R2 → R3 → F처럼 길고 우회적인 경로도 포함되어 있다. 이 다양성은 에이전트가 여러 경험을 통해 균형 있게 학습할 수 있도록 해준다.

### (3) 학습 파라미터

학습률 $\alpha$는 새로 관측된 정보가 현재 상태 가치에 얼마나 영향을 줄 것인지를 결정한다. 여기서 0.1이라는 값은 새로운 정보가 전체 가치에 10% 정도 반영된다는 의미이다. 할인율 $\gamma$는 미래 보상에 대한 중요도를 나타낸다. 0.9로 설정하면, 미래 보상을 현재보다 조금 덜 중요하게 여기지만 여전히 강하게 고려하겠다는 의미가 된다. 총 500번의 에피소드를 통해 학습을 반복한다.

### (4) TD(0) 학습 루프

학습은 500개의 에피소드를 반복하면서 이루어진다. 각 에피소드마다 에이전트는 정의된 다섯 경로 중 하나를 무작위로 선택하여 따라간다. 경로를 따라가며 상태 가치를 한 단계씩 TD 방식으로 업데이트한다.

### (5) 무작위 경로 선택

각 에피소드에서 하나의 경로가 무작위로 선택된다. 이로 인해 에이전트는 반복 학습 중 다양한 경로를 고르게 경험할 수 있으며, 그 결과 학습이 편향되지 않고 여러 상태를 두루 평가할 수 있다.

### (6) TD 업데이트

TD(0) 방식은 한 스텝 단위로 상태 가치를 갱신하는 방식이다. 현재 상태의 가치는, 해당 상태에서 다음 상태로 이동했을 때 받은 보상과 다음 상태의 예측된 가치의 합을 고려하여 조금씩 조정된다. 이 방식은 모델 없이 환경과의 상호작용만으로도 학습이 가능하다는 장점이 있다.

### (7) 결과 출력

출력된 결과를 해석해 보면 다음과 같다.

- R3의 가치가 1.00이라는 것은, 이 상태에 도달하면 바로 다음 단계에서 종료 상태 F로 이동하여 보상 1을 확정적으로 받을 수 있다는 것을 학습했다는 의미이다.
- R1과 R2의 가치는 0.9 이상으로 높게 나왔다. 이는 이 두 상태에서 R3나 F로 이어지는 경로가 자주 사용되었으며, 실제로 대부분의 경우 보상으로 연결되었다는 경험이 축적된 결과이다.
- R2의 가치가 R1보다 약간 더 높은 이유는, 학습 중에 R2에서 보상으로 이어지는 경우가 더 자주 등장했거나 더 빠르게 수렴했기 때문일 수 있다. 또는 R2 → F와 같은 짧은 경로가 더 자주 선택되어 학습에 긍정적인 영향을 주었을 가능성도 있다.
- 시작 상태 S의 가치가 0.83이라는 것은, 다양한 경로를 통해 대부분 보상을 받을 수 있지만 중간에 여러 단계를 거쳐야 하므로 일부 불확실성이나 할인율의 영향을 반영한 결과이다.
- F의 가치가 0.00인 것은 자연스러운 결과이다. 종료 상태는 더 이상 이동이 없고, 보상도 없기 때문에 가치가 고정된 상태로 유지된다.

예제에서 최적경로는 S → R2 → R3 → F이다. 탐욕적인(greedy) 정책은 각 상태에서 다음 상태들 중 가치가 가장 높은 방향으로 이동하는 방식이다. S에서는 R1보다 가치가 높은 R2를 선택하고, R2에서는 F보다 가치가 높은 R3를 선택하게 된다. 비록 경로가 길어지지만, R3의 높은 가치 덕분에 전체 기대 보상이 더 크기 때문에 TD는 이 경로를 최적의 경로로 학습한다. 즉, 보상을 빨리 받기보다는 더 확실하게 받을 수 있는 길을 선택하는 것이다.

## 4.2 살사

>>> 4 시간차 학습, 살사, Q 러닝

### 4.2.1 살사(SARSA) 개념

SARSA는 강화학습에서 Q 함수를 활용하여 정책을 동시에 평가하고 제어하는 알고리즘이다. 기존의 TD 방식에서는 상태 가치 함수, 즉 상태만을 기준으로 가치를 평가했다면, SARSA는 상태와 행동을 함께 고려하는 행동 가치 함수를 사용한다. 이 방식은 에이전트가 어떤 상태에 있을 때 어떤 행동을 선택했는지까지 반영해, 보다 구체적인 상황에 맞게 학습할 수 있게 해준다.

TD: $V(s_t) \leftarrow V(s_t) + \propto \left( R_{t+1} + \gamma V(s_{t+1}) - V(s_t) \right)$

SARSA: $Q(S,A) \leftarrow Q(S,A) + \propto \left( R_{t+1} + \gamma Q(S',A') - Q(S,A) \right)$

$(S_t, A_t, R_{t+1}, S_{t+1}, A_{t+1}) \rightarrow $ S∧RSA

살사(SARSA)

이 알고리즘의 이름인 SARSA는 학습이 진행되는 과정에서 관측되는 다섯 요소, 즉 상태($S_t$), 행동($A_t$), 보상($R_{t+1}$), 다음 상태($S_{t+1}$), 그리고 다음 행동($A_{t+1}$)의 앞 글자를 따서 만들어졌다. 즉, 에이전트는 현재 상태에서 행동을 선택하고, 보상을 받은 뒤 다음 상태로 이동하며, 그 상태에서 다시 행동을 선택하는 과정을 반복하게 된다. 이처럼 상태와 행동이 연속적으로 연결되어 학습이 이루어지기 때문에 SARSA는 실제 행동 경로에 따라 학습이 진행된다는 특징이 있다.

TD나 몬테카를로 방법은 정책에 따라 하나의 행동만 선택해서 학습했기 때문에, 모든 가능성을 고려한 올바른 정책 평가 수식이라고 보기 어려웠다. 하지만 SARSA는 상태와 행동을 함께 고려하면서 실제 경험을 기반으로 정책을 평가하기 때문에, 모델 프리 환경에서의 정책 평가에 보다 적합한 알고리즘이라고 할 수 있다. 또한, SARSA에서도 정책 제어는 다른 방식들과 마찬가지로 Q 함수 값을 최대화하는 방향으로 업데이트되며, 이는 점차 더 나은 정책을 만들어가도록 도와준다.

### 4.2.2 살사 예제

간단한 예제를 통해 SARSA 동작 방식을 살펴보자.

/basic/14. SARSA.ipynb

```python
import numpy as np
import random

# (1) 상태 및 행동 정의
states = ['S', 'R1', 'R2', 'R3', 'F']
state_to_index = {
    'S': 0,
    'R1': 1,
    'R2': 2,
    'R3': 3,
    'F': 4
}
actions = {}  # (2) 각 상태에서 가능한 행동들 저장

# (3) 상태 전이 및 보상을 행동 단위로 정의
transitions = {
    'S': [('R1', 0), ('R2', 0)],
    'R1': [('R2', 0), ('R3', 0), ('F', 1)],
    'R2': [('R3', 0), ('F', 1)],
    'R3': [('F', 1)],
    'F': []
}
```

```python
# (4) 행동 가치 함수 Q(s,a) 초기화
Q = {}
for s in states:
    Q[s] = {}
    for (s_next, _) in transitions[s]:
        Q[s][s_next] = 0.0   # 초기 Q값 0

# (5) 학습 파라미터
alpha = 0.1
gamma = 0.9
epsilon = 0.1   # 탐험 확률
episodes = 500

# (6) SARSA 학습 루프
for ep in range(episodes):
    state = 'S'
    #(7) ε-greedy로 행동 선택 -> 정책제어
    if random.random() < epsilon:
        action = random.choice(list(Q[state].keys()))
    else:
        action = max(Q[state], key=Q[state].get)

    while state != 'F':
        next_state = action
        reward = 0
        # (8) 선택된 행동에 따라 다음 상태로 이동
        for (s_next, r) in transitions[state]:
            if s_next == next_state:
                reward = r
                break

        # (9) 다음 행동 선택(SARSA 방식) -> 징책제어
        if next_state != 'F':
            if random.random() < epsilon:
                next_action = random.choice(list(Q[next_state].keys()))
            else:
                next_action = max(Q[next_state], key=Q[next_state].get)
            td_target = reward + gamma * Q[next_state][next_action]
        else:
            td_target = reward   # 종료 상태

        # (10) Q값 업데이트 --> 정책 평가
        Q[state][action] += alpha * (td_target - Q[state][action])
```

```python
        # (11) 다음 상태로 이동
        state = next_state
        if state != 'F':
            action = next_action

# (12) 결과 출력
print("행동 가치 함수 Q(s, a):")
for s in Q:
    for a in Q[s]:
        print(f"Q({s}, {a}) = {Q[s][a]:.2f}")
```

```
행동 가치 함수 Q(s, a):
Q(S, R1) = 0.77
Q(S, R2) = 0.57
Q(R1, R2) = 0.61
Q(R1, R3) = 0.90
Q(R1, F) = 0.65
Q(R2, R3) = 0.88
Q(R2, F) = 0.10
Q(R3, F) = 1.00
```

### (1) 상태 및 행동 정의

먼저 이 환경에서 사용할 상태들을 정의한다. 시작 상태 S를 포함해 중간 상태 R1, R2, R3, 그리고 종료 상태 F까지 총 다섯 개의 상태가 있으며, 각 상태는 사람이 읽기 쉽게 문자열로 정의된다. 그리고 각 상태에 고유한 인덱스를 직접 지정해 딕셔너리 형태로 저장한다. 이 인덱스는 이후 결과를 확인하거나 시각화할 때 참고용으로 활용될 수 있다.

### (2) 각 상태에서 가능한 행동 저장

각 상태에서 가능한 행동들을 저장할 공간으로 actions라는 빈 딕셔너리를 준비한다. 이 코드는 이후 행동 정의가 필요할 때 사용하기 위한 자리표시자 역할을 한다.

### (3) 상태 전이 및 보상을 행동 단위로 정의

상태 전이 구조를 정의한다. 딕셔너리 형태로 구성된 이 구조는 각 상태에서 어떤 다른 상태로 이동할 수 있는지를 명시하고, 그 전이에 따른 보상도 함께 정의되어 있다. 예를 들어 S에서 R1이나 R2로 이동할 수 있고, 그 보상은 모두 0이다. 하지만 R3에서 F로 이동하는 전이에서는 보상 1이 주어진다. 이 정의는 SARSA 알고리즘이 환경을 어떻게 인식하고 학습할지를 결정하는 핵심 요소이다.

### (4) 행동 가치 함수 초기화

행동 가치 함수인 Q 함수를 초기화한다. 각 상태별로 가능한 다음 상태들(즉, 행동)에 대해 초기 Q값을 0.0으로 설정하여 딕셔너리로 저장한다. 이는 에이전트가 아직 아무런 경험이 없는 상태에서 출발함을 의미한다.

### (5) 학습 파라미터

학습에 필요한 주요 파라미터를 설정한다. 학습률 알파는 새로운 정보가 기존 Q값에 얼마나 반영될지를 결정하고, 할인율 감마는 미래 보상을 얼마나 중요하게 여길지를 나타낸다. 또한 탐험률 엡실론은 에이전트가 얼마나 자주 새로운 행동을 시도할지를 정한다. 학습은 총 500번의 에피소드를 반복하면서 이루어진다.

### (6) SARSA 학습 루프

본격적인 SARSA 학습이 시작된다. 각 에피소드마다 에이전트는 항상 시작 상태인 S에서 출발하며, 종료 상태 F에 도달할 때까지 반복적으로 상태를 이동하고 Q값을 갱신한다.

### (7) $\varepsilon$-greedy로 행동 선택

현재 상태에서 어떤 행동을 선택할지 결정한다. 엡실론 탐험 전략($\varepsilon - greedy$)을 사용하여 일정 확률로 무작위 행동을 선택하고, 그렇지 않은 경우에는 현재 상태에서 가장 Q값이 높은 행동을 선택한다. 이를 통해 학습 초기에 다양한 경험을 쌓을 수 있게 하며, 후반으로 갈수록 더 나은 행동을 지속적으로 선택할 수 있도록 유도한다.

이 부분이 정책 제어에 해당한다. 명시적으로 정책을 업데이트하지는 않지만, 정책이 점진적으로 개선되는 방향으로 유도된다는 점에서 정책 제어 역할을 수행한다.

### (8) 선택된 행동에 따라 다음 상태로 이동

선택된 행동을 바탕으로 다음 상태로 이동하고, 그 전이에 따른 보상을 확인한다. 상태 전이 정보에서 현재 상태와 다음 상태의 쌍을 찾아 해당 보상을 가져온다. 이때 보상은 대부분 0이며, F로 이동하는 전이에서만 1이 주어진다.

### (9) 다음 행동 선택

다음 상태가 종료 상태 F가 아니라면, SARSA 방식에 따라 다음 상태에서 취할 다음 행동도 미리 선택한다. 이때도 마찬가지로 엡실론 탐험 전략을 사용하여 무작위 또는 최적 행동을 선택한다. 이후 다음 상태와 다음 행동을 바탕으로 Q값을 업데이트할 때 사용할 타깃 값을 계산한다. 타깃 값은 보상과 다음 상태에서의 예측 Q값을 반영하여 계산된다. 이 부분 또한 정책 제어에 해당한다.

### (10) Q값 업데이트

앞서 계산한 타깃 값을 이용해 현재 상태-행동 쌍의 Q값을 업데이트한다. SARSA 알고리즘은 실제로 경험만을 가지고 Q값을 수정하기 때문에, 한 번의 경험이 학습에 직접적인 영향을 주게 된다.

이 부분이 정책 평가 과정에 해당한다. 지금 사용 중인 정책($\pi$)에 따라 실제로 경험한 경로를 따라 $Q(s, a)$를 계산한다. 즉, "이 정책을 따랐을 때 $Q(s, a)$가 얼마냐?"를 평가하는 과정이다. 여기서 바뀌는 건 Q값이지, 정책 자체가 바뀌지 않으므로 정책 평가에 해당한다.

### (11) 다음 상태로 이동

에이전트는 다음 상태로 이동하고, 그 상태가 종료 상태가 아니라면 다음 행동도 계속 이어서 수행한다. 이렇게 현재 상태와 행동이 연속적으로 이어지며 (S, A, R, S', A') 형태로 반복되기 때문에 이 알고리즘을 SARSA라고 부른다.

### (12) 결과 출력

모든 에피소드가 끝난 후, 학습이 완료된 행동 가치 함수 Q를 출력한다. 각 상태에서 가능한 행동과 그에 대한 Q값이 출력되며, 이 값들은 학습을 통해 해당 상태–행동 쌍이 얼마나 좋은지를 나타낸다. Q값이 높을수록 해당 행동이 좋은 결과를 가져올 가능성이 높다는 것을 의미한다. 이를 통해 에이전트는 상태에 따라 어떤 행동을 선택하는 것이 가장 좋은지 판단할 수 있게 된다.

| 구분 | 역할 | 설명 |
|---|---|---|
| 정책 평가 | Q값 계산 | 실제 경험한 (s, a, r, s', a')를 기반으로 상태-행동 가치 $Q(s, a)$를 업데이트 |
| 정책 제어 | 더 나은 행동 선택 | Q값을 기준으로 가장 좋은 행동을 선택하거나 무작위로 탐험하여 정책을 점진적으로 개선. 엡실론 탐험 전략($\varepsilon - greedy$) 사용 |

정책 평가와 정책 제어

## 4.3 Q 러닝

4 시간차 학습, 살사, Q 러닝

### 4.3.1 온폴리시와 오프폴리시

우리가 지금까지 살펴본 대부분의 강화학습 알고리즘, 특히 TD와 SARSA 같은 알고리즘은 온폴리시(On–policy) 방식에 기반한다. 온폴리시란, 학습에 사용되는 정책과 실제 행동을 선택하는 정책이 동일한 경우를 의미한다. 즉, 상태에서 어떤 행동을 할지 결정하는 정책 $\pi$와, 이 정책의 성능을 평가하고 개선하는 데 사용하는 정책이 같은 것이다.

예를 들어 SARSA에서는 $\varepsilon - greedy$와 같은 전략을 사용해 행동을 선택한다. 여기서 $\varepsilon$는 탐험을 위한 무작위 선택의 비율이고, $1 - \varepsilon$의 확률로는 현재까지 가장 좋은 행동을 선택한다. 이렇게 행동을 선택한 뒤, 한 타임스텝을 더 진행해서 다음 상태에서의 가치를 계산하고, 이를 바탕으로 정책을 평가한다. 그리고 가장 Q값이 높은 방향으로 정책을 조금씩 수정하며, 이 과정을 반복하게 된다. 하지만 이 온폴리시 방식에는 두 가지 중요한 문제가 있다.

첫째, 한 번의 경험은 오직 한 번만 학습에 사용되고, 이후에는 버려진다는 점이다. 이로 인해 경험의 재사용이 불가능해져 학습 효율이 낮아진다.

둘째, $\varepsilon-\text{greedy}$처럼 정해진 방식으로만 정책을 탐험하고 개선하기 때문에, 다양한 정책을 충분히 실험하지 못한다는 한계가 있다.

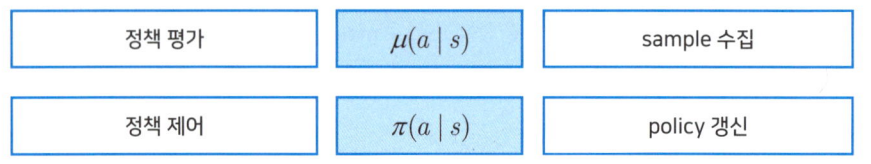

오프폴리시

이러한 문제를 해결하기 위해 등장한 것이 바로 오프폴리시(off-policy) 학습 방식이다. 오프폴리시에서는 두 개의 정책을 분리해서 사용한다.

하나는 행동을 선택하고 데이터를 수집하는 데 사용되는 행동 정책(behavior policy)인 $\mu(a|s)$이고, 다른 하나는 정책을 평가하고 점진적으로 최적화하는 타겟 정책(target policy)인 $\pi(a|s)$이다.

이처럼 오프폴리시는 $\pi$와 $\mu$를 분리하여, 한 정책($\mu$)이 다양한 행동을 시도하며 경험을 쌓고, 다른 정책($\pi$)이 이 경험을 바탕으로 보다 나은 방향으로 정책을 학습할 수 있게 만든다. 결과적으로 경험을 재사용할 수 있으며, 더 다양한 정책을 실험하고 평가할 수 있는 유연성을 갖게 된다.

정리하자면, 온폴리시는 학습에 사용되는 정책과 행동 정책이 같고, 오프폴리시는 이 둘이 다르다. 오프폴리시는 더 높은 효율성과 일반화 가능성을 갖는 방식으로, 이후에 등장할 $Q-\text{learning}$ 같은 알고리즘이 대표적인 예다.

| 항목 | 온폴리시(on-policy) | 오프폴리시(off-policy) |
|---|---|---|
| 정책 정의 | 학습과 행동에 같은 정책 사용($\pi=\mu$) | 학습과 행동에 다른 정책 사용($\pi \neq \mu$) |
| 행동 선택 | $\varepsilon$-greedy 등 현재 정책을 따름 | 다양한 행동 시도하는 행동 정책 사용 |
| 정책 평가 | 같은 정책을 통해 평가 | 다른 정책(타겟 정책)으로 평가 |
| 경험 재사용 | 불가능(한 번 사용 후 폐기) | 가능(여러 번 사용 가능) |
| 탐험 범위 | 제한적($\varepsilon$-greedy 내에서) | 넓음(여러 정책 실험 가능) |
| 대표 알고리즘 | SARSA | Q – Learning |

온폴리시 vs. 오프폴리시

## 4.3.2 중요도 샘플링

중요도 샘플링(importance sampling)은 복잡한 확률분포에서 기댓값을 구해야 하는데, 그 분포에서 샘플을 뽑는 것이 어렵거나 비효율적일 때 사용하는 똑똑한 우회 방법이다.

예를 들어 어떤 함수 $f(x)$의 평균값을 계산하고 싶은데, 이 평균값은 확률분포 $p(x)$에 따라 계산되어야 한다고 하자. 문제는, 이 $p(x)$에서 직접 샘플을 뽑기가 어렵다는 것이다. 이럴 땐 샘플을 쉽게 뽑을 수 있는 다른 분포 $q(x)$를 대신 사용한다.

하지만 단순히 $q(x)$에서 샘플만 뽑아 $f(x)$의 평균을 계산하면 p(x) 기준이 아니기 때문에 정확하지 않다. 그래서 보정이 필요하다. 바로 $p(x)/q(x)$ 라는 비율을 곱해서, $q(x)$에서 얻은 샘플이 마치 $p(x)$에서 뽑은 것처럼 보이게 만드는 것이다. 즉, $q(x)$에서 샘플을 뽑되, 각 샘플의 기여도를 p(x)/q(x)만큼 조정해주는 방식이다. 이렇게 하면 복잡한 분포인 $p(x)$의 기댓값을 비교적 쉬운 $q(x)$를 이용해서 근사할 수 있다.

쉽게 말해, '원래 어려운 길 대신 쉬운 길로 가지만, 중간에 정확도를 보정해서 원래 가야 했던 길과 같은 결과를 얻는 방법'이다.

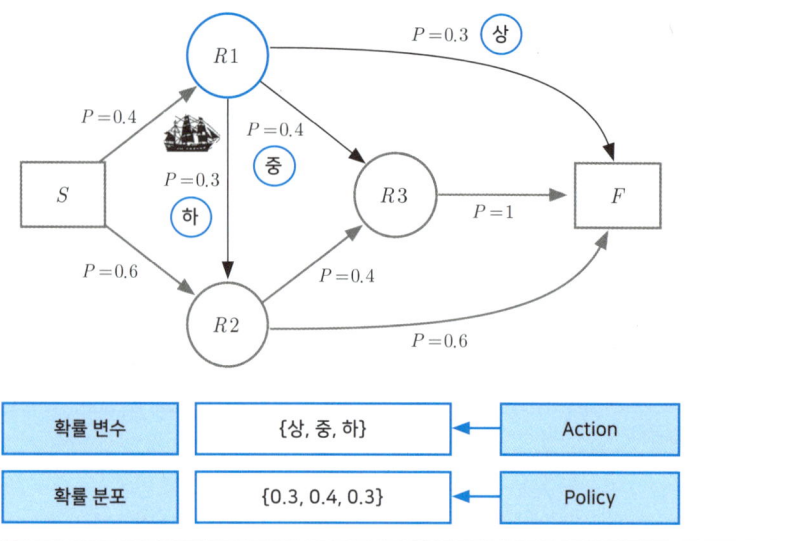

확률변수와 확률분포

이 그림은 강화학습에서 정책(policy)이라는 개념을 보다 직관적으로 이해할 수 있도록 도와주는 시각적 예시이다. 특히 에이전트가 특정 상태에 도달했을 때 어떤 행동을 선택할지를 확률적으로 결정하는 방식을 보여준다.

강화학습에서 에이전트는 환경 안에서 여러 상태(state)를 경험하게 되며, 각 상태에서 선택할 수 있는 다양한 행동(action)을 가진다. 예를 들어, 그림에서 시작 상태인 $S$에서 출발하여 최종 목표 상태인 $F$까지 도달하는 경로에는 여러 가지 선택지가 존재한다. 상태 $S$에서 $R1$로 갈 수도 있고, $R2$로 갈 수도 있다. 이 전이 과정은 확률적으로 정의되어 있으며, $S$에서 $R1$로 갈 확률은 0.4, $R2$로 갈 확률은 0.6이다. 이러한 확률은 환경의 구조, 즉 상태 전이 확률(state transition probability)을 반영한다.

가장 핵심이 되는 부분은 상태 $R1$에 도착했을 때의 행동 선택이다. 이때 에이전트는 세 가지 행동 중 하나를 선택할 수 있다. 위쪽 경로인 '상'을 선택하면 $R1$에서 바로 종료 상태 $F$로 이동하게 되고, 가운데 경로인 '중'을 선택하면 $R3$를 거쳐 $F$로 간다. 아래 경로인 '하'를 선택하면 $R2$로 이동하게 된다. 이 세 가지 행동은 모두 가능한 선택지이며, 각각의 선택은 정책(policy)에 의해 주어진 확률로 결정된다.

정책은 에이전트가 어떤 상태에서 어떤 행동을 선택할지를 정하는 규칙이며, 그림에서는 이를 명확하게 보여주고 있다. $R1$ 상태에서 에이전트가 상, 중, 하 행동을 선택할 확률은 각각 0.3, 0.4, 0.3으로 설정되어 있다. 이를 통해 알 수 있듯이, 에이전트는 항상 동일한 행동만 반복하는 것이 아니라, 확률적으로 다양한 행동을 시도한다. 이러한 구조는 에이전트가 환경을 탐험(exploration)하고, 새로운 가능성을 발견하며, 더 나은 보상을 얻을 수 있는 정책으로 개선해 나가도록 유도한다.

그림 아래에는 이 개념을 간단히 요약한 도식이 함께 제시되어 있다. **확률 변수** { 상, 중, 하 }는 에이전트가 취할 수 있는 행동의 집합을 의미하며, **확률 분포** { 0.3, 0.4, 0.3 }은 이 행동들이 선택될 확률을 나타낸다. 즉, 확률 변수는 행동의 선택지를, 확률 분포는 정책의 형태를 나타낸다고 볼 수 있다.

요약하자면, 이 그림은 에이전트가 특정 상태에서 어떤 행동을 선택할지를 확률적으로 결정하는 정책의 개념을 쉽게 설명해준다. 이는 강화학습에서 매우 중요한 부분으로, 에이전트가 단순히 가장 좋은 행동만 반복하는 것이 아니라, 일정한 확률에 따라 다양한 행동을 시도함으로써 학습을 지속적으로 발전시켜 나갈 수 있게 만든다.

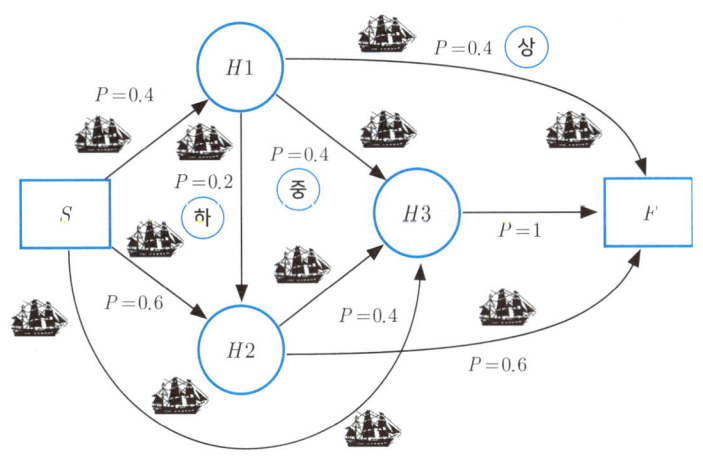

기존 항로 데이터

4.3 Q 러닝

이 그림은 강화학습에서의 항로(경로) 선택과 함께, 기존 항로 데이터를 활용해 중요도 샘플링(importance sampling)을 적용하는 과정을 보여준다. 복잡하게 보이지만, 핵심은 "기존에 많이 다녔던 항로 데이터를 이용해 새로운 항로의 가치도 예측해보자."라는 것이다.

먼저 그림을 살펴보면, 상태 $S$에서 출발하여 중간 항로($H1$, $H2$, $H3$)를 거쳐 최종 도착지 $F$까지 가는 여러 경로가 있다. 각 화살표는 어떤 항로를 선택할 확률($P$)을 나타내며, 에이전트(또는 배)는 이 확률에 따라 무작위로 항로를 선택하게 된다. 예를 들어, $S$에서 $H1$로 갈 확률은 0.4, $H2$로 갈 확률은 0.6이다. $H1$에 도착한 이후에는 상(위쪽), 중(가운데), 하(아래쪽)의 세 가지 선택지가 있고, 각 선택지의 확률은 각각 0.4, 0.4, 0.2로 주어진다.

여기서 중요한 포인트는, 그림에 많은 배 아이콘이 있다는 것이다. 이건 실제로 과거에 많은 배들이 해당 항로를 이용했다는 의미로, 이 항로에 대한 데이터가 풍부함을 뜻한다. 이런 상황에서는 강화학습에서 경험을 직접 새로 쌓지 않고도, 기존 항로 데이터를 활용해 새로운 경로에 대한 예측을 할 필요가 있다. 이것이 바로 중요도 샘플링(importance sampling)의 역할이다.

중요도 샘플링이란, 우리가 알고 있는 분포(데이터 많은 기존 항로)를 기반으로, 새로운 정책(다른 항로 선택 방식)에 따라 행동했을 때 어떤 결과가 나올지 추정하는 기법이다. 예를 들어 지금까지는 상, 중, 하 세 항로를 0.4, 0.4, 0.2의 확률로 선택했지만, 앞으로는 새로운 정책에 따라 다른 확률로 항로를 선택하고자 할 수 있다. 문제는, 새로운 정책에 따라 항해한 데이터가 충분하지 않다는 점이다. 하지만 기존의 풍부한 항로 데이터를 재활용하여, 새로운 정책을 따랐을 경우 기댓값(예상 성과)이 어떻게 될지를 보정된 방식으로 계산할 수 있다. 이때 보정에 사용되는 것이 바로 기존 정책과 새로운 정책 간의 확률 비율, 즉 $p(x)/q(x)$와 같은 중요도 가중치이다.

이처럼 기존 항로 데이터를 많이 보유하고 있다면, 새로운 정책이 가정된 항로의 가치(기댓값)를 실제로 실험하지 않고도 추정할 수 있다. 이것이 바로 중요도 샘플링의 핵심 개념이다.

결국 이 그림은, 강화학습에서 기존 데이터를 활용해 새 정책을 평가할 수 있는 가능성을 보여주는 예시이며, 중요도 샘플링을 통해 탐험 없이도 미래 행동의 가치를 예측할 수 있다는 점에서 매우 실용적인 아이디어라 할 수 있다.

$$\sum P(X)f(X) = \sum Q(X)\left[\frac{P(X)}{Q(X)}f(X)\right]$$

| | |
|---|---|
| $P(X)$ | 어떤 환경에서 변수 $X$의 확률 분포 $P$ |
| $Q(X)$ | 다른 환경에서 변수 $X$의 확률 분포 $Q$ |
| $f(X)$ | $X$의 함수, 어떤 함수도 가능($\sin, \cos, 2x+1$ 등) |
| $\sum P(X)f(X)$ | 변수 $X$의 함수 $f(X)$에 대한 확률 분포 $P$의 기댓값 |

중요도 샘플링

이 그림은 중요도 샘플링이라는 개념을 수학적으로 표현하고 있지만, 우리가 이해해야 할 핵심은 단순하다.

우선, 우리가 어떤 문제를 풀고 싶은데, 그 환경에서 데이터를 모으기 어렵다고 해보자. 예를 들어, 새로운 항로를 개척하고 싶은데, 실제로 그 항로를 항해한 데이터가 거의 없는 상황이다. 하지만 비슷한 환경에서 이미 많은 데이터를 수집해 놓은 경우가 있다면, 그 데이터를 활용해서 우리가 알고 싶은 결과를 추정할 수 있을까? 바로 이것이 중요도 샘플링이 해주는 일이다.

중요도 샘플링에서는 두 개의 환경(또는 정책)을 다룬다.

- $Q(X)$는 우리가 충분한 데이터를 가진 환경(샘플 뽑기 쉬움).
- $P(X)$는 원래 알고 싶은 환경(샘플을 구하기 어려움).
- $f(X)$는 측정하고 싶은 함수(예: 보상, 이동 거리, 속도 등)

중요도 샘플링이 하는 일은 다음과 같다.

"$Q$ 환경에서 샘플을 수집하고, 그 샘플을 $P$ 환경의 상황처럼 보정해서 사용하는 것"
이다.

이 보정의 핵심은 바로 $P(X)/Q(X)$라는 비율이다. $Q$ 환경에서 나온 결과가 실제 $P$ 환경에서도 비슷할 확률이 얼마나 되는지를 고려해주는 값이다. 이 비율을 곱해주면, $Q$에서 얻은 결과를 $P$의 기준에 맞게 조정해줄 수 있다.

즉, $P$ 환경에서 $f(X)$의 기댓값을 구하고 싶지만 P에서 직접 샘플을 얻기 어려우니 $Q$에서 샘플을 뽑고, $Q$에서 얻은 결과에 $P/Q$ 비율을 곱해서 P의 결과처럼 만든다는 논리다.

너무 수학적으로 깊게 이해하려고 하지 않아도 된다. 중요한 건 '우리가 원하는 환경($P$)에서 결과를 얻는 것이 어렵다면, 비슷한 환경($Q$)에서 데이터를 가져와서 보정해서 사용한다.'라는 생각이다.

이것만 이해하면 중요도 샘플링은 강화학습에서 매우 유용하게 활용될 수 있다.

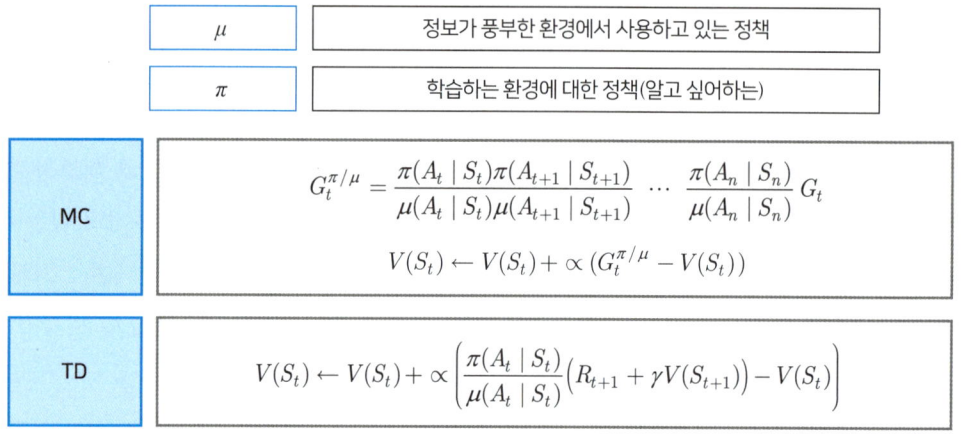

MC와 TD에서 중요도 샘플링

강화학습에서는 어떤 정책($\pi$)을 배우고 싶지만, 그 정책에 맞는 경험(데이터)을 쉽게 얻지 못하는 상황이 자주 발생한다. 예를 들어, 실제 자율주행 정책을 테스트하고 싶지만, 현실에서 실험을 진행하는 것은 위험하고 비용도 많이 든다. 이런 상황에서는 이미 잘 훈련된 정책($\mu$)을 활용해 데이터를 수집하고, 이 데이터를 바탕으로 우리가 원하는 정책 $\pi$를 학습할 수 있을까? 이 질문에 대한 해답이 바로 중요도 샘플링이다.

중요도 샘플링을 활용하면, $\mu$라는 기존의 풍부한 정책으로부터 수집한 경험을 바탕으로, $\pi$라는 새로운 정책을 평가하거나 학습할 수 있다. 여기서 핵심은, 두 정책이 다르기 때문에 단순히 $\mu$의 데이터를 $\pi$의 것처럼 쓸 수 없고, 두 정책 간의 차이를 확률 비율로 보정해줘야 한다는 점이다. 이때 사용하는 것이 바로 중요도 비율, 즉 $\pi$(**행동**|**상태**)/$\mu$(**행동**|**상태**)라는 값이다. 그림을 보면 두 가지 방식이 있다. MC(Monte-Carlo)와 TD(temporal difference) 방식이다.

먼저 MC 방식은 하나의 에피소드가 끝날 때까지 전부 과정을 모두 실행한 다음, 그 전체 보상의 합을 바탕으로 가치 함수를 계산한다. 이 과정에서 $\pi$와 $\mu$의 비율이 각 타임스텝마다 계속 곱해지는데, 이 비율이 많아질수록 계산 결과가 크게 흔들릴 수 있다. 즉, 곱셈이 누적되면서 숫자가 너무 커지거나 작아져서 값이 왜곡될 위험이 생긴다. 이런 이유로, 실제로는 MC 방식에서 중요도 샘플링을 사용하는 것이 매우 까다롭고, 현실적으로 거의 사용되지 않는다.

반면에 TD 방식은 한 타임스텝만 진행한 뒤 바로 가치를 계산한다. 이 경우에는 중요도 비율을 딱 한 번만 사용하면 된다. 즉, 계산이 간단하고 왜곡도 덜하다. 이 때문에 TD는 오프폴리시 환경에서 중요도 샘플링을 활용하기에 훨씬 현실적인 방법이 된다.

요약하자면, 중요도 샘플링은 두 정책 간의 차이를 확률적으로 보정해서, 풍부한 환경의 데이터를 이용해 학습하고 싶은 정책을 훈련하는 방법이다. 이 아이디어는 매우 강력하지만, MC에서는 불안정하고 TD에서는 효과적으로 적용될 수 있다는 점을 기억하자.

### 4.3.3 Q 러닝

지금까지 우리는 MC와 TD를 이용해 에이전트가 환경에서 어떻게 학습하고, 어떻게 정책을 바꾸는지 살펴보았다. 이 두 방법은 공통적으로 정책을 평가하고 제어할 때 모두 같은 정책을 사용했다. 이렇게 같은 정책으로 학습하고, 같은 정책으로 행동하는 방식을 온폴리시(on-policy)라고 부른다.

하지만 이 방식에는 한 가지 한계가 있다. 바로 모델에 대한 정보를 전혀 모르는 상태, 즉 모델 프리(model free) 환경에서는 다음 상태가 무엇인지 미리 알 수 없기 때문에, 상태 가치 함수(V함수)만으로는 최적의 정책을 구하기 어렵다는 점이다. 상태 가치 함수를 계산하기 위해서는 상태 전이확률, 보상, 다음 상태의 가치를 모두 알아야 한다.

이때 유용하게 사용할 수 있는 것이 행동 가치 함수, 즉 Q 함수다. Q 함수는 어떤 상태에서 어떤 행동을 했을 때의 기대 가치를 알려주는 함수이다. 즉, 다음 상태를 몰라도 현재 상태에서 가능한 모든 행동의 가치를 비교해서 가장 좋은 행동을 선택할 수 있게 해준다. 즉, Q 함수만으로도 정책을 만들 수 있다.

그래서 MC나 TD에서도 정책을 제어할 때 Q 함수를 사용한다고 앞에서 설명했다. 그리고 이 아이디어를 한 단계 발전시킨 것이 바로 SARSA이다. SARSA는 TD 방식에 기반을 두되, 상태 가치 함수 대신 Q 함수를 사용해서 정책을 평가한다.

왜냐하면, 실제로 에이전트는 매 순간 하나의 행동만 선택하고 경험하기 때문에, Q 함수를 사용하는 것이 더 현실적이고 정확하기 때문이다. SARSA도 마찬가지로 정책을 평가할 때나 제어할 때나 같은 정책을 사용하므로 온폴리시 학습 방식에 속한다.

여기까지가 우리가 지금까지 배운 내용이다.

이제부터는 한 걸음 더 나아가, 정책을 따르지 않고도 더 효율적으로 학습할 수 있는 방법, 즉 오프폴리시(off-policy) 학습 방식인 Q 러닝(Q-learning)에 대해 살펴볼 것이다. Q 러닝은 현재까지 학습한 것보다 훨씬 더 강력한 방법으로, 에이전트가 더 빠르고 안정적으로 최적의 정책을 학습할 수 있도록 도와준다.

SARSA: $Q(S, A) \leftarrow Q(S, A) + \propto \left( R_{t+1} + \gamma Q(S', A') - Q(S, A) \right)$

Q-Learning: $Q(S, A) \leftarrow Q(S, A) + \propto \left( R_{t+1} + \gamma \max_{a'} Q(S', a') - Q(S, A) \right)$

Q 러닝에서 샘플링

강화학습에서 대표적인 상태-행동 가치 학습 알고리즘인 SARSA와 Q 러닝은 겉보기에는 유사해보이지만, 그 작동 원리에는 중요한 차이가 존재한다. 두 알고리즘 모두 상태 $s$

에서 행동 $a$를 취한 뒤 보상 $r$을 받고, 다음 상태 $s'$에서의 행동을 고려하여 Q값을 업데이트한다. 하지만 이때 "다음 행동을 어떤 기준으로 선택하는가"에 따라 두 알고리즘의 철학은 달라진다.

SARSA는 온폴리시(on-policy) 방식이다. 이는 에이전트가 현재 따르고 있는 정책($\pi$)에 따라 다음 행동 $a'$를 선택하고, 그 행동을 기준으로 Q값을 업데이트한다는 뜻이다. 즉, SARSA는 실제로 에이전트가 행동한 경로를 그대로 학습에 사용하며, 정책 평가와 행동 선택이 일관된 경로를 따른다. 그렇기 때문에 SARSA는 정책 평가와 정책 제어가 별도로 구분되어 있으며, 학습 후에는 Q 함수로부터 $\varepsilon$-greedy 같은 정책을 다시 만들어내는 구조를 갖는다.

Q 러닝은 오프폴리시(Off-policy) 방식의 강화학습 알고리즘이다. 이 말은, 에이전트가 실제로 어떤 행동을 선택했는지와는 별개로, 학습을 할 때는 항상 '가장 좋은 행동을 했다고 가정'한다는 뜻이다. 즉, Q 러닝은 에이전트가 실제 행동 정책이 아니라, 최적의 행동을 기준으로 학습을 진행한다.

예를 들어, 에이전트는 탐험을 위해 $\varepsilon$-greedy 방식으로 움직인다. 즉, 대부분은 좋은 행동을 선택하지만 가끔은 일부러 다른 행동도 시도한다. 이렇게 다양한 행동을 하면서 환경을 탐험하는데, Q 러닝은 그런 실제 행동을 그대로 반영하지 않고, 항상 "이 상태에서 가장 Q값이 높은 행동을 했다고 하자."라는 기준으로 Q 함수를 업데이트한다. 그러니까 학습 기준이 되는 정책은 탐욕적(greedy) 정책이고, 실제 행동은 탐험이 포함된 다른 정책이라는 점에서 두 정책이 다르다.

이처럼 행동에 사용하는 정책과 학습에 사용하는 정책이 다르기 때문에 Q 러닝은 오프폴리시 방식이라고 부른다. 일반적으로 오프폴리시 알고리즘은 행동과 학습 정책이 다르기 때문에 중요도 샘플링(importance sampling)과 같은 기술로 보정이 필요하지만, Q 러닝은 그런 보정 없이도 동작하도록 설계되어 있다. 그 이유는, Q 러닝이 처음부터 '항상 가장 좋은 행동을 했다고 가정하는 방식'으로 설계되었기 때문이다.

즉, Q 러닝은 실제 경험을 따르지 않고, 항상 이상적인 상황을 기준으로 학습을 진행한다는 점에서 오프폴리시 알고리즘에 속한다. 또한, Q 러닝은 정책 평가와 정책 제어가 한 수식 안에서 동시에 진행된다는 점에서도 SARSA와 차이를 보인다. Q 러닝에서는 업데이트 수식 자체가 '가장 좋은 행동을 기준으로 Q값을 조정'하는 구조이기 때문에, 별도의 정책 업데이트 단계 없이도 정책이 자동으로 개선되는 효과를 가진다.

| 비교 항목 | SARSA(온폴리시) | Q-Learning(오프폴리시) |
| --- | --- | --- |
| 정책 유형 | 실제 행동을 기준으로 학습 | 가장 잘하는 행동을 기준으로 학습 |
| 다음 행동 선택 | 실제로 한 행동을 사용 | 가장 좋은 행동만 선택해 학습 |
| 정책 평가 | 현재 정책을 그대로 따름 | 탐욕적인 정책 기준으로 평가 |
| 정책 제어 | 학습 후 $\varepsilon-greedy$로 정책 업데이트<br>※SARSA 예제에서는 정책 업데이트 생략 | 학습하면서 정책도 함께 바뀜 |
| 학습 안정성 | 환경이 불확실할 때 안정적 | 환경이 단순할 때 빠르게 학습 |
| 성능 경향 | 신중하고 조심스럽게 학습함 | 빠르게 좋은 성능을 내는 경향 있음 |

SARSA vs. Q 러닝

이러한 구조적 차이 덕분에 Q 러닝은 일반적으로 SARSA보다 더 나은 성능을 보여주는 경우가 많다. 특히 환경이 안정적이고 보상이 명확하게 주어지는 경우에는, Q 러닝의 탐욕적인 정책 평가 방식이 빠른 수렴을 유도한다. 반면 환경이 불확실하거나 보상에 노이즈가 많은 경우에는, SARSA처럼 현재 실제 경험을 바탕으로 학습하는 온폴리시 방법이 더 안정적인 결과를 줄 수도 있다.

결론적으로, SARSA는 현재 정책을 그대로 따르는 신중한 학습자이고, Q 러닝은 항상 최적 행동을 가정하며 학습하는 이론 중심의 전략가라고 볼 수 있다. 두 방법은 각각의 상황에 따라 장단점이 있으며, 어떤 알고리즘이 더 적합한지는 환경의 특성과 학습 목적에 따라 달라진다.

### 4.3.4 Q 러닝 예제

/basic/15. Q 러닝.ipynb

```python
import numpy as np
import random

# (1) 상태 및 행동 정의
states = ['S', 'R1', 'R2', 'R3', 'F']
state_to_index = {
    'S': 0,
    'R1': 1,
    'R2': 2,
    'R3': 3,
    'F': 4
}

# (2) 상태 전이 및 보상 정의
transitions = {
    'S': [('R1', 0), ('R2', 0)],
    'R1': [('R2', 0), ('R3', 0), ('F', 1)],
    'R2': [('R3', 0), ('F', 1)],
    'R3': [('F', 1)],
    'F': []
}

# (3) Q 테이블 초기화
Q = {}
for s in states:
    Q[s] = {}
    for (s_next, _) in transitions[s]:
        Q[s][s_next] = 0.0

# (4) 학습 파라미터
alpha = 0.1
gamma = 0.9
epsilon = 0.1
episodes = 500

# (5) Q-Learning 학습 루프
for ep in range(episodes):
    state = 'S'

    while state != 'F':
```

```python
        # (6) ε-greedy 방식으로 행동 선택
        if random.random() < epsilon:
            action = random.choice(list(Q[state].keys()))
        else:
            action = max(Q[state], key=Q[state].get)

        # (7) 다음 상태 및 보상 확인
        next_state = action
        reward = 0
        for (s_next, r) in transitions[state]:
            if s_next == next_state:
                reward = r
                break

        # (8) Q-Learning 업데이트
        if next_state != 'F':
            max_q_next = max(Q[next_state].values())
            td_target = reward + gamma * max_q_next
        else:
            td_target = reward

        Q[state][action] += alpha * (td_target - Q[state][action])

        # (9) 다음 상태로 이동
        state = next_state

# (10) 결과 출력
print("행동 가치 함수 Q(s, a):")
for s in Q:
    for a in Q[s]:
        print(f"Q({s}, {a}) = {Q[s][a]:.2f}")
```

```
행동 가치 함수 Q(s, a):
Q(S, R1) = 0.90
Q(S, R2) = 0.63
Q(R1, R2) = 0.53
Q(R1, R3) = 0.77
Q(R1, F) = 1.00
Q(R2, R3) = 0.87
Q(R2, F) = 0.19
Q(R3, F) = 1.00
```

대부분 코드가 SARSA와 비슷하므로, 특징적인 부분만 살펴보자.

### (6) ε-greedy 방식으로 행동 선택

에피소드가 시작되면, 현재 상태에서 다음 행동을 선택한다. $\varepsilon-greedy$ 방식을 사용하여 일정 확률로는 무작위 행동을, 그 외에는 현재 Q값이 가장 높은 행동을 선택한다. 이 방식은 탐험과 활용 사이의 균형을 맞추기 위한 전략이다.

### (7) 다음 상태 및 보상 확인

선택한 행동에 따라 다음 상태로 이동하고, 해당 전이에 대한 보상을 확인한다. 보상은 경로 중 대부분은 0이며, 목표 상태인 F에 도달하면 1의 보상이 주어진다.

### (8) Q-Learning 업데이트

$Q-Learning$에서는 정책 평가와 정책 제어가 한꺼번에 이루어진다. 정책 평가는 현재 상태에서 어떤 행동을 했을 때 얼마나 좋은 결과가 나올지를 계산하는 과정이다. $Q-Learning$은 실제로 어떤 행동을 했는지와 관계없이, 다음 상태에서 가능한 행동 중 가장 좋은 행동을 기준으로 지금 행동의 가치를 계산한다. 이 방식은 항상 가장 잘한 것처럼 가정하고 평가하기 때문에, 실제 행동과 학습 기준이 다르다는 점에서 오프폴리시 방식이다.

정책 제어는 이렇게 계산된 Q값을 바탕으로 어떤 행동을 선택할지 결정하는 과정이다. $Q-Learning$은 학습된 Q값을 기준으로 더 나은 행동을 선택하고자 하며, 보통 Q값이 가장 높은 행동을 선택하지만 가끔은 무작위 행동도 시도한다. 이 과정을 반복하면서 정책은 점점 더 좋아지게 된다.

결국 $Q-Learning$은 한 번의 Q값 업데이트로 정책을 평가하고, 그 결과를 이용해 더 나은 행동을 선택하게 만드는 구조다. 그래서 별도로 정책 평가와 정책 제어를 나눌 필요 없이, 두 과정이 동시에 자연스럽게 이루어진다.

### (9) 다음 상태로 이동

다음 상태로 이동하고, 그 상태가 종료 상태가 아니라면 다시 행동을 선택해 루프를 이어간다. 종료 상태에 도달하면 하나의 에피소드가 끝나며, 다음 에피소드로 넘어간다.

**(10) 결과 출력**

학습이 모두 끝나면 각 상태에서 가능한 행동에 대한 Q값을 출력한다. 이 출력 결과는 에이전트가 어떤 상태에서 어떤 행동을 하는 것이 더 나은지를 수치적으로 보여주는 지표가 된다.

마지막으로 실행 결과를 분석해보자.

| 상태-행동 | SARSA | Q 러닝 | 차이 및 해석 |
|---|---|---|---|
| Q(S, R1) | 0.77 | 0.90 | Q 러닝이 더 높음. 최적 행동(R1→F)을 고려함 |
| Q(S, R2) | 0.57 | 0.63 | Q 러닝이 더 높음. 미래 보상을 조금 더 반영 |
| Q(R1, R2) | 0.61 | 0.53 | SARSA가 더 높음. 실제 경험 중심의 경로 반영 |
| Q(R1, R3) | 0.90 | 0.77 | SARSA가 더 높음. 중간 경로 탐험 경험 반영 |
| Q(R1, F) | 0.65 | 1.00 | Q 러닝이 더 높음. 즉시 보상 경로를 최적 경로로 간주 |
| Q(R2, R3) | 0.88 | 0.87 | 거의 유사함 |
| Q(R2, F) | 0.10 | 0.19 | Q 러닝이 더 높음. 직접 연결 가치 반영 |
| Q(R3, F) | 1.00 | 1.00 | 종료 상태. 두 알고리즘 모두 동일 |

SARSA와 Q 러닝 행동 가치 함수 비교

Q 러닝은 최대 보상 경로를 기준으로 학습하는 경향이 강해 빠르게 종료 상태에 도달하는 경로를 더 선호한다. 반면 SARSA는 실제 정책을 따라 학습하므로 평균적인 경험을 더 반영하며, 더 보수적인 정책을 만든다. 이러한 차이는 문제의 성격과 요구사항에 따라 적절한 알고리즘을 선택할 수 있도록 도와준다.

### 4.3.4 살사와 Q 러닝 예제 비교

SARSA와 Q-Learning은 전체적인 코드 구조는 매우 유사하지만, 학습의 핵심 단계인 Q값 업데이트 방식에서 중요한 차이가 있다. 이 차이는 주로 정책 평가 방식과 다음 행동을 어떻게 선택하느냐에서 비롯된다.

먼저 정책 평가 측면에서 보면, SARSA는 온폴리시(On-policy) 방식으로 작동한다. 즉, 에이전트가 실제로 따르고 있는 정책(예: $\varepsilon$-greedy)에 따라 행동을 선택하고, 그 실제로 선택한 다음 행동의 Q값을 사용하여 현재 상태의 Q값을 업데이트한다. 이 과정에서는 다음 상태로 이동한 뒤, 다시 $\varepsilon$-greedy 전략을 적용해 다음 행동도 선택하고, 이 행동이 얼마나 좋은지를 기준으로 학습이 이루어진다. 다시 말해, SARSA는 에이전트가 실제로 경험한 경로 전체를 기반으로 학습하며, 정책 평가와 행동 선택이 일치한다는 특징을 가진다.

반면 Q-Learning은 오프폴리시(off-policy) 방식이다. 이 알고리즘은 다음 상태에 도달했을 때, 그 상태에서 가능한 모든 행동 중 Q값이 가장 높은 것을 찾아내고, 그것을 기준으로 현재 상태의 Q값을 업데이트한다. 이때 에이전트가 실제로 어떤 행동을 선택했는지는 중요하지 않다. 즉, Q-Learning은 다음 행동을 선택하지 않고도 가장 좋은 행동이 무엇일지 가정하여 학습을 진행한다. 행동은 따로 선택하지만, 학습은 항상 '가장 잘했을 경우'를 기준으로 이루어지는 셈이다.

이 차이는 코드에서도 명확하게 드러난다. SARSA는 다음 상태로 이동하자마자 다음 행동까지도 선택한 후 Q값을 계산하고 업데이트하는 반면, Q-Learning은 다음 상태에 도달한 뒤 가장 큰 Q값만 조회해서 바로 업데이트에 사용하고, 행동 선택은 학습과는 별개로 진행된다.

| 구분 | SARSA(온폴리시) | Q-Learning(오프폴리시) |
|---|---|---|
| 정책 평가 방식 | 다음 상태에서 실제로 선택한 행동의 Q값 (Q(s', a'))을 사용 | 다음 상태에서 가능한 행동 중 Q값이 가장 큰 것(max Q(s', a))을 사용 |
| 다음 행동 선택 | 다음 상태로 이동한 후 $\varepsilon$-greedy 정책으로 다음 행동을 선택함 | |
| 학습 기준 | 실제 경험한 행동 경로를 기준으로 Q값을 업데이트함 | 가장 이상적인 행동을 했다고 가정하고 Q값을 업데이트함 |
| 정책 일관성 | 행동 선택과 학습 기준이 동일함(일관된 경로) | 행동 선택과 학습 기준이 다름(정책 불일치) |

SARSA와 Q 러닝 예제 비교

요약하자면, SARSA는 실제 행동을 바탕으로 한 현실적인 학습 방식이고, Q – Learning은 이상적인 최적 행동을 가정한 이론 중심의 학습 방식이라고 할 수 있다. 두 알고리즘 모두 강화학습의 대표적인 방식이지만, 이러한 정책 평가 방식의 차이로 인해 학습 경로와 성능 특성이 달라지게 된다.

지금까지 공부한 내용이 강화학습 기본 알고리즘 이론이다. 다이나믹 프로그래밍, MC, TD, Q 러닝 등은 실무에서 사용되는 사례가 많지는 않다. 앞으로 살펴볼 DQN부터가 실무적으로 많이 사용되는 알고리즘이다. 하지만 초기에 나온 강화학습 알고리즘에 대한 이해는 반드시 필요하다. 이 장에서 공부한 기초 알고리즘을 이해하지 못하고 고급 알고리즘을 바로 이해하는 거의 불가능하기 때문이다.

다음 장부터는 인공신경망 개념에 대해 알아보고 코드를 직접 구현하면서 좀 더 개선된 강화학습 알고리즘을 공부해 보도록 하자.

# 5

## 인공지능 개념

대부분의 강화학습 알고리즘은 내부에 인공신경망을 포함하고 있어서, 인공신경망의 기본 개념을 이해하지 않으면 강화학습도 이해하기 어렵다. 하지만 인공신경망 자체가 복잡하고 어려운 기술이라는 뜻은 아니다. 오히려 기본 원리는 꽤 단순하다. 다만, 실제로 인공신경망을 잘 작동하게 만드는 것은 생각보다 쉽지 않다.

이번 장에서는 인공지능의 핵심 개념들을 차근차근 살펴볼 것이다. 우선 머신러닝의 기본 개념부터 시작해서 인공신경망이 어떻게 동작하는지까지 알아볼 예정이다. 이론이라고 해서 겁먹을 필요는 없다. 이 장은 전문 연구자가 아닌 일반 독자도 이해할 수 있도록 쉽게 설명되어 있으니, 편안한 마음으로 읽다 보면 어느새 인공지능이라는 퍼즐이 머릿속에서 맞춰질 것이다.

> 5 인공지능 개념

# 5.1 머신러닝

머신러닝(machine learning)은 사람이 일일이 규칙을 정해주지 않아도, 컴퓨터가 스스로 데이터를 보고 학습하며 점점 더 똑똑해지는 기술이다. 예전에는 어떤 문제를 해결하려면 사람이 일일이 '이럴 땐 이렇게 해라'라고 직접 알려줘야 했지만, 머신러닝은 예시만 충분히 보여주면 컴퓨터가 스스로 패턴을 찾아내는 방식이다.

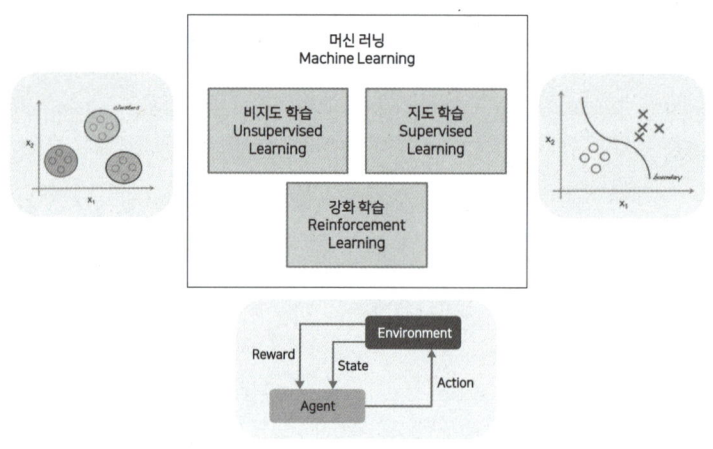

머신러닝 개념

머신러닝은 크게 세 가지로 나뉜다. 바로 **지도 학습**, **비지도 학습**, 그리고 **강화 학습**이다.

먼저 **비지도 학습**은 정답을 알려주지 않고, 비슷한 데이터를 알아서 묶는 방법이다. 예를 들어, 마트 고객들의 구매 기록을 바탕으로 고객을 분류한다고 해 보자. 어떤 고객이 '우수 고객'인지 아닌지에 대한 정답은 없지만, 비슷하게 쇼핑하는 사람들끼리 묶어서 유형을 나눌 수 있다. 나중에 이 그룹들을 다시 분석해 보면 '이 그룹은 우수 고객 같고, 이쪽은 관심 고객 같네' 하고 판단할 수 있다. 비지도 학습에서는 이런 분류 결과를 사람이 다시 보고 해석해야 한다.

대표적으로 쓰이는 알고리즘이 바로 **k-평균(k-means)** 알고리즘이다. 이 방법은 예를 들어 고객을 5개의 그룹으로 나눈다고 하면, 각 그룹의 중심을 정해 놓고, 그 중심과 가까운 고객들을 같은 그룹으로 묶는다. 그리고 중심을 반복적으로 조정하면서 그룹을 좀 더 정교하게 나눈다.

다음은 **지도 학습**이다. 지도 학습은 정답이 있는 데이터를 이용해서 학습하는 방법이다. 예를 들어 주가 예측을 하고 싶다면, 과거의 주가와 그에 영향을 준 여러 요소(뉴스, 거래량, 금리 등)를 데이터로 넣어준다. 그러면 컴퓨터는 이 데이터를 보고 '이런 조건일 때 주가가 이렇게 되더라'는 규칙을 스스로 만들어낸다. 이렇게 학습된 모델은 새로운 데이터를 받으면 "이 상황에서는 주가가 이만큼 오를 것 같아."라고 예측할 수 있게 된다.

가장 많이 알려진 예는 개와 고양이를 구분하는 문제다. 컴퓨터가 그림만 보고 이게 개인지 고양이인지 구별할 수 있게 만들고 싶다면, 먼저 '이건 개인 사진', '이건 고양이 사진'이라고 표시된 수많은 사진을 컴퓨터에게 보여줘야 한다. 그러면 컴퓨터는 각각의 사진에서 어떤 특징이 있는지를 배우게 되고, 나중에는 새로운 사진을 보여주면 이게 개인지 고양이인지 스스로 판단할 수 있게 된다. 이처럼 지도 학습은 정답을 미리 알려주고, 그걸 기준으로 학습하는 방식이다.

마지막으로 **강화 학습**은 조금 다른 접근이다. 지도 학습이나 비지도 학습은 데이터가 한 번에 주어지고 그것을 기준으로 학습하지만, 강화 학습은 **행동을 한 다음에 그에 따른 보상을 받으면서** 학습한다.

예를 들어 아기가 걸음마를 배우는 과정을 생각해 보자. 아기는 처음부터 잘 걷지 못한다. 왼쪽 다리를 먼저 들었다가 오른쪽으로 넘어지면 아프다. 그럼 다음엔 반대로 시도해 본다. 서서히 덜 넘어지는 방법을 배워 나가는 것이다. 부모가 칭찬해주고, 시야가 넓어지고, 스스로 뿌듯해지는 경험은 '잘 걸었을 때 받는 보상'이다. 아기는 반복 실험을 통해, 즉 여러 번 넘어지고 다시 일어서면서 '이렇게 하면 덜 아프고 더 잘 걸을 수 있네' 하는 방식을 배운다. 강화 학습도 이런 식이다. 무엇이 정답인지 미리 주어지지 않는다. 다만 어떤 행동을 했을 때 '잘했어!' 혹은 '이건 아니야' 같은 신호를 받고, 그걸 바탕으로 더 나은 선택을 하도록 학습해 나간다.

이 과정을 수학적으로 설명한 것이 바로 MDP(Markov Decision Process)이다. 강화 학습은 MDP를 기반으로 해서 만들어졌고, 강화 학습을 진짜로 이해하려면 MDP 개념도 꼭 알아야 한다. 이 부분은 뒤에서 자세히 다룰 예정이다.

이 책의 목표는 강화 학습을 이해하는 것이므로, 그와 관련이 깊은 **지도 학습**에 대해서는 좀 더 자세히 다루고, **비지도 학습**에 대해서는 간단히만 짚고 넘어가려 한다. 너무 어렵게 느끼지 말고, 하나씩 천천히 따라오면 된다. 강화 학습은 생각보다 재미있는 이야기들이 많으니까.

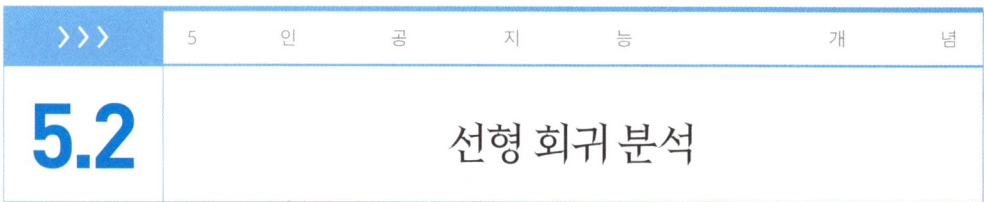

## 5.2 선형 회귀 분석

머신러닝의 개념을 이해하기 위해 가장 먼저 살펴볼 수 있는 주제는 바로 1차원 선형 회귀 분석이다. 선형 회귀(linear regression) 분석은 지도 학습의 한 종류로, 이미 알고 있는 데이터를 바탕으로 예측 모델을 만들고, 나중에 새로운 데이터가 들어왔을 때 그 결과를 예측하는 데 사용된다.

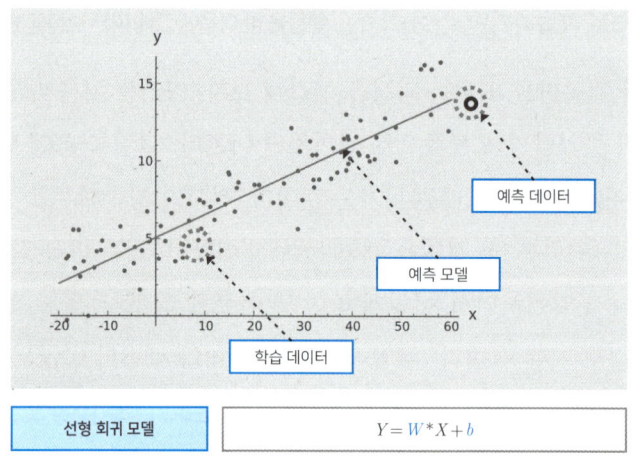

선형 회귀 분석

선형 회귀 분석에서 사용하는 데이터는 보통 2차원, 즉 $x$와 $y$로 구성된 데이터쌍이다. 이때 $x$는 입력값, $y$는 결괏값이다. 예를 들어 $x$가 1일 때 $y$는 2이고, $x$가 2일 때 $y$는 4라는 식으로 몇 가지 데이터가 주어졌다고 하자. 우리가 목표로 하는 것은 학습 데이터에는 없는 $x$값이 주어졌을 때 $y$값을 예측할 수 있는 모델을 만드는 일이다.

| | |
|---|---|
| 모델 | $Y = W^*X + b$ |
| 데이터 | $(x, y) = (10, 6)$ |
| 랜덤 | $Y = X + 3\ (W = 1, b = 3)$ |
| 오차 | 데이터(6) − 계산 값(13) = −7 |
| 비용 함수 | (데이터 − 계산 값)$^2$ 의 평균 |
| 학습 | 손실 함수가 최소화되는 방향으로 학습 |

비용 함수

현실 세계의 데이터는 완벽하게 일직선 위에 있지 않지만, 그래도 대체로 선형에 가까운 경향을 보이는 경우가 많다. 이런 경우, 데이터를 가장 잘 설명할 수 있는 1차 함수 하나를 찾아내면 다소 오차는 있더라도 대략적인 예측은 가능해진다. 다시 말해, 데이터를 가장 잘 통과하는 직선을 하나 그리는 것이 선형 회귀 분석의 본질이다.

이 직선은 수학적으로 $y = Wx + b$로 표현된다. 여기에서 $W$는 기울기, $b$는 $y$절편을 의미한다. 머신러닝에서는 이 두 값을 각각 **가중치(weight)** 와 **편향(bias)**이라고 부른다. 우리가 해야 할 일은 이 $W$와 $b$를 적절한 값으로 찾아내는 것이다. 이 두 값만 제대로 찾아낸다면, 어떤 $x$ 값이 들어오더라도 그에 대응하는 $y$값을 계산할 수 있게 된다. 그것이 바로 예측 모델이다.

$W$와 $b$를 어떻게 찾아낼까? 처음에는 임의의 값을 $W$와 $b$에 넣어 본다. 예를 들어 $W = 1$, $b = 3$이라고 가정해 보자. 그리고 학습 데이터 중 하나인 $(x, y) = (10, 6)$을 대입해 본다. 이 모델에 $x = 10$을 넣으면 계산된 $y$값은 13이 된다. 하지만 실제 데이터에서의 $y$는 6이었다. 예측값과 실제값의 차이, 즉 $13 - 6 = 7$이라는 값이 생긴다. 이 차이를 우리는 **오차(error)** 혹은 **비용(cost)**이라고 부른다.

우리는 오차가 가장 작아지는 $W$와 $b$를 원한다. 오차가 작다는 것은 예측이 실제에 가까워졌다는 의미이며, 결과적으로 좋은 모델이라는 뜻이 된다. 그러기 위해서는 오차가 얼마나 되는지를 계산하는 기준이 필요하다. 이때 사용하는 것이 **손실 함수(loss function)** 또는 **비용 함수(cost function)** 이다. 가장 흔히 쓰이는 손실 함수는 **평균제곱오차(Mean Squared Error, MSE)** 라고 해서, 예측값과 실제값의 차이를 제곱한 뒤 평균을 내는 방식이다. 제곱을 하는 이유는 예측값이 실제값보다 클 수도 있고 작을 수도 있는데, 단순히 합하면 양수와 음수가 섞여 오차가 상쇄되기 때문이다. 제곱을 하면 항상 양수이므로 정확한 크기를 판단할 수 있게 된다.

이제 남은 문제는 $W$와 $b$를 어떤 방식으로 조정할 것인가이다. 바로 여기서 **경사 하강법(gradient descent)** 이라는 개념이 등장한다.

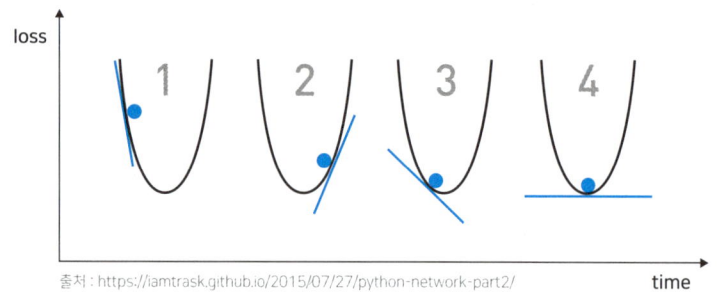

경사하강법

경사 하강법은 머신러닝에서 아주 자주 쓰이는 기본 개념 중 하나다. 앞에서 설명한 것처럼 우리는 데이터를 가장 잘 설명할 수 있는 **직선 하나**, 즉 $y = Wx + b$ 형태의 수식을 만들고 싶다. 그래야 $x$값이 주어졌을 때 $y$값을 예측할 수 있기 때문이다.

그런데 어떤 $W$와 $b$가 가장 좋은 값인지 우리는 처음엔 알 수 없다. 그래서 $W$와 $b$를 임의의 값으로 시작해서, **조금씩 수정하면서 더 나은 값으로 바꿔가는 방법**이 필요하다. 이때 사용하는 방식이 바로 **경사 하강법**이다.

경사 하강법이란, 오차가 가장 작아지는 방향으로 $W$와 $b$를 천천히 이동시키는 과정을 반복하는 알고리즘이다. 마치 산 꼭대기에서 출발해 가장 낮은 계곡을 찾아 내려가는 것과 같다. 어디가 낮은지는 잘 모르지만, 발밑의 경사를 보고 '더 낮아지는 방향'을 알아낼 수 있다면 그 방향으로 조금씩 걸어가면서 결국 가장 낮은 지점에 도달하게 된다.

오차가 가장 작아지는 방향을 찾기 위해 사용하는 수학적인 도구가 바로 **편미분**이라는 것이다. 이 책에서는 편미분 자체를 깊이 설명하진 않지만, 간단히 말하면 "이쪽으로 $W$를 바꾸면 오차가 줄어들까?", "$b$를 조금 줄이면 오차가 작아질까?"를 계산해보는 과정이다. 그렇게 해서 계산된 방향으로 $W$와 $b$를 조금씩 조정하면서 모델을 계속 개선해 나간다.

이 과정을 여러 번 반복하다 보면, 어느 순간 더 이상 오차가 줄어들지 않고 거의 일정해지는 지점이 나타난다. 그 지점이 바로 **오차가 가장 작아지는 최적의 값**이다. 예를 들어 경사 하강법을 통해 오차가 가장 작아졌을 때의 $W$와 $b$가 각각 0.15와 5라는 값이 나왔다고 해보자. 그럼 우리가 찾은 모델은 이렇게 표현된다:

$$Y = 0.15 \times X + 5$$

이제 이 수식이 완성되었으니 $x$에 어떤 숫자를 넣든지 $y$값을 계산할 수 있다. 예를 들어 $x=20$이라면, $y$는 0.15 × 20 + 5 = 8이 된다. 이렇게 우리가 만든 모델을 통해 앞으로는 **모르는 값에 대한 예측이 가능**해진다.

결국, 경사 하강법은 **W와 b를 계속 수정하면서 예측이 정확해지도록 만들어 주는 도구**라고 생각하면 된다. 이 책에서는 경사 하강법의 수학적인 원리까지는 깊이 다루지 않지만, 머신러닝이 어떻게 똑똑해지는지를 이해하기 위해 이 개념을 간단하게라도 알고 넘어가는 것이 중요하다.

## >>> 5 인 공 지 능 개 념
# 5.3 분류 분석

이제 우리는 머신러닝에서 예측을 넘어서, **분류(classification)**라는 주제를 다뤄볼 차례다. 그중에서도 가장 기본이 되는 문제는 **이진 분류(binary classification)**이다. 이진 분류란, 어떤 데이터가 두 가지 중 하나에 속하는지를 판별하는 것이다. 예를 들어 이메일이 '스팸인지 아닌지', 사진 속 동물이 '개인지 고양이인지', 혹은 어떤 고객이 '구매를 할 것인지 말 것인지'를 판단하는 문제들이 모두 이진 분류에 해당한다.

이진 분류 또한 **지도 학습**의 한 종류이다. 즉, 정답이 주어진 데이터를 먼저 학습한 후, 새로운 데이터가 들어왔을 때 그것이 어떤 그룹에 속하는지를 예측하는 것이다. 예시로 가장 단순한 형태의 2차원 데이터, 즉 $(X, Y)$로 구성된 그래프를 떠올려 보자. 그래프의 위쪽에는 'X'로 표시된 데이터들이 있고, 아래쪽에는 'O'로 표시된 데이터들이 있다고 하자. 우리가 원하는 것은 이 'X'와 'O' 사이를 나누는 경계선을 하나 찾는 것이다. 그렇게 경계를 나누면, 새로운 데이터가 어디에 위치하느냐에 따라 그것이 X 그룹인지, O 그룹인지를 판단할 수 있게 된다.

이때 사용하는 것이 바로 **1차 선형 함수**, 즉 $y = Wx + b$라는 식이다. 우리가 앞서 선형 회귀에서 살펴봤던 개념과 같다. 다만 여기서는 예측한 값 자체가 중요한 것이 아니라, 그 값이 기준 이상인지 이하인지를 보고 **어느 쪽 그룹에 속하는지**를 판단한다. 다시 말해, $y$값이 어떤 임계값보다 크면 X, 작으면 O로 분류하는 방식이다.

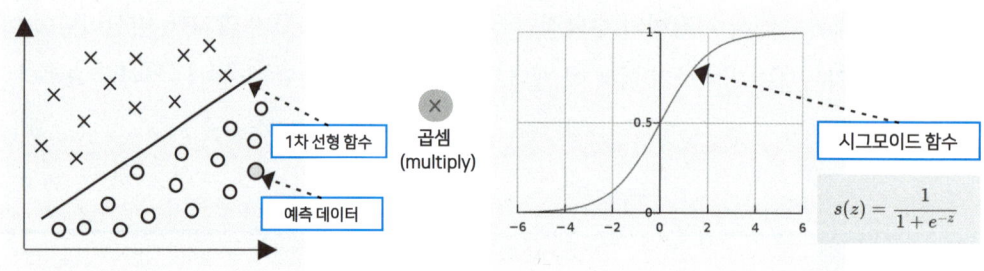

분류 분석

하지만 여기서 한 가지 새로운 개념이 등장한다. 바로 **활성 함수(activation function)**라는 것이다. 선형 함수는 직선이기 때문에, 이 함수만으로는 복잡한 분류 문제를 해결하기 어렵다. 그래서 중간에 한 번, 데이터를 변형해주는 과정을 거친다. 그 역할을 해주는 것이 활성 함수다.

그중에서도 **시그모이드(sigmoid)** 함수는 가장 많이 사용되는 기본적인 활성 함수이다. 시그모이드 함수는 어떤 숫자가 입력되든, 그 값을 **0과 1 사이의 값**으로 바꿔준다. 예를 들어 입력이 매우 작으면 0에 가깝고, 매우 크면 1에 가까운 값이 나온다. 그리고 중간값일수록 0.5 부근에 위치하게 된다.

이런 특성 덕분에 시그모이드 함수는 이진 분류 문제에서 매우 유용하다. 예를 들어, 1차 선형 함수 $y = Wx + b$의 결괏값을 시그모이드 함수에 넣으면, 그 결과는 0과 1 사이의 어떤 수가 된다. 이 값을 확률처럼 해석할 수 있다. 예를 들어 시그모이드 함수의 출력값이 0.9라면, 이 데이터는 X 그룹에 속할 가능성이 매우 높다는 뜻이고, 0.1이라면 O 그룹에 속할 가능성이 높다는 뜻이다. 그래서 마지막에는 이 값을 기준으로 **0.5보다 크면 X, 작으면 O**처럼 단순하게 나누어 결정을 내린다.

이처럼 시그모이드 함수는 선형 함수의 결과를 **0과 1 사이의 범위로 압축**해주며, 복잡한 세상을 좀 더 명확하게 이진적으로 나눌 수 있게 도와주는 역할을 한다. 머신러닝 모델이 실제로 '이건 X야', '이건 O야'라고 판단하는 그 순간, 시그모이드 함수가 중요한 역할을 하고 있는 것이다.

결론적으로 이진 분류 문제는

- X와 O로 구분된 데이터를 학습해서,
- 그 둘을 나누는 경계선(선형 함수)을 찾고,
- 그 결과를 시그모이드 함수로 변환하여
- 예측값을 0 또는 1로 나누는 과정으로 구성된다.

복잡해 보일 수도 있지만, 결국은 간단한 선형 수식과 하나의 변환 함수만으로 데이터의 그룹을 구분하는 매우 직관적인 방법이다. 이를 바탕으로 머신러닝은 점점 더 복잡한 분류 문제도 해결할 수 있는 기반을 만들어 간다.

> **Tip** 선형과 비선형의 차이
>
> **선형(linear)** 데이터는 직선처럼 일정한 패턴을 가지는 데이터다. 예측이 쉽고 단순하다. 예를 들어, $x$가 1 늘 때마다 $y$도 2씩 늘어난다면 이는 선형 관계다.

> 반면 비선형(non-linear) 데이터는 곡선이나 복잡한 형태로 분포되어 있어 직선 하나로는 설명할 수 없다. 현실의 대부분의 데이터는 비선형적이며, 예측이 어렵다.
> 머신러닝에서는 먼저 선형 함수로 계산한 뒤, **활성 함수**(activation function)를 통해 비선형성을 추가한다. 이 과정을 통해 더 복잡한 패턴도 모델링할 수 있게 된다.

머신러닝을 처음 공부할 때 가장 먼저 마주하게 되는 벽은 수많은 수학 공식들이다. 갑자기 등장하는 기호들과 복잡해 보이는 수식들 때문에 당황하거나 겁을 먹기 쉽다. 하지만 프로그래머의 입장에서 머신러닝을 배우려는 목적은 대부분 **동작 원리와 사용 방법**을 이해하는 데 있다.

실제로 머신러닝의 기초를 이해하기 위해 반드시 고급 수학이 필요한 것은 아니다. **사칙연산**, **로그**, 그리고 **기초적인 행렬 연산** 정도만 이해하고 있어도 머신러닝의 개념을 잡는 데는 충분하다. 오히려 처음부터 수식에 집중하기보다는, 수식이 표현하는 **그래프의 모양과 의미**에 주목하는 것이 훨씬 효과적이다. 수학 식보다는 그것이 **무엇을 의미하는지**에 집중하는 태도가 중요하다.

$$\boxed{\text{이진 분류 함수}} \quad Y = \text{sigmoid}(W^* X + b)$$

이진 분류 함수

예를 들어, 이진 분류 함수는 수학적으로 표현하면 다소 복잡하게 보일 수 있지만, 본질은 **두 종류의 데이터를 구분하는 경계선 하나를 찾는 것**이다. 이 과정에서 사용하는 **활성 함수**는 시그모이드 함수뿐만 아니라 **ReLU**, **tanh(쌍곡탄젠트)** 같은 다양한 함수들이 존재한다. 이 함수들은 데이터를 단순한 직선으로 설명하지 못할 때, 그 안에 **비선형성**을 추가해주어 더 정교한 분류가 가능하도록 도와준다.

이진 분류에서 사용되는 개념들은 이후에 배우게 될 **인공신경망**(artificial neural network)의 핵심 구성 요소이기도 하다. 즉, 지금 배우는 내용이 앞으로 훨씬 더 큰 그림을 이해하는 데 밑바탕이 된다는 뜻이다.

처음부터 머신러닝이나 딥러닝을 어렵고 복잡한 것으로 느끼기보다는, 지금처럼 **간단한 개념부터 차근차근 접근**해 나가다 보면 누구나 자연스럽게 그 원리를 이해하고 활용할 수 있게 된다. 가장 중요한 것은 **포기하지 않고 계속 보는 것**, 그리고 **모든 것을 다 이해하려 하지 않아도 괜찮다**는 마음가짐이다. 그렇게 한 걸음씩 나아가다 보면, 어느새 복잡하게 느껴졌던 개념들이 익숙해질 것이다.

## 5.4 딥러닝

뉴런, 즉 신경 세포는 인간의 신경계를 구성하는 가장 기본적인 단위다. 이 세포는 전기적 신호를 다른 뉴런과 주고받으며 정보를 전달하고 저장하는 역할을 한다. 우리의 뇌는 수천억 개의 뉴런으로 이루어져 있으며, 이들이 서로 복잡하게 연결되어 다양한 기능을 수행한다. 우리가 어떤 것을 기억하거나, 판단하거나, 감정을 느끼는 것도 모두 뉴런들의 활동 덕분이다.

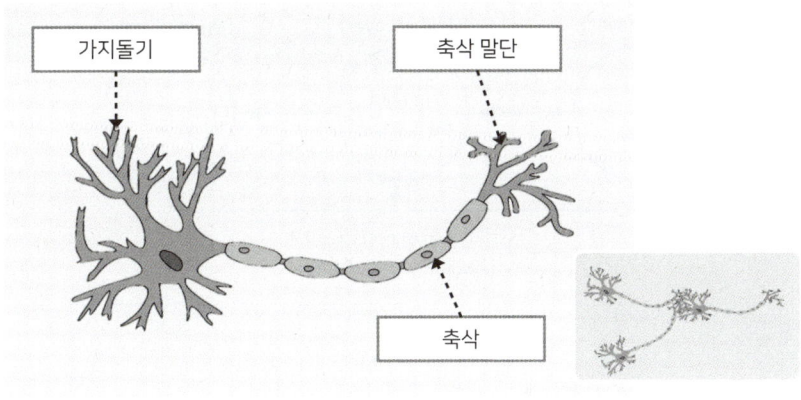

출처 : https://ko.wikipedia.org/wiki/신경_세포

뉴런

뉴런은 생물학적으로 가지돌기, 축삭, 축삭말단 등 다양한 요소로 구성되어 있다. 하지만 인공신경망에서는 이 복잡한 생물학적 구조 전체를 그대로 모방하지 않는다. 대신 뉴런의 작동 원리를 단순화해 인공적으로 구현한다. 인공신경망을 이해하기 위해서는 뉴런의 기본적인 정보 흐름만 이해하면 충분하다.

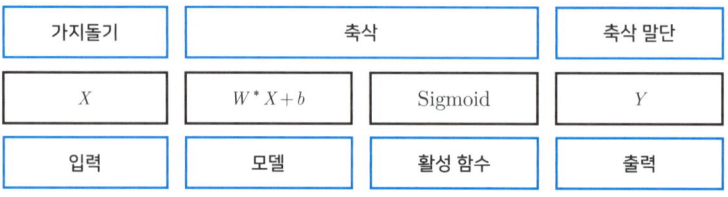

뉴런과 인공신경망

뉴런의 가지돌기는 다른 뉴런으로부터 신호를 받아들이는 부분이다. 이 부분은 인공신경망에서 입력에 해당한다. 가지돌기를 통해 들어온 신호는 축삭을 따라 전달되는데, 축삭은 여러 개의 중간 연결점을 지나며 신호를 가공한다. 어떤 신호는 점점 강해지고, 어떤 신호는 약해지며, 때로는 완전히 사라지기도 한다. 이 과정은 인공신경망에서 가중치(weight)와 편향(bias)을 통해 입력값이 계산되는 과정에 해당한다. 마지막으로 신호는 축삭말단을 통해 다음 뉴런으로 전달되는데, 이 부분이 인공신경망에서는 출력에 해당한다.

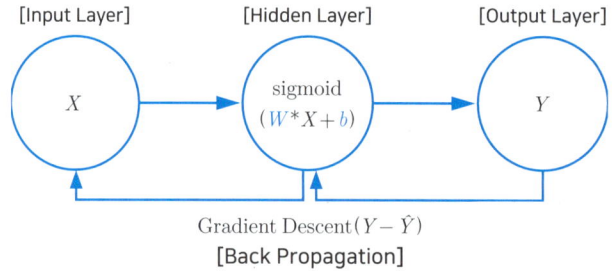

단일 인공신경망

앞에서 살펴본 이진 분류 모델은 이러한 뉴런의 작동 방식을 그대로 따르고 있다. 입력값은 가지돌기를 통해 들어오고, 그 값은 선형 함수를 통해 가공되며, 마지막에는 활성 함수가 적용되어 출력으로 변환된다. 활성 함수는 단순한 선형 계산만으로는 표현할 수 없는 비선형적인 특성을 추가해주는 역할을 한다. 대표적인 활성 함수로는 시그모이드(sigmoid), 렐루(ReLU), 쌍곡탄젠트(tanh) 함수 등이 있다.

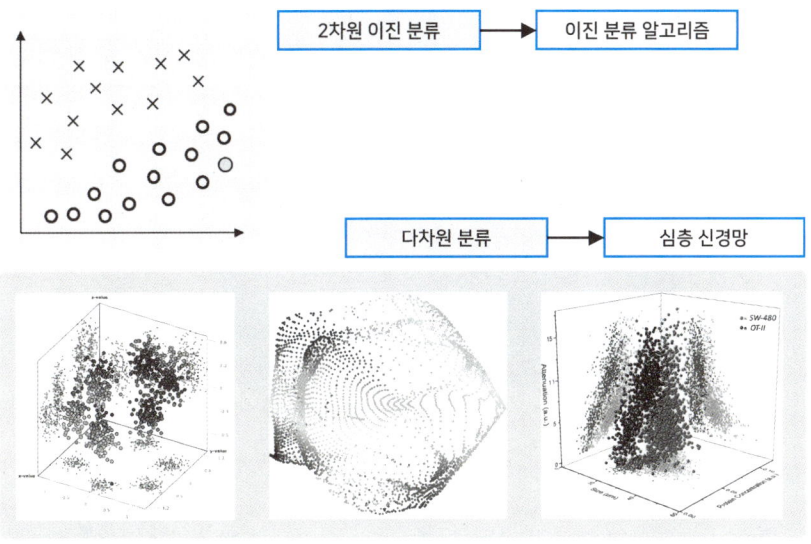

다차원 분류 문제

데이터 분류 문제는 처리해야 하는 데이터의 차원(dimension)에 따라 그 복잡도가 크게 달라진다.

이미지의 상단은 2차원 평면에서의 이진 분류(binary classification) 문제를 보여준다. 여기서는 '○'와 '×'로 표현된 두 종류의 데이터가 비교적 명확하게 나뉘어 있으며, 단순한 분류 알고리즘(예: 로지스틱 회귀, 서포트 벡터 머신 등)만으로도 충분히 효과적인 경계를 학습할 수 있다. 이러한 문제는 저차원 공간에서의 규칙 학습에 적합하며, 모델의 구조도 비교적 간단하게 유지할 수 있다.

반면, 이미지의 하단에는 3차원 이상의 고차원 분류 문제들이 제시되어 있다. 이러한 데이터는 변수 간의 관계가 복잡하고, 시각적으로도 분포가 얽혀 있어 단순한 선형 혹은 비선형 결정 경계로는 효과적인 분류가 어렵다. 이처럼 복잡한 구조를 가진 고차원 데이터를 다루기 위해서는, 입력과 출력 사이의 비선형 관계를 학습할 수 있는 심층 신경망(deep neural network)과 같은 고급 모델이 필요하다.

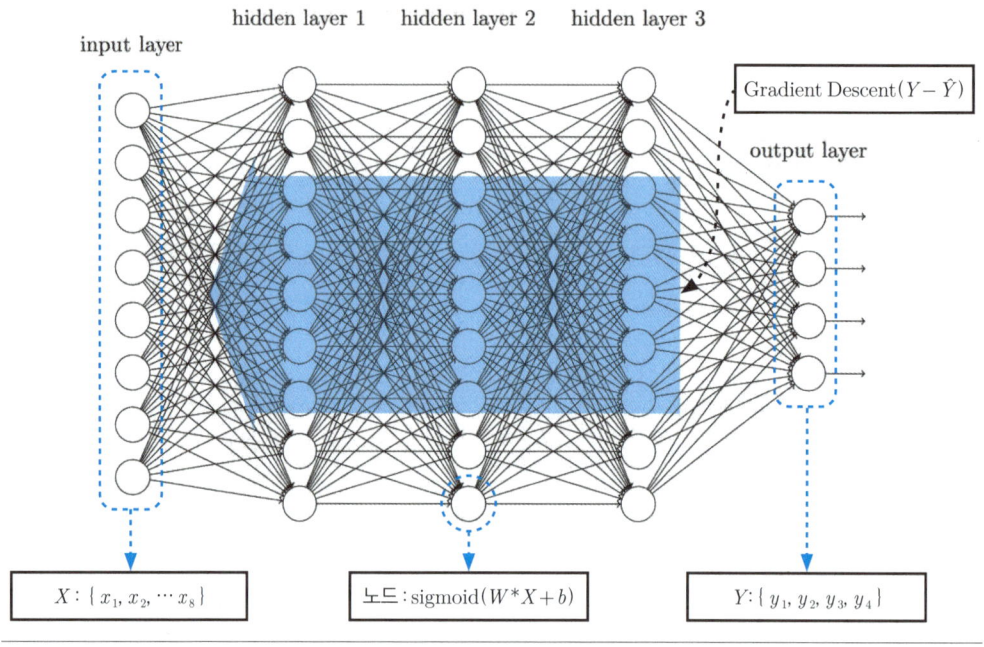

심층 신경망

심층 신경망(Deep Neural Network, DNN)은 입력층과 출력층 사이에 하나 이상의 은닉층을 포함한 구조의 인공신경망으로, 복잡하고 비선형적인 문제를 효과적으로 해결할 수 있는 딥러닝 모델이다.

인공신경망은 입력층, 은닉층, 출력층으로 구성되며, 입력층은 데이터를 받아들이고, 은닉층에서는 복잡한 계산을 수행하며 정보를 처리한다. 출력층은 최종 결과를 도출하는 역할을 한다.

이 구조에서 학습이 가능하도록 돕는 핵심 개념이 역전파(backpropagation)이다. 역전파는 출력값과 실제값의 오차를 계산한 뒤, 그 오차가 줄어들도록 가중치와 편향을 조정해가며 학습을 진행한다. 이 과정은 손실 함수와 경사 하강법을 기반으로 하며, 특히 심층 신경망에서는 학습 성능 향상에 중요한 역할을 한다.

신경망은 뉴런의 정보 전달 구조를 모방하여, 선형 회귀나 이진 분류보다 더 복잡한 문제도 해결할 수 있다. 처음에는 어려워 보일 수 있지만, 각 구성 요소의 역할을 하나씩 이해해 나가면 전체 구조도 자연스럽게 파악된다. 결국 복잡한 딥러닝 모델도 단순한 원리에서 출발한다.

입력값은 단일 숫자가 아니라 벡터나 행렬로 표현될 수 있으며, 특히 이미지와 같은 데이터는 픽셀 단위로 수치화돼 큰 행렬로 변환된다. 이렇게 변환된 행렬이 신경망의 입력으로 사용된다.

합성곱 신경망(CNN)에서는 전체 이미지가 아닌 일부분을 필터로 훑으며 특징을 추출한다. 이러한 방식은 텍스트, 음성, 숫자 등 다양한 데이터를 공통된 수학 구조(행렬)로 처리할 수 있게 해주며, 딥러닝이 강력한 이유 중 하나이기도 하다.

은닉층은 여러 개의 레이어와 그 안의 노드로 구성되며, 각 노드는 입력값에 대해 가중치 계산, 편향 조정, 활성 함수 적용 등을 거쳐 다음 층으로 출력을 전달한다. 레이어 수와 노드 수는 문제의 난이도, 자원 상황 등에 따라 달라지며, 일반적으로 복잡한 모델일수록 더 많은 계산 자원이 요구된다.

인공지능을 공부하는 데 있어 많은 사람들이 수학에 부담을 느끼지만, 실제로 필요한 수학은 사칙연산, 행렬, 수열, 로그 등 고등학교 수준이면 충분하다. 특히 딥러닝 프레임워크는 대부분 계산을 자동으로 처리해주므로, 개념만 알고 있어도 학습과 실습이 가능하다.

중요한 것은 모든 수학을 완벽히 이해하려는 것이 아니라, 필요한 만큼만 익히고 유연하게 적용하는 태도다. 그렇게 접근한다면 인공지능 학습은 생각보다 훨씬 친숙하고 쉽게 다가올 수 있다.

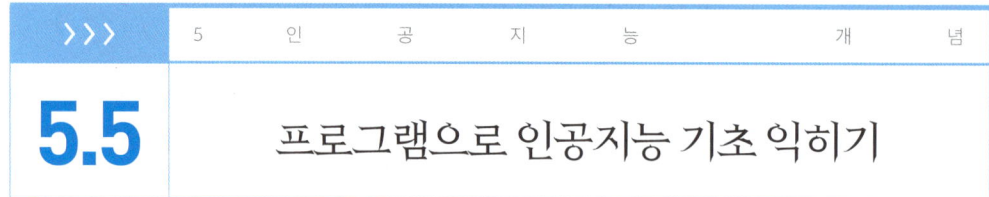

## 5.5 프로그램으로 인공지능 기초 익히기

### 5.5.1 텐서플로란?

텐서플로는 구글에서 개발한 오픈소스 머신러닝 프레임워크이다. 딥러닝을 포함한 다양한 머신러닝 모델을 쉽게 만들고 학습시킬 수 있도록 설계되었으며, 특히 대규모 데이터 처리와 모듈화된 구성에 강점을 가지고 있다.

텐서플로는 직관적인 코드 작성과 높은 유연성을 제공한다. 초보자부터 전문가까지 폭넓게 사용할 수 있으며, 특히 Keras API를 통해 간단한 코드만으로도 복잡한 신경망을 쉽게 구현할 수 있다. 또한 다양한 하드웨어(CPU, GPU, TPU)에서 효율적으로 작동한다는 점도 큰 장점이다.

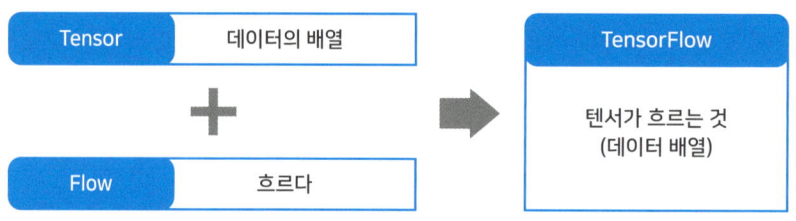

텐서플로 개념

텐서플로는 딥러닝 모델을 구성하고 학습시키기 위한 연산 기반 프레임워크이다. 기본적으로 데이터를 담는 단위인 텐서(tensor), 연산 흐름을 정의하는 그래프(graph), 그리고 이를 실행하는 세션(session)이라는 개념으로 구성된다. 현재는 더 직관적인 즉시 실행 모드(eager execution)가 기본 설정으로 사용되며, 코드를 실행하면서 바로 결과를 확인할 수 있도록 도와준다.

### 텐서

텐서(tensor)는 텐서플로의 기본 데이터 단위로, 숫자의 배열(스칼라, 벡터, 행렬 등)을 뜻한다. 모든 데이터는 내부적으로 텐서 형태로 처리되며, 차원(rank)에 따라 형태가 달라진다.

### 그래프

그래프(graph)는 연산의 흐름을 시각적으로 구성한 것으로, 각 연산을 노드로 표현하고 데이터 흐름을 간선으로 연결한다. 복잡한 연산 과정을 구조화하여 효율적으로 관리할 수 있게 한다.

### 세션

그래프를 실제로 실행하는 환경이다. 과거에는 세션(session)을 명시적으로 생성하고 run() 명령어로 연산을 실행했지만, 현재는 실행 모드를 통해 코드를 작성하자마자 바로 실행되는 방식으로 간소화되었다.

이처럼 텐서플로는 데이터를 처리하고 학습시키는 과정을 논리적 구조(그래프)와 수학적 연산(텐서)으로 표현하며, 이를 바탕으로 다양한 딥러닝 모델을 유연하게 구축할 수 있다.

## 5.5.2 인공신경망 기본 예제

이제 주피터 노트북을 활용해 본격적으로 강화학습 프로젝트를 진행해보자.

/basic/16. 인공 신경망 개념.ipynb 프로그램 기본 구조

```python
import tensorflow as tf #(1)

mnist = tf.keras.datasets.mnist #(2)
(x_train, y_train), (x_test, y_test) = mnist.load_data()
print("* shape train:", x_train.shape, y_train.shape)
print("* shape test:", x_test.shape, y_test.shape)
print("* test data:\n", x_test)
model = tf.keras.models.Sequential([ #(3)
    tf.keras.layers.Flatten(input_shape=(28,28)),
    tf.keras.layers.Dense(128, activation='relu'),
```

```
        tf.keras.layers.Dense(10, activation='softmax')
])

model.compile(optimizer="Adam",  #(4)
              loss='sparse_categorical_crossentropy',
              metrics=['accuracy']
    )

hist= model.fit(x_train, y_train, epochs=5) #(5)

model.evaluate(x_test, y_test, verbose=2) #(6)
```

텐서플로로 작성된 프로그램은 대부분 일정한 패턴을 따르고 있으며, 그 흐름을 이해하면 처음 접하는 사람도 쉽게 따라할 수 있다. 다음은 기본적인 구성 단계이며, 각 단계에서 수행되는 역할을 간략히 소개한다.

### (1) 패키지 로딩

프로그램을 시작하면 가장 먼저 텐서플로 라이브러리를 `import tensorflow as tf` 형태로 로딩한다. 텐서플로는 다양한 기능을 포함하고 있기 때문에, 필요한 모듈을 불러오는 작업은 필수적인 시작점이다.

### (2) 데이터셋 불러오기

다음으로 학습에 사용할 데이터를 불러온다. 대표적인 예로 mnist 데이터셋이 있다. 이 데이터셋은 손글씨 숫자(0~9)가 포함된 이미지와 정답 레이블로 구성되어 있어, 인공신경망의 분류 학습에 널리 활용된다. 텐서플로에서는 `tf.keras.datasets.mnist.load_data()` 와 같은 방식으로 간단하게 불러올 수 있다.

### (3) 신경망 모델 정의

데이터를 어떻게 학습할지 결정하는 단계이다. 이 과정에서는 몇 개의 층(layer)을 만들지, 각 층에 몇 개의 뉴런(node)을 둘지 결정한다. 예를 들어 `Dense(128, activation='relu')` 와 같은 방식으로 은닉층을 정의하며, 이는 프로그래머가 실험을 통해 직접 설계하게 된다.

**(4) 손실 함수와 최적화 함수 지정**

모델을 학습시키기 위해 손실 함수(loss function)와 최적화 알고리즘(optimizer)을 정의한다. 손실 함수는 예측값과 실제값 간의 오차를 계산하며, 최적화 함수는 이 오차를 줄이는 방향으로 가중치를 업데이트하는 역할을 한다. 대표적인 손실 함수로는 `sparse_categorical_crossentropy`, 최적화 함수로는 `Adam`이 있다.

**(5) 모델 학습**

모든 구조가 완성되었다면, 학습 데이터를 모델에 주입해 학습을 시작한다. `model.fit()` 함수로 학습을 수행하며, 이 과정에서 에폭(epoch) 수나 배치 크기(batch size) 등 학습 관련 하이퍼파라미터를 지정하게 된다.

**(6) 성능 평가 및 테스트**

학습이 끝난 뒤에는 테스트 데이터를 사용해 모델의 성능을 평가한다. 이 단계에서는 예측값이 얼마나 정확한지를 `model.evaluate()`를 통해 확인할 수 있으며, 경우에 따라 예측 결과를 출력하거나 시각화하는 것도 가능하다.

이처럼 텐서플로 프로그램은 위와 같은 일련의 과정을 순차적으로 수행하는 구조를 갖고 있다. 각 단계의 역할과 순서를 정확히 이해하면, 강화학습이나 이미지 인식 등 다양한 딥러닝 분야에도 효과적으로 응용할 수 있다. 이제 이 구조를 바탕으로 실제 예제를 따라가며 직접 신경망 모델을 구현해보자.

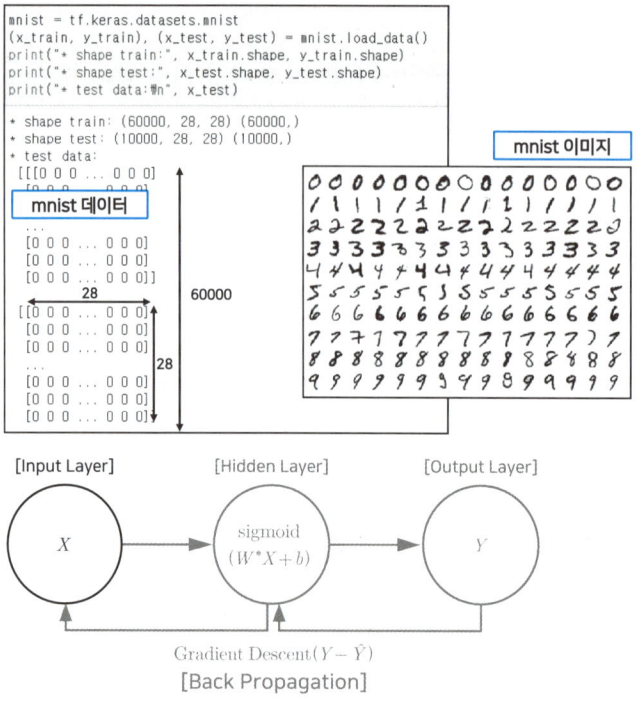

인공신경망 개념: 학습 데이터 가져오기

가장 먼저 나오는 부분이 학습 데이터 가져오는 부분이다. keras 페키지에서는 다양한 학습 데이터를 제공하고 있는데, 여기에서는 이미지 형태의 숫자 데이터인 mnist 데이터 셋을 사용했다. mnist는 모두 70,000개의 데이터로 구성되어 있고, 훈련(train)에 사용되는 데이터가 60,000개, 검증(test)에 사용되는 데이터가 10,000개이다. 데이터를 로딩하면 기본적으로 훈련 데이터와 검증 데이터를 나두어서 반환한다.

> **Tip 훈련 데이터와 검증 데이터**
>
> 훈련(train) 데이터와 검증(test) 데이터 모두 동일한 데이터이다. 인공지능 모델을 학습할 때 데이터를 훈련 데이터와 검증 데이터로 나누는 이유는 모델을 학습할 때 사용된 데이터를 가지고 모델이 얼마나 정확한지 검증하면 결과가 왜곡될 수 있기 때문이다. 시험보기 전에 풀었던 문제집 내용이 실제 시험이 그대로 나오는 것과 같은 경우이다. 따라서 인공신경망 공부를 위해 제공하는 많은 데이터셋은 기본적으로 학습 데이터와 검증 데이터를 나누어 제공하고 있다. 전체 데이터 중에 보통 70~80% 정도를 학습 데이터로 제공하고 나머지를 검증 데이터로 제공한다.

훈련 데이터는 28 × 28 × 60,000의 다차원 데이터 배열로 이루어져 있다. 배열로 구성된 데이터를 살펴보면, 하나의 이미지는 28 × 28 배열(28 × 28 픽셀 이미지)로 표현되며, 모두 60,000개 들어가 있다.

앞에서 살펴본 단일 인공신경망에서 입력층(input layer)에 들어가는 X를 정의하는 것과 같다.

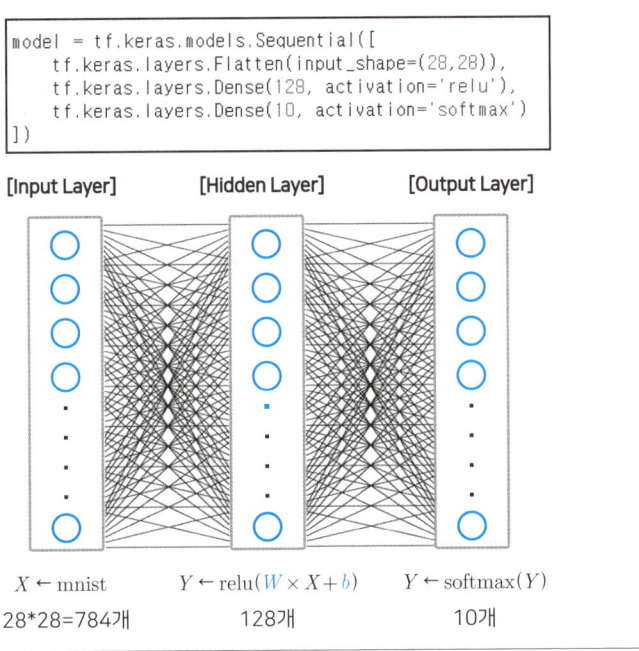

인공신경망 개념: 인공신경망 구성

mnist 학습 데이터 셋을 다운로드 받았다면, 이제 학습을 진행할 인공신경망을 구성해 보자. keras에서 제공하는 Sequential 클래스를 활용하는데, 이 Sequential 클래스는 레이어를 순차적으로 연결하는 기능을 제공한다. 먼저 입력층을 구성하는데 이미지 하나씩 입력 받기 때문에 28 × 28 크기의 데이터를 입력값으로 정의한다. 하지만 텐서플로에서는 1차원 배열만 입력값으로 사용할 수 있기 때문에 28 × 28 데이터를 일렬로 쭉 펴서(Flatten) 784개의 1차원 배열 데이터로 만들어준다.

다음으로 은닉층(hidden layer)을 구성하는데 은닉층에서는 활성 함수로 relu를 사용하도록 지정했다. 앞의 사례에서는 sigmoid 함수를 사용했다. relu 함수는 sigmoid 함수와 유사하게 선형의 데이터를 비선형으로 만들어주는 함수라고 이해하도록 하자. 은닉층에서 노드를 128개 사용했다. 몇 개의 노드를 사용할 것인지는 학습자의 선택에 따른 문제이며 데이터를 반복적으로 학습하면서 가장 적합한 은닉층의 노드 개수를 찾아내야 한다.

마지막으로 출력층(output layer)을 구성하는데 출력층의 개수는 학습 데이터가 가지고 있는 데이터 유형의 종류로 정해진다. mnist 학습데이터셋은 0부터 9까지의 숫자를 분류하는 데이터이기 때문에 모두 10개의 출력 노드가 구성된다. 여기에서 활성 함수로 softmax를 사용했는데 softmax 함수는 출력 데이터가 0부터 1사이에 있는 값으로 나오도록 변형하고 모든 출력 데이터를 합한 값이 1이 되도록 만들어준다. 즉, softmax 함수를 사용하면 확률을 알 수 있게 된다. softmax 함수를 통해 얻은 출력 값은 입력이 어떤 숫자에 해하는지를 확률로 알려주는 것이다.

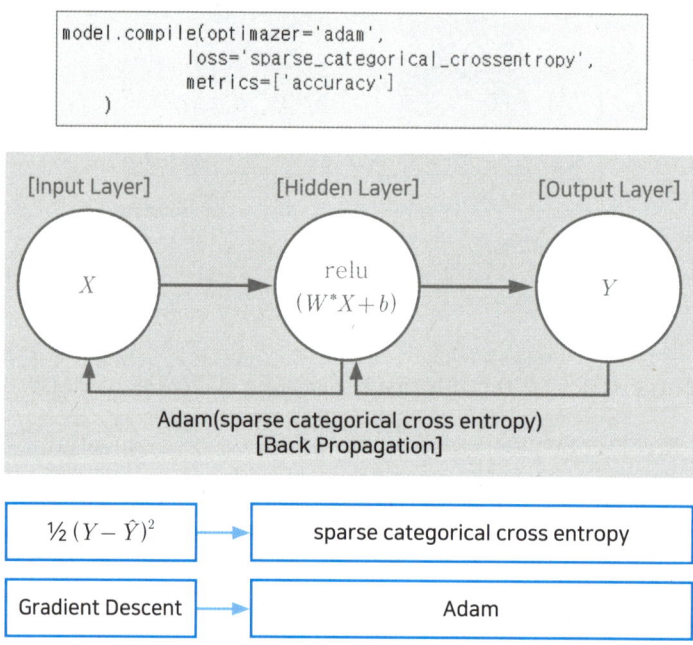

인공신경망 개념: 학습환경 설정

이제 학습을 진행하기 위한 환경을 설정해야 한다. 먼저 옵티마이저(optimizer)는 오차를 최소화하는 알고리즘을 선택하는 것이다. 앞서 배웠던 인공신경망에서는 경사하강법(gradient Descent)을 사용했다. 경사하강법은 이해하기 쉽고 인공지능 초기부터 많이 사용하던 알고리즘이지만 현재는 더 효율적인 알고리즘이 많이 개발되어 많이 사용되지는 않는다. 예제에서는 경사하강법 대신 아담(Adam) 알고리즘을 사용했다. 아담 알고리즘에 대해서는 깊이 설명하지 않고 지나가도록 하겠다.

이제 오차를 정의해야 하는데 앞에서는 MSE(Mean Squared Error)를 사용했다. 실제 값과 예측 값의 차이를 구해서 제곱한 뒤, 다시 평균을 구한 값을 오차로 정의하고 경사하강법을 사용해서 이 값이 최소화되는 지점을 찾았다. 이번에는 MSE보다 효율적인 sparse categorical cross entropy를 대신 사용한다. sparse categorical cross entropy는 오차를 정의하는 다른 방법 정도로 이해하고 여기에서는 자세한 설명을 생략하도록 한다.

다음으로 학습을 평가하는 메트릭스(metrics)를 정의했는데 여기에서는 정확도(accuracy)를 사용했다. 정확도를 말 그대로 예측과 실제 데이터가 얼마나 일치하는지를 확인하는 것이다. 정확도가 높을수록 인공신경망을 잘 구성되고 학습 환경이 효율적으로 설정됐다고 판단할 수 있다.

```
hist= model.fit(x_train, y_train, epochs=5)
Train on 60000 samples
Epoch 1/5
60000/60000 [==============================] - 8s 133us/sample - loss: 0.1850 - accuracy: 0.9839
Epoch 2/5
60000/60000 [==============================] - 7s 121us/sample - loss: 0.1829 - accuracy: 0.9844
Epoch 3/5
60000/60000 [==============================] - 8s 127us/sample - loss: 0.2034 - accuracy: 0.9845
Epoch 4/5
60000/60000 [==============================] - 8s 133us/sample - loss: 0.1866 - accuracy: 0.9850
Epoch 5/5
60000/60000 [==============================] - 7s 119us/sample - loss: 0.1925 - accuracy: 0.9850
```

인공신경망 개념: 모델 학습

완성된 인공신경망은 model 변수에 저장된다. 인공신경망은 Sequential 객체이며 이 객체에서는 모델 학습을 위한 `fit()` 함수를 지원하고 있다. 함수에 훈련 데이터 셋을 인자로 넣어주고, 학습을 몇 번 반복할지 지정하는 epochs 값을 설정하면 학습이 진행된다. 예를 들어 epochs 변수를 5로 설정하면 60,000건의 학습 데이터를 5회 반복하면서 학습하게 된다. 프로그램을 실행하면 화면 하단에 학습이 진행되는 것을 확인할 수 있으며 각각의 epoch마다 loss와 accuracy를 확인할 수 있다. Loss는 오차항으로 값이 작을수록 좋으며, accuracy는 정확도를 나타내는 지표이기 때문에 1에 가까울수록 좋다.

```
model.evaluate(x_test, y_test, verbose=2)
10000/1 - 1s - loss: 0.5757 - accuracy: 0.9646
[1.1514647204219093, 0.9646]
```

인공신경망 개념: 모델 검증

모델의 정확도는 학습에 사용되지 않은 검증 데이터를 사용해서 알 수 있다. mnist 데이터셋에서 제공하는 검증 데이터셋 x_test, y_test를 검증 함수 evaluate()에 입력하면 모델의 정확도를 알 수 있다. 출력값에서 loss와 accuracy가 검증 데이터 셋으로 확인한 오차항과 정확도이다. evaluate() 함수 마지막에 들어가는 verbose는 출력을 어느 수준으로 할지 결정하는 역할을 하는데 주피터 노트북을 사용하는 환경에서는 보통 2를 넣어준다.

이번 장에서는 인공지능의 기초 개념부터 시작해 텐서플로를 활용하여 인공신경망을 구성하고 학습시키는 기본적인 절차를 살펴보았다. 이 과정은 단순히 이론적 이해를 넘어서 실제 구현 능력을 기르는 데 매우 중요하다. 왜냐하면 현재 대부분의 강화학습 알고리즘이 인공신경망을 핵심 기반으로 삼고 있기 때문이다.

강화학습은 이론적으로는 보상을 극대화하는 최적의 행동을 찾기 위한 알고리즘 체계이다. 하지만 이 알고리즘을 실제 코드로 구현하려면 수치 계산과 함수 최적화를 처리할 수 있는 프레임워크가 반드시 필요하다. 그 중심에 바로 텐서플로(TensorFlow)와 같은 인공신경망 지원 패키지가 있다.

텐서플로는 단순히 신경망을 만드는 도구를 넘어, 다양한 최적화 알고리즘, 데이터 처리 기능, 그리고 시각화 도구까지 폭넓게 지원한다. 특히 강화학습에서는 정책 네트워크(policy network)나 가치 함수(value function)를 인공신경망으로 모델링하는 경우가 많기 때문에, 텐서플로를 능숙하게 다루는 능력은 강화학습 실습에 있어 사실상 필수라 할 수 있다.

만약 텐서플로와 같은 프레임워크를 정확히 이해하지 못하면, 강화학습 알고리즘을 구현하는 데 오랜 시간이 걸릴 뿐 아니라, 잘못된 방식으로 네트워크를 구성하거나 비효율적인 학습을 초래할 수 있다. 따라서 이 장에서 학습한 내용을 바탕으로, 앞으로는 강화학습 알고리즘을 보다 깊이 있게 다루기 위한 기반을 탄탄히 다져야 한다.

다음 장에서는 지금까지 배운 내용을 토대로 실제 강화학습 환경을 구성하고, 간단한 에이전트를 구현해보면서 강화학습 알고리즘이 어떻게 작동하는지 직접 체험해볼 것이다.

# 6

## 함수 근사법

함수 근사법은 마치 두 세계를 이어주는 튼튼한 다리와도 같다. 한쪽에는 보상을 통해 환경과 상호작용하며 학습하는 강화학습이 있고, 다른 한쪽에는 인간의 뇌를 본뜬 인공신경망이 있다. 이 둘은 처음부터 자연스럽게 연결된 것은 아니었다. 함수 근사법이 등장하면서 비로소 인공신경망을 강화학습에 응용할 수 있는 길이 열렸고, 이를 계기로 강화학습은 놀라운 속도로 발전하게 되었다.

강화학습에서는 상태(state)나 행동(action), 또는 상태와 행동의 쌍(state-action pair)에 대해 어떤 값(value)을 예측하거나 결정해야 하는 경우가 많다. 하지만 모든 가능한 상태나 행동에 대해 값을 일일이 저장하고 처리하는 것은 현실적으로 불가능하다. 특히 상태공간이나 행동공간이 매우 클 경우, 전통적인 방법으로는 처리할 수 없다. 이 문제를 해결하기 위해 등장한 것이 바로 함수 근사법이다.

함수 근사(function approximation)란, 복잡하거나 정확한 형태를 알 수 없는 함수를 비교적 단순한 함수 형태로 근사해서 표현하는 기술이다. 이 개념을 강화학습에 도입하면, 더 이상 모든 상태나 행동을 일일이 나열하고 계산할 필요 없이 신경망과 같은 모델을 통해 값을 추정할 수 있다. 다시 말해, 함수 근사법은 강화학습이 복잡하고 연속적인 환경에서도 유연하게 작동할 수 있도록 만드는 핵심 도구인 셈이다.

하지만 함수 근사법을 제대로 이해하기 위해서는 몇 가지 선행 지식이 필요하다. 가장 중요한 것은 앞서 다룬 인공신경망의 개념이다. 신경망이 무엇인지, 어떻게 동작하는지, 왜 학습이 가능한지를 정확히 이해하지 못한 상태에서는 함수 근사법의 깊이를 파악하기 어렵다. 만약 신경망이 어떻게 생겼는지, 어떤 구조로 학습하는지 떠오르지 않는다면, 앞 장의 내용을 다시 한번 천천히 읽어보는 것이 좋다.

또한 함수 근사법은 선형대수, 통계, 미분과 같은 수학 개념들과 밀접하게 연결되어 있다. 그렇다고 해서 수학에 익숙하지 않다고 겁먹을 필요는 없다. 이 장에서는 함수 근사법을 설명하기 위해 반드시 알아야 할 수학 이론만을 골라서, 하나하나 쉽게 풀어 설명할 예정이다. 처음 접하는 독자라도 차근차근 따라가다 보면, 어느새 함수 근사법이 무엇이고 왜 중요한지 자연스럽게 이해할 수 있을 것이다.

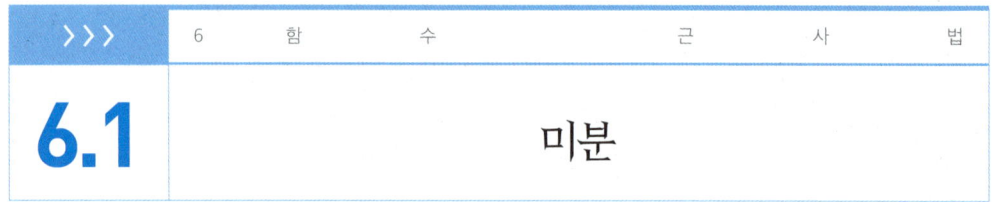

## 6.1 미분

미분(도함수, derivative, differentiation)이란 어떤 함수가 특정 지점에서 얼마나 빠르게 변하고 있는지를 나타내는 도구다. 다시 말해, 함수의 순간 변화율을 계산하는 것이다. 그러나 이 개념을 정확히 이해하기 위해서는 먼저 더 기본적인 개념인 변화율에 대해 짚고 넘어갈 필요가 있다.

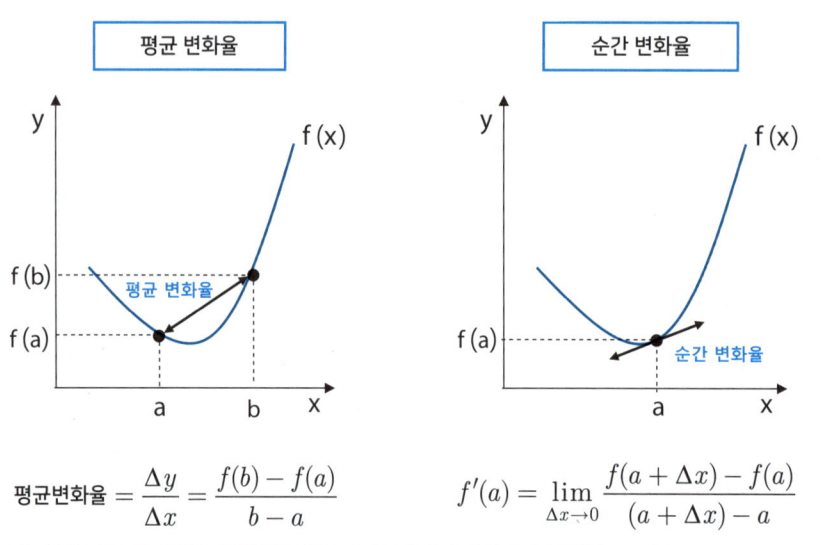

평균 변화율과 순간 변화율

변화율이란 어떤 양이 변할 때, 다른 한 양이 얼마나 변하는지를 나타내는 비율이다. 가장 직관적인 예가 바로 평균 변화율이다. 평균 변화율은 말 그대로 두 지점 사이에서 변화한 정도를 의미한다. 예를 들어 함수 $f(x)$가 있을 때, $x$의 값이 $a$에서 $b$로 바뀌는 동안 함수값, 즉 $y=f(x)$가 얼마나 변했는지를 알고 싶다면, 위 그림과 같은 평균 변화율 수식을 사용할 수 있다. 여기서 $\Delta y$는 $y$값의 변화량, $\Delta x$는 $x$값의 변화량을 의미한다.

자동차의 예를 들어보자. $x$축은 시간, $y$축은 자동차가 이동한 거리라고 가정하자. 특정 시간 $a$에서 $b$까지 이동한 거리가 $f(b)-f(a)$라면, 이 기간 동안의 평균 속도는 바로 평균 변화율이 된다. 이는 우리가 일상에서 흔히 말하는 '시속 몇 km로 달렸다'는 의미와 같다.

하지만 현실 세계에서는 어느 한 순간의 변화율이 더 중요한 경우가 많다. 예를 들어, 과속 단속 카메라는 차가 특정 구간을 얼마나 빠르게 지나갔는지를 측정하는 것이 아니라, 정확히 그 지점을 지날 때의 속도가 규정 속도를 넘었는지 판단한다. 바로 이럴 때 필요한 것이 순간 변화율, 즉 미분이다.

순간 변화율은 평균 변화율을 구하는 과정에서 출발하지만, 그 구간을 점점 좁혀서 한 점에 가까워지게 만들면서 극한을 취하는 방식으로 계산된다. 수학적으로는 위 그림의 순간 변화율 수식을 사용할 수 있다.

이 표현은 우리가 평균 변화율을 구하되, 그 구간의 폭 $\Delta x$를 0에 가깝게 만들면서 계산한다는 뜻이다. 이렇게 해서 얻는 값이 바로 $x$에서의 미분계수, 즉 순간 변화율이다.

시각적으로 보면, 평균 변화율은 함수 그래프 위의 두 점을 잇는 직선의 기울기를 의미하지만, 미분은 한 점에서의 접선의 기울기를 의미한다. 접선은 곡선을 한 점에서 딱 집하며 지나가는 선으로, 그 기울기는 그 지점에서 함수가 얼마나 가파르게 변하고 있는지를 보여준다.

이러한 개념은 함수 근사나 최적화, 특히 강화학습에서 신경망 학습에 반드시 필요한 경사하강법(gradient descent)의 핵심이 되며, 결국 미분은 단순한 수학 개념을 넘어 인공지능 전체를 지탱하는 기초 중 하나로 작용하게 된다.

초보자에게는 순간 변화율이 다소 추상적일 수 있지만, 자동차 속도, 계기판, 과속 단속과 같은 일상 속 사례를 떠올리며 생각하면 미분의 본질이 훨씬 쉽게 다가올 것이다. 이 장에서는 앞으로도 함수 근사와 강화학습에서 미분이 어떻게 활용되는지, 실감할 수 있도록 다양한 사례와 함께 차근차근 설명해 나갈 예정이다.

**미분 공식**
$$(c)' = 0$$
$$(x^n)' = nx^{n-1}$$
$$\{f(x)g(x)\}' = f'(x)g(x) + f(x)g'(x)$$
$$\{f(g(x))\}' = f'(g(x))g'(x)$$
$$(a^x)' = a^x \ln a$$

미분공식

앞에서 살펴본 것처럼, 미분은 특정 지점에서의 변화율을 계산하는 데 사용된다. 그런데 때로는 어떤 한 지점이 아니라, **모든 지점에서의 변화율을 한눈에 알고 싶을 때**가 있다. 이런 경우에는 특정 숫자에 대해 미분을 계산하는 것이 아니라, **함수 자체를 미분해서 또 다른 함수 형태로 표현**하는 것이 필요하다. 이렇게 하면 언제든 원하는 지점에 대입하여 순간 변화율을 바로 계산할 수 있다.

예를 들어 $f(x) = x^2$이라는 함수가 있다면, 이 함수를 미분한 결과는 $f'(x) = 2x$가 된다. 이 말은 $x$가 어떤 값이든 그 지점에서의 순간 변화율은 $2x$라는 새로운 함수로 바로 구할 수 있다는 뜻이다.

이런 방식은 함수 전체에 대한 변화 경향을 파악하는 데 매우 유용하다. 특히 강화학습이나 신경망 학습과 같이 수많은 상태나 입력에 대해 연속적으로 변화율을 계산해야 할 때는, 매번 따로따로 미분하는 대신 미분된 함수 하나만 알고 있으면 훨씬 효율적이다.

물론 다양한 함수에 따라 미분 결과도 다양하다. 그래서 수학에서는 이를 정리한 여러 **미분 공식**들이 존재한다. 여기서는 너무 복잡하게 파고들지 않고, 강화학습에 자주 등장하는 함수들 위주로 정리해 두었으니, 필요할 때 참고용으로 보면 충분하다.

이 책은 수학 시험을 준비하는 것이 아니라 실제 문제를 해결하기 위한 이해를 목표로 하고 있으므로, 공식 자체를 외우기보다 **어떤 상황에서 어떤 형태의 함수가 등장하고, 그것을 어떻게**

**다루는지가 중요하다**는 점만 기억해두면 좋다.

이제 우리는 단순히 값을 계산하는 단계를 넘어서, 함수의 성질 자체를 이해하고 조작하는 수준으로 접어들었다. 다음 장에서는 이렇게 얻은 미분값이 강화학습의 핵심 알고리즘에서 어떻게 활용되는지를 살펴보며, 이론이 실전에서 어떤 역할을 하는지를 구체적으로 알아볼 것이다.

## 6.2 편미분

편미분(partial derivative)은 미분의 한 종류로, **여러 개의 변수**를 가진 함수에서 **특정 하나의 변수에 대해서만** 미분하는 것을 말한다.

앞에서 다룬 일반적인 미분은 변수 하나만 있는 함수, 예를 들어 $f(x)$처럼 $x$에 대해서만 정의된 함수에 적용된다. 그런데 실제 문제에서는 두 개 이상의 변수를 가지는 함수가 자주 등장한다. 예를 들어, 다음과 같은 함수가 있을 수 있다:

$$f(x, y) = 2x^2 + 3y + 4$$

이 함수는 변수 $x$와 $y$의 값을 입력으로 받아서 결과를 계산하는 함수이다. 이처럼 두 개 이상의 변수를 가진 함수에서 **한 변수만 변화시킬 때의 변화율을 구하는 것**, 이것이 바로 **편미분**이다.

$$\boxed{\text{편미분}} \quad f_x(x,y) = \frac{\partial f}{\partial x}$$

편미분

예를 들어, 위 함수에서 $x$**에 대해 편미분**하고 싶다면, $y$는 그냥 **상수처럼 취급**하고 $x$에 대해서만 미분하면 된다. 마찬가지로 $y$에 대해 편미분할 때는 $x$를 상수로 간주한다.

이때는 일반 미분과 다르게 ∂(파샬) 기호를 사용한다. 함수 전체와 미분 대상인 변수 앞에 ∂를 붙이는 것이 특징이다. 예를 들어,

$$\frac{\partial f(x,y)}{\partial x} = 4x \quad 그리고 \quad \frac{\partial f(x,y)}{\partial y} = 3$$

이렇게 각각 $x$와 $y$에 대해 편미분한 결과를 구할 수 있다.

편미분은 신경망 학습에서 아주 중요한 개념이다. 왜냐하면 대부분의 신경망은 수많은 가중치(weight)와 편향(bias) 등 여러 개의 변수로 구성되어 있고, 이 변수들 각각에 대해 **하나씩 편미분**을 해야 학습이 가능하기 때문이다.

다시 말해, 편미분은 여러 입력 중 어떤 하나가 결과에 얼마나 영향을 주는지를 계산하는 도구다. 이 개념을 이해하면 강화학습이나 딥러닝에서 파라미터를 조정하는 방식이 더욱 명확하게 보일 것이다. 어렵게 느껴질 수 있지만, "하나만 바꾸고 나머지는 고정한다"는 원칙만 기억하면 생각보다 간단하다.

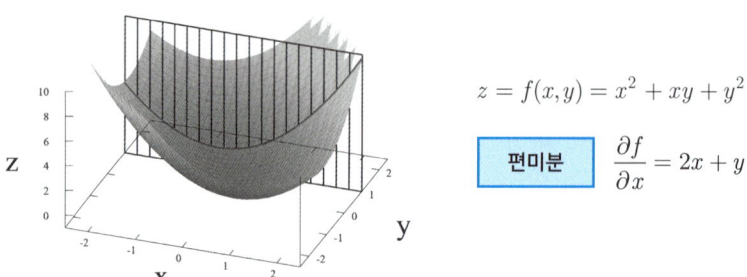

편미분 활용(인용: 위키백과)

함수 $f(x, y) = x^2 + xy + y^2$는 변수 $x$와 $y$로 이루어진 2변수 함수로, 이를 그래프로 표현하면 마치 부드럽게 솟은 3차원 곡면(surface)의 형태를 가지게 된다. 이처럼 두 변수로 구성된 함수는 $x$축, $y$축, 그리고 높이를 나타내는 $z$축(=함수값)으로 구성되어 입체적인 모습을 그린다.

이제 이 함수를 $x$**에 대해 편미분**해 보자. 이때 중요한 점은, $y$**는 상수로 간주**한다는 것이다. 즉, $y$는 변하지 않는 값이라 보고 $x$에 대해서만 미분하는 것이다.

$$\frac{\partial f(x,y)}{\partial x} = \frac{\partial}{\partial x}\left(x^2 + xy + y^2\right) = 2x + y$$

이 결과는 "$x$가 변할 때 $y$가 고정되어 있다면 함수값이 얼마나 변하는가?"를 나타낸다. 예를 들어, $(x, y) = (1, 1)$일 때 이 편미분 함수의 값은 다음과 같다:

$$2x + y = 2(1) + 1 = 3$$

이 값 3은, **지점 $(1, 1)$에서 $x$ 방향으로의 순간 변화율**을 의미한다. 다시 말해, 이 3이라는 수는 $x$값이 아주 조금 변할 때, 함수값이 얼마나 민감하게 반응하는지를 보여준다. 그리고 이때 $y$값은 고정된 1이라는 전제 하에 이루어진 결과다.

직관적으로 생각해 보면, 우리는 이 편미분을 통해 "$y$가 1일 때, $x$값이 조금씩 변하면 곡면의 기울기가 어떻게 바뀌는가?"를 알 수 있는 것이다. 즉, 편미분 결과인 $2x + y$는 이 지점에서의 **$x$ 방향 접선의 기울기**를 알려주는 역할을 한다.

이처럼 편미분은 **한 방향의 영향만을 따로 떼어내서 관찰할 수 있게 해주는 도구**로, 곡면 위의 특정 위치에서 어떤 방향으로의 변화율이 얼마나 되는지를 이해하는 데 핵심적인 역할을 한다. 이러한 개념은 머신러닝과 강화학습의 최적화 과정에서 각 변수들이 결과에 얼마나 영향을 주는지를 파악할 때 매우 유용하게 쓰인다.

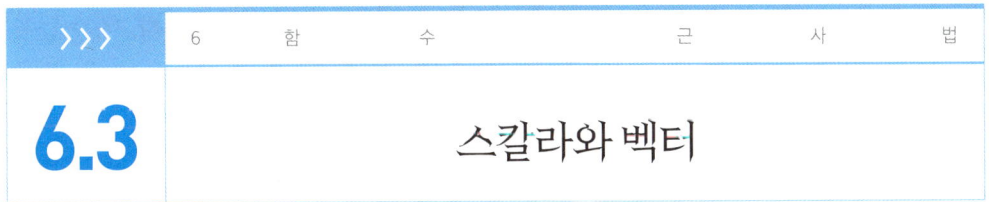

## 6.3 스칼라와 벡터

먼저 스칼라(scalar)와 벡터(vector)의 개념부터 차근히 짚고 넘어가자. 이 두 용어는 물리학이나 수학에서 자주 등장하는 기본 개념이지만, 강화학습에서도 매우 중요한 역할을 한다.

스칼라는 크기만 있는 값이다. 예를 들어, 몸무게 60kg, 수학 점수 85점, 키 170cm처럼, 숫자로 표현되며 방향이 없는 데이터를 스칼라라고 부른다. 이러한 값들은 어느 쪽으로 영향을 주는지에 대한 정보는 없고, 단순히 '얼마나'인지만 나타낸다.

반면에 벡터는 크기와 방향을 동시에 가진 값이다. 예를 들어, 속도 60km/h가 동쪽을 향하고 있다면, 이건 단순한 스칼라가 아니라 벡터다. 방향이 존재하기 때문이다. 물리에서 자주 등장하는 자기력, 가속도, 힘(force) 같은 값들이 전형적인 벡터이다.

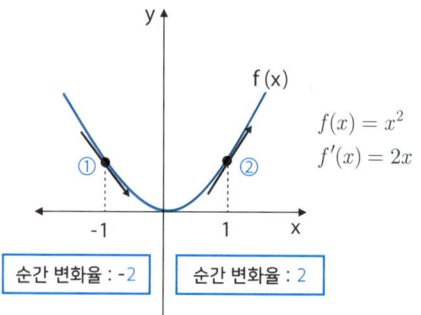

편미분 활용(인용: 위키백과)

함수 $f(x) = x^2$을 예로 들어보자. 이 함수는 $x$라는 입력값에 따라 $y$라는 결괏값이 결정되는 단순한 2차 함수다. 예를 들어, $x = -1$일 때 $y = 1$, $x = 1$일 때도 $y = 1$이 된다. 여기서 $(x, y)$라는 쌍은 각각 단순한 숫자들이며, 방향 정보가 없기 때문에 스칼라라 할 수 있다.

이제 이 함수를 미분해 보자.

$$f'(x) = 2x$$

이 미분 함수는 어떤 $x$값을 넣었을 때 그 지점에서의 순간 변화율을 알려준다. 예를 들어, $x = -1$일 때의 변화율은 $-2$, $x = 1$일 때의 변화율은 2가 된다.

이 숫자들은 단지 크기뿐 아니라 방향성도 가지고 있다. 예를 들어, 변화율이 $-2$라는 것은 감소하는 방향, 즉 $x$가 커질수록 $y$가 작아지는 음의 방향임을 뜻한다. 반대로 2라는 값은 증가하는 방향, 즉 양의 방향으로 값이 커져간다는 뜻이다. 이렇게 변화율이 방향을 나타내기 시작하면서, 벡터의 성질이 등장하게 된다.

즉, 스칼라 함수를 미분하면 그 결과는 벡터적 성질을 가지게 된다. 특히 편미분을 통해 여러 변수에 대해 각각의 방향으로의 변화율을 구하게 되면, 그 결과는 자연스럽게 기울기의 벡터, 즉 그래디언트(gradient)가 된다.

강화학습에서 이 개념은 매우 중요하다. 왜냐하면 에이전트가 어떤 방향으로 행동을 바꿔야 보상을 더 많이 받을 수 있는지 알려주는 정보가 바로 이 방향성 있는 변화율, 즉 벡터 형태의 값들이기 때문이다.

결론적으로, 스칼라는 방향이 없는 수치, 벡터는 방향이 있는 수치이며, 강화학습에서는 스칼라 값을 미분하거나 편미분함으로써 방향성 있는 학습 신호를 얻을 수 있다. 이것이 바로 스칼라에서 벡터로, 정적인 수치에서 동적인 변화 방향으로 넘어가는 학습의 핵심 흐름이라 할 수 있다.

## 6.4 그래디언트

그래디언트(gradient)는 공간에서의 기울기를 의미하는 개념이다. 앞에서 우리는 $x$에 대한 편미분을 통해 3차원 곡면 위에서 $y$ 값을 고정하고 $x$만 변할 때 기울기가 어떻게 변하는지를 살펴보았다.

하지만 그래디언트는 단순히 하나의 변수에 대한 변화율이 아니라, 함수에 존재하는 모든 변수 각각에 대해 편미분을 구하고, 그 결과들을 하나의 벡터 또는 행렬로 정리한 것이다.

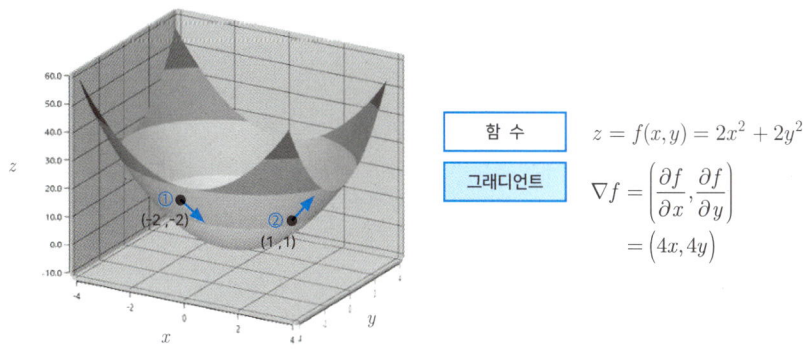

그래디언트(인용: www.syncfusion.com)

예를 들어, 3차원 곡면을 나타내는 함수 $f(x, y) = 2x^2 + 2y^2$가 있다고 해보자. 이 함수에서 곡면의 기울기, 즉 변화율을 정확히 알기 위해서는 변수 x와 y 각각에 대해 편미분을 해야 한다.

먼저 $x$에 대해 편미분하면 $\partial f/\partial x = 4x$가 되고, $y$에 대해 편미분하면 $\partial f/\partial y = 4y$가 된다. 이 두 결과를 하나의 벡터로 구성하면 다음과 같은 형태가 된다

$$\nabla f(x, y) = (4x, 4y)$$

이 벡터가 바로 그래디언트이며, 각 방향(여기서는 $x$와 $y$)의 순간 변화율을 동시에 나타낸다. 이 그래디언트 벡터를 통해 함수가 어떤 방향으로 가장 빠르게 증가하는지를 알 수 있다.

예를 들어, 점 $(x, y) = (-2, -2)$에서의 그래디언트는 $\nabla f(-2, -2) = (-8, -8)$이 된다. 이 의미는 $x$와 $y$ 모두 값이 줄어드는 방향으로, 크기 8만큼의 기울기를 가진다는 뜻이다.

반대로 점 $(x, y) = (1, 1)$에서의 그래디언트는 $\nabla f(1, 1) = (4, 4)$가 된다. 이는 $x$와 $y$ 모두 증가하는 방향으로, 크기 4만큼의 기울기를 가진다는 의미이다.

이처럼 그래디언트는 함수가 가장 가파르게 증가하는 방향을 알려주며, 딥러닝과 강화학습에서는 이 정보를 바탕으로 모델의 가중치를 조정한다.

그래디언트를 나타내는 $\nabla$ 기호는 '나블라(nabla)' 또는 '델(del) 연산자'라고 불린다. 복잡하게 느껴질 수 있지만, 핵심은 각 변수에 대한 편미분 값을 모아 하나의 벡터로 만든 것이며, 이 벡터가 변화 방향을 알려준다는 점이다.

# 6.5 경사하강법

경사하강법(gradient descent)은 반복적인 계산을 통해 미분 가능한 함수의 가장 작은 값, 즉 극소점(local minimum)을 찾아내는 최적화 알고리즘이다. 반대로, 함수의 가장 큰 값, 즉 극대점(local maximum)을 찾아내는 알고리즘은 경사상승법(gradient ascent)이라고 부른다.

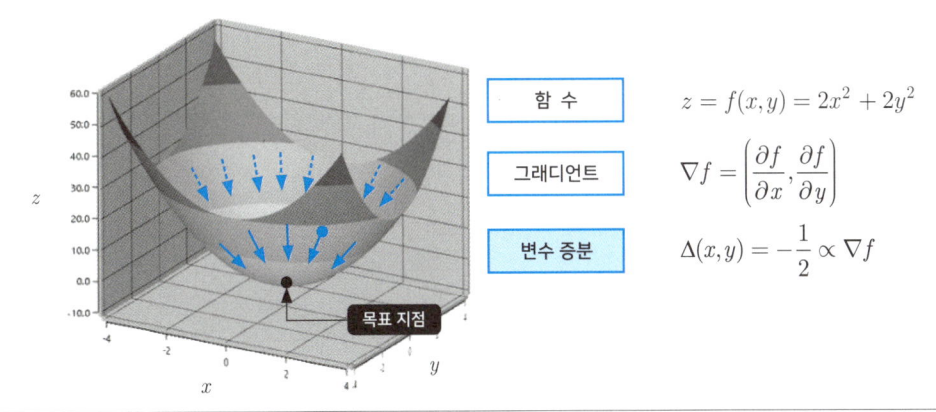

그래디언트(인용: www.syncfusion.com)

이제 앞에서 살펴본 것과 동일한 3차원 곡면을 그리는 함수를 다시 생각해 보자. 이 함수는 변수 $x$와 $y$에서 발생하는 오류(error)를 나타낸다고 가정하자. 그렇다면 3차원 곡면에서 어떤 지점이 가장 좋은 값일까? 바로 값이 가장 작은 지점, 즉 곡면 아래쪽으로 가장 낮은 부분일 것이다. 이 지점이 바로 우리가 찾고자 하는 최적의 값, 즉 목표지점이다.

우리의 목적이 이 목표지점에 해당하는 $x$와 $y$의 좌표를 찾아내는 것이라면, 경사하강법을 사용하면 된다. 그 방법은 다음과 같다.

먼저 함수 $f(x, y)$를 $x$와 $y$ 각각에 대해 편미분해서 그래디언트 $\nabla f$를 구한다. 이 그래디언트는 현재 위치에서 함수가 가장 빠르게 증가하는 방향을 알려준다. 하지만 우리는 값을 줄이고 싶기 때문에 이 그래디언트의 반대 방향으로 이동해야 한다.

그래서 $\nabla f$에 음수 부호(−)를 붙이고, 동시에 값이 너무 많이 변하지 않도록 작은 상수인 스텝사이즈(step size), 즉 알파(∝)를 곱해준다. 때로는 수학적 편의를 위해 수식 앞에 1/2을 곱해주기도 한다. 이를 종합하면 다음과 같은 수식이 나온다.

$$(x, y) \leftarrow (x, y) - 1/2 \propto \nabla f$$

이 수식은 현재의 $(x, y)$ 위치에서 그래디언트를 따라 아주 조금씩 값을 줄여가면서 반복적으로 이동하는 과정을 나타낸다. 이렇게 하면 점점 더 오류가 줄어들고, 결국 함수의 가장 낮은 값, 즉 최적의 해에 도달하게 된다.

이처럼 경사하강법은 함수의 기울기를 이용해 더 나은 해를 찾아가는 똑똑하고 단순한 알고리즘이며, 딥러닝과 강화학습의 핵심 원리로 널리 사용된다.

/basic/ 17. 경사하강법.ipynb

```python
import matplotlib.pyplot as plt

# (1) 함수 정의
def func(x):
    return (x - 3)**2

# (2) 미분(기울기) 함수
def grad(x):
    return 2 * (x - 3)

# (3) 초깃값 설정
x = 0            # 시작 위치
lr = 0.1         # 학습률(learning rate)
steps = 30       # 반복 횟수

x_history = [x]  # 학습 경로 저장용

# (4) 경사하강법
for i in range(steps):
    x = x - lr * grad(x)   # 경사하강법 공식
```

```
    x_history.append(x)

print(f"최솟값에 수렴한 x 값: {x:.4f}")

# (5) 시각화
x_vals = [i * 0.1 for i in range(-10, 60)]
y_vals = [func(val) for val in x_vals]
plt.plot(x_vals, y_vals, label='y = (x-3)^2')
plt.scatter(x_history, [func(x) for x in x_history], color='red', label='Gradient Descent Path')
plt.title('Gradient Descent Example')
plt.xlabel('x')
plt.ylabel('y')
plt.legend()
plt.grid()
plt.show()
```

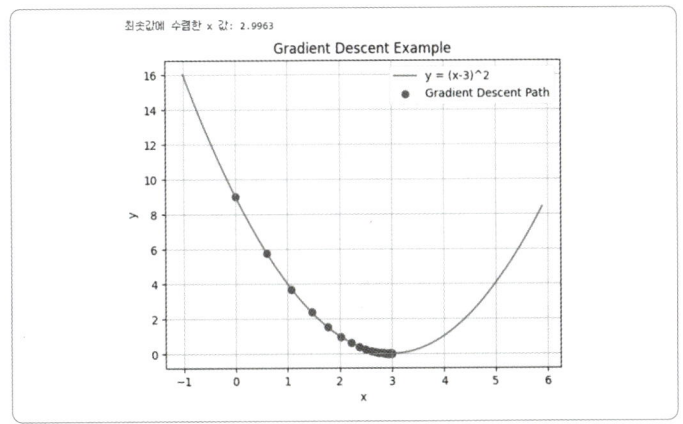

이 코드는 경사하강법을 이해하기 쉽게 다섯 단계로 구성되어 있다. 각 번호에 해당하는 코드 블록은 경사하강법의 핵심 개념을 하나씩 구현하며, 수학적 이론이 실제 동작으로 이어지는 과정을 잘 보여준다.

## (1) 함수 정의

첫 번째 단계에서는 경사하강법의 최솟값 탐색 대상이 되는 함수 $y=(x-3)^2$를 정의한다. 이 함수는 $x$가 3일 때 가장 작은 값을 가지는 2차 함수이며, 이를 통해 경사하강법이 점차 최솟값을 어떻게 향해 나아가는지를 확인할 수 있다.

### (2) 미분(기울기) 함수 정의

두 번째 단계에서는 위에서 정의한 함수의 도함수를 수식으로 표현한다. 함수 $y=(x-3)^2$의 도함수는 $y'=2(x-3)$이며, 이는 현재 위치에서의 기울기를 나타낸다. 경사하강법에서는 이 기울기의 방향을 따라 반대로 이동하며, 이 과정을 반복해 최솟값을 찾아간다.

### (3) 초깃값 설정

세 번째 단계에서는 경사하강법을 실행하기 위한 초깃값을 설정한다. 시작 위치 x는 0으로 두었고, 학습률(learning rate)은 0.1로 설정하여 한 번에 이동하는 양을 조절한다. 반복 횟수는 30회로 설정하여 충분한 학습을 진행할 수 있도록 하였다. 또한 학습이 진행되는 동안 변화된 x값을 기록하기 위해 x_history 리스트를 만들어 두었다.

### (4) 경사하강법 반복 수행

네 번째 단계는 경사하강법의 실제 실행 부분이다. 총 30번의 반복을 통해 현재 위치에서 기울기를 계산하고, 그 기울기의 반대 방향으로 x값을 갱신한다. 이 과정에서 매 단계마다 갱신된 x값을 저장하여 학습 경로를 추적할 수 있도록 한다. 반복이 거듭될수록 x는 점점 최솟값인 3에 가까워지게 된다.

### (5) 시각화

마지막 다섯 번째 단계에서는 함수의 전체 모양과 경사하강법이 이동한 경로를 시각적으로 보여준다. 함수 곡선은 연속적인 선으로 나타내고, 경사하강법의 경로는 빨간 점으로 표시하여 시각적으로도 x가 어떻게 최솟값으로 수렴하는지 확인할 수 있게 한다. 축 이름과 제목, 범례를 추가하여 그래프의 가독성을 높였다.

이처럼 다섯 개의 단계는 각각 함수 정의, 미분, 초기 설정, 반복 실행, 시각화로 나뉘어 있으며, 경사하강법의 작동 원리를 차근차근 따라가며 체계적으로 학습할 수 있게 해준다. 수학적 원리와 프로그래밍적 구현이 조화롭게 어우러진 구조라 할 수 있다.

> 6 함 수 근 사 법

# 6.6 확률적 경사하강법

경사하강법(gradient descent)은 목표지점을 효율적으로 찾아갈 수 있다는 장점이 있지만, 전체 데이터를 모두 학습한 후에 변수의 증분만큼 값을 변경하기 때문에 계산 속도가 느리다는 단점이 있다.

이러한 문제를 해결하기 위해 고안된 방법이 바로 확률적 경사하강법(Stochastic Gradient Descent, SGD)이다. 확률적 경사하강법은 전체 데이터를 사용하지 않고, 일부 샘플만을 사용하여 빠르게 가중치를 업데이트하는 방식이다.

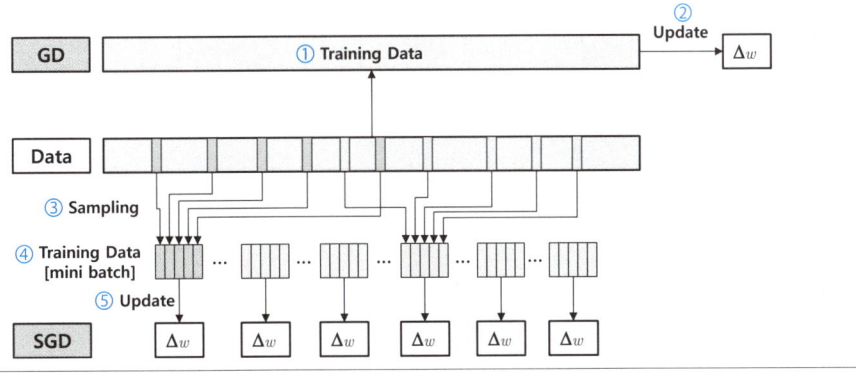

확률적 경사하강법

확률적 경사하강법의 개념을 더 명확히 이해하기 위해 기존의 경사하강법(GD)과 비교해보자.

- GD는 전체 데이터를 한 번에 학습하여 $\Delta w$를 업데이트한다. 이 방식은 한 번의 학습에 시간이 오래 걸리지만, 그만큼 업데이트 횟수는 줄어드는 장점이 있다.
- 반면, SGD는 전체 데이터 중 일부만 샘플링하여 소규모 학습 데이터를 만든 뒤, 이 데이터를 기반으로 $\Delta w$를 업데이트한다. 덕분에 각 학습 사이클마다 빠르게 계산을 진행할 수 있지만, 샘플링된 데이터를 사용하기 때문에 전체적으로는 더 많은 횟수의 업데이트가 필요하다.

SGD는 단순히 속도가 빠르다는 장점뿐만 아니라, 샘플링을 기반으로 한다는 특성 덕분에 강화학습과 매우 잘 어울린다. 강화학습에서는 에이전트가 환경과 상호작용하면서 얻은 데이터를 활용해 학습을 진행하게 되는데, 이 데이터는 대부분 순차적으로 수집되거나 일부만 활용되는 경우가 많다.

이러한 상황에서 SGD는 강화학습 알고리즘을 더 효율적이고 현실적인 방식으로 구현할 수 있게 해준다. 앞으로 살펴보게 될 다양한 강화학습 알고리즘에서는 이 SGD의 개념을 바탕으로 수식을 단순화하고, 실시간으로 학습을 가능하게 만드는 기법들을 접하게 될 것이다.

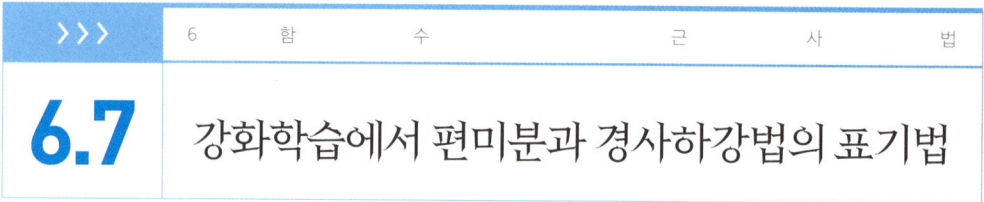

## 6.7 강화학습에서 편미분과 경사하강법의 표기법

편미분과 경사하강법은 다양한 책과 인터넷 자료에서 서로 다른 방식으로 표현된다. 예를 들어, 함수명을 $f$, $J$, $L$ 등으로 다르게 쓸 수 있고, 사용하는 변수도 $x$, $y$ 또는 $w$, $\theta$ 등으로 바뀔 수 있다. 이는 저자마다 사용하는 표현 방식의 차이일 뿐, 수식이 의미하는 바는 대부분 동일하다.

강화학습을 공부하는 입장에서는 이러한 다양한 표현 중에서도 특히 데이비드 실버(David Silver) 교수의 강의 자료에서 사용하는 표기 방식에 익숙해지는 것이 유리하다. 그의 교재는 강화학습 분야에서 널리 사용되는 표준 자료로, 많은 다른 강의나 자료들도 이 표현 방식을 따르고 있다.

| 일반 수식 : 편미분 | $\nabla f(x,y) = \left(\dfrac{\partial f}{\partial x}, \dfrac{\partial f}{\partial y}\right)$ |
| 강화학습 : 편미분 | $\nabla_w J(w) = \left(\dfrac{\partial J(w)}{\partial w_1}, \cdots, \dfrac{\partial J(w)}{\partial w_n}\right)$ |
| 일반 수식 : 경사하강법 | $\Delta(x,y) = -\dfrac{1}{2} \propto \nabla f$ |
| 강화학습 : 경사하강법 | $\Delta w = -\dfrac{1}{2} \propto \nabla_w J(w)$ |

강화학습에서 편미분과 경사하강법의 표기법

앞에서는 $x$와 $y$라는 두 변수만을 사용했지만, 실제 강화학습에서는 훨씬 더 많은 변수를 다루게 된다. 이 때문에 강화학습에서는 일반적으로 변수 전체를 하나의 벡터 $w$로 표현한다. $w$는 $w_1$부터 $w_n$까지의 모든 변수들을 포함하며, 시스템이 학습하는 모든 파라미터를 의미한다.

또한 함수는 목적 함수 또는 성능 함수를 의미하는 $J$로 표현하며, $J(w)$라는 형태로 나타낸다. 이와 같은 표현은 여러 변수를 가진 함수의 최적화 과정을 수식적으로 더 간결하게 표현할 수 있게 해준다.

예를 들어, 일반적인 수학에서의 편미분과 경사하강법은 다음과 같이 나타낼 수 있다:

$$\nabla f(x, y) = (\partial f/\partial x, \partial f/\partial y)$$
$$\Delta(x, y) = -½ \propto \nabla f$$

반면, 강화학습에서는 이를 다음과 같이 일반화한다:

$$\nabla_w J(w) = (\partial J(w)/\partial w_1, ..., \partial J(w)/\partial w_n)$$
$$\Delta w = -½ \propto \nabla_w J(w)$$

이처럼 표기 방식은 다르지만 핵심 개념은 동일하다. 다양한 표현에 익숙해지는 것은 이론을 더 잘 이해하고, 실제 알고리즘을 구현하는 데 매우 큰 도움이 된다.

## 6.8 함수 근사법

지금까지 구한 가치 함수(value function)는 모두 배열로 만들 수 있는 형태였다. 상태와 상태에 따른 행동이 프로그램으로 관리가 가능한 정도로 숫자가 정해져 있었기 때문이다.

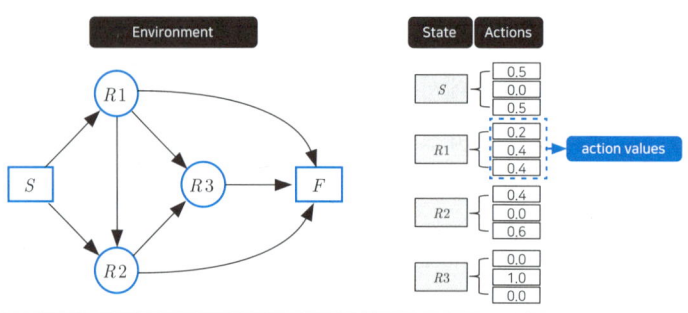

항해 환경을 배열 형태로 표현

그림과 같은 항해 환경을 살펴보자. 시작 지점 $S$에서 출발해, 중간 지점인 $R1$, $R2$, $R3$을 거쳐 도착 지점 $F$에 도달하는 구조다. 종료 상태인 $F$를 제외하면 총 4개의 상태($S$, $R1$, $R2$, $R3$)가 존재한다. 각 상태에서 선택할 수 있는 행동은 최대 3가지이며, 이에 따라 전체 상태 – 행동 쌍의 수는 4 × 3 = 12개가 된다.

오른쪽 그림은 각 상태에서의 행동 가치(action values)를 배열로 정리한 것이다. 예를 들어 상태 R1에서는 3가지 행동에 대해 각각 0.2, 0.4, 0.4의 가치가 부여되어 있다. 이처럼 모든 상태와 행동의 조합을 배열로 표현할 수 있다면, 프로그램으로 관리하고 계산하는 데 큰 어려움이 없다.

정책(policy)은 이러한 행동 가치 함수로부터 만들어진다. 탐욕적(greedy) 정책은 각 상태에서 가장 큰 행동 가치를 가진 행동을 선택하는데, 이를 수식으로 표현하면 argmax가 된다. 즉, $\pi(s) = \mathrm{argmax}_a Q(s, a)$로 정의할 수 있다.

하지만 로봇이 걷는 것처럼 복잡하고 연속적인 환경에서는 이야기가 달라진다. 로봇의 관절은 정수가 아닌 실수로 표현되어야 하며, 실수는 무한히 많기 때문에 배열로 모든 경우를 저장하는 것이 불가능하다.

이러한 경우에는 함수 근사(function approximation)가 필요하다. 함수 근사를 사용하면 무한하거나 너무 많은 상태나 행동을 함수 형태로 간결하게 표현할 수 있다. 그리고 이 함수는 학습을 통해 조금씩 개선된다.

강화학습에서 함수 근사를 구현하는 데 가장 널리 사용되는 방법은 인공신경망이다. 신경망은 복잡하고 연속적인 입력을 받아들이고, 그에 대한 출력을 학습할 수 있어 배열로는 표현이 어려운 상황에서도 효과적으로 사용될 수 있다.

결론적으로, 상태와 행동이 정해진 경우에는 배열을 통해 쉽게 강화학습 환경을 구성하고 정책을 설계할 수 있지만, 복잡하거나 연속적인 환경에서는 근사함수와 인공신경망 같은 도구를 사용해야 강화학습을 효과적으로 적용할 수 있다.

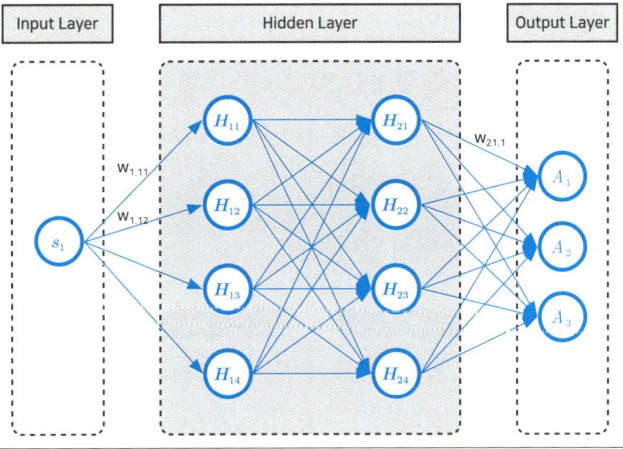

인공신경망을 활용한 항해 환경 표현

항해 환경을 인공신경망을 이용해 표현하면 그림과 같은 구조가 된다. 입력층(input layer)에는 상태(S)가 들어오고, 출력층(output layer)에는 각 행동에 따른 가치, 즉 행동 가치 함수(Q 함수)가 출력된다.

우리는 지금까지 행동 가치 함수 Q를 기반으로 정책을 결정해왔다. 다시 말해, 각 행동의 가치를 비교하여 가장 높은 가치를 가진 행동을 선택하는 방식이었다. 그렇기 때문에 신경망의 출력으로 Q 함수를 설정한 것이다.

하지만 반드시 Q 함수만 출력해야 하는 것은 아니다. 강화학습에서는 정책 함수($\pi$), 상태 가치 함수(V), 행동가치 함수(Q) 중 어떤 것도 신경망의 출력으로 설정할 수 있다. 예를 들어, 정책 기반 방법에서는 $\pi$를 직접 출력하기도 하고, 가치 기반 방법에서는 V나 Q를 출력 값으로 사용한다.

인공신경망은 이론적으로 모든 함수를 근사할 수 있는 능력을 가지고 있기 때문에, 어떤 출력값이든 학습을 통해 표현이 가능하다. 다만 이를 위해 필요한 것은 올바른 가중치($w$)와 편향($b$) 값을 학습을 통해 찾아내는 것이다.

그림에서 보이듯이, 입력 상태 $S_1$는 여러 개의 은닉 노드(hidden layer)를 거쳐 최종 출력값 $A_1$, $A_2$, $A_3$으로 연결된다. 이 출력값은 각각의 행동에 대한 가치를 의미한다. 예를 들어 $A_1$은 행동 1의 가치, $A_2$는 행동 2의 가치에 해당하며, 이 중 가장 큰 값을 가지는 행동을 선택하는 것이 바로 정책 결정이다.

이러한 구조 덕분에 인공신경망은 단순한 배열로는 표현하기 어려운 복잡한 상태나 행동 공간에서도 효과적으로 작동할 수 있다. 따라서 연속적인 환경이나 고차원 문제에서 인공신경망은 강화학습의 핵심 도구로 활용된다.

이제 수식을 통해 함수 근사법에 대해 알아보자.

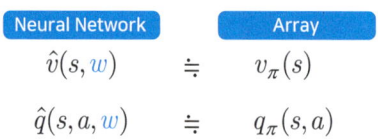

인공신경망을 활용한 함수의 근사

우측에 있는 수식은 지금까지 우리가 공부해 온 상태 가치 함수($V_\pi(s)$)와 행동 가치 함수($Q_\pi(s, a)$)를 배열로 표현한 것이다. 이러한 배열 방식은 상태와 행동의 수가 정해져 있을 때는 매우 유용하다.

하지만 강화학습에서는 상태나 행동이 실수 범위처럼 무한하거나 연속적인 경우가 많다. 이런 경우 배열로 표현하기가 어렵기 때문에, 인공신경망을 활용하여 가치 함수를 근사하게 된다.

좌측에 있는 수식은 인공신경망을 활용해 상태 가치 함수와 행동 가치 함수를 근사한 표현이다. 여기서 가중치($w$)는 신경망의 연결 강도를 의미하며, 신경망의 출력 결과는 이 가중치에 의해 결정된다.

표현을 정리해 보면 다음과 같다:
- $\hat{v}(s, w)$: 인공신경망을 이용해 근사한 상태 가치 함수
- $\hat{q}(s, a, w)$: 인공신경망을 이용해 근사한 행동 가치 함수

이제 우리는 가치 함수를 직접 계산하지 않고, 인공신경망이 출력한 결과를 통해 간접적으로 계산한다. 이때 정확한 출력을 얻기 위해 필요한 것은 신경망을 구성하는 가중치($w$)와 편향($b$)이다.

강화학습에서의 학습이란 결국 이 가중치와 편향을 조금씩 조정해가며 실제 값에 가까운 출력을 만들도록 만드는 과정이라고 볼 수 있다. 따라서 신경망이 올바르게 학습되기 위해서는 이 파라미터들을 얼마나 잘 데이트하느냐가 핵심이 된다.

**Mean Squared Error**

$$\text{MSE} = \frac{1}{n}\sum_{i=1}^{n}(v - \hat{v})^2 \quad ①$$
$$= E[(v - \hat{v})^2] \quad ②$$

$$v = \begin{bmatrix} v_1 \\ \vdots \\ v_n \end{bmatrix}$$

평균제곱오차

함수 근사법을 본격적으로 이해하기 전에, 먼저 평균제곱오차(Mean Squared Error, MSE)의 개념부터 살펴보자.

예를 들어, $n$개의 값으로 이루어진 변수 $v$가 있고, 이를 근사한 함수값을 $\hat{v}$라고 하자. 이때 평균제곱오차는 실제 값 $v$와 근사한 값 $\hat{v}$의 차이를 구하고, 그 차이를 제곱한 후 평균을 구하는 방식으로 계산된다.

이 수식은 두 가지 형태로 표현할 수 있다. 첫 번째는 수열의 합 형태로 나타내는 방식이고, 두 번째는 확률적 기댓값($E$)을 사용하는 방식이다. 어떤 방식이든 핵심은 같으며 오차의 크기를 제곱해서 평균을 낸다는 점이다.

여기서 제곱을 사용하는 이유는, 오차가 양수인지 음수인지보다는 그 크기 자체가 중요하기 때문이다. 음수와 양수를 그대로 더하면 상쇄되기 때문에, 오차의 절대적 크기를 반영하기 위해 제곱을 사용하는 것이다.

MSE는 인공지능과 머신러닝에서 예측 값의 정확성을 평가하는 데 가장 널리 사용되는 지표이다. 강화학습에서도 마찬가지로, 가치 함수나 정책 함수를 학습할 때 목표 함수를 MSE 형태로 설정하고, 그 오차를 줄이기 위해 학습을 진행한다.

특히 확률적 경사하강법(SGD)을 사용할 경우 MSE를 최소화하는 방향으로 가중치와 편향을 조정하게 된다. 즉, 학습이란 MSE를 점점 줄여가면서 신경망이 실제 데이터에 더 잘 맞는 출력을 하도록 만드는 과정이라 할 수 있다.

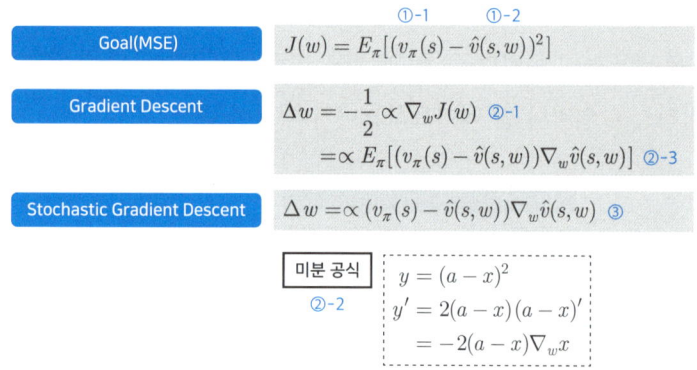

함수 근사법

이제 본격적으로 함수 근사법에 대해 알아보자. 정책 $\pi$를 따르는 정확한 가치 함수 $v_\pi(s)$, 즉 식 ①-1과 같은 '신만이 알 수 있는 이상적인 가치 함수'가 존재한다고 가정해보자. 우리는 이 이상적인 가치 함수를 인공신경망으로 근사하고자 하며, 인공신경망은 가중치 $w$를 통해 표현된다.

근사한 가치 함수의 정확도를 판단하는 기준은 평균제곱오차(Mean Squared Error, MSE)다. MSE는 실제 가치 함수와 인공신경망이 출력한 근사값의 차이를 제곱한 후 평균을 구한 것으로, 이 오차가 최소화되는 지점을 찾는 것이 우리의 목표다.

MSE를 함수 $J(w)$로 표현하면, 우리는 $J(w)$를 최소화하는 가중치 $w$를 찾아야 한다. 이를 위해 사용하는 것이 바로 경사하강법(Gradient Descent, GD)이다. 경사하강법은 함수의 기울기를 따라 조금씩 이동하면서 최솟값을 찾아가는 알고리즘이다.

식 ②-1은 경사하강법의 일반적인 표현이며, $J(w)$에 대해 기울기를 계산하는 방식이다. 식 ②-2의 기본적인 미분 공식을 사용하면 식 ②-3과 같이 구체적으로 전개할 수 있다. 이 수식은 가치 함수와 인공신경망, 그리고 기댓값 $E$로 표현된다는 점에서 중요하다.

하지만 문제는 기댓값 $E$를 실제 강화학습 환경에서 계산하기가 어렵다는 것이다. 기댓값은 모든 가능한 상태에 대해 시뮬레이션하고 평균을 구해야 하는데, 이는 현실적으로 매우 비효율적이고 시간이 많이 든다.

이 문제를 해결하기 위해 사용하는 방법이 통계적 경사하강법(Stochastic Gradient Descent, SGD)이다. 기댓값은 평균과 같은 개념이며, 모든 데이터를 사용하지 않고 일부 샘플을 사용해 평균과 유사한 결과를 얻는 방식이다. 이러한 접근은 앞에서 살펴본 몬테카를로 방법과도 유사하다.

SGD를 사용하면 전체 데이터를 사용하는 대신 샘플 하나를 통해 계산을 수행할 수 있으며, 기댓값 표현을 제거한 최종 수식 ③을 얻을 수 있다. 이 수식은 실제 강화학습에서 가장 널리 사용되는 형태이며, 효율적인 학습을 가능하게 한다.

| | | |
|---|---|---|
| Stochastic Gradient Descent | $\Delta w = \propto (v_\pi(s_t) - \hat{v}(s_t, w)) \nabla_w \hat{v}(s_t, w)$ | ① |
| MC | $\Delta w = \propto (G_t - \hat{v}(s_t, w)) \nabla_w \hat{v}(s_t, w)$ | ② |
| TD | $\Delta w = \propto (R_{t+1} + \gamma \hat{v}(s_{t+1}, w) - \hat{v}(s_t, w)) \nabla_w \hat{v}(s_{t+1}, w)$ | ③ |

MC와 TD 활용한 함수 근사법

지금까지 살펴본 $v_\pi$는 '참가치 함수(true value function)'이다. 참가치 함수는 환경에 대한 완전한 정보를 가지고 있을 때 계산 가능한 정확한 가치 함수다.

하지만 실제 강화학습에서는 환경에 대한 정보를 전부 알 수 없는 경우가 많다. 이런 경우를 모델 프리(model – free) 환경이라고 하며, 이때는 참가치 함수를 직접 구할 수 없다.

이럴 때 사용할 수 있는 것이 바로 함수 근사와 샘플링 기반의 강화학습 기법들이다. 특히 이전에 살펴본 몬테카를로 방식(MC)과 시간차(TD) 방식은 모델 프리 환경에서 유용하게 사용된다.

SGD 수식에서 참가치 함수 $v_\pi(s_t)$를 직접 사용하는 대신, 다음과 같이 대체할 수 있다:

- MC 방식에서는 에피소드 전체를 기반으로 계산한 반환값 $G_t$를 사용한다.
- TD 방식에서는 한 타임스텝 앞의 보상 $R_{t+1}$과 다음 상태에 대한 근사값 $\hat{v}(s_{t+1}, w)$를 이용해 $v_\pi$를 추정한다.

이처럼 참가치 함수를 대체함으로써 MC와 TD 방식 또한 인공신경망을 활용한 학습에 포함시킬 수 있게 된다. 즉, 신경망을 이용해 가치 함수를 근사하면서도, 직접적인 참가치 함수가 없어도 학습이 가능하다.

그림의 수식은 다음 세 가지를 비교해서 보여준다:

① 기본적인 SGD 수식(정확한 $v_\pi$ 사용)
② MC 방식($G_t$ 사용)
③ TD 방식($R_{t+1} + \hat{v}$ 사용)

이러한 수식들을 통해 강화학습에서는 다양한 방식으로 SGD를 적용할 수 있으며, 특히 신경망과 함께 사용하면 복잡한 환경에서도 효과적으로 학습할 수 있다.

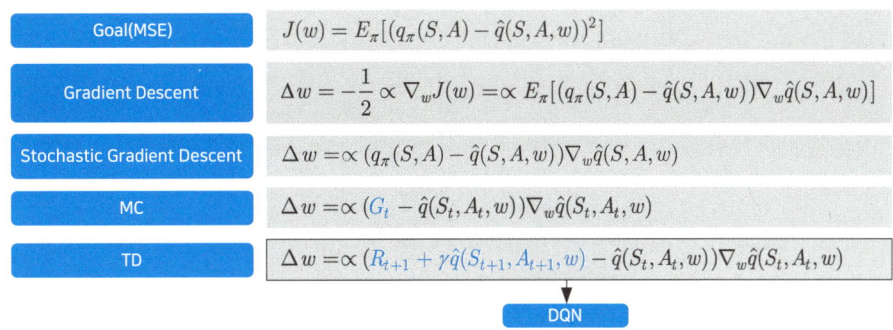

행동 가치 함수(Q 함수)의 함수 근사법

행동 가치 함수(Q 함수)도 상태 가치 함수(V 함수)와 마찬가지로 함수 근사법을 이용해서 인공신경망으로 표현할 수 있다.

Q 함수는 상태와 행동의 쌍 $(S, A)$에 대한 가치를 추정하는 함수이며, 이를 인공신경망으로 근사하면 복잡한 환경에서도 효과적으로 학습할 수 있다.

이 과정에서도 평균제곱오차(MSE)를 최소화하는 것이 목표이며, 경사하강법을 사용해 손실 함수 J(w)의 최솟값을 찾는다. 실제 환경에서는 모든 상태와 행동을 고려하기 어렵기 때문에 확률적 경사하강법(SGD)을 사용해 샘플 하나로도 학습이 가능하도록 수식을 간단하게 만든다.

Q 함수의 학습에도 MC 방식과 TD 방식을 적용할 수 있다. MC는 전체 에피소드의 반환값 $G_t$를 이용하고, TD는 다음 상태에서의 보상과 근사 Q값을 활용한다.

이 TD 방식을 인공신경망에 적용하여 학습하는 방법이 바로 DQN(Deep Q Network)이다. DQN은 행동 가치 함수를 인공신경망으로 근사하고, 다음 상태에서의 Q값을 예측해 TD 타깃을 구성하여 학습을 진행한다.

DQN은 한때 강화학습에서 가장 널리 사용되던 알고리즘 중 하나로, 아타리(Atari) 게임에서 인간 수준을 넘어서는 성능을 보이며 큰 주목을 받았다. 그림에서와 같이 수식이 점차 간단해지며 DQN으로 수렴하는 과정을 통해, 이론이 실제 알고리즘으로 어떻게 적용되는지 확인할 수 있다.

# 7

## 가치기반 강화학습과 DQN 알고리즘

이번 장에서는 강화학습 분야에서 가장 널리 알려진 가치기반(value-based) 알고리즘인 DQN(Deep Q Network)에 대해 살펴본다. DQN이 많은 사람들에게 회자되는 이유는, 발표 당시 기존 방법들을 압도하는 성능을 보여주었을 뿐만 아니라, 알고리즘 구조 자체가 비교적 단순하고 이해하기 쉽기 때문이다.

이러한 특징 덕분에 DQN은 강화학습을 처음 접하는 입문자들이 학습하기에 매우 적합하며, 구현도 비교적 수월하다. 다음 장부터는 정책기반(policy-based) 알고리즘과 같이 좀 더 복잡하고 난이도 높은 내용들이 이어질 예정이므로, 이 장에서는 DQN을 통해 강화학습의 핵심 개념을 재미있고 자연스럽게 익히는 데 집중하자.

# 7.1 DQN 알고리즘

> 7 가치기반 강화학습과 DQN 알고리즘

지금까지는 강화학습의 이론적인 내용을 중심으로 살펴보았다면, 이번 DQN부터는 실제 코드를 통해 강화학습이 어떻게 작동하는지 직접 확인해볼 차례다.

앞서 학습한 것처럼, 우리는 인공신경망을 활용하여 행동 가치 함수(Q 함수)를 근사할 수 있다. 이 때 신경망의 가중치 파라미터 $w$를 사용하며, 경사하강법을 통해 참된 행동 가치 함수와 신경망이 근사한 Q 함수 간의 차이를 최소화하는 방향으로 $w$를 반복적으로 업데이트한다.

이 과정을 충분히 반복하다 보면, 신경망은 참된 행동 가치 함수를 매우 잘 모사하는 형태로 수렴하게 되고, 우리는 이를 통해 강화학습 에이전트가 어떤 상태에서 어떤 행동을 취해야 할지를 효과적으로 학습할 수 있게 된다.

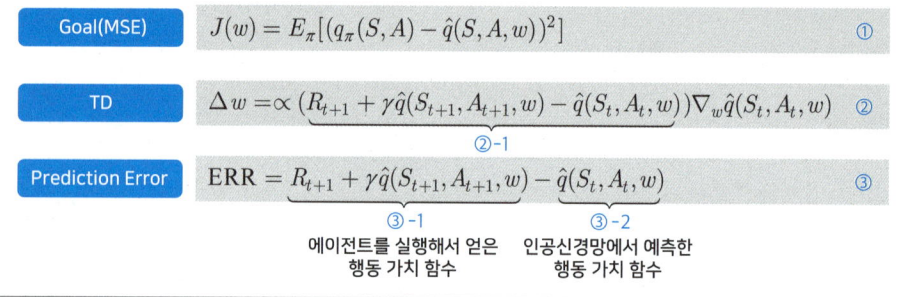

DQN 예측 오류 함수

### ① 목표함수: 참 행동 가치 함수와의 차이 최소화

DQN에서 사용하는 인공신경망의 핵심 목표는, 실제 행동 가치 함수(참 행동 가치 함수)를 가능한 정확하게 흉내 내는 것이다. 이를 위해 우리는 신경망이 예측한 행동 가치값과 실제 행동 가치값 사이의 차이를 계산하고, 그 차이를 최소화하는 방향으로 신경망을 학습시킨다. 이 차이는 예측 오류로 표현되며, 신경망의 출력이 실제 정답과 얼마나 가까운지를 수치로 나타낸다.

### ② 학습 방향: 오차를 줄이는 방향으로 가중치 조정

행동가치의 예측과 실제 사이의 차이를 줄이기 위해, 신경망의 파라미터인 가중치 $w$를 지속적으로 수정해 나간다. 가중치가 바뀔수록 신경망의 출력도 달라지며, 이 과정을 반복하면서 예측값이 점점 실제값에 가까워지도록 만든다. 이상적으로는 신경망이 실제 행동 가치 함수와 완전히 일치하게 되면, 더 이상 수정할 필요 없는 최적의 파라미터 $w$를 찾게 되는 것이다.

### ②-1 TD 오차: 실제 경험값과 신경망 예측값의 차이

이 과정에서 우리가 사용하는 핵심 개념이 바로 시간차(Temporal Difference, TD) 오차이다. 앞부분은 에이전트를 실행해서 얻은 실제 경험으로부터 계산된 가치이며, 뒷부분은 신경망이 현재 상태에서 해당 행동의 가치를 예측한 값이다. 이 두 값의 차이가 TD 오차이며, 이 값이 0에 가까워질수록 신경망이 실제 상황을 더 잘 반영하고 있다는 뜻이 된다. TD 오차는 신경망이 어느 정도 잘 학습되었는지를 판단하는 중요한 기준이 된다.

### ③ 예측 오류 함수(Prediction Error): 학습의 기준

예측 오류는 신경망이 학습해야 할 대상, 즉 줄여야 할 오차를 의미한다. 이 값이 클수록 신경망의 예측이 실제와 다르다는 뜻이며, 작을수록 예측이 정확하다는 뜻이다. DQN에서는 이 예측 오류를 최소화하는 방향으로 신경망을 학습시킨다. 결국 우리가 원하는 것은, 이 예측 오류가 0에 가까워지는, 즉 실제와 거의 동일한 행동 가치 함수를 예측할 수 있는 신경망을 만드는 것이다.

### ③-1 에이전트 실행을 통해 얻은 행동가치

이 부분은 에이전트가 환경에서 직접 행동을 취한 후 얻은 보상과, 그 다음 상태에서의 예측값을 바탕으로 계산한 실제 행동가치이다. 실제로 환경을 통해 경험한 데이터를 기반으로 만들어졌기 때문에, 일종의 정답 데이터 역할을 한다.

### ③-2 신경망이 예측한 현재 상태의 행동가치

이 값은 신경망이 현재 상태와 행동을 입력받아 예측한 행동가치이다. 즉, 신경망의 출력 결과이며, 앞의 ③-1과 비교 대상이 된다. 우리가 학습을 통해 줄이고자 하는 오차는 바로 이 예측값과 실제 경험에서 얻은 행동가치의 차이다.

DQN의 핵심은, 에이전트를 통해 얻은 실제 경험을 바탕으로 인공신경망이 예측한 값과 비교하여 오차를 계산하고, 이 오차를 줄이는 방향으로 신경망을 반복적으로 업데이트하는 것이다. 이러한 과정을 통해 신경망은 점점 더 정확한 행동 가치 함수를 근사하게 되고, 결과적으로 더 똑똑한 에이전트로 성장하게 된다.

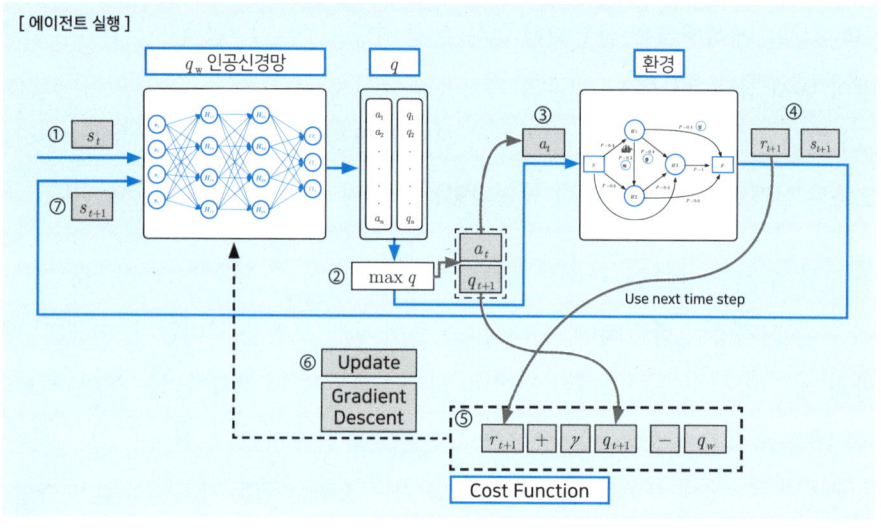

DQN 로직

DQN 알고리즘은 에이전트가 환경과 상호작용하며 최적의 행동을 학습해가는 과정이다. 이 알고리즘에서 에이전트는 별도의 정책 함수를 두지 않고, 인공신경망을 통해 예측한 $q$ 값 중 가장 높은 값을 가지는 행동을 선택함으로써 정책을 대신한다.

① 에이전트는 현재 상태를 인공신경망의 입력으로 넣는다. 인공신경망은 이 상태에 대해 가능한 모든 행동에 대한 $q$값을 계산해 행렬 형태로 출력한다.

② 출력된 $q$값들 중 가장 높은 값을 가지는 행동을 선택한다. 이 과정은 곧 에이전트가 선택할 행동을 결정하는 정책 행위와 동일하다.

③ 선택된 행동은 실제 환경에서 실행된다. 에이전트는 그에 따라 움직이거나 특정 동작을 수행하게 된다.

④ 환경은 에이전트의 행동 결과에 따라 보상($r_{t+1}$)과 다음 상태($s_{t+1}$)를 반환한다. 이 정보는 에이전트가 학습하는 데에 중요한 피드백이 된다.

⑤ 에이전트는 현재 상태에서의 예측 $q$값($q_w$)과 실제로 받은 보상 및 다음 상태의 최대 $q$값을 이용해 비용 함수(cost function)를 계산한다. 여기서 $q_w$는 신경망이 예측한 $q$값으로, 프로그래머가 직접 계산하지 않고 상태와 행동을 입력하면 인공신경망이 자동으로 출력해주는 값이다. 따라서 프로그래머는 보상과 다음 상태에서의 최대 $q$값만 준비하여 학습 데이터를 구성하면 된다.

⑥ 계산된 비용 함수는 경사하강법을 통해 최소화된다. 이 과정을 통해 신경망의 가중치 $w$는 점점 더 정확한 방향으로 조정되며, 결과적으로 신경망은 참 행동 가치 함수에 가까운 값을 예측할 수 있게 된다.

⑦ 학습이 완료된 후, 에이전트는 새로운 상태($s_{t+1}$)를 다시 인공신경망에 입력하여 다음 행동을 선택하고 위 과정을 반복한다. 이처럼 DQN은 상태 입력 → Q값 예측 → 행동 선택 → 보상 획득 → 학습 → 다음 상태 입력의 순환 구조를 가지며 학습을 진행한다.

결론적으로 인공신경망은 행동 가치 함수를 변수 $w$를 통해 근사하며, 우리는 이 $w$를 반복 학습을 통해 점차 실제 가치 함수에 가까운 값으로 조정해 나간다. 이 과정에서 가장 중요한 것은 예측값과 실제값의 차이를 최소화하는 것이며, 이를 위해 비용 함수와 경사하강법이 핵심 역할을 수행한다.

# 7.2 카트폴

> 7 가치기반 강화학습과 DQN 알고리즘

OpenAI에서는 강화학습을 쉽게 실습할 수 있도록 다양한 환경과 예제를 제공하고 있으며, 그 중 대표적인 환경 중 하나가 바로 **카트폴(CartPole)**이다. 이번에는 이 카트폴 환경을 활용해 DQN 알고리즘으로 직접 구현해보도록 하자.

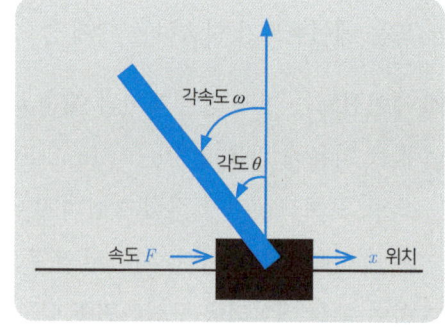

카트폴

카트폴은 막대가 달린 수레를 좌우로 움직이며 막대가 바닥으로 쓰러지지 않도록 중심을 유지하는 게임이다. 막대는 수레 위에 세워져 있지만 고정되어 있지는 않기 때문에 좌우로 쉽게 기울어진다. 어릴 적 손바닥 위에 막대를 세워 놓고, 균형을 잡기 위해 손을 이리저리 움직이던 놀이를 떠올리면 이해가 쉽다. 다만 손바닥이 아니라 수레를 움직인다는 점이 다르다.

이 환경에서 에이전트가 취할 수 있는 행동은 두 가지뿐이다. 하나는 수레를 왼쪽으로 움직이는 것이고, 다른 하나는 오른쪽으로 움직이는 것이다. 에이전트는 이 두 가지 행동 중 하나를 선택해 막대가 쓰러지지 않도록 수레를 제어해야 한다.

강화학습에서 **상태(state)**란 에이전트가 인식하는 환경의 정보, 즉 의사결정을 위해 입력으로 사용하는 값들을 말한다. 카트폴 환경에서 에이전트가 관찰할 수 있는 상태는 총 네 가지 정보로 이루어져 있다.

> 수레의 위치($x$), 수레의 속도($F$), 막대의 각도($\theta$), 막대의 각속도($\omega$)

이 네 가지 값은 막대가 기울어지는 방향과 속도, 수레의 움직임을 모두 반영하고 있기 때문에, 에이전트가 적절한 행동을 선택하는 데 필요한 핵심 정보가 된다.

결국 에이전트는 이 네 가지 숫자를 기반으로 지금 막대가 어떤 상태에 있는지를 파악하고, 막대가 쓰러지지 않도록 왼쪽 또는 오른쪽으로 수레를 움직여야 한다. 이러한 과정을 통해 강화학습은 환경과 상호작용하며 점점 더 똑똑한 에이전트로 발전하게 된다.

## 7.3 탐험과 탐욕의 문제

강화학습에서 자주 언급되는 주요 개념 중 하나는 탐험(exploration)과 탐욕(exploitation)의 균형 문제이다. 강화학습의 목적은 누적 보상을 최대화하는 방향으로 행동을 선택하는 것이며, 이러한 선택 전략을 탐욕 정책이라고 부른다. 탐욕 정책은 현재까지의 학습 결과를 바탕으로 가장 좋은 보상을 기대할 수 있는 행동만을 선택하는 방식이다.

하지만 학습 초기에 정책이 충분히 성숙하지 않았을 때 탐욕적으로 행동을 선택하면, 에이전트는 다양한 상태를 경험하지 못하고 국소 최적 해(local optimum)에 갇힐 위험이 있다. 이를 방지하기 위해 사용하는 방법이 바로 **입실론 탐욕 정책**이다.

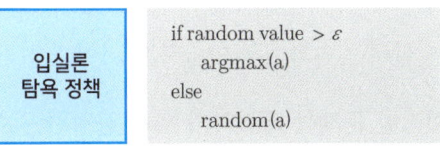

입실론 탐욕 정책

입실론 탐욕 정책은 0과 1 사이의 값을 가지는 입실론($\varepsilon$)을 기준으로 행동 선택을 탐험과 탐욕 중 하나로 결정한다. 무작위로 선택한 값이 $\varepsilon$보다 크면, 에이전트는 탐욕적으로 현재 가장 Q값이 큰 행동을 선택하고, $\varepsilon$보다 작으면 랜덤하게 행동을 선택한다. 이로 인해 에이전트는 새로운 상태들을 시도해보는 탐험 기회를 얻고, 장기적으로 더 나은 정책을 학습할 수 있다.

입실론 값은 학습이 진행될수록 점차 줄어들어야 한다(decay). 학습 초기에는 더 많은 탐험이 필요하지만, 학습이 진행되면 이미 충분히 좋은 정책을 학습했기 때문에 더 자주 정책에 따라 행동하는 것이 바람직하다. 입실론이 줄어드는 비율과 방식은 학습자가 직접 정해야 하며, 이 설정은 전체 학습 성능에 큰 영향을 미칠 수 있다.

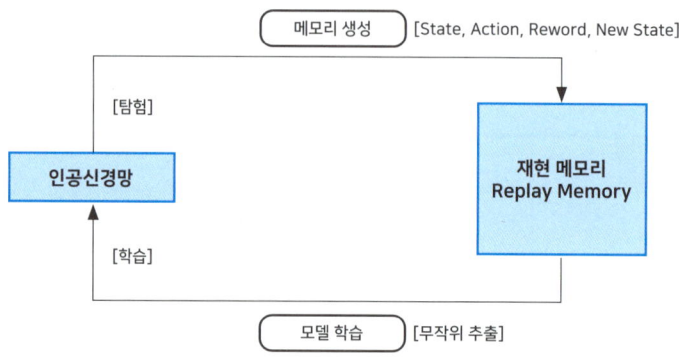

리플레이 메모리

강화학습에서 에이전트가 경험한 데이터를 바로바로 학습에 사용하는 경우, 학습 데이터가 시간적인 연속성을 가지게 되어 학습 성능에 부정적인 영향을 줄 수 있다. 예를 들어, 최근에 수집된 데이터가 특정한 좋지 않은 상황에서 얻어진 것이라면, 에이전트는 그와 같은 상태만 반복해서 학습하게 되어 오히려 성능이 저하될 수 있다.

이러한 문제를 해결하기 위해 등장한 것이 바로 '리플레이 메모리(replay memory)'이다. 리플레이 메모리는 학습 데이터를 저장해두었다가, 일정 시간이 지난 후 무작위로 다시 추출하여 사용하는 방식이다.

이를 통해 데이터 간의 시간적 상관관계를 제거하고, 더 일반화된 학습이 가능하도록 돕는다.

리플레이 메모리를 활용한 학습 과정은 크게 두 단계로 나뉜다.

**첫 번째**는 리플레이 메모리 생성 단계이며, 이때는 모델을 학습하지 않고 에이전트를 실행시켜 데이터를 수집하는 데에 집중한다. 이 과정에서 수집되는 데이터는 상태(state), 행동

(action), 보상(reward), 다음 상태(new state)로 구성되어 있으며, 리플레이 메모리에 저장된다.

**두 번째**는 저장된 리플레이 메모리에서 데이터를 무작위로 추출하여 인공신경망 모델을 학습하는 과정이다. 이 단계에서는 시간에 따라 연속적으로 쌓인 데이터를 그대로 사용하는 것이 아니라, 기억된 경험 중에서 임의로 샘플링하여 학습하기 때문에 시간적인 종속성이 사라지고, 보다 안정적이고 일반화된 학습이 가능해진다.

리플레이 메모리에는 최대 저장 용량이 정해져 있으며, 이 용량을 초과하면 가장 오래된 데이터부터 삭제된다. 이렇게 하면 최근 데이터와 과거 데이터를 적절히 혼합하여 사용할 수 있게 된다.

결국 리플레이 메모리는 데이터의 다양성을 높이고, 시간적 편향을 줄이며, 에이전트가 더 균형 잡힌 학습을 할 수 있도록 돕는 핵심 요소라 할 수 있다.

## 7.4 DQN 알고리즘 기본 구조

이제 본격적으로 코드를 통해 DQN의 개념을 살펴보자. 먼저 DQN 기능을 수행하는 Agent 클래스를 정의하고, 그 구조와 흐름을 파악해보자. Agent 클래스는 총 8개의 함수로 구성되어 있으며, 각각의 함수는 DQN의 핵심 동작을 구현하고 있다.

① Agent 클래스를 생성하면 가장 먼저 `build_model()` 함수가 호출되어 인공신경망 모델이 생성된다. 이 신경망은 Q 함수를 근사하여 행동을 결정하는 데 사용된다.

② 이어서 `train()` 함수가 호출되면 본격적인 학습이 시작된다. 이 함수 안에서는 여러 가지 동작이 반복적으로 수행되며, 학습의 전체 흐름을 조율하는 핵심 함수이다.

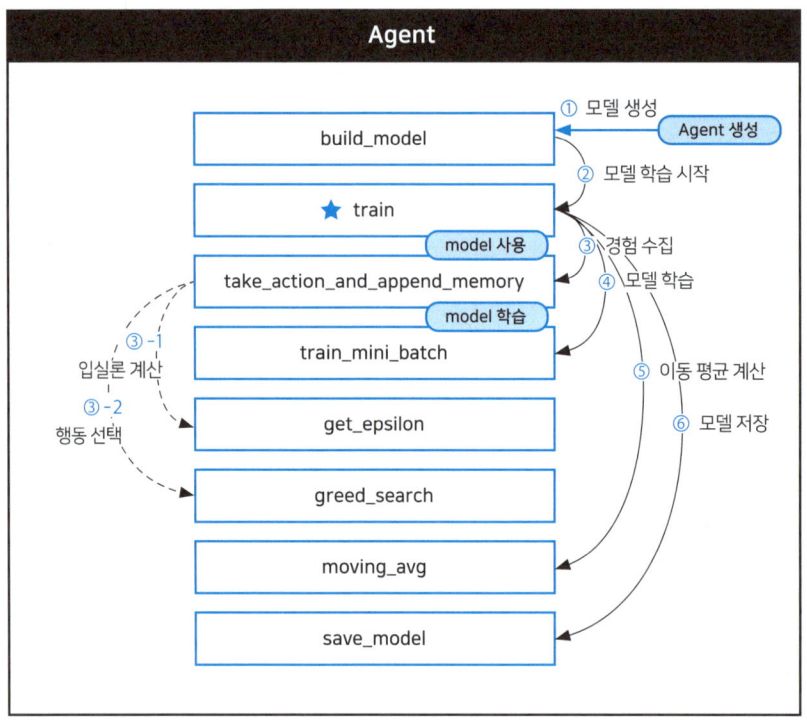

DQN 알고리즘 Agent 클래스 기능 구성

③ 먼저 take_action_and_append_memory() 함수가 호출되어 에이전트가 환경에서 행동을 수행하며 경험을 수집하고, 이를 재현 메모리에 기록한다. 이때 인공신경망을 사용해 Q값을 계산하고, 선택할 행동을 결정한다.

③-1 get_episilon() 함수는 현재 에피소드에 따라 입실론 값을 계산한다. 입실론은 무작위 행동을 얼마나 시도할지 결정하는 데 사용되며, 탐험(exploration)의 비율을 동적으로 조정한다.

③-2 greed_search() 함수는 입실론 값과 무작위 수치를 비교해 무작위 행동을 선택할지, 신경망의 예측에 따라 행동할지를 결정한다. 이로써 에이전트는 일정 확률로 탐험과 탐욕을 병행하며 학습하게 된다.

④ train_mini_batch() 함수는 재현 메모리에서 무작위로 샘플을 추출해 신경망을 학습

시키는 함수이다. 이 함수는 인공신경망의 가중치를 업데이트하여 예측 성능을 점진적으로 향상시킨다.

train() 함수는 지정된 횟수(episode_num)만큼 take_action_and_append_memory()와 train_mini_batch() 함수를 반복 호출하며, 환경에서의 경험을 축적하고 그 경험을 바탕으로 신경망을 지속적으로 학습시킨다. 이 과정에서 학습 경과를 확인하기 위해 로그도 함께 출력된다.

⑤ moving_avg() 함수는 최근 20회 실행 결과의 평균 값을 계산하여, 에이전트의 성능이 실제로 향상되고 있는지를 수치로 확인할 수 있도록 해준다.

⑥ save_model() 함수는 학습이 종료된 후, 학습된 인공신경망의 가중치와 구조를 파일로 저장한다. 이로 인해 나중에 테스트하거나 이어서 학습할 때 기존 모델을 불러와 사용할 수 있다.

이처럼 Agent 클래스는 DQN 학습 전 과정을 유기적으로 연결하며, 신경망 생성부터 모델 저장까지 전체 흐름을 하나의 구조 안에서 체계적으로 처리할 수 있도록 구성되어 있다.

## 7.5 DQN 알고리즘 전체 코드 리뷰

전체적인 DQN 코드 구조를 먼저 살펴보고, 그 이후 세부적인 동작을 하나씩 차근차근 이해해 보자.

처음 이 코드를 접했을 때는 여러 함수와 클래스, 흐름이 복잡하게 얽혀 있어 다소 낯설고 어렵게 느껴질 수 있다. 하지만 DQN 구조는 대부분의 강화학습 실습에서 반복적으로 사용되며, 실제로도 여러 프로젝트에 쉽게 재활용되는 구조이기 때문에 한 번만 잘 익혀두면 이후 다른 강화학습 알고리즘을 학습할 때도 큰 도움이 된다.

`cartpole_dqn.ipynb`

```python
# -*- coding: utf-8 -*-
import tensorflow as tf
from tensorflow.keras.layers import Input, Dense
from tensorflow.keras.optimizers import Adam
import gym
import numpy as np
import random as rand
import os
import warnings
warnings.filterwarnings("ignore", category=DeprecationWarning)

class Agent(object):
    def __init__(self):
        self.env = gym.make('CartPole-v1')
        self.state_size = self.env.observation_space.shape[0]
        self.action_size = self.env.action_space.n

        self.node_num = 12
        self.learning_rate = 0.001
        self.epochs_cnt = 5
        self.model = self.build_model()

        self.discount_rate = 0.97
        self.penalty = -100

        self.episode_num = 500

        self.replay_memory_limit = 2048
        self.replay_size = 32
        self.replay_memory = []

        self.epsilon = 0.99
        self.epsilon_decay = 0.2
        self.epsilon_min = 0.05

        self.moving_avg_size = 20
        self.reward_list = []
        self.count_list = []
        self.moving_avg_list = []

    def build_model(self):
```

```python
        input_states = Input(shape=(self.state_size,), name='input_states')
        x = Dense(self.node_num, activation='tanh')(input_states)
        out_actions = Dense(self.action_size, activation='linear', name='output')(x)

        model = tf.keras.models.Model(inputs=input_states, outputs=out_actions)
        model.compile(optimizer=Adam(learning_rate=self.learning_rate),
                      loss='mean_squared_error')
        model.summary()
        return model

    def train(self):
        for episode in range(self.episode_num):
            state, _ = self.env.reset()

            _, step_count, reward_tot = self.take_action_and_append_memory(episode, state)

            self.reward_list.append(reward_tot - self.penalty)
            self.count_list.append(step_count)
            self.moving_avg_list.append(np.mean(self.reward_list[-self.moving_avg_size:]))

            self.train_mini_batch()

            if episode % 10 == 0:
                moving_avg = np.mean(self.reward_list[-self.moving_avg_size:])
                reward_avg = np.mean(self.reward_list)
                print(f"episode:{episode}, moving_avg:{moving_avg:.2f}, rewards_avg:{reward_avg:.2f}")

        self.save_model()

    def take_action_and_append_memory(self, episode, state):
        reward_tot = 0
        step_count = 0
        done = False
        epsilon = self.get_episilon(episode)

        while not done:
            step_count += 1
            state_input = np.reshape(state, [1, self.state_size]).astype(np.float32)
            Q = self.model(state_input).numpy()
            action = self.greed_search(epsilon, Q)

            next_state, reward, terminated, truncated, _ = self.env.step(action)
```

```
            done = terminated or truncated

            if done and step_count < 499:
                reward = self.penalty

            self.replay_memory.append([state, action, reward, next_state, done])
            if len(self.replay_memory) > self.replay_memory_limit:
                self.replay_memory.pop(0)

            reward_tot += reward
            state = next_state

        return Q, step_count, reward_tot

    def train_mini_batch(self):
        if len(self.replay_memory) < self.replay_size:
            return

        batch = rand.sample(self.replay_memory, self.replay_size)

        array_state = np.zeros((self.replay_size, self.state_size), dtype=np.float32)
        array_next_state = np.zeros((self.replay_size, self.state_size), dtype=np.float32)

        actions, rewards, dones = [], [], []

        for idx, (state, action, reward, next_state, done) in enumerate(batch):
            array_state[idx] = state
            array_next_state[idx] = next_state
            actions.append(action)
            rewards.append(reward)
            dones.append(done)

        q_values = self.model(array_state).numpy()
        q_next_values = self.model(array_next_state).numpy()

        for idx in range(self.replay_size):
            if dones[idx]:
                q_values[idx, actions[idx]] = rewards[idx]
            else:
                q_values[idx, actions[idx]] = rewards[idx] + self.discount_rate * \
                                              np.max(q_next_values[idx])

        self.train_on_batch(array_state, q_values)
```

```python
    def train_on_batch(self, states, targets):
        with tf.GradientTape() as tape:
            predictions = self.model(states, training=True)
            loss = tf.reduce_mean(tf.square(targets - predictions))
        gradients = tape.gradient(loss, self.model.trainable_variables)
        self.model.optimizer.apply_gradients(zip(gradients, self.model.trainable_
                                                                     variables))

    def get_episilon(self, episode):

        result = self.epsilon * (1 - episode / (self.episode_num * self.epsilon_decay))

        return max(result, self.epsilon_min)

    def greed_search(self, epsilon, Q):

        if epsilon > np.random.rand():

            return self.env.action_space.sample()

        else:
            return np.argmax(Q)

    def save_model(self):
        os.makedirs("./model", exist_ok=True)
        self.model.save("./model/dqn.keras")
        print("*****end learning")

if __name__ == "__main__":
    agent = Agent()
    agent.train()
```

예제는 앞에서 설치한 주피터 노트북을 사용해서 테스트하는 것이 좋다. 다른 파이썬 프로그램을 사용하면 코드를 전체적으로 모두 실행해야 하지만, 주피터 노트북은 코드를 셀 단위로 나누어 부분적으로 실행할 수 있다. 데이터 분석 분야에서 주피터 노트북이 가장 많이 활용되는 이유이기도 하다.

# 7.6 DQN 알고리즘 세부구조 살펴보기

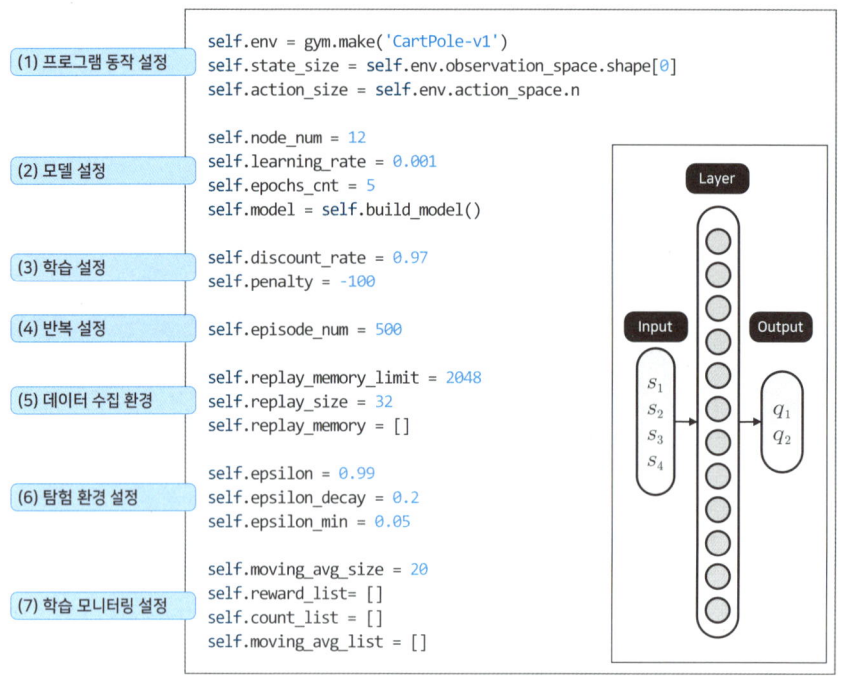

DQN 알고리즘 Agent 클래스 속성

## (1) 프로그램 동작 설정

가장 먼저 카트폴 게임 환경을 생성한다. OpenAI Gym에서 제공하는 'CartPole-v1' 환경을 env 변수에 저장하고, 이 환경의 상태 공간과 행동 공간 정보를 통해 state_size와 action_size 값을 구한다. 카트폴 게임에서는 막대의 위치와 속도, 각도와 회전 속도 총 4개의 값이 상태로 주어지므로 state_size는 4가 되며, 카트를 왼쪽이나 오른쪽으로 움직이는 두 가지 행동이 가능하므로 action_size는 2로 설정된다.

### (2) 모델 설정

인공신경망을 구성하기 위한 설정을 정의한다. `node_num`은 은닉층에 존재하는 노드의 개수로, 여기서는 12개로 설정해 비교적 단순한 구조를 갖는다. `learning_rate`는 신경망이 학습할 때 가중치를 얼마나 빠르게 조정할지를 결정하는 하이퍼파라미터이며, 값이 너무 크면 불안정해지고 너무 작으면 느려진다. `epochs_cnt`는 미니배치 하나를 학습할 때 내부 반복 횟수를 의미한다. 마지막으로 `build_model()` 함수를 통해 신경망을 생성하고, 이를 `model` 변수에 저장한다.

### (3) 학습 설정

강화학습의 핵심 요소 중 하나인 보상 처리에 대한 설정이다. `discount_rate`는 미래에 받을 보상을 현재 결정에 얼마나 반영할지를 나타내는 값으로, 0.97처럼 1에 가까울수록 장기적인 보상을 더 중요하게 여긴다. `penalty`는 게임 실패 시, 즉 막대가 쓰러졌을 때 주는 인위적인 마이너스 보상으로, 실패한 상황을 신경망이 더 명확히 인식하게 도와준다. 기본 환경은 실패 시에도 단순히 종료만 되므로, 명시적인 패널티를 줌으로써 학습을 유도하는 효과가 있다.

### (4) 반복 설정

전체 학습 과정을 몇 번의 에피소드(게임 회차)로 반복할지를 지정한다. `episode_num` 값은 학습 반복 횟수를 뜻하며, 여기서는 500번의 에피소드를 기준으로 학습을 수행하게 된다. 각 에피소드마다 에이전트는 게임을 한 번 플레이하고, 그 과정에서 경험한 상태, 행동, 보상 데이터를 수집하여 모델을 학습하게 된다.

### (5) 데이터 수집 환경

DQN 알고리즘의 핵심인 경험 재현(experience replay)을 위한 설정이다. `replay_memory_limit`은 에이전트가 수집한 게임 데이터를 최대 몇 개까지 저장할지를 결정하며, 한도를 초과하면 가장 오래된 데이터를 삭제하고 새로운 데이터를 추가한다. `replay_` size는 학습 시 무작위로 선택할 미니배치의 크기(32개)이며, 데이터를 한 번에 학습에 활용한다. `replay_memory`는 실제로 상태, 행동, 보상 등의 정보를 저장하는 리스트로, 학습이 진행됨에 따라 이 공간에 경험이 계속 쌓인다.

### (6) 탐험 환경 설정

에이전트가 새로운 행동을 시도할지, 기존에 잘 아는 행동을 선택할지를 결정하는 탐험(exploration) 전략을 설정한다. `epsilon`은 무작위 행동을 선택할 확률로, 초기에는 0.99로 시작해 대부분의 행동을 랜덤하게 시도하게 된다. `epsilon_decay`는 학습이 진행될수록 `epsilon` 값을 점차 감소시키는 비율로, 점차 모델을 기반으로 한 판단 중심으로 학습을 유도한다. `epsilon_min`은 `epsilon`이 줄어드는 최소 한계값으로, 무작위 선택이 완전히 사라지는 것을 방지하여 일정 수준의 탐험이 계속 이루어지도록 한다.

### (7) 학습 모니터링 설정

학습 성능을 기록하고 시각화하기 위한 설정이다. `moving_avg_size`는 이동 평균을 계산할 때 기준이 되는 최근 에피소드 수이며, 여기서는 20개 에피소드의 결과를 평균 내어 성능 추이를 살펴본다. `reward_list`는 각 에피소드에서 받은 총 보상을 기록하고, `count_list`는 해당 에피소드에서 몇 번의 스텝이 진행됐는지를 저장한다.

`moving_avg_list`는 최근 20개 에피소드의 보상을 평균한 값으로, 학습이 제대로 진행되고 있는지를 직관적으로 확인할 수 있게 해준다.

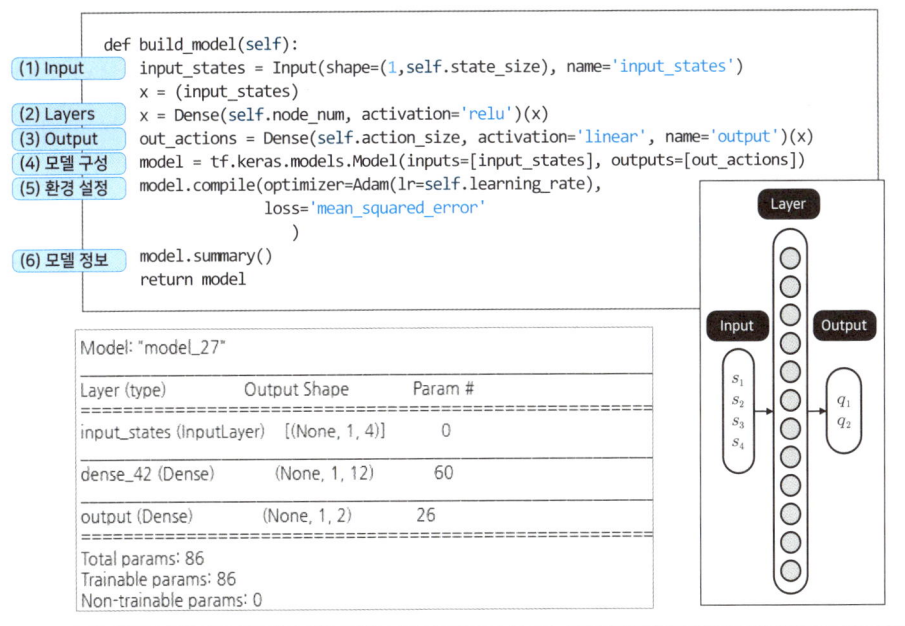

cartpole_DQN: build_model( ) 함수

build_model() 함수는 학습에 사용된 인공신경망을 구성하는 역할을 한다.

### (1) 입력 설정

입력층은 카트폴 환경에서 제공하는 상태 정보의 개수만큼 구성된다. Input() 함수에서 shape=(self.state_size,)로 지정함으로써, 네 개의 상태값이 신경망에 입력으로 들어간다. 이 입력층은 이후 은닉층으로 연결되며, 각 상태는 실수 값으로 구성된 벡터 형태다.

### (2) 은닉층 설정

은닉층은 하나의 Dense 레이어로 구성되며, 노드 수는 클래스 변수 node_num에 지정된 12개로 설정된다. 이 레이어는 tanh 활성화 함수를 사용하여 입력된 값을 비선형적으로 변환한다. tanh() 함수는 출력 범위가 $-1$에서 $1$ 사이로 제한되며, 시그모이드보다 더 넓은 범위와 중심성을 제공하여 학습 안정성에 도움이 된다.

### (3) 출력층 설정

출력층은 에이전트가 선택할 수 있는 행동의 개수만큼 노드를 가진다. 각 노드는 해당 행동의 Q값을 출력하며, 활성화 함수로는 `linear`를 사용한다. 이는 각 행동의 가치를 있는 그대로 출력하도록 하기 위한 선택으로, $Q-learning$의 회귀 기반 특성에 부합한다.

### (4) 모델 구성

입력층과 출력층을 연결한 후, `tf.keras.models.Model` 클래스를 통해 전체 신경망 모델을 구성한다. 이 과정에서는 입력과 출력 노드를 명시하여 데이터 흐름 구조를 정의하며, 이후 학습 가능한 형태로 모델이 완성된다.

### (5) 환경 설정

`compile()` 함수에서는 학습에 사용할 환경을 설정한다. 최적화 알고리즘은 Adam을 사용하며, 이는 일반적인 경사하강법보다 빠르고 안정적인 수렴 성능을 보인다. 학습률은 클래스 변수 `learning_rate`에 설정된 값을 사용하고, 손실 함수는 `mean_squared_error`를 선택하여 예측한 Q값과 실제 타깃 Q값의 차이를 최소화하도록 학습이 진행된다.

### (6) 모델 정보 출력

마지막으로 `model.summary()`를 호출하여 모델의 구조를 요약 출력한다. 이 출력에는 각 레이어의 이름, 출력 형태, 학습 파라미터 수 등이 포함되며, 전체 모델이 올바르게 정의되었는지를 사전에 확인할 수 있다. 학습 전에 모델 구조를 확인하는 것은 디버깅과 설정 점검에 매우 유용하다.

지금까지 인공신경망 설정에 관련해서 처음 나온 개념들은 뒷부분에 나오는 인공신경망 튜닝 장에서 다시 알아보도록 한다. 지금 단계에서는 우리가 알고 있는 것 보다 좀 더 효율적인 기법을 사용했다는 정도로 이해하고 넘어가도록 하자.

```
def train(self):
    for episode in range(self.episode_num):       (2) 환경 초기화
        state = self.env.reset()
        
        Q, count, reward_tot = self.take_action_and_append_memory(episode, state)
        
        if count < 500:
            reward_tot = reward_tot - self.penalty
        
        self.reward_list.append(reward_tot-self.penalty)
        self.count_list.append(count)
        self.moving_avg_list.append(self.moving_avg(self.count_list,self.moving_avg
            ))
        
        self.train_mini_batch(Q)
        
        if(episode % 10 == 0):
            print("episode:{}, moving_avg:{}, rewards_avg:{}".
                format(episode, self.moving_avg_list[-1], np.mean(self.reward_list)))
        
        self.save_model()
```

- (1) 반복 설정
- (2) 환경 초기화
- (3) 데이터 수집
- (4) 결과 저장
- (5) 이동 평균
- (6) 모델 학습
- (7) 실행 로그
- (8) 모델 저장

cartpole_DQN: train( ) 함수

이 그림은 train() 함수의 전체 흐름을 단계별로 나눈 것이다. 이 함수는 DQN 에이전트가 데이터를 수집하고, 이를 바탕으로 신경망을 학습시키는 중심 역할을 수행한다.

### (1) 반복 설정

학습은 여러 번의 에피소드를 반복하며 수행된다. 여기서 에피소드란, 카트폴을 한 번 시작해서 막대가 쓰러질 때까지의 전체 과정을 의미한다. for 반복문을 통해 클래스 변수 episode_num에 지정된 횟수만큼 에피소드를 실행하며, 학습과 데이터 수집을 반복한다.

### (2) 환경 초기화

각 에피소드의 시작에서는 환경을 초기화해야 한다. 이를 위해 self.env.reset() 함수를 호출하여 카트폴 환경을 초기 상태로 되돌린다. 초기화 후에는 막대와 수레가 중심에 가까운 위치에서 시작하며, 에이전트는 다시 새로운 시도로 학습을 시작할 수 있게 된다.

### (3) 데이터 수집

환경이 초기화되면, take_action_and_append_memory() 함수를 통해 실제로 카트폴을 실행하면서 상태, 행동, 보상 등의 데이터를 수집한다. 이 함수는 카트폴을 매 스텝마다 실행

하며, 그 결과를 replay_memory에 저장하는 역할을 한다.

### (4) 결과 저장

에피소드가 종료되면 그 에피소드에서 받은 총 보상과 스텝 수를 각각 reward_list와 count_list에 저장한다. 이 정보는 학습 성능을 추적하거나, 향후 로그 출력 및 시각화에 활용된다.

### (5) 이동 평균

최근 성능을 확인하기 위해 이동 평균을 계산한다. 예제에서는 최근 20개의 에피소드 보상을 평균 내어 moving_avg_list에 저장한다. 이 값을 통해 에이전트가 얼마나 안정적으로 환경을 다루고 있는지 확인할 수 있다.

> **Tip 20회 이동평균을 사용하는 이유**
>
> DQN 학습에서는 에이전트의 성능 변화를 꾸준히 확인하기 위해 이동 평균(moving average)을 사용한다. 이동 평균은 최근 일정 수의 에피소드에서 얻은 보상의 평균을 계산하여, 일시적인 변동이 아닌 **전체적인 학습 경향**을 파악할 수 있도록 도와주는 지표이다.
>
> 예제에서는 이동 평균 구간으로 최근 **20개의 에피소드**를 사용한다. 20회라는 숫자는 너무 짧지도, 너무 길지도 않은 적절한 균형을 갖춘 범위로, 에이전트의 학습 상태를 빠르게 감지하면서도 지나치게 민감하지 않도록 설정된 값이다.
>
> 너무 짧은 구간(예: 5회)은 보상이 한두 번 튀었을 때 평균값이 크게 흔들려, 학습 경향을 정확히 판단하기 어렵다. 반대로 너무 긴 구간(예: 100회)은 변화에 둔감해져서, 학습이 급격히 좋아지거나 나빠지는 흐름을 제때 포착하기 어렵다. 따라서 20회 이동 평균은 성능 추세를 **적절히 부드럽게 반영하면서도 변화에 빠르게 대응할 수 있는 실용적인 선택**이라 할 수 있다.
>
> 이 값을 통해 에이전트가 얼마나 안정적으로 환경을 다루고 있는지, 즉 보상이 일관되게 높아지고 있는지를 파악할 수 있으며, 학습이 제대로 이루어지고 있는지를 시각적으로 확인하는 데도 유용하다.

### (6) 모델 학습

train_mini_batch() 함수를 호출하여 학습을 수행한다. 이 함수는 replay_memory에 저장된 경험 중에서 무작위로 replay_size만큼 샘플링한 후, 이를 바탕으로 신경망을 학습시킨다. 이 과정을 통해 에이전트는 점차 좋은 행동을 선택하는 방향으로 Q값을 조정해간다.

**(7) 실행 로그**

모니터링을 위해 매 10번째 에피소드마다 학습 상태를 출력한다. 최근 이동 평균 보상과 전체 평균 보상을 함께 출력하여, 에이전트가 잘 학습되고 있는지를 간략히 확인할 수 있도록 한다. 로그를 통해 학습 곡선을 외부에서 그려볼 수도 있다.

**(8) 모델 저장**

모든 에피소드가 끝나면, 학습이 완료된 신경망 모델을 파일로 저장한다. 저장된 모델은 추후 불러와서 시뮬레이션에 재사용하거나, 테스트를 위해 활용할 수 있다. 이는 학습 결과를 재현하거나, 실제 환경에서 사용하기 위한 중요한 단계다.

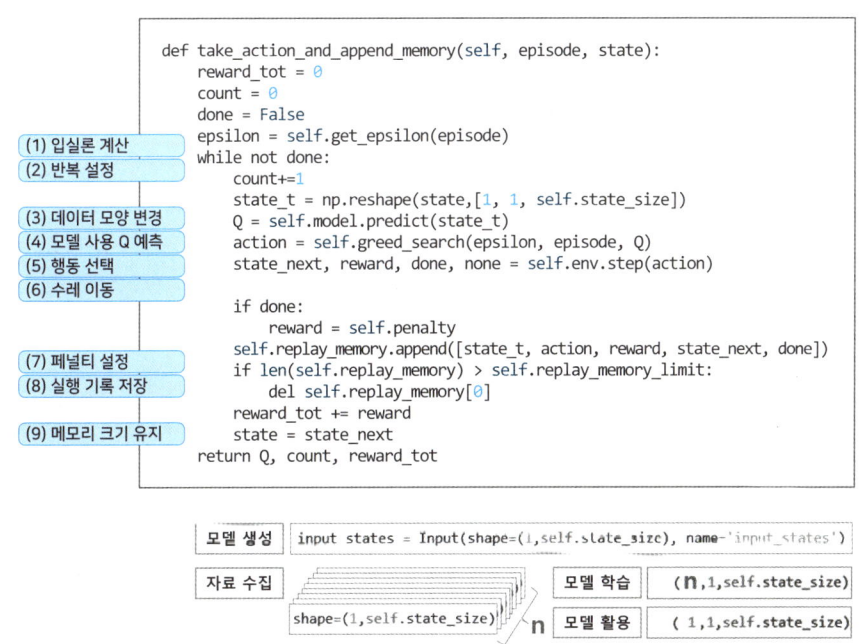

cartpole_DQN: take_action_and_append_memory( ) 함수

take_action_and_append_memory( ) 함수는 에이전트가 카트폴 환경에서 하나의 에피소드를 실제로 수행하고, 그 결과를 메모리에 저장해 학습에 사용할 수 있도록 준비하는 역할을 한다. 이 함수는 총 9단계로 이루어진다.

### (1) 입실론 계산

에이전트는 행동을 선택할 때 모델의 예측을 따를지, 무작위로 행동할지를 결정해야 한다. 이때 기준이 되는 값이 입실론(epsilon)이다. `get_epsilon()` 함수를 통해 현재 에피소드에 해당하는 입실론 값을 받아오며, 이 값은 학습이 진행될수록 점점 줄어들도록 설계되어 있어 초기에는 탐험 위주, 후반에는 모델 활용 위주로 행동하게 된다.

### (2) 반복 설정

에피소드는 막대가 바닥에 떨어져 게임이 종료될 때까지 반복되며, 이를 `while not done:` 구문으로 구현한다. `env.step()` 함수를 통해 수레를 움직이면 환경이 다음 상태로 전이되며, 종료 여부는 terminated 또는 truncated로 판단되고, 이 둘 중 하나라도 참이면 done이 True가 되어 반복이 끝난다.

### (3) 데이터 모양 변경

모델에 상태 정보를 입력하기 위해서는 입력 데이터의 형태를 모델이 요구하는 차원으로 맞춰야 한다. 예제에서는 `(1, self.state_size)`로 데이터를 재구성하고 float32 타입으로 변환한다. 이처럼 한 개의 상태를 입력할 경우는 (1, 4) 형태로, 나중에 여러 개의 상태를 한꺼번에 학습할 때는 (n, 4) 형태로 구성된다.

### (4) Q값 예측

정리된 상태 데이터를 모델에 입력하면, 모델은 해당 상태에서의 각 행동에 대한 Q값을 출력한다. 이 Q값은 현재 상태에서 어떤 행동이 더 좋은지를 수치적으로 나타내는 값으로, 이후 행동 선택에 활용된다.

> **Tip**
> Q값을 예측할 때 predict() 함수를 사용하는 대신 `self.model(state_input).numpy()`처럼 직접 호출하는 방식이 자주 쓰인다. 두 방식은 결과는 거의 동일하지만, 직접 호출하는 방식이 더 빠르고, 학습 중이거나 @tf.function 같은 텐서플로의 그래프 모드에서도 안정적으로 작동한다. 반면 predict()는 주로 학습이 끝난 후 추론

용 코드에서 사용된다. 따라서 이 예제처럼 학습 중에 모델을 활용하는 상황에서는 predict()보다 직접 호출 방식이 더 적절하다.

### (5) 행동 선택

Q값과 입실론 값을 기반으로 greed_search() 함수를 호출하여 실제로 수행할 행동을 선택한다. 이 함수는 확률적으로 무작위 선택과 Q값 기반 선택 사이를 조절하며, 입실론이 클수록 더 자주 랜덤한 행동을 하게 된다.

### (6) 수레 이동 및 정보 수집

선택된 행동을 env.step() 함수에 전달하면 환경은 그에 따라 수레를 이동시키고, 새로운 상태 정보(next_state), 보상(reward), 게임 종료 여부(done)를 반환한다. 이 정보는 다음 스텝을 결정하는 데 사용된다.

### (7) 패널티 설정

만약 에피소드가 종료되었고, 스텝 수가 499 미만이라면 학습을 빠르게 유도하기 위해 강한 마이너스 보상인 penalty를 적용한다. 이 값은 $-100$이나 $-300$ 등으로 설정되며, 실패에 대한 강한 신호를 주기 위해 사용된다.

> **Tip** 스텝 수가 499 미만일 때만 패널티를 적용하는 이유
>
> 여기서 스텝 수가 499 미만일 때만 패널티를 적용하는 이유는, **CartPole-v1 환경에서 최대 스텝 수는 500으로 제한되어 있기 때문**이다. 에이전트가 500 스텝을 모두 수행한 경우는 환경이 자연스럽게 종료된 것이므로 실패로 간주하지 않고, 반대로 499 이전에 종료된 경우는 막대가 쓰러지는 등의 **명백한 실패 상황**으로 간주해 패널티를 부여한다.

### (8) 실행 기록 저장

하나의 스텝에서 수행된 상태, 행동, 보상, 다음 상태, 종료 여부 등의 데이터를 하나의 리

스트로 묶어 replay_memory에 저장한다. 이 메모리는 나중에 모델 학습 시 샘플링하여 사용된다.

**(9) 메모리 크기 유지**

재현 메모리는 설정된 최대 크기(replay_memory_limit)를 초과하지 않도록 유지된다. 만약 데이터를 너무 많이 저장하게 되면 가장 오래된 데이터를 하나씩 삭제하며 최신 데이터를 유지하는 방식으로 동작한다.

함수의 마지막에서는 해당 에피소드에서 가장 마지막에 계산된 Q값, 총 스텝 수, 누적 보상 값을 반환한다. 이 값들은 train() 함수에서 학습 기록으로 활용된다.

```
def train_mini_batch(self, Q):
    array_state = []
    array_Q = []
    this_replay_size = self.replay_size
    if len(self.replay_memory) < self.replay_size:    # (1) replay 크기 설정
        this_replay_size = len(self.replay_memory)
    for sample in rand.sample(self.replay_memory, this_replay_size):    # (2) Random 샘플링
        state_t,action,reward,state_next,done = sample    # (3) 학습 데이터 분리
        if done:
            Q[0, 0, action] = reward
        else:                                              # (4) Q값 계산
            state_t= np.reshape(state_next,[1,1,self.state_size])
            Q_new = self.model.predict(state_t)
            Q[0, 0, action] = reward + self.discount_rate * np.max(Q_new)
        array_state.append(state_t.reshape(1,self.state_size))    # (5) 데이터 모양 변경
        array_Q.append(Q.reshape(1,self.action_size))
    array_state_t = np.array(array_state)                  # (6) Numpy로 변경
    array_Q_t = np.array(array_Q)
    hist = self.model.fit(array_state_t, array_Q_t, epochs=self.epochs_cnt, verbose=0)    # (7) 모델 학습
```

cartpole_DQN: train_mini_batch( ) 함수

train_mini_batch() 함수는 에이전트가 경험한 데이터를 저장해두는 리플레이 메모리에서 일정량의 데이터를 무작위로 추출하여, 이를 바탕으로 신경망 모델을 학습시키는 기능을 수행한다. 이렇게 무작위로 데이터를 선별하여 사용하는 이유는, 연속된 경험에 의한 데이터 편향을 줄이고, 다양한 상황을 고르게 반영하는 학습을 가능하게 하기 위함이다. 이 함수는 DQN에서 핵심적인 학습 단계로, 상태와 행동에 대한 Q값을 업데이트하는 과

정을 통해 에이전트가 점점 더 나은 의사결정을 할 수 있도록 도와준다.

### (1) 학습 조건 확인

모델을 학습시키기 전에 먼저 저장된 경험 데이터가 충분한지를 확인한다. 이때 사용하는 기준은 `replay_size`다. 만약 리플레이 메모리에 쌓인 데이터가 `replay_size`보다 작다면, 학습에 사용할 미니배치를 구성할 수 없기 때문에 함수는 아무 작업도 하지 않고 종료된다. 이렇게 하면 충분한 학습 데이터가 확보된 이후부터 학습이 시작되며, 학습 초기에 잘못된 데이터로 모델이 오염되는 것을 방지할 수 있다.

### (2) 미니배치 샘플링

리플레이 메모리에 저장된 경험 중에서 `replay_size`만큼의 데이터를 무작위로 추출한다. 이 과정을 미니배치 샘플링이라고 한다. 데이터를 무작위로 추출하는 이유는, 연속된 게임 경험은 서로 강하게 연관되어 있을 수 있기 때문이다. 연관된 데이터를 그대로 학습하면 모델이 편향되기 쉬우므로, 다양한 상황을 고르게 학습하도록 무작위 샘플링을 통해 학습의 안정성을 높인다.

### (3) 입력 데이터 배열 준비

샘플링한 데이터를 모델이 학습할 수 있도록 준비하는 과정이다. 먼저 현재 상태(state)와 다음 상태(next_state)를 저장할 배열을 만든다. 이 배열은 학습에 입력될 데이터로, 각각 `replay_size` × `state_size` 크기를 가진다. NumPy 배열을 사용하는 이유는 연산 효율성과 텐서 변환의 용이성 때문이다. 이후 학습에 필요한 상태값들을 이 배열에 순서대로 채워 넣게 된다.

### (4) 샘플 데이터 정리

미니배치에 포함된 각 데이터를 순서대로 반복하면서 상태(state)와 다음 상태(next_state)는 배열에 저장하고, 행동(action), 보상(reward), 종료 여부(done)는 리스트에 저장한다. 이때 행동은 정수값(예: 0 또는 1)으로 저장되며, 보상은 실수값, 종료 여부는 불리언 값(True/False)로 저장된다. 이 정보들은 Q 타깃 값을 계산할 때 필요한 핵심 요소들이다.

### (5) Q값 예측

현재 상태와 다음 상태 배열을 모델에 입력하여 Q값을 예측한다. 현재 상태에 대한 Q값은 q_values라는 변수에 저장되고, 다음 상태에 대한 Q값은 q_next_values에 저장된다. 여기서 Q값이란 특정 상태에서 가능한 각 행동의 가치를 나타내는 값이며, DQN의 핵심은 이 Q값을 점점 더 정확하게 근사해 가는 데 있다.

### (6) Q 타깃 값 계산

각 샘플에 대해 Q 타깃 값을 계산한다.

- 만약 해당 에피소드가 종료된 상태라면, 그 상태에서의 행동 Q값은 보상 자체가 된다. 왜냐하면 더 이상 다음 상태가 없기 때문이다.
- 에피소드가 계속 진행 중이라면, 보상에 다음 상태에서 가능한 행동 중 가장 높은 Q값을 할인율(discount_rate)만큼 곱해 더한 값이 타깃 Q값이 된다. 이 계산은 Q 러닝의 핵심 수식인 **벨만 방정식**을 기반으로 하며, 모델이 미래 보상을 반영한 방향으로 Q값을 점점 보정하도록 돕는다.

### (7) 모델 학습 수행

앞서 계산한 상태 배열(array_state)과 타깃 Q값(q_values)을 모델에 입력하여 한 번의 학습을 수행한다. 이 과정에서 모델은 예측한 Q값과 타깃 Q값 간의 오차를 줄이기 위해 가중치를 조정한다. 손실 함수로는 평균제곱오차(MSE)를 사용하며, 이는 회귀 문제에서 가장 일반적으로 사용하는 방식이다. 이 학습이 반복될수록 모델은 더 정확한 Q값을 예측하게 되며, 결과적으로 더 나은 행동을 선택할 수 있게 된다.

```
def train_on_batch(self, states, targets):
    with tf.GradientTape() as tape:    (1) 연산 감지 시작
        predictions = self.model(states, training=True)    (2) 예측 결과 계산
        loss = tf.reduce_mean(tf.square(targets - predictions))    (3) 손실(loss) 계산
    gradients = tape.gradient(loss, self.model.trainable_variables)    (4) 기울기 계산
    self.model.optimizer.apply_gradients(zip(gradients, self.model.trainable_variables))
    (5) 모델 업데이트
```

cartpole_DQN: train_on_batch( ) 함수

train_on_batch() 함수는 주어진 상태 입력과 타깃 Q값을 이용해 모델을 한 번 학습시키는 함수이다. GradientTape()로 연산을 기록한 뒤 손실을 계산하고, 자동으로 기울기를 구해 가중치를 업데이트함으로써 모델이 예측 성능을 점점 개선할 수 있도록 돕는다.

### (1) GradientTape으로 연산 감시 시작

여기서 GradientTape()는 텐서플로가 제공하는 기능으로, 신경망의 연산 과정을 기록하고, 그 결과로부터 기울기(gradient)를 자동으로 계산할 수 있게 도와준다. 쉽게 말하면, '이 블록 안에서 일어나는 모든 연산을 기억해놨다가 나중에 역전파를 계산할 수 있도록 준비해주는 장치'라고 생각하면 된다.

딥러닝의 학습은 손실 함수(loss)를 줄이는 방향으로 모델의 가중치를 조정하는 과정인데, 이를 위해선 손실이 어떤 변수에 의해 얼마나 변하는지를 나타내는 기울기가 필요하다. 그걸 자동으로 계산해주는 게 이 Tape의 역할이다.

GradientTape()는 활성화되면 with 블록 안에서 이루어진 모든 텐서 연산을 기록하며, 이후 손실 값이 계산된 후, 이 손실이 각각의 가중치에 어떤 영향을 미쳤는지를 자동으로 추적한다. 이 과정을 통해 각 가중치에 대한 기울기가 계산되고, 이 기울기를 이용하여 모델의 가중치를 업데이트함으로써 학습이 이루어진다.

> **Tip 역전파**
>
> 역전파(backpropagation)는 딥러닝에서 모델을 학습시키기 위한 핵심 알고리즘이다.
>
> 한마디로 표현하면, "출력층에서 발생한 오차를 입력 방향으로 거꾸로 전파하면서, 각 가중치를 얼마나 수정해야 할지를 계산하는 과정"이다.
>
> 조금 더 쉽게 말하면 다음과 같다.
>
> * 모델이 예측을 한다.
> * 예측 결과와 정답을 비교해서 손실(loss) 값을 계산한다.
> * 이 손실이 어떤 가중치 때문에 생겼는지를 따져보며,
> * 가중치를 얼마나 조정해야 손실이 줄어드는지를 계산한다.
>
> 이 계산은 출력층부터 입력층 방향으로 거꾸로 진행되며, 그 결과를 바탕으로 가중치를 업데이트해 모델이 더 똑똑해지게 된다. 이처럼 역전파는 딥러닝 모델이 스스로 잘못을 되짚어보며 배우는 방식이라 할 수 있다.

## (2) 예측 결과 계산

모델에 상태(states) 데이터를 입력해서 예측값(predictions)을 계산하는 단계다. `training=True`는 학습 중임을 명시하며, 드롭아웃(dropout)이나 배치 정규화(batch normalization) 같은 학습 전용 동작이 작동되도록 한다. 예측값은 현재 상태에서 각 행동에 대해 모델이 추정한 Q값이라고 보면 된다.

> **Tip 드롭아웃**
>
> 드롭아웃(dropout)은 학습 중 일부 뉴런을 무작위로 꺼서 사용하지 않게 만드는 기법이다. 이는 특정 뉴런에 지나치게 의존하는 것을 방지해 과적합(overfitting)을 줄이고 모델의 일반화 성능을 높이는 데 효과적이다.

> **Tip 배치 정규화**
>
> 배치 정규화(batch normalization)는 신경망이 학습할 때, 각 층에 들어가는 값의 분포를 고르게 만들어주는 방법이다.
>
> 입력 값이 너무 크거나 작으면 학습이 불안정해지는데, 배치 정규화는 이 값들의 평균을 0에 가깝게, 크기를 일정하게 맞춰줘서 학습이 더 빠르고 안정적으로 진행되게 도와준다. 또한, 처음 가중치를 어떻게 설정하더라도 학습에 크게 영향을 받지 않도록 만들어준다.

### (3) 손실(loss) 계산

여기서는 손실 함수 즉, 모델이 얼마나 잘못 예측했는지를 수치로 계산한다.

예측값(predictions)과 우리가 타깃으로 삼은 정답(targets) 사이의 차이를 제곱하고, 전체 평균을 구한다. 이게 바로 Mean Squared Error(MSE)이며, DQN처럼 수치를 예측하는 회귀 문제에 적합한 손실 함수다. 예를 들어, 모델은 상태 A에서 행동 0의 Q값을 3.5라고 예측했는데, 실제 타깃 Q값은 5.0이라면 손실은 $(5.0 - 3.5)^2 = 2.25$가 되고, 이런 손실을 여러 데이터에 대해 평균 낸 것이 loss다.

### (4) 기울기 계산

여기서 `tape`는 "지금부터 loss를 계산하기 위해 어떤 수학 연산이 있었는지 전부 기억해 둬!" 라고 말하는 역할을 한다. 즉, 입력(모델 파라미터) → 출력(loss)으로 가는 계산 과정을 녹화한다고 보면 된다.

`tape.gradient(loss, self.model.trainable_variables)`은 손실 함수의 결과가 모델의 각 변수에 대해 얼마나 민감하게 반응하는지를 수치로 표현한 것, 그게 바로 기울기이다.

`self.model.trainable_variables`은 모델 안에 있는 학습 가능한 모든 파라미터들을 자동으로 가져오는 리스트다. 보통은 Dense 레이어의 가중치(weights)와 편향(bias)이 포함된다. 예를 들어 신경망에 Dense 레이어가 2개 있다면, 총 4개의 변수(w1, b1, w2, b2)가 있을 수 있다.

좀 더 쉽게 설명해보자. 만약 loss가 100이고, 어떤 가중치 하나 w를 0.01만 줄이면 loss가 95로 줄어든다고 하자. 그러면 이 줄은 "오, 이 가중치를 줄이면 손실이 줄어드네?" 라고 판단하고 w에 대한 기울기를 음수로 계산해주는 것이다. 그래야 그 다음 줄에서 `apply_gradients()`를 할 때, 가중치를 그 방향으로 조정할 수 있으니까.

다시 정리하면, 앞서 `GradientTape()`로 감시했던 연산들을 바탕으로, 손실이 모델의 각 가중치에 대해 얼마나 민감하게 변하는지를 계산한다. 이 과정을 통해 손실을 줄이기 위해 가중치를 얼마나, 어떤 방향으로 바꿔야 할지 알 수 있게 된다. 이게 바로 기울기(gradient)이다.

### (5) 기울기를 이용해 모델 업데이트

이 마지막 단계에서는 앞서 계산한 기울기를 사용해 실제로 모델의 가중치를 업데이트한다. apply_gradients() 함수는 옵티마이저가 현재 가중치에서 기울기만큼 반대 방향으로 값을 조정하도록 한다. 이렇게 하면 손실이 점점 줄어들게 되고, 모델은 점점 더 정확한 Q값을 예측할 수 있게 된다.

핵심 흐름을 요약하면 다음과 같다.

- 예측: 모델은 주어진 입력(states)을 기반으로 현재 Q값을 예측한다.
- 손실 계산: 예측값과 정답(targets) 사이의 오차를 계산한다.
- 역전파: 손실 값을 기반으로 각 가중치에 대한 기울기를 자동으로 계산한다.
- 최적화: 기울기를 사용하여 가중치를 업데이트하고 모델 성능을 향상시킨다.
- 반복: 이 과정을 에피소드마다 반복하면서 모델은 점점 더 정확한 Q값을 예측하게 된다.

마지막으로 다시 요약하면 이 함수는 한 미니배치에 대해 예측 → 손실 계산 → 기울기 계산 → 가중치 업데이트의 전체 학습 사이클을 직접 수행한다. GradientTape()를 사용함으로써 텐서플로가 자동으로 미분하고, 그 기울기를 바탕으로 학습이 이루어지게 된다. 이 방식은 Keras의 .fit()보다 더 유연하고, 강화학습처럼 특수한 학습 로직이 필요한 경우에 자주 사용된다.

```
def get_epsilon(self, episode):
    result = self.epsilon * ( 1 - episode/(self.episode_num*self.epsilon_decay) )   # (1) 입실론 계산
    if result < self.epsilon_min:                                                    # (2) 최소 입실론 값 반영
        result = self.epsilon_min
    return result
```

cartpole_DQN: get_episilon( ) 함수

get_episilon() 함수는 에피소드 진행 정도에 따라 입실론 값을 점점 줄이며, 무작위 탐험 비율을 조절하는 역할을 한다. 최솟값 이하로는 줄지 않도록 제한해 학습 후반에도 일정 수준의 탐험을 유지하게 한다.

## (1) 입실론 감쇠 계산

이 함수는 현재 에피소드 번호에 따라 입실론(epsilon) 값을 점차 줄어들도록 계산하는 기능을 수행한다. 계산식은 `self.epsilon * (1 - episode / (self.episode_num * self.epsilon_decay))`이며, 학습이 초반일수록 입실론 값이 크고, 에피소드가 진행될수록 입실론이 작아지도록 선형적으로 감소한다. 이렇게 하면 학습 초기에는 다양한 행동을 시도하며 탐험하고, 점차 학습이 진행될수록 모델의 예측에 따라 행동하게 된다.

## (2) 최소 입실론 제한

감소된 입실론 값이 지나치게 작아지지 않도록 하기 위해 `max()` 함수를 사용하여 최솟값 (`self.epsilon_min`)보다 작아지지 않게 제한한다. 이를 통해 모델이 어느 정도 탐험을 계속 유지할 수 있도록 하며, 학습 후반에도 가끔씩은 새로운 행동을 시도할 수 있는 기회를 남겨둔다. 이 전략은 탐험과 이용 사이의 균형을 자연스럽게 조절하기 위한 중요한 장치이다.

```
def greed_search(self, epsilon, episode, Q):
    if epsilon > np.random.rand(1):         # (1) 랜덤하게 행동 선택
        action = self.env.action_space.sample()
    else:                                    # (2) Q값을 기준으로 행동 선택
        action = np.argmax(Q)
    return action
```

cartpole_DQN: greed_search( ) 함수

`greed_search()` 함수는 주어진 입실론(epsilon) 값과 Q값을 기반으로, 에이전트가 다음에 어떤 행동을 선택할지를 결정하는 함수이다. 이 함수는 DQN에서 사용하는 입실론-그리디 정책(epsilon-greedy policy)을 구현한 것으로, 일정 확률로 무작위 행동을 선택하고, 그렇지 않을 경우 Q값이 가장 높은 행동을 선택하도록 설계되어 있다.

## (1) 무작위 행동 선택(탐험)

입실론 값이 `np.random.rand()`로 생성된 0~1 사이의 난수보다 클 경우, 에이전트는 무작위로 행동을 선택한다. 이때 `self.env.action_space.sample()`을 호출하여 가능한 행동

중 하나를 임의로 선택하게 된다. 이렇게 함으로써 모델이 아직 학습되지 않은 상태에서도 다양한 환경을 탐험할 수 있는 기회를 갖게 된다. 탐험은 초기 학습 단계에서 특히 중요하며, 다양한 데이터를 수집하는 데 도움이 된다.

### (2) Q값 기반 행동 선택(이용)

입실론 값이 난수보다 작을 경우에는, 모델이 예측한 Q값 중 가장 큰 값을 갖는 행동을 선택한다. 이는 `np.argmax(Q)`를 통해 이루어지며, 현재 상태에서 가장 보상이 높을 것으로 예상되는 행동을 수행하게 된다. 이렇게 하면 모델은 이미 학습한 정보를 기반으로 최대한의 성과를 얻기 위한 전략을 따르게 된다. 학습이 진행될수록 입실론 값이 줄어들기 때문에, 무작위보다는 Q값에 따라 행동하는 비율이 점차 높아지게 된다.

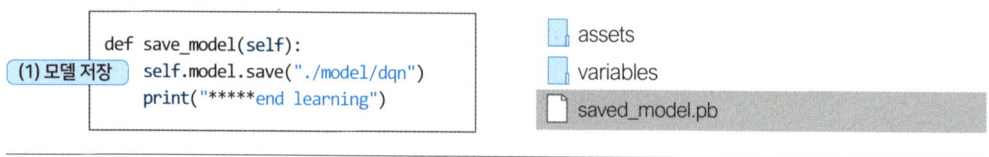

cartpole_DQN: save_model( ) 함수

save_model() 함수는 지정된 디렉토리에 모델과 가중치와 편향을 저장하는 역할을 한다. 저장된 모델을 다시 로드에서 학습을 계속할 수도 있고, 프로그램을 실행하면서 동작을 확인할 수도 있다.

## >>> 7 가치기반 강화학습과 DQN 알고리즘
# 7.7 DQN 알고리즘 학습결과 분석

프로그램에서는 10회 학습할 때마다 로그를 화면에 출력하게 되어 있다. 학습 과정에서 출력된 로그를 살펴보면 학습이 정상적으로 진행되고 있는지, 그리고 그 성능은 어떤지 확인할 수 있다.

**cartpole_dqn.ipynb 실행 결과**

```
Model: "model_26"
_____
Layer (type)                 Output Shape              Param #
=================================================================
input_states (InputLayer)    [(None, 4)]               0

dense_26 (Dense)             (None, 12)                60

output (Dense)               (None, 2)                 26

=================================================================
Total params: 86
Trainable params: 86
Non-trainable params: 0
_____
episode:0, moving_avg:16.00, rewards_avg:16.00
episode:10, moving_avg:21.09, rewards_avg:21.09
episode:20, moving_avg:19.90, rewards_avg:19.71
episode:30, moving_avg:16.90, rewards_avg:18.39
episode:40, moving_avg:13.80, rewards_avg:16.83
...
episode:470, moving_avg:8.55, rewards_avg:22.17
episode:480, moving_avg:10.20, rewards_avg:21.95
episode:490, moving_avg:14.30, rewards_avg:21.85
*****end learning
```

이번 실습에서 사용된 모델은 입력층, 은닉층, 출력층으로 구성된 단순한 인공신경망이다. 입력층은 카트폴 환경의 상태 4개를 받아들이고, 은닉층에는 12개의 노드를 둔 후 ReLU 활성화 함수를 사용하였다. 출력층은 가능한 행동의 수인 2개의 Q값을 출력하며, 활성화 함수는 선형(linear)이다. 전체 학습 가능한 파라미터 수는 86개로, 비교적 작고 가벼운 모델이다. 학습은 총 500회의 에피소드 동안 진행되며, 매 10회마다 이동 평균과 전체 평균 보상이 출력되어 성능을 모니터링할 수 있도록 구성되어 있다.

### (1) 초반 학습: 무작위 탐험 단계

초기 학습 구간(에피소드 0~130)에서는 이동 평균과 전체 평균 보상이 모두 낮은 상태를 유지한다. 이는 입실론 값이 높은 상태로, 에이전트가 대부분의 행동을 무작위로 선택하면서 환경을 탐색하는 시기이기 때문이다. 이 시기에는 학습이 불안정하며, 모델이 아직 적절한 전략을 파악하지 못했음을 보여준다. 그러나 이는 딥러닝 기반 강화학습에서 자연스러운 과정이다. 충분한 탐험 없이는 효과적인 정책 학습이 불가능하기 때문이다.

### (2) 중반 학습: 전략이 안정되는 구간

에피소드 140번부터 280번 사이에 이르러 이동 평균이 급격히 상승하며, 최대 43점대를 기록한다. 이 구간은 에이전트가 일정한 전략을 학습하여 환경을 안정적으로 다루기 시작한 시기로 볼 수 있다. 학습된 정책이 보상을 극대화하는 방향으로 작동하면서 수레를 오랫동안 유지할 수 있게 되었고, 이는 곧 높은 평균 보상으로 나타났다. 이 구간이 학습의 최적 구간이라 할 수 있다.

### (3) 후반 학습: 성능 퇴보와 불안정성

그러나 에피소드 300번 이후부터 이동 평균이 점차 하락하고, 400번 이후에는 다시 10점 이하로 떨어진다. 이는 모델이 학습 후반에 들어서면서 성능이 급격히 저하되었음을 나타낸다. 입실론 값이 거의 0에 가까워져 무작위 탐험이 사라지고, 학습이 과적합되었거나 잘못된 정책이 강화되었을 가능성이 있다. 또는 리플레이 메모리에 동일하거나 오래된 데이터가 쌓여 학습이 정체되었을 수도 있다. 이처럼 학습 성능이 끝까지 유지되지 않고 흔들리는 것은 DQN의 대표적인 단점 중 하나이기도 하다.

```
import matplotlib.pyplot as plt
plt.figure(figsize=(10,5))                                              # (1) 그림 크기 지정
plt.plot(agent.reward_list, label='rewards')                            # (2) 데이터 그리기
plt.plot(agent.moving_avg_list, linewidth=4, label='moving average')
plt.legend(loc='upper left')                                            # (3) 범례 위치 지정
plt.title('DQN')                                                        # (4) 그래프 제목 지정
plt.show()                                                              # (5) 그래프 출력
```

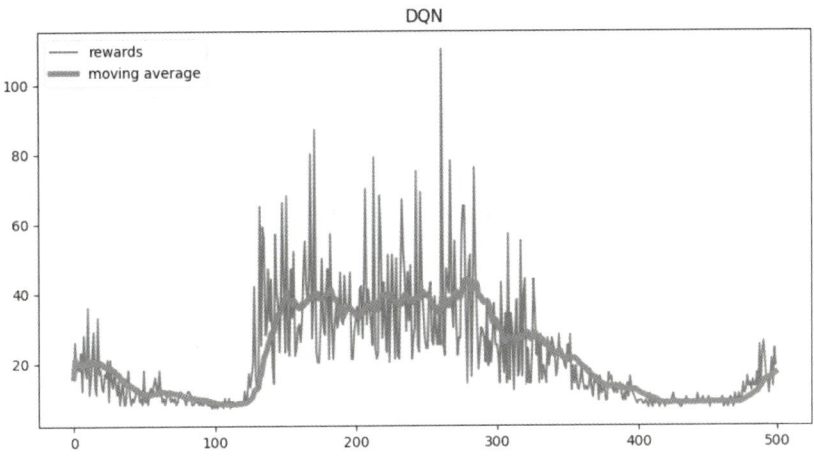

cartpole_DQN: 실행 결과 시각화

이 코드는 DQN 에이전트의 학습 결과를 시각적으로 확인하기 위해 그래프를 출력하는 역할을 한다. 에피소드별 보상과 이동 평균을 선 그래프로 표현하여, 학습 성능이 시간이 지남에 따라 어떻게 변했는지를 한눈에 파악할 수 있도록 도와준다. 아래는 각 단계에 대한 설명이다.

### (1) 그림 크기 지정

그래프 전체의 가로와 세로 크기를 설정하는 단계이다. 그래프가 너무 작거나 커지지 않도록 적절한 비율을 지정하여 시각적으로 보기 좋게 조정한다.

### (2) 데이터 그리기

에이전트가 각 에피소드에서 얻은 보상 데이터와 최근 일정 구간(예: 20회)의 이동 평균 데이터를 선 그래프로 표시한다. 이동 평균선은 선 굵기를 더 두껍게 하여 눈에 잘 띄게 강조한다.

### (3) 범례 위치 지정

그래프에 포함된 여러 선이 어떤 데이터를 의미하는지를 나타내는 범례를 추가한다. 이 범례는 그래프의 왼쪽 위 등 보기 좋은 위치에 배치된다.

### (4) 그래프 제목 지정

그래프 상단에 제목을 붙여, 이 그래프가 어떤 알고리즘이나 실험 결과를 보여주는 것인지 쉽게 알 수 있도록 한다.

### (5) 그래프 출력

지금까지 설정한 내용을 실제 그래프 창에 출력한다. 이 과정을 통해 학습 성능의 변화를 시각적으로 확인할 수 있다.

이 그래프는 DQN 에이전트가 500회의 에피소드를 통해 학습한 성능 변화를 보여준다. 파란 선은 각 에피소드에서 받은 보상 값(rewards)을 나타내며, 주황색 선은 최근 20회 보상의 이동 평균(moving average)을 나타낸다.

초반에는 보상이 낮고 불안정했지만, 중간 구간(약 120~280회)에서는 보상이 크게 향상되며 학습이 잘 이루어진 모습을 보여준다. 이후 후반부로 갈수록 다시 보상이 낮아지며 성능이 감소하는 경향이 나타난다. 전반적으로 학습 중에 일시적으로 성능이 좋아졌지만, 끝까지 안정적으로 유지되지는 못한 불안정한 학습 결과를 시각적으로 확인할 수 있다.

결과적으로 이번 DQN 학습은 **일시적으로 높은 성능을 보이긴 했지만, 장기적으로는 불안정한 결과를 낳았다.** 이동 평균이 꾸준히 유지되지 못했고, 학습 후반부에서는 오히려 성능이 퇴보하였다. 하지만 이는 하이퍼파라미터 조정, 모델 구조 변경, 리플레이 메모리 전략 개선 등을 통해 충분히 개선할 수 있는 문제이다. 따라서 이번 실습은 **DQN 알고리즘의 개념과 흐름을 이해하는 데 초점을 두고**, 실제로 성능을 극대화하기 위한 튜닝은 이후 단계로 미루는 것이 바람직하다.

# 8

## 정책기반 강화학습 REINFORCE 알고리즘

앞에서 학습한 가치 기반 강화학습은 환경으로부터 얻는 보상을 토대로 가치 함수(value function)를 먼저 추정하고, 이 가치 함수를 바탕으로 정책(policy)을 유도해내는 방식이었다. 예를 들어 Q 러닝(Q-Learning)에서는 상태-행동 쌍의 가치를 나타내는 Q값을 계산한 뒤, 이 중 가장 큰 값을 갖는 행동을 선택하는 방식으로 정책을 구성하였다.

이러한 방식은 직관적이고 강력하지만, 항상 최댓값(max)을 찾는 과정이 포함되기 때문에 미분이 불가능하거나, 연속적인 행동 공간을 다루는 문제에서는 최적화가 어려워지는 단점이 있다. 특히 딥러닝 기반 모델에서는 이러한 max 연산이 학습 과정에서 연속적으로 연결되지 않아 학습이 불안정해질 수 있다.

이제는 이러한 한계를 넘어서기 위해 **정책(policy)을 직접 학습**하는 방법을 살펴보고자 한다. 이를 정책 기반 강화학습(policy – based reinforcement learning)이라고 하며, Q값이나 V값 같은 중간 계산 없이 곧바로 정책 자체를 최적화의 대상으로 삼는다. 즉, 어떤 상태에서 어떤 행동을 할 확률을 직접 조정하면서, 보상이 최대화되는 방향으로 정책을 점진적으로 개선해 나간다.

정책 기반 방법은 특히 다음과 같은 상황에서 유리하다.

- 행동 공간이 **연속적인 경우**
- 확률적인 정책이 필요한 경우
- 정책을 **미분 가능한 형태**로 모델링해야 하는 경우

이제부터는 이러한 정책 기반 접근의 대표적인 기법인 **REINFORCE** 알고리즘을 시작으로, 정책을 직접 학습하는 새로운 강화학습 흐름을 배워보자.

> **Tip 미분이 중요한 이유**
>
> 딥러닝이나 강화학습에서 손실을 줄이기 위한 방법이 바로 '경사하강법(gradient descent)'이다. 이 알고리즘은 손실 함수에 대해 각 파라미터를 미분하고, 그 기울기를 따라 파라미터를 조정하면서 점점 더 좋은 값을 찾아간다. 다시 말해, 미분이 가능해야만, 우리가 어느 방향으로 학습 파라미터를 바꾸어야 손실이 줄어드는지를 알 수 있다.

## 8 정책기반 강화학습 REINFORCE 알고리즘

## 8.1 인공신경망 다시 보기

정책기반 강화학습을 본격적으로 살펴보기 전에, 그 핵심 기반이 되는 인공신경망(artificial neural network)의 개념을 다시 한번 정리해보자.

정책기반 방법은 정책을 직접 학습하는 구조이기 때문에, 입력된 상태로부터 행동을 선택

하는 확률을 계산하거나, 행동을 결정짓는 함수 자체를 **신경망 모델로 표현하는 경우가 대부분**이다. 즉, 신경망은 단순한 보조 도구가 아니라, 학습의 주체이자 정책 그 자체가 되는 중요한 역할을 한다.

그래서 신경망이 왜 함수로 볼 수 있는지, 그리고 어떻게 데이터를 통해 복잡한 정책을 학습하게 되는지를 다시 한번 짚고 넘어가는 것이 좋다. 신경망의 개념을 이해하면, 앞으로 배우게 될 REINFORCE나 Actor – Critic 같은 정책기반 알고리즘의 구조도 훨씬 자연스럽게 받아들일 수 있게 된다.

그럼 이제, 인공신경망이 무엇이고, 어떻게 학습을 통해 복잡한 정책을 만들어내는지를 질문과 답변의 흐름을 따라 다시 정리해보자.

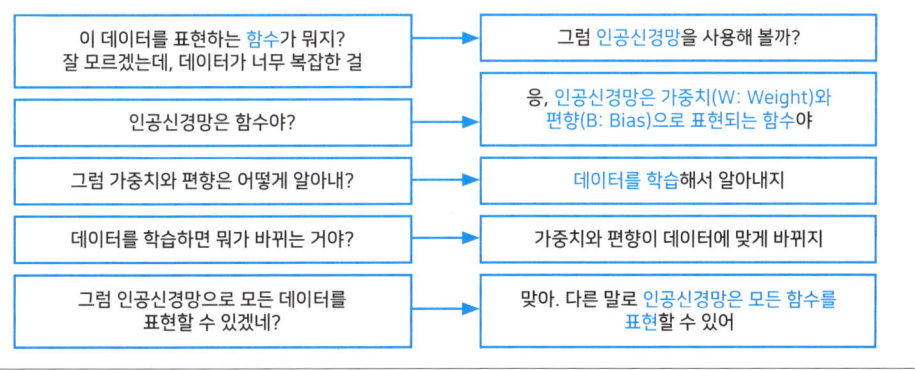

인공신경망 다시 보기

인공신경망은 복잡한 데이터를 이해하고 표현하는 데 매우 유용한 도구이다. 이를 보다 쉽게 이해하기 위해, 질문과 대답의 형태로 개념을 하나씩 풀어가 보자.

먼저, 이런 상황을 생각해보자. "이 데이터를 수학적으로 표현하는 함수가 뭘까?" 하고 고민하게 된다. 하지만 현실의 데이터는 너무 복잡해서, 정확한 수식으로 표현하기가 어렵다. 그렇다면 이렇게 복잡한 데이터를 다루기 위해 어떤 방법을 쓸 수 있을까? 여기서 떠오르는 해결책이 바로 **인공신경망**이다.

그렇다면 인공신경망은 무엇일까? 간단히 말하면, 인공신경망도 하나의 함수이다. 이 함수는 수많은 가중치(weight)와 편향(bias)으로 구성되어 있으며, 입력값을 받아 연산을 통해 출력값을 만들어낸다.

그럼 또 다른 궁금증이 생긴다. "그 많은 가중치와 편향은 어떻게 알아낼 수 있을까?" 이에 대한 답은 간단하다. 바로 **학습**을 통해 알아낸다는 것이다. 데이터를 반복해서 넣고, 정답과 비교하면서, 점점 더 정확한 결과를 낼 수 있도록 스스로 내부 값을 조정해나간다.

마지막으로 이런 질문이 따라온다. "그렇다면 인공신경망으로 정말 모든 데이터를 표현할 수 있을까?" 놀랍게도, 이론적으로는 그렇다. 보편 근사 정리(universal approximation theorem)에 따르면, 충분한 구조와 학습이 이루어진 인공신경망은 어떤 복잡한 함수든 근사할 수 있다.

결국 인공신경망은, 우리가 함수의 모양을 명확히 몰라도, 데이터를 통해 그 함수를 스스로 찾아내고 표현할 수 있도록 도와주는 강력한 도구인 셈이다. 이렇게 질문을 따라가며 이해하면, 인공신경망이 왜 필요한지, 어떤 원리로 작동하는지 자연스럽게 이해할 수 있다.

> **! Tip**  보편 근사 정리
>
> 보편 근사 정리(universal approximation theorem)는 인공신경망이 왜 강력한 모델인지 설명해주는 중요한 이론이다. 간단히 말해, 이 정리는 다음과 같은 내용을 담고 있다:
> "은닉층이 하나만 있는 신경망이라도, 충분히 많은 노드를 갖고 있다면 어떤 연속적인 함수든 근사할 수 있다."
> 즉, 우리가 찾고 싶은 복잡한 함수가 어떤 모양이든 간에, 인공신경망은 그 함수의 형태를 학습을 통해 따라갈 수 있다는 뜻이다.
> 이 이론은 신경망이 단순한 선형 모델이 아니라, 매우 다양한 문제를 풀 수 있는 보편적인 함수 근사기임을 수학적으로 증명해준다. 다만 실제로 근사하려면 적절한 구조, 충분한 학습 데이터, 잘 설계된 학습 방법이 필요하다.

> 8  정책기반 강화학습 REINFORCE 알고리즘

## 8.2 정책 그래디언트

우리가 앞에서 함수 근사법을 배울 때는, 가치 함수를 근사하기 위해 J(w)라는 함수를 만들었다. 이 함수는 가치 함수 근사 결과와 실제 값의 차이를 기반으로 구성되었고, 이를 오차 함수라고 부르며, 경사하강법을 통해 최소화하는 방식으로 학습을 진행했다.

이번에는 이와 비슷한 구조를 정책(policy)에도 적용한다. 다만 이번에는 가치 함수를 예측하는 것이 아니라, 정책 자체를 학습의 대상으로 삼는다. 여기서 등장하는 함수가 바로 $J(\theta)$이다. 이 함수는 $\theta$라는 파라미터(신경망의 가중치 등)로 구성되어 있으며, 에이전트가 어떤 정책을 사용했을 때 얼마나 좋은 성능을 낼 수 있는지를 수치로 평가하는 함수다. 그래서 이를 정책 목적 함수(policy objective function)라고 부른다.

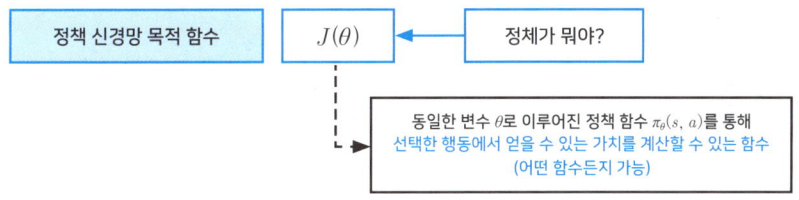

정책 목적 함수 J(θ)

그렇다면 정책 $\pi$는 다시 어떻게 정의될까? 정책은 에이전트가 특정 상태 $s$에서 어떤 행동 $a$를 **선택할 확률**을 말한다. 이제 이 정책도 신경망처럼 $\theta$로 구성된 함수로 표현되기 때문에, $\pi_\theta(s, a)$와 같이 쓴다. 즉, 파라미터 $\theta$에 따라 행동이 정해지는 **확률적 정책**이 되는 것이다.

그럼 다시 $J(\theta)$의 의미를 보자. $J(\theta)$는 $\pi_\theta(s, a)$를 사용해, 우리가 선택한 행동이 앞으로 **얼마나 큰 보상(가치)을 얻을 수 있을지 계산해주는 함수**이다. 다시 말해, 이 함수는 '지금 선택한 정책이 얼마나 좋은지'를 판단하는 기준이 되는 것이다. 이 목적 함수를 최대화하면, 더 나은 정책이 만들어진다.

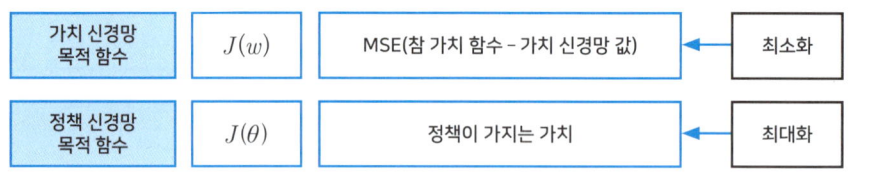

가치 신경망과 정책 신경망 평가 함수

그림을 보면, $J(\theta)$는 정책 신경망과 연결되어 있고, 이 $J(\theta)$를 통해 신경망이 점점 더 좋은 방향으로 학습될 수 있도록 한다. 이때 $J(\theta)$는 **미분 가능**해야 하며, 그 덕분에 경사상승법(gradient ascent)을 사용해 학습을 진행할 수 있다(가치 함수에서는 오차를 줄이기 위해 최소화 → 경사하강법을 사용했던 것과 반대 개념이다).

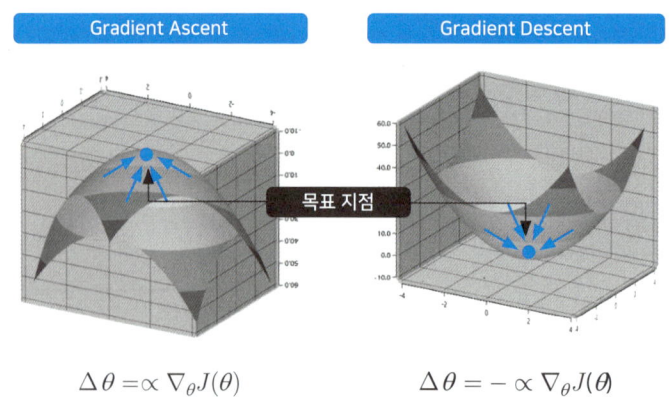

경사상승법

우리는 앞서 함수 근사법에서 **경사하강법**을 사용해본 경험이 있다. 이 알고리즘은 말 그대로 **내리막길을 따라 이동하며 함수의 최저점(최솟값)을 찾는 방식**이다. 손실 함수 $J(\theta)$를 변수 $\theta$에 대해 편미분(기울기 계산)한 뒤, 그 방향의 음수 방향(내려가는 방향)으로 조금씩 이동해 가며 오차를 줄여 나간다. 수식으로 표현하면 $\Delta\theta = -\propto \nabla\theta J(\theta)$와 같이 쓴다. 여기서 $\nabla$는 그래디언트(기울기), $\propto$는 학습률(얼마나 이동할지)이다.

반대로, 이번에 새롭게 등장한 **경사상승법**은 오르막길을 따라 **최댓값(최고점)을 찾아가는 방식**이다. 우리가 지금 배우는 정책기반 강화학습에서는 정책의 성능을 높이는 것이 목적이므로, 함수 J(θ)의 값을 **최대한 크게 만드는 방향으로 이동**해야 한다. 그래서 경사하강법과는 반대로 **양의 방향으로 기울기를 따라 이동**한다. 수식으로는 $\Delta\theta = +\propto \nabla\theta J(\theta)$로 표현한다.

결국 두 방법은 업데이트 방향(부호)만 다르다.

- 경사하강법은 '내려가는 방향(−)'으로,
- 경사상승법은 '올라가는 방향(+)'으로 움직인다.

그림에서도 이 차이를 잘 보여주고 있다. 경사하강법은 함수가 오목한 모양일 때 중앙의 최저점을 향해 내려가고, 경사상승법은 볼록한 모양에서 중앙의 최고점을 향해 올라간다.

$$\boxed{\text{MDP}}\ \begin{aligned} v_\pi(s) &= E_\pi[G_t \mid S_t = s] & \text{①}\\ &= E_\pi[R_{t+1} + \gamma v_\pi(S_{t+1}) \mid S_t = s] & \text{②}\\ &= \sum_{a \in A} \pi(a \mid s)\Big(R_s^a + \gamma \sum_{s' \in S} P_{ss'}^a v_\pi(s')\Big) & \text{③}\\ &= \sum_{a \in A} \pi(a \mid s) R_s^a + \gamma \sum_{a \in A} \pi(a \mid s) \sum_{s' \in S} P_{ss'}^a v_\pi(s') & \text{④} \end{aligned}$$

MDP에서 가치 함수

여기서는 정책기반 강화학습의 출발점이 되는 정책 목적 함수 J(θ)를 정의하기에 앞서, MDP(마르코프 결정 과정)에서 다뤘던 가치 함수(value function)를 다시 한번 되짚어보자. 정책을 평가하는 새로운 함수 J(θ)를 만들기 위해선, 기존에 신뢰할 수 있는 수학적 기반 위에서 출발하는 것이 좋다. 그 기반이 바로 MDP에서 정의된 가치 함수다. 아래는 가치 함수를 단계적으로 정리한 설명이다.

### ① 가치 함수의 기본 개념

가치 함수는 특정 상태에서 시작해, 어떤 정책을 따를 때 앞으로 받을 것으로 예상되는 **총 보상의 기댓값**이다. 쉽게 말해, 지금 상태에서 어떤 정책을 쓰면 얼마나 많은 보상을 받을 수 있는지를 나타내는 함수이다.

### ② 가치 함수의 재정의

이 기댓값은 한 번에 계산되는 것이 아니라, **지금 바로 받는 보상**과 다음 시간에 받을 것으로 예상되는 **미래 보상**을 더한 값으로 표현할 수 있다. 미래 보상은 너무 멀리 있는 보상까지 고려하지 않도록 **할인율** $\gamma$를 곱해 줄여준다.

### ③ 행동에 대한 기댓값 정리

우리는 어떤 행동을 선택할지를 완전히 정해두지 않고, **정책 $\pi$에 따라 확률적으로 행동을 선택**한다. 따라서 가능한 모든 행동에 대해 그 행동을 선택할 확률을 곱해주고, 그 결과를 모두 더해서 **기댓값**을 표현할 수 있다.

### ④ 상태 전이까지 포함한 전개

조금 더 수식을 풀어보면, 특정 행동을 했을 때 받을 수 있는 **보상**과, 그 행동 이후 **어떤 상태로 전이될 확률**을 함께 고려한 값들을 모두 더해서 가치 함수를 표현할 수 있다. 이때 상태 전이 확률과 다음 상태에서의 가치까지 함께 포함되므로, 더 실제 상황에 가까운 형태가 된다.

이렇게 정리된 가치 함수는 이미 강화학습의 중요한 기반으로 자리잡고 있다. 그래서 우리는 새로운 정책 평가 함수인 $J(\theta)$를 정의할 때, 전혀 생소한 방식이 아니라 이 가치 함수의 개념을 **자연스럽게 확장하거나 응용해서** 사용하려 한다. 그렇게 하면 수학적 개연성이 있고, 해석도 쉬우며, 실제 학습에서도 안정적인 성능을 기대할 수 있다.

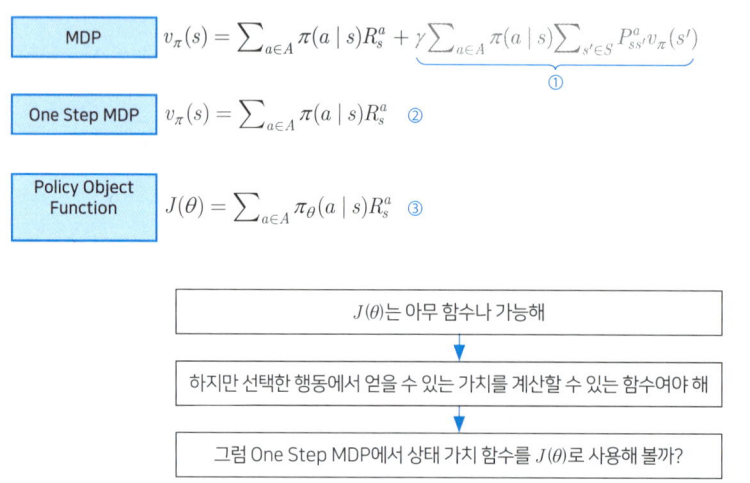

정책 목적 함수

정책기반 강화학습에서는 정책이 얼마나 좋은지를 수치로 평가하고, 그 결과를 **최대한 높이는 방향**으로 정책을 학습해 나가야 한다. 이를 위해 사용하는 함수가 바로 정책 목적 함수 $J(\theta)$인데, 이 함수를 어떻게 정의할지 고민할 때, 먼저 기존의 **MDP에서 정의된 상태 가치 함수**를 참고하는 것이 자연스럽다. 그림의 흐름에 따라 단계적으로 살펴보자.

### ① 일반적인 MDP 가치 함수

가치 함수 $v_\pi(s)$는 현재 상태에서 어떤 정책 $\pi$를 따를 때, 미래에 받을 것으로 예상되는 총 보상의 기댓값이다. 이 기댓값은 지금 당장 받을 보상뿐만 아니라, 그 이후의 상태에서 받을 보상들까지 모두 포함한다. 이를 위해 할인율 $\gamma$를 사용하여 미래 보상을 점점 줄여 반영하며, 상태 전이 확률과 다음 상태의 가치도 모두 고려된다. 하지만 이 식은 여러 타임스텝을 고려한 전체적인 가치 평가 방식이다.

### ② One Step MDP의 가치 함수

One Step MDP에서는 말 그대로 하나의 시간 단계만 고려한다. 즉, 미래에 어떤 상태로 이동할지, 또 거기서 어떤 보상을 받을지는 모두 무시하고, 오직 지금 이 순간에 받을 수 있는 보상만 반영한다. 따라서 기존 MDP 가치 함수에서 사용하던 할인된 미래 보상($\gamma$로 시작하는 항)을 제거하면, One Step MDP에 해당하는 단순한 형태의 가치 함수를 얻을 수 있다. 이 함수는 계산이 간단하면서도, 정책의 성능을 빠르게 평가하는 데에 유용한 출발점이 된다.

### ③ 정책 목적 함수 $J(\theta)$로 확장

이제 이 기댓값을 정책 전체의 성능을 평가하는 함수, 즉 정책 목적 함수 $J(\theta)$로 만들고 싶다. 그러기 위해선 다음과 같은 변화가 필요하다:

- 정책 $\pi$ → 신경망 기반 정책 $\pi_\theta$
  원래의 정책 $\pi$는 확률표처럼 주어지는 것이지만, 이제는 신경망으로 표현되는 확률 분포로 바꿔야 한다. 즉, 정책은 함수이고, 그 함수의 파라미터가 $\theta$다.
  → 그래서 $\pi(a|s)$ 가 $\pi_\theta(a|s)$ 로 바뀐다.
- $J(\theta)$는 상태 하나가 아니라 전체 정책의 평가

식 ②는 특정 상태 s에서의 기대 보상이다. 그런데 정책 전체를 평가하려면, 단일 상태가 아니라 여러 상태에 대해 평균을 내거나, 또는 상태가 고정된 조건에서 사용해야 한다.

여기서는 단순화를 위해 특정 상태 s에서만 계산한다고 보고, 그 상태에서 얻을 수 있는 기대 보상을 $J(\theta)$라고 정의하는 것이다. 원칙적으로는 다음 수식이 맞다.

$$J(\theta) = \mathbb{E}_{s \sim d^{\pi_\theta}}[v_{\pi_\theta}(s)]$$

그럼 이제 남은 과제는 이 $J(\theta)$의 값을 최대한 크게 만드는 파라미터 $\theta$를 찾는 것이다. 이때 사용하는 것이 바로 경사상승법(gradient ascent)이다. $J(\theta)$를 $\theta$에 대해 미분한 결과를 바탕으로, $J(\theta)$를 증가시키는 방향으로 $\theta$를 갱신하는 방식이다. 이 과정을 통해 정책이 점점 더 나은 방향으로 개선되며, 최종적으로는 가장 좋은 정책에 수렴하도록 한다.

이와 같이, 하나의 타임스텝만 고려한 단순한 MDP 형태로부터 출발한 가치 함수를 기반으로, 정책 목적 함수 $J(\theta)$를 정의하고, 이를 최대화하는 방식으로 강화학습을 수행하는 전체 흐름을 정책 그래디언트(policy gradient)라고 부른다.

**Policy Gradient**

$$\nabla_\theta J(\theta) = \sum_{a \in A} \nabla_\theta \pi_\theta(a \mid s) R_s^a \quad ①$$

$$= \underbrace{\sum_{a \in A} \pi_\theta(a \mid s)}_{②\text{-}1} \nabla_\theta \log \pi_\theta(a \mid s) R_s^a \quad ②$$

$$= E_{\pi_\theta}[\nabla_\theta \log \pi_\theta(a \mid s) R_s^a] \quad ③$$

**Policy Gradient with SGD**

$$\approx \nabla_\theta \log \pi_\theta(a \mid s) \, r \quad ④$$

**Likelihood Ratio**

$$\nabla_\theta \pi_\theta(a \mid s) = \pi_\theta(a \mid s) \frac{\nabla_\theta \pi_\theta(a \mid s)}{\pi_\theta(a \mid s)}$$
$$= \pi_\theta(a \mid s) \nabla_\theta \log \pi_\theta(a \mid s)$$

정책 그래디언트

이 그림은 정책기반 강화학습에서 사용하는 정책 그래디언트의 수식이 어떻게 간단한 형태로 정리되는지를 보여준다. 처음에는 수학적으로 복잡해 보일 수 있지만, 하나씩 순서대로 이해하면 충분히 직관적으로 받아들일 수 있다.

### ① 정책 목적 함수의 그래디언트
가장 처음 등장하는 식은 정책 목적 함수의 기울기를 계산하는 공식이다. 여기서는 어떤 행동을 선택할 확률의 변화가, 전체 보상에 어떤 영향을 주는지를 계산하려는 것이다. 이 수식은 정책 함수의 기울기와 보상의 곱으로 구성되어 있다.

### ② 우도 비율을 이용한 수식 변형
이 단계에서는 수학에서 이미 증명된 '우도 비율'이라는 개념을 활용하여 식을 바꾼다. 우도 비율(likelihood ratio)을 사용하면 행동을 선택할 확률을 로그 함수의 형태로 표현할 수 있게 된다. 이렇게 바꾸면 정책 함수의 기울기를 계산할 때 훨씬 더 간단하고 안정적으로 처리할 수 있다.

### ③ 기댓값 형태로 변형
두 번째 식은 로그 함수 형태로 바뀌었고, 이를 전체 행동 분포에 대한 기댓값 형태로 표현할 수 있다. 이는 모든 가능한 행동에 대해 확률적으로 평균을 낸다는 뜻이다. 이렇게 구한 기댓값은 실제 학습 과정에서 사용되는 핵심이 되며, 수식 계산의 기반이 된다.

### ④ 샘플링을 통한 간단화
실제로 강화학습에서는 모든 상태와 행동을 고려한 평균을 계산하기 어렵기 때문에, 기댓값 대신 샘플링을 사용한다. 즉, 에이전트가 실제 환경에서 한 번의 시도에서 얻은 보상만을 가지고 학습에 활용하는 것이다. 이 방식이 바로 확률적 경사하강법(SGD)이며, 수식은 매우 단순한 형태로 변한다. 여기서 보상을 R이 아닌 r로 쓰는 이유는, 전체 평균이 아닌 실제 받은 하나의 샘플 보상이기 때문이다.

이처럼 정책 목적 함수는 처음에는 복잡한 형태로 시작하지만, 우도 비율을 적용하고, 기댓값으로 바꾼 후, 실제 보상으로 대체하는 과정을 거치면 매우 직관적이고 간단한 형태로 정리된다. 최종적으로 이 수식을 경사상승법으로 최적화하면, 우리가 원하는 가장 좋은 정책을 찾을 수 있게 된다.

| One Step MDP | $\nabla_\theta J(\theta) = E_{\pi_\theta}[\nabla_\theta \log \pi_\theta(a \mid s) R_s^a]$ |

| Multi Step MDP | $\nabla_\theta J(\theta) = E_{\pi_\theta}[\nabla_\theta \log \pi_\theta(a \mid s) Q^{\pi_\theta}(s,a)]$ |

| MC (REINFORCE) | $\nabla_\theta J(\theta) = E_{\pi_\theta}[\nabla_\theta \log \pi_\theta(a \mid s) G_t]$ |

다양한 형태의 비용 함수

강화학습에서 정책을 학습하기 위해 사용하는 정책 목적 함수는 다양한 방식으로 정의될 수 있으며, 각각의 방식은 문제의 특성과 학습 환경에 따라 적절히 선택된다. 아래는 세 가지 대표적인 형태의 목적 함수에 대한 설명이다.

### ① One Step MDP 방식

One Step MDP는 한 타임스텝만 고려하는 가장 단순한 형태의 정책 목적 함수다. 현재 상태에서 어떤 행동을 선택할 확률과, 그 행동을 통해 즉시 받을 수 있는 보상을 곱해 기댓값을 계산한다. 미래 보상은 전혀 고려하지 않고 오직 한 스텝만 평가하기 때문에 계산이 매우 단순하고 빠르다. 하지만 장기적인 의사결정이 필요한 문제에는 적합하지 않다.

### ② Multi Step MDP 방식

한 번의 행동으로 끝나지 않고, 여러 타임스텝을 고려해야 할 경우에는 Multi Step MDP를 사용한다. 이때는 단순한 보상 대신에 Q 함수, 즉 현재 상태에서 특정 행동을 선택했을 때 미래까지 고려한 전체 기대 보상을 사용한다. Q는 모든 상태와 행동의 조합에 대한 가치를 계산하기 때문에, 이전에 사용하던 보상 R보다 계산량이 줄어들지만, 여전히 함수 근사나 추가 학습이 필요한 복잡한 과정이 수반된다. 실제로는 Q를 추정하는 Critic 모델이 필요하게 되며, 이는 Actor – Critic 계열 알고리즘으로 확장된다.

### ③ 몬테카를로 방식(MC/REINFORCE)

프로그래밍 관점에서 Q 함수를 계산하는 것도 만만치 않기 때문에, 이를 대신하여 반환값 G를 사용하는 방법이 있다. G는 에이전트가 한 에피소드를 전부 실행한 후 받은 모든 보상의 합이며, 이를 그대로 정책의 평가 기준으로 사용할 수 있다. 이 방식을 사용하면 기댓값을 계산할 필요 없이 실제 에이전트의 경험만으로 학습할 수 있다는 장점이 있다. 이런 방식을 사용하는 알고리즘이 바로 REINFORCE이며, 정책 그래디언트를 가장 단순한 형태로 실현한 모델이다.

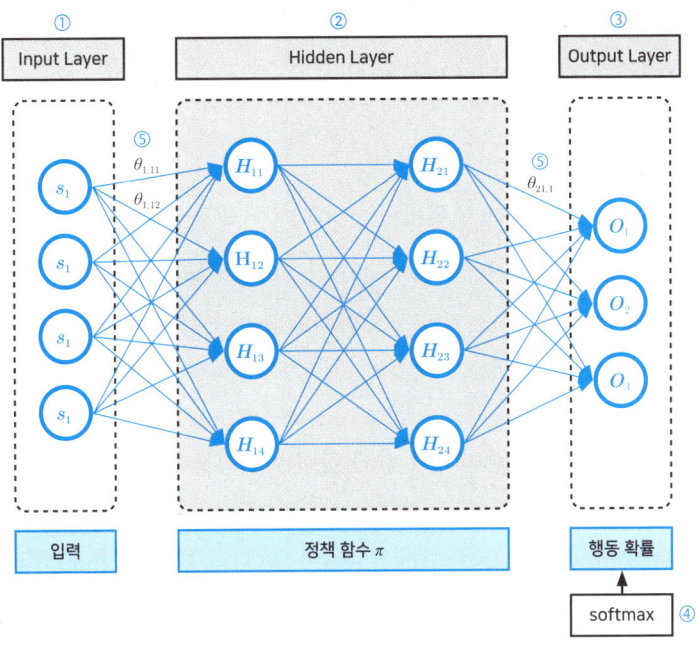

인공신경망을 활용한 정책 그래디언트

위 그림은 인공신경망을 활용하여 정책기반 강화학습의 핵심 개념인 정책 함수($\pi$)를 구성하는 구조를 보여준다. 인공신경망은 입력층, 은닉층, 출력층으로 이루어져 있으며, 이 구조는 에이전트가 어떤 상태에서 어떤 행동을 선택할지를 결정하는 정책 신경망으로 사용된다.

① **입력층**

입력층(Input Layer)은 환경으로부터 관찰한 상태 $S = [s_1, s_2, s_3, s_4]$를 받아들이는 역할을 한다. 이 상태는 현재 에이전트가 처해 있는 환경의 정보를 수치화한 값이다. 예를 들어

CartPole 환경에서는 막대의 각도, 속도, 위치 등이 이에 해당한다.

### ② 은닉층 - 정책 함수 π(θ)

은닉층(hidden layer)은 입력된 상태를 바탕으로 내부 연산을 수행하며, 정책 함수 $\pi$를 근사하는 역할을 한다. 이 층에서는 가중치 $\theta$가 사용되며, 이는 에이전트가 학습하면서 조정해야 할 핵심 변수이다. 즉, 정책 함수 $\pi$는 은닉층과 출력층의 가중치 $\theta$로 표현되며, 이것이 바로 정책 그래디언트의 학습 대상이 된다.

### ③ 출력층

출력층(output layer)에서는 각 행동(action)에 대한 확률 분포를 출력한다. 예제에서는 세 개의 행동 $O_1$, $O_2$, $O_3$ 중 하나를 선택해야 하며, 각 노드의 출력값은 해당 행동을 선택할 확률을 의미한다. 이 확률은 소프트맥스 함수(softmax)를 통해 계산된다.

### ④ 소프트맥스 함수의 역할

소프트맥스는 여러 개의 출력을 받아서 전체 합이 1이 되도록 정규화하는 함수이다. 각 출력은 0과 1 사이의 값을 가지며, 이 값은 각 행동을 선택할 확률로 해석된다. 이처럼 확률 분포를 만들 수 있기 때문에 정책 신경망의 마지막 활성화 함수로 소프트맥스가 자주 사용된다.

### ⑤ 학습과 업데이트

에이전트는 환경에서 반복적으로 시도하면서 실제 보상을 받고, 그에 따라 정책 신경망의 가중치 $\theta$를 업데이트해 나간다. 이 과정을 통해 점점 더 보상을 극대화하는 방향으로 정책이 개선되며, 결국 최적의 정책에 수렴하게 된다.

이처럼 인공신경망은 강화학습에서 복잡한 정책 함수를 근사하는 강력한 도구로 활용되며, 소프트맥스는 그 결과를 확률적 행동 선택으로 자연스럽게 연결시켜주는 핵심 요소가 된다.

>>> 8 정책기반 강화학습 REINFORCE 알고리즘

# 8.3 REINFORCE 알고리즘 동작 방식

정책 기반 강화학습에서 대표적인 기초 알고리즘의 하나인 REINFORCE 알고리즘은 몬테카를로 방식으로 동작하는 정책 그래디언트 학습 방법이다. 이 알고리즘은 전체 에피소드를 끝까지 실행한 후, 그 안에서 얻은 데이터를 바탕으로 정책 신경망을 업데이트한다. 아래 그림은 REINFORCE 알고리즘이 작동하는 전체 흐름을 보여준다. 복잡해 보일 수 있지만, 각 번호에 따라 하나씩 살펴보면 충분히 이해할 수 있다.

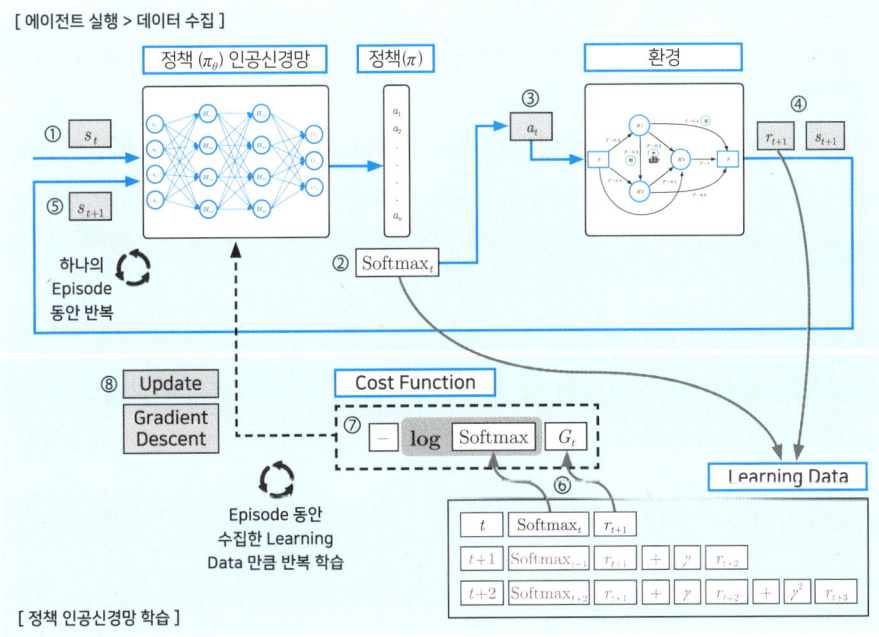

REINFORCE 알고리즘

### ① 상태 입력

가장 먼저, 현재 상태가 정책 인공신경망의 입력으로 들어간다. 이 상태는 환경이 어떤 상

황에 있는지를 수치로 표현한 것으로, 예를 들어 막대의 각도, 속도 등 물리적 요소들이 포함된다. 인공신경망은 이 상태를 바탕으로 다음 행동을 선택할 준비를 한다.

### ② 소프트맥스를 통한 행동 확률 계산

입력된 상태를 바탕으로 정책 신경망은 각 행동에 대한 확률값을 계산한다. 이때 사용되는 것이 소프트맥스 함수이다. 소프트맥스는 모든 행동에 대해 확률을 할당하며, 이 확률의 총합은 1이 된다. 계산된 확률은 실제 행동 선택에도 쓰이지만, 이후 학습에 필요한 중요한 값이기도 하다.

### ③ 행동 수행

소프트맥스 결과 중 하나의 행동이 확률적으로 선택된다. 선택된 행동은 환경에 전달되고, 환경은 이 행동을 반영하여 상태를 변화시키고, 그에 대한 보상을 계산한다.

### ④ 보상과 다음 상태 수신

에이전트는 환경으로부터 선택한 행동에 대한 보상과 새로운 상태를 받는다. 이 보상은 해당 행동이 얼마나 효과적이었는지를 나타내는 기준이 되며, 다음 상태는 이후 반복에서 다시 입력으로 사용된다.

### ⑤ 과정 반복

새로운 상태는 다시 인공신경망의 입력으로 들어가고, 위의 과정이 반복된다. 이 반복은 에피소드가 끝날 때까지, 즉 막대가 넘어지거나 정해진 조건을 만족할 때까지 계속된다.

### ⑥ 학습 데이터 구성

에피소드가 종료되면 그동안 저장된 상태, 행동 확률, 보상 정보 등을 기반으로 학습 데이터를 만든다. 특히 보상은 단순히 현재의 보상만 사용하는 것이 아니라, 감가율을 적용해 앞으로 받게 될 예상 보상까지 고려한 누적 보상으로 변환된다.

### ⑦ 비용 함수 계산

신경망을 학습하기 위해 비용 함수를 정의한다. REINFORCE 알고리즘에서는 선택한 행동의 확률에 로그를 취한 값과 누적 보상을 곱하여 학습 신호로 사용한다. 이 방식은 잘한 행동일수록 그 확률을 높이고, 잘못한 행동일수록 확률을 줄이도록 유도한다.

### ⑧ 정책 신경망 업데이트

마지막으로 구성된 학습 데이터를 바탕으로 정책 신경망의 가중치, 즉 $\theta$를 업데이트한다. 이때 사용되는 방법은 경사 상승법으로, 보상을 최대화할 수 있는 방향으로 신경망이 조금씩 조정된다. 이 과정은 여러 에피소드를 통해 반복되며, 점차 더 좋은 정책을 학습하게 된다.

이처럼 REINFORCE 알고리즘은 "에피소드 단위로 데이터를 수집하고, 그 데이터를 이용해 정책을 강화하는" 두 단계를 중심으로 구성된다. 에이전트는 실제로 환경과 상호작용하며 학습 데이터를 쌓고, 그 경험을 바탕으로 자신이 어떤 행동을 해야 할지 점점 더 잘 배워 나가게 된다.

## 8.4 REINFORCE 알고리즘 기본 구조

REINFORCE 알고리즘과 DQN 알고리즘의 가장 큰 차이는, 전혀 다른 목적 함수를 사용한다는 것 외에도 REINFORCE 알고리즘에서는 재현 메모리와 입실론 탐욕 정책을 사용하지 않는다는 특징이 있다.

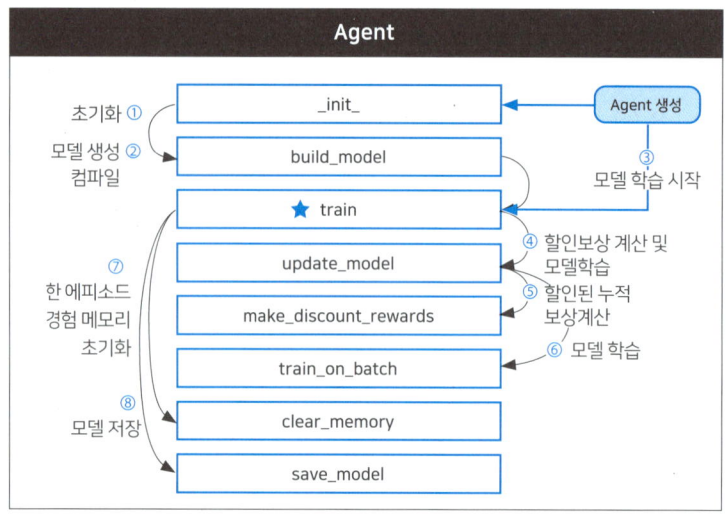

REINFORCE 알고리즘 Agent 클래스 기능 구성

이 그림은 강화학습 에이전트의 학습 과정을 절차적으로 표현한 플로우차트이다. 번호 순서대로 각 기능이 어떤 역할을 수행하는지를 정리하면 다음과 같다.

### ① 초기화

강화학습 에이전트 클래스인 Agent가 생성되면서 __init__() 함수가 호출된다. 이 과정에서 Gym 환경을 생성하고, 상태 공간과 행동 공간의 크기를 파악하며, 신경망 모델 구조와 학습에 필요한 하이퍼파라미터를 설정한다. 또한, 학습에 사용할 메모리와 기록 리스트들도 초기화한다. 강화학습의 기본 틀을 구성하는 단계라고 할 수 있다.

### ② 모델 생성 및 컴파일

build_model() 함수로 정책을 출력하는 신경망 모델을 정의하고 컴파일한다. 입력은 환경의 상태이고 출력은 행동에 대한 확률 분포이다. 이 모델은 softmax 함수를 사용해 각 행동의 선택 확률을 반환한다. 이후에는 Adam 옵티마이저와 손실 함수를 설정하여 학습 가능한 상태로 만든다. 이는 정책 기반 학습에서 행동 선택의 핵심 역할을 한다.

### ③ 모델 학습 시작

에이전트가 train() 함수를 호출하여 본격적인 학습 루프를 시작한다. 지정된 에피소드 수만큼 반복하며, 환경으로부터 상태를 받고 행동을 선택하고, 보상을 받아서 학습에 필요한 데이터를 수집하는 단계이다. 이때 수집된 정보는 이후 학습에 사용할 수 있도록 메모리에 저장된다.

### ④ 할인 보상 계산 및 모델 학습

에피소드가 종료된 후, 수집된 보상 데이터를 바탕으로 update_model() 함수가 호출된다. 이 함수는 내부적으로 보상을 할인하여 누적 보상으로 변환하고, 그 데이터를 기반으로 신경망 모델을 학습시킨다. 정책 신경망이 더 좋은 행동을 선택할 수 있도록 업데이트되는 중요한 과정이다.

### ⑤ 할인된 누적 보상 계산

make_discount_rewards() 함수에서는 에피소드 동안 받은 보상에 감가율(discount_rate)을 적용해 누적 보상으로 계산한다. 이는 미래 보상보다 현재 보상에 더 높은 가치를 부여하는 방식이며, 강화학습의 핵심 개념인 시간에 따른 보상 감쇠를 반영한다. 이렇게 계산된 값은 학습 시 가중치로 작용한다.

### ⑥ 모델 학습

할인된 보상 값을 이용해 train_on_batch() 함수를 호출하여 실제로 정책 신경망을 업데이트한다. 이 함수에서는 행동의 로그 확률과 할인 보상을 곱해 손실(loss)을 계산하고, 이를 기반으로 역전파를 수행하여 모델의 파라미터를 조정한다. 이 과정을 통해 에이전트는 더 나은 정책을 학습하게 된다.

### ⑦ 한 에피소드 경험 메모리 초기화

학습이 끝난 후, clear_memory() 함수를 호출하여 해당 에피소드 동안 저장한 상태, 행동, 보상 데이터를 초기화한다. 이는 다음 에피소드의 학습을 위해 메모리를 정리하는 과정이다. 매 에피소드마다 독립적인 학습 데이터를 사용하기 위해 반드시 필요한 작업이다.

⑧ 모델 저장

모든 학습 에피소드가 종료된 뒤에는 save_model() 함수를 통해 학습된 신경망 모델을 파일로 저장한다. 이로써 향후 동일한 모델을 재사용하거나, 테스트 및 배포 단계에서 재활용할 수 있게 된다.

이처럼 각 단계는 순차적으로 연결되며, train() 함수가 전체 흐름을 주도하고 update_model(), train_on_batch(), make_discount_rewards(), clear_memory() 등의 함수가 내부적으로 동작하여 강화학습을 구현하게 된다. 이 구조는 강화학습 중에서도 정책 기반(policy gradient) 방식의 대표적인 흐름이라 할 수 있다.

## 8.5 REINFORCE 알고리즘 전체 코드 리뷰

REINFORCE 알고리즘의 기본구조는 DQN 알고리즘과 동일하다. 앞에서 설명한 두 알고리즘의 차이점을 유념하면서 코드를 살펴보도록 하자.

cartpole_reinforce.ipynb

```python
# -*- coding: utf-8 -*-
import tensorflow as tf
from tensorflow.keras.layers import Input, Dense
from tensorflow.keras.optimizers import Adam
import gym
import numpy as np
import os
import warnings
warnings.filterwarnings("ignore", category=DeprecationWarning)

class Agent(object):
    def __init__(self):
        
        self.env = gym.make('CartPole-v1')
```

```python
        self.state_size = self.env.observation_space.shape[0]
        self.action_size = self.env.action_space.n

        self.node_num = 12
        self.learning_rate = 0.0005
        self.model = self.build_model()

        self.discount_rate = 0.95
        self.penalty = -10

        self.episode_num = 500

        self.moving_avg_size = 20
        self.reward_list = []
        self.count_list = []
        self.moving_avg_list = []

        self.states = []
        self.actions = []
        self.rewards = []

    def build_model(self):
        input_states = Input(shape=(self.state_size,), name='input_states') #(1) 입력층 정의
        x = Dense(self.node_num, activation='tanh')(input_states) #(2) 은닉층 정의
        out_actions = Dense(self.action_size, activation='softmax', name='output')(x)
                                                                        #(3) 출력층 정의

        #(4) 모델생성 및 컴파일
        model = tf.keras.models.Model(inputs=input_states, outputs=out_actions)
        model.compile(optimizer=Adam(learning_rate=self.learning_rate),
                      loss='mean_squared_error')

        #(5) 모델 구조 요약 및 반환
        model.summary()
        return model

    def train(self):
        #(1) 에피소드 반복 시작
        for episode in range(self.episode_num):
            state, _ = self.env.reset() #(2) 환경을 초기화하고 상태를 받아온다
            step_count = 0
            reward_tot = 0
            done = False
```

```python
while not done:
    #(3) 상태에 따라 행동 선택
    state_input = np.reshape(state, [1, self.state_size]).astype(np.float32)
    policy = self.model(state_input, training=False).numpy()[0]
    action = np.random.choice(self.action_size, p=policy)

    #(4) 선택한 행동을 환경에 적용하고 결과를 수집한다
    next_state, reward, terminated, truncated, _ = self.env.step(action)
    done = terminated or truncated

    if done and step_count < 499:
        reward = self.penalty

    action_onehot = np.zeros(self.action_size)
    action_onehot[action] = 1

    #(5) 학습을 위한 데이터 저장
    self.states.append(state)
    self.actions.append(action_onehot)
    self.rewards.append(reward)

    state = next_state
    reward_tot += reward
    step_count += 1

#(6) 보상 기록 및 이동 평균 계산
self.reward_list.append(reward_tot - self.penalty)
self.count_list.append(step_count)
self.moving_avg_list.append(np.mean(self.reward_list[-self.moving_avg_size:]))

#(7) 정책 신경망 업데이트
self.update_model()

#(8) 메모리 초기화
self.clear_memory()

#(9) 학습상태 주기적 출력
if episode % 10 == 0:
    moving_avg = np.mean(self.reward_list[-self.moving_avg_size:])
    reward_avg = np.mean(self.reward_list)
    print(f"episode:{episode}, moving_avg:{moving_avg:.2f}, rewards_
                                                avg:{reward_avg:.2f}")
```

```python
        #(10) 모델 저장
        self.save_model()

    def update_model(self):
        discounted_rewards = self.make_discount_rewards(self.rewards)
        array_states = np.array(self.states, dtype=np.float32)
        array_actions = np.array(self.actions, dtype=np.float32)

        discounted_rewards -= np.mean(discounted_rewards)
        discounted_rewards /= (np.std(discounted_rewards) + 1e-8)

        self.train_on_batch(array_states, array_actions, discounted_rewards)

    def make_discount_rewards(self, rewards):
        #(1) 할인된 보상을 저자알 배열 생성
        discounted_rewards = np.zeros_like(rewards, dtype=np.float32)

        #(2) 누적 보상값을 저장할 변수 초기화
        cumulative = 0.0

        #(3) 보상 리스트를 뒤에서부터 순회
        for i in reversed(range(len(rewards))):

            #(4) 할인율을 적용해 누적 보상 계산
            cumulative = cumulative * self.discount_rate + rewards[i]

            #(5) 계산된 누적 보상을 배열에 저장
            discounted_rewards[i] = cumulative
        return discounted_rewards

    def train_on_batch(self, states, actions, rewards):
        with tf.GradientTape() as tape: #(1) 학습준비
            #(2) 현재 정책 확률 분포 계산
            probs = self.model(states, training=True)

            #(3) 선택한 행도의 로그 확률 계산
            log_probs = tf.math.log(tf.reduce_sum(probs * actions, axis=1) + 1e-8)

            #(4) 손실 저의
            loss = -tf.reduce_mean(log_probs * rewards)

        #(5) 파라미터에 대한 기울기(경사) 계산
        gradients = tape.gradient(loss, self.model.trainable_variables)
```

```
            #(6) 경사 하강법 통해 모델 업데이트
            self.model.optimier.apply_gradients(zip(gradients, self.model.trainable_
                                                                        variables))

    def clear_memory(self):
        self.states, self.actions, self.rewards = [], [], []

    def save_model(self):
        os.makedirs("./model", exist_ok=True)
        self.model.save("./model/reinforce.keras")
        print("*****end learning")

if __name__ == "__main__":
    agent = Agent()
    agent.train()
```

DQN 알고리즘은 여러 에피소드 동안 수집한 데이터를 replay_memory 변수에 지속적으로 저장하며 학습에 활용하지만, REINFORCE 알고리즘은 하나의 에피소드가 끝날 때마다 그동안 수집한 데이터를 모두 삭제한다. 또한 REINFORCE 알고리즘은 인공신경망이 출력한 정책에 따라 행동을 확률적으로 선택하는 특징이 있다.

>>> 8   정책기반 강화학습 REINFORCE 알고리즘

## 8.6 REINFORCE 알고리즘 세부구조 살펴보기

REINFORCE 알고리즘의 초기화 함수는 정책 기반 강화학습에 적합하도록 설계되어 있다. 이 초기화 과정은 DQN과 달리 비교적 단순하고 직관적인 구조를 가지며, 에이전트가 한. 에피소드의 경험을 바탕으로 정책을 직접 학습하는 방식에 초점을 둔다.

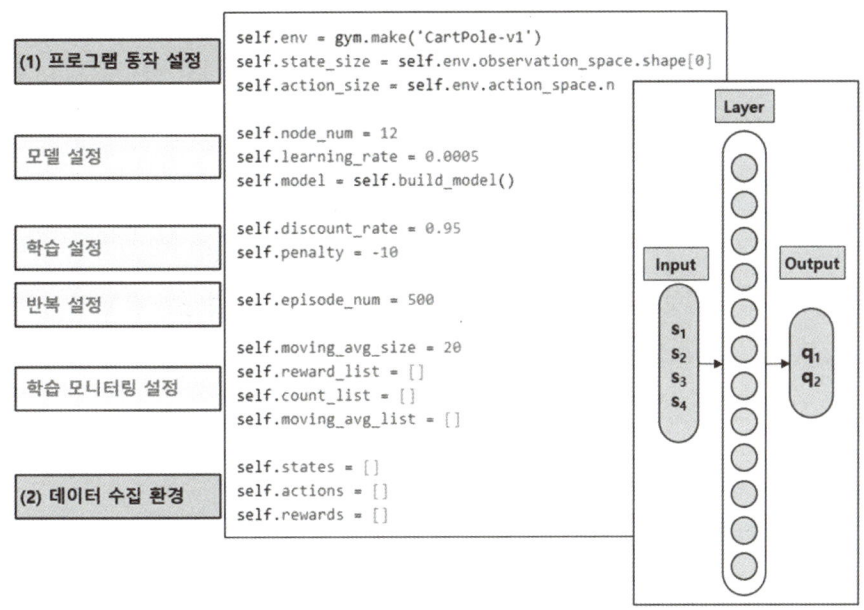

REINFORCE 알고리즘 Agent 클래스 속성

## (1) 프로그램 동작 설정

가장 먼저, 환경으로는 CartPole – v1을 사용하며, 상태(state)와 행동(action)의 공간 크기를 파악한다. 이후 정책 신경망의 구조를 정의하기 위한 노드 수와 학습률을 설정하고 `build_model()` 함수를 통해 모델을 생성한다. 이 모델은 입력 상태에 대해 행동의 확률 분포를 출력하는 구조이며, 학습을 위해 softmax 활성화 함수를 사용한다.

REINFORCE의 가장 큰 특징 중 하나는 epsilon과 같은 탐험 – 활용 균형을 위한 파라미터가 없다는 점이다. 에이전트는 정책 신경망이 출력한 확률에 따라 행동을 무작위로 선택하며, 이로써 탐험(exploration)이 자연스럽게 포함된다. 즉, 확률적 정책에 기반한 행동 선택이 REINFORCE의 근간을 이룬다.

## (2) 데이터 수집 환경

또한 DQN과 달리, REINFORCE는 `replay_memory`와 같은 장기 메모리를 사용하지 않는다. 대신, states, actions, rewards 리스트를 통해 한 에피소드 동안의 경험만을 저장한다. 에피소드가 끝나면 이 데이터를 이용해 학습을 진행하고, 곧바로 메모리를 비운다. 이렇게 매 에피소드 단위로 수집과 학습이 이루어지기 때문에 구현은 간단하지만, 보상의 분산이 크고 안정성이 떨어질 수 있다.

보상 구조에 있어서도 큰 차이가 있다. DQN에서는 실패 시 큰 패널티를 주는 반면, REINFORCE는 패널티 값을 작게 설정하여 신경망이 불안정해지지 않도록 한다. 또한 감가율(discount rate)을 통해 미래 보상을 현재 가치로 환산하고, 이를 누적 보상으로 계산하여 정책 업데이트에 반영한다.

이와 같이 REINFORCE의 초기화 함수는 단순하지만 정책의 확률적 특성과 에피소드 단위 학습 방식, 그리고 신경망을 통한 직접적인 행동 정책 학습을 위한 구조로 구성되어 있다. 이는 REINFORCE가 가지는 이론적 특성과 실험적 특성을 잘 반영한 설계라 할 수 있다.

**cartpole_reinforce.ipynb 파일 build_model() 함수**

```python
def build_model(self):
    input_states = Input(shape=(self.state_size,), name='input_states') #(1) 입력층 정의
    x = Dense(self.node_num, activation='tanh')(input_states) #(2) 은닉층 정의
    out_actions = Dense(self.action_size, activation='softmax', name='output')(x)
                                                                    #(3) 출력층 정의

    #(4) 모델 생성 및 컴파일
    model = tf.keras.models.Model(inputs=input_states, outputs=out_actions)
    model.compile(optimizer=Adam(learning_rate=self.learning_rate),
                  loss='mean_squared_error')

    #(5) 모델 구조 요약 및 반환
    model.summary()
    return model
```

REINFORCE 알고리즘에서 사용되는 정책 신경망을 구축하는 build_model() 함수의 구조를 살펴보자.

### (1) 입력층 정의

가장 먼저 `input_states`라는 이름의 입력층을 정의한다. 이 입력층은 에이전트가 환경으로부터 받아들이는 상태(state)를 입력으로 받는 역할을 한다. 입력의 크기는 `self.state_size`로 지정되며, 이는 환경의 상태 공간 차원 수에 해당한다. 예를 들어 CartPole-v1 환경에서는 위치, 속도, 각도 등 네 가지 요소로 이루어진 상태가 입력되기 때문에, 입력층은 4차원 벡터를 받을 수 있도록 설계된다.

### (2) 은닉층 정의

입력층의 출력은 은닉층으로 전달된다. 은닉층은 완전 연결(dense) 구조로 되어 있으며, 뉴런의 개수는 `self.node_num`으로 지정된 값이다. 이 층에서는 활성화 함수로 tanh를 사용한다. tanh는 비선형 함수로, 출력값을 -1에서 1 사이로 제한하며, 상태 벡터로부터 더 복잡하고 유용한 특징을 추출하는 데 기여한다. 은닉층은 정책 신경망의 내부 표현 학습을 담당하는 핵심적인 부분이다.

### (3) 출력층 정의

은닉층의 출력은 다시 출력층으로 연결된다. 출력층은 가능한 행동(action)의 수만큼 뉴런을 가지며, 각각의 뉴런은 특정 행동에 대응된다. 이 층에서는 softmax 활성화 함수를 사용한다. softmax는 모든 출력값을 확률로 변환하여, 각 행동이 선택될 확률을 나타내도록 한다. 따라서 이 출력층은 정책(policy)을 정의하는 층으로, 에이전트는 이 확률 분포를 바탕으로 행동을 확률적으로 선택하게 된다.

### (4) 모델 생성 및 컴파일

입력층과 출력층을 연결하여 하나의 정책 신경망 모델을 생성한다. 이 모델은 TensorFlow Keras의 함수형 API를 통해 구성되며, 입력은 `input_states`, 출력은 `out_actions`이다. 생성된 모델은 학습이 가능하도록 컴파일 과정을 거친다. 이때 옵티마이저로는 Adam이 사용되며, 학습률은 `self.learning_rate`에 설정된 값을 따른다. 손실 함수는 `mean_squared_error`로 지정되어 있다. 이 손실 함수는 출력된 확률 분포와 실제 행동

(one-hot으로 표현된) 사이의 차이를 기반으로 오차를 계산하고, 이를 통해 정책을 업데이트할 수 있게 한다. 비록 정책 경사법에서는 보통 `categorical_crossentropy`나 로그 확률 기반 손실 함수를 더 많이 사용하지만, 여기서는 구조를 단순화하기 위해 MSE를 선택한 것이다.

### (5) 모델 구조 요약 및 반환

모델을 완성한 후에는 `model.summary()` 함수를 통해 전체 모델의 층 구성, 파라미터 수, 출력 형태 등을 콘솔에 출력한다. 이 정보는 모델 구조를 확인하고 디버깅할 때 유용하다. 마지막으로 구성된 모델 객체를 반환하여, 에이전트의 행동 선택 및 정책 학습에 사용할 수 있도록 한다.

이처럼 `build_model()` 함수는 입력 상태를 기반으로 확률적으로 행동을 출력하는 정책 신경망을 구성하고, 학습이 가능하도록 컴파일하며, 학습용 모델을 반환하는 일련의 과정을 수행한다. 이는 REINFORCE 알고리즘의 핵심 구조로 작용하며, 이후의 학습 루프에서 행동 결정 및 정책 개선에 적극 활용된다.

**cartpole_reinforce.ipynb 파일 train() 함수**

```python
def train(self):
    #(1) 에피소드 반복 시작
    for episode in range(self.episode_num):
        state, _ = self.env.reset() #(2) 환경을 초기화하고 상태를 받아온다
        step_count = 0
        reward_tot = 0
        done = False

        while not done:
            #(3) 상태에 따라 행동 선택
            state_input = np.reshape(state, [1, self.state_size]).astype(np.float32)
            policy = self.model(state_input, training=False).numpy()[0]
            action = np.random.choice(self.action_size, p=policy)

            #(4) 선택한 행동을 환경에 적용하고 결과를 수집한다
            next_state, reward, terminated, truncated, _ = self.env.step(action)
            done = terminated or truncated
```

```python
        if done and step_count < 499:
            reward = self.penalty

        action_onehot = np.zeros(self.action_size)
        action_onehot[action] = 1

        #(5) 학습을 위한 데이터 저장
        self.states.append(state)
        self.actions.append(action_onehot)
        self.rewards.append(reward)

        state = next_state
        reward_tot += reward
        step_count += 1

    #(6) 보상 기록 및 이동 평균 계산
    self.reward_list.append(reward_tot - self.penalty)
    self.count_list.append(step_count)
    self.moving_avg_list.append(np.mean(self.reward_list[-self.moving_avg_size:]))

    #(7) 정책 신경망 업데이트
    self.update_model()

    #(8) 메모리 초기화
    self.clear_memory()

    #(9) 학습상태 주기적 출력
    if episode % 10 == 0:
        moving_avg = np.mean(self.reward_list[-self.moving_avg_size:])
        reward_avg = np.mean(self.reward_list)
        print(f"episode:{episode}, moving_avg:{moving_avg:.2f}, rewards_avg:{reward_avg:.2f}")

#(10) 모델 저장
self.save_model()
```

REINFORCE 알고리즘의 핵심 학습 루프인 train() 함수의 내부 구조를 살펴보자. 이 함수는 에이전트가 환경과 상호작용하면서 경험을 수집하고, 이를 바탕으로 정책 신경망을 학습하는 과정을 구현한 것이다.

### (1) 에피소드 반복 시작

학습은 정해진 횟수만큼 반복되며, 반복의 단위는 에피소드이다. 하나의 에피소드는 시작부터 환경이 종료될 때까지의 한 게임을 의미한다. `for episode in range(self.episode_num):` 문을 통해 전체 학습이 시작된다.

### (2) 환경을 초기화하고 상태 받기

에피소드가 시작되면 환경을 초기화하고 첫 번째 상태를 받아온다. `state, _ = self.env.reset()` 구문을 통해 초기 상태가 설정되며, 이후 행동을 선택하고 보상을 받는 순환이 시작된다. 이때 보상 총합과 스텝 수, 에피소드 종료 여부를 초깃값으로 설정한다.

### (3) 상태에 따라 행동 선택

에이전트는 현재 상태를 신경망의 입력으로 넣기 위해 2차원 배열로 변환하고(`np.reshape`), 이를 통해 정책 신경망에서 행동 확률 분포를 얻는다. 이후 `np.random.choice`를 이용해 이 확률 분포에 따라 행동을 확률적으로 선택한다. 이는 REINFORCE 알고리즘의 핵심인 확률 기반 정책 선택 방식이다.

### (4) 선택한 행동을 환경에 적용하고 결과 수집

선택한 행동을 환경에 적용하면 다음 상태, 보상, 종료 여부 등의 정보를 얻는다. 만약 에피소드가 조기에 종료된 경우에는 실패한 것으로 간주하고, 그에 대한 패널티를 보상으로 부여한다. 이를 통해 에이전트가 불리한 행동을 학습에서 피할 수 있도록 유도한다.

### (5) 학습을 위한 데이터 저장

에이전트는 이번 스텝에서의 상태, 선택한 행동(원-핫 인코딩 형태), 그리고 보상을 각각 리스트에 저장한다. 이렇게 수집된 데이터는 에피소드 종료 후 정책을 업데이트하는 데 사용된다. REINFORCE 알고리즘은 한 에피소드 단위로 학습을 진행하기 때문에, 이 데이터 저장 과정은 매우 중요하다.

> **Tip** 원-핫 인코딩을 하는 이유
>
> 원–핫 인코딩은 특정 인덱스만 1이고 나머지는 모두 0인 벡터를 만드는 방식이다. 예를 들어, 행동(action) 값이 2라면, 원–핫 벡터는 [0, 0, 1]이 된다.
> 이러한 원–핫 벡터는 정책 확률에서 선택한 행동의 확률만 정확히 추출하기 위해 사용된다.
> train_on_batch() 함수에서는 다음과 같은 방식으로 활용된다:
>
> **(1) 선택한 행동의 로그 확률 계산**
>
> log_probs = tf.math.log(tf.reduce_sum(probs * actions, axis=1) + 1e-8)
>
> 여기서 probs는 정책 신경망이 출력한 확률 분포이며, actions는 원–핫 인코딩된 실제 선택 행동이다. 예를 들어, probs = [0.1, 0.7, 0.2], actions = [0, 1, 0]일 경우, 위 연산을 통해 선택한 행동의 확률 0.7만 정확히 추출할 수 있다.
>
> **(2) 손실 함수 정의**
>
> loss = -tf.reduce_mean(log_probs * rewards)
>
> 선택한 행동의 로그 확률에 해당 타임스텝의 보상을 곱하고 평균을 내어 손실을 정의한다. 이는 정책 경사(policy gradient) 방식인 REINFORCE 알고리즘에서 사용하는 대표적인 손실 함수로, 정책이 선택한 행동의 확률을 높이는 방향으로 학습되도록 유도한다.

### (6) 보상 기록 및 이동 평균 계산

에피소드가 끝나면 전체 보상에서 패널티를 제외한 값을 reward_list에 저장하고, 수행한 스텝 수를 count_list에 기록하며, 최근 몇 개 에피소드의 평균 보상을 계산해 moving_avg_list에 추가한다. 이를 통해 학습 성과를 추적할 수 있다.

### (7) 정책 신경망을 업데이트

이진 단계에서 수집한 상태, 행동, 보상 정보를 기반으로 update_model() 함수를 호출해 정책 신경망을 학습시킨다. 이 과정에서 보상은 할인되어 누적되고, 그것을 바탕으로 더 나은 행동이 선택되도록 신경망의 가중치를 업데이트하게 된다.

### (8) 메모리 초기화

한 에피소드에서 저장했던 상태, 행동, 보상 리스트를 모두 초기화한다. 이는 다음 에피소드에서 새로운 데이터를 수집하기 위한 준비 과정이다. REINFORCE 알고리즘은 에피소드 단위로 데이터를 처리하기 때문에 매 반복마다 메모리를 비우는 것이 필요하다.

### (9) 학습 상태 주기적 출력

10 에피소드마다 현재 학습 상태를 콘솔에 출력하여, 이동 평균 보상과 전체 평균 보상을 확인할 수 있도록 한다. 이는 에이전트가 잘 학습되고 있는지를 수시로 확인힐 수 있는 피드백 장치 역할을 한다.

### (10) 모델 저장

모든 에피소드가 종료되면 `save_model()` 함수를 통해 학습된 정책 신경망을 파일로 저장한다. 이렇게 저장된 모델은 추후 재사용하거나 테스트, 분석 등에 활용할 수 있다.

이처럼 train() 함수는 강화학습의 학습 과정을 실제로 수행하는 중심 함수이다. 환경과의 상호작용, 데이터 수집, 신경망 학습, 그리고 상태 기록과 저장까지 전 과정을 포괄하며, REINFORCE 알고리즘의 실행 구조를 코드로 구현한 핵심이라고 할 수 있다. 이 구조를 이해하면, 정책 기반 강화학습의 흐름을 한눈에 파악할 수 있다.

cartpole_reinforce.ipynb 파일 update_model() 함수

```python
def update_model(self):
    #(1) 할인된 누적 보상 계산
    discounted_rewards = self.make_discount_rewards(self.rewards)

    #(2) 상태와 행동 리스트를 배열로 변환
    array_states = np.array(self.states, dtype=np.float32)
    array_actions = np.array(self.actions, dtype=np.float32)

    #(3) 보상 정규화(normalize)
    discounted_rewards -= np.mean(discounted_rewards)
    discounted_rewards /= (np.std(discounted_rewards) + 1e-8)

    #(4) 학습 데이터를 넘겨서 신경망 학습
    self.train_on_batch(array_states, array_actions, discounted_rewards)
```

이 함수는 REINFORCE 알고리즘에서 신경망을 실제로 학습시키는 **핵심 단계**이다. 에이전트가 하나의 에피소드를 끝낸 뒤, 그 안에서 얻은 상태, 행동, 보상 데이터를 가지고 정책 신경망을 업데이트하는 역할을 한다.

### (1) 할인된 누적 보상 계산

에이전트가 에피소드 동안 받은 보상 리스트(self.rewards)에 대해, 시간 순서를 고려해서 미래 보상까지 누적한 값을 계산한다. 이것을 **할인 보상(discounted reward)**이라고 부른다.

예를 들어, 나중에 받을 큰 보상도 지금의 행동에 영향을 줄 수 있으니, "지금 행동이 미래에도 좋은 영향을 줄 수 있다면, 그 보상도 반영해줘야 해."라는 사고방식이 반영된 것이다.

### (2) 상태와 행동 리스트를 배열로 변환

학습을 위해서는 파이썬 리스트보다 NumPy 배열이 효율적이고 TensorFlow와도 호환이 좋다.

그래서 지금까지 저장했던 상태(self.states)와 행동(self.actions) 데이터를 NumPy 배열로 변환하여 신경망 학습에 사용할 준비를 한다.

### (3) 보상 정규화

할인된 누적 보상 값을 평균 0, 표준편차 1로 정규화(normalization)한다. 왜냐하면 보상 값의 크기가 너무 크거나 작으면 학습이 불안정해질 수 있기 때문이다. 정규화를 하면 보상에 따른 영향력이 균형 있게 분포되어, 신경망이 특정 값에 휘둘리지 않고 안정적으로 학습할 수 있다.

※ + 1e − 8은 나눗셈에서 0으로 나누는 오류를 막기 위한 작은 숫자이다.

### (4) 학습 데이터를 넘겨서 신경망을 학습

이제 준비된 상태(state), 행동(action), 정규화된 보상(reward)을 train_on_batch() 함수

에 넘겨서 실제로 정책 신경망을 학습시킨다.

이 함수 안에서는 다음과 같은 과정이 차례로 일어난다:

> 로그 확률 계산 → 보상과 곱해 손실 생성 → 역전파로 기울기 계산 → 가중치 업데이트

이 과정을 통해 에이전트는 좋은 행동은 더 자주 하도록, 나쁜 행동은 덜 하도록 자신의 정책을 조금씩 개선해 나가게 된다.

이처럼 `update_model()` 함수는 에이전트가 하나의 에피소드를 통해 얻은 경험을 바탕으로 정책 신경망을 실제로 학습시키는 핵심 단계이다. 보상을 누적하고 정규화한 뒤, 그 정보를 사용해 모델을 업데이트함으로써 에이전트는 점점 더 나은 행동을 선택할 수 있게 된다.

artpole_reinforce.ipynb 파일 make_discount_rewards() 함수
```python
def make_discount_rewards(self, rewards):
    #(1) 할인된 보상을 저장할 배열 생성
    discounted_rewards = np.zeros_like(rewards, dtype=np.float32)

    #(2) 누적 보상값을 저장할 변수 초기화
    cumulative = 0.0

    #(3) 보상 리스트를 뒤에서부터 순회
    for i in reversed(range(len(rewards))):

        #(4) 할인율을 적용해 누적 보상 계산
        cumulative = cumulative * self.discount_rate + rewards[i]

        #(5) 계산된 누적 보상을 배열에 저장
        discounted_rewards[i] = cumulative
    return discounted_rewards
```

이 함수는 REINFORCE 알고리즘에서 보상의 핵심 처리 과정을 담당하며, 에이전트가 과거 행동을 미래 보상까지 고려해 학습할 수 있도록 돕는다.

### (1) 할인된 보상을 저장할 배열 생성

먼저, 주어진 보상 리스트와 같은 크기를 가지는 배열을 새로 만들고, 모든 값을 0으로 초기화한다. 이 배열은 나중에 계산되는 **할인된 누적 보상**을 순서대로 저장하기 위한 그릇이다.

### (2) 누적 보상값을 저장할 변수 초기화

`cumulative`이라는 변수를 0으로 설정하여, **뒤에서부터 보상을 하나씩 누적해 나갈 준비**를 한다. 이 변수는 시간 순서에 따라 보상을 계속 더해가며, 과거로 갈수록 점점 감가(discount)되어 계산된다.

### (3) 보상 리스트를 뒤에서부터 순회

보상은 시간의 흐름에 따라 앞에서부터 주어지지만, 누적 보상을 계산할 때는 **미래의 보상이 현재 행동에 어떤 영향을 미치는지를 계산해야 하므로, 리스트를 거꾸로 순회**한다. 이렇게 하면 나중에 받는 보상일수록 앞에 있는 행동에 더 적은 영향을 주게 되며, 할인율을 적용한 보상의 누적이 가능해진다.

### (4) 할인율을 적용해 누적 보상 계산

각 시점의 보상은, 그보다 **미래에 받는 보상들에 비해 덜 중요하게 취급되어야 하므로**, 할인율을 곱한 누적 보상 방식으로 계산한다. 미래 보상은 점점 감가되며, 과거 행동일수록 그때 받은 보상과 이후 보상의 합을 함께 고려하게 된다.

### (5) 계산된 누적 보상을 배열에 저장

계산된 누적 보상 값을 각 위치에 저장함으로써, **각 행동이 미래에 얼마나 좋은 결과로 이어졌는지를 수치화**할 수 있게 된다. 이 값은 나중에 정책 신경망을 학습시킬 때, 특정 행동을 얼마나 강화하거나 약화시킬지를 결정하는 데 사용된다.

이 함수는 단순히 보상을 나열된 값으로 보는 것이 아니라, **시간의 흐름에 따라 미래 보상까지**

고려해 지금 행동의 가치를 재평가하는 기능을 수행한다. 이렇게 계산된 할인 보상은 REIN-FORCE 알고리즘의 핵심인 "좋은 행동은 강화하고, 나쁜 행동은 약화한다"는 학습 방향을 구체화하는 데 꼭 필요한 정보이다.

```
cartpole_reinforce.ipynb 파일 train_on_batch() 함수

def train_on_batch(self, states, actions, rewards):
    with tf.GradientTape() as tape: #(1) 학습 준비
        #(2) 현재 정책 확률 분포 계산
        probs = self.model(states, training=True)

        #(3) 선택한 행도의 로그 확률 계산
        log_probs = tf.math.log(tf.reduce_sum(probs * actions, axis=1) + 1e-8)

        #(4) 손실 정의
        loss = -tf.reduce_mean(log_probs * rewards)

    #(5) 파라미터의 기울기(경사) 계산
    gradients = tape.gradient(loss, self.model.trainable_variables)

    #(6) 경사 하강법 통해 모델 업데이트
    self.model.optimizer.apply_gradients(zip(gradients, self.model.trainable_variables))
```

이 함수는 REINFORCE 알고리즘에서 정책 신경망을 학습시키는 실제 학습 단계이며, 수집된 상태, 행동, 보상 데이터를 바탕으로 정책을 개선하는 핵심 역할을 한다.

**(1) 학습 준비**

함수는 TensorFlow의 `tf.GradientTape()` 문을 사용하여 학습 시 필요한 연산들을 추적하기 시작한다. 이 테이프는 손실 함수가 계산되는 과정을 기록해두었다가, 그에 따라 모델 파라미터에 대한 미분(기울기)을 계산할 수 있도록 도와주는 역할을 한다.

**(2) 현재 정책 확률 분포 계산**

정책 신경망 모델에 수집한 상태(states)를 입력하면, 각 상태에 대해 행동에 대한 확률 분포(probs)가 출력된다. 이 과정은 학습 모드로 수행되며, 드롭아웃이나 배치 정규화 같은

학습 전용 연산이 적용될 수 있는 상태에서 실행된다.

예) [0.3, 0.7] → "왼쪽은 30% 확률, 오른쪽은 70% 확률로 선택할 수 있다"는 의미

### (3) 선택한 행동의 로그 확률 계산

먼저 probs * actions는, 신경망이 예측한 행동의 확률 벡터(probs)와 실제로 선택한 행동을 나타내는 **원-핫 인코딩 벡터**(actions)를 곱한다. 원 – 핫 인코딩은 선택한 행동만 1이고 나머지는 0인 벡터이므로, 두 벡터를 곱하면 **선택한 행동의 확률만 남고 나머지는 모두 0이 된다**. 예를 들어 [0.2, 0.8]이라는 확률 벡터에서 두 번째 행동을 선택했다면, [0, 1]과 곱하면 [0.0, 0.8]이 되고, 그 중에서 0.8만 사용된다.

```
probs           = [0.2, 0.8]
actions         = [0,   1]
probs * actions = [0.0, 0.8]
```

다음으로 tf.reduce_sum(..., axis=1)을 통해 **배열의 각 행에서 선택한 행동의 확률만 꺼낸다**.

```
tf.reduce_sum(probs * actions, axis=1) = 0.8
```

그리고 마지막으로 tf.math.log()를 사용해 이 확률에 로그를 취한다. 로그를 취하는 이유는, 강화학습에서 손실 함수를 계산할 때 **확률이 클수록 손실을 작게, 확률이 작을수록 손실을 크게** 만들어서, 좋은 행동의 확률을 더 키우고 나쁜 행동의 확률은 줄이기 위해서다.

끝에 붙은 $+1e-8$은 로그 계산에서 확률이 0이 되는 상황을 방지하기 위한 **안정성 확보용 작은 값**이다. 로그 함수는 0에 가까운 값을 입력으로 받을 경우 계산이 불안정해지므로, 아주 작은 수를 더해 안전하게 계산이 이루어지도록 한다.

### (4) 손실(loss) 정의

로그 확률이 계산되었으면, 이제 그것을 바탕으로 손실 함수(loss)를 정의한다. 손실 함수는 REINFORCE 알고리즘의 핵심 원리를 반영한 수식이다. 구체적으로는, 에이전트가 실제로 선택한 행동의 로그 확률과 그에 대한 할인된 누적 보상을 곱한 값을 평균 낸 뒤, 그 전체에 마이너스(−) 부호를 붙인다.

> **Tip** 마이너스(-) 부호를 붙이는 이유
>
> log_prob * reward는 **우리가 실제로 최대화하고 싶은 값**이다. 이 값을 최대화하면 보상을 많이 받은 행동의 확률을 키우게 된다. 하지만 프레임워크는 손실 함수를 **최소화**하기 때문에, 우리가 원하는 학습 방향과 반대로 움직이게 된다.
>
> 그래서 − 부호를 붙여서:
>
> * 우리가 **최대화하고 싶은 값** → 부호를 바꿔서 **최소화되는 손실 값**으로 만들고
> * 그 결과, 최대 보상을 향한 학습이 이루어지도록 방향을 바꾸는 것이다.

> **Tip** log_probs와 loss의 이해
>
> * log_probs는 전체 학습 과정(한 에피소드)에서 각 행동마다의 로그 확률을 계산한 벡터이다.
> * loss는 그 log_probs와 rewards를 각각 곱해서 평균 낸 하나의 수치이며, 이 수치 하나로 에피소드 전체에 대해 신경망을 업데이트한다.

이 손실 함수는 에이전트가 **좋은 행동은 더 자주 하게** 만들고, **나쁜 행동은 피하게** 만드는 역할을 한다. 보상이 크면 그 행동의 확률을 높이고, 보상이 작거나 음수면 확률을 줄이도록 학습된다.

### (5) 파라미터의 기울기 계산

loss가 정의된 이후, `tape.gradient()`를 호출하여 손실에 대한 모델 파라미터들의 기울기(gradient)를 계산한다. 이 기울기는 손실을 줄이기 위해 파라미터를 어떻게 조정해야 하는지를 알려주는 정보이다.

### (6) 경사 하강법을 통해 모델을 업데이트

마지막으로 `self.model.optimizer.apply_gradients()`를 사용하여 계산된 기울기를 모델의 학습 가능한 변수들에 적용한다. 이 과정을 통해 정책 신경망은 조금 더 나은 행동 확률을 예측하도록 개선된다. 이 업데이트는 에피소드 단위로 한 번만 수행되며, REINFORCE 알고리즘의 학습 메커니즘을 직접적으로 실행하는 단계이다.

> **Tip** zip() 함수의 역할
>
> zip()은 두 개 이상의 리스트(또는 이터러블)를 받아서, **같은 위치에 있는 요소들을 묶어주는 파이썬 내장 함수**이다.
> 다음과 같이 `gradients = [g1, g2, g3]`, `variables = [w1, w2, w3]` 두 변수가 있을 때, `zip(gradients, variables)` 함수를 실행하면, `[(g1, w1), (g2, w2), (g3, w3)]`와 같이 변환된다. TensorFlow의 `apply_gradients()`는 위와 같은 형식의 입력을 요구하기 때문에 zip() 함수를 사용한다.

요약하자면, `train_on_batch()` 함수는 수집된 상태, 행동, 보상 데이터를 바탕으로 정책 신경망의 손실을 정의하고, 그 손실을 줄이기 위해 모델을 한 번 학습시키는 기능을 수행한다. 이 함수는 REINFORCE의 핵심 학습 원리를 코드로 구현한 부분으로, 정책이 실제 보상에 기반해 점진적으로 개선되도록 하는 중요한 역할을 한다.

**cartpole_reinforce.ipynb 파일 clear_memory() 함수**

```
def clear_memory(self):
    self.states, self.actions, self.rewards = [], [], []
```

이 함수는 하나의 에피소드가 끝난 뒤, 에이전트가 학습에 사용했던 데이터를 모두 초기화하는 역할을 한다. 구체적으로는 상태(`self.states`), 행동(`self.actions`), 보상(`self.rewards`) 리스트를 모두 빈 리스트로 만들어 다음 에피소드에서 새로운 데이터를 저장할 수 있도록 준비한다.

REINFORCE 알고리즘은 한 에피소드 단위로 정책을 학습하는 방식이기 때문에, 이전 에피소드의 데이터를 계속 가지고 있으면 안 된다. 만약 데이터를 초기화하지 않고 쌓아두면, 이전 행동과 보상이 다음 학습에 영향을 주어 잘못된 학습이 일어날 수 있다.

따라서 `clear_memory()` 함수는 에피소드가 끝난 후 경험 데이터를 정리하고, 다음 학습을 위한 깨끗한 상태로 되돌리는 필수 과정이라고 할 수 있다.

## 8.7 REINFORCE 알고리즘 학습결과 분석

이제 프로그램 분석을 마쳤으면 실제로 REINFORCE 알고리즘을 실행하면서 성능을 확인해보자. 카트폴(CartPole) 프로그램은 구조가 단순한 형태라 REINFORCE 알고리즘이 빠른 속도와 비교적 우수한 성능을 보여준다. 하지만 복잡한 환경에서 이 알고리즘을 사용하면 성능이 떨어질 수 있는 구조적 약점이 있다는 것을 기억해두길 바란다.

**cartpole_reinforce.ipynb 실행 결과**

```
Model: "model_8"
_____
Layer (type)                 Output Shape              Param #
=================================================================
input_states (InputLayer)    [(None, 4)]               0

dense_15 (Dense)             (None, 64)                320

output (Dense)               (None, 2)                 130

=================================================================
Total params: 450
Trainable params: 450
Non-trainable params: 0
_____
episode:0, moving_avg:110.00, rewards_avg:110.00
episode:10, moving_avg:40.00, rewards_avg:40.00
episode:20, moving_avg:35.20, rewards_avg:38.76
episode:30, moving_avg:41.95, rewards_avg:41.26
episode:40, moving_avg:41.80, rewards_avg:40.24
...
episode:470, moving_avg:267.15, rewards_avg:135.90
episode:480, moving_avg:266.65, rewards_avg:138.71
episode:490, moving_avg:289.45, rewards_avg:142.15
*end learning
```

이 출력 결과는 REINFORCE 알고리즘을 사용하여 CartPole – v1 환경을 학습시킨 과정을 보여준다. 사용된 신경망 모델은 입력으로 4차원의 상태 벡터를 받아들이며, 은닉층에는 64개의 노드를 사용하고, 출력층에서는 두 가지 행동에 대한 확률을 예측하는 softmax 함수를 사용한다. 전체 파라미터 수는 450개로, 비교적 단순하면서도 충분한 표현력을 갖춘 구조이다.

에이전트는 총 500개의 에피소드를 거치며 학습을 진행하였다. 각 에피소드마다 상태에 따라 행동을 확률적으로 행동을 선택하고, 그에 대한 보상을 받아 정책을 점진적으로 개선해 나갔다. 학습 과정에서는 10 에피소드마다 최근 20개 에피소드의 평균 보상과 전체 평균 보상이 출력된다.

학습 초기에는 평균 보상이 30점에서 50점 사이를 오르내리며 다소 불안정한 모습을 보인다. 이는 에이전트가 아직 환경의 규칙을 충분히 이해하지 못한 상태였기 때문이다. 그러나 200 에피소드 전후부터 평균 보상이 상승하기 시작하고, 300 에피소드 이후에는 평균 200점 이상의 보상을 안정적으로 기록하게 된다. 마지막에는 최근 평균 보상이 약 289점, 전체 평균 보상은 약 142점에 도달하며 학습이 종료된다.

CartPole – v1 환경의 최대 보상은 500점이다. 따라서 평균 보상이 200점을 넘었다는 것은 에이전트가 막대의 균형을 상당히 오랫동안 유지하고 있다는 뜻이며, 효과적인 정책을 성공적으로 학습했음을 보여준다.

결론적으로, 이번 실험은 REINFORCE 알고리즘이 반복 학습을 통해 점진적으로 정책을 개선하고, 단순한 환경에서도 의미 있는 성능 향상을 달성할 수 있다는 점을 잘 보여주는 예시라 할 수 있다.

## 실행 결과 시각화

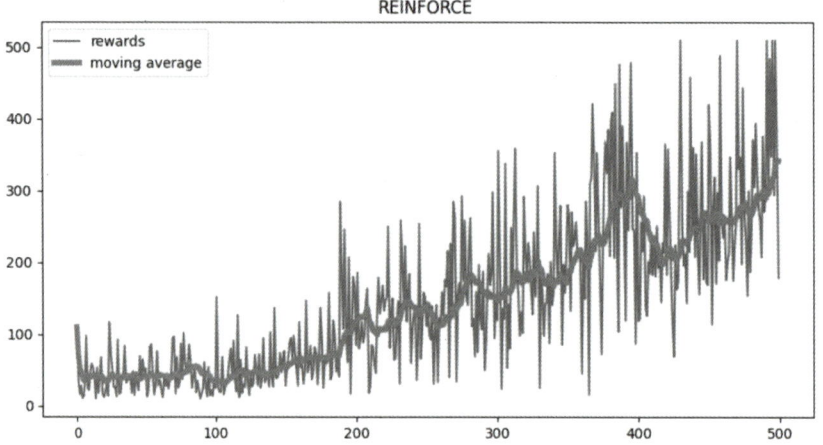

위 그래프는 에이전트가 학습 중에 얻은 에피소드별 보상과 이동 평균 보상의 변화를 시각화한 것이다. 파란색 선은 각 에피소드에서 실제로 받은 보상을 나타내며, 보상이 에피소드에 따라 급격하게 오르내리는 불안정한 특성을 보인다. 이에 비해 주황색 선은 최근 20개 에피소드의 평균 보상을 나타낸 것으로, 전체적인 성능 향상 추이를 더 부드럽고 안정적으로 보여준다.

그래프의 흐름을 보면, 학습 초반에는 평균 보상이 낮고 변동폭이 작지만, 시간이 지남에 따라 보상 자체도 점차 커지고, 이동 평균 역시 꾸준히 상승하는 경향을 보인다. 이는 에이전트가 점차 환경에 적응하고, 보상을 극대화하는 방향으로 정책을 개선해 나가고 있음을 시각적으로 잘 보여준다. 특히 학습 후반에는 이동 평균 보상이 300점에 근접하면서, 에이전트가 막대의 균형을 오랫동안 유지할 수 있게 되었음을 확인할 수 있다.

지금까지 우리는 정책 기반 강화학습 알고리즘 중 가장 기본적인 형태인 REINFORCE 알고리즘에 대해 살펴보았다. 에이전트가 확률적으로 행동을 선택하고, 에피소드가 끝난 뒤 받은 보상에 따라 정책을 갱신하는 단순한 구조를 통해, 정책 경사법의 핵심 개념을 이해할 수 있었다.

하지만 REINFORCE는 높은 분산, 느린 수렴 속도, 그리고 에피소드 단위 학습이라는 한계를 가지고 있다. 이러한 문제를 극복하기 위해 다양한 개선된 알고리즘들이 제안되었으며, 대표적인 예로 A2C(Advantage Actor – Critic)와 PPO(Proximal Policy Optimization)가 있다.

다음 장에서는 이러한 알고리즘들을 하나씩 살펴보며, 정책 기반 강화학습이 어떤 방향으로 발전해 왔는지, 그리고 실전에서 더 안정적이고 효율적인 학습을 어떻게 가능하게 만드는지를 함께 알아보도록 하자.

# 9

## 정책기반 A2C 알고리즘

앞 장에서 살펴본 DQN과 REINFORCE 알고리즘은 강화학습의 기본 개념을 이해하는 데 매우 유용하지만, 이론적으로 몇 가지 한계를 가지고 있다. 물론 모든 환경에서 항상 성능이 낮은 것은 아니며, 특정한 상황에서는 DQN이나 REINFORCE 알고리즘이 충분히 좋은 결과를 낼 수 있다. 하지만 전반적으로 보았을 때, 이들 알고리즘은 학습의 안정성이나 효율성 면에서 개선이 필요한 부분이 존재한다.

이러한 한계를 극복하고자 등장한 것이 바로 A2C(Advantage Actor-Critic) 알고리즘이다. A2C는 정책 기반과 가치 기반 접근법을 결합함으로써, 각각의 장점을 살리면서도 단점을 보완하는 방향으로 설계되었다. 비록 CartPole과 같은 단순한 환경에서는 A2C가 REINFORCE에 비해 월등한 성능을 보인다고 단정할 수는 없지만, A2C는 이후 강화학습 알고리즘의 발전에 있어 중요한 이론적 기반을 제공하였다.

특히 A2C는 훗날 등장하게 될 PPO(Proximal Policy Optimization) 알고리즘의 기초가 되는 개념들을 담고 있으며, 정책의 안정적인 업데이트와 고른 수렴을 유도하는 데 있어 큰 역할을 했다. 따라서 A2C의 중요성은 단지 성능 수치에 있는 것이 아니라, 강화학습 알고리즘의 이론적 진화를 이끄는 연결 고리로서의 의미에 있다고 할 수 있다.

> 9 정책기반 A2C 알고리즘

# 9.1 액터 크리틱 알고리즘

액터–크리틱(Actor–Critic, AC) 알고리즘은 강화학습에서 정책 기반 방법과 가치 기반 방법의 장점을 결합한 대표적인 학습 방식이다. 이 구조는 높은 분산 문제를 보완하면서도, 안정적이고 효율적인 학습을 가능하게 하도록 설계되었으며, 많은 실전 환경에서 널리 활용되고 있다.

## 9.1.1 액터 크리틱 알고리즘이란?

강화학습의 대표적인 두 접근 방식은 가치 기반(value–based) 학습과 정책 기반(policy–based) 학습이다. 가치 기반의 대표 알고리즘인 DQN은 환경과의 상호작용에서 수집한 데이터를 재현 메모리에 저장한 뒤, 무작위로 샘플링하여 학습하는 배치 학습 방식을 사용한다. 이 과정에서 원스텝 시간 차(one–step TD) 방식을 통해 단기적인 보상을 중심으로 Q값을 빠르게 업데이트하는데, 이러한 방식은 학습 속도가 빠르지만 편향(bias)이 크고 분산(variance)은 작다는 특징이 있다.

반면, 정책 기반의 대표 알고리즘인 REINFORCE는 전체 에피소드가 끝난 뒤 수집된 데이터를 기반으로 학습한다. 이 방식은 정책에 따라 수집된 데이터를 그대로 활용하므로 편향은 작지만, 보상이 누적되면서 발생하는 분산은 크다. 이로 인해 장기적인 의사결정 학에는 유리하지만, 학습 안정성이 떨어지는 단점이 있다.

> **Tip** 분산과 편향
>
> 분산(variance)은 예측값이 평균값을 기준으로 얼마나 변동성이 큰지를 나타낸다. 분산이 크다는 것은 동일한 입력에 대해 모델의 출력이 크게 요동친다는 뜻이며, 이는 모델이 데이터의 작은 변화에도 민감하게 반응함을 의미한다. 반대로 분산이 작으면 예측값이 평균 근처에 집중되어 있어 결과가 안정적이다.
> 편향(bias)은 모델의 평균 예측값과 실제 목표값 사이의 차이를 나타낸다. 편향이 크면 모델이 일관되게 잘못된 예측을 하고 있다는 의미이고, 편향이 작으면 예측이 목표값에 가깝게 수렴함을 의미한다.
> 강화학습에서는 편향과 분산의 균형이 중요하다. 예를 들어, REINFORCE는 정책의 정확도는 높지만 보상의 분산이 커서 학습이 불안정할 수 있고, DQN은 보상의 분산은 작지만 단기 보상에 치우쳐 편향이 큰 경향이 있다. 따라서 알고리즘 설계 시 두 요소 간의 트레이드오프를 고려하는 것이 핵심이다.
>
>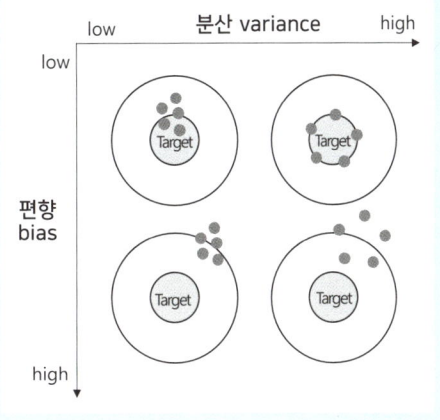

이처럼 DQN은 bias는 크고 variance는 작으며, REINFORCE는 bias는 작고 variance는 큰 성질을 가지는데, 이 둘의 단점을 보완하고 장점을 결합하기 위한 접근이 바로 Actor – Critic 알고리즘이다.

Actor – Critic은 정책 신경망(Actor)과 가치 신경망(Critic)을 분리된 구조로 학습한다. Critic은 현재 정책에 따라 행동했을 때의 상태 가치를 추정하고, 이 값을 바탕으로 Actor의 정책을 평가한다. Actor는 이 평가 결과를 이용해 다음 행동을 선택하는 정책을 학습한다. 즉, Critic은 평가자(비평가)의 역할을, Actor는 행동자의 역할을 수행한다.

이 구조에서는 정책이 환경의 실제 보상 대신 가치 신경망이 예측한 값을 이용하여 업데이트되므로, REINFORCE처럼 편향을 줄이면서도 TD 방식처럼 분산을 억제하는 효과를 얻을 수 있다. 결과적으로 Actor – Critic은 정책 기반과 가치 기반의 장점을 조화롭게 결합하여, 보다 안정적이고 효율적인 학습을 가능하게 한다.

이 알고리즘은 A2C나 PPO 같은 고도화된 강화학습 방법들의 기반이 되는 핵심 구조로, 실전 환경에서도 뛰어난 성능을 보여준다.

## 9.1.2 액터 크리틱 알고리즘 구조와 작동방식

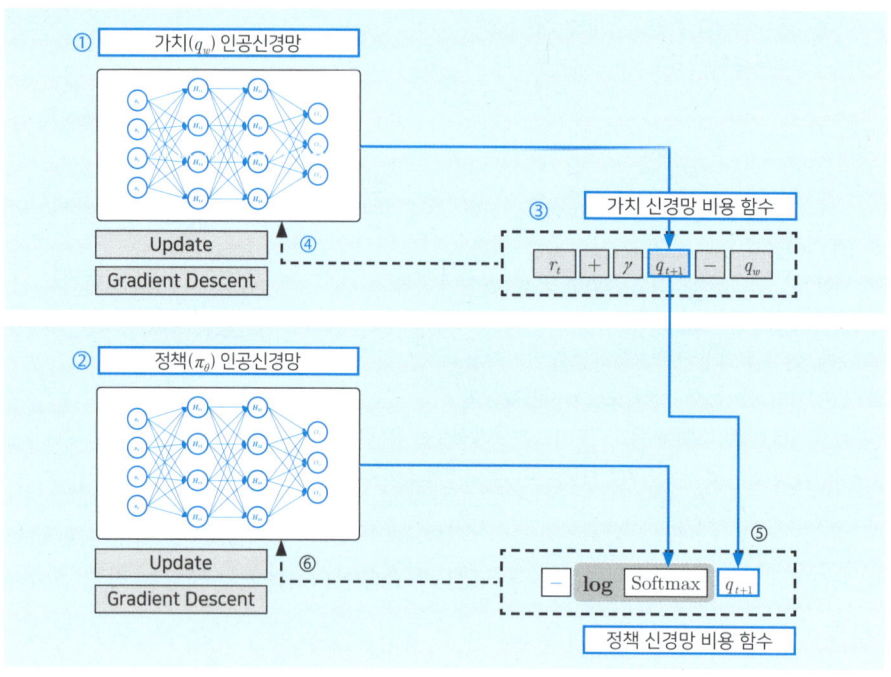

액터 크리틱 알고리즘

위 그림은 Q 함수 기반 AC(Actor – Critic) 알고리즘의 학습 흐름을 설명한 개념도이다. 이 알고리즘은 정책 신경망(Actor)과 가치 신경망(Critic)을 분리하여 각각의 역할을 명확히 하며, 강화학습의 안정성과 효율성을 동시에 추구하는 대표적인 방식이다.

① 먼저, 가치 신경망 $q_w$은 현재 상태 $s_t$와 행동 $a_t$를 입력받아, 해당 행동의 가치인 $q_w(s_t, a_t)$를 출력한다. 이 네트워크는 Critic에 해당하며, 정책의 성능을 정량적으로 평가하는 역할을 한다.

② 다음으로, 정책 신경망 $\pi\theta$은 상태 st를 입력으로 받아, softmax 함수를 통해 각 행동에 대한 확률 분포를 출력한다. 이 확률 분포를 기반으로 실제 환경에서 어떤 행동을 선택할지 결정하게 되며, 이는 Actor의 역할이다.

③ 에이전트는 환경으로부터 보상 $r_t$를 받고, 다음 상태 $s_{t+1}$로 전이된다. 이후 가치 신경망을 통해 다음 상태에서의 가치 $q_{t+1}$를 추정한다. 이를 이용해 현재 상태의 Q값과 비교하여 TD 오차 $(r_t + \gamma\, q_{t+1}) - q_w(s_t, a_t)$를 계산한다. 이 과정은 Critic의 손실 함수 계산에 해당한다.

④ 계산된 TD 오차는 가치 신경망 $q_w$의 파라미터를 업데이트하는 데 사용된다. 오차가 작아지도록 경사하강법(gradient descent)을 통해 네트워크를 학습시키며, 이는 Critic이 더 정확한 가치를 추정하도록 유도한다.

⑤ 정책 신경망은 위에서 계산된 다음 상태의 Q값 $q_{t+1}$을 활용하여 손실 함수를 구성한다. 이 손실 함수는 $-\log \pi_\theta(a_t|s_t) \cdot q_{t+1}$ 형태로 표현되며, 이는 높은 보상을 유도하는 행동의 확률을 증가시키고, 낮은 보상의 행동은 감소시키도록 유도한다. 이 방식은 어드밴티지를 명시적으로 계산하지 않고 Q값만 사용하는 간단한 Actor – Critic 구조에서 자주 사용된다.

⑥ 이 손실 함수를 바탕으로 정책 신경망 $\pi_\theta$의 파라미터를 업데이트한다. 역시 경사하강법을 사용하며, 이로써 에이전트는 보다 나은 행동 정책을 학습하게 된다.

이처럼 액터 – 크리틱 알고리즘은 가치 신경망이 예측한 정보를 기반으로 정책 신경망을 효과적으로 업데이트함으로써, 가치 기반 학습의 안정성과 정책 기반 학습의 유연성을 동시에 추구한다. 위 그림은 이러한 흐름을 간결하게 요약한 구조로, 특히 어드밴티지 없이 Q값을 직접 활용하는 단순 AC 구조에 해당한다.

> **Tip** Q(행동 가치 함수) 대신 V(상태 가치 함수)를 사용해도 되나?
>
> Q(행동 가치 함수) 함수 대신 V(상태 가치 함수) 함수를 사용하는 것은 가능하며, 실제로 다양한 강화학습 알고리즘에서 두 방식이 모두 사용되고 있다. 기본적인 Actor – Critic 구조는 정책 신경망(Actor)이 행동을 선택하고, 가치 신경망(Critic)이 그 행동의 가치를 평가하는 역할을 담당하는데, 이때 사용하는 가치 함수가 Q이냐 V이냐에 따라 내부 계산 구조가 달라질 뿐 전체적인 흐름에는 큰 차이가 없다.

## 9.2 어드밴티지 액터 크리틱

액터-크리틱(Actor-Critic) 알고리즘은 정책 기반 학습과 가치 기반 학습의 장점을 결합해, 각각의 단점이었던 편향(bias)과 분산(variance)의 문제를 어느 정도 완화한 구조이다. 정책 신경망은 행동을 선택하는 역할을, 가치 신경망은 그 행동의 가치를 평가하는 역할을 수행하며, 두 네트워크가 상호 보완적으로 작동한다. 이러한 방식은 DQN이나 REINFORCE와 같은 단일 기반 알고리즘에 비해 학습의 유연성과 안정성 면에서 이점을 가진다.

하지만 기존의 액터-크리틱 구조도 여전히 몇 가지 한계를 갖는다. 특히 정책 학습의 기반이 되는 REINFORCE 방식의 특성상, 하나의 정책을 에피소드가 종료될 때까지 유지하면서 데이터를 수집하기 때문에 분산이 여전히 큰 편이다. 만약 정책이 불안정하다면, 수집되는 데이터의 품질 또한 들쭉날쭉해지고, 그 결과 학습의 효율성과 안정성은 저하될 수밖에 없다.

이러한 문제를 보완하기 위해 제안된 알고리즘이 어드밴티지 액터-크리틱(Advantage Actor-Critic, A2C)이다. A2C는 기존 액터-크리틱의 구조에 '어드밴티지(advantage)'라는 개념을 도입하여, 정책 업데이트 시 발생하는 분산을 줄이는 방향으로 개선되었다.

기존 액터-크리틱에서는 정책 신경망의 손실 함수에 행동가치 함수 $Q(s, a)$를 직접 사용하였다. 하지만 이는 여전히 정책의 품질에 따라 값이 크게 흔들릴 수 있으며, 그로 인해 학습의 변동성이 커진다는 단점이 있다. A2C는 이 문제를 해결하기 위해, **가치 함수 $V(s)$를 기준값(baseline)으로 설정하고, 행동가치 함수** $Q(s, a)$**에서 이 값을 뺀 차이**를 정책의 손실 함수에 사용한다. 이 차이가 바로 어드밴티지이다.

어드밴티지는 특정 행동이 현재 상태에서 평균적으로 기대되는 가치보다 얼마나 더 나은

지를 수치로 표현한 것이다. 이 값을 사용하면, 평균적인 수준의 행동은 강화하지 않고, 평균보다 유의미하게 나은 행동만을 선택적으로 강화하게 되어, 정책 업데이트의 분산을 효과적으로 줄일 수 있다. 수학적으로도 어드밴티지를 사용하는 방식은 기댓값은 동일하게 유지하면서도 분산만 줄일 수 있음이 증명되어 있으며, 이는 강화학습의 이론적 근거 중 하나로 자리잡고 있다.

결과적으로 A2C는 기존 액터–크리틱에 비해 더 빠르고 안정적인 수렴을 이끌어내는 구조이며, 이후 등장하는 PPO(Proximal Policy Optimization)나 TRPO(Trust Region Policy Optimization)와 같은 고급 정책 기반 알고리즘의 이론적 기반이 되는 중요한 전환점 역할을 한다.

$$A^{\pi_\theta}(s,a) = Q^{\pi_\theta}(s,a) - V^{\pi_\theta}(s) \quad ①$$

$$V^{\pi_\theta}(s) \approx V_v(s) \quad ②$$

$$Q^{\pi_\theta}(s,a) \approx Q_w(s,a) \quad ③$$

$$A(s,a) = Q_w(s,a) - V_v(s) \quad ④$$

어드밴티지

위 그림은 A2C 알고리즘에서 어드밴티지를 계산하기 위한 이론적 정의와 그 구현 과정을 수식으로 정리한 것이다. 각 수식은 정책 함수와 가치 함수, 그리고 이들을 근사하는 신경망 사이의 관계를 보여준다.

① 어드밴티지를 일반적인 정의로 표현한 식이다. 이는 주어진 상태 $s$에서 정책 $\pi_\theta$를 따랐을 때의 행동가치 함수 $Q^{\pi_\theta}(s,a)$에서, 같은 상태에서의 가치 함수 $V^{\pi_\theta}(s)$를 뺀 값으로 계산된다. 이 차이가 바로 상태-행동 쌍이 평균에 비해 얼마나 더 좋은지를 나타낸다.

② 하지만 실제로는 정책이나 가치를 정확하게 계산하는 것이 어렵기 때문에, 인공신경망을 이용해 근사한다. 가치 함수 $V^{\pi_\theta}(s)$를 가치 신경망의 출력인 $V_v(s)$로 근사한다.

③ 마찬가지로 행동가치 함수 $Q^{\pi_\theta}(s,a)$를 행동가치 신경망의 출력인 $Q_w(s,a)$로 근사한다.

❹ 이를 바탕으로, 어드밴티지 역시 인공신경망으로 근사된 형태로 표현한다. 다시 말해, 어드밴티지 $A(s, a)$는 행동가치 신경망의 출력값에서 가치 신경망의 출력값을 뺀 것으로 계산할 수 있다. 이 식은 실제 A2C 알고리즘에서 정책 신경망을 업데이트할 때 사용되는 핵심 수식이다.

이러한 방식은 정책 신경망이 학습 과정에서 기댓값은 그대로 유지하면서도 분산을 줄일 수 있도록 해주며, 정책의 안정적인 수렴을 유도하는 중요한 역할을 한다. A2C를 비롯한 다양한 강화학습 알고리즘은 이 어드밴티지 개념을 중심으로 보다 효율적인 학습 방법을 구성해 나간다.

| TD | $V^{\pi_\theta}(s) \leftarrow V^{\pi_\theta}(s) + \propto (r + \gamma V^{\pi_\theta}(s') - V^{\pi_\theta}(s))$ | ① |

Cost Function: $\delta = r + \gamma V^{\pi_\theta}(s') - V^{\pi_\theta}(s)$  ②

기댓값:
$$E[\delta^{\pi_\theta} \mid s, a] = \underbrace{E[r + \gamma V^{\pi_\theta}(s') \mid s, a]}_{③-1} - \underbrace{E[V^{\pi_\theta}(s) \mid s, a]}_{③-2}$$ ③

$$= Q^{\pi_\theta}(s, a) - V^{\pi_\theta}(s)$$ ④

$$= A^{\pi_\theta}(s, a)$$ ⑤

가치 함수와 행동 가치 함수의 정의

$$v_\pi(s) = \sum_{a \in A} \pi(a \mid s) q_\pi(s, a)$$

$$q_\pi(s, a) = R_s^a + \gamma \sum_{s' \in S} P_{ss'}^a v_\pi(s')$$

어드밴티지 계산

앞서 살펴본 액터 – 크리틱 알고리즘에서는 가치 함수와 정책 함수를 분리하여 각각 학습하며, 정책 함수의 학습 안정성을 높이기 위해 어드밴티지 개념을 도입하였다. 이때 어드밴티지는 단순히 새로운 아이디어로 만들어진 개념이 아니라, TD 학습 과정에서 도출되는 수식과 밀접하게 연결되어 있다.

먼저 TD 학습(temporal difference learning)의 기본 갱신 수식은 식 ①과 같다. 이는 시간차 학습에서 상태의 가치 $V(s)$를 업데이트할 때, 다음 상태의 가치 추정치와 현재 상태의 차이를 활용하는 방식이다. 이 개념은 강화학습에서 널리 쓰이는 핵심 기법 중 하나로, 이전에 이미 충분히 다루었으므로 여기에서는 별도의 설명을 생략하고 넘어간다.

이제 TD에서 정의되는 오차 항(비용 함수)을 살펴보자. 식 ②는 TD 학습에서 자주 등장하는 오차 개념으로, 이를 흔히 TD 오차(temporal difference error) 또는 델타($\delta$)라고 부른다. 이 식은 보상 $r$과 다음 상태의 가치 $\gamma V(s')$의 합에서 현재 상태의 가치 $V(s)$를 뺀 값으로 계산된다.

이제 이 TD 오차에 기댓값을 취하면 어떤 의미를 가지는지 살펴보자. 식 ③은 $\delta$의 기댓값을 구한 식으로, 기대 연산자를 각각 분리하여 정리한 결과이다. 여기에서 식 ③-1은 행동 가치 함수 $Q(s, a)$의 정의에 해당하며, 이는 에이전트가 정책을 따라 어떤 행동을 했을 때 기대할 수 있는 누적 보상의 총합이다. 마찬가지로 식 ③-2는 상태 가치 함수 $V(s)$를 의미한다.

따라서 식 ④와 같이 $\delta$의 기댓값은 행동 가치 함수에서 상태 가치 함수를 뺀 값이 되고, 이는 곧 어드밴티지 함수 $A(s, a)$로 이어진다. 즉, TD 오차의 기댓값이 어드밴티지 함수와 동일하다는 결론에 도달할 수 있다.

이는 매우 중요한 의미를 가진다. 우리가 실제 환경에서 TD 오차를 반복적으로 계산하여 샘플링한다면, 그 평균은 결국 어드밴티지 함수에 수렴한다는 뜻이다. 다시 말해, TD 오차를 반복적으로 수집하고 평균내면 그것은 어드밴티지의 근사치로 사용할 수 있다는 것이다.

이처럼 TD 오차, 가치 함수, 행동가치 함수, 어드밴티지 함수는 모두 서로 긴밀하게 연결되어 있으며, 이론적으로도 수학적으로도 하나의 통일된 구조로 이해할 수 있다. 이러한 기반 위에서 A2C와 같은 알고리즘은 정책 학습의 안정성과 성능을 더욱 향상시켜 나가게 된다.

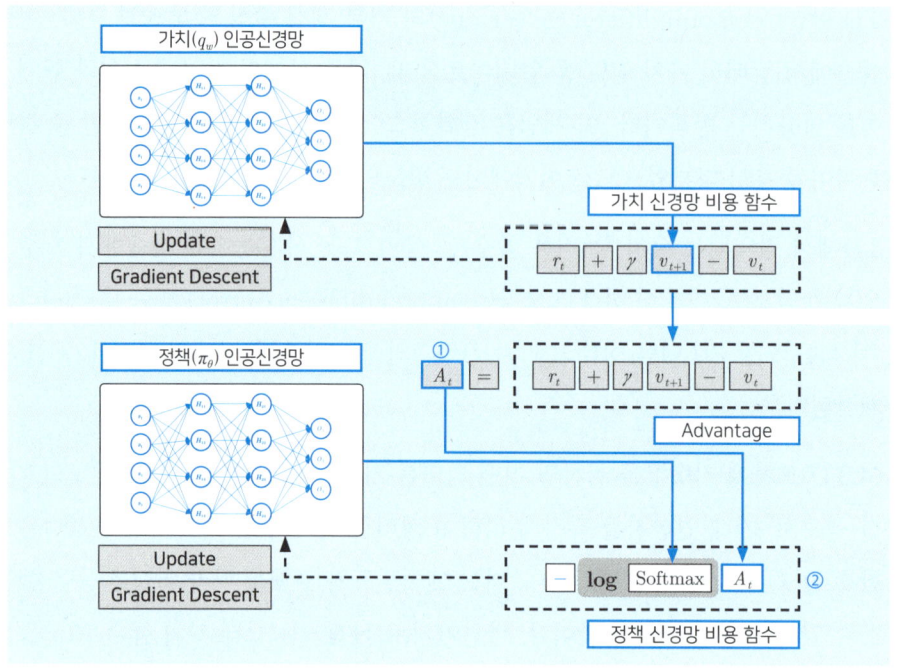

A2C 알고리즘

이 그림은 A2C(Advantage Actor – Critic) 알고리즘에서 어드밴티지를 구하고 이를 정책 신경망 학습에 어떻게 활용하는지를 시각적으로 보여준다. 이 구조는 앞서 살펴본 기본 액터크리틱(Actor – Critic) 알고리즘과 비교할 때, 두 가지 주요 차이점을 포함하고 있다. 그것이 바로 ①번과 ②번 과정이다.

> **Tip** 예제에서 구현된 Advantage
>
> 정확하게 말하면 A2C(Advantage Actor – Critic)의 이론적 정의를 그대로 따르는 것이 아니라, V 함수를 사용하는 변형된 Actor – Critic 구조이다. Advantage의 이론적 정의는 $A(s, a) = Q(s, a) - V(s)$이지만, A2C에서는 Q를 직접 사용하지 않고, TD 오차 기반으로 Advantage를 근사하여 사용하는 것이 일반적이다.

① 어드밴티지를 계산하는 과정을 보여준다. 어드밴티지는 현재 시점에서의 행동이 평균적인 기대보다 얼마나 더 나았는지를 판단하는 척도로, A2C 알고리즘에서 매우 중요한 요소이다.

에이전트는 현재 상태 $s_t$에 놓여 있다. 이 상태 정보를 정책 신경망 $\pi_\theta$에 입력하면, 그 출력은 각 행동에 대한 확률 분포가 된다. 이 확률 분포에 따라 에이전트는 확률적으로 하나의 행동 $a_t$를 선택하게 된다.

선택한 행동 $a_t$는 실제 환경에 적용되며, 그 결과로 보상 $r_t$를 얻고, 에이전트는 다음 상태 $s_{t+1}$로 전이된다. 이 과정은 일반적인 강화학습의 상호작용 단계와 동일하다.

이제 이 데이터를 바탕으로, 가치 신경망 $v_w$가 학습에 사용된다. 이 신경망은 입력으로 상태와 행동을 받아서, 그 조합의 **가치 함수** $v(s_t)$를 예측한다. 이 값을 우리는 간단히 $v_t$라고 표시한다.

다음으로, 다음 상태 $s_{t+1}$에서 가능한 다음 행동 $a_{t+1}$을 다시 정책 신경망 $\pi_\theta$로부터 선택한다. 이후 $q_w$는 이 $s_{t+1}, a_{t+1}$에 대해서도 가치 예측을 수행하여 $v_{t+1}$을 계산한다.

이제 Temporal Difference(TD) 오차를 계산할 수 있다. TD 오차는 다음 수식으로 정의된다.

$$A_t = r_t + \gamma\, v_{t+1} - v_t$$

② 이렇게 계산된 어드밴티지는 이 단계에서 정책 신경망의 비용 함수 계산에 직접 사용된다. 정책 신경망은 에이전트가 어떤 행동을 얼마나 선택할지를 확률적으로 결정하는 신경망이다. 이 때 사용되는 비용 함수는 log 확률에 어드밴티지를 곱한 형태로 표현되며, 다음과 같은 형태를 갖는다:

$$\text{Loss}_\pi = -\log(\pi_\theta(a_t|s_t)) \times A_t$$

즉, 어드밴티지 $a_{t+1}$가 클수록 해당 행동을 더 강화하고, 작거나 음수일 경우 그 행동의 확률을 낮추는 방향으로 정책을 업데이트한다. 이 과정은 경사 하강법을 통해 이루어지며, 에이전트의 정책은 점점 더 효율적인 방향으로 개선된다.

요약하자면, A2C는 TD 오차 기반의 어드밴티지를 행동가치 함수로부터 계산하고, 이를 정책 신경망의 학습에 직접 연결함으로써, 효율적이고 안정적인 정책 업데이트를 가능하게 하는 구조를 제공한다. 이는 기존 REINFORCE나 액터–크리틱보다 더욱 실용적이고 성능이 뛰어난 강화학습 방식으로 자리 잡고 있다.

## 9.3 A2C 알고리즘 기본 구조

A2C 알고리즘의 Agent 클래스는 모두 8개의 함수로 구성된다. A2C 알고리즘의 특징은 가치 신경망과 정책 신경망을 별도로 구성하고 에피소드가 종료되기 전에 학습을 진행한다는 것이다.

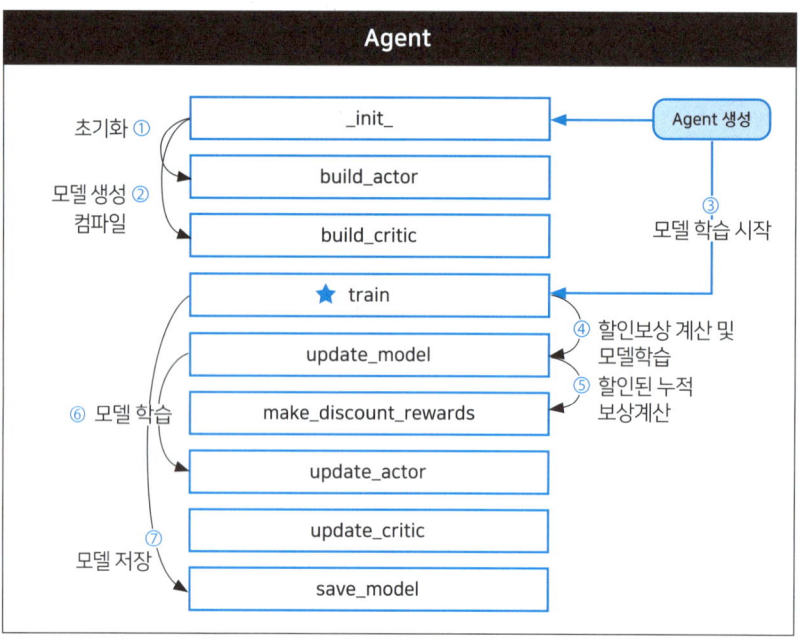

A2C 알고리즘 Agent 클래스 기능 구성

A2C 알고리즘 기반의 에이전트 학습 과정을 시각적인 플로우 차트를 통해 알아보자.

### ① 에이전트 초기화

강화학습 환경(CartPole-v1)을 불러오고, 상태 크기와 행동 크기 등의 기본 속성을 초기화한다. 또한 학습에 필요한 하이퍼파라미터와 저장용 리스트 등을 정의하며, build_actor()와 build_critic()을 호출하여 정책 신경망과 가치 신경망을 생성한다.

### ② 모델 생성 및 컴파일

정책을 학습하는 actor 신경망과 가치를 평가하는 critic 신경망을 각각 생성하고, 두 모델 모두 옵티마이저를 설정한 뒤 컴파일한다. 이 과정은 에이전트 생성 시 __init__()에서 호출된다.

### ③ 모델 학습 시작

전체 학습 루프를 실행하는 핵심 함수로, 주어진 에피소드 수만큼 환경을 반복한다. 에이전트는 매 에피소드마다 상태를 관찰하고 행동을 선택한 뒤 보상을 받아 저장하며, 에피소드가 끝나면 update_model()을 호출하여 수집된 데이터를 바탕으로 학습을 수행한다.

### ④ 할인 보상 계산 및 모델 학습

에피소드 동안 수집한 상태, 행동, 보상을 바탕으로 리턴 값을 계산하고, 어드밴티지를 추정한다. 계산된 어드밴티지는 정책 신경망 학습에, 리턴 값은 가치 신경망 학습에 각각 사용된다.

### ⑤ 할인된 보상 계산

미래 보상을 현재 가치에 반영하기 위해 할인율을 적용하여 누적 보상을 계산한다. 이 값은 학습 시 리턴 값으로 사용되며, update_model() 내부에서 호출된다.

### ⑥ 모델 학습

update_actor에서는 어드밴티지를 기반으로 정책 신경망을 학습한다. update_critic에서는 상태와 리턴 값을 비교하여 가치 신경망의 예측 오류를 줄인다. 두 함수 모두 update_model()에 의해 순차적으로 호출된다.

⑦ 모델 저장

모든 에피소드 학습이 종료된 후, 학습된 정책 신경망과 가치 신경망을 파일로 저장한다. 이 함수는 train()의 마지막 단계에서 호출된다.

이처럼 A2C 알고리즘은 각 함수가 명확하게 역할을 분담하며 상호작용한다. 정책과 가치를 분리하여 각각 최적화함으로써, 더 안정적이고 효율적인 학습이 가능하도록 설계되어 있다.

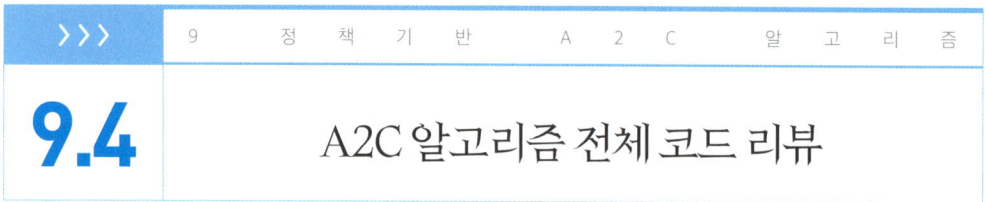

## 9.4 A2C 알고리즘 전체 코드 리뷰

A2C 알고리즘과 REINFORCE 알고리즘의 가장 큰 차이점은 두 개의 인공신경망을 사용한다는 것이다. 어떻게 인공신경망을 따로 정의하고 이 둘 간의 관계를 설정하는지 유념해서 살펴보도록 하자.

```
cartpole_a2c.ipynb
```

```python
# -*- coding: utf-8 -*-
import tensorflow as tf
from tensorflow.keras.layers import Input, Dense
from tensorflow.keras.optimizers import Adam
import gym
import numpy as np
import os
import warnings
warnings.filterwarnings("ignore", category=DeprecationWarning)

class Agent(object):
    def __init__(self):

        self.env = gym.make('CartPole-v1')
```

```python
        self.state_size = self.env.observation_space.shape[0]
        self.action_size = self.env.action_space.n

        self.node_num = 12
        self.actor_lr = 0.01
        self.critic_lr = 0.01
        self.actor = self.build_actor()
        self.critic = self.build_critic()

        self.discount_rate = 0.95
        self.penalty = -10

        self.episode_num = 500

        self.moving_avg_size = 20
        self.reward_list = []
        self.count_list = []
        self.moving_avg_list = []

    #(1) 정책 네트워크 생성
    def build_actor(self):
        input_states = Input(shape=(self.state_size,), name='input_states')
        x = Dense(self.node_num, activation='tanh')(input_states)
        out_actions = Dense(self.action_size, activation='softmax', name='output')(x)

        model = tf.keras.models.Model(inputs=input_states, outputs=out_actions)
        model.compile(optimizer=Adam(learning_rate=self.actor_lr))
        model.summary()
        return model

    #(2) 가치 네트워크 생성
    def build_critic(self):
        input_states = Input(shape=(self.state_size,), name='input_states')
        x = Dense(self.node_num, activation='tanh')(input_states)
        out_value = Dense(1, activation='linear', name='value')(x)

        model = tf.keras.models.Model(inputs=input_states, outputs=out_value)
        model.compile(optimizer=Adam(learning_rate=self.critic_lr), loss='mean_squared_error')

        model.summary()
        return model

    def train(self):
```

```python
#(1) 에피소드 반복 학습 시작
for episode in range(self.episode_num):
    state, _ = self.env.reset()
    reward_tot = 0
    step_count = 0
    done = False

    states = []
    actions = []
    rewards = []

    while not done:
        step_count += 1
        #(2) 상태 기반 행동 선택 및 환경과 상호작용
        state_input = np.reshape(state, [1, self.state_size]).astype(np.float32)
        policy = self.actor(state_input, training=False).numpy()[0]
        action = np.random.choice(self.action_size, p=policy)

        next_state, reward, terminated, truncated, _ = self.env.step(action)
        done = terminated or truncated

        if done and step_count < 499:
            reward = self.penalty

        #(3) 학습을 위한 데이터 수집
        action_onehot = np.zeros(self.action_size)
        action_onehot[action] = 1.0

        states.append(state)
        actions.append(action_onehot)
        rewards.append(reward)

        reward_tot += reward
        state = next_state

    #(4) 에피소드 리워드와 이동 평균 기록
    self.reward_list.append(reward_tot - self.penalty)
    self.count_list.append(step_count)
    self.moving_avg_list.append(np.mean(self.reward_list[-self.moving_avg_size:]))

    #(5) 수집된 데이터를 바탕으로 모델 업데이트
    self.update_model(states, actions, rewards)
```

```python
        #(6) 주기적인 로그 출력
        if episode % 10 == 0:
            moving_avg = np.mean(self.reward_list[-self.moving_avg_size:])
            reward_avg = np.mean(self.reward_list)
            print(f"episode:{episode}, moving_avg:{moving_avg:.2f}, rewards_
                                                    avg:{reward_avg:.2f}")

    #(7) 학습 완료 후 모델 저장
    self.save_model()

def update_model(self, states, actions, rewards):
    #(1) 상태, 행동, 보상 데이터를 넘파이 배열로 변환
    states = np.array(states, dtype=np.float32)
    actions = np.array(actions, dtype=np.float32)

    #(2) 누적 할인 보상 계산
    returns = self.make_discount_rewards(rewards)

    #(3) 현재 상태에 대한 가치 예측
    values = self.critic(states).numpy().flatten()

    #(4) 어드밴티지(Advantage) 계산
    advantages = returns - values

    #(5) 어드밴티지 정규화
    advantages -= np.mean(advantages)
    advantages /= (np.std(advantages) + 1e-8)

    #(6) 신경망 업데이트
    self.update_actor(states, actions, advantages)
    self.update_critic(states, returns)

def make_discount_rewards(self, rewards):
    #(1) 출력 배열 초기화
    discounted_rewards = np.zeros_like(rewards, dtype=np.float32)

    #(2) 누적 보상 초기값 설정
    cumulative = 0.0

    #(3) 역순 반복을 통한 할인 보상 계산
    for i in reversed(range(len(rewards))):
        cumulative = cumulative * self.discount_rate + rewards[i]
        discounted_rewards[i] = cumulative
```

```python
        #(4) 할인된 보상 배열 반환
        return discounted_rewards

    def update_actor(self, states, actions, advantages):
        #(1) 자동 미분 설정
        with tf.GradientTape() as tape:
            #(2) 정책 신경망을 통한 행동 확률 분포 예측
            probs = self.actor(states, training=True)

            #(3) 실제로 선택한 행동에 해당하는 확률만 추출
            selected_probs = tf.reduce_sum(probs * actions, axis=1)

            #(4) 손실 함수 계산
            loss = -tf.reduce_mean(tf.math.log(selected_probs + 1e-8) * advantages)

        #(5) 그래디언트 계산
        gradients = tape.gradient(loss, self.actor.trainable_variables)

        #(6) 옵티마이저를 통한 가중치 업데이트
        self.actor.optimizer.apply_gradients(zip(gradients, self.actor.trainable_variables))

    def update_critic(self, states, returns):
        with tf.GradientTape() as tape:
            #(1) 현재 상태에 대한 가치 예측
            values = self.critic(states, training=True)
            values = tf.squeeze(values, axis=1)  # (배치, 1) → (배치,)

            #(2) 손실 함수 계산: 평균 제곱 오차(MSE)
            loss = tf.reduce_mean(tf.square(returns - values))  # MSE 손실

        gradients = tape.gradient(loss, self.critic.trainable_variables)
        self.critic.optimizer.apply_gradients(zip(gradients, self.critic.trainable_variables))

    def save_model(self):
        os.makedirs("./model", eist_ok=True)
        self.actor.save("./model/a2c_actor.keras")
        self.critic.save("./model/a2c_critic.keras")
        print("*****end learning")

if __name__ == "__main__":
    agent = Agent()
    agent.train()
```

A2C 알고리즘에서는 정책(policy)과 가치(value)를 각각 독립적인 신경망으로 학습시킨다. 정책을 표현하는 정책 네트워크는 `build_model_actor()` 함수를 통해 생성되며, 출력층에는 softmax 함수를 사용하여 각 행동의 선택 확률을 계산한다. 반면, 가치를 추정하는 가치 네트워크는 `build_model_critic()` 함수를 통해 구성되며, 출력층은 `linear` 활성 함수를 사용하여 주어진 상태의 가치를 실수 값으로 출력하도록 설정된다. 이러한 구조는 정책과 가치를 분리하여 더 안정적인 학습을 가능하게 한다.

## 9.5 A2C 알고리즘 세부구조 살펴보기

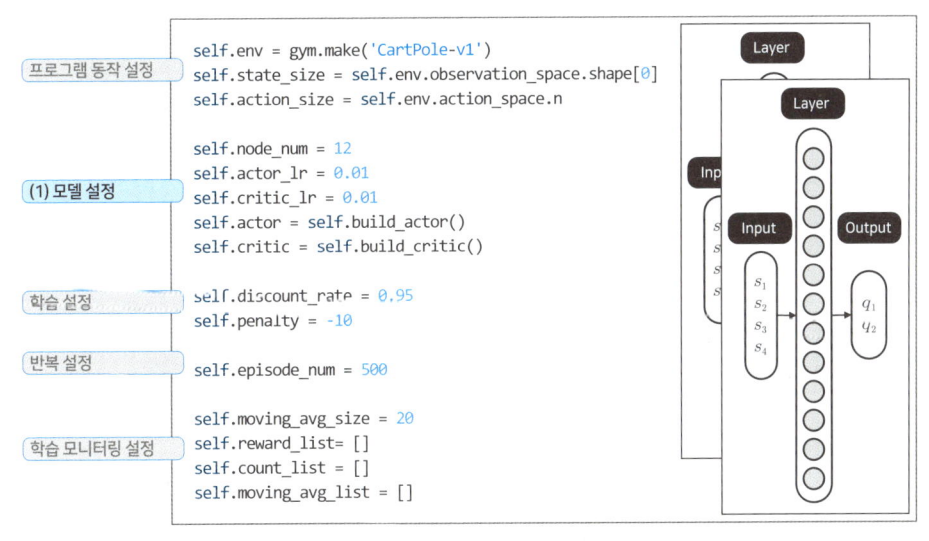

A2C 알고리즘 Agent 클래스 속성

A2C 알고리즘의 Agent 클래스 속성은 대부분 REINFORCE 알고리즘과 유사하다. 가장 큰 차이점은 정책 신경망과 가치 신경망을 저장하기 위해 model_actor와 model_critic 두 개의 클래스 변수를 사용한다는 점이다.

> cartpole_a2c.ipynb 파일 build_actor() 함수와 build_critic() 함수

```python
#(1) 정책 네트워크 생성
def build_actor(self):
    input_states = Input(shape=(self.state_size,), name='input_states')
    x = Dense(self.node_num, activation='tanh')(input_states)
    out_actions = Dense(self.action_size, activation='softmax', name='output')(x)
    
    model = tf.keras.models.Model(inputs=input_states, outputs=out_actions)
    model.compile(optimizer=Adam(learning_rate=self.actor_lr))
    model.summary()
    return model

#(2) 가치 네트워크 생성
def build_critic(self):
    input_states = Input(shape=(self.state_size,), name='input_states')
    x = Dense(self.node_num, activation='tanh')(input_states)
    out_value = Dense(1, activation='linear', name='value')(x)
    
    model = tf.keras.models.Model(inputs=input_states, outputs=out_value)
    model.compile(optimizer=Adam(learning_rate=self.critic_lr), loss='mean_squared_error')
    model.summary()
    return model
```

다음은 A2C 알고리즘 구현에서 사용되는 정책 네트워크와 가치 네트워크를 구성하는 주요 함수들의 역할과 구조를 설명한 내용이다.

### (1) 정책 네트워크 생성

이 함수는 에이전트가 주어진 상태(state)를 입력받아 각 행동에 대한 선택 확률을 출력하는 정책 네트워크(Actor)를 생성하는 역할을 한다. 먼저 입력층은 환경의 상태 크기(state_size)에 맞춰 정의되며, 은닉층에는 하이퍼파라미터로 지정된 노드 수와 tanh 활성 함수를 사용한다. 출력층에서는 에이전트가 선택할 수 있는 행동의 수만큼 뉴런을 두고,

softmax 활성 함수를 적용해 확률 분포 형태로 결과를 출력한다.

이렇게 생성된 모델은 옵티마이저로 Adam을 사용하고 손실 함수는 명시하지 않는다. 그 이유는 정책 네트워크의 학습이 일반적인 지도학습과 달리 손실 함수가 `GradientTape()` 내에서 커스텀하게 정의되기 때문이다. 모델 요약 정보는 `model.summary()`를 통해 출력되며, 최종적으로 생성된 모델 객체를 반환한다.

### (2) 가치 네트워크 생성

이 함수는 현재 상태의 가치를 추정하는 가치 네트워크(Critic)를 생성한다. 입력층은 상태 벡터를 입력으로 받고, 은닉층 역시 정책 네트워크와 동일하게 `tanh` 활성 함수가 적용된 밀집층(dense layer)으로 구성된다. 그러나 출력층은 단 하나의 뉴런만을 사용하며, 활성 함수로 `linear`를 적용한다. 이는 상태의 가치를 연속적인 실수 값으로 그대로 출력하기 위함이다.

이 모델은 `mean_squared_error`를 손실 함수로 사용하여, 예측한 가치와 실제 리턴 간의 오차를 줄이는 방식으로 학습된다. 옵티마이저는 동일하게 Adam이 사용된다. 모델 구조를 출력한 뒤, 구성된 모델 객체를 반환한다.

> **cartpole_a2c.ipynb 파일 train() 함수**

```python
def train(self):
    #(1) 에피소드 반복 학습 시작
    for episode in range(self.episode_num):
        state, _ = self.env.reset()
        reward_tot = 0
        step_count = 0
        done = False

        states = []
        actions = []
        rewards = []

        while not done:
            step_count += 1
            #(2) 상태 기반 행동 선택 및 환경과 상호작용
```

```python
        state_input = np.reshape(state, [1, self.state_size]).astype(np.float32)
        policy = self.actor(state_input, training=False).numpy()[0]
        action = np.random.choice(self.action_size, p=policy)

        next_state, reward, terminated, truncated, _ = self.env.step(action)
        done = terminated or truncated

        if done and step_count < 499:
            reward = self.penalty

        #(3) 학습을 위한 데이터 수집
        action_onehot = np.zeros(self.action_size)
        action_onehot[action] = 1.0

        states.append(state)
        actions.append(action_onehot)
        rewards.append(reward)

        reward_tot += reward
        state = next_state

    #(4) 에피소드 리워드와 이동 평균 기록
    self.reward_list.append(reward_tot - self.penalty)
    self.count_list.append(step_count)
    self.moving_avg_list.append(np.mean(self.reward_list[-self.moving_avg_size:]))

    #(5) 수집된 데이터를 바탕으로 모델 업데이트
    self.update_model(states, actions, rewards)

    #(6) 주기적인 로그 출력
    if episode % 10 == 0:
        moving_avg = np.mean(self.reward_list[-self.moving_avg_size:])
        reward_avg = np.mean(self.reward_list)
        print(f"episode:{episode}, moving_avg:{moving_avg:.2f}, rewards_avg:{reward_avg:.2f}")

#(7) 학습 완료 후 모델 저장
self.save_model()
```

다음은 A2C 알고리즘에서 에이전트의 학습이 실제로 수행되는 train() 함수에 대한 설명이다. 이 함수는 전체 에피소드에 걸쳐 환경과 상호작용하고, 데이터를 수집한 후, 정책 신경망과 가치 신경망을 동시에 학습시키는 중심 역할을 한다.

### (1) 에피소드 반복 학습 시작

함수는 self.episode_num만큼 반복되는 루프를 통해 여러 에피소드에 걸쳐 학습을 수행한다. 각 에피소드마다 환경을 초기화하고(env.reset()), 리워드 합계와 스텝 수를 기록할 변수를 초기화한다. 또한 상태, 행동, 보상을 저장할 리스트(states, actions, rewards)도 새로 정의하여 에피소드 단위로 데이터를 수집할 준비를 한다.

### (2) 상태 기반 행동 선택 및 환경과 상호작용

강화학습에서 에이전트는 환경과 반복적으로 상호작용하며 학습을 진행한다. 각 에피소드는 일반적으로 다음과 같은 루프 구조를 따른다. 루프는 done이 True가 될 때까지 계속되며, 이는 해당 에피소드가 종료되었음을 의미한다.

루프가 시작되면, 현재 상태(state)를 정책 신경망(actor)의 입력값으로 변환한다. 이 신경망은 주어진 상태에서 어떤 행동을 취할지에 대한 행동 확률 분포를 출력한다. 이 확률 분포는 상태에 따라 각 행동이 선택될 가능성이 어느정도 되는지를 나타내며, 일반적으로 softmax 함수 등을 통해 확률값의 형태로 정규화된다.

이 분포를 p라고 할 때, p = policy(state)는 현재 상태에서 정책(policy)이 출력한 행동 확률 분포를 의미한다. 예를 들어, p = [0.1, 0.7, 0.2]는 세 개의 가능한 행동 중 두 번째 행동을 선택할 확률이 가장 높다는 것을 나타낸다.

이 확률 분포 p를 기반으로 np.random.choice()를 사용하여 하나의 행동을 확률적으로 선택한다. 이는 항상 가장 높은 확률의 행동을 선택하는 것이 아니라, 확률적으로 행동을 선택함으로써 탐험(exploration)과 이용(exploitation) 사이의 균형을 유지하기 위함이다. 이렇게 선택된 행동은 환경에 적용되고, 그 결과로 다음 상태(next_state), 보상(reward), 그리고 에피소드 종료 여부(done) 등의 정보를 받아오게 된다.

만약 done이 True인 상황이 최대 스텝 수(예: 500)에 도달하지 않았음에도 조기 종료된 경우라면, 이는 보통 실패로 간주된다. 예를 들어, CartPole 환경에서는 막대가 넘어지거나 중심을 벗어나면 게임이 끝난다. 이 경우에는 지나치게 높은 보상을 받는 것을 방지하기 위해 패널티 값을 보상에 추가적으로 적용하게 된다. 이는 학습 과정에서 실패한 행동들에 대해 더 강한 신호를 주기 위한 것으로, 에이전트가 조기 종료되는 행동 패턴을 피하도록 유도한다.

### (3) 학습을 위한 데이터 수집

선택한 행동은 원 – 핫 인코딩 방식으로 변환되며, 현재 상태와 행동, 그리고 보상은 각각의 리스트(states, actions, rewards)에 저장된다. 이는 추후 모델 학습 시 사용될 에피소드 데이터를 구성한다.

### (4) 에피소드 리워드와 이동 평균 기록

한 에피소드가 종료되면 전체 리워드에서 패널티를 제외한 값을 reward_list에 기록하고, 해당 에피소드의 스텝 수는 count_list에 저장된다. 또한 최근 에피소드의 평균 리워드를 구하여 이동 평균 리스트(moving_avg_list)에 저장한다. 이 값은 학습 진행 상황을 파악하거나 시각화 시 사용된다.

### (5) 수집된 데이터를 바탕으로 모델 업데이트

각 에피소드가 끝날 때마다, 수집된 상태, 행동, 보상을 기반으로 update_model() 함수를 호출하여 실제 학습을 수행한다. 이 함수 내부에서 할인된 보상 계산과 어드밴티지 추정, Actor 및 Critic 신경망의 업데이트가 함께 이루어진다.

### (6) 주기적인 로그 출력

에피소드가 10회 단위로 진행될 때마다, 최근 이동 평균과 전체 평균 리워드를 출력하여 학습이 어떻게 진행되고 있는지 로그를 통해 확인할 수 있다. 이를 통해 학습이 수렴하는지 여부를 간접적으로 파악할 수 있다.

**(7) 학습 완료 후 모델 저장**

전체 에피소드 학습이 종료된 후에는 save_model() 함수를 통해 학습된 Actor와 Critic 신경망을 파일로 저장한다. 저장된 모델은 이후 재사용 또는 추론 용도로 활용할 수 있다.

이와 같이 train() 함수는 에이전트가 환경과 반복적으로 상호작용하며 학습 데이터를 축적하고, 이를 기반으로 정책과 가치 신경망을 지속적으로 업데이트하는 핵심 루틴이다. 강화학습 알고리즘의 전체 흐름을 통제하는 중심 축으로 서의 역할을 수행한다.

**cartpole_a2c update_model() 함수**

```python
def update_model(self, states, actions, rewards):
    #(1) 상태, 행동, 보상 데이터를 넘파이 배열로 변환
    states = np.array(states, dtype=np.float32)
    actions = np.array(actions, dtype=np.float32)

    #(2) 누적 할인 보상 계산
    returns = self.make_discount_rewards(rewards)

    #(3) 현재 상태에 대한 가치 예측
    values = self.critic(states).numpy().flatten()

    #(4) 어드밴티지(Advantage) 계산
    advantages = returns - values

    #(5) 어드밴티지 정규화
    advantages -= np.mean(advantages)
    advantages /= (np.std(advantages) + 1e-8)

    #(6) 신경망 업데이트
    self.update_actor(states, actions, advantages)
    self.update_critic(states, returns)
```

다음은 A2C 알고리즘에서 에이전트가 수집한 상태, 행동, 보상 데이터를 바탕으로 정책과 가치 신경망을 동시에 업데이트하는 핵심 학습 절차에 대한 설명이다.

**(1) 상태, 행동, 보상 데이터를 넘파이 배열로 변환**

먼저, 입력으로 들어온 states, actions, rewards 리스트를 np.array()를 이용해 넘파이

배열로 변환한다. 특히 상태값은 float32 타입으로 명시적으로 형변환하여 딥러닝 모델에 적합한 형태로 만든다.

### (2) 누적 할인 보상 계산

`self.make_discount_rewards(rewards)` 함수를 호출하여, 각 시점의 보상을 누적 할인된 형태로 변환한다. 이는 미래 보상일수록 현재보다 가치가 낮아진다는 개념을 반영한 것으로, 학습의 안정성과 수렴 속도를 높이는 데 기여한다. 일반적으로 이 과정에는 감가율(감쇠율)인 감마($\gamma$)가 사용된다.

### (3) 현재 상태에 대한 가치 예측

Critic 신경망을 통해 현재 상태의 가치값을 예측한다. 이 값은 신경망이 판단한 상태의 '좋음' 정도이며, 실제 보상과 비교하여 얼마나 더 좋거나 나빴는지를 측정하는 데 사용된다.

### (4) 어드밴티지 계산

어드밴티지는 특정 행동이 평균적인 기대 가치보다 얼마나 더 나은지를 측정한 값이다. 이를 통해 단순히 보상만 최대화하는 것이 아니라, 상대적으로 유리한 행동을 선호하도록 정책을 학습시킬 수 있다.

### (5) 어드밴티지 정규화

어드밴티지 값을 정규화하여 평균이 0, 분산이 1에 가깝도록 만든다. 이 과정은 학습의 수렴 속도를 높이고, 특정 데이터에 치우치지 않도록 돕는다. 특히 분산이 너무 크거나 작으면 학습이 불안정해질 수 있기 때문에, 작은 상수 $1e-8$을 더해 0으로 나누는 오류도 방지한다.

### (6) 신경망 업데이트

앞에서 계산한 상태, 행동, 정규화된 어드밴티지를 바탕으로 정책 신경망(Actor)을 업데이트한다. 이 과정은 확률적으로 유리한 행동을 더 자주 선택하도록 정책을 개선하는 핵심 절차이다.

또한, 예측된 가치값과 실제 누적 보상 간의 오차를 줄이도록 Critic 네트워크를 업데이트한다. 이 오차는 손실함수를 통해 계산되며, 회귀 문제처럼 동작한다.

이와 같이 update_model() 함수는 수집된 데이터를 바탕으로 정책과 가치를 동시에 개선해 나가는 핵심 학습 메커니즘으로 작동한다. 어드밴티지 기반 업데이트는 단순한 리워드 기반 방식보다 더 안정적이고 빠르게 학습을 가능하게 해 주며, 에이전트가 더 똑똑하게 의사결정을 내릴 수 있도록 만든다.

cartpole_a2c.ipynb 파일 make_discount_rewards() 함수

```python
def make_discount_rewards(self, rewards):
    #(1) 출력 배열 초기화
    discounted_rewards = np.zeros_like(rewards, dtype=np.float32)

    #(2) 누적 보상 초기값 설정
    cumulative = 0.0

    #(3) 역순 반복을 통한 할인 보상 계산
    for i in reversed(range(len(rewards))):
        cumulative = cumulative * self.discount_rate + rewards[i]
        discounted_rewards[i] = cumulative
    #(4) 할인된 보상 배열 반환
    return discounted_rewards
```

이 함수는 주어진 보상 시퀀스를 할인율에 따라 가중합하여, 에이전트가 미래 보상까지 고려할 수 있도록 학습 데이터를 전처리하는 역할을 한다.

### (1) 출력 배열 초기화

먼저 입력으로 주어진 rewards 리스트와 동일한 길이와 형태를 가진 discounted_rewards 배열을 생성하고, 데이터 타입은 float32로 설정한다. 이 배열은 최종적으로 반환될 누적 할인 보상 값을 담는 공간이 된다.

### (2) 누적 보상 초깃값 설정

누적 보상 값을 저장할 cumulative 변수를 0.0으로 초기화한다. 이 변수는 뒤에서부터 순차적으로 보상을 더하면서 이전 시점의 보상에 할인율을 적용하여 축적하는 데 사용된다.

### (3) 역순 반복을 통한 할인 보상 계산

핵심 로직은 for문으로 보상 리스트를 역순으로 순회하면서 수행된다. 가장 마지막 스텝부터 시작하여, 앞 단계로 거슬러 올라가면서 다음과 같이 누적 할인 보상을 계산한다.

여기서 중요한 점은 self.discount_rate, 즉 할인율(보통 감마 $\gamma$라고 부른다)이 매 스텝마다 이전 누적 보상에 곱해진다는 것이다. 이로 인해 시간이 지날수록 미래 보상은 점점 낮은 가치를 가지게 되며, 이는 인간의 의사결정과 유사한 경향을 반영한 것이다.

### (4) 할인된 보상 배열 반환

최종적으로 계산이 완료된 discounted_rewards 배열을 반환함으로써 각 시점에서의 상태가 가져올 수 있는 장기적인 보상 기댓값이 담긴 리스트를 제공하게 된다.

시간에 따라 미래 보상이 점차 줄어드는 구조 덕분에, 에이전트는 지금 당장의 보상만이 아니라 미래의 보상까지 감안한 전략을 학습할 수 있게 된다. 이는 강화학습의 핵심 철학인 '장기적 최적화'를 수치적으로 구현한 기법이다.

> cartpole_a2c.ipynb 파일 update_actor() 함수

```python
def update_actor(self, states, actions, advantages):
    #(1) 자동 미분 설정
    with tf.GradientTape() as tape:
        #(2) 정책 신경망을 통한 행동 확률 분포 예측
        probs = self.actor(states, training=True)

        #(3) 실제로 선택한 행동에 해당하는 확률만 추출
        selected_probs = tf.reduce_sum(probs * actions, axis=1)

        #(4) 손실 함수 계산
        loss = -tf.reduce_mean(tf.math.log(selected_probs + 1e-8) * advantages)
```

```
#(5) 그래디언트 계산
gradients = tape.gradient(loss, self.actor.trainable_variables)

#(6) 옵티마이저를 통한 가중치 업데이트
self.actor.optimizer.apply_gradients(zip(gradients, self.actor.trainable_variables))
```

이 함수는 A2C 구조에서 정책 신경망(Actor)을 학습시키는 핵심 역할을 담당한다. 상태, 행동, 어드밴티지 정보를 바탕으로 손실 함수를 정의하고, 자동 미분 기능을 이용해 신경망의 가중치를 업데이트하는 방식으로 작동한다. 이를 통해 에이전트는 더 유리한 행동을 선택하도록 학습하게 된다.

**(1) 그라디언트 테이프를 이용한 자동 미분 설정**

먼저 TensorFlow의 `GradientTape()`를 사용해 자동 미분을 위한 준비를 한다. 이 블록 안에서 계산되는 연산들은 자동으로 추적되어, 이후 손실 함수에 대한 그래디언트를 계산할 수 있게 된다.

**(2) 정책 신경망을 통해 행동 확률 분포 예측**

정책 신경망인 `self.actor`에 현재 상태(states)를 입력하면, 각 상태에 대해 가능한 행동들의 확률 분포가 출력된다. 이는 에이전트가 특정 상태에서 어떤 행동을 얼마나 선택할 가능성이 있는지를 나타낸다.

**(3) 실제로 선택한 행동에 해당하는 확률만 추출**

훈련 과정에서는 이미 수행한 행동(actions)에 대한 확률만 필요하므로, 전체 확률 분포에서 해당 행동에 해당하는 확률값만을 추출한다. 이 과정은 확률 벡터와 행동 벡터를 곱한 뒤, 행 방향으로 합산하는 방식으로 수행된다.

여기서 actions는 원-핫 인코딩 형태로 주어져 있으며, 곱셈을 통해 해당 행동에 해당하는 확률만 골라낼 수 있다.

### (4) 손실 함수 계산

손실 함수는 정책 그래디언트 기법에 기반하여 정의되며, 선택된 확률의 로그값과 어드밴티지를 곱해 평균을 취한 뒤 부호를 반전시킨 형태이다. 이렇게 하면 어드밴티지가 큰 행동일수록 확률을 높이고, 어드밴티지가 낮은 행동일수록 확률을 낮추도록 학습이 이루어진다. $1e-8$은 로그 연산에서 0으로 나누는 문제를 방지하기 위한 작은 수이다.

### (5) 그래디언트 계산

앞서 정의한 손실 함수에 대해, 정책 신경망의 학습 가능한 변수들에 대한 그래디언트를 자동으로 계산한다. 이 과정은 텐서플로의 자동 미분 기능에 의해 처리된다.

### (6) 옵티마이저를 통한 가중치 업데이트

계산된 그래디언트를 `self.actor.optimizer`에 연결하여 정책 신경망의 파라미터를 업데이트한다. 이는 손실을 최소화하는 방향으로 모델을 개선하는 실제 학습 단계이다.

`update_actor()` 함수는 어드밴티지를 기반으로 한 손실 함수를 정의하고, 선택된 행동의 확률을 바탕으로 정책 신경망을 학습시킨다. 이 과정을 통해 에이전트는 성공 가능성이 높은 행동을 더욱 확신 있게 선택할 수 있도록 정책을 최적화하게 되며, 궁극적으로 환경에서 더 높은 보상을 얻는 방향으로 발전하게 된다.

**cartpole_a2c.ipynb 파일 update_critic() 함수**

```python
def update_critic(self, states, returns):
    with tf.GradientTape() as tape:
        #(1) 현재 상태에 대한 가치 예측
        values = self.critic(states, training=True)
        values = tf.squeeze(values, axis=1)  # (배치, 1) → (배치,)

        #(2) 손실 함수 계산: 평균 제곱 오차(MSE)
        loss = tf.reduce_mean(tf.square(returns - values))  # MSE 손실

    gradients = tape.gradient(loss, self.critic.trainable_variables)
    self.critic.optimizer.apply_gradients(zip(gradients, self.critic.trainable_variables))
```

이 함수는 강화학습에서 Critic, 즉 가치 신경망을 학습시키는 역할을 담당한다. Critic은 주어진 상태에서 기대할 수 있는 장기적인 보상(가치)을 추정하는 모델이며, 이 함수는 수집된 상태와 실제 누적 보상(returns)을 바탕으로 예측값과의 차이를 최소화하도록 학습을 진행한다. 이를 통해 Critic은 점점 더 정확한 가치 추정을 할 수 있게 되며, 이는 Actor의 학습에도 중요한 피드백으로 작용한다.

### (1) 현재 상태에 대한 가치 예측

입력 상태들을 self.critic 모델에 전달하여 각 상태의 예상 가치를 출력받는다. 일반적으로 Critic의 출력은 (배치, 1) 형태의 텐서인데, 이후 연산을 위해 차원을 줄여 (배치,) 형태로 변환한다.

> **Tip** tf.squeeze(values, axis=1)
>
> tf.squeeze(values, axis=1)은 텐서플로(TensorFlow)에서 자주 사용되는 텐서 조작 함수로, 텐서의 불필요한 차원을 제거하는 역할을 한다. 이 함수의 핵심 개념은 크기가 1인 차원(axis)을 제거하여 텐서의 차원 수를 줄이는 것이다.
>
> Critic 모델은 일반적으로 각 상태에 대해 하나의 값(스칼라)을 예측한다. 따라서 모델의 출력은 (배치 크기, 1) 형태의 2차원 텐서이다. 예를 들어, 배치 크기가 5라면 다음과 같은 형태가 된다:
>
> $$[[1.2], [0.8], [0.5], [1.0], [1.1]]$$
>
> 이 때 axis=1을 기준으로 squeeze()를 적용하면, 크기가 1인 두 번째 차원이 제거되어 다음과 같이 1차원 벡터가 된다:
>
> $$[1.2, 0.8, 0.5, 1.0, 1.1]$$
>
> 즉, 결과 텐서의 shape은 (5,)가 된다.

### (2) 손실 함수 계산: 평균 제곱 오차(MSE)

Critic은 회귀 문제로 간주되므로, 예측한 가치값 values와 실제로 관측된 누적 할인 보상

returns 간의 차이를 평균 제곱 오차(Mean Squared Error, MSE)로 계산한다. 이 손실 함수는 예측값이 실제값과 얼마나 다른지 나타내며, 작을수록 좋은 모델임을 의미한다.

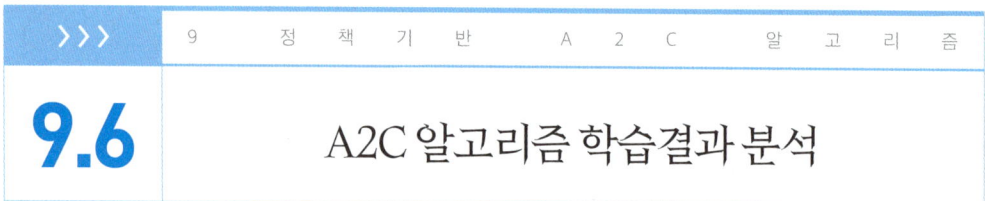

## 9.6 A2C 알고리즘 학습결과 분석

A2C 알고리즘은 매 스텝마다 정책과 가치 신경망을 동시에 업데이트하기 때문에, 일정량의 데이터를 모은 후 한꺼번에 학습하는 REINFORCE 알고리즘에 비해 상대적으로 학습 속도가 느릴 수 있다. REINFORCE는 에피소드가 끝날 때마다 한 번만 학습을 수행하는 반면, A2C는 더 자주 네트워크를 업데이트하기 때문에 연산량이 많아지고 이로 인해 실행 시간이 증가하는 경향이 있다.

> cartpole_a2c.ipynb 실행 결과

```
Model: "model_22"

Layer (type)                  Output Shape              Param #
=================================================================
input_states (InputLayer)     [(None, 4)]               0

dense_30 (Dense)              (None, 12)                60

output (Dense)                (None, 2)                 26

=================================================================
Total params: 86
Trainable params: 86
Non-trainable params: 0
_____

Model: "model_23"

Layer (type)                  Output Shape              Param #
```

```
=================================================================
 input_states (InputLayer)    [(None, 4)]               0

 dense_31 (Dense)             (None, 12)                60

 value (Dense)                (None, 1)                 13

=================================================================
Total params: 73
Trainable params: 73
Non-trainable params: 0
_____
episode:0, moving_avg:17.00, rewards_avg:17.00
episode:10, moving_avg:41.73, rewards_avg:41.73
episode:20, moving_avg:34.75, rewards_avg:33.90
episode:30, moving_avg:30.70, rewards_avg:34.61
episode:40, moving_avg:48.35, rewards_avg:40.95
...
episode:470, moving_avg:493.10, rewards_avg:302.27
episode:480, moving_avg:493.10, rewards_avg:306.59
episode:490, moving_avg:510.00, rewards_avg:310.73
*end learning
```

A2C 알고리즘을 이용하여 총 500개의 에피소드 동안 에이전트를 학습시켰으며, 에피소드마다 moving_avg(최근 일정 수의 보상 평균)과 rewards_avg(전체 평균 보상)을 출력하여 학습 성능을 정량적으로 추적하였다. 이를 기반으로 학습 과정을 세 구간으로 나누어 분석하면 다음과 같다.

### (1) 학습 초반(0~100 에피소드)

초기 학습 단계에서는 에이전트가 환경에 대한 정보를 거의 갖고 있지 않기 때문에 성능이 낮은 수준에서 출발한다. 첫 에피소드의 moving_avg는 17로 매우 낮은 편이며, 이는 에이전트가 대부분의 경우 막대를 유지하지 못하고 빠르게 실패했음을 의미한다.

그러나 학습이 진행됨에 따라, 에이전트는 환경과의 상호작용을 통해 점차 좋은 행동 패턴을 학습해 나간다. 100번째 에피소드에 이르러서는 moving_avg가 171.65로 크게 상승했고, 전체 평균 보상인 rewards_avg도 96.45에 도달하였다. 이는 정책 신경망과 가치 신경망이 효과적으로 작동하기 시작했음을 보여주는 지표이다.

**(2) 학습 중반(100~300 에피소드)**

110~150번째 에피소드 구간에서는 moving_avg가 484 수준까지 급격히 상승하면서, 에이전트가 거의 완벽에 가까운 성능을 발휘하는 모습을 보였다. 이는 환경의 규칙을 효과적으로 파악하고, 보상을 극대화하는 정책을 형성했음을 의미한다.

하지만 그 이후에는 moving_avg와 rewards_avg가 점차 하락세를 보이기 시작한다. 특히 250~270번째 에피소드에서는 moving_avg가 164에서 143 수준으로 감소하였는데, 이는 에이전트가 일시적으로 잘못된 정책을 학습했거나, 탐험(exploration) 과정에서 성능이 불안정해진 것으로 해석할 수 있다.

강화학습에서는 최적의 정책을 찾기 위해 일정 비율의 무작위 행동을 시도하는데, 이 과정에서 단기적으로 성능이 저하될 수 있다. 그러나 이는 결국 더 좋은 정책을 찾기 위한 과정이기도 하다.

**(3) 학습 후반(300~490 에피소드)**

300번째 에피소드 이후부터는 다시 성능이 회복되며, moving_avg가 점차 상승 곡선을 그린다. 에이전트는 이전의 시행착오를 기반으로 더 안정적이고 효과적인 정책을 구성해 나갔고, 490번째 에피소드 기준으로 moving_avg는 510.00, rewards_avg는 310.73에 도달하였다.

이러한 수치는 에이전트가 거의 실패 없이 막대를 끝까지 유지할 수 있는 수준에 이르렀음을 의미하며, CartPole 환경에서의 제어 능력을 사실상 마스터한 것으로 평가할 수 있다.

정책 신경망과 가치 신경망은 비교적 단순한 구조로 설계되었음에도 불구하고, A2C 알고리즘을 통해 효과적으로 학습이 이루어졌다. 초기에는 성능이 낮았지만, 빠르게 환경에 적응하며 높은 보상을 획득할 수 있는 정책을 형성하였고, 중간에 일부 성능 저하가 있었으나 다시 회복되어 결국 안정적인 학습 곡선을 그려냈다.

**실행 결과 시각화**

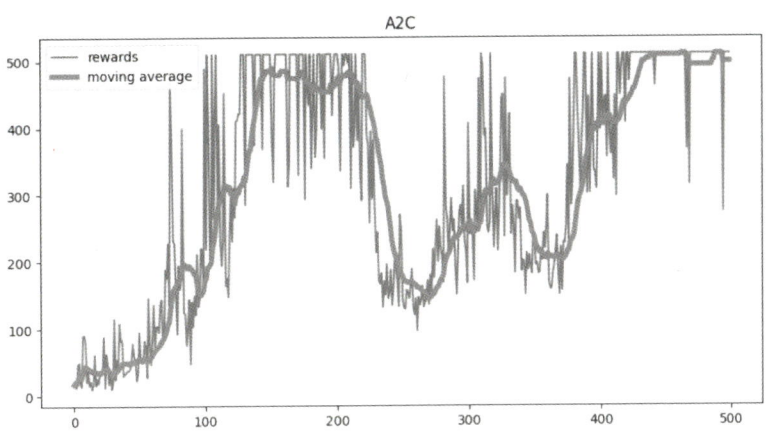

A2C 알고리즘의 학습 결과는 위 시각화 그래프에서 확인할 수 있듯이, REINFORCE 알고리즘에 비해 더 높은 성능을 보여준다. 에이전트는 초반에는 낮은 보상으로 시작하지만, 빠르게 성능이 향상되며 결국 거의 최대 보상인 500에 근접하는 안정적인 제어 능력을 획득하게 된다.

하지만, 이 그래프에서 눈에 띄는 부분은 학습 중반부에 나타나는 급격한 성능 저하이다. moving average가 뚜렷하게 하락하고, 보상 역시 큰 폭으로 출렁이는 모습을 볼 수 있다. 이는 A2C 알고리즘이 학습 과정에서 불안정할 수 있음을 보여주는 단적인 예이다. 실제로 A2C는 REINFORCE에 비해 분산은 줄었지만, 여전히 샘플의 효율성과 정책 업데이트의 안정성 면에서는 여전히 한계가 존재한다.

REINFORCE는 높은 분산으로 인해 학습 효율이 낮지만, 정책이 자주 바뀌지 않아 비교적 일관된 학습 경향을 보인다. 반면, DQN은 가치 기반 접근 방식으로 편향이 있을 수 있지만, 안정적인 업데이트를 통해 수렴 성능이 뛰어나다. A2C는 이 둘의 장점을 결합하여 분산은 낮추고, 가치 정보를 활용해 학습을 빠르게 하지만, 여전히 급격한 정책 변화가 발생할 수 있어 학습 실패로 이어질 수 있는 잠재적 위험성을 내포하고 있다.

이러한 A2C의 불안정성을 해결하기 위해 고안된 알고리즘이 바로 PPO(Proximal Policy Optimization)이다. PPO는 간단하면서도 효과적인 아이디어를 통해 정책의 급격한 변화 폭을 제한하여, 학습의 안정성과 수렴 속도를 크게 향상시킨다.

이제 다음 장에서는 A2C의 약점을 보완하고, 더욱 신뢰할 수 있는 정책 최적화를 가능하게 하는 PPO 알고리즘에 대해 자세히 살펴보도록 하겠다.

# 10

## 정책기반 PPO 알고리즘

PPO(Proximal Policy Optimization)는 중요도 샘플링(importance sampling)과 클리핑(clipping) 기법을 결합하여 A2C 알고리즘, 보다 정확히는 TRPO(Trust Region Policy Optimization) 알고리즘의 단점을 보완한 강화학습 알고리즘이다.

강화학습을 공부하다 보면 PPO를 설명하기에 앞서 TRPO를 먼저 소개하는 경우가 많다. 이는 PPO가 TRPO의 핵심 아이디어를 보다 간단하고 효율적으로 구현한 방식이기 때문이다. 하지만 TRPO는 수학적으로 매우 복잡한 개념들을 기반으로 하고 있어 직관적으로 이해하기 어렵고, 실제로 구현하는 데도 상당한 난이도가 따른다. 더욱이 여러 실험 결과에서도 PPO가 TRPO보다 더 나은 성능을 보이는 경우가 많기 때문에, 이 책에서는 TRPO에 대한 설명을 생략하고 곧바로 PPO 알고리즘부터 다루기로 했다.

이제부터 PPO가 A2C보다 왜 더 안정적이고 효과적인지, 그리고 그 작동 원리는 무엇인지 함께 살펴보도록 하자.

# 10 정책기반 PPO 알고리즘

## 10.1 중요도 샘플링

PPO 알고리즘을 이해하기 위해서는 먼저 중요도 샘플링(importance sampling)에 대해 다시 살펴볼 필요가 있다. 이 개념은 PPO의 핵심 원리 중 하나로, 정책이 계속 바뀌는 강화학습 환경에서 과거에 수집한 데이터를 현재의 정책 기준으로 다시 활용할 수 있게 해주는 기법이다.

중요도 샘플링이란, 어떤 함수의 평균값을 계산하려고 할 때, 원래의 확률 분포에서는 샘플을 얻기가 어렵거나 비용이 많이 드는 경우, 대신 샘플을 뽑기 쉬운 다른 확률 분포를 이용해 계산을 대신하는 방법이다. 이렇게 하면 계산은 더 쉬워지지만, 그 대신 보정이 필요하다. 왜냐하면 샘플을 원래 분포가 아닌 다른 분포에서 얻었기 때문이다. 이때 사용하는 보정 계수를 중요도 비율이라고 하며, 이를 통해 결과를 원래 분포 기준에 맞게 조정한다.

강화학습에서는 매번 정책이 조금씩 바뀌기 때문에, 현재 정책과 과거 정책이 완전히 같지 않은 경우가 많다. 하지만 과거 정책으로 수집한 데이터를 매번 버리고 새로 수집하면 비효율적이기 때문에, 중요도 샘플링을 이용해 과거 데이터를 현재 정책 기준으로 다시 활용하는 방식이 쓰인다.

이제 이 원리를 바탕으로, PPO 알고리즘이 어떻게 정책 업데이트의 안정성과 학습 효율성을 동시에 잡아내는지를 본격적으로 살펴보자.

$$E_{X \sim P}[f(X)] = \sum P(X)f(X)$$
$$= \sum Q(X)\left[\frac{P(X)}{Q(X)}f(X)\right]$$
$$= E_{X \sim Q}\left[\frac{P(X)}{Q(X)}f(X)\right]$$

| | |
|---|---|
| $P(X)$ | 어떤 환경에서 변수 $x$의 확률 분포 $P$ |
| $Q(X)$ | 다른 환경에서 변수 $x$의 확률 분포 $Q$ |
| $f(X)$ | $x$의 함수, 어떤 함수도 가능(sin, cos, $2x+3$ 등) |
| $E_{X \sim P}[f(X)]$ | $P$ 확률 분포를 따르는 변수 $X$를 함수 $f$에 적용했을 때의 기댓값 |
| $\sum P(X)f(X)$ | 변수 $X$의 함수 $f(X)$에 대한 확률 분포 $P$의 기댓값 |

중요도 샘플링

우리가 어떤 확률분포 P에서 기댓값을 구하고 싶지만, 샘플을 구하기 어렵거나 계산이 힘들 때, 샘플을 더 쉽게 뽑을 수 있는 다른 분포 Q를 활용해서 기댓값을 계산하는 방법이다.

각 용어는 다음과 같은 의미를 가진다:

- $P(X)$: 우리가 원래 기댓값을 계산하고자 하는 확률 분포. 실제 정책에서 나올 확률.
- $Q(X)$: 실제로 우리가 샘플링을 수행하는 분포. 샘플을 뽑기 쉽거나 과거 정책 같은 경우.
- $f(X)$: 어떤 함수든 상관없다. 보상 함수나 수학적 계산이 들어간 함수일 수 있다.
- $E_X \sim P[f(X)]$: 원래 분포 P에서 구하고자 하는 함수 $f(X)$의 기댓값. 우리가 진짜 알고 싶은 값.

이제 핵심은 다음과 같다:

P에서 직접 샘플링하지 않고, Q에서 샘플을 뽑은 후, 보정 계수인 $P(X)/Q(X)$를 곱해주면, 원래 우리가 알고 싶었던 기댓값을 가까운 값으로 추정할 수 있게 된다는 것이다.

강화학습에서는 이전 정책으로 수집한 데이터를 다시 사용할 때 이 원리를 활용한다. 즉, 현재 정책의 기준으로 과거 데이터를 얼마나 신뢰할 수 있을지를 이 비율($P/Q$)을 통해 조정하는 것이다. 그 결과, 데이터 효율성이 높아지고 학습도 빠르게 진행할 수 있게 된다.

$$E_{X \sim \pi_\theta}[f(X)] = \sum \pi_\theta f(X)$$
$$= \sum \pi_{\theta\text{old}} \left[ \frac{\pi_\theta}{\pi_{\theta\text{old}}} f(X) \right]$$
$$= E_{X \sim \pi_{\theta\text{old}}} \left[ \frac{\pi_\theta}{\pi_{\theta\text{old}}} f(X) \right]$$

중요도 샘플링의 활용

강화학습에서 에이전트는 환경과 상호작용하며 데이터를 수집하고, 이를 바탕으로 정책을 업데이트하게 된다. A2C 알고리즘에서는 데이터를 수집하는 정책과 학습에 사용하는 정책이 동일하다. 즉, 하나의 정책을 통해 경험을 쌓고, 그 경험을 바탕으로 같은 정책을 조금 더 나은 방향으로 업데이트하는 방식이다. 이런 접근은 직관적이고 이해하기 쉬운 구조이지만, 한 번 업데이트에 사용된 경험은 다시 사용할 수 없다는 치명적인 단점이 있다.

정책이 한 번 업데이트되면 더 이상 예전 정책과 동일하지 않기 때문에, 예전 정책으로 수집한 경험은 새로운 정책을 학습하는 데 부적절하게 된다. 이런 방식은 데이터를 한 번 쓰고 버려야 하므로 학습 효율성이 낮아지는 문제를 야기한다. 이러한 구조를 우리는 온폴리시(on-policy) 방식이라고 부른다.

이에 반해 좀 더 효율적인 방법은 한 정책으로 많은 경험을 수집하고, 이를 여러 번 반복해서 학습에 활용하는 방식이다. 이렇게 하면 데이터를 훨씬 더 효과적으로 활용할 수 있다. 하지만 문제는 시간이 지남에 따라 정책이 계속 업데이트되므로, 경험을 쌓았을 당시의 정책과 현재 학습 중인 정책이 서로 다르다는 점이다. 이런 상황에서는 원칙적으로 과거 경험을 사용하는 것이 이론적으로 잘못된 방식이 된다.

이럴 때 필요한 개념이 바로 중요도 샘플링이다. 중요도 샘플링은 과거 정책으로 수집된 데이터를 현재 정책 기준으로 해석할 수 있게 도와주는 수학적 도구이다. 이를 활용하면 경험을 재사용할 수 있게 되어, 학습 효율성이 크게 향상된다. 중요한 것은 이 개념이 수학적으로 이미 검증된 방식이라는 점이며, 실제로 많은 최신 강화학습 알고리즘에서 적극적으로 활용되고 있다.

PPO 알고리즘에서는 이 중요도 샘플링을 적극적으로 활용해 과거 경험을 최대한 재사용하면서도 안정적인 학습이 가능하도록 설계되었다. 이제부터는 PPO가 중요도 샘플링을 어떻게 활용하는지, 그리고 어떤 방식으로 학습을 안정화시키는지에 대해 알아보도록 하자.

## 10.2 온폴리시 정책 그래디언트

정책 그래디언트(policy gradient)는 강화학습에서 가장 기본이 되는 개념 중 하나로, 에이전트가 현재의 정책을 기반으로 행동을 선택했을 때 얻을 수 있는 기대 보상을 최대화하는 방향으로 정책 신경망의 파라미터를 조정하는 방식이다. 이 과정을 통해 에이전트는 점점 더 나은 행동을 학습하게 된다.

**Policy Gradient**

$$\nabla_\theta J(\theta) = E_{\pi_\theta}[\nabla_\theta \log \pi_\theta(a \mid s) R_s^a] \quad ①$$

$$\fallingdotseq E_{\pi_\theta}[\nabla_\theta \log \pi_\theta(a \mid s) A_s^a] \quad ②$$

**미분의 연쇄 법칙 (Chain rule)**

$$= E_{\pi_\theta}[\frac{\nabla_\theta \pi_\theta(a \mid s)}{\pi_\theta(a \mid s)} A_s^a] \quad ③$$

$y = \log f(x)$
$y' = \dfrac{f(x)'}{f(x)}$

$$= E_{\pi_{\theta old}}[\frac{\pi_\theta(a \mid s)}{\pi_{\theta old}(a \mid s)} \frac{\nabla_\theta \pi_\theta(a \mid s)}{\pi_\theta(a \mid s)} A_s^a] \quad ④$$

$$= E_{\pi_{\theta old}}[\frac{\nabla_\theta \pi_\theta(a \mid s)}{\pi_{\theta old}(a \mid s)} A_s^a] \quad ⑤$$

$$= E_{\pi_{\theta old}}[\nabla_\theta (\frac{\pi_\theta(a \mid s)}{\pi_{\theta old}(a \mid s)} A_s^a)] \quad ⑥$$

**Cost Function**

$$= -\frac{\pi_\theta(a \mid s)}{\pi_{\theta old}(a \mid s)} A_s^a \quad ⑦$$

중요도 샘플링을 적용한 정책 그래디언트 전개

이제부터 정책 그래디언트 수식이 어떻게 전개되는지를 순서대로 하나씩 살펴보도록 하자.

### ① 그래디언트 수식

첫 번째 식은 우리가 지금까지 살펴본 강화학습의 기본인 정책 그래디언트 수식이다. 이 식은 정책을 따라 행동을 선택했을 때 얻을 수 있는 기대 보상을 최대화하는 방향으로 정책 신경망을 업데이트하는 방식이다. 여기서 핵심은 현재 정책이 어떤 상태에서 어떤 행동을 선택했는지에 따라 보상이 얼마나 달라졌는지를 측정하는 것이다.

### ② 어드밴티지 함수 도입

두 번째 식에서는 보상의 분산을 줄이기 위해 어드밴티지 함수(advantage function)를 도입한다. 이 함수는 단순한 총 보상 대신, 해당 행동이 평균보다 얼마나 더 좋은지를 계산한다. 어드밴티지를 사용하면 학습이 더 안정적이고 빠르게 수렴하는 데 도움이 된다.

### ③ 미분의 연쇄 법칙 적용

세 번째 단계에서는 수식을 계산하기 쉽도록 미분의 연쇄 법칙(chain rule)을 활용한다. 로그 함수의 도함수를 정리하여 보다 깔끔하고 처리 가능한 형태로 식을 바꾸는 과정이다. 이 단계는 정책 신경망의 출력값에 직접적으로 접근하기 위해 필요한 수학적 변환이다. 연쇄 법칙 또한 수학에서 증명된 이론이기 때문에 별도의 설명 없이 그대로 사용하기로 한다.

### ④ 중요도 샘플링 적용

네 번째 단계부터 본격적으로 중요도 샘플링(importance sampling)이 도입된다. 과거 정책과 현재 정책이 다를 수 있다는 점을 고려하여, 두 정책 사이의 행동 확률 비율을 도입하게 된다. 이 중요도 비율은 과거 정책으로 수집된 데이터를 현재 정책 기준으로 적절히 보정하는 데 사용되며, PPO에서는 이를 통해 정책의 변화 폭을 안전하게 조절한다.

### ⑤ 약분 및 단순화

다섯 번째 식에서는 앞 단계에서 삽입한 두 정책의 비율 중, 공통된 항을 약분함으로써 수식이 다시 간단한 형태로 정리된다. 이제 정책이 한쪽에만 남고, 학습 대상이 되는 데이터와 정책이 명확하게 분리된다. 이로써 현재 정책과 과거 데이터 간의 연결이 확립된다.

### ⑥ 그래디언트 구조 정리

여섯 번째 식에서는 그래디언트(∇) 기호를 괄호 밖으로 꺼내 수식을 명확히 정리한다. 이 과정은 코드로 구현할 때에도 도움이 되며, 각각의 요소가 어떤 역할을 하는지 구조적으로 파악하기 쉬워진다. 이제 정책 비율과 어드밴티지 값을 하나의 묶음으로 보고, 이 묶음을 기준으로 신경망을 업데이트하게 된다.

### ⑦ 최종 비용 함수 도출

마지막 단계에서는 경사하강법을 적용하기 위한 비용 함수(cost function)가 도출된다. 이 함수는 실제로 정책 신경망을 업데이트할 때 사용되며, 두 정책의 비율과 어드밴티지를 곱한 형태로 구성된다. 이 비용 함수를 최소화하는 방향으로 정책을 조정함으로써, 강화학습 에이전트는 더 나은 행동을 학습하게 된다.

이처럼 정책 그래디언트 기반 수식은 과거 정책과 현재 정책 간의 차이를 고려하는 방향으로 점점 발전해 왔으며, 핵심 아이디어는 수집된 데이터를 효과적으로 활용하면서도 정책의 급격한 변화를 억제하여 안정적인 학습을 유도하는 데 있다. 이 기반 위에서 PPO는 클리핑과 중요도 비율을 결합하여, 효율적이고 안정적인 정책 학습을 실현한다.

> **Tip** PPO 알고리즘이 중요도 샘플링을 사용하지만 온폴리시인 이유
>
> 중요도 샘플링이 사용된다는 사실만으로 PPO 알고리즘을 오프폴리시라고 오해하는 경우가 종종 있다. 하지만 이는 강화학습 알고리즘의 구조를 단편적으로만 바라본 결과이며, 실제로는 그렇지 않다.
>
> PPO는 중요도 샘플링을 분명히 사용하고 있지만, 전체 구조는 온폴리시 학습에 기반을 두고 있다. 그 이유는 다음과 같다.
>
> 첫째, PPO는 데이터를 항상 현재의 정책으로부터 직접 수집한다. 학습 과정에서 새롭게 샘플을 수집하고, 이 데이터를 바탕으로 짧은 반복 학습을 수행한 후 곧바로 폐기한다.
>
> 둘째, 수집된 데이터를 장기적으로 저장하거나 반복해서 사용하는 재플레이 버퍼 같은 구조를 사용하지 않는다. 이는 오프폴리시 알고리즘과 PPO를 구별하는 중요한 기준이 된다.
>
> 셋째, PPO에서 중요도 비율 $\pi_\theta(a|s)/\pi_\theta\text{old}(a|s)$은 과거 정책과 현재 정책 사이의 차이를 보정하기 위한 수단이지만, 이는 수집한 데이터를 재활용하기 위해서가 아니라, 정책 업데이트 시 변화 폭을 제어하고 학습의 안정성을 확보하기 위한 목적에서 사용된다. 다시 말해, 정책이 한 번에 너무 급격히 바뀌는 것을 막기 위한 안전장치로서의 역할에 가깝다.

## 10.3 클리핑 기법

이제 PPO(Proximal Policy Optimization) 알고리즘의 핵심 개념 중 하나인 클리핑(clipping)에 대해 알아보자. 처음 들으면 수학적으로 복잡하고 어려운 개념처럼 느껴질 수 있지만, 사실 클리핑은 복잡한 이론이 아니라 단순하고 직관적인 아이디어에 가깝다.

강화학습에서는 정책이 너무 급격하게 바뀌면 학습이 불안정해지고, 때로는 성능이 오히려 나빠질 수 있다. 중요도 샘플링은 원래 오프폴리시 학습에서 사용되는 기법이지만, PPO는 온폴리시 구조 안에서 이를 활용해 정책 변화의 영향을 조절한다. 이때 정책 간 차이가 커질 경우 ratio 값이 극단적으로 치우칠 수 있으므로, 클리핑을 통해 안정성을 유지한다.

여기서 클리핑은 말 그대로 정책의 변화 폭을 일정 범위 안으로 잘라내는 역할을 한다. 즉, 정책이 너무 과하게 바뀌지 않도록 정책 비율($\pi_\theta/\pi_\theta \text{old}$)이 특정 범위를 넘지 않게 제한하는 것이다. 이 범위를 넘어서는 경우에는 그 값을 잘라(clipping) 버림으로써, 너무 급격한 업데이트가 일어나지 않도록 막아준다.

예를 들어, 정책 비율이 1.2보다 크거나 0.8보다 작아지면, 더 이상 보상이 커지지 않도록 제어해주는 방식이다. 이로 인해 PPO는 학습 중에도 일정한 안정성을 유지하면서 성능을 향상시킬 수 있게 된다.

결국 클리핑은 수학적으로 복잡하지 않다. 핵심은 정책이 너무 빠르게, 너무 멀리 바뀌지 않도록 브레이크를 걸어주는 안전장치 역할을 한다는 점이다. 이 간단한 아이디어 덕분에 PPO는 기존 알고리즘들보다 더 안정적이고 효과적인 강화학습이 가능해진다.

이미지 출처: http://www.iautocar.co.kr

빠른 학습속도의 문제점

자동차가 커브길을 돌 때를 상상해 보자. 자동차가 너무 빠른 속도로 커브에 진입한다면, 아무리 핸들을 잘 꺾어도 속도를 제어하지 못해 결국 도로 밖으로 이탈하거나 사고가 날 수 있다. 하지만 속도를 줄이고 커브를 천천히 돈다면, 훨씬 더 안전하게 방향을 바꿀 수 있다.

강화학습에서도 이와 같은 개념이 적용된다. 학습 속도가 너무 빠르거나 정책이 갑작스럽게 크게 바뀐다면, 학습 과정이 불안정해지고 에이전트는 목표에 도달하기도 전에 실패할 수 있다. 이는 마치 커브길에서 속도를 줄이지 않고 무작정 돌진하는 것과 같다.

반대로, 변수의 변화 속도, 즉 정책의 변화량을 적절히 조절한다면 에이전트는 좀 더 안정적으로 환경에 적응하며 학습할 수 있다. 이렇게 하면 한 번의 경험을 더 오래 활용할 수 있고, 결과적으로 학습 효율도 높아진다.

PPO(Proximal Policy Optimization) 알고리즘은 이러한 개념을 실제로 반영한 방법이다. PPO는 정책이 한 번에 너무 크게 변하지 않도록 조절해 줌으로써, 마치 커브길에서 속도를 줄이는 자동차처럼 안정적인 학습 경로를 따라갈 수 있도록 만들어 준다.

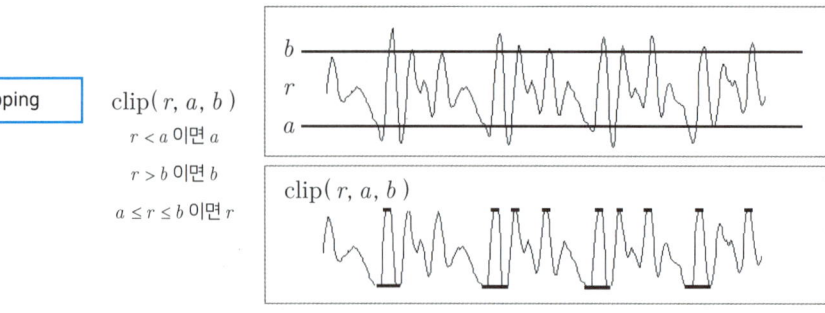

클리핑

클리핑은 아주 단순하지만 효과적인 데이터 제어 기법이다. 기본 원리는 데이터의 최댓값과 최솟값을 미리 정해 놓고, 그 범위를 넘는 값이 들어오면 잘라내는 것이다.

그림에 나오는 수식 $\text{clip}(r, a, b)$는 그 구조를 잘 보여준다. 여기서:

- $r$은 입력 값(예: 계산된 정책 비율)
- $a$는 허용할 최솟값, 즉 하한(lower bound)
- $b$는 허용할 최댓값, 즉 상한(upper bound)

이 함수는 다음과 같은 방식으로 동작한다:

- 입력값 $r$이 $a$보다 작으면, 출력은 무조건 $a$로 설정한다.
- 입력값 $r$이 $b$보다 크면, 출력은 무조건 $b$로 설정한다.
- 입력값 $r$이 $a$와 $b$ 사이에 있다면, 그대로 $r$을 출력한다.

이미지에서 볼 수 있듯이, 원래의 파형은 상하로 크게 흔들리며 $a$와 $b$를 넘나든다. 하지만 클리핑을 적용한 아래 그래프에서는 그 범위를 벗어난 부분이 모두 잘려나가고 상한과 하한 사이의 값만 남는다.

이러한 방식은 강화학습에서 매우 유용하다. 특히 PPO 알고리즘에서는 정책의 변화 폭이 너무 크지 않도록 제한하기 위해 클리핑을 활용한다. 정책이 갑자기 너무 많이 바뀌면 학습이 불안정해지고, 심지어 성능이 나빠질 수도 있기 때문이다. 클리핑을 사용하면 정책이 안정적으로 조금씩 변화하면서도, 여전히 좋은 성능을 유지할 수 있게 된다.

정리하자면, 클리핑은 허용 범위를 정해놓고 그 안에서만 변화하도록 조절하는 안전장치이며, 이를 통해 강화학습의 안정성과 효율성을 동시에 확보할 수 있게 된다.

$$r(\theta) = \frac{\pi_\theta(a\mid s)}{\pi_{\theta\text{old}}(a\mid s)} \quad ①$$

Cost Function $\quad \min\Big(\underbrace{r_t(\theta)A_t}_{①-1},\ \underbrace{\text{clip}(r_t(\theta), 1-\varepsilon, 1+\varepsilon)A_t}_{①-2}\Big) \quad ②$

②-1 Original Loss ②-2 Clipped Loss

클리핑을 활용한 비용 함수

이 그림은 PPO(Proximal Policy Optimization) 알고리즘의 핵심인 비용 함수(cost function)를 어떻게 정의하고 적용하는지를 설명하고 있다. 각 식을 순서대로 살펴보면 다음과 같다.

### ① 정책 비율 $r(\theta)$의 정의

첫 번째로 정의되는 식은 $r(\theta)$이다. 이 값은 현재 정책과 과거 정책 간의 확률 비율을 의미한다. 즉, $r(\theta) = \pi_\theta(a|s)/\pi_\theta\text{old}(a|s)$는 현재 정책이 상태 $s$에서 행동 $a$를 선택할 확률을 과거 정책에서 같은 행동을 선택할 확률로 나눈 값이다. 이 비율이 1보다 크면, 현재 정책이 해당 행동을 더 선호하게 된 것이고, 1보다 작으면 덜 선호하게 된 것이다.

PPO에서는 이 $r(\theta)$를 기반으로 정책이 얼마나 변화했는지를 측정하고, 이 값이 지나치게 커지거나 작아지는 것을 방지하는 방식으로 학습 안정성을 확보한다.

또한, 중요도 샘플링 관점에서 보면, PPO는 과거 정책으로 수집한 데이터를 기반으로 현재 정책을 학습하고자 한다. 이때 등장하는 값 $r(\theta)$는 과거와 현재 정책 간의 확률 분포 차이를 보정해주는 중요도 비율(importance ratio)이다. 이 비율을 통해 과거 정책으로 얻은 데이터를 현재 정책의 관점에서 재해석할 수 있으며, PPO는 이를 기반으로 안정적이고 효율적인 정책 학습을 실현한다.

## ② 비용 함수의 구성

두 번째 식은 실제로 PPO에서 사용하는 비용 함수이다. 이 함수는 크게 두 부분으로 나뉜다:

### ②-1: Original Loss

기존 정책 그래디언트에서 사용하던 손실 함수와 같은 형태이다. $r(\theta)$에 Advantage 값인 $A_t$를 곱한 값으로, 이 조합이 학습을 이끄는 힘이 된다. 하지만 이 방식만 사용할 경우 정책이 지나치게 급격하게 업데이트될 위험이 있다.

### ②-2: Clipped Loss

이 부분이 바로 PPO의 핵심 아이디어인 클리핑(clipping)이 적용된 손실 함수이다. $\text{clip}(r(\theta), 1-\varepsilon, 1+\varepsilon)$는 $r(\theta)$의 값이 너무 커지거나 작아지지 않도록 $\varepsilon$(엡실론)이라는 제한 값을 기준으로 최솟값과 최댓값을 강제로 잘라내는 역할을 한다. 예를 들어 $\varepsilon=0.2$라면, $r(\theta)$은 0.8에서 1.2 사이로 제한된다.

비용 함수의 최종 선택 방식은 다음과 같다. PPO는 ①-1과 ②-2 중 더 작은 값을 선택하여 신경망 업데이트에 사용한다. 이렇게 하면 정책이 너무 빠르게 바뀌는 것을 방지하고, 정책이 안정적으로 천천히 개선되도록 유도할 수 있다. 이를 통해 에이전트는 학습 중 갑작스러운 성능 하락이나 붕괴 없이 꾸준히 성능을 높여갈 수 있게 된다.

여기서 중요한 것은 $\varepsilon$값의 설정이 학습 효율성에 매우 큰 영향을 미친다는 점이다. $\varepsilon$이 너무 크면 클리핑 효과가 약해져서 정책이 여전히 크게 변할 수 있고, 반대로 $\varepsilon$이 너무 작으면 업데이트가 너무 제한되어 학습 속도가 느려질 수 있다. 따라서 PPO를 효과적으로 활용하기 위해서는 이 $\varepsilon$값을 적절히 조정하는 것이 매우 중요하다.

## 10.4 GAE

GAE(Generalized Advantage Estimation)는 기존의 어드밴티지 개념을 한층 발전시킨 기법이다. 기본적으로 어드밴티지는 상태에서 어떤 행동을 했을 때 얼마나 더 좋은 결과를 얻었는지를 측정하는 값이다. A2C와 같은 알고리즘에서는 한 타임스텝마다 에이전트를 실행하고, 그때그때 얻은 데이터를 기반으로 정책과 가치 신경망을 업데이트했다. 이 방식은 학습이 자주 일어나지만, 한 번에 얻는 데이터의 양이 적기 때문에 노이즈가 많고 불안정할 수 있다.

반면에 PPO는 여러 타임스텝에 걸쳐 에이전트를 실행한 뒤, 그동안 모은 경험을 하나의 배치(batch)로 묶어 학습을 진행한다. 이렇게 하면 훨씬 더 많은 데이터를 한 번에 사용하면서, 안정적이고 효율적인 학습이 가능해진다.

하지만 이 과정에서 하나의 문제가 생긴다. 여러 스텝의 데이터를 모아 학습하다 보면 각 시점의 보상이 시차를 두고 발생하게 되기 때문에, 단순한 어드밴티지 계산만으로는 적절한 학습 신호를 얻기 어려울 수 있다. 이때 사용하는 것이 바로 감가율(할인율)을 적용한 할인된 어드밴티지 값이며, 이를 더 유연하게 계산할 수 있도록 고안된 방식이 GAE이다.

GAE는 간단히 말해, 단기적인 이득과 장기적인 이득을 적절히 조합해서 어드밴티지를 계산하는 방법이다. 이를 통해 보상의 변동성을 줄이고, 더 안정적인 학습을 유도할 수 있다. 특히 PPO와 같이 여러 스텝의 데이터를 모아 학습하는 구조에서는 GAE의 활용이 큰 도움이 된다.

결론적으로, GAE는 강화학습의 효율성과 안정성을 동시에 높이기 위한 정교한 어드밴티지 계산 방식이며, PPO 알고리즘의 성능을 끌어올리는 데 핵심적인 역할을 한다.

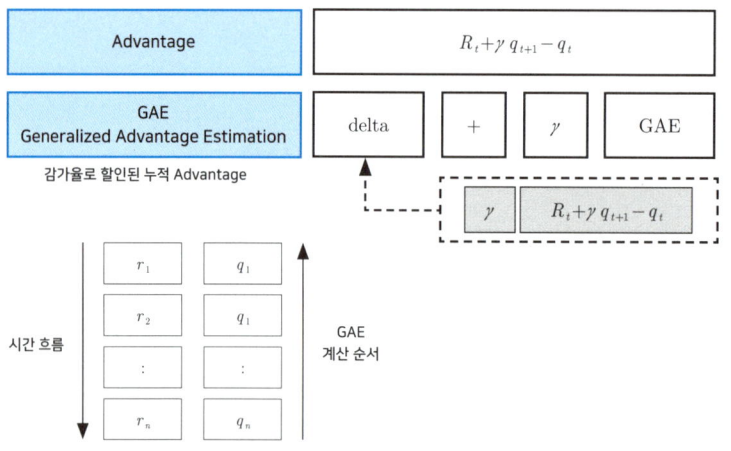

GAE 개념

GAE는 한마디로 감가율(할인율)을 적용하여 누적 계산한 어드밴티지 값이다. 강화학습에서 에이전트는 매 타임스텝마다 보상($r$)을 받고, 상태에 대한 가치 추정치($q$)를 얻는다. 이 값들을 시간 순서대로 저장해두었다가, 에피소드가 끝난 뒤 어드밴티지를 계산할 때 사용한다.

여기서 중요한 개념은 시간에 따라 보상의 가치가 다르다는 것이다. 에이전트가 초반에 받는 보상은 비교적 가치가 크고, 에피소드가 후반으로 갈수록 보상의 가치는 점점 낮아진다. 이 차이를 반영하기 위해 감가율 $\gamma$를 도입하여 미래 보상을 현재 가치로 환산한다. 예를 들어, 타임스텝이 총 5개라면, 마지막 타임스텝에서의 보상은 감가율이 4번 곱해져 계산된다. 이는 에피소드 후반의 보상이 현재 관점에서 얼마나 중요한지를 조절하는 방식이다.

GAE는 이런 감가율 개념을 어드밴티지 계산에도 그대로 적용한다. 기본 어드밴티지는 한 타임스텝에서 계산되지만, GAE는 여러 타임스텝에 걸쳐 발생하는 보상과 가치 차이의 누적을 감가율로 조절하여 더 부드럽고 안정적인 어드밴티지를 만든다.

그림에서도 확인할 수 있듯이, GAE는 먼저 가장 마지막 타임스텝부터 계산을 시작한다. 왜냐하면 마지막 보상이 가장 멀리 있는 미래에 해당되므로, 가장 많은 할인율이 곱해지기 때문이다. 그런 식으로 시간을 거슬러 올라가며, delta(1스텝 어드밴티지)를 감가율로 누적하여 GAE 값을 완성한다.

이 방식은 단기적인 보상에만 의존하지 않고, 장기적인 기대 이익까지 고려한 어드밴티지 계산이 가능하도록 해준다. 덕분에 학습은 더 안정적이 되고, 정책의 개선도 훨씬 더 부드럽고 효과적으로 이루어진다. GAE는 PPO와 같은 최신 강화학습 알고리즘에서 매우 중요한 역할을 담당한다.

## 10.5 PPO 알고리즘 기본 구조

PPO 알고리즘의 기본 구조는 A2C 알고리즘과 굉장히 유사하다. 주요 차이점은 정책 신경망 비용 함수 구성 방식이 다르고, GAE를 사용해 배치로 인공신경망을 학습할 수 있도록 했다는 것이다.

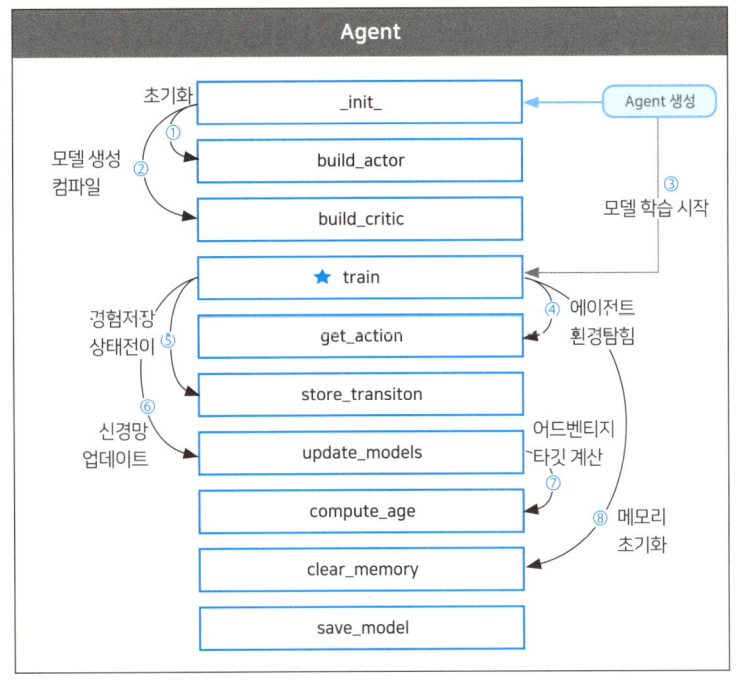

cartpole_PPO: Agent 클래스 기능 구성

PPO(Proximal Policy Optimization) 알고리즘의 Agent 클래스는 총 10개의 함수로 구성되어 있으며, 전체 구조는 이전에 살펴본 A2C 알고리즘과 매우 유사하다. 다만, 경험을 수집하고 모델을 학습하는 방식에서 차이가 있다. 그 중에서도 가장 두드러지는 특징은 경험 수집 방식이 REINFORCE처럼 에피소드 전체를 기반으로 하지 않고, 일정한 타임스텝 동안만 수집한다는 점이다.

### ④ 경험 수집 방식의 차이

PPO는 REINFORCE처럼 에피소드가 끝날 때까지 기다리는 방식이 아니라, 학습자가 미리 정한 고정된 타임스텝 수만큼 경험을 수집한다. 이 때의 타임스텝 수는 알고리즘의 성능과 직접적인 연관이 있기 때문에, 너무 짧거나 길지 않게 적절한 균형을 찾아 설정해야 한다.

예를 들어 128, 256, 512, 1024 등 다양한 스텝 수가 실험적으로 사용되며, 타임스텝이 길수록 더 많은 경험을 한 번에 수집할 수 있지만 메모리와 시간 자원이 많이 들고, 너무 짧으면 정책 업데이트의 안정성이 떨어질 수 있다.

### ⑥ 모델 학습과 GAE 계산

경험 수집이 완료되면 곧바로 모델 업데이트 단계로 들어가며, 이 과정에서 가장 먼저 수행되는 작업이 바로 GAE이다. GAE는 어드밴티지를 보다 부드럽고 안정적으로 계산하기 위한 기법이며, PPO와 궁합이 매우 좋다.

### ⑦ 어드밴티지 타깃 계산

compute_gae() 함수는 상태, 보상, 가치 예측값 등을 활용하여 각 타임스텝의 어드밴티지와 타깃 값을 계산한다. 계산된 어드밴티지 값은 정책 신경망(Actor)의 손실 함수에 사용되고, 타깃 값은 가치 신경망(Critic)의 학습에 사용된다.

PPO는 일반적으로 수집한 데이터를 여러 번 반복 학습하는 구조이기 때문에, 한 번의 수집으로 여러 번 신경망을 업데이트한다(epochs_cnt 횟수만큼 반복).

## ⑧ 메모리 초기화

모델 학습이 완료되면, 이제 저장해 두었던 경험 데이터를 초기화(clear)해야 한다. 이는 `clear_memory()` 함수를 통해 처리하며, 다음 경험 수집을 위한 공간을 비우는 작업이다.

이 과정을 수행하지 않으면 이전 에피소드의 데이터가 계속 쌓이게 되어, 다음 학습 시 잘못된 학습 데이터로 모델이 오염될 수 있다.

PPO 손실 함수의 클리핑 구조가 코드에 어떻게 적용되는지 직접 확인해보는 것도 좋다.

코드 흐름에 맞춰 `train()` → `get_action()` → `store_transition()` → `update_models()` → `compute_gae()` 등의 함수들이 어떻게 상호작용하는지 흐름을 파악하면, PPO의 작동 방식이 한층 더 명확하게 이해될 것이다.

## 10.6 PPO 알고리즘 전체 코드 리뷰

PPO 알고리즘의 전체 구조를 이해했으니, 이제 본격적으로 Agent 클래스의 구현 코드를 살펴보도록 하자. 이 클래스는 총 10개의 함수로 구성되어 있으며, A2C와 유사한 흐름을 따르되 PPO의 핵심 요소인 클리핑과 GAE가 반영되어 있다.

이번 코드 리뷰에서는 특히 `update_models()` 함수 내부에서 사용된 `tf.clip_by_value()` 연산과, 어드밴티지와 타깃 값을 계산하는 핵심 함수인 `compute_gae()` 함수에 중점을 두고 살펴보자.

이 두 부분은 PPO 알고리즘의 성능과 안정성을 결정짓는 핵심 구성 요소로,

- `tf.clip_by_value()`는 정책이 급격하게 바뀌는 것을 방지하고,
- `compute_gae()`는 신뢰도 높은 학습 신호(advantages, targets)를 계산하는 역할을 한다.

이제 각 함수가 Agent 클래스 내부에서 어떻게 정의되고 작동하는지, 구체적인 코드 흐름을 따라가며 자세히 분석해보자.

cartpole_PPO.pynb

```python
# -*- coding: utf-8 -*-
import tensorflow as tf
from tensorflow.keras.layers import Input, Dense
from tensorflow.keras.optimizers import Adam
import gym
import numpy as np
import random as rand
import os
import warnings
warnings.filterwarnings("ignore", category=DeprecationWarning)

LOSS_CLIPPING = 0.2

class Agent(object):
    def __init__(self):
        #(1) 환경 설정
        self.env = gym.make('CartPole-v1')
        self.state_size = self.env.observation_space.shape[0]
        self.action_size = self.env.action_space.n

        #(2) 신경망 구조 및 학습률 설정
        self.node_num = 12
        self.actor_lr = 0.001
        self.critic_lr = 0.005
        self.epochs_cnt = 5
        self.actor = self.build_actor()
        self.critic = self.build_critic()

        #(3) 할인율 및 GAE 파라미터 설정
        self.discount_rate = 0.98
        self.lambda_gae = 0.95
        self.penalty = -10

        #(4) 에피소드 수 및 이동 평균 설정
        self.episode_num = 500
        self.moving_avg_size = 20
        self.reward_list = []
```

```python
        self.count_list = []
        self.moving_avg_list = []

        #(5) 학습 데이터를 저장할 리스트 초기화
        self.states = []
        self.actions = []
        self.rewards = []
        self.dones = []
        self.next_states = []
        self.old_probs = []

    #(1) 정책 신경망 생성
    def build_actor(self):
        input_states = Input(shape=(self.state_size,), name='input_states')
        x = Dense(self.node_num, activation='relu')(input_states)
        out_actions = Dense(self.action_size, activation='softmax', name='output')(x)

        model = tf.keras.models.Model(inputs=input_states, outputs=out_actions)
        model.compile(optimizer=Adam(learning_rate=self.actor_lr))
        model.summary()
        return model

    #(2) 가치 신경망 생성
    def build_critic(self):
        input_states = Input(shape=(self.state_size,), name='input_states')
        x = Dense(self.node_num, activation='relu')(input_states)
        out_value = Dense(1, activation='linear', name='value')(x)

        model = tf.keras.models.Model(inputs=input_states, outputs=out_value)
        model.compile(optimizer=Adam(learning_rate=self.critic_lr), loss='mean_squared_
                                                                            error')
        model.summary()
        return model

    def train(self):
        for episode in range(self.episode_num):
            #(1) 에피소드 초기화
            state, _ = self.env.reset()
            reward_tot = 0
            step_count = 0
            done = False

            while not done:
```

```python
        #(2) 에이전트의 환경 탐험
        action, prob = self.get_action(state)
        next_state, reward, terminated, truncated, _ = self.env.step(action)
        done = terminated or truncated

        #(3) 조기 종료에 대한 보상 패널티 적용
        if done and step_count < 499:
            reward = self.penalty

        #(4) 경험 저장 및 상태 전이
        self.store_transition(state, action, reward, done, next_state, prob)
        state = next_state
        reward_tot += reward
        step_count += 1

        #(5) 보상 및 통계 저장
        self.reward_list.append(reward_tot - self.penalty)
        self.count_list.append(step_count)
        self.moving_avg_list.append(np.mean(self.reward_list[-self.moving_avg_size:]))

        #(6) 정책 및 가치 신경망 업데이트
        self.update_models()
        self.clear_memory()

        #(7) 주기적인 학습 상황 출력
        if episode % 10 == 0:
            moving_avg = np.mean(self.reward_list[-self.moving_avg_size:])
            reward_avg = np.mean(self.reward_list)
            print(f"episode:{episode}, moving_avg:{moving_avg:.2f}, rewards_
                                                            avg:{reward_avg:.2f}")

    #(8) 모델 저장
    self.save_model()

def get_action(self, state):
    #(1) 상태 입력 형태 변환
    state_input = np.reshape(state, [1, self.state_size]).astype(np.float32)

    #(2) 정책 신경망을 통해 행동 확률 분포 예측
    prob = self.actor(state_input, training=False).numpy()[0]

    #(3) 확률적으로 행동 선택
    action = np.random.choice(self.action_size, p=prob)
```

```python
    #(4) 행동과 확률 분포 반환
    return action, prob

def store_transition(self, state, action, reward, done, next_state, prob):
    #(1) 행동을 원-핫 벡터로 변환
    action_onehot = np.zeros(self.action_size)
    action_onehot[action] = 1.0

    #(2) 경험 데이터 저장
    self.states.append(state)
    self.actions.append(action_onehot)
    self.rewards.append(reward)
    self.dones.append(done)
    self.next_states.append(next_state)
    self.old_probs.append(prob)

def update_models(self):
    #(1) 수집된 데이터를 배열로 변환
    states = np.array(self.states, dtype=np.float32)
    next_states = np.array(self.next_states, dtype=np.float32)
    rewards = np.array(self.rewards, dtype=np.float32).reshape(-1, 1)
    dones = np.array(self.dones, dtype=np.int32).reshape(-1, 1)
    actions = np.array(self.actions, dtype=np.float32)
    old_probs = np.array(self.old_probs, dtype=np.float32)

    #(2) GAE를 활용한 어드벤티지 및 타깃 계산
    advantages, targets = self.compute_gae(states, next_states, rewards, dones)
    advantages -= np.mean(advantages)
    advantages /= (np.std(advantages) + 1e-8)

    advantages = advantages.astype(np.float32)
    targets = targets.astype(np.float32)

    for _ in range(self.epochs_cnt):
        #(3) Actor 업데이트를 위한 손실 함수 계산
        with tf.GradientTape() as tape:
            probs = self.actor(states, training=True)
            new_probs = tf.reduce_sum(actions * probs, axis=1, keepdims=True)
            old_probs_sum = tf.reduce_sum(actions * old_probs, axis=1, keepdims=True)

            ratio = new_probs / (old_probs_sum + 1e-10)
            clipped_ratio = tf.clip_by_value(ratio, 1 - LOSS_CLIPPING, 1 + LOSS_
                                                                         CLIPPING)
```

```python
                actor_loss = -tf.reduce_mean(tf.minimum(ratio * advantages, clipped_ratio
                                                                            * advantages))

            #(4) Actor 모델의 파라미터 업데이트
            gradients = tape.gradient(actor_loss, self.actor.trainable_variables)
            self.actor.optimizer.apply_gradients(zip(gradients, self.actor.trainable_
                                                                            variables))

            #(5) Critic 모델의 타깃 학습
            self.critic.train_on_batch(states, targets)

    def compute_gae(self, states, next_states, rewards, dones):
        #(1) 현재 상태와 다음 상태의 가치 예측
        values = self.critic(states, training=False).numpy()
        next_values = self.critic(next_states, training=False).numpy()

        #(2) 어드벤티지와 타깃 배열 초기화
        advantages = np.zeros_like(rewards, dtype=np.float32)
        targets = np.zeros_like(rewards, dtype=np.float32)

        #(3) GAE 누적 계산 초기화
        gae = 0.0

        #(4) 시간 순서 역순으로 GAE 계산
        for t in reversed(range(len(rewards))):
            #(5) 델타 값 계산
            delta = rewards[t] + self.discount_rate * next_values[t] * (1 - dones[t])
                                                                            - values[t]

            #(6) GAE 누적 계산
            gae = delta + self.discount_rate * self.lambda_gae * (1 - dones[t]) * gae

            #(7) 어드벤티지와 타깃 계산
            advantages[t] = gae
            targets[t] = gae + values[t]
        #(8) 최종 결과 반환
        return advantages, targets

    def clear_memory(self):
        self.states = []
        self.actions = []
        self.rewards = []
        self.dones = []
```

```
        self.next_states = []
        self.old_probs = []

    def save_model(self):
        os.makedirs("./model", exist_ok=True)
        self.actor.save("./model/ppo_actor.keras")
        self.critic.save("./model/ppo_critic.keras")
        print("*****end learning")

if __name__ == "__main__":
    agent = Agent()
    agent.train()
```

A2C 알고리즘과 PPO 알고리즘 코드를 비교해보면 그렇게 많은 개선이 있는 것 같지 않다. 하지만 직접 실행해서 결과를 살펴보면 많은 성능 향상을 눈으로 확인할 수 있다. 현재 PPO 알고리즘은 다양한 영역에서 활용되고 있는 대표적인 알고리즘이다. 지금까지 공부한 다양한 알고리즘은 PPO 알고리즘을 이해하기 위한 과정이라 해도 과언이 아니다.

## 10.7 PPO 알고리즘 세부구조 살펴보기

**cartpole_ppo.ipynb 파일 Agent 클래스 __init__() 함수**

```
def __init__(self):
    #(1) 환경 설정
    self.env = gym.make('CartPole-v1')
    self.state_size = self.env.observation_space.shape[0]
    self.action_size = self.env.action_space.n

    #(2) 신경망 구조 및 학습률 설정
    self.node_num = 12
    self.actor_lr = 0.001
    self.critic_lr = 0.005
```

```
        self.epochs_cnt = 5
        self.actor = self.build_actor()
        self.critic = self.build_critic()

        #(3) 할인율 및 GAE 파라미터 설정
        self.discount_rate = 0.98
        self.lambda_gae = 0.95
        self.penalty = -10

        #(4) 에피소드 수 및 이동 평균 설정
        self.episode_num = 500
        self.moving_avg_size = 20
        self.reward_list = []
        self.count_list = []
        self.moving_avg_list = []

        #(5) 학습 데이터를 저장할 리스트 초기화
        self.states = []
        self.actions = []
        self.rewards = []
        self.dones = []
        self.next_states = []
        self.old_probs = []
```

__init__() 함수는 강화학습에서 PPO 알고리즘을 구현하기 위한 클래스의 초기화 메서드이다. 전체 구조는 학습 환경 설정, 신경망 구성, 하이퍼파라미터 정의, 학습 기록을 위한 리스트 초기화 등의 단계로 나눌 수 있다. 각 항목을 하나씩 살펴보면 다음과 같다.

### (1) 환경 설정

강화학습의 대표적인 예제 환경인 $CartPole-v1$을 불러와 학습 환경으로 사용한다. `state_size`는 상태 벡터의 차원 수이며, `action_size`는 가능한 행동의 개수이다. 이 값들은 신경망 모델의 입력 및 출력 구조를 결정하는 데 사용된다.

### (2) 신경망 구조 및 학습률 설정

정책 신경망(Actor)과 가치 신경망(Critic)을 각각 설정한다. 은닉층의 노드 수는 12개로 설정되어 있으며, 학습률은 Actor에 대해 0.001, Critic에 대해 0.005로 각각 다르게 설정되어 있다. `epochs_cnt`는 한 번 수집한 데이터를 가지고 몇 번 반복 학습할 것인지를 정하는 값이며, PPO는 일반적으로 수집한 배치를 여러 번 학습시키기 때문에 이 값이 중요하다. `build_actor()`와 `build_critic()`은 신경망을 생성하는 함수이다.

### (3) 할인율 및 GAE 파라미터 설정

`discount_rate`는 미래 보상을 현재 가치로 환산하기 위한 감가율($\gamma$)을 의미하며, 0.98로 설정되어 있다. `lambda_gae`는 GAE 계산 시 사용하는 $\lambda$값으로, 어드밴티지를 얼마나 부드럽게 누적할지를 조절한다. `penalty`는 조기 종료 등 실패 시 보상에 적용할 패널티 값으로, 학습을 유도하기 위해 $-10$과 같은 음수 값으로 설정된다.

### (4) 에피소드 수 및 이동 평균 설정

전체 학습 에피소드는 500회로 설정되어 있으며, `moving_avg_size`는 이동 평균을 계산할 때 사용하는 구간 크기를 의미한다. `reward_list`, `count_list`, `moving_avg_list`는 각각 에피소드별로 보상, 반복 횟수, 이동 평균 등을 기록하여 시각화 또는 분석에 활용된다.

### (5) 학습 데이터를 저장할 리스트 초기화

에이전트가 환경과 상호작용하며 얻는 데이터들을 저장할 리스트이다.

- `states`, `actions`, `rewards`, `next_states`는 각각 상태, 행동, 보상, 다음 상태를 저장한다.
- `dones`는 에피소드가 종료되었는지를 나타내는 불리언 값이다.
- `old_probs`는 행동을 선택할 때의 확률 값으로, 중요도 샘플링에서 사용된다. PPO는 과거 정책과 현재 정책의 비율을 계산하기 위해 이 값을 반드시 저장해 두어야 한다.

> cartpole_ppo.ipynb 파일 build_actor() 함수와 build_critic() 함수

```
#(1) 정책 신경망 생성
def build_actor(self):
    input_states = Input(shape=(self.state_size,), name='input_states')
    x = Dense(self.node_num, activation='relu')(input_states)
    out_actions = Dense(self.action_size, activation='softmax', name='output')(x)
```

```python
    model = tf.keras.models.Model(inputs=input_states, outputs=out_actions)
    model.compile(optimizer=Adam(learning_rate=self.actor_lr))
    model.summary()
    return model

#(2) 가치 신경망 생성
def build_critic(self):
    input_states = Input(shape=(self.state_size,), name='input_states')
    x = Dense(self.node_num, activation='relu')(input_states)
    out_value = Dense(1, activation='linear', name='value')(x)

    model = tf.keras.models.Model(inputs=input_states, outputs=out_value)
    model.compile(optimizer=Adam(learning_rate=self.critic_lr), loss='mean_squared_error')
    model.summary()
    return model
```

### (1) 정책 신경망 생성

build_actor() 함수는 상태를 입력으로 받아, 각 행동에 대한 확률 분포를 출력하는 정책 신경망(Actor)을 만든다. 정책 신경망(Actor)은 손실 함수가 고정된 형태가 아니며, 학습 중 사용자 정의에 따라 동적으로 계산되기 때문에 손실함수를 별도를 지정하지 않는다.

### (2) 가치 신경망 생성

build_critic() 함수는 상태를 입력으로 받아 해당 상태의 가치(보상의 기댓값)를 출력하는 가치 신경망(Critic)을 만든다.

> cartpole_ppo.ipynb 파일 train() 함수

```python
def train(self):
    for episode in range(self.episode_num):
        #(1) 에피소드 초기화
        state, _ = self.env.reset()
        reward_tot = 0
        step_count = 0
        done = False

        while not done:
```

```python
#(2) 에이전트의 환경 탐험
action, prob = self.get_action(state)
next_state, reward, terminated, truncated, _ = self.env.step(action)
done = terminated or truncated

#(3) 조기 종료에 대한 보상 패널티 적용
if done and step_count < 499:
    reward = self.penalty

#(4) 경험 저장 및 상태 전이
self.store_transition(state, action, reward, done, next_state, prob)
state = next_state
reward_tot += reward
step_count += 1

#(5) 보상 및 통계 저장
self.reward_list.append(reward_tot - self.penalty)
self.count_list.append(step_count)
self.moving_avg_list.append(np.mean(self.reward_list[-self.moving_avg_size:]))

#(6) 정책 및 가치 신경망 업데이트
self.update_models()
self.clear_memory()

#(7) 주기적인 학습 상황 출력
if episode % 10 == 0:
    moving_avg = np.mean(self.reward_list[-self.moving_avg_size:])
    reward_avg = np.mean(self.reward_list)
    print(f"episode:{episode}, moving_avg:{moving_avg:.2f}, rewards_avg:{reward_avg:.2f}")

#(8) 모델 저장
self.save_model()
```

총 에피소드 수만큼 반복하면서, 매 에피소드마다 에이전트가 환경을 탐험하고 데이터를 수집하며, 수집된 데이터를 바탕으로 신경망을 업데이트한다. 각 단계별로 자세히 살펴보면 다음과 같다.

### (1) 에피소드 초기화

매 에피소드가 시작될 때 환경을 초기화하고, 보상과 스텝 수를 0으로 설정하며, 종료 플래그를 False로 초기화한다. 이를 통해 새로운 환경에서 다시 학습을 시작할 준비를 한다.

### (2) 에이전트의 환경 탐험

종료 조건이 만족될 때까지 반복하며, 현재 상태에서 정책 신경망을 통해 행동을 선택하고, 그 행동을 환경에 적용하여 다음 상태와 보상을 얻는다. terminated 또는 truncated 가 True가 되면 하나의 에피소드가 끝난 것으로 간주한다.

### (3) 조기 종료에 대한 보상 패널티 적용

에피소드가 조기에 종료된 경우, 즉 최대 타임스텝(499)에 도달하지 못하고 끝난 경우에는 보상을 패널티 값으로 대체한다. 이를 통해 학습이 과도하게 낙관적으로 편향되는 것을 방지하고, 실패한 시도를 효과적으로 구분할 수 있다.

### (4) 경험 저장 및 상태 전이

현재 스텝에서 얻은 경험을 메모리에 저장하고, 다음 상태로 전이하며, 누적 보상과 스텝 수를 기록한다. 이 데이터들은 이후 신경망 학습에 활용된다.

### (5) 보상 및 통계 저장

전체 에피소드 보상에서 패널티를 제거한 값을 저장하고, 각 에피소드에서 몇 스텝 동안 생존했는지도 기록한다. 또한 이동 평균을 계산하여 최근 학습 성과를 시각적으로 추적할 수 있도록 한다.

### (6) 정책 및 가치 신경망 업데이트

에이전트가 수집한 데이터를 바탕으로 Actor와 Critic 신경망을 업데이트하고, 다음 에피소드를 위해 메모리를 초기화한다. 이 과정이 PPO 학습의 핵심이며, 클리핑 및 GAE 등을 내부에서 활용한다.

### (7) 주기적인 학습 상황 출력

10 에피소드마다 한 번씩, 현재까지의 평균 보상과 최근 이동 평균 보상을 출력하여 학습이 얼마나 잘 진행되고 있는지 확인할 수 있게 한다.

### (8) 모델 저장

전체 학습이 끝난 후에는 학습된 신경망 모델을 저장하여, 나중에 재사용하거나 테스트할 수 있도록 한다.

train() 함수는 PPO 알고리즘의 전형적인 학습 구조를 그대로 따르며, 안정적이고 효율적인 학습을 위해 다양한 세부 전략이 조합되어 있다. 에이전트가 환경과 상호작용하며 점차 더 나은 정책을 학습해 가는 과정이 이 함수 안에 자연스럽게 녹아 있다.

> **cartpole_ppo.ipynb 파일 get_action() 함수**
>
> ```python
> def get_action(self, state):
>     #(1) 상태 입력 형태 변환
>     state_input = np.reshape(state, [1, self.state_size]).astype(np.float32)
>
>     #(2) 정책 신경망을 통해 행동 확률 분포 예측
>     prob = self.actor(state_input, training=False).numpy()[0]
>
>     #(3) 확률적으로 행동 선택
>     action = np.random.choice(self.action_size, p=prob)
>
>     #(4) 행동과 확률 분포 반환
>     return action, prob
> ```

이 함수는 현재 상태(state)를 입력받아 정책 신경망(Actor)을 통해 행동을 선택하는 역할을 한다. PPO 알고리즘에서 에이전트가 환경과 상호작용할 때, 어떤 행동을 얼마나 확률적으로 선택할지를 결정하는 매우 중요한 부분이다. 작동 과정을 순서대로 살펴보면 다음과 같다.

### (1) 상태 입력 형태 변환

환경으로부터 받은 상태는 보통 1차원 배열이므로, 이를 정책 신경망이 처리할 수 있도록 2차원 형태로 바꿔준다. 예를 들어 [4] 형태의 벡터를 [1, 4]로 reshape하여 배치 입력 형태로 만든다. 이 과정은 Keras 모델에서 입력 데이터를 일관되게 처리하기 위해 필요하다.

### (2) 정책 신경망을 통한 행동 확률 분포 예측

정책 신경망(Actor)에 현재 상태를 입력하면, 가능한 행동 각각에 대한 확률 분포(probabilities)가 softmax를 통해 출력된다. `training=False`는 이 단계가 학습이 아니라 예측임을 명시하는 것으로, Dropout이나 BatchNorm 같은 학습 중 동작이 필요한 기능이 비활성화된다. `numpy()[0]`을 통해 텐서를 넘파이 배열로 바꾸고, 배치 차원을 제거해 [0.1, 0.9]와 같은 행동 확률 벡터만 추출한다.

> **Tip** Dropout과 BatchNorm
> * Dropout은 학습 시 일부 뉴런을 랜덤하게 꺼서(무시해서) 신경망이 특정 노드에 과도하게 의존하는 것을 방지하는 기법이다. 이로 인해 신경망은 더 다양한 경로로 학습을 하게 되고, 그 결과 과적합(overfitting)을 줄이고 일반화 성능을 향상시킬 수 있다.
> * Batch Normalization은 각 층의 입력값(또는 출력값)을 평균 0, 분산 1에 가깝게 정규화하여 학습을 빠르고 안정적으로 만드는 기법이다. 이 기법은 신경망 내부의 분포 변화(Internal Covariate Shift)를 줄여주며, 더 높은 학습률을 사용하더라도 안정적인 학습이 가능하도록 도와준다.

### (3) 확률적으로 행동 선택

확률 분포 prob를 기반으로, `np.random.choice()`를 사용해 실제 행동을 확률적으로 선택한다. 예를 들어, prob = [0.2, 0.8]이면 두 번째 행동이 선택될 가능성이 높지만, 첫 번째 행동도 일부 확률로 선택될 수 있다. 이러한 탐험(exploration) 기능은 강화학습에서 중요한 요소로, 최적의 정책을 찾기 위한 다양한 시도를 가능하게 만든다.

## (4) 행동과 확률 분포 반환

선택된 행동과 그에 해당하는 확률 분포를 반환한다. 이 확률은 나중에 중요도 샘플링 비율 계산에 사용되므로 반드시 저장해둘 필요가 있다.

get_action() 함수는 현재 상태에 대해 정책 신경망을 통해 행동 확률 분포를 계산하고, 이 확률에 따라 행동을 선택하며, 나중에 사용할 확률 정보도 함께 반환하는 역할을 한다. 이는 에이전트가 환경과 상호작용하는 데 있어 정책의 실제 실행을 담당하는 핵심 함수라 할 수 있다.

```
cartpole_ppo.ipynb 파일 store_transition() 함수

def store_transition(self, state, action, reward, done, next_state, prob):
    #(1) 행동을 원-핫 벡터로 변환
    action_onehot = np.zeros(self.action_size)
    action_onehot[action] = 1.0

    #(2) 경험 데이터 저장
    self.states.append(state)
    self.actions.append(action_onehot)
    self.rewards.append(reward)
    self.dones.append(done)
    self.next_states.append(next_state)
    self.old_probs.append(prob)
```

이 함수는 에이전트가 환경과 상호작용하면서 얻은 데이터를 강화학습 학습용 메모리에 저장하는 역할을 한다. PPO 알고리즘은 여러 타임스텝에 걸쳐 수집한 경험을 한꺼번에 배치(batch)로 학습하기 때문에, 이 과정은 매우 중요한 단계이나.

## (1) 행동을 원-핫 벡터로 변환

에이전트가 수행한 행동은 정수(예: 0 또는 1) 형태로 들어오지만, 신경망의 출력과 연산을 맞추기 위해 이를 원-핫 인코딩(One-hot encoding)으로 변환한다. 예를 들어 행동 1을 수행했다면 [0. 1.]과 같이 표현된다.

## (2) 경험 데이터 저장

강화학습에서 한 타임스텝의 경험은 (state, action_onehot, reward, done, next_state) 으로 구성되며, PPO에서는 기존 정책에서 예측한 확률(prob)도 함께 저장한다. 각 항목은 다음과 같은 용도로 사용된다:

- state: 현재 상태(정책 신경망 입력)
- action_onehot: 원 – 핫 인코딩된 행동(학습 시 확률 계산용)
- reward: 현재 스텝에서 얻은 보상
- done: 에피소드 종료 여부(True이면 마지막 스텝)
- next_state: 다음 상태(Critic 학습 또는 GAE 계산 시 사용)
- old_probs: 행동을 선택했을 당시의 정책 확률 분포(PPO의 중요도 샘플링에 필요)

store_transition() 함수는 에이전트의 학습에 필요한 데이터를 순차적으로 누적 저장하는 역할을 하며, PPO 학습 과정에서 경험을 재사용하고 정책을 안정적으로 업데이트하기 위한 핵심 메모리 저장소를 구축하는 단계이다. 이 데이터는 이후 update_models() 단계에서 배치 학습으로 활용된다.

**cartpole_ppo.ipynb 파일 update_models() 함수**

```python
def update_models(self):
    #(1) 수집된 데이터를 배열로 변환
    states = np.array(self.states, dtype=np.float32)
    next_states = np.array(self.next_states, dtype=np.float32)
    rewards = np.array(self.rewards, dtype=np.float32).reshape(-1, 1)
    dones = np.array(self.dones, dtype=np.int32).reshape(-1, 1)
    actions = np.array(self.actions, dtype=np.float32)
    old_probs = np.array(self.old_probs, dtype=np.float32)

    #(2) GAE를 활용한 어드벤티지 및 타깃 계산
    advantages, targets = self.compute_gae(states, next_states, rewards, dones)
    advantages -= np.mean(advantages)
    advantages /= (np.std(advantages) + 1e-8)

    advantages = advantages.astype(np.float32)
    targets = targets.astype(np.float32)

    for _ in range(self.epochs_cnt):
```

```python
#(3) Actor 업데이트를 위한 손실 함수 계산
with tf.GradientTape() as tape:
    probs = self.actor(states, training=True)
    new_probs = tf.reduce_sum(actions * probs, axis=1, keepdims=True)
    old_probs_sum = tf.reduce_sum(actions * old_probs, axis=1, keepdims=True)

    ratio = new_probs / (old_probs_sum + 1e-10)
    clipped_ratio = tf.clip_by_value(ratio, 1 - LOSS_CLIPPING, 1 + LOSS_CLIPPING)
    actor_loss = -tf.reduce_mean(tf.minimum(ratio * advantages, clipped_ratio *
                                                                 advantages))

#(4) Actor 모델의 파라미터 업데이트
gradients = tape.gradient(actor_loss, self.actor.trainable_variables)
self.actor.optimizer.apply_gradients(zip(gradients, self.actor.trainable_
                                                                variables))

#(5) Critic 모델의 타깃 학습
self.critic.train_on_batch(states, targets)
```

이 함수는 에이전트가 한 에피소드 또는 일정 시간 동안 환경과 상호작용하며 수집한 데이터를 바탕으로, 정책 신경망(Actor)과 가치 신경망(Critic)을 함께 업데이트하는 핵심 단계이다. PPO 알고리즘의 특성인 클리핑과 GAE가 적용되는 중요한 구간이기도 하다. 함수의 흐름을 순서대로 설명하면 다음과 같다.

### (1) 수집된 데이터를 배열로 변환

환경에서 수집한 각종 데이터를 신경망에 입력할 수 있도록 넘파이 배열 형태로 변환하고, 보상과 종료 여부는 2차원 배열로 reshape한다. 이 과정을 통해 신경망 학습에 필요한 형태를 갖추게 된다.

### (2) GAE를 활용한 어드밴티지 및 타깃 계산

GAE를 사용하여 각 상태에서의 어드밴티지(advantage)와 타깃 가치(target)를 계산한다. 계산된 어드밴티지는 정규화(normalization) 과정을 거쳐 분산을 줄이고 학습을 안정화시킨다. 정규화는 평균을 빼고, 표준편차로 나누는 방식으로 수행된다.

## (3) Actor 업데이트를 위한 손실 함수 계산

지정된 횟수(epochs_cnt)만큼 신경망을 반복 학습한다.

- 현재 정책에서 예측한 행동 확률(new_probs)과 과거 정책의 행동 확률(old_probs_sum)을 계산한 뒤,
- 이 둘의 비율을 구해 PPO의 핵심 아이디어인 정책 비율(ratio)을 만든다.
- 그리고 클리핑 범위(예: ±0.2)를 기준으로 클리핑된 비율(clipped_ratio)도 함께 계산한다.
- 최종적으로 두 값 중 작은 쪽을 선택(minimum)하여 손실 함수(actor_loss)를 정의한다. 이 방식은 정책이 지나치게 급격히 변경되지 않도록 제어하여 학습의 안정성을 확보해 준다.

> **Tip** tf.reduce_sum(actions * probs, axis=1, keepdims=True)
>
> TensorFlow에서 행마다 곱한 값을 더해 선택된 행동의 확률을 추출할 때 자주 사용하는 연산이다. 특히 원-핫 인코딩된 벡터(actions)와 행동 확률 벡터(probs)가 주어졌을 때, 두 벡터의 원소별 곱을 통해 선택된 행동의 확률만 뽑아내는 데 유용하다.
>
> ```
> probs = tf.constant([[0.1, 0.7, 0.2],
>                      [0.3, 0.4, 0.3]])    # 각 샘플의 행동 확률 분포
> actions = tf.constant([[0, 1, 0],
>                        [1, 0, 0]])        # 원-핫 인코딩된 선택된 행동
> selected_probs = tf.reduce_sum(actions * probs, axis=1, keepdims=True)
> selected_probs.numpy()
> # [[0.7]
> #  [0.3]]
> ```
>
> * actions * probs는 각 원소를 곱하므로, 선택된 행동의 확률만 남고 나머지는 0이 된다.
> * reduce_sum(..., axis=1)은 각 행에서 이 남은 확률 하나만을 추출해낸다.
> * keepdims=True는 출력 차원을 (batch_size, 1)로 유지한다.

> **Tip** tf.clip_by_value(ratio, 1 - LOSS_CLIPPING, 1 + LOSS_CLIPPING)
>
> PPO 알고리즘에서 정책의 변화 폭을 제한하기 위한 클리핑 연산이다. 이 연산은 새 정책과 기존 정책 간 행동 확률의 비율(ratio)이 지나치게 커지거나 작아지는 것을 방지하여, 학습의 안정성을 높이는 데 사용된다.
> 예를 들어 LOSS_CLIPPING 값이 0.2라면, ratio는 0.8에서 1.2 사이로 제한된다. 이렇게 클리핑된 비율은 손실 함수에서 min(ratio * advantage, clipped_ratio * advantage) 구조로 활용되어, 지나치게 큰 정책 업데이트를 막는다.
> 비록 수식은 단순하지만, 이 연산은 PPO의 성능과 안정성을 동시에 지탱하는 핵심 기법이다. TRPO에서처럼 복잡한 신뢰 영역 계산 없이도 안정적인 정책 개선이 가능하도록 돕는다.

### (4) Actor 모델의 파라미터 업데이트

앞서 정의한 손실 함수에 대한 기울기(gradient)를 자동으로 계산하고, 이를 기반으로 정책 신경망의 가중치를 업데이트한다. TensorFlow의 `GradientTape()`를 이용해 이 과정을 자동으로 처리한다.

### (5) Critic 모델의 타깃 학습

가치 신경망(Critic)은 상태에 대한 타깃 가치(targets)를 예측하도록 학습된다. 이때는 `train_on_batch()` 함수를 이용해 한 번에 전체 배치를 학습시킨다. Critic은 회귀 문제이므로 손실 함수는 일반적으로 MSE(Mean Squared Error)가 사용된다.

`update_models()` 함수는 에이전트가 수집한 경험을 바탕으로 Actor는 클리핑된 정책 비율과 어드밴티지를 활용해, Critic은 상태의 실제 가치에 맞게 업데이트되도록 구성된 PPO 알고리즘의 핵심 학습 단계이다. 이 과정을 통해 에이전트는 점점 더 나은 정책을 안정적이고 효율적으로 학습하게 된다.

**cartpole_ppo.ipynb 파일 compute_gae() 함수**

```python
def compute_gae(self, states, next_states, rewards, dones):
    #(1) 현재 상태와 다음 상태의 가치 예측
    values = self.critic(states, training=False).numpy()
    next_values = self.critic(next_states, training=False).numpy()

    #(2) 어드밴티지와 타깃 배열 초기화
    advantages = np.zeros_like(rewards, dtype=np.float32)
    targets = np.zeros_like(rewards, dtype=np.float32)

    #(3) GAE 누적 계산 초기화
    gae = 0.0

    #(4) 시간 순서 역순으로 GAE 계산
    for t in reversed(range(len(rewards))):
        #(5) 델타 값 계산
        delta = rewards[t] + self.discount_rate * next_values[t] * (1 - dones[t]) - values[t]

        #(6) GAE 누적 계산
        gae = delta + self.discount_rate * self.lambda_gae * (1 - dones[t]) * gae
```

```
            #(7) 어드밴티지와 타깃 계산
            advantages[t] = gae
            targets[t] = gae + values[t]
        #(8) 최종 결과 반환
        return advantages, targets
```

compute_gae() 함수는 단순한 어드밴티지 계산 방식보다 더 안정적이고 정교한 학습을 가능하게 해 주며, 이 결과는 Actor와 Critic 신경망의 학습에 모두 사용된다.

### (1) 현재 상태와 다음 상태의 가치 예측

가치 신경망(Critic)을 통해 각 상태와 다음 상태에 대한 가치 함수 V(s) 값을 예측한다. 이 값들은 numpy 배열로 변환되어 이후 계산에 사용된다. `training=False`는 학습 모드가 아닌 예측 모드임을 명시하여 불필요한 학습 기능을 비활성화한다.

### (2) 어드밴티지와 타깃 배열 초기화

어드밴티지(advantage)와 타깃(target) 값을 저장할 배열을 0으로 초기화한다. 이 두 배열은 각각 정책 신경망과 가치 신경망의 학습에 사용될 데이터로,

- advantages는 Actor 학습에 사용되고,
- targets는 Critic 학습의 정답 값이 된다.

### (3) GAE 누적 계산 초기화

GAE는 뒤에서부터 거꾸로 계산되므로 누적 계산을 위한 초깃값을 0으로 설정한다.

### (4) 시간 순서 역순으로 GAE 계산

GAE는 미래로 갈수록 할인율이 더 많이 곱해지기 때문에, 가장 마지막 타임스텝부터 거꾸로 계산을 시작한다. 이로써 할인된 어드밴티지를 누적하는 구조가 된다.

### (5) 델타 값 계산

델타($\delta$)는 한 타임스텝에서의 기본적인 어드밴티지 개념이다. 현재 보상과 다음 상태의 가치에 감가율을 곱한 값을 현재 상태의 가치에서 뺀 것이다. 에피소드가 종료되었을 경우 dones[t]가 1이 되며, 이때는 다음 상태의 가치가 반영되지 않는다.

### (6) GAE 누적 계산

GAE는 단일 델타가 아닌, 여러 델타를 감가율과 $\lambda$로 누적하여 계산된다.

- self.discount_rate는 미래 보상을 줄이는 감가율 $\gamma$,
- self.lambda_gae는 얼마나 길게 과거 정보를 참고할지 조절하는 파라미터 $\lambda$이다.

종료된 구간은 누적하지 않기 위해 (1 - dones[t])를 곱해준다.

### (7) 어드밴티지와 타깃 계산

GAE로 계산된 값을 advantages 배열에 저장하고, 가치 함수의 정답값이 될 targets는 어드밴티지와 현재 상태 가치의 합으로 설정한다.

### (8) 최종 결과 반환

최종적으로 계산된 어드밴티지와 타깃 값을 반환하여, 이후 Actor와 Critic 신경망의 학습에 사용된다.

이 compute_gae() 함수는 PPO 알고리즘에서 정책 개선의 신뢰성을 높이고, 신경망 학습의 분산을 줄이기 위해 매우 중요한 역할을 한다. 단순한 1스텝 어드밴티지가 아닌 여러 타임스텝의 보상과 가치 정보를 누적적으로 반영하여 계산된 GAE는 학습을 훨씬 더 안정적이고 효율적으로 만들어 준다.

> 10 정 책 기 반 P P O 알 고 리 즘

# 10.8 PPO 알고리즘 알고리즘 학습 결과 분석

PPO 알고리즘 학습이 끝난 다음 결과를 살펴보면, REINFORCE와 A2C보다 성능이 많이 향상된 것을 관찰할 수 있다. 간단한 카트폴 프로그램보다는 보다 복잡한 환경에서 PPO 알고리즘을 사용한다면 성능의 차이를 보다 뚜렷하게 느낄 수 있을 것이다.

**cartpole_ppo.ipynb 실행 결과**

```
Model: "model_26"
_____
 Layer (type)                Output Shape              Param #
=================================================================
 input_states (InputLayer)   [(None, 4)]               0

 dense_38 (Dense)            (None, 12)                60

 output (Dense)              (None, 2)                 26

=================================================================
Total params: 86
Trainable params: 86
Non-trainable params: 0
_____
Model: "model_27"
_____
 Layer (type)                Output Shape              Param #
=================================================================
 input_states (InputLayer)   [(None, 4)]               0

 dense_39 (Dense)            (None, 12)                60

 value (Dense)               (None, 1)                 13

=================================================================
Total params: 73
Trainable params: 73
```

```
Non-trainable params: 0
episode:0, moving_avg:26.00, rewards_avg:26.00
episode:10, moving_avg:27.64, rewards_avg:27.64
episode:20, moving_avg:25.30, rewards_avg:25.33
episode:30, moving_avg:23.20, rewards_avg:24.77
episode:40, moving_avg:27.60, rewards_avg:26.44
...
episode:470, moving_avg:502.15, rewards_avg:258.12
episode:480, moving_avg:497.80, rewards_avg:263.17
episode:490, moving_avg:505.65, rewards_avg:268.20
*end learning
```

이 PPO 알고리즘의 학습 결과는 CartPole 환경에서 에이전트가 어떻게 점진적으로 성능을 향상시켜가는지를 잘 보여주는 흐름을 담고 있다. 특히 moving_avg와 rewards_avg라는 두 개의 지표를 통해 학습 진행 상황을 직관적으로 파악할 수 있으며, 전체 500 에피소드에 걸쳐 초기 탐색 → 급격한 향상 → 일시적 정체 → 안정적 수렴이라는 전형적인 강화학습 패턴이 뚜렷하게 나타난다.

### (1) 학습 초기: 낮은 성능과 불안정한 탐색(episode 0~100)

처음 100 에피소드 구간에서는 moving_avg가 20~30점대에서 시작하여 점차 36점 정도까지 상승하는 모습을 보인다. 이 시기의 에이전트는 아직 환경에 대한 명확한 이해 없이 무작위성에 가까운 행동을 반복하는 탐색(exploration) 단계에 머물러 있다. 성능이 다소 들쑥날쑥하고 평균 보상이 낮은 것은 이 구간에서 정책 신경망이 아직 의미 있는 전략을 만들어내지 못했다는 점을 보여준다.

### (2) 학습 중반: 정책의 빠른 개선(episode 100~200)

100 에피소드 이후부터는 성능이 급격히 향상된다. moving_avg는 60점, 100점, 200점 단위를 거치며 빠르게 상승하고, rewards_avg 또한 80점 이상으로 올라간다. 이는 정책 신경망이 점차 환경의 보상 구조를 학습하고, 기둥이 쓰러지지 않도록 카트를 조절하는 일관된 전략을 수립해나가고 있음을 보여준다.

특히 180~200 에피소드 사이에서 `moving_avg`가 200점을 넘어서고 있으며, 이는 평균적으로 에이전트가 에피소드 종료 전까지 거의 끝까지 살아남고 있다는 의미다.

### (3) 학습 후반: 성능 정체 및 재상승(episode 200~300)

200~300 에피소드 구간에서는 성능이 한동안 정체되는 듯한 구간이다. `moving_avg`가 300점 전후에서 머무르며 다소 주춤하는 양상을 보인다.

이는 탐험과 정책 업데이트 과정에서 일시적으로 비효율적인 행동이 학습에 섞였을 가능성이 있으며, 강화학습에서 자주 관찰되는 현상이다. 하지만 이내 다시 보상이 상승하며 300점 후반, 400점 이상으로 재돌파하게 된다.

### (4) 학습 마무리: 안정적 수렴(episode 300~490)

300 에피소드 이후부터는 매우 안정적인 성능을 보인다. `moving_avg`는 400점을 꾸준히 상회하며, 후반부에는 500점에 근접하거나 도달하기도 한다.

특히 마지막 490 에피소드에서 `moving_avg`가 505.65점에 도달하는데, 이는 에이전트가 거의 완벽한 정책을 학습했다는 의미로 해석할 수 있다.

즉, 카트를 좌우로 적절하게 움직이면서 막대가 쓰러지지 않도록 균형을 유지하는 능력을 거의 완전히 갖추게 된 것이다.

PPO 알고리즘은 에이전트가 환경을 탐험하면서도 학습을 안정적으로 진행할 수 있도록 설계된 구조를 갖고 있으며, 이번 실험 결과에서도 그 특유의 빠른 수렴성과 안정적인 향상이 뚜렷하게 나타난다. 단순한 신경망 구조에도 불구하고 moving average가 500에 가까워졌다는 것은 성능, 효율성, 학습 안정성 모두에서 매우 우수한 결과라 할 수 있다. 전체적으로 볼 때, 이 PPO 에이전트는 CartPole 환경에서 성공적인 정책 학습을 완수했다고 평가할 수 있다.

## 실행 결과 시각화

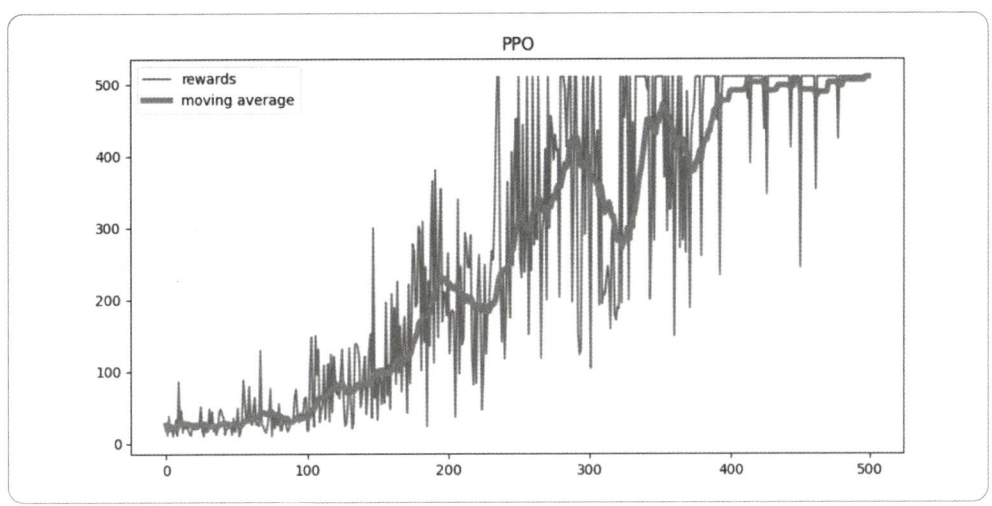

이 그래프는 PPO 알고리즘을 사용한 CartPole 환경에서의 학습 성능을 시각적으로 표현한 결과이다. 파란 선은 각 에피소드에서 얻은 실제 보상 값이며, 주황색 굵은 선은 최근 20개 에피소드의 평균 보상을 나타낸 moving average이다. 전체적으로 파란 선은 다소 요동치는 모습이지만, 주황색 moving average 선은 점진적으로 상승하며 후반부에는 500점에 거의 도달한 상태로 수렴한다. 이는 에이전트가 점차 환경을 이해하고, 학습이 잘 이루어졌다는 것을 직관적으로 보여준다.

그래프만 보더라도 에이전트가 중간에 잠시 정체 구간을 겪었지만, 전체적인 흐름은 매우 안정적이고 꾸준하게 성능이 향상되었음을 확인할 수 있다. 보상의 진폭이 크더라도 moving average가 부드럽게 상승하는 것은 PPO가 일시적인 성능 저하를 효과적으로 극복하고 결국에는 우수한 정책을 학습했다는 증거다.

이와 비교해 A2C 알고리즘은 moving average가 500점에 도달하기는 하지만 중간에 급격한 하락과 회복을 반복하는 불안정한 학습 곡선을 보인다. PPO는 클리핑 기법을 활용하여 정책의 변화 폭을 제한함으로써 학습 안정성을 높였고, GAE를 통해 어드밴티지 계산을 보다 정교하게 다듬었기 때문에, 결과적으로 A2C보다 더 안정적이고 일관된 학습 성능을 보여주었다고 평가할 수 있다.

강화학습에서 알고리즘에 대한 이론적 이해는 매우 중요하지만, 실제 환경에서 원하는 성능을 끌어내기 위해 반드시 함께 고려해야 하는 것이 바로 튜닝(tuning)이다. 알고리즘이 아무리 훌륭해도, 하이퍼파라미터가 적절하지 않으면 학습은 불안정해지고, 성능은 쉽게 저하될 수 있다.

튜닝은 크게 두 가지 축으로 나눌 수 있다. 하나는 인공신경망 구조 및 학습 관련 튜닝, 다른 하나는 강화학습 알고리즘 자체의 파라미터 튜닝이다. 예를 들어, 은닉층의 노드 수나 학습률(learning rate) 조정은 신경망 관점의 튜닝이며, 할인율($\gamma$), GAE의 $\lambda$값, 클리핑 범위 등은 강화학습 알고리즘 내부의 메커니즘에 대한 튜닝이다.

물론 가장 이상적인 접근은 이 두 가지를 모두 아우르며, 신경망의 작동 원리와 강화학습 수식의 기초부터 차근차근 공부하고, 실제로 수학적 유도까지 해보면서 깊은 인사이트를 쌓는 것이다. 하지만 이는 현실적으로 매우 긴 시간이 필요한 작업이며, 현업에서는 몇 년을 들여도 제대로 소화하기 어려운 과정일 수 있다.

그렇다면 우리는 보다 실용적인 방법을 고민해야 한다. 이론을 완벽히 이해하지 않더라도, 중요한 하이퍼파라미터가 학습에 어떤 영향을 주는지 실험적으로 확인하면서, 효율적으로 튜닝을 시도하는 것이 현실적인 대안이 될 수 있다. 앞으로 다룰 내용에서는 이처럼 공부는 최소화하면서도 성능을 최대화할 수 있는 튜닝 전략에 대해 살펴볼 예정이다.

강화학습의 성능을 끌어올리는 방법은 꼭 고급 수식이나 복잡한 이론에서만 출발하지 않는다. 적절한 관찰력과 실험, 그리고 작은 변화에 대한 꾸준한 피드백만으로도 성능은 눈에 띄게 향상될 수 있다. 이제부터는 이런 실전적인 관점에서 강화학습 튜닝의 핵심 요소들을 하나씩 살펴보며 학습자 입장에서 가장 효과적인 선택지를 함께 모색해보도록 하자.

# 11

## 인공신경망 튜닝

인공신경망을 제대로 튜닝하려면, 단순히 코드를 수정하는 수준을 넘어 인공신경망이 어떻게 동작하는지에 대한 본질적인 이해가 필요하다. 앞에서 우리는 일차함수가 어떻게 다층 퍼셉트론으로 발전하고, 이 과정에서 비용 함수와 활성화 함수, 경사하강법이 어떤 방식으로 연결되어 있는지 하나씩 살펴보았다. 이들은 모두 인공신경망의 핵심을 이루는 요소이며, 바로 이러한 기초 개념이 튜닝의 출발점이 된다.

많은 학습자들이 인공신경망 튜닝을 마치 고급 논문이나 최신 논문에만 나오는 특별한 기술로 생각하곤 한다. 하지만 실제로 인공신경망의 성능을 결정짓는 핵심은 매우 기본적인 원리에서 출발한다.

예를 들어, 가장 초기에 사용된 활성화 함수인 시그모이드(sigmoid)는 출력이 0과 1 사이로 제한되어 있어 확률을 표현하기에 적합하지만, 입력값이 커지면 기울기가 거의 0에 수렴하여 역전파 과정에서 gradient가 사라지는 문제(vanishing gradient)가 발생한다. 이런 단점을 해결하기 위해 ReLU(Rectified Linear Unit)와 같은 비선형 함수가 등장했고, 최근에는 이를 보완한 LeakyReLU, Swish, GELU 등의 변종이 활발히 사용되고 있다.

이처럼 각 구성 요소가 왜 만들어졌고, 어떤 문제를 해결하기 위해 발전해 왔는지를 이해하면, 단순히 "좋다고 알려진 설정"을 그대로 쓰는 것이 아니라 왜 이 설정이 유리한지, 언제는 바꿔야 하는지에 대한 감각을 가질 수 있다.

또한 경사하강법(gradient descent)과 학습률(learning rate)은 신경망이 얼마나 빠르고 안정적으로 수렴할 수 있을지를 결정짓는 중요한 요소이다. 학습률이 너무 크면 최적점을 지나쳐 발산하게 되고, 너무 작으면 학습 속도가 지나치게 느려진다. 이러한 속도 조절은 Adam, RMSProp 등과 같은 옵티마이저의 선택과 학습률 스케줄링으로도 연결되며, 모두 튜닝의 중요한 대상이 된다.

이제 우리는 인공신경망의 구성과 각 요소의 역할을 충분히 이해한 상태에서, PPO 알고리즘에서 사용하는 인공신경망 구조를 직접 살펴보고, 실제로 어떤 부분을 어떻게 튜닝할 수 있는지를 구체적으로 실습해 볼 차례다.

이 장에서는 단순히 코드를 수정하는 것이 아니라, 그 수정이 왜 필요한지, 어떤 효과를 기대할 수 있는지를 이론적 배경과 함께 설명하면서 튜닝 실전으로 들어가고자 한다.

이제, PPO의 정책 신경망과 가치 신경망을 하나하나 뜯어보며 진짜 튜닝을 시작해 보자.

# 11.1 인공신경망 튜닝 개요

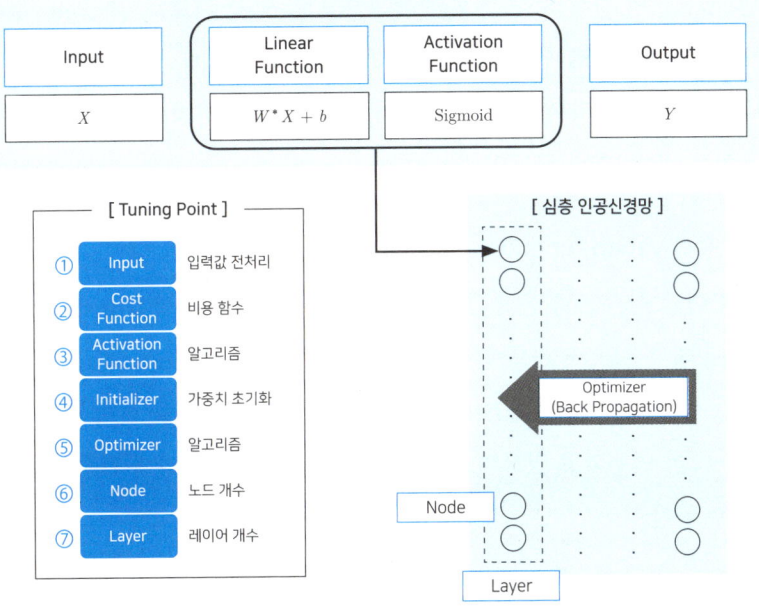

인공신경망 튜닝 포인트

이 그림과 설명은 인공신경망의 구소와 이를 튜닝하기 위한 주요 포인트들을 아주 명확하게 정리하고 있다. 특히 PPO 알고리즘과 같은 강화학습에서 신경망을 어떻게 구성하고 조절할 것인가에 대한 실질적인 인사이트를 제공한다.

이 내용을 중심으로 각 항목을 강화학습의 관점에서 다시 정리해보면 다음과 같다.

### ① 입력값 전처리(Input Preprocessing)

PPO 알고리즘에서 입력되는 상태(state)는 환경에 따라 달라지며, 그 크기와 스케일도 다양하다. 예를 들어 CartPole 환경에서는 속도나 각도 등의 값들이 혼합되어 입력되는데, 이 값들이 서로 다른 범위를 가지는 경우 학습이 느려지거나 불안정해질 수 있다.

정규화(normalization) 또는 표준화(standardization)와 같은 전처리 기법을 통해 입력값을 균형 있게 맞춰주는 것이 첫 번째 튜닝 포인트이다.

### ② 비용 함수(cost function)

정책 신경망(Actor)의 경우 확률 분포를 예측하므로, 교차 엔트로피(cross entropy) 기반의 손실 함수를 일반적으로 사용한다. 반면 가치 신경망(Critic)은 상태의 가치를 수치로 추정하므로 평균 제곱 오차(MSE) 손실이 사용된다. 각 신경망의 출력 목적에 맞는 손실 함수를 사용하는 것이 PPO 구조의 핵심이다.

### ③ 활성화 함수(activation function)

초기의 시그모이드 함수는 깊은 신경망에서는 기울기 소실 문제(vanishing gradient)를 유발한다. 현재 대부분의 PPO 구현에서는 ReLU(Rectified Linear Unit)를 사용되지만, 학습 안정성과 성능 향상을 위해 LeakyReLU, ELU, Swish 등을 실험해볼 수 있다. 특히 Swish는 최근 많이 연구되고 있으며, PPO처럼 미세한 확률 차이에 민감한 구조에서 좋은 성능을 보일 수 있다.

> **Tip** 기울기 소실 문제
>
> **기울기 소실 문제(vanishing gradient)**는 깊은 신경망에서 발생할 수 있는 문제로, 네트워크가 깊어질수록 **가중치 업데이트**가 제대로 이루어지지 않는 현상이다. 신경망을 학습할 때, 오류를 각 층으로 전파하여 가중치를 조정하는데, 이 과정에서 **기울기**라는 값이 점점 작아져서, **초기 층**에서는 거의 업데이트가 이루어지지 않는다. 이렇게 되면 모델이 제대로 학습하지 못하게 되어 결과적으로 **성능이 떨어지게** 된다.
> 쉽게 말하면, 신경망이 깊어질수록 **정보가 점점 약해지는** 것과 같아서, 결국 **기울기**라는 정보가 사라지거나 너무 작아져서 학습이 어려워진다.

### ④ 가중치 초기화(initializer)

가중치를 어떻게 초기화하느냐에 따라 학습 속도뿐만 아니라 최종 성능에도 큰 영향을 준다. PPO에서는 자주 사용되는 GlorotUniform 또는 HeUniform 방식은 학습 초기에 너무 크거나 너무 작은 값이 전달되지 않도록 해준다. 복잡한 환경일수록 초깃값에 민감해지므로, 안정적인 초기화를 고려하는 것이 중요하다.

### ⑤ 최적화 알고리즘(optimizer)

신경망의 학습은 **오차**를 줄이기 위해 **경사하강법**(gradient descent)이라는 방법을 사용해 **가중치**를 조정하는 방식으로 이루어진다. PPO에서는 **Adam** 옵티마이저가 자주 사용되는데, 이는 **학습률**을 자동으로 조정해주어 더 안정적인 학습이 가능하게 한다. 하지만 **학습률**(learning rate)은 여전히 사람이 설정해야 하며, 학습률이 너무 크면 **발산**(학습이 불안정해짐)하고, 너무 작으면 **수렴이 느려**져서 학습이 오래 걸릴 수 있다. 이를 해결하기 위해 **학습률을 동적으로 조정**하는 방법인 스케줄러(LearningRateScheduler)나 **ReduceLROnPlateau**와 같은 기법을 사용할 수도 있다.

### ⑥ 노드 수(node count)

하나의 은닉층에 배치할 노드 수는 **환경의 복잡도**에 따라 달라진다. **단순한 환경**에서는 적은 수의 노드로도 충분히 학습할 수 있지만, **복잡한 환경**에서는 더 많은 노드가 필요하다. 그러나 **노드 수**가 너무 많아지면 **학습 속도가 느려지고 과적합**(모델이 훈련 데이터에 너무 맞춰져 새로운 데이터를 잘 처리하지 못하는 현상) 위험이 커진다. 따라서 **적절한 노드 수**를 선택하는 것이 중요하다.

### ⑦ 레이어 수(layer count)

층이 많을수록 모델은 더 **복잡한 패턴**을 학습할 수 있지만, 그만큼 **과적합, 학습 불안정, 계산량 증가** 같은 문제가 생길 수 있다. 일반적으로 PPO에서는 **1~2개의 은닉층**만으로도 충분한 성능을 낼 수 있다. 만약 **더 복잡한 문제**를 다룬다면, **Residual 구조**나 **Dropout** 같은 방법을 추가로 사용할 수 있다.

> **Tip** Residual 구조
>
> Residual 구조는 깊은 신경망에서 발생할 수 있는 문제인 **기울기 소실**(vanishing gradient)이나 **학습 불안정성**을 해결하기 위해 고안된 기법이다. 기본 아이디어는 **직접 연결**을 통해 **정보 손실**을 줄여주는 것이다.
>
> 일반적인 신경망에서는 한 층의 출력을 다음 층으로 전달하는데, 그 과정에서 **정보가 점점 약해지는** 문제가 발생할 수 있다. 그러나 Residual 구조에서는 각 층의 출력이 **다음 층의 입력에 더해지도록** 설계된다. 이렇게 하면 **직접 연결**을 통해 이전 층의 정보가 **남아서 기울기 소실 문제**를 완화하고 더 깊은 신경망을 학습할 수 있게 돕는다.

이처럼 **인공신경망 튜닝**은 복잡한 기술이나 최신 논문에만 등장하는 것이 아니라, **기본적인 구성 요소**에서 출발한다. 이 구성 요소는 **입력**, **선형 연산**, **활성화 함수**, **가중치**, **최적화** 등이다. 각 요소를 어떻게 조정하느냐에 따라 **학습 속도**, **안정성**, **성능**이 크게 달라진다.

앞서 설명한 각 튜닝 포인트는 PPO 알고리즘뿐 아니라 모든 강화학습 기반의 인공신경망 모델에서 공통적으로 적용할 수 있는 핵심 전략이다. 이제 이러한 원리를 바탕으로, PPO 알고리즘에서 실제로 각 구성 요소를 어떻게 조정할 수 있는지 실험하고, 그 효과를 확인해보는 것이 다음 단계가 될 것이다.

## >>> 11.2 입력 데이터 전처리

**인공신경망**은 선형 모델인 $y = Wx + b$를 먼저 찾고, 그 후 **활성화 함수**(예: sigmoid)를 적용해 비선형 출력을 생성하는 특성 때문에 **입력 데이터의 크기**에 민감하게 반응한다. 선형 모델에서는 **입력 값이 크면 출력 값이 크게 나오는** 경향이 있기 때문이다.

예를 들어, **입력 데이터로 '키'와 '시력'** 두 개의 변수가 있다고 가정해보자. 남자의 평균 키는 175cm이고, 평균 시력은 1.0이다. 이 두 데이터를 그대로 모델에 넣으면, **시력**보다는 **키** 데이터가 상대적으로 **더 큰 값**을 가지게 된다. 그 결과 모델이 **키**에 더 많은 비중을 두고 학습하게 된다. 이렇게 되면 **시력 데이터**의 영향력은 상대적으로 적어지고, 모델이 **학습하는 데 비**

**효율적**으로 이루어질 수 있다.

이를 해결하기 위한 방법이 바로 **입력 데이터 전처리**이다. **입력 데이터 전처리**는 각 변수들의 **단위 차이**로 인해 발생하는 **학습 비효율성**을 줄여주는 기법이다. 대표적인 전처리 기법으로는 **표준화**(standardization)와 **정규화**(normalization)가 있다.

### 11.2.1 표준화

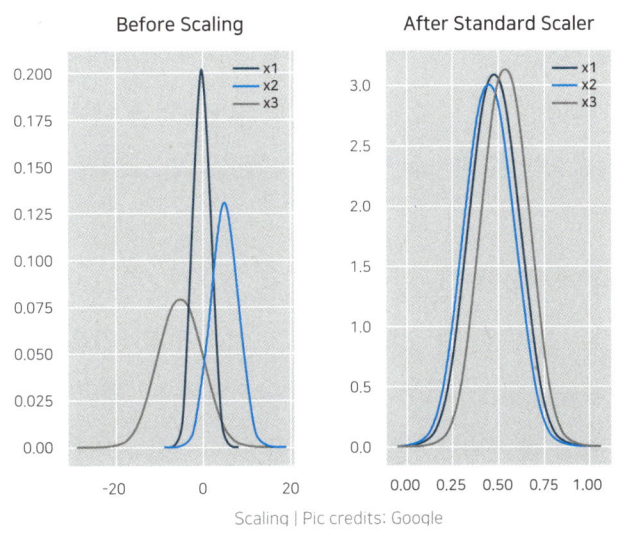

Scaling | Pic credits: Google

표준화(Standardization)

**표준화**는 데이터를 **표준정규분포**를 기반으로 변환하는 기법이다. **가우시안 분포**(또는 **정규분포**)를 가진 데이터에 주로 적용되며, **표준정규분포**는 데이터가 **평균**을 중심으로 **대칭적인 종 모양**을 하고 있을 때를 말한다. 즉, 평균값을 중심으로 **좌우가 대칭**이 이루어지는 분포를 의미한다.

따라서 **표준화**를 거치면 **좌측** 또는 **우측**으로 **치우쳐 있거나**, **기울어진 종모양**을 나타낼 때 이를 **대칭적인 형태의 종모양**으로 바꾸어 놓는 작업이다. 이렇게 변환된 데이터는 평균이 0, 표준편차가 1인 **표준정규분포**로 바뀐다. 이 과정에서 각 데이터의 **단위 차이**를 제거하고, **같은 기준**에서 비교할 수 있게 된다.

## 11.2.2 정규화

| 노름<br>(Norm) | · 벡터의 크기(혹은 길이)를 측정하는 방법(혹은 함수)<br><br>$$\|X\|_p = \left(\sum_{i=1}^{n} |x_i|^p\right)^{1/p}$$<br><br>· n : 원소의 개수 　　　　　· x : 벡터<br>· L1 Norm : p가 1 　　　　· L2 Norm : p가 2 (default) |
|---|---|

벡터의 노름

벡터의 노름이란 벡터의 크기, 다시 말해 벡터가 얼마나 멀리 뻗어 있는지를 수치로 표현한 값이다. 쉽게 말해, 벡터를 하나의 화살표라고 생각하면, 노름은 그 화살표의 길이를 의미한다고 볼 수 있다.

수학적으로는 여러 가지 방식으로 벡터의 크기를 계산할 수 있는데, 그 대표적인 방식이 바로 L1 노름과 L2 노름이다. L1 노름은 벡터 각 원소의 절댓값을 모두 더한 것이며, L2 노름은 각 원소를 제곱한 뒤 모두 더하고, 그 결과에 제곱근을 취한 값이다. 일반적으로 우리가 흔히 말하는 "노름"은 특별한 지정이 없는 한 L2 노름을 의미한다.

예를 들어, 벡터가 [3, 4]라면, L2 노름은 $\sqrt{(3^2 + 4^2)} = \sqrt{25} = 5$가 된다. 이는 2차원 평면에서 원점으로부터 (3, 4) 위치까지의 직선 거리를 계산한 것과 동일하다.

이처럼 노름은 복잡해 보이지만, 본질은 단순하다. 벡터가 어떤 방향을 가리키고 있든 간에, 그 벡터가 얼마나 큰지를 수치적으로 측정하는 방법이 바로 노름이다. 따라서 정규화나 거리 계산, 최적화 문제 등 다양한 분야에서 기본이 되는 개념이다.

> **Tip** 벡터란?
>
> 벡터란 여러 개의 수를 일정한 순서로 나열한 수학적 객체로, 인공지능과 머신러닝에서는 주로 입력 데이터를 하나의 묶음으로 표현할 때 사용된다. 예를 들어, 입력 변수가 네 개 있다면 이를 x = [$x_1$, $x_2$, $x_3$, $x_4$]와 같이 하나의 벡터로 나타낼 수 있다. 이때 벡터는 단순한 숫자 집합을 넘어, 공간 상에서의 방향성과 크기라는 두 가지 중요한 성질을 가진다.

> 벡터의 방향성은 벡터가 공간에서 어느 쪽을 향하고 있는지를 의미하며, 이는 각 원소 간의 상대적 비율에 의해 결정된다. 벡터의 크기는 벡터가 얼마나 멀리 뻗어 있는지를 나타내는 값으로, 이를 수치적으로 측정하는 것이 바로 '노름(norm)'이다.

| 정규화 (Normalization) | · 크기를 1로 규격화하기 위해 벡터를 노름으로 나눈 것 |
|---|---|
| | $Normalization(x) = x/\|\|x\|\|$ |

정규화

이제 노름에 대해 알아봤으니 정규화 개념에 대해 알아보자. 정규화는 벡터의 각 원소를 노름으로 나누어준 것이다. 이렇게 계산하면 원소의 절대 값이 1보다 작은 값으로 모두 변경된다. 너무 큰 숫자도 없고 너무 작은 숫자도 없기 때문에 수치 안정성을 증가시켜준다.

수식 자체를 이해하기 보다는 테스트 데이터를 정규화하고 결과를 시각화해서 어떤 효과가 있는지 살펴보는 것이 좋다.

```python
import numpy as np
import matplotlib.pyplot as plt

def normalize(x):
    norm = np.linalg.norm(x)    # ① 벡터의 노름 구하기
    if norm == 0:
        return x
    return x / norm             # ② 벡터의 정규화

x = np.random.normal(3, 2.5, size=(2, 100))  # ③ 가우시안 분포 데이터 생성

x_norm = normalize(x) # 데이터 정규화

plt.figure(figsize=(10,10))
plt.subplot(221)
plt.scatter(x[0], x[1], color="orange")
plt.title("random")
plt.subplot(222)
plt.scatter(x_norm[0], x_norm[1], color="blue")
plt.title("normalized")
```

11.2 입력 데이터 전처리    **387**

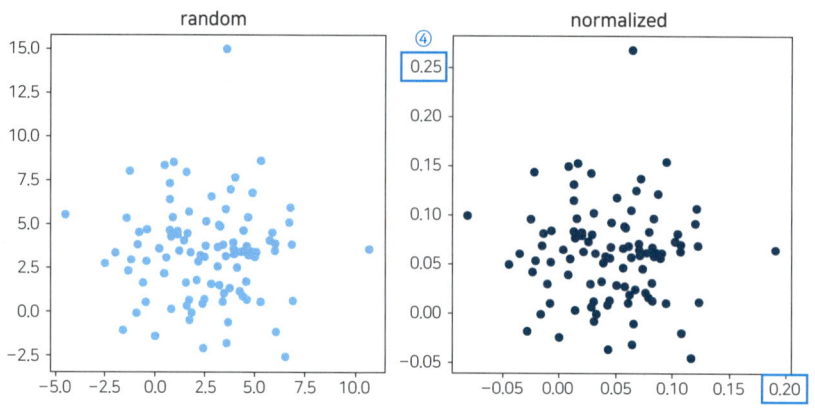

정규화

넘파이(numpy)는 다양한 선형대수 함수(linear algebra)를 linalg 패키지를 통해 지원하고 있다.

(1) Linalg 패키지에 있는 norm() 함수를 사용하면 벡터의 노름을 구할 수 있다. 기본이 L2 노름이고, ord 인수에 1을 지정하면 L1 노름을 구할 수 있다.

(2) 각 원소를 벡터의 노름으로 나누면 정규화된 데이터를 구할 수 있다.

(3) 데이터를 정규화하기 전에 `random.normal()` 함수를 사용해서 테스트 데이터를 만들 수 있다. 평균이 3이고 표준편차가 2.5인 2차원 데이터를 모두 100개 생성한다.

(4) 이제 생성한 테스트 데이터와 정규화한 데이터를 시각화해서 값을 비교해보자. 데이터의 분포는 변함이 없지만, 데이터의 크기가 전체적으로 작아진 것을 확인할 수 있다.

# 11.3 비용 함수의 선택

요즘 많이 사용되는 교차 엔트로피의 개념을 이해하기 위해 먼저 엔트로피에 대해 알아보자. 엔트로피는 정보를 최적으로 인코딩하기 위해 필요한 비트 수이다. 예를 들어, 주사위 게임을 모두 표현하기 위해서는 1부터 6까지의 숫자를 이진수로 나타내야 하기 때문에 모두 3비트가 필요하다. 하지만 동전 던지기 게임의 경우 0과 1만 있으면 가능하기 때문에 1비트가 필요하다. 따라서 주사위 게임보다 동전 던지기 게임이 엔트로피가 더 낮다고 할 수 있다. 엔트로피가 낮을수록 정보를 다루는 입장에서 보다 효율적이라 할 수 있겠다.

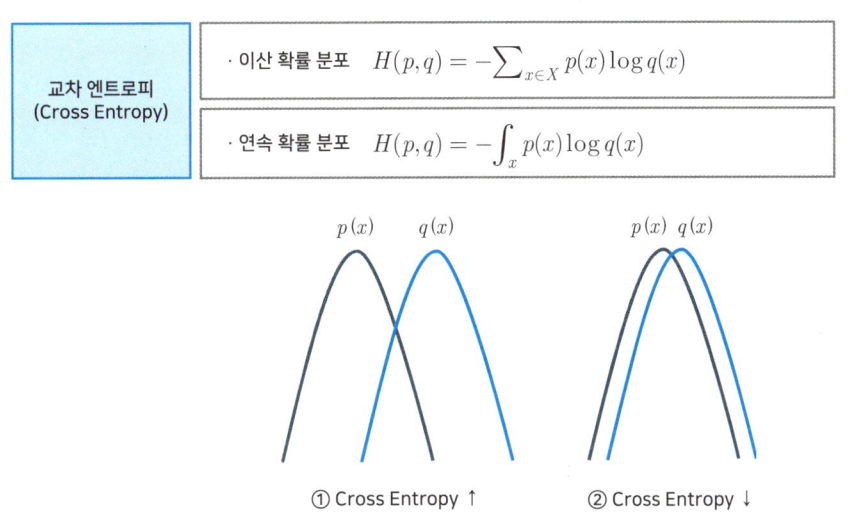

교차 엔트로피

교차 엔트로피는 두 개의 확률 분포를 서로 교차해서 곱한다는 의미이다. 두 확률 분포가 틀릴 수 있는 정보 양을 고려해서 최적으로 표현되기 위해 필요한 정보량을 교차 엔트로피라 한다. 따라서 두 정보량의 두 정보가 차이가 많이 나면 교차 엔트로피 값도 같이 커지는 것을 관찰할 수 있다.

값이 정수처럼 구분할 수 있는 경우인 이산 확률 분포의 경우와 값이 실수처럼 구분할 수 없는 연속 확률 분포는 수식에 다소 차이가 나지만, 직관적으로는 이해할 수 있는 수준이다. 수식이 의미하는 것을 구체적으로 이해하기보다는 개념 수준에서 이해하고 넘어가도록 하자.

실제 값 확률을 $P(x)$라 하고 예상 값 확률을 $Q(x)$라 할 때, 교차 엔트로피를 구하면 두 확률이 다른 정도를 알 수 있고, 교차 엔트로피 값이 작아지는 방향으로 가중치를 조정하면 두 확률을 가장 유사하게 만들 수 있다.

①은 두 확률 분포가 차이가 많이 나기 때문에 교차 엔트로피 값이 크고, ②는 두 확률 분포 차이가 많이 나지 않기 때문에 교차 엔트로피 값이 작다. 우리의 목표는 ②와 같은 확률 분포를 나타내는 인공신경망의 가중치를 찾아내는 것이다.

목표 정책을 $P(x)$라 하고 학습하는 정책을 $Q(x)$라 했을 때, 교차 엔트로피를 비용 함수로 사용하면 충분히 정책 인공신경망을 학습할 수 있다.

최근에는 MSE보다는 교차 엔트로피를 비용 함수로 많이 사용하고 있다. 인공신경망의 출력이 이진 분류일 경우에는 이진 교차 엔트로피(binary cross entropy)를 비용 함수로 사용하고 인공신경망의 출력이 3개 이상일 경우에는 희소 교차 엔트로피(sparse cross entropy)를 비용 함수로 사용한다.

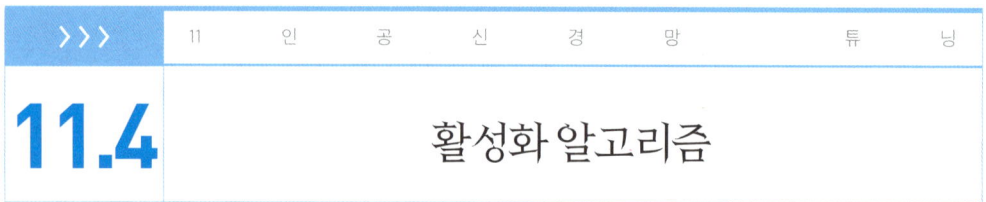

## 11.4 활성화 알고리즘

인공신경망 개념을 설명할 때 계단형 출력(실제 출력은 계단처럼 직선이 아니라 약간 곡선이며, 직선일 경우 미분 불가능)을 보여주는 대표적인 비선형 함수인 시그모이드(sigmoid) 함수를 가지고 설명한 적이 있다. 인공신경망 초기에 사용된 시그모이드 함수는 내재된 단점으로 인해 현재는 많이 사용되지 않는다. 인공신경망 학습 과정에서 발생할 수 있는 문제가 무엇인지 알아보고, 다양한 활성화 함수의 특성과 발전 과정에 대해 학습해 보자.

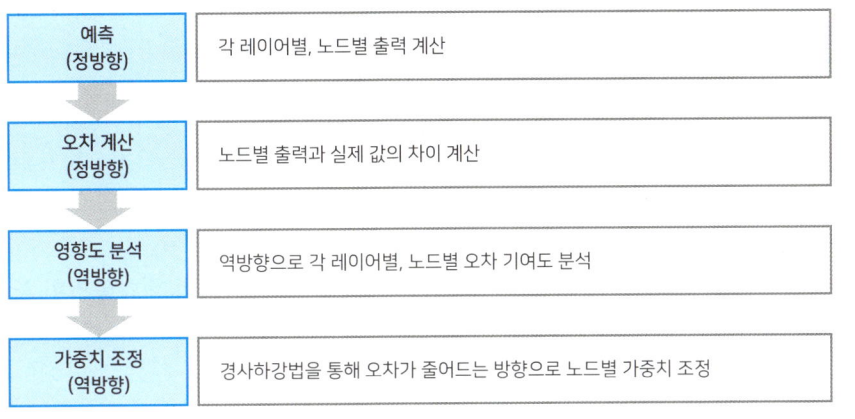

오차 역전파 과정

오차 역전파(error backpropagation)는 오차를 계산해서 오차가 줄어드는 방향으로 네트워크를 거꾸로 올라가면서 가중치를 조정하는 과정이다. 인공신경망이 학습되는 첫 번째 과정은 네트워크를 정방향으로 실행시키면서 레이어별, 노드별 출력을 계산하는 것이다. 다음으로 네트워크를 통해 예측된 출력과 실제 값의 차이인 오차를 계산한다. 이제 오차를 구했으면 역방향으로 네트워크를 거슬러 올라가면서 각 레이어별, 노드별로 오차에 대한 기여도를 계산한다. 마지막으로 경사하강법을 사용해서 오차가 줄어드는 방향으로 노드별 가중치를 조정(오차 역전파)해 나간다. 이 과정을 학습 데이터를 사용해서 에폭(epoch)만큼 반복한다.

| 기울기 소실<br>(Vanishing Gradient) | 입력층으로 갈수록 기울기가 급격히 감소하는 현상 |
| --- | --- |
| 기울기 폭주<br>(Exploding Gradient) | 입력층으로 갈수록 기울기가 급격히 폭증하는 현상 |

그래디언트 소실과 폭주

인공신경망 학습이 실패하는 원인 중 하나는 그래디언트 소실과 폭주 문제이다. 오차 역전파 과 과정에서 경사하강법을 통해 오차가 감소하는 방향으로 가중치를 조정해야 하는데, 초기 설정된 가중치가 너무 작게 설정되거나 활성화 함수의 출력 구간이 입력값보다 너무 작게 구성되어 있으면 기울기 소실 현상이 발생하여 입력층의 가중치가 제대로 변경되지 못하는 현상이 발생할 수 있다.

이와 반대로 가중치 초기값이 너무 크게 설정되어 있거나, 활성화 함수의 출력 구간이 너무 크게 구성되어 있으면 기울기 폭주 현상이 발생하여 입력층의 가중치가 과도하게 커질 수 있다.

이런 기울기 소실과 기울기 폭주 문제는 적절한 가중치 초기화 기법과 효율적인 활성화 알고리즘 선택을 통해 어느 정도 해결할 수 있다.

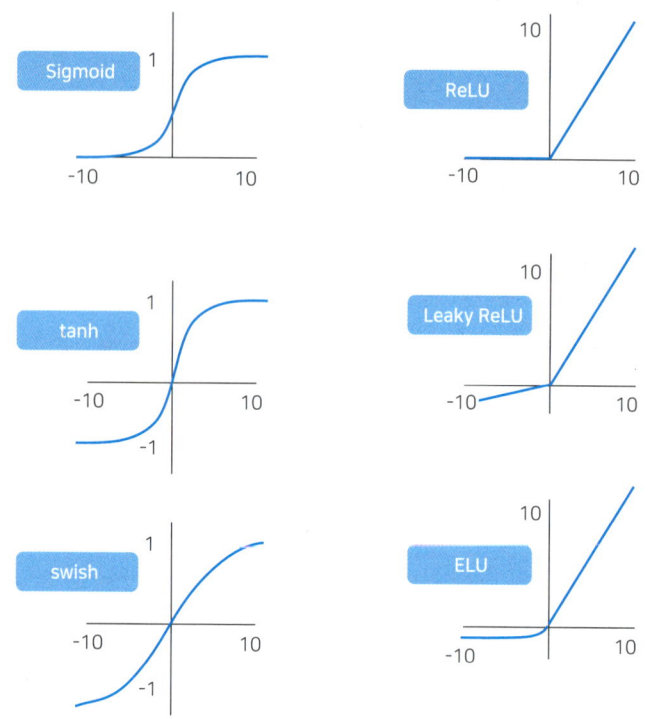

다양한 활성화 함수

처음 등장한 **시그모이드(sigmoid)** 함수는 출력값의 범위가 0과 1 사이의 값($0 \leq y \leq 1$)이다. 입력값이 아무리 크더라도 출력은 0에서 1 사이로 제한되며, 특히 입력값이 아주 크거나 작을 경우에는 출력의 변화폭이 극히 미세해져 **기울기 소실(vanishing gradient)** 문제가 발생할 수 있다. 이로 인해 신경망이 깊어질수록 학습이 점차 어려워지는 현상이 생긴다.

이러한 시그모이드 함수의 단점을 개선하기 위해 등장한 것이 **쌍곡탄젠트(tanh)** 함수이다. tanh() 함수는 출력의 범위를 −1과 1 사이로 확장시켜 시그모이드 함수보다 더 넓은 표현 범위를 제공한다. 출력이 0을 중심으로 대칭이기 때문에 학습 수렴 속도나 안정성 면에서 좀 더 유리하지만, 여전히 **출력값이 특정 구간에 머무르며 기울기가 사라지는 문제**는 완전히 해결되지 않았다.

이후 등장한 **ReLU(Rectified Linear Unit)** 함수는 이러한 기울기 소실 문제를 상당 부분 해결하였다. ReLU 함수는 입력값이 0보다 크면 그대로 출력하고, 0 이하일 경우에는 0을 출력하는 아주 단순한 구조를 가지고 있다. 이 함수는 양수 구간에서 기울기를 그대로 유지하기 때문에 깊은 신경망에서도 효과적인 학습이 가능하다. 하지만 ReLU 함수는 **0보다 작은 입력에 대해 항상 0을 출력하기 때문에**, 입력이 음수만 들어오는 노드는 **출력이 0으로 고정되어 학습되지 않는 '죽은 렐루(dying ReLU)' 문제**가 발생한다.

이 문제를 해결하기 위해 등장한 것이 **Leaky ReLU(리키 렐루)** 함수이다. Leaky ReLU는 0보다 큰 입력에 대해서는 ReLU처럼 동작하지만, 0 이하의 입력에 대해서도 소량의 기울기를 유지하도록 한다. 즉, 음수 입력에 대해서도 0이 아닌 작은 값을 출력함으로써 뉴런이 완전히 죽지 않도록 한다. 이를 통해 학습 과정에서 **더 많은 뉴런이 살아남아 네트워크가 보다 안정적으로 학습할 수 있도록 돕는다.**

또 다른 대안으로 등장한 함수가 **ELU(Exponential Linear Unit)**이다. ELU는 0 이상의 입력에 대해서는 ReLU와 동일하게 동작하지만, 0 미만의 입력에 대해서는 지수 함수를 적용하여 출력한다. 이 방식은 음수 영역에서도 일정한 기울기를 유지할 뿐만 아니라, 출력값의 평균이 0에 가까워지는 특성을 통해 **신경망 전체의 수렴 속도를 높이고, 내부 공변량 변화(internal covariate shift)를 줄이는 효과**도 있다. 다만 **지수 함수를 사용하므로 계산 비용이 크고**, 연산 효율 측면에서는 ReLU나 Leaky ReLU보다 불리할 수 있다.

그리고 최근에는 **Swish** 함수가 주목받고 있다. Swish 함수는 구글에서 제안한 활성화 함수로, 다음과 같이 정의된다:

$$\text{Swish}(x) = x \cdot \text{sigmoid}(x)$$

Swish는 입력값이 크면 ReLU처럼 선형에 가깝게 출력되지만, 입력이 작을 때는 부드럽게 0에 수렴하는 형태를 가진다. ReLU와 달리 **비선형성과 연속성이 자연스럽게 결합되어 있으며**, 실험 결과 ReLU보다 성능이 더 우수한 경우가 자주 보고되고 있다. 특히 깊은 신경망에서 학습 안정성과 정확도가 동시에 향상되는 특징이 있어, 최근에는 **Transformer 기반 모델이나 대규모 딥러닝 모델에서도 널리 활용되고 있다.**

이처럼 활성화 함수는 단순한 수학적 표현이 아니라 신경망 전체의 학습 효율성과 성능을 결정짓는 핵심 요소이다. 현재까지는 ReLU가 가장 널리 사용되고 있지만, **Leaky ReLU, ELU, Swish**와 같은 함수들이 점차 주류로 떠오르며, **각 환경에 맞는 최적의 활성화 함수를 선택하는 것이 중요해지고 있다.** 환경이 단순하거나 모델이 작을 경우에는 ReLU로도 충분하지만, 보다 복잡한 문제나 정밀한 표현이 요구되는 경우에는 Swish나 ELU와 같은 고급 활성화 함수를 고려할 필요가 있다.

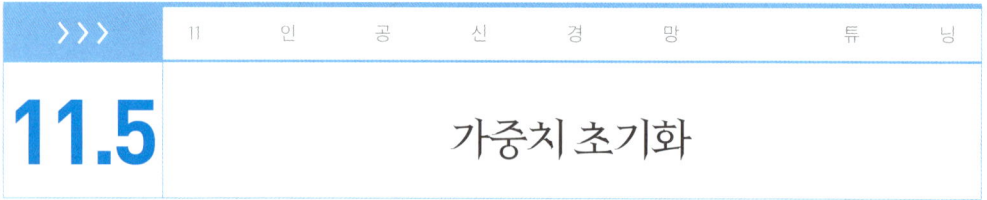

## 11.5 가중치 초기화

효율적인 학습을 위해서는 시작 시점에 가중치에 어떤 데이터가 들어가 있는지가 무엇보다 중요하다. 적절한 값으로 가중치가 초기화되지 못하면 그래디언트 소실(vanishing gradient)과 그래디언트 폭주(exploding gradient) 문제의 원인이 될 수 있다. 사용되는 활성화 함수에 따라 다양한 초기화 기법이 등장했지만, 여기에서는 가장 많이 논의되고 있는

Glorot 초기화와 He 초기화에 대해 중점적으로 알아보도록 한다.

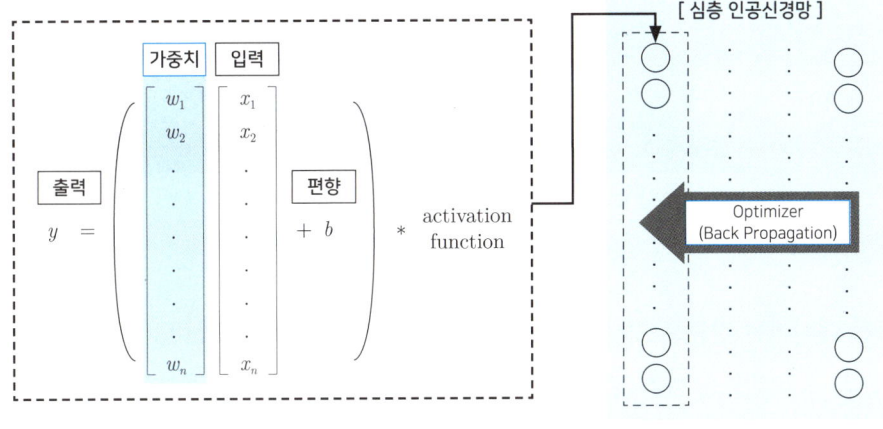

인공신경망 가중치

인공신경망은 여러 개의 레이어와 노드로 구성되며 하나의 노드는 선형 함수와 활성화 함수로 이루어져 있다. 입력값은 1차원 배열이 사용되는데, 배열의 각 원소마다 가중치가 설정된다. 가중치의 개수는 입력 데이터의 개수와 일치하며 복잡한 구조의 데이터를 학습할수록 가중치의 개수는 기하급수적으로 증가한다.

가중치와 함께 사용되는 값이 편향이다. 편향은 입력이 여러 개 들어오더라도 하나의 값만 사용된다. 따라서 인공신경망을 튜닝할 때 초기화에 대한 포커스는 편향보다는 가중치에 맞춰진다.

입력 데이터가 10개이고 노드가 20개이면, 하나의 노드에 10개의 가중치가 존재하고 20개의 노드에 모두 200개의 가중치가 설정된다. 인공신경망 학습은 이 가중치에 어떤 값이 들어가야 하는지 결정하는 과정이다. 레이어와 노드의 수가 많을수록 가중치의 수도 같이 늘어난다. 복잡한 인공신경망은 좀 더 고차원적인 데이터를 표현할 수 있지만, 그만큼 알아내야 하는 가중치의 개수도 증가한다. 신경망이 복잡해질수록 보다 많은 데이터가 필요하고, 많은 시간 동안 모델을 학습해야 한다.

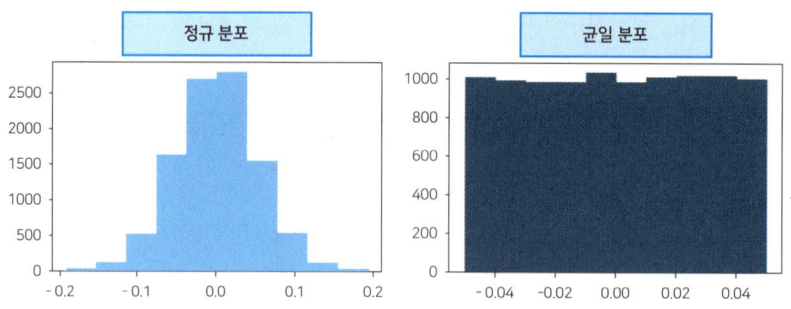

정규 분포와 균일 분포

초기화는 데이터는 정규분포(normal distribution) 또는 균일분포(uniform distribution)를 따른다. 정규분포는 특정 값을 중심으로 데이터가 종 모양의 대칭형으로 분포한 구조이고, 균일분포는 특정 범위에서 데이터가 균일하게 분포하는 형태이다. 어떤 분포에 따라 가중치를 초기화할 지는 입력 데이터의 특성과 네트워크 크기, 활성화 함수 출력 데이터의 종류 등 다양한 변수에 영향을 받으므로 상황에 따라 조절해야 한다.

초기화를 통해 그래디언트 소실과 그래디언트 폭주 가능성을 줄이는 가장 기본적인 방법은 각 레이어의 입력과 출력값에 대한 분산이 같도록 가중치를 초기화해 주는 것이다. 분산이란 평균에서 벗어난 정도를 말하며 분산이 같다면 입력 데이터의 합계와 출력 데이터의 합계가 같아질 수 있다. 따라서 입력과 출력 데이터의 분산이 같은 환경에서는 학습이 진행됨에 따라 네트워크에서 데이터가 앞뒤로 흘러갈 때 점점 사라지거나 갑자기 폭증하는 문제를 줄일 수 있다.

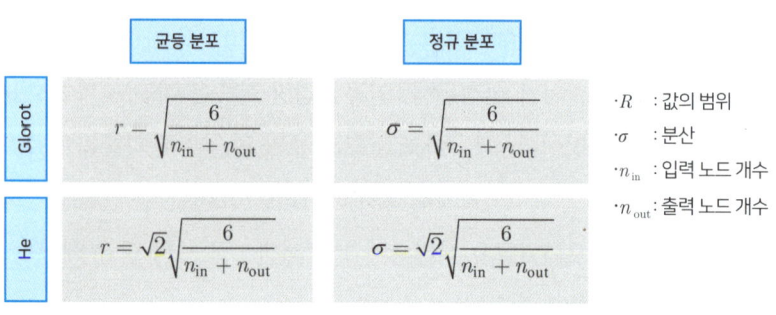

Glorot 초기화와 He 초기화

Glorot 초기화와 He 초기화 모두 데이터를 정규분포 또는 균일분포에 따라 초기화할 수 있는 방법을 제공한다. 두 초기화 방법은 개념과 특성이 유사한데, Glorot 초기화는 렐루(Relu) 알고리즘이 등장하기 나온 기법으로 시그모이드(sigmoid)나 하이퍼블릭 탄젠트(tanh) 알고리즘에 보다 적합하고, He 초기화 기법은 렐루 알고리즘에 적합하다.

Glorot 초기화 기법과 He 초기화 기법은 수식이 유사하며 차이점이라면 He 초기화 기법에서는 Glorot 초기화 기법의 수식에 2를 곱해준다는 것이다.

위 그림에서 소개한 수식은 균등분포에서는 데이터가 생성되는 범위에 대해 수식을 지정하고 정규 분포에서는 데이터의 분산에 대한 수식을 지정한다. 수식에 큰 의미를 두지 말고 Glorot과 He 초기화의 기본적인 개념과 사용 분야에 대해 기억해두기 바란다.

## 11.6 최적화 알고리즘

인공지능 개념을 설명할 때 손실 함수를 최소화하도록 가중치를 조절하기 위해 경사하강법을 사용했다. 경사하강법은 인공신경망 최적화 알고리즘 중 가장 간단한 알고리즘이지만, 수학적 특성상 많은 단점을 가지고 있다. 학습 과정에서 경사하강법이 갖고 있는 단점과 이를 극복하기 위한 다양한 알고리즘에 대해 알아보도록 하자.

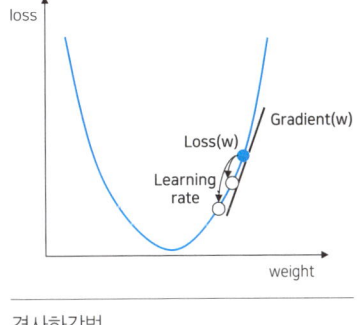

경사하강법

먼저 경사하강법(Gradient Descent, GD)에 대해 다시 한번 알아보자. 경사하강법은 편미분을 통해 구한 기울기로 함수(손실 함수)의 최저점을 찾아가는 알고리즘이다. 먼저 가중치(w)에 대한 기울기를 구하는데, 기울기를 통해 w를 어느 방향으로 움직여야 하는지 알

수 있다. 위 그림에서는 양의 기울기가 나오기 때문에 w를 감소하는 방향으로 움직이면 손실 함수를 줄일 수 있다.

여기에서 '얼마나 w를 감소시킬 것인가'에 대한 문제가 발생하는데 너무 많이 감소시키면 최저점을 통과할 수 있고, 너무 적게 감소시키면 학습 속도가 너무 느릴 수 있다. 감소량을 결정하는 것이 바로 학습률(learning rate)이다.

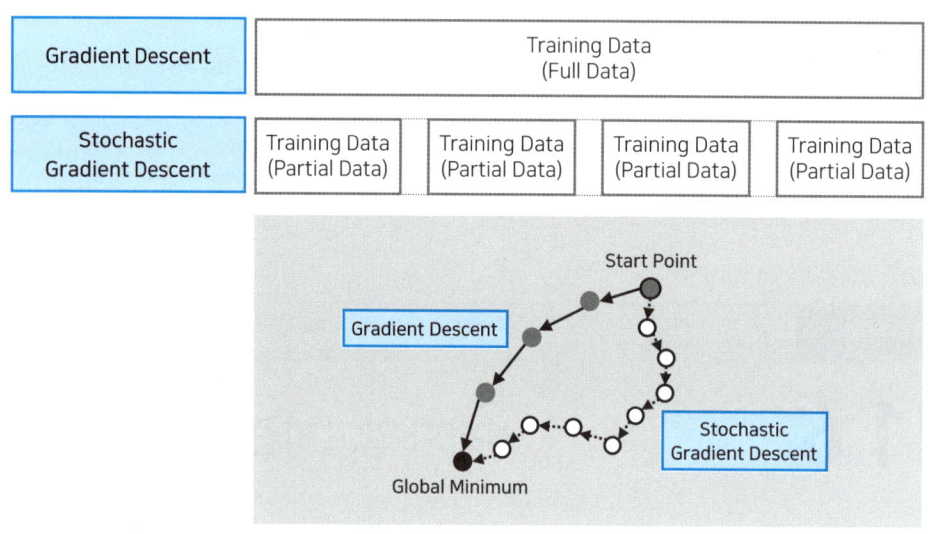

경사하강법과 확률적 경사하강법

경사하강법(Gradient Descent, GD)의 단점은 한 번 가중치를 업데이트하기 위해 전체 데이터를 사용한다는 것이다. 사용하는 데이터가 많기 때문에 학습 시간이 많이 걸린다.

이 문제를 해결하기 위해 등장한 기술이 확률적 경사하강법(Stochastic Gradient Descent, SGD) 알고리즘이다. 확률적 경사하강법은 학습에 확률의 개념을 사용한다. 데이터를 샘플링해서 작은 데이터를 학습하고, 이 과정을 여러 번 반복하면서 확률적으로 전체 데이터를 학습하는 것과 비슷한 효과를 나타나게 한다는 것이다.

실제로 데이터를 학습해 보면 확률적 경사하강법은 학습 속도도 빠르고 정확도도 경사하강법보다 높게 나온다.

앞에서 살펴본 손실 함수의 곡선은 매끈한 곡선이었다. 이 곡선에서는 알고리즘이 손실 함수의 최솟값을 큰 어려움 없이 찾아갈 수 있다. 하지만 대부분의 인공신경망에서 볼 수 있는 손실 함수의 곡선은 위 그림과 같다. 학습이 진행되면서 손실 함수 값이 커졌다 작아졌다는 반복하기 때문이다.

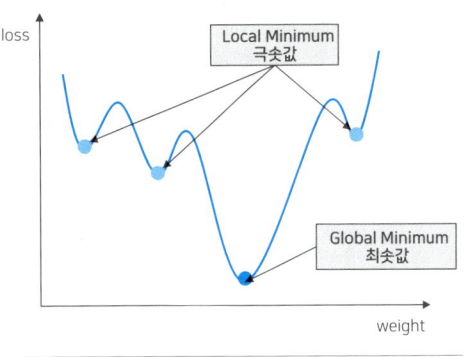

지역 최솟값과 전역 최솟값

손실 함수 곡선에서 중간중간 오목하게 들어간 부분이 있다. 이것을 극솟값(local minimum)이라 한다. 전체적으로는 아니지만, 그 근처에서는 가장 작은 값이라는 것이다. 그리고 중간에 가장 크게 오목하게 들어간 부분이 바로 최솟값(global minimum)이다. 최적화 함수가 찾아야 하는 값이 바로 전역 최솟값이다.

경사하강법과 확률적 경사하강법의 단점은 바로 학습 도중에 극솟값에 빠져 최솟값을 찾을 수 없는 경우가 발생할 수 있다는 것이다. 극솟값 위치에서 기울기를 구하면 0이 나올 수 있고, 기울기가 0이란 것은 가장 작은 값을 의미하기 때문이다.

| 모멘텀 (Momentum) | · 가중치 변경값에 관성(momentum)을 추가<br>· 관성 때문에 기울기가 0인 부분에서도 가중치 업데이트 가능 |
|---|---|
| 아다그래드 (AdaGrad) | · Adaptive Gradient<br>· 학습 속도(learning rate)를 가중치 변경과 함께 조정<br>· 가중치가 업데이트됨에 따라 학습 속도가 감속하도록 설계 |
| 알엠에스프롭 (RMSProp) | · 시간이 지남에 따라 학습 속도가 줄어드는 AdaGrad 알고리즘 단점 개선<br>· 최근 학습한 데이터가 학습 속도 변경에 좀 더 많은 영향을 미치도록 설계 |
| 아담 (Adam) | · Momentum 알고리즘 + RMSProp 알고리즘<br>· 가중치와 학습 속도를 모두 변경하면서 안정적으로 비용 함수 최솟값 학습 |

다양한 최적화 알고리즘

극솟값에 빠지지 않고 효과적으로 최솟값을 찾아가기 위해 다양한 알고리즘이 등장했다. 가장 먼저 등장한 것이 가중치를 변경해서 알고리즘 성능을 개선하고자 하는 모멘텀 알고리즘이다. 가중치를 변경할 때 관성(momentum)을 추가하여, 알고리즘이 극솟값에 빠지지 않도록 하는 것이다. 모멘텀만큼 앞으로 더 가서 가중치를 변경하기 때문에 때문에 극솟값에서 탈출할 수 있도록 한 것이다. 모멘텀 알고리즘의 또 다른 장점은 가중치를 모멘텀만큼 더 많이 변경하기 때문에 최적화 속도가 빠르다는 것이다. 하지만 모멘텀 알고리즘은 이동을 중지해야 되는 지점에서도 모멘텀 때문에 계속을 이동을 할 수 있다는 단점이 있다.

다음으로 등장한 것이 아다그래드(AdaGrad) 알고리즘이다. 아다그래드 알고리즘은 가중치 변화를 조절하는 대신 학습 속도를 조절한다. 학습률(learning rate)이 너무 작으면 학습 시간이 너무 길고, 크면 발산해서 학습이 제대로 이루어지지 않는다. 이런 문제를 학습률 감소(learning rate decay)를 통해 해결했는데, 가중치가 업데이트됨에 따라 학습률도 자동으로 조정되도록 설계했다.

알엠에스프롭(RMSProp) 알고리즘은 아다그래드 알고리즘을 개선한 것으로, 학습이 진행됨에 따라 학습률이 변경되는데, 최근에 학습한 데이터가 가중치 변경에 좀 더 많은 영향을 미치도록 설계한 알고리즘이다. 아다그래드보다 복잡한 환경에서 보다 잘 동작한다.

아담(Adam) 알고리즘은 모멘텀 알고리즘과 알엠에스프롭 알고리즘의 특성을 모두 추가한 알고리즘이다. 가중치 조절을 위한 모멘텀 변수와 학습 속도 조절을 위한 변수를 모두 사용하여 안정적으로 손실함수의 최저 값을 찾아갈 수 있다. 현재 가장 많이 사용하는 옵티마이저 알고리즘의 하나이다.

## 11.7 노드와 은닉층 개수에 대한 논의

신경망을 설계할 때 가장 많이 고민하게 되는 부분 중 하나는 바로 몇 개의 은닉층(hidden layer)을 사용할 것인지, 그리고 각 은닉층마다 몇 개의 노드(node)를 배치할 것인지에 대한 문제이다. 이 질문은 인공신경망을 사용하는 사람이라면 누구나 마주하는 고전적인 고민이며, 이에 대해 많은 논의가 이어져 왔지만 아직까지 정답이라고 할 만한 보편적인 해답은 존재하지 않는다.

이번 장에서는 은닉층과 노드 수를 어떻게 정하면 좋을지에 대한 여러 관점을 살펴보며, 그중에서도 특이할 만한 몇 가지 사례를 소개하고자 한다. 관련 논의는 크게 **일반적인 논의(이론 기반)**와 **경험적인 논의(실전 기반)**로 나눌 수 있다. 일반적인 논의는 수많은 실험과 연구를 통해 타당성이 입증된 접근이며, 경험적인 논의는 학습 환경이나 문제의 특성에 따라 적절하게 응용되는 실전 지식에 가깝다.

| 일반적 논의 | 단일 은닉층으로 모든 데이터 표현 가능 |
| --- | --- |
| | 보다 많은 은닉층과 노드들로 보다 복잡한 데이터 표현 가능 |
| | 은닉층에 너무 적은 노드를 사용하면 과소적합(underfitting) 발생 |
| | 은닉층에 너무 많은 노드를 사용하면 과대적합(overfitting) 발생 |
| 경험적 논의 | 은닉층 노드 수는 입력층 크기와 출력층 크기 사이 |
| | 은닉층 노드 수는 입력층 크기의 2/3에 출력층 크기를 더한 값 |
| | 은닉층 노드 수는 입력층 크기의 두 배 미만 |

노드와 은닉층 개수에 대한 논의

먼저 이론적 관점에서 출발해 보자. 많은 연구 결과에 따르면, 단일 은닉층만으로도 대부분의 함수나 데이터를 근사할 수 있다는 것이 알려져 있다. 이를 '**유니버설 근사 이론(universal approximation theorem)**'이라고 하며, 이 이론은 은닉층이 하나일지라도 충분히 많은 노드를 포함하고 있다면 임의의 연속 함수를 근사할 수 있음을 수학적으로 보장한다. 이러한 사실은 복잡한 문제라고 해서 반드시 깊은 층의 신경망이 필요한 것은 아니라는 점을 시사한다.

하지만 이 이론은 어디까지나 **'표현 가능성'에 대한 수학적 보장**일 뿐이며, 실전에서 꼭 효율적이라는 의미는 아니다. 실제로는 학습의 안정성, 학습 속도, 일반화 성능을 고려해야 하며, 이런 관점에서 보면 오히려 여러 개의 은닉층을 사용하는 것이 더 나은 결과를 내는 경우가 많다. 특히 이미지나 자연어처럼 고차원적인 데이터의 패턴을 학습할 때는 깊은 신경망 구조가 강력한 표현력을 발휘하게 된다.

예컨대 최근 주목받고 있는 GPT-3 모델은 수천 개의 층과 수억 개의 노드를 사용하는 거대한 신경망이다. 이는 단순히 표현 가능성 그 자체를 넘어, 복잡한 언어 구조를 이해하고 생성하기 위해 방대한 파라미터를 활용한 예시로 볼 수 있다. 이처럼 은닉층과 노드 수가 늘어나면 표현할 수 있는 함수의 복잡도는 증가하며, 더 정교한 문제 해결이 가능해진다.

하지만 구조가 복잡해질수록 항상 좋은 결과를 가져오는 것은 아니다. 은닉층에 너무 적은 노드를 배치하면 모델이 데이터의 패턴을 제대로 학습하지 못하는 **과소적합(underfitting)** 이 발생하게 된다. 반대로 노드를 너무 많이 배치하면 학습 데이터에는 매우 잘 맞지만, 새로운 데이터에는 일반화되지 않는 **과대적합(overfitting)** 이 일어나 성능이 오히려 저하된다. 따라서 적절한 모델 구조는 문제의 난이도와 데이터의 특성에 따라 신중하게 조정되어야 한다.

한편, 실전에서는 입력층과 출력층의 크기를 참고하여 은닉층의 노드 수를 결정하는 경험적인 방법들도 자주 사용된다. 예를 들어 은닉 노드 수를 입력 노드 수와 출력 노드 수의 평균값으로 설정한다거나, 입력 노드 수의 2~3배 정도로 설정하는 방식 등이 있다. 또한 16, 32, 64, 128처럼 2의 거듭제곱 형태의 노드 수를 사용하는 것도 하드웨어 최적화와 연산 효율성 측면에서 널리 활용된다.

결론적으로 은닉층과 노드 수의 선택은 단순한 이론이나 공식만으로 해결되는 문제가 아니며, **데이터의 특성, 문제의 복잡도, 그리고 실험적 튜닝의 결과**에 따라 달라질 수밖에 없다. 중요한 것은 지나친 단순화도, 불필요한 복잡성도 모두 피해야 한다는 점이다. 이 장에서 소개하는 다양한 논의와 예시들은 이러한 균형을 맞춰 나가는 데 작은 도움이 될 수 있을 것이다.

## 11.8 기타 모델 훈련 안정화 및 성능 향상 기법

### 11.8.1 그래디언트 클리핑

신경망이 학습을 수행할 때, 역전파 과정에서 그래디언트 값이 지나치게 커지는 경우가 발생할 수 있다. 이를 **그래디언트 폭주(gradient explosion)**라고 부르며, 모델의 파라미터가 급격하게 튀는 바람에 학습이 발산하거나 손실 값이 갑자기 커지는 문제를 유발한다. 이러한 문제를 방지하기 위해 사용하는 기법이 바로 **그래디언트 클리핑(gradient clipping)**이다.

그래디언트 클리핑은 역전파 시 계산된 그래디언트의 **L2 노름(norm)** 값이 일정 임계값을 초과할 경우, 그래디언트 벡터의 크기를 강제로 줄여주는 방식으로 동작한다. TensorFlow에서는 clipnorm 또는 clipvalue 옵션을 통해 손쉽게 적용할 수 있으며, 예를 들어 아래와 같이 설정할 수 있다.

```
optimizer = tf.keras.optimizers.Adam(learning_rate=0.001, clipnorm=1.0)
```

위 예제는 그래디언트의 L2 노름이 1.0을 넘지 않도록 잘라주는 그래디언트 클리핑이다.

이처럼 클리핑을 사용하면 그래디언트가 일정 범위를 벗어나지 않게 제어할 수 있기 때문에, **학습 안정성 확보에 큰 도움이 된다.**

### 11.8.2 조기 종료

조기 종료(early stopping)는 훈련 중 과적합을 방지하기 위한 기법이다. 훈련을 계속 진행하면 모델이 훈련 데이터에 과적합(overfitting)되어 성능이 감소할 수 있다. 이를 방지하기 위해 조기 종료는 검증 데이터셋에서 성능이 더 이상 개선되지 않으면 훈련을 중단한다. 이렇게 하면 훈련 시간을 절약할 수 있으며, 과적합을 방지할 수 있다. 또한 최고 성능을 기록한 가중치로 모델을 복원할 수 있어, 훈련 후 가장 좋은 상태의 모델을 얻을 수 있다.

가장 좋은 예는 moving_avg이다. moving_avg가 490 이상(사용자가 미리 정해놓은 성능 목표나 특정 값인)이면 충분한 훈련이라 보고 바로 종료하는 것이다.

```
if moving_avg > 490:
    break   # 학습 조기 종료
```

다른 하나는 일정 기간 동안 검증 성능(예: validation loss 또는 reward moving average)이 개선되지 않으면 학습을 중단하는 기법이다. 이때 **얼마나 오래 기다릴 것인지**를 정하는 것이 바로 patience이다.

```
if moving_avg > best_score:
        best_score = moving_avg
        patience_counter = 0
    else:
        patience_counter += 1
    if patience_counter >= patience:
        print("Early stopping triggered.")
        break
```

## 11.9 PPO 알고리즘 인공신경망 튜닝

이제 본격적으로 PPO(Proximal Policy Optimization) 알고리즘에 사용되는 인공신경망을 튜닝해보자. 앞서 살펴본 바와 같이, 인공신경망의 성능은 단순한 모델 구성만으로 결정되지 않는다. 입력값의 전처리, 활성화 함수의 선택, 가중치 초기화 방법, 최적화 알고리즘, 은닉층의 구조 등 다양한 요소들이 상호작용하며 학습 결과에 영향을 미친다. 각각의 기법은 나름의 강점과 한계를 가지며, 문제의 성격에 따라 그 효과가 크게 달라질 수 있다.

중요한 점은 최신 기술이 항상 최고의 결과를 약속하지는 않는다는 사실이다. 오히려 단순하고 검증된 오래된 기법이 특정 문제나 데이터에 더 잘 들어맞는 경우도 있다. 예를 들어, ReLU 활성화 함수는 그 단순함에도 불구하고 오랜 기간 다양한 문제에서 뛰어난 성능을 보여왔으며, 여전히 널리 사용되고 있다.

그럼에도 이번 실험에서는 Swish 함수를 적용해보려 한다. Swish는 최근에 제안된 활성화 함수로, 부드러운 비선형성과 자기 게이팅(self-gating) 특성을 가지고 있다. 입력값 자체가 출력을 조절하는 역할을 하면서, 더 풍부하고 유연한 표현을 가능하게 한다. 이론적으로는 ReLU보다 더 나은 성능을 기대할 수 있지만, 모든 상황에서 우위를 보장하는 것은 아니다. 따라서 이번 실험은 Swish의 실제 성능을 직접 확인하고, 그 효과를 검증하는 데 의의가 있다.

> **Tip 자기 게이팅**
>
> 자기 게이팅(self-gating)이란 입력값 자체를 게이트로 사용하여 출력을 조절하는 방식이다. Swish 함수는 입력값에 시그모이드를 적용한 값을 다시 입력값에 곱하는 형태로, 입력이 클수록 더 많이 통과시키고, 작을수록 적게 통과시키는 특성을 가진다. 이처럼 입력이 자신의 흐름을 스스로 조절하는 구조이기 때문에 '자기 게이팅'이라는 이름이 붙었다.

또한, 이론적으로 완벽해 보이지 않는 기법이라 하더라도 실제 데이터의 분포나 학습 환경과 잘 맞아떨어질 경우 놀라운 성능 향상을 이끌어내기도 한다. 특히 강화학습처럼 환경이 동적으로 변하고, 보상이 불완전하며, 데이터 수집 방식조차 학습 중인 정책에 따라 달라지는 경우에는 이러한 현상이 더욱 뚜렷하게 나타난다.

결국 어떤 기법이 최선인지를 판단하기 위해서는, 이론석 분석만으로는 부족하다. 다양한 기법들을 실제로 적용해보고, 그 결과를 객관적인 성능 지표를 통해 비교 분석하는 실험적 접근이 반드시 필요하다. 이론을 바탕으로 출발하되, 반복적인 실험과 경험을 통해 문제와 데이터에 가장 잘 맞는 최적의 조합을 찾아가는 것이 핵심이다.

지금부터는 PPO 알고리즘에서 사용하는 신경망 구조를 바탕으로, 앞서 배운 여러 가지 튜닝 기법들을 직접 적용해보자. 단순한 구조 변화만으로도 성능이 크게 향상되기도 하고,

반대로 기대와 달리 성능이 떨어지는 경우도 있을 것이다. 이러한 실험을 통해 우리는 튜닝이 단순한 기술 적용이 아니라, 문제에 최적화된 해답을 탐색하는 과정임을 자연스럽게 체득하게 될 것이다.

위 이미지는 카트폴 환경에서 PPO 알고리즘을 구현할 때 인공신경망의 핵심 튜닝 요소들을 요약한 표이다. 이 표를 중심으로 각 항목을 하나씩 설명하면 다음과 같다.

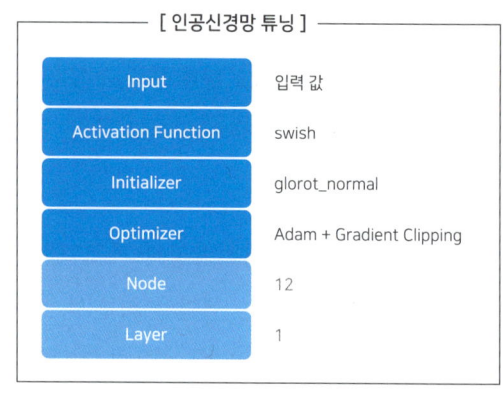

PPO 인공신경망 튜닝

입력값에 정규화(normalization)를 적용하는 것은 일반적으로 신경망 학습의 안정성과 수렴 속도를 높이는 데 효과적이다. 특히 입력 변수들의 크기나 단위가 서로 다를 경우, 정규화를 통해 네트워크가 특정 변수에 과도하게 의존하지 않도록 조절할 수 있다. 하지만 CartPole과 같이 환경이 단순하고 입력 변수의 범위가 과도하게 크지 않은 경우에는, 오히려 정규화를 적용하지 않는 편이 더 나은 성능을 보이는 경우도 있다. CartPole의 입력값은 대체로 $-4$에서 $+4$ 범위 내에 존재하며, 그 자체로도 학습에 큰 무리를 주지 않는다. 따라서 이처럼 단순한 환경에서는 입력값을 그대로 사용하는 방식이 학습 효율을 높이고, 정책 수렴 속도 또한 빠르게 만들 수 있다. 결론적으로, 입력값 정규화는 복잡한 환경에서는 필수적일 수 있지만, 단순한 환경에서는 상황에 따라 생략하는 것이 오히려 더 효과적일 수 있다.

활성화 함수로 Swish(Sigmoid – Weighted Linear Unit)를 사용하였다. Swish는 구글에서 제안한 함수로, ReLU의 단순성과 성능을 계승하면서도 더 부드럽고 연속적인 출력 특성을 제공한다. 특히 입력값에 시그모이드 함수를 곱하는 자기 게이팅(self – gating) 구조를 통해, 음수 입력도 일정 부분 활성화시킬 수 있어 Dead Neuron 문제를 완화하는 효과가 있다. 또한 Swish는 출력의 범위를 자연스럽게 조절하면서도, 경사하강법 기반의 최적화가 더 원활하게 이루어지도록 도와준다.

이러한 특성 덕분에 Swish는 평균 출력값이 너무 한쪽으로 치우치지 않도록 유지하며, 보다 부드럽고 안정적인 학습 곡선을 유도한다. ReLU보다 계산량은 다소 많지만, CartPole처럼 비교적 단순한 환경에서도 빠른 수렴과 우수한 성능을 기대할 수 있다. 특히 단일 은닉층이나 소규모 신경망 구조에서도 Swish는 일관된 성능을 보이며, 학습 안정성과 일반화 능력 측면에서 강점을 발휘한다. 이러한 이유로 본 모델에서는 Swish를 기본 활성화 함수로 채택하였다.

신경망의 초기 가중치는 학습 성능에 상당한 영향을 미친다. 이론적으로는 활성화 함수에 따라 적합한 초기화 알고리즘이 달라진다. 예를 들어 ReLU에는 He 초기화가 적합하지만, ELU처럼 출력 분포가 양쪽으로 퍼지는 경우에는 Glorot(Xavier) 초기화가 더 안정적이다. 특히 **glorot_normal**은 정규 분포 기반의 초기화 방법으로, CartPole과 같은 비교적 간단한 환경에서는 수렴 속도와 안정성 면에서 좋은 성능을 보여준다. 따라서 이번 튜닝에서는 glorot_normal을 선택했다.

최적화 알고리즘으로는 현재 강화학습 및 딥러닝 분야에서 가장 널리 사용되고 있는 **Adam 옵티마이저**를 채택하였다. Adam은 모멘텀(momentum)과 적응형 학습률을 동시에 사용하는 알고리즘으로, 다양한 환경에서도 빠른 수렴과 안정적인 학습 경향을 보인다. 여기에 더해 **그래디언트 클리핑(gradient clipping)** 기법을 적용하여 학습 중 발생할 수 있는 **그래디언트 폭주(gradient explosion)** 현상을 방지하였다. 이를 통해 학습이 불안정하게 튀는 현상을 줄이고, 신경망의 파라미터가 일정한 범위 내에서 안전하게 업데이트되도록 하였다.

이처럼 입력 처리, 활성화 함수, 초기화 방법, 최적화 알고리즘, 그리고 그래디언트 안정화 기법까지 유기적으로 조합하여 신경망을 설계함으로써, PPO 알고리즘의 학습 안정성과 수렴 성능을 동시에 끌어올릴 수 있었다.

## 11.10 PPO 알고리즘 튜닝 코드 적용

대부분 코드는 앞장에서 사용한 코드와 동일하지만 활성화 함수, 가중치 초기화 관련된 내용이 추가되었다.

**cartpole_ppo_tuned.ipynb**

```python
# -*- coding: utf-8 -*-
import tensorflow as tf
from tensorflow.keras.layers import Input, Dense
from tensorflow.keras.initializers import GlorotNormal #(튜닝) 추가
from tensorflow.keras.activations import elu
from tensorflow.keras.optimizers import Adam
import gym
import numpy as np
import random as rand
import os
import warnings
warnings.filterwarnings("ignore", category=DeprecationWarning)

LOSS_CLIPPING = 0.2

class Agent(object):
    def __init__(self):
        #(1) 환경 설정
        self.env = gym.make('CartPole-v1')
        self.state_size = self.env.observation_space.shape[0]
        self.action_size = self.env.action_space.n

        #(2) 신경망 구조 및 학습률 설정
        self.node_num = 12
        self.actor_lr = 0.001
        self.critic_lr = 0.005
        self.epochs_cnt = 5
        self.actor = self.build_actor()
        self.critic = self.build_critic()
```

```python
    #(3) 할인율 및 GAE 파라미터 설정
    self.discount_rate = 0.98
    self.lambda_gae = 0.95
    self.penalty = -10

    #(4) 에피소드 수 및 이동 평균 설정
    self.episode_num = 500
    self.moving_avg_size = 20
    self.reward_list = []
    self.count_list = []
    self.moving_avg_list = []

    #(5) 학습 데이터를 저장할 리스트 초기화
    self.states = []
    self.actions = []
    self.rewards = []
    self.dones = []
    self.next_states = []
    self.old_probs = []

#(1) 정책 신경망 생성
def build_actor(self):
    input_states = Input(shape=(self.state_size,), name='input_states')

    # (튜닝) glorot_normal 초기화, Swish 활성화 함수
    x = Dense(self.node_num, activation='swish',
                            kernel_initializer=GlorotNormal())(input_states)
    out_actions = Dense(self.action_size, activation='softmax', name='output')(x)

    model = tf.keras.models.Model(inputs=input_states, outputs=out_actions)

    # (튜닝) clipnorm 설정
    model.compile(optimizer=Adam(learning_rate=self.actor_lr, clipnorm=1.0))
    model.summary()
    return model

#(2) 가치 신경망 생성
def build_critic(self):
    input_states = Input(shape=(self.state_size,), name='input_states')

    # (튜닝) glorot_normal 초기화, Swish 활성화 함수
    x = Dense(self.node_num, activation='swish',
                            kernel_initializer=GlorotNormal())(input_states)
```

```python
        out_value = Dense(1, activation='linear', name='value')(x)

        model = tf.keras.models.Model(inputs=input_states, outputs=out_value)

        # (튜닝) clipnorm 설정
        model.compile(optimizer=Adam(learning_rate=self.critic_lr, clipnorm=1.0),
                                                    loss='mean_squared_error')

        model.summary()
        return model

    def train(self):
        for episode in range(self.episode_num):
            #(1) 에피소드 초기화
            state, _ = self.env.reset()
            reward_tot = 0
            step_count = 0
            done = False

            while not done:
                #(2) 에이전트의 환경 탐험
                action, prob = self.get_action(state)
                next_state, reward, terminated, truncated, _ = self.env.step(action)
                done = terminated or truncated

                #(3) 조기 종료에 대한 보상 패널티 적용
                if done and step_count < 499:
                    reward = self.penalty

                #(4) 경험 저장 및 상태 전이
                self.store_transition(state, action, reward, done, next_state, prob)
                state = next_state
                reward_tot += reward
                step_count += 1

            #(5) 보상 및 통계 저장
            self.reward_list.append(reward_tot - self.penalty)
            self.count_list.append(step_count)
            self.moving_avg_list.append(np.mean(self.reward_list[-self.moving_avg_size:]))

            #(6) 정책 및 가치 신경망 업데이트
            self.update_models()
            self.clear_memory()
```

```python
            #(7) 주기적인 학습 상황 출력
            if episode % 10 == 0:
                moving_avg = np.mean(self.reward_list[-self.moving_avg_size:])
                reward_avg = np.mean(self.reward_list)
                print(f"episode:{episode}, moving_avg:{moving_avg:.2f}, rewards_
                                                            avg:{reward_avg:.2f}")


        #(8) 모델 저장
        self.save_model()

def get_action(self, state):
    #(1) 상태 입력 형태 변환
    state_input = np.reshape(state, [1, self.state_size]).astype(np.float32)

    #(2) 정책 신경망을 통해 행동 확률 분포 예측
    prob = self.actor(state_input, training=False).numpy()[0]

    #(3) 확률적으로 행동 선택
    action = np.random.choice(self.action_size, p=prob)

    #(4) 행동과 확률 분포 반환
    return action, prob

def store_transition(self, state, action, reward, done, next_state, prob):
    #(1) 행동을 원-핫 벡터로 변환
    action_onehot = np.zeros(self.action_size)
    action_onehot[action] = 1.0

    #(2) 경험 데이터 저장
    self.states.append(state)
    self.actions.append(action_onehot)
    self.rewards.append(reward)
    self.dones.append(done)
    self.next_states.append(next_state)
    self.old_probs.append(prob)

def update_models(self):
    #(1) 수집된 데이터를 배열로 변환
    states = np.array(self.states, dtype=np.float32)
    next_states = np.array(self.next_states, dtype=np.float32)
    rewards = np.array(self.rewards, dtype=np.float32).reshape(-1, 1)
    dones = np.array(self.dones, dtype=np.int32).reshape(-1, 1)
    actions = np.array(self.actions, dtype=np.float32)
    old_probs = np.array(self.old_probs, dtype=np.float32)
```

```python
        #(2) GAE를 활용한 어드벤티지 및 타깃 계산
        advantages, targets = self.compute_gae(states, next_states, rewards, dones)
        advantages -= np.mean(advantages)
        advantages /= (np.std(advantages) + 1e-8)

        advantages = advantages.astype(np.float32)
        targets = targets.astype(np.float32)

        for _ in range(self.epochs_cnt):
            #(3) Actor 업데이트를 위한 손실 함수 계산
            with tf.GradientTape() as tape:
                probs = self.actor(states, training=True)
                new_probs = tf.reduce_sum(actions * probs, axis=1, keepdims=True)
                old_probs_sum = tf.reduce_sum(actions * old_probs, axis=1, keepdims=True)

                ratio = new_probs / (old_probs_sum + 1e-10)
                clipped_ratio = tf.clip_by_value(ratio, 1 - LOSS_CLIPPING, 1 + LOSS_
                                                                            CLIPPING)
                actor_loss = -tf.reduce_mean(tf.minimum(ratio * advantages, clipped_ratio
                                                                        * advantages))

            #(4) Actor 모델의 파라미터 업데이트
            gradients = tape.gradient(actor_loss, self.actor.trainable_variables)
            self.actor.optimizer.apply_gradients(zip(gradients, self.actor.trainable_
                                                                        variables))

            #(5) Critic 모델의 타깃 학습
            self.critic.train_on_batch(states, targets)

    def compute_gae(self, states, next_states, rewards, dones):
        #(1) 현재 상태와 다음 상태의 가치 예측
        values = self.critic(states, training=False).numpy()
        next_values = self.critic(next_states, training=False).numpy()

        #(2) 어드벤티지와 다깃 배열 초기화
        advantages = np.zeros_like(rewards, dtype=np.float32)
        targets = np.zeros_like(rewards, dtype=np.float32)

        #(3) GAE 누적 계산 초기화
        gae = 0.0

        #(4) 시간 순서 역순으로 GAE 계산
        for t in reversed(range(len(rewards))):
```

```python
            #(5) 델타 값 계산
            delta = rewards[t] + self.discount_rate * next_values[t] * (1 - dones[t]) 
                                                                          - values[t]


            #(6) GAE 누적 계산
            gae = delta + self.discount_rate * self.lambda_gae * (1 - dones[t]) * gae

            #(7) 어드벤티지와 타깃 계산
            advantages[t] = gae
            targets[t] = gae + values[t]
        #(8) 최종 결과 반환
        return advantages, targets

    def clear_memory(self):
        self.states = []
        self.actions = []
        self.rewards = []
        self.dones = []
        self.next_states = []
        self.old_probs = []

    def save_model(self):
        os.makedirs("./model", exist_ok=True)
        self.actor.save("./model/ppo_actor.keras")
        self.critic.save("./model/ppo_critic.keras")
        print("*****end learning")

if __name__ == "__main__":
    agent = Agent()
    agent.train()
```

이제 프로그램을 실행해서 결과를 확인해보자.

## 11.11 PPO 알고리즘 튜닝 결과 분석

몇몇 인공신경망 튜닝 기술을 적용한 후 PPO 알고리즘을 실행해 보면, 그 성능 향상이 그래프 상에서 분명하게 드러나는 것을 확인할 수 있다. 특히 이동 평균 보상이 빠르게 상승하고, 조기 수렴하는 모습은 인공신경망 설계가 강화학습 성능에 얼마나 큰 영향을 미치는지를 잘 보여준다.

이러한 결과는 강화학습에서 단순히 어떤 알고리즘을 선택하느냐보다, 그 알고리즘이 동작하는 기반인 인공신경망을 어떻게 설계하고 튜닝하느냐가 매우 중요한 요소임을 시사한다. 다시 말해, 같은 알고리즘이라 하더라도 신경망의 구조나 하이퍼파라미터에 따라 결과는 천차만별이 될 수 있다는 뜻이다.

따라서 강화학습 성능을 높이고자 한다면, 알고리즘 구조에 대한 이해와 함께 인공신경망의 구성 요소 하나하나에 대해 실험적 감각을 기르는 것이 필수적이다. 앞으로도 다양한 튜닝 기법을 적용해 보며, 자신의 환경에 가장 잘 맞는 조합을 찾아가는 과정이 필요하다.

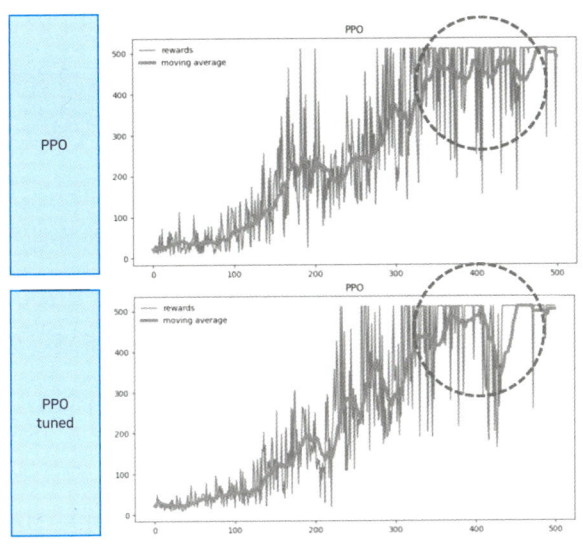

알고리즘 실행 결과

위 그래프는 기본 PPO 알고리즘과 인공신경망 튜닝을 적용한 PPO 알고리즘의 학습 성능을 시각적으로 비교한 것이다. 두 그래프 모두 에피소드가 진행되면서 에이전트가 획득한 보상과 그 평균을 함께 나타내고 있으며, 특히 후반부의 안정성과 수렴 패턴에 주목해 볼 수 있다.

먼저 상단의 기본 PPO 그래프를 살펴보면, 전반적으로 평균 보상은 꾸준히 증가하고 있으나, 400번째 에피소드 이후부터는 성능이 다소 흔들리는 모습을 보인다. 이동 평균값이 최고점에 도달한 뒤 다시 급격히 하락하는 구간이 있으며, 이후에도 안정적으로 수렴하지 못하고 요동치는 경향이 확인된다. 이는 학습 후반부에 정책이 불안정해지거나 탐험(exploration) 과정에서 비효율적인 선택이 반복되었을 가능성을 시사한다.

반면, 하단의 튜닝된 PPO 그래프는 유사한 학습 속도로 평균 보상이 상승하지만, 400번째 에피소드 이후에는 훨씬 더 안정적인 수렴을 보여준다. 이동 평균은 거의 500점에 도달한 뒤에도 큰 하락 없이 유지되며, 일시적인 성능 저하가 발생하더라도 빠르게 회복되고 있다. 이러한 차이는 인공신경망 튜닝이 실제로 정책 학습의 안정성과 수렴 품질을 향상시킨다는 사실을 잘 보여준다.

튜닝된 PPO에서는 다음과 같은 신경망 개선이 적용되었다. 먼저, CartPole처럼 환경이 단순한 경우에는 입력값 정규화가 오히려 불필요한 성능 저하를 유발할 수 있어 정규화를 생략했다. 활성화 함수로는 ReLU 대신 Swish를 사용하여 보다 부드럽고 연속적인 출력 특성을 확보하고, 음수 입력에서도 일정 수준의 활성화를 유지함으로써 죽은 뉴런 문제를 완화하였다. 또한 초기 가중치는 Glorot Normal 방식으로 설정하여 출력 분산의 균형을 유지하고 빠른 수렴을 유도하였으며, 옵티마이저는 Adam을 사용하되 gradient clipping을 적용하여 학습 과정에서 발생할 수 있는 그래디언트 폭발을 효과적으로 방지하였다.

결과적으로, 이러한 튜닝은 단순한 환경에서도 PPO 알고리즘의 안정성과 학습 효율을 높이는 데 기여하였으며, 이는 후반부의 부드럽고 지속적인 수렴 곡선으로 잘 드러난다. 강화학습에서는 알고리즘의 선택뿐 아니라, 그 알고리즘이 사용하는 신경망의 구조와 학습 세부 설정이 얼마나 중요한지를 다시 한번 확인할 수 있는 사례라 할 수 있다.

# 12

## 베이지안 최적화 기법

이번 장에서는 베이지안 최적화 기법(Bayesian optimization)에 대해 다룬다. 이 기법은 수학적으로 정교하게 설계된 탐색 방식으로, 하이퍼파라미터 튜닝에서 효과적으로 사용되는 기술이다. 물론 이론적으로 우수하다고 해서 언제나 최고의 성능을 보장하는 것은 아니지만, 학습 비용이 높은 강화학습이나 딥러닝 모델에서 최소한의 실험으로 최대한의 성능을 이끌어낼 수 있다는 점에서 충분히 공부할 가치가 있다.

베이지안 최적화는 탐색과 이용의 균형을 고려하여 새로운 하이퍼파라미터 조합을 선택하는 방식으로, 기존의 그리드 서치(grid search)나 랜덤 서치(random search)보다 훨씬 효율적이다. 특히 복잡한 모델 구조나 학습이 오래 걸리는 환경에서 그 장점이 두드러진다.

본 서에서는 베이지안 최적화를 위한 **전용 파이썬 패키지**를 활용한다. 대표적으로는 다음 두 가지 도구가 있다.

### Optuna

Optuna는 최근 가장 널리 사용되는 하이퍼파라미터 튜닝 도구 중 하나로, TPE(Tree-structured Parzen Estimator)라는 베이지안 최적화 알고리즘을 기반으로 한다. 이 알고리즘은 좋은 성능을 낼 수 있는 하이퍼파라미터 조합을 **확률적으로 예측**하며, 그 예측을 바탕으로 다음 실험값을 선택한다.

Optuna의 중요한 특징은 **Define-by-Run 방식**으로 튜닝할 파라미터의 탐색 공간을 유연하게 정의할 수 있다는 점이다. 즉, 조건에 따라 실험 구조를 바꿀 수 있어 복잡한 실험 설정에도 대응이 쉽다. 또한, 학습 도중 성능이 낮은 실험은 자동으로 중단(pruning)시켜 자원을 효율적으로 사용할 수 있다.

Optuna는 사용이 간단한 구조, 실험 과정을 확인할 수 있는 **시각화 도구와 로깅 기능**, 그리고 **PyTorch, TensorFlow, XGBoost** 같은 다양한 프레임워크와의 호환성 덕분에 실제 업무에서도 널리 활용되고 있다.

### Keras Tuner

한편, **Keras** 사용자라면 **Keras Tuner**를 통해 보다 손쉽게 베이지안 최적화를 적용할 수 있다. Keras Tuner는 RandomSearch, Hyperband, BayesianOptimization 등의 탐색 전략을 지원하며, Keras 모델을 기반으로 자동화된 실험을 설계하고 실행할 수 있도록 도와준다.

다만, 강화학습보다는 **이미 고정된 학습 루틴을 갖는 분류/회귀 모델에 더 적합**하다는 점은 고려해야 한다.

이번 장에서는 이러한 도구들을 활용해 **베이지안 최적화의 개념을 실습과 함께 학습하고**, 실제로 강화학습 모델의 성능을 어떻게 향상시킬 수 있는지 경험하게 될 것이다. 아울러, 하이퍼파라미터 최적화에 필요한 기초 수학 개념, 실험 설계 전략, 다양한 파이썬 라이브러리의 활용법 등을 익히며, 앞으로 어떤 방향으로 더 공부를 이어갈 수 있을지 고민해보는 시간을 갖는다.

이제 베이지안 최적화의 문을 열고, 실전 튜닝을 통해 강화학습의 성능을 한 단계 끌어올릴 준비를 시작해보자.

| 항목 | Optuna | Keras Tuner |
| --- | --- | --- |
| 기반 알고리즘 | TPE(Tree-structured Parzen Estimator) | BayesianOptimization 등 |
| 특징 | Define-by-Run, 자동 중단(pruning) | Keras에 최적화, 간편한 설정 |
| 사용 대상 | 강화학습, 딥러닝 등 다양한 프레임워크 | Keras 기반 분류/회귀 모델 |
| 시각화 및 로깅 | 지원함 | 제한적 |
| 유연성 | 높음(복잡한 조건 분기 가능) | 보통(정형화된 실험에 적합) |

Optuna vs. Keras Tuner

## 12 베이지안 최저화 기법

## 12.1 빈도주의 확률과 베이지안 확률

베이지안 최적화를 이해하기 전에, 먼저 확률의 기본 개념을 다시 살펴보자. 우리가 평소에 사용하는 확률 개념은 대부분 빈도주의 확률(frequentism)에 기반한다. 이 접근은 매우 직관적이고, 수학적으로 계산하기도 쉽다.

예를 들어, 주사위를 던져 3이 나올 확률이 1/6이라는 사실은 누구나 쉽게 떠올릴 수 있다. 하지만 실제로 주사위를 12번 던졌을 때, 정확히 3이 두 번 나온다는 보장은 없다. 어떤 경우에는 한 번도 안 나올 수도 있고, 세 번 이상 나올 수도 있다. 그러나 이 실험을 **만 번, 십만 번처럼 매우 많이 반복**하면, 3이 나올 비율은 점점 1/6에 가까워진다.

이것이 바로 빈도주의 확률의 핵심이다. **동일한 실험을 무한히 반복했을 때, 특정 사건이 일어나는 장기적인 비율**을 확률이라고 정의하는 것이다. 이 관점은 우리가 주사위, 동전 던지기, 시험 문제의 정답 확률 등 일상에서 자주 접하는 확률 개념의 기초가 된다.

| 빈도주의 확률<br>Frequentism | 하나의 사건을 반복했을 때 특정 사건이 일어날 횟수의 장기적인 비율 |
|---|---|
| 베이지안 확률<br>Bayesianism | 선택한 표본이 특정 사건에 속한다는 가설의 신뢰도 |

빈도주의 확률과 베이지안 확률

또 다른 확률의 개념은 베이지안 확률(Bayesianism)이다. 이 접근은 빈도주의와는 달리, **확률을 '신뢰도'로 해석**한다. 어떤 사건이 일어날 가능성에 대해 주관적인 믿음을 갖고, 새로운 데이터를 통해 그 믿음을 점점 더 정교하게 다듬어 가는 방식이다.

예를 들어보자. 어떤 사람이 주사위를 관찰해 보니, 숫자 3의 반대편 면이 다른 면보다 조금 더 크다고 판단했다. 그래서 3이 나올 확률을 1/4이라고 **가정**한다. 이 가설을 검증하기 위해 주사위를 실제로 60번 던졌더니, 3이 나온 횟수는 10번이었다. 이 결과를 보면 실제 비율은 1/6에 가깝다. 따라서 초기에 세운 가설을 **수정**하여, 이번에는 3이 나올 확률을 1/5로 다시 가정한다. 그리고 다시 실험하고, 또 결과에 따라 가설을 조정한다.

이처럼 베이지안 확률은 **가설을 세우고, 데이터를 관찰하고, 가설을 수정하는 반복 과정**을 통해 확률을 점점 개선해 나간다. 한마디로, 베이지안 확률은 **어떤 사건에 대한 믿음의 정도**, 즉 **가설의 신뢰도**를 표현하는 개념이라 할 수 있다.

>>> 12 베이지안 최적화 기법

## 12.2 베이지안 확률 계산하기

확률 이론 중 **베이지안 확률**은 직관적인 개념과 달리, 수식 전개와 실제 응용 면에서 상당한 난이도를 가진 분야로 알려져 있다. 기본적인 이론은 이해하기 어렵지 않지만, 이를 수학적으로 다루기 위해서는 통계학과 확률 이론에 대한 **폭넓은 배경지식**이 요구되며, 실제 예제를 따라가기도 쉽지 않다.

따라서 이 책에서는 **강화학습의 하이퍼파라미터 튜닝**에 필요한 수준으로, 베이지안 확률의 **기본 개념**만 간단히 설명하고 복잡한 수식이나 이론적 증명은 생략한다. 이론에 너무 집중하면 본래 목적에서 벗어날 수 있기 때문이다.

앞서 설명했듯이, 베이지안 확률은 **가설을 세우고**, 데이터를 수집해 그 가설을 **검증하고 개선**해 나가는 과정이다. 이 개념은 베이즈 정리라는 수학적 수식 안에 그대로 녹아 있다. 이 수식에서 중요한 두 가지 요소는 다음과 같다.

- **사전 확률**(prior probability): 데이터를 보기 전, 즉 실행하기 전에 세운 **초기 가설**이다. 예를 들어 "주사위를 던졌을 때 3이 나올 확률은 1/4이다"와 같은 초기 믿음이 여기에 해당한다.
- **사후 확률**(posterior probability): 실제 데이터를 관찰한 후, 그 결과를 반영하여 **갱신된 가설**이다. 예를 들어 60번 던져서 3이 10번 나왔다면, 그에 맞춰 3이 나올 확률을 다시 계산하게 된다.

즉, 베이지안 확률은 **실행을 통해 사전 확률을 보다 개선된 사후 확률로 바꾸는 과정**이다. 이처럼 새로운 데이터가 생길 때마다 우리의 믿음을 점차 업데이트해 가며, **보다 정확한 사후 확률을 계산하는 것**이 베이지안 접근의 핵심 목표다. 이 개념은 강화학습의 **하이퍼파라미터 탐색 과정에서 매우 유용**하게 사용되며, Optuna 같은 프레임워크가 이를 실제로 구현하고 있다.

$$P(D \mid H) = \frac{P(H \mid D) \cdot P(H)}{P(D)}$$

| | |
|---|---|
| $H$ | Hypothesis 가설<br>이렇게 관측될 것이다라고 예상하는 정보 |
| $P(H)$ | Prior 사전 확률<br>어떤 사건이 발생했다는 주장에 관한 신뢰도 |
| $D$ | Data 수집된 정보<br>직접 실행해서 관측된 정보 |
| $P(D)$ | 경계 확률<br>수집된 정보를 바탕으로 새로 만들어진 확률 |
| $P(H\|D)$ | Posterior 사후 확률<br>새로운 정보를 받은 후 갱신된 사전 확률 |
| $P(D\|H)$ | Likelihood 유사도<br>관측된 D가 확률 분포 H에서 나왔을 확률 |

사전확률과 사후확률 관계식

베이지안 확률에서 가장 중요한 목표는 **사전 확률을 기반으로 수집된 데이터를 반영해 사후 확률을 계산하는 것**이다. 이 과정은 베이즈 정리 수식으로 표현되며, 이미지에 나온 아래의 수식이 그 핵심이다:

$$P(D \mid H) = \frac{P(H \mid D) \cdot P(H)}{P(D)}$$

여기에서 각 요소는 다음과 같은 의미를 가진다:

- $H$(hypothesis): 어떤 일이 일어날 것이라는 **가설**. 예를 들어, "주사위를 던졌을 때 3이 나올 확률은 1/4이다."와 같은 주장.
- $P(H)$(prior, **사전 확률**): 데이디를 수집하기 전에 세운 가설에 대한 신뢰도.
- $D$(data, **수집된 정보**): 실제로 실험하거나 관측해서 얻은 정보. 예를 들어 60번 주사위를 던져 나온 결과.
- $P(D)$(marginal, **경계 확률**): 수집된 데이터를 바탕으로 새롭게 계산된 **전체 확률**. 예시에서는 주사위를 던졌을 때 3이 나온 실제 비율인 1/6.
- $P(H|D)$(posterior, **사후 확률**): 데이터를 관찰한 후, 가설의 신뢰도를 다시 계산한 것. **베이지안 확률의 최종 목적**이자 핵심이다.

- $P(D|H)$(likelihood, 유사도): 수집된 데이터가 특정 가설($H$) 아래에서 나타날 확률. "가설이 맞다면 이런 데이터가 나올 법한가?"를 평가하는 기준이다.

여기서 중요한 점은, 우리가 직접 구하고 싶은 건 사후 확률($P(H|D)$)이라는 것이다. 이를 구하기 위해 우리는 사전 확률과 유사도 정보를 이용하고, 수집된 데이터로부터 계산된 경계 확률을 나누어주는 방식으로 사후 확률을 얻는다.

예를 들어, 처음에 주사위의 3이 나올 확률을 1/4로 가정했고($P(H)$), 주사위를 60번 던져서 3이 10번 나왔다는 관측된 데이터($D$)를 바탕으로, 이제 3이 나올 확률을 1/5 또는 1/6로 조정($P(H|D)$)할 수 있다. 이처럼 베이지안 방식은 새로운 데이터를 계속 수용하면서 **신뢰도를 갱신해 나가는 과정**이다.

마지막으로, 유사도 $P(D|H)$는 이론적으로는 꽤 복잡한 개념이지만, 여기서는 **'가설이 맞다면 실제 관측된 데이터가 나올 수 있는 가능성'** 정도로 간단히 이해하고 넘어가도 무방하다. 이 항목은 수식 계산보다는 **가설과 데이터의 관계성**에 주목하면 된다.

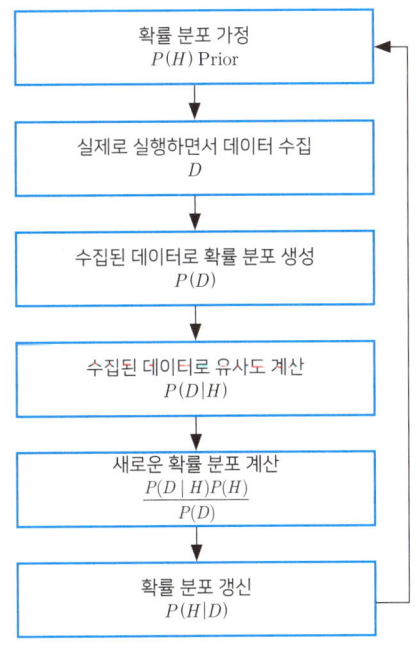

베이지안 확률 계산 과정

위의 흐름도는 **베이지안 확률의 작동 원리**를 매우 직관적으로 보여준다.

요약하자면, 우리는 먼저 어떤 파라미터 설정이 최적일 것이라는 가설($P(H)$)을 세우고, 실제로 실험을 통해 데이터를 수집($D$)한다. 이후 이 데이터를 바탕으로 경계 확률($P(D)$)과 유사도($P(H|D)$)를 계산하고, 이를 통해 사후 확률($P(D|H)$)을 얻는다.

이 과정은 새로운 데이터를 얻을 때마다 반복되어, 점점 더 신뢰도 높은 확률 분포로 **가설을 갱신**해 나간다.

이 원리를 강화학습의 하이퍼파라미터 튜닝에 적용하면 다음과 같다:

- 먼저, "이 파라미터 조합이 가장 성능이 좋을 것이다."라는 가설($P(H)$)을 설정한다.
- 모델을 학습시켜 성능 데이터를 수집(D)한다.
- 수집된 데이터를 통해 해당 가설이 얼마나 신뢰할 만한지를 평가하고, 유사도를 계산($P(H|D)$)한다.
- 계산된 값으로 사후 확률($P(D|H)$)을 갱신하고 이 정보를 바탕으로 **다음 실험에 사용할 새로운 파라미터 조합**을 결정한다.

이러한 방식으로 우리는 실험을 거듭하면서, 가장 좋은 성능을 낼 가능성이 높은 파라미터 조합을 점점 더 정확히 찾아낼 수 있다. 이는 **Optuna**와 같은 프레임워크가 사용하는 핵심 원리이며, 무작위 탐색이나 그리드 탐색보다 훨씬 **효율적인 하이퍼파라미터 튜닝**이 가능하게 해준다.

베이지안 확률을 보다 쉽게 이해하기 위해, 고등학교 1학년 남학생의 키를 예로 들어보자. 여기서 소개할 데이터는 실제 측정값이 아니라, **설명 목적을 위한 가상의 데이터**이다.

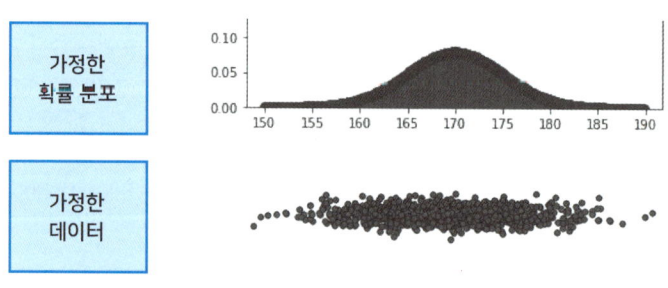

사전 확률 분포

먼저, 우리는 "1학년 남학생의 키는 평균 170cm의 정규분포를 따른다."라는 **사전 확률 분포**를 가정한다. 즉, 대부분의 학생들은 170cm 근처에 많이 몰려 있고, 150cm나 190cm처럼 극단적인 키는 드물게 나타난다는 뜻이다. 이처럼, 실험 전에 우리가 미리 알고 있다고 생각하는 정보가 바로 사전 확률($P(H)$)이다.

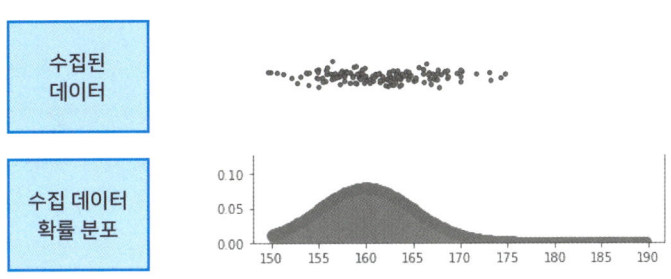

경계확률 분포

그다음, 무작위로 3,000명의 학생을 선택해서 실제 키를 측정해본다. 이 수집된 데이터는 평균이 **160cm**로, 우리가 예상했던 170cm보다 낮다. 또한, 데이터는 좌우 대칭이 아니라 **왼쪽, 즉 작은 키 쪽에 치우쳐 있는 경향**을 보인다. 이 분포는 우리가 실제로 관측한 데이터이므로 **경계 확률($P(D)$)**, 즉 **데이터의 분포**라 할 수 있다.

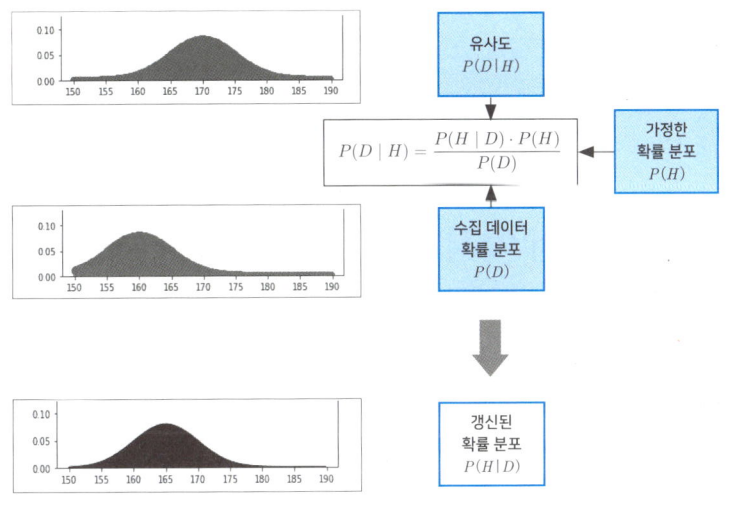

사후 확률 분포 계산

이제 중요한 부분이다. 우리가 처음 가정했던 사전 확률 분포와, 실제 데이터를 통해 확인한 경계 확률 분포를 **통합하여 새로운 확률 분포**, 즉 사후 확률(P(D|H))을 계산한다. 그 결과는 **두 분포의 중간쯤에서 평균이 형성된 새로운 분포**이다. 사전 확률만을 따르지도 않고, 실제 데이터만을 맹신하지도 않는 **균형 잡힌 분포**가 만들어진다.

이 과정을 수식으로 표현하면 다음과 같다:

$$P(D \mid H) = \frac{P(H \mid D) \cdot P(H)}{P(D)}$$

즉, 사후 확률은 **유사도**($P(H|D)$)와 **사전 확률**($P(H)$)을 곱하고 이를 경계 확률($P(D)$)로 나눈 것이다.

물론 여기서 유사도(likelihood)를 계산하는 과정은 다소 복잡할 수 있지만, 다행히도 우리가 다음에 살펴볼 베이지안 최적화 패키지들(예: Optuna, scikit-optimize)은 이 복잡한 계산을 자동으로 처리해준다. 우리는 가설과 데이터를 정의하고 결과만 받아보면 되기 때문에, 베이지안 확률의 핵심 개념만 잘 이해하고 있으면 된다.

이 사례를 통해 알 수 있듯이, 베이지안 확률은 초기 가정(사전 확률)과 실제 데이터(관측 정보)를 융합해 보다 신뢰할 수 있는 결론(사후 확률)을 도출하는 유용한 도구이며, 이는 강화학습 모델의 하이퍼파라미터를 튜닝할 때도 효과적으로 활용된다.

## 12.3 베이지안 최적화 패키지 Optuna

Optuna는 머신러닝과 딥러닝 모델의 하이퍼파라미터를 효율적으로 탐색하고 최적화하기 위해 개발된 **베이지안 최적화(Bayesian optimization) 기반의 오픈소스 프레임워크**이다. 일본의 Preferred Networks라는 회사에서 개발되었으며, 현재는 전 세계적으로 널리 활용되고 있는 하이퍼파라미터 자동 튜닝 도구 중 하나이다.

| | |
|---|---|
| Define-by-Run | 코드 흐름 속에서 유연하게 탐색 공간을 정의 |
| TPE 알고리즘 | 성능이 좋을 가능성이 높은 하이퍼파라미터 조합을 확률적으로 예측 |
| Pruning 기능 | 성능이 낮은 실험을 조기 종료해 자원을 절약 가능 |
| 시각화 도구 | 하이퍼파라미터와 성능의 관계를 직관적으로 분석 가능 |
| 다양한 백엔드 저장소 연동 | SQLite, PostgreSQL 등과 연동되어 실험 관리가 용이 |
| 다양한 프레임워크와 호환 | PyTorch, TensorFlow 등 다양한 프레임워크와 호환되어 산업 현장에서 폭넓게 활용 |

Optuna 패키지 특징

Optuna의 가장 큰 특징은 **Define-by-Run 철학**을 따른다는 점이다. 이는 사용자가 실험 흐름을 코드로 직접 작성하면서 동시에 하이퍼파라미터의 탐색 공간을 유연하게 정의할 수 있도록 하는 방식이다. 다른 튜닝 도구들이 탐색 공간을 고정된 형식으로 미리 선언해야 하는 것과 달리, Optuna는 파이썬 코드 내에서 조건문이나 반복문을 자유롭게 활용할 수 있으며, 상황에 따라 동적으로 탐색 공간을 조정할 수 있는 강점을 가진다.

Optuna는 TPE(Tree-structured Parzen Estimator)라는 베이지안 최적화 기법을 기반으로 작동한다. TPE는 좋은 성능을 낼 가능성이 높은 하이퍼파라미터 조합을 확률적으로 예측하고, 그 예측 결과를 토대로 다음 탐색 지점을 선택한다. 이를 통해 무작위 탐색이나 그리드 탐색에 비해 훨씬 적은 실험 횟수로 더 좋은 결과를 도출할 수 있다.

또한 Optuna는 **pruning 기능**을 제공하여, 성능이 낮은 실험은 학습 도중에 자동으로 중단시킬 수 있다. 이를 통해 연산 자원을 낭비하지 않고 효율적인 튜닝이 가능해진다. 예를 들어, 중간 결과를 보아 성능이 기대 이하인 실험은 끝까지 학습시키지 않고 조기에 중단시켜, 더 유망한 조합에 자원을 집중할 수 있다.

시각화 도구 역시 Optuna의 강점 중 하나이다. 실험 결과를 시각적으로 분석할 수 있는 다양한 내장 도구를 제공하며, 이를 통해 어떤 하이퍼파라미터가 모델 성능에 더 큰 영향을 주는지 직관적으로 파악할 수 있다. 또한 로그 기록 기능과 다양한 백엔드 저장소 지원 (SQLite, PostgreSQL 등) 덕분에 실험 관리도 체계적으로 할 수 있다.

Optuna는 PyTorch, TensorFlow, LightGBM, XGBoost 등 주요 프레임워크와의 **높은 호환성**을 자랑하며, 실제 산업 현장에서도 실험 자동화, 모델 튜닝, AutoML 파이프라인 구성 등에 광범위하게 활용되고 있다.

이처럼 Optuna는 코드의 유연함, 최적화 효율, 자원 절약, 시각화와 통합성이라는 네 가지 측면에서 매우 강력한 기능을 제공하며, 베이지안 최적화 이론을 실제 실험에 자연스럽게 적용할 수 있는 실용적인 도구로 자리 잡고 있다.

## 12.3.1 Optuna 예제

2차 함수의 최솟값을 찾는 문제를 통해 Optuna의 구조와 사용 방법에 대해 알아보자.

다음과 같은 **2차 함수**가 있다고 가정해보자.

$$f(x) = (x-3)^2 + 5$$

이 함수는 수학적으로도 매우 단순한 형태이다. 그래프를 그려보면 아래로 볼록한 포물선 모양이고, 꼭짓점이 최솟값을 나타낸다. 이 함수의 최솟값은 언제일까?

- $x=3$일 때 $(3-3)^2+5=5$가 되어 **최솟값 5**를 갖는다.
- 즉, 최적의 $x$는 3이고, 이때의 $y$값은 5이다.

하지만 여기서는 이 수학적 지식을 **모른다고 가정**하고, 컴퓨터에게 **자동으로 이 최적의 값을 찾아달라**고 요청할 것이다. 이때 사용하는 도구가 바로 Optuna이다.

```
optuna_basic.ipynb

import optuna  #(1) 패키지 임포트
import numpy as np

# (2) 목적 함수 정의
def objective(trial):
    x = trial.suggest_float('x', -10, 10)   # (3) 탐색할 범위
```

```
        y = (x - 3) ** 2 + 5           # (4) 최소값을 가지는 2차 함수
        return y   # (5) 최소화할 값

# (6) 최적화 수행
study = optuna.create_study(direction="minimize")
study.optimize(objective, n_trials=50)

# (7) 결과 출력
print("Best x:", study.best_params['x'])
print("Minimum value:", study.best_value)
```

Optuna의 기본 구조는 실험을 설계하고, 반복 실행하며, 최적의 결과를 찾아가는 일련의 흐름으로 구성된다. 위 코드는 그 흐름을 단계별로 **번호 붙여 순서에 따라** 구성한 것이며, 각 단계는 Optuna 최적화 과정을 이해하는 데 중요한 의미를 갖는다.

### (1) 패키지 임포트

먼저 optuna와 numpy 패키지를 불러온다. optuna는 최적화를 위한 핵심 라이브러리이며, numpy는 수학 계산이 필요한 경우 사용된다. 이 예제에서는 단순한 수식 계산이므로 numpy는 직접 사용되지는 않지만, 일반적으로 수치 연산에서 자주 사용되므로 함께 불러두는 경우가 많다.

### (2) 목적 함수 정의

objective 함수는 Optuna의 실험이 수행될 실험실과 같은 역할을 하는 함수이다. Optuna는 이 함수를 여러 번 호출하며, 그때마다 다른 파라미터를 넣어 결과를 관찰한다. 사용자는 이 함수 안에서 어떤 실험을 수행할지 직접 정의해야 한다.

### (3) 탐색할 범위 정의

이 줄에서 `trial.suggest_float('x', -10, 10)`은 x라는 파라미터를 −10에서 10 사이의 실수값으로 정의한다. Optuna는 이 구간 내에서 다양한 값을 선택해 실험하게 되며, 그 결과를 통해 점점 더 나은 값을 찾는 방향으로 탐색을 진행한다. 이와 같이 탐색 공간을

명시적으로 설정해주어야 한다.

### (4) 최솟값을 가지는 2차 함수 설정

$(x-3)^2+5$는 매우 단순한 수학 함수이며, $x=3$일 때 최솟값을 가지는 구조이다. Optuna는 이 함수를 직접적으로 알지 못하므로, 다양한 $x$값을 넣어보면서 결괏값 $y$가 가장 작아지는 지점을 찾으려 한다. 이는 현실의 복잡한 모델을 단순화한 형태로, Optuna의 작동 원리를 쉽게 이해할 수 있도록 도와준다.

### (5) 최소화할 값 반환

이 줄에서는 앞에서 계산한 $y$값을 반환한다. Optuna는 이 반환값을 기준으로 어떤 파라미터 조합이 더 나은지를 판단하며, 결과가 작을수록 더 나은 실험으로 간주한다. 이 값은 최적화 대상이며, 목적 함수의 핵심 출력이다.

### (6) 최적화 수행

이제 본격적으로 Optuna가 실험을 시작하는 단계이다. `study = optuna.create_study(direction="minimize")`는 최적화 방향을 정의하는 것으로, `"minimize"`는 가장 작은 $y$값을 찾겠다는 의미이다. 이어서 `study.optimize(objective, n_trials=50)`을 통해 총 50번 실험을 반복하면서, 가장 좋은 $x$값을 찾아내도록 한다. 이 과정에서 Optuna는 TPE(Tree-structured Parzen Estimator) 기반 알고리즘을 사용해, 점점 더 유망한 영역을 집중적으로 탐색하게 된다.

### (7) 결과 출력

실험이 모두 끝난 후 Optuna는 가장 성능이 좋았던 파라미터 조합을 기억하고 있다. `study.best_params['x']`는 가장 낮은 $y$값을 만들어낸 $x$값을 의미하고, `study.best_value`는 그때의 최소 함수 값이다. 이 두 값은 우리가 찾고자 했던 최적의 결과이며, 최적화의 핵심 산출물이다.

이처럼 Optuna의 기본 구조는 단계별로 목적을 명확히 구분할 수 있으며, 전체 흐름을 이해하면 머신러닝 모델뿐 아니라 수치 계산, 시뮬레이션 등 다양한 분야에 쉽게 응용할 수 있다. 각 단계는 실험을 설계하고 최적화하는 데 필요한 최소한의 구성 요소로, 복잡한 설정 없이도 강력한 최적화 성능을 경험할 수 있도록 설계되어 있다.

## 12.4 optuna 최적화 전체 코드

이제 앞에서 만든 코드를 PPO 알고리즘에 적용해서 베이지안 최적화 코드를 완성해보자.

**cartpole_ppo_optuna.ipynb**

```python
# -*- coding: utf-8 -*-
import optuna
import tensorflow as tf
from tensorflow.keras.layers import Input, Dense
from tensorflow.keras.initializers import GlorotNormal #(튜닝) 추가
from tensorflow.keras.activations import elu
from tensorflow.keras.optimizers import Adam
import gym
import numpy as np
import random as rand
import os
import warnings
warnings.filterwarnings("ignore", category=DeprecationWarning)

LOSS_CLIPPING = 0.2

class Agent(object):
    #(1) trial
    def __init__(self, trial):
        
        self.env = gym.make('CartPole-v1')
        self.state_size = self.env.observation_space.shape[0]
```

```
        self.action_size = self.env.action_space.n

        #(2) 변수설정
        self.node_num = trial.suggest_int("node_num", 16, 128, step=16)
        self.actor_lr = trial.suggest_float("actor_lr", 1e-5, 1e-2, log=True)
        self.critic_lr = trial.suggest_float("critic_lr", 1e-5, 1e-2, log=True)
        self.epochs_cnt = trial.suggest_int("epochs_cnt", 1, 10)
        self.actor = self.build_actor()
        self.critic = self.build_critic()

        self.discount_rate = trial.suggest_float("discount_rate", 0.90, 0.999)
        self.lambda_gae = trial.suggest_float("lambda_gae", 0.90, 0.99)
        self.penalty = -10

        #(3) episode_num = 200
        self.episode_num = 200
        self.moving_avg_size = 20
        self.reward_list = []
        self.count_list = []
        self.moving_avg_list = []

        self.states = []
        self.actions = []
        self.rewards = []
        self.dones = []
        self.next_states = []
        self.old_probs = []

    def build_actor(self):
        input_states = Input(shape=(self.state_size,), name='input_states')

        x = Dense(self.node_num, activation='swish', kernel_initializer=GlorotNormal())
                                                                        (input_states)
        out_actions = Dense(self.action_size, activation='softmax', name='output')(x)

        model = tf.keras.models.Model(inputs=input_states, outputs=out_actions)

        model.compile(optimizer=Adam(learning_rate=self.actor_lr, clipnorm=1.0))
        return model

    def build_critic(self):
        input_states = Input(shape=(self.state_size,), name='input_states')
```

```python
            x = Dense(self.node_num, activation='swish', kernel_initializer=GlorotNormal())
                                                                                (input_states)

        out_value = Dense(1, activation='linear', name='value')(x)

        model = tf.keras.models.Model(inputs=input_states, outputs=out_value)

        model.compile(optimizer=Adam(learning_rate=self.critic_lr, clipnorm=1.0),
                                                        loss='mean_squared_error')
        return model


    def train(self):
        for episode in range(self.episode_num):

            state, _ = self.env.reset()
            reward_tot = 0
            step_count = 0
            done = False

            while not done:
                action, prob = self.get_action(state)
                next_state, reward, terminated, truncated, _ = self.env.step(action)
                done = terminated or truncated

                if done and step_count < 499:
                    reward = self.penalty

                self.store_transition(state, action, reward, done, next_state, prob)
                state = next_state
                reward_tot += reward
                step_count += 1

            self.reward_list.append(reward_tot - self.penalty)
            self.count_list.append(step_count)
            self.moving_avg_list.append(np.mean(self.reward_list[-self.moving_avg_size:]))

            self.update_models()
            self.clear_memory()

        #(4) 전체 성과 반환(목적 함수용)
        return np.mean(self.reward_list)

    def get_action(self, state):
        state_input = np.reshape(state, [1, self.state_size]).astype(np.float32)
```

```python
        prob = self.actor(state_input, training=False).numpy()[0]

        action = np.random.choice(self.action_size, p=prob)

        return action, prob

    def store_transition(self, state, action, reward, done, next_state, prob):
        action_onehot = np.zeros(self.action_size)
        action_onehot[action] = 1.0

        self.states.append(state)
        self.actions.append(action_onehot)
        self.rewards.append(reward)
        self.dones.append(done)
        self.next_states.append(next_state)
        self.old_probs.append(prob)

    def update_models(self):
        states = np.array(self.states, dtype=np.float32)
        next_states = np.array(self.next_states, dtype=np.float32)
        rewards = np.array(self.rewards, dtype=np.float32).reshape(-1, 1)
        dones = np.array(self.dones, dtype=np.int32).reshape(-1, 1)
        actions = np.array(self.actions, dtype=np.float32)
        old_probs = np.array(self.old_probs, dtype=np.float32)

        advantages, targets = self.compute_gae(states, next_states, rewards, dones)
        advantages -= np.mean(advantages)
        advantages /= (np.std(advantages) + 1e-8)

        advantages = advantages.astype(np.float32)
        targets = targets.astype(np.float32)

        for _ in range(self.epochs_cnt):
            with tf.GradientTape() as tape:
                probs = self.actor(states, training=True)
                new_probs = tf.reduce_sum(actions * probs, axis=1, keepdims=True)
                old_probs_sum = tf.reduce_sum(actions * old_probs, axis=1, keepdims=True)

                ratio = new_probs / (old_probs_sum + 1e-10)
                clipped_ratio = tf.clip_by_value(ratio, 1 - LOSS_CLIPPING, 1 + LOSS_
                                                                            CLIPPING)
                actor_loss = -tf.reduce_mean(tf.minimum(ratio * advantages, clipped_ratio
                                                                    * advantages))
```

```python
            gradients = tape.gradient(actor_loss, self.actor.trainable_variables)
            self.actor.optimizer.apply_gradients(zip(gradients, self.actor.trainable_
                                                                            variables))

            self.critic.train_on_batch(states, targets)

    def compute_gae(self, states, next_states, rewards, dones):

        values = self.critic(states, training=False).numpy()
        next_values = self.critic(next_states, training=False).numpy()

        advantages = np.zeros_like(rewards, dtype=np.float32)
        targets = np.zeros_like(rewards, dtype=np.float32)

        gae = 0.0

        for t in reversed(range(len(rewards))):
            delta = rewards[t] + self.discount_rate * next_values[t] * (1 - dones[t])
                                                                            - values[t]

            gae = delta + self.discount_rate * self.lambda_gae * (1 - dones[t]) * gae

            advantages[t] = gae
            targets[t] = gae + values[t]
        return advantages, targets

    def clear_memory(self):
        self.states = []
        self.actions = []
        self.rewards = []
        self.dones = []
        self.next_states = []
        self.old_probs = []

#(5) Optuna 목적 함수
def objective(trial):
    agent = Agent(trial)
    avg_reward = agent.train()
    return avg_reward

if __name__ == "__main__":
    #(6) Optuna 최적화 실행
    study = optuna.create_study(direction="maximize")   # reward 최대화
```

```
study.optimize(objective, n_trials=30)

print("Best trial:")
print("  Value: ", study.best_value)
print("  Params: ", study.best_params)
```

이제 베이지안 최적화에 필요한 모든 기능을 결합해서 PPO 알고리즘 튜닝에 필요한 프로그램을 완성해보자. 베이지안 최적화 기법은 카트폴을 일정 횟수 이상으로 실행해야 하고 이후 최적화 과정을 한 번 더 거쳐야 하기 때문에 그리드서치보다 시간이 많이 걸린다. 하지만 베이지안 최적화는 이론적으로 보다 적은 실행횟수로 성능을 낼 수 있다는 장점이 있다.

## 12.5 베이지안 최적화 결과 분석

베이지안 최적화 코드가 적용된 PPO 알고리즘을 실행한 뒤, 로그를 중심으로 결과를 분석해 보자.

**cartpole_PPO_optuna.py 실행 결과**

```
[I 2025-04-03 07:07:36,416] A new study created in memory with name: no-name-1f7d903b-b95e-4ebd-8a90-26c17784d142
[I 2025-04-03 07:08:44,994] Trial 0 finished with value: 218.05 and parameters: {'node_num': 112, 'actor_lr': 0.0038585321692404815, 'critic_lr': 0.00030119862008390195, 'epochs_cnt': 6, 'discount_rate': 0.9773412435247546, 'lambda_gae': 0.9696765285440372}. Best is trial 0 with value: 218.05.
[I 2025-04-03 07:10:26,551] Trial 1 finished with value: 325.53 and parameters: {'node_num': 128, 'actor_lr': 0.0006987296340588978, 'critic_lr': 0.0001181861980175588, 'epochs_cnt': 9, 'discount_rate': 0.9943858638955163, 'lambda_gae': 0.9726290455601527}. Best is trial 1 with value: 325.53.
...
```

```
[I 2025-04-03 07:32:38,727] Trial 29 finished with value: 328.445 and parameters: {'node_
num': 96, 'actor_lr': 0.005372432964286116, 'critic_lr': 0.0002277168169569523, 'epochs_
cnt': 5, 'discount_rate': 0.9745127000993128, 'lambda_gae': 0.970020616032837}. Best is
trial 29 with value: 328.445.

Best trial:
  Value:  -328.445
  Params: {'node_num': 96, 'actor_lr': 0.005372432964286116, 'critic_lr':
0.0002277168169569523, 'epochs_cnt': 5, 'discount_rate': 0.9745127000993128, 'lambda_gae':
0.970020616032837}
```

Optuna는 자동으로 다양한 하이퍼파라미터 조합을 탐색하며, 각 조합에 대해 모델을 학습시켜 성능을 비교하고 최적의 값을 찾는다. 이 실험은 총 30회의 Trial을 통해 이루어졌으며, 각 Trial마다 서로 다른 하이퍼파라미터 세트가 적용되었다.

각 Trial에서는 해당 하이퍼파라미터 조합으로 학습된 모델이 일정 에피소드 동안 얼마나 높은 보상을 얻는지를 기준으로 성능을 평가하였다. 로그에 표시된 value 값은 바로 이 누적 보상의 평균 혹은 총합을 의미한다.

비록 중간에 Trial 1이 가장 좋은 성능으로 보였지만, **Trial 29에서 가장 높은 보상인 328.445**를 기록하면서 전체 실험 중 최고의 결과를 보였다. 이 Trial의 하이퍼파라미터 조합은 다음과 같다:

- node_num: 96
- actor_lr: 0.00537
- critic_lr: 0.000227
- epochs_cnt: 5
- discount_rate: 0.974
- lambda_gae: 0.970

이 결과는 비교적 높은 actor 학습률과 적당한 critic 학습률, 균형 잡힌 discount 및 GAE 계수를 조합했을 때 최대 성능을 낼 수 있음을 시사한다.

일부 Trial은 20~40 사이의 매우 낮은 보상을 기록했다. 이런 Trial들의 공통점은 다음과 같다:

- **너무 낮거나 높은 학습률**: 학습이 전혀 되지 않거나 불안정해진다.
- **부적절한 node_num**: 너무 작으면 표현력이 부족하고, 너무 크면 오히려 과적합 혹은 학습 불안정이 발생한다.
- **epochs_cnt가 너무 작거나 큼**: 충분한 학습을 하지 못하거나 과도한 반복으로 인해 성능이 저하된다.
- **lambda_gae와 discount_rate가 불안정**: 가치 추정의 정확도를 떨어뜨리며 보상 계산을 왜곡한다.

Optuna 실험을 통해 강화학습 모델에서 어떤 하이퍼파라미터 조합이 좋은 성능을 발휘하는지 체계적으로 확인할 수 있었다. 특히, Trial 29에서 발견한 최적의 조합은 향후 모델 재학습이나 실전 환경 적용 시 기본값으로 고려할 수 있을 만큼 우수한 결과를 보인다.

cartpole_ppo_optuna_rslt.ipynb 실행 결과

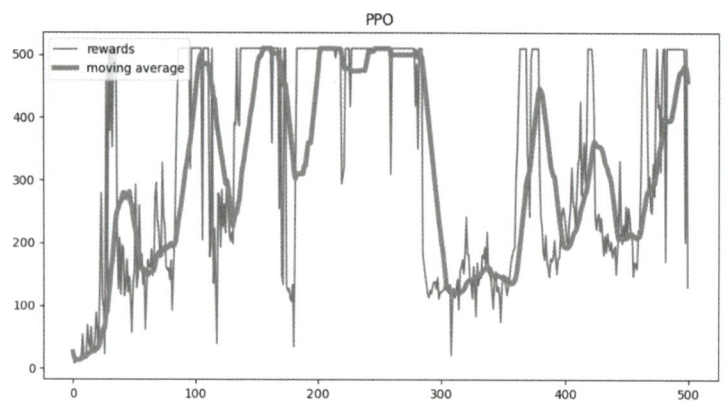

학습 초반부는 강화학습 에이전트가 환경을 탐색하며 시행착오를 거치는 시기였다. 이 구간에서는 보상이 매우 낮고 변동성이 컸으며, 이는 에이전트가 최적의 행동 방침을 아직 학습하지 못했다는 것을 보여준다.

하지만 약 50번째 에피소드 이후 보상이 빠르게 상승하기 시작했고, 이후 150번째 에피소드에 이르기까지는 최고 보상인 500에 자주 도달하면서 학습된 정책이 점차 안정화되고 있음을 나타냈다. 주황색 이동 평균선(moving avg) 또한 완만한 상승 곡선을 그리며, 정

책의 성능이 향상되고 있는 추세를 잘 보여준다.

그러나 학습이 계속 진행되던 중, 약 200번째 에피소드 이후부터 보상이 급격히 하락하는 현상이 관찰되었다. 이동 평균선 역시 빠르게 하강하며, 학습이 불안정해진 시기를 명확하게 보여주고 있다. 이는 학습된 정책이 일시적으로 무너졌거나, 탐험/활용 전략이 잘못 조정되었거나, 하이퍼파라미터 설정이 변화에 적절히 대응하지 못했을 가능성을 시사한다. 이러한 성능 저하 구간은 학습이 오히려 역효과를 낳을 수 있는 지점으로, 조기 종료(early stopping)를 고려할 필요가 있다.

만약 이 시점까지의 정책이 충분히 높은 성능을 보였다면, 학습을 계속 진행하기보다는 중단하고 해당 모델을 저장하는 것이 더 나은 선택일 수 있다. 특히 이동 평균이 일정 수준 이하로 하락하거나, 일정 횟수 이상 개선이 이루어지지 않을 경우에는 조기 종료 조건을 설정해 과학적으로 학습을 마무리할 수 있다.

다행히도 350번째 에피소드 이후부터는 보상이 다시 상승하는 추세를 보이며, 학습이 회복 국면에 진입한다. 이후 이동 평균도 다시 꾸준히 상승하며, 최종적으로는 고보상 구간으로 수렴하게 된다.

이러한 학습 흐름을 종합적으로 살펴보면, PPO 에이전트는 일시적인 성능 저하와 회복을 거치면서 전체적으로는 성공적인 정책 학습을 이뤄냈다고 평가할 수 있다. 특히 후반부에서 성능이 다시 안정적으로 회복되었다는 점에서, 정책이 최종적으로는 수렴하는 방향으로 잘 설계되었음을 알 수 있다. 하지만 중간의 급격한 성능 하락 구간은 조기 종료 전략(early stopping)의 필요성을 상기시키며, 향후 학습 안정성과 효율성을 높이기 위한 중요한 개선 포인트로 고려될 수 있다.

# 13

## Stable-Baselines3

이제 우리는 이론과 알고리즘을 넘어서, 실무에서 바로 사용할 수 있는 강화학습 도구를 만나보려 한다. 이 장에서는 실제로 강화학습 프로젝트를 구현하고 실험하는 데 널리 사용되는 오픈소스 라이브러리, Stable-Baselines3(SB3)에 대해 소개한다. 이 패키지를 활용하면 복잡한 수식을 일일이 구현하지 않고도 강력한 강화학습 모델을 학습시킬 수 있으며, 특히 실무 환경이나 연구 실험에서 시간을 절약하고 반복 가능한 실험을 설계하는 데 큰 도움이 된다.

# 13.1 Stable-Baselines3란?

Stable-Baselines3는 파이썬 기반의 강화학습 라이브러리로, PyTorch를 백엔드로 하여 다양한 강화학습 알고리즘을 손쉽게 사용할 수 있도록 구현되어 있다. 기본적으로 알고리즘의 안정성과 재현 가능성에 중점을 두고 있으며, 강화학습 모델을 실험, 튜닝, 저장, 평가하는 데 필요한 기능들이 잘 갖추어져 있다. 특히 초보자에게는 복잡한 수학이나 PyTorch에 대한 사전 지식 없이도 강화학습을 체험할 수 있는 직관적인 환경을 제공하며, 숙련자에게는 신속한 프로토타이핑과 하이퍼파라미터 최적화 같은 실험에 유용하다. PyTorch로 내부가 구성되어 있지만, 사용자 입장에서는 대부분의 작업을 간단한 설정과 함수 호출만으로 처리할 수 있기 때문에 딥러닝 프레임워크에 익숙하지 않아도 충분히 활용이 가능하다.

> **Tip  PyTorch vs. Tensorflow**
>
> PyTorch와 TensorFlow는 모두 딥러닝을 위한 대표적인 오픈소스 프레임워크이다. 두 프레임워크 모두 신경망 모델을 설계하고 학습시키는 데 필요한 기능을 갖추고 있으며, 산업계와 학계에서 널리 사용되고 있다. 하지만 각각의 특성과 개발 철학, 사용성 측면에서 차이점이 존재한다.
>
> 우선, PyTorch는 직관적이고 파이썬다운 코드 작성이 가능하다는 점에서 많은 연구자에게 인기를 끌고 있다. 동적 계산 그래프를 기반으로 하여 코드 실행과 그래프 구성이 동시에 이루어지기 때문에, 디버깅이 쉽고 실험적인 모델 구조를 만들기에 적합하다. 또한 파이썬과 넘파이와의 호환성도 매우 높아, 기존 파이썬 사용자라면 빠르게 적응할 수 있다.
>
> 반면, TensorFlow는 정적 계산 그래프를 기반으로 시작한 프레임워크로, 처음에는 다소 복잡하고 딱딱하다는 평가를 받았지만, TensorFlow 2.0 이후로는 Keras를 통합하여 PyTorch처럼 직관적인 코딩이 가능해졌다. 특히 TensorFlow는 생산 환경에서의 배포, 모바일 및 웹 애플리케이션 통합, TPU 지원 등에서 강력한 생태계를 갖추고 있어 기업용 프로젝트에 자주 활용된다.
>
> 요약하자면, PyTorch는 연구와 실험에 강점이 있으며, TensorFlow는 배포와 확장성 측면에서 유리하다고 할 수 있다. 결국 두 프레임워크 중 어느 것이 더 우수하다고 단정할 수는 없으며, 사용자의 목적과 개발 환경에 따라 선택이 달라질 수 있다.

### 13.1.1 오픈소스 강화학습 프레임워크 소개

Stable-Baselines3는 오픈소스로 배포되며 GitHub를 통해 누구나 사용할 수 있다. 이 프로젝트는 강화학습 알고리즘을 안정적으로 구현하고, 사용자들이 반복 가능하고 신뢰할 수 있는 실험을 수행할 수 있도록 지원하는 것을 목표로 한다. PPO, A2C, DQN, SAC, TD3 등 주요 강화학습 알고리즘들이 모듈화된 형태로 포함되어 있으며, 간단한 코드만으로도 다양한 환경에서 실험을 시작할 수 있다. 또한, OpenAI의 Gym 환경과 완전히 호환되기 때문에, 사용자는 별도의 환경 정의 없이도 수많은 시뮬레이션 환경에서 학습을 진행할 수 있다.

### 13.1.2 Baselines와의 관계, SB2에서 SB3로의 발전

Stable-Baselines3는 OpenAI가 개발한 원조 baselines 프로젝트에서 시작된 계보를 잇는다. baselines는 초기 강화학습 연구에서 널리 사용되었지만, 시간이 지나며 유지보수에 어려움을 겪었다. 이를 보완하기 위해 커뮤니티에서 Stable-Baselines 프로젝트가 파생되었고, 이후 코드의 안정성, 유지보수성, 테스트의 신뢰성을 강화한 Stable-Baselines3로 발전하게 되었다.

Stable-Baselines3는 이전 버전인 SB2와 비교해 여러 면에서 개선되었다. 가장 큰 차이점은 PyTorch 기반으로 완전히 재작성되었다는 점이다. SB2는 TensorFlow 1.x 기반으로 작동했기 때문에 직관적인 디버깅이나 유연한 네트워크 구조 변경이 다소 불편했으나, SB3는 PyTorch 덕분에 사용자 정의가 쉬워졌고 코드 가독성도 크게 향상되었다. 또한 SB3는 보다 엄격한 테스트 기준을 적용하여 알고리즘의 안정성과 신뢰성을 크게 높였으며, 커뮤니티 중심의 활발한 업데이트와 피드백이 이루어지고 있다.

### 13.1.3 왜 SB3인가? 직접 구현 vs. 라이브러리 활용

강화학습을 직접 구현하는 과정은 매우 값진 경험이다. 수식 한 줄 한 줄을 코드로 옮기며 강화학습의 동작 원리를 체화하면, 이론을 더 깊이 이해할 수 있다. 하지만 실제 프로젝트에서는 알고리즘을 매번 처음부터 구현하는 일이 시간과 자원의 낭비가 될 수 있다. 특히 복잡한 환경이나 대규모 실험, 그리고 다양한 하이퍼파라미터 조합을 실험해야 할 때는 구현보다는 적용과 확장이 중요해진다.

| | |
|---|---|
| 검증된 알고리즘 제공 | PPO, DQN 등 다양한 알고리즘을 안정적으로 구현하여 반복 구현의 부담을 줄여준다 |
| 간단한 사용법 | 몇 줄의 코드로 학습, 평가, 저장, 시각화까지 수행할 수 있어 생산성이 높다 |
| 실험과 확장에 집중 | 환경 설계, 하이퍼파라미터 튜닝, 결과 해석에 집중할 수 있어 실무 적용에 적합하다 |
| 학습과 실전의 연결고리 | 직접 구현의 학습 효과와 라이브러리의 실용성을 동시에 체험할 수 있다 |

SB3 장점

이러한 상황에서 Stable-Baselines3는 큰 이점을 제공한다. 이미 검증된 알고리즘이 안정적으로 구현되어 있어, 사용자는 강화학습의 핵심 로직보다는 환경 설계, 파라미터 튜닝, 결과 해석에 집중할 수 있다. 예를 들어, 몇 줄의 코드만으로 PPO를 학습시키고 평가할 수 있으며, 모델 저장 및 로딩, 텐서보드 시각화, 자동 튜닝까지도 손쉽게 수행할 수 있다.

결국 SB3는 직접 구현과 라이브러리 활용의 균형점에 있는 도구다. 이 책에서 독자는 SB3를 활용하여 실제 강화학습 모델을 학습시키는 전 과정을 체험하게 될 것이다. 그리고 이를 통해, 강화학습이 단지 수학적 개념을 넘어 실제 세상에 응용 가능한 기술로 연결되는 과정을 자연스럽게 이해하게 될 것이다.

## 13.2 SB3의 핵심 구성 요소

Stable-Baselines3를 제대로 활용하려면, 그 내부 구조를 이루는 주요 구성 요소들을 이해해야 한다. SB3는 강화학습 알고리즘을 단순히 실행하는 도구가 아니라, 모델 설계부터 학습, 평가, 저장, 불러오기, 모니터링에 이르기까지 강화학습 전 과정을 구조화한 프레임워크이기 때문이다.

이 절에서는 SB3의 핵심을 이루는 다섯 가지 가지 구성 요소, 즉 정책(policy), 모델(model), 환경(environment), 콜백(callback), 벡터 환경(VecEnv)에 대해 차례대로 살펴본다.

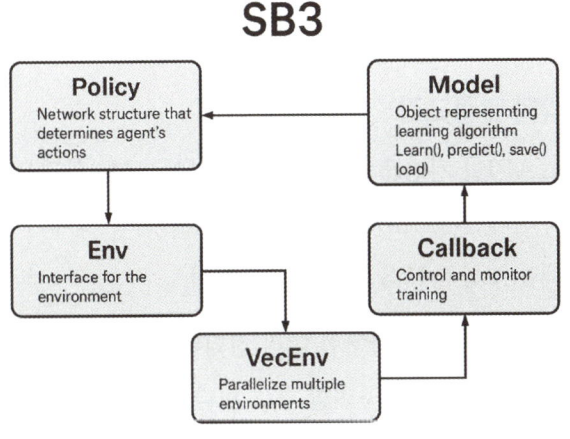

SB3의 핵심 구성 요소

### 13.2.1 Policy: 에이전트의 두뇌

SB3에서 정책(policy)은 에이전트가 주어진 상태에서 어떤 행동을 선택할지 결정하는 신경망 구조이다. 사용자는 MlpPolicy, CnnPolicy, MultiInputPolicy 등과 같은 사전 정의된 정책 클래스를 사용할 수 있으며, 필요에 따라 사용자 정의 신경망 구조도 설정할 수 있다.

예를 들어, MlpPolicy는 다층 퍼셉트론(MLP) 기반의 정책이며, 대부분의 관측 값이 벡터 형태인 환경에서 널리 사용된다. 정책은 단지 네트워크 구조뿐 아니라, 옵티마이저 설정, 활성화 함수, 초기화 방식 등 다양한 설정이 포함된 객체이다.

### 13.2.2 Model: 학습의 중심

모델은 정책을 포함하여 학습 알고리즘 전체를 대표하는 객체이다. PPO, DQN, A2C, SAC, TD3 등 다양한 알고리즘이 각각의 모델 클래스로 구현되어 있으며, 사용자는 해당 클래스를 통해 학습을 시작하고, 중단하고, 평가할 수 있다.

모델 객체는 .learn(), .predict(), .save(), .load() 등의 메서드를 제공하며, 이를 통해 학습, 행동 예측, 모델 저장 및 불러오기가 가능하다. 내부적으로는 정책 네트워크와 가치 추정기, 학습 루프, 로깅 시스템 등이 유기적으로 연결되어 있다. 사용자는 단 한 줄의 코드로 학습을 시작할 수 있지만, 이 한 줄 안에는 복잡한 수학적 최적화 과정이 포함되어 있다.

### 13.2.3 Env: 환경과의 연결고리

SB3는 OpenAI Gym API를 기반으로 작동하기 때문에, 모든 환경은 reset()과 step() 메서드를 가진 객체로 정의된다. Env는 에이전트가 학습하는 세계이며, 상태를 관측하고 행동을 취하면 그에 대한 보상과 다음 상태를 반환한다.

사용자는 gym.make('CartPole – v1')처럼 미리 정의된 환경을 불러올 수 있고, 직접 Env 클래스를 상속받아 자신만의 환경을 구현할 수도 있다. 환경은 강화학습의 품질을 좌우하는 중요한 요소이며, SB3는 이를 유연하게 처리할 수 있도록 설계되어 있다.

### 13.2.4 Callback: 학습 중 제어와 모니터링

콜백(callback)은 학습 도중 특정 조건에서 특정 작업을 수행하도록 설정하는 장치이다. 예를 들어, 일정 에피소드마다 모델을 저장하거나, 성능이 일정 수준 이상 올라가면 학습을 중단하는 등의 조건을 설정할 수 있다. 대표적으로 EvalCallback,

CheckpointCallback, StopTrainingOnRewardThreshold 같은 클래스들이 제공된다.

콜백은 `.learn()` 메서드의 인자로 전달되며, 사용자는 이를 통해 학습 상태를 모니터링하거나 자동화할 수 있다. 특히 하이퍼파라미터 튜닝이나 모델 비교 실험을 수행할 때는 콜백의 활용이 필수적이다.

### 13.2.5 VecEnv: 병렬 환경으로 속도 향상

SB3는 단일 환경뿐 아니라 여러 개의 환경을 병렬로 실행할 수 있는 VecEnv 구조도 제공한다. 이는 에이전트가 한 번에 여러 에피소드를 경험하고, 더 많은 데이터를 빠르게 수집할 수 있게 해 준다. DummyVecEnv와 SubprocVecEnv가 대표적인 클래스이며, 각각 단일 스레드와 멀티프로세싱 기반의 병렬 실행을 지원한다.

특히 복잡한 환경에서는 샘플 효율이 학습 속도에 큰 영향을 미치기 때문에, VecEnv를 통한 병렬 학습은 강화학습의 실용성을 높이는 핵심 기술이라 할 수 있다.

SB3는 이처럼 정책, 모델, 환경, 콜백, 병렬 실행이라는 다섯 가지 핵심 요소를 중심으로 구성되어 있다. 각각은 독립적이면서도 유기적으로 연결되어 있어, 사용자가 목적에 따라 원하는 기능을 조합하고 확장할 수 있다. 다음 절에서는 SB3에서 실제로 어떤 알고리즘을 사용할 수 있는지, 그리고 각 알고리즘을 어떻게 불러와 학습시키는지를 실습을 통해 알아볼 것이다.

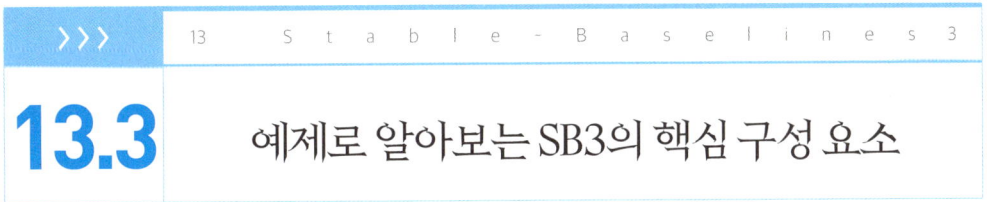

## 13.3 예제로 알아보는 SB3의 핵심 구성 요소

앞 장에서 살펴본 CartPole 예제를 이번에는 Stable-Baselines3(SB3) 패키지를 사용해 재구성해보자. SB3는 강화학습 알고리즘을 손쉽게 적용할 수 있도록 도와주는 고수준 라이브러리이다. 환경 정의, 모델 학습, 평가 과정이 간결하게 구성되며, 핵심 구성 요소로는 학습 환경(gym.make), 알고리즘 선택(PPO, DQN 등), 모델 학습(model.learn)이 있다. 이를 통해 복잡한 구현 없이도 강화학습의 주요 원리를 경험할 수 있다.

### 13.3.1 SB3 핵심 구성 요소 이해

cartpole_sb3.ipynb

```python
from stable_baselines3 import PPO
from stable_baselines3.common.env_util import make_vec_env
from stable_baselines3.common.callbacks import EvalCallback
import gym

# 1. 환경(Environment): CartPole 환경을 벡터 환경으로 생성
env = make_vec_env("CartPole-v1", n_envs=1)

# 2. 콜백(Callback): 일정 간격마다 평가하고, 최고 성능 모델 저장
eval_env = gym.make("CartPole-v1")
eval_callback = EvalCallback(
    eval_env,
    best_model_save_path="./logs/best_model",
    log_path="./logs/",
    eval_freq=5000,
    deterministic=True,
    render=False
)

# 3. 모델(Model) 및 4.정책(Policy): PPO 알고리즘, MLP 기반 정책 사용
model = PPO(
    policy="MlpPolicy",   # 정책(Policy)
    env=env,              # 학습 환경
    verbose=1,
    tensorboard_log="./ppo_log/"
)

# 5. 학습 시작
model.learn(total_timesteps=20000, callback=eval_callback)
```

SB3로 구성한 CartPole 예제는 다섯 가지 요소로 나뉜다. 먼저 환경을 설정하고, 알고리즘(PPO 등)을 선택해 모델을 정의한다. 이후 모델을 학습시키고, 저장하거나 불러올 수 있으며, 마지막으로 예측을 통해 성능을 평가한다.

### (1) 환경

환경(environment)은 에이전트가 상호작용하는 세계이다. 상태(state)를 제공하고, 행동(action)에 따라 보상(reward)과 다음 상태를 반환한다.

- 여기서는 OpenAI Gym의 "CartPole – v1" 환경을 사용하였다.
- `make_vec_env()` 함수는 이를 SB3에서 사용할 수 있도록 벡터 환경 형태로 래핑한다.

### (2) 콜백

콜백(callback)은 학습 도중 특정 조건에 따라 작업을 자동 수행하는 기능이다.

- `EvalCallback()`은 일정 간격마다 평가용 환경에서 모델을 테스트하고, 최고의 모델을 저장한다.
- `eval_freq`는 몇 타임스텝마다 평가할지를 설정한다.
- `best_model_save_path`는 성능이 가장 좋은 모델을 저장할 위치이다.

### (3) 모델

모델(model)은 정책을 포함하며, 실제로 학습을 수행하는 강화학습 알고리즘을 대표하는 객체이다. 여기서는 PPO 클래스를 사용하여 모델을 생성하였다.

- `model.learn()` 메서드를 통해 실제 학습이 진행된다.
- `model.save()`나 `model.predict()` 같은 메서드도 지원한다.
- 내부적으로 정책, 옵티마이저, 손실 함수 등이 포함되어 있다.

### (4) 정책

정책(policy)은 에이전트가 주어진 상태에서 어떤 행동을 선택할지를 결정하는 신경망 구조이다.

SB3에서는 MlpPolicy, CnnPolicy, MultiInputPolicy 등 여러 사전 정의된 정책 구조를 제공한다.

- 예제에서 사용한 "MlpPolicy"는 다층 퍼셉트론(multi-layer perceptron) 기반의 정책이다.
- 내부적으로는 두 개의 은닉층이 기본으로 구성되어 있으며, policy_kwargs를 통해 구조 변경이 가능하다.
- 정책은 강화학습 알고리즘의 핵심이자 두뇌로, 상태를 입력받아 확률적으로 행동을 출력한다.

### (5) 학습 시작

learn() 함수는 모델에게 주어진 환경에서 총 20,000 타임스텝 동안 학습을 수행하라는 명령을 수행한다. callback=eval_callback은 학습 도중 콜백(callback)을 등록하여 중간중간에 특정 작업을 자동으로 수행하도록 지시한다. 여기서 사용된 eval_callback은 다음 기능을 담당한다:

- 일정 간격(예: 5000 타임스텝마다)으로 에이전트를 별도의 평가용 환경에서 실행한다.
- 평가된 성능(평균 보상)을 기준으로, 가장 성능이 좋은 모델을 ./logs/best_model 디렉터리에 저장한다.
- 학습이 제대로 되고 있는지 실시간 모니터링할 수 있도록 로그를 기록한다.

이 구조를 이해하면, SB3를 기반으로 다양한 환경과 알고리즘에서 강화학습을 자유롭게 실험하고 확장할 수 있게 된다.

## 13.3.2 SB3 PPO 클래스 하이퍼파라미터

앞 장에서 살펴본 PPO 알고리즘과 Stable-Baselines3(SB3)에 구현된 PPO는 세부적인 코드 구조나 최적화 방식에서 차이가 있을 수 있지만, 근본적인 개념과 작동 원리는 동일하다. 따라서 SB3의 PPO를 효과적으로 활용하려면, 이 알고리즘의 핵심 원리를 바탕으로 하이퍼파라미터의 역할과 설정 방법을 잘 이해하는 것이 중요하다.

이번 절에서는 SB3에서 제공하는 PPO 하이퍼파라미터들을 하나씩 살펴보며, 이를 어떻게 조정하면 더 효율적인 학습과 안정적인 성능을 이끌어낼 수 있는지 알아보자.

| 하이퍼파라미터 | 설명 |
|---|---|
| policy | 사용할 정책 네트워크 종류("MlpPolicy", "CnnPolicy" 등) |
| env | 학습할 환경(gym.make()으로 생성한 환경) |
| learning_rate | 학습률(기본값 3e-4) |
| n_steps | 각 업데이트마다 수집할 타임스텝 수(기본값 2048) |
| batch_size | 학습 배치 크기(기본값 64) |
| n_epochs | 정책 업데이트 반복 횟수(기본값 10) |
| gamma | 할인율(기본값 0.99) |
| gae_lambda | GAE 계수(기본값 0.95) |
| clip_range | 정책 업데이트 시 클리핑 범위(기본값 0.2) |
| ent_coef | 엔트로피 보너스 계수, 탐색 유도(기본값 0.0) |
| vf_coef | 가치 함수 손실 가중치(기본값 0.5) |
| max_grad_norm | 그래디언트 클리핑 값(기본값 0.5) |
| tensorboard_log | 텐서보드 로그 저장 경로 |

SB3 PPO 클래스 하이퍼마라미터

Stable-Baselines3의 PPO 클래스는 다양한 하이퍼파라미터를 통해 모델을 유연하게 설정할 수 있다. 주요 파라미터는 다음과 같다.

### policy: 정책 신경망의 구조를 설정하는 파라미터

`policy`는 에이전트가 사용하는 정책 신경망의 형대를 지정하는 파라미터이다. 관측값이 숫자 벡터 형태라면 `"MlpPolicy"`를 사용하고, 이미지처럼 2차원 입력일 경우 `"CnnPolicy"`가 적절하다. 여러 개의 입력이 혼합된 환경이라면 `"MultiInputPolicy"`도 사용할 수 있다. 정책 네트워크의 구조는 학습 효율과 성능에 직결되므로 환경의 특성에 맞게 선택하는 것이 중요하다.

### env: 학습할 강화학습 환경을 지정하는 파라미터

env는 에이전트가 상호작용하게 될 학습 환경을 의미한다. OpenAI Gym의 `gym.make("환경 이름")` 형태로 생성된 환경을 이곳에 전달한다. 예를 들어, `gym.make("CartPole-v1")`은 막대 균형 잡기 문제 환경을 의미한다. 이 환경을 통해 에이전트는 상태를 관측하고 행동을 선택하며 보상을 받아 학습하게 된다.

### learning_rate: 신경망 학습 속도를 결정하는 파라미터

learning_rate는 에이전트가 각 업데이트마다 가중치를 얼마나 빠르게 조정할지를 나타낸다. 기본값은 $3e-4$이며, 값이 너무 크면 학습이 불안정해질 수 있고, 너무 작으면 수렴 속도가 느려질 수 있다. SB3에서는 고정된 값뿐만 아니라 스케줄 함수를 사용하여 학습률을 점진적으로 줄이는 설정도 가능하다.

### n_steps: 환경에서 수집할 경험의 양을 정의하는 파라미터

n_steps는 에이전트가 환경에서 행동을 수행하며, 한 번의 학습 업데이트 전에 얼마나 많은 타임스텝을 수집할지를 정하는 값이다. 기본값은 2048로, 이 수만큼의 상태 – 행동 – 보상 데이터를 모은 뒤 학습을 수행한다. 이 값이 크면 더 안정된 학습이 가능하지만, 연산 비용과 메모리 사용량도 늘어난다.

### batch_size: 학습에 사용되는 샘플 크기를 정의하는 파라미터

batch_size는 수집된 경험 중 한 번의 네트워크 업데이트에 사용할 데이터 샘플 수를 의미한다. 기본값은 64이며, 일반적으로 n_steps 값의 약수로 설정해야 한다. 배치 크기가 클수록 학습이 더 안정되지만 느릴 수 있고, 작을수록 빠르지만 불안정한 결과를 보일 수 있다.

### n_epochs: 같은 데이터로 반복 학습하는 횟수를 지정하는 파라미터

n_epochs는 수집된 데이터를 가지고 신경망을 몇 번 반복하여 학습할지를 결정한다. 기본값은 10이며, 같은 데이터를 여러 번 활용하여 정책을 정밀하게 조정할 수 있다. 하지만 지나치게 많은 반복은 과적합(overfitting)의 원인이 될 수 있어 적절한 균형이 필요하다.

**gamma: 미래 보상에 대한 현재 가치 환산 비율을 결정하는 파라미터**

gamma는 할인율(discount factor)을 의미하며, 미래에 받을 보상을 현재 시점에서 얼마나 가치 있게 평가할지를 나타낸다. 기본값은 0.99로, 미래 보상을 거의 현재와 동등하게 고려하는 설정이다. 짧은 시계열 문제라면 낮은 값을, 장기적인 전략이 중요한 문제라면 높은 값을 설정하는 것이 일반적이다.

**gae_lambda: Advantage 계산에서 bias-variance 균형을 조절하는 파라미터**

gae_lambda는 GAE에서 사용하는 $\lambda$값이다. 기본값은 0.95로, advantage 추정값의 분산을 줄이면서도 편향을 어느 정도 감수하는 균형 설정이다. 이 값이 1에 가까울수록 variance가 줄어들지만 bias는 커지고, 반대로 0에 가까울수록 variance는 커지나 bias는 줄어든다.

**clip_range: 정책 업데이트의 안정성을 보장하기 위한 클리핑 범위**

clip_range는 PPO의 핵심적인 안정화 기법이다. 새로운 정책이 이전 정책에서 너무 크게 변경되지 않도록 정책 확률 비율의 변화 범위를 제한한다. 기본값은 0.2이며, 이 범위를 벗어나는 큰 업데이트는 클리핑되어 학습의 안정성을 높여준다. 값이 너무 작으면 학습이 느려질 수 있고, 너무 크면 불안정해질 수 있다.

**ent_coef: 탐색을 유도하기 위한 엔트로피 보너스 가중치**

ent_coef는 정책의 엔트로피에 가중치를 부여하여 무작위성을 유지하고, 새로운 행동을 시도하도록 유도하는 역할을 한다. 기본값은 0.0이지만, 탐색이 중요한 초반 학습 단계에서는 값을 증가시켜 활용하기도 한다. 일반적으로 값이 높을수록 탐색이 활발해지고, 낮을수록 수렴이 빠르다.

**vf_coef: 가치 함수 손실에 부여하는 가중치를 설정하는 파라미터**

vf_coef는 정책 손실과 가치 함수 손실 사이의 균형을 조절하기 위한 가중치이다. 기본값은 0.5이며, 이 값을 조정함으로써 정책 네트워크와 가치 네트워크가 균형 있게 학습되도록 유도할 수 있다.

**max_grad_norm: 그래디언트 폭주를 방지하기 위한 클리핑 한계값**

max_grad_norm은 학습 중 계산되는 그래디언트의 최대 크기를 제한하여, 갑작스러운 큰 업데이트로 인한 네트워크 불안정을 방지한다. 기본값은 0.5이며, 클리핑을 통해 학습이 더 안정적으로 이루어질 수 있도록 도와준다.

### 13.3.3 SB3 PPO 클래스 튜닝 적용

앞 장에서는 PPO 알고리즘에서 신경망의 성능을 높이기 위한 다양한 튜닝 기법, 예를 들어 입력값 전처리, 손실 함수 설정, 활성화 함수 선택, 가중치 초기화, 최적화 알고리즘, 신경망 구조 조정, 그래디언트 클리핑, 조기 종료 등을 살펴보았다. 이번 장에서는 그러한 기술들이 Stable-Baselines3(SB3)의 PPO 클래스에서 실제로 어떻게 적용될 수 있는지 구체적으로 알아보자. SB3는 많은 설정을 사용자에게 개방하고 있어, 다양한 실험과 맞춤형 튜닝이 가능하다. 일부 기능은 기본 파라미터만으로 쉽게 적용할 수 있으며, 일부는 사용자 정의 환경이나 네트워크 구성, 반복 학습 루프 등을 통해 간접적으로 구현할 수 있다. 이제 각 튜닝 요소가 SB3에서 어떻게 연결되는지 하나씩 확인해보자.

**(1) 입력값 전처리: 사용자 정의로 가능**

SB3는 입력 전처리를 자동으로 처리하지 않기 때문에, 사용자가 직접 환경 래퍼(wrapper)를 통해 정규화 또는 표준화를 적용해야 한다.

```
from stable_baselines3.common.vec_env import VecNormalize
env = DummyVecEnv([lambda: gym.make("CartPole-v1")])
env = VecNormalize(env, norm_obs=True, norm_reward=True)
```

**(2) 비용 함수 설정: 내부적으로 적용됨(직접 수정은 어려움)**

SB3는 PPO 알고리즘 내부에 이미 정책(Actor)과 가치(Critic)에 맞는 손실 함수 구조를 구현해두었다.

- Actor → PPO 특유의 clipped objective
- Critic → MSE 손실 사용

직접 손실 함수를 바꾸려면 SB3의 소스 코드를 커스터마이징해야 한다.

### (3) 활성화 함수 변경: policy_kwargs로 조정 가능

policy_kwargs 인자를 사용하여 MLP 구조와 활성화 함수 변경이 가능하다.

```
from torch.nn import Tanh, ReLU
policy_kwargs = dict(
    activation_fn=ReLU,
    net_arch=[dict(pi=[64, 64], vf=[64, 64])]
)
model = PPO("MlpPolicy", env, policy_kwargs=policy_kwargs)
```

Swish나 LeakyReLU 등도 PyTorch 기반 함수이므로 모두 사용 가능하다.

### (4) 가중치 초기화 방식: 정의 가능하나 코드 커스터마이징 필요

기본적으로 SB3는 PyTorch의 기본 초기화를 사용하지만, 사용자가 커스텀 정책 클래스를 정의하여 가중치 초기화를 구현할 수 있다. CustomPolicy 클래스를 정의하고 초기화 함수를 오버라이딩해야 한다.

### (5) 옵티마이저 설정: 학습률 조정 가능, 옵티마이저 교체는 코드 수정 필요

학습률은 SB3의 PPO 클래스에서 가장 손쉽게 조정할 수 있는 하이퍼파라미터 중 하나이다. 사용자는 고정된 숫자 값을 직접 입력할 수도 있고, `linear_schedule`과 같은 스케줄 함수를 통해 학습이 진행될수록 점진적으로 감소하는 방식으로 설정할 수 있다.

옵티마이저 종류 자체를 변경하는 것은 비교적 복잡한 작업이다. 기본적으로 SB3는 PyTorch의 Adam 옵티마이저를 내부에서 사용하도록 설계되어 있으며, 이를 다른 옵티마이저로 바꾸려면 라이브러리 내부의 소스 코드를 수정하거나, 커스텀 정책 클래스와 학습 루프를 작성해야 한다. 따라서 초보 사용자보다는 고급 사용자를 위한 설정이라고 할 수 있다. 일반적인 사용자는 학습률 조정만으로도 충분히 안정적이고 효율적인 학습 결과를 얻을 수 있다.

### (6) 노드 수 및 레이어 수: policy_kwargs로 완벽하게 조정 가능

SB3는 policy_kwargs에서 신경망의 구조를 자유롭게 설정할 수 있다.

```
policy_kwargs = dict(
    net_arch=[dict(pi=[128, 128], vf=[128, 128])]
)
```

이렇게 하면 Actor와 Critic 각각 두 층, 128 노드씩 구성된다.

### (7) 그래디언트 클리핑: 기본 지원

max_grad_norm 파라미터를 통해 SB3 내부에서 그래디언트를 자동으로 클리핑한다.

### (8) 조기 종료(Early Stopping): 직접 구현 필요

SB3는 자동 조기 종료 기능을 내장하고 있지 않다. 그러나 학습 루프를 직접 작성해 mean_reward, moving average, patience 등을 기준으로 조기 종료를 구현할 수 있다.

```
best_reward = -float('inf')
patience = 10
patience_counter = 0

for i in range(100):
    model.learn(total_timesteps=10000, reset_num_timesteps=False)
    mean_reward = evaluate_model(model, env)

    if mean_reward > best_reward:
        best_reward = mean_reward
        patience_counter = 0
    else:
        patience_counter += 1

    if patience_counter >= patience:
        print("Early stopping triggered.")
        break
```

지금까지 살펴본 것처럼, PPO 알고리즘의 성능을 최적화하기 위한 다양한 신경망 튜닝 기법들은 Stable–Baselines3(SB3)의 PPO 클래스에서도 상당 부분 적용이 가능하다. 특히 학습률, 네트워크 구조, 활성화 함수, 그래디언트 클리핑 등은 별도의 코드 수정 없이 하이퍼파라미터나 설정 인자만으로 손쉽게 조절할 수 있다. 반면, 옵티마이저 종류 변경이나 가중치 초기화와 같은 고급 설정은 소스코드 수정 또는 커스텀 구현을 필요로 하므로, 사용자의 숙련도에 따라 접근 방식이 달라질 수 있다. 결국 강화학습에서 좋은 결과를 얻기 위해서는 알고리즘 자체의 이해뿐만 아니라, 이렇게 다양한 구성 요소를 어떻게 조합하고 조정할지에 대한 실험과 경험이 함께 뒷받침되어야 한다.

| 항목 | SB3 PPO 적용 가능 여부 | 비고 |
| --- | --- | --- |
| 입력값 전처리 | O 가능(VecNormalize) | 사용자 래퍼 사용 |
| 손실 함수 설정 | O 내부 구현됨(변경은 어려움) | 고급 사용자만 수정 |
| 활성화 함수 | O 가능 | policy_kwargs 활용 |
| 가중치 초기화 | O 가능하지만 커스터마이징 필요 | |
| 옵티마이저 | O 학습률만 쉽게 조정 가능 | 종류 변경은 코드 수정 |
| 신경망 구조 설정 | O 완벽 지원 | net_arch로 자유롭게 |
| 그래디언트 클리핑 | O 지원 | max_grad_norm |
| 조기 종료 | △ 가능(직접 구현 필요) | 루프 구성 필수 |

튜닝 기법 적용 가능 여부

## 13.3.4 예제 코드 실행과 평가 지표

앞에서 우리는 Stable–Baselines3(SB3)를 사용해 CartPole 환경에서 PPO 알고리즘을 적용하는 예제를 만들어보았다. 이제 그 코드를 실제로 실행해 보고, 학습이 잘 이루어졌는지 확인해 보자.

단순히 코드를 돌리는 데 그치지 않고, **결과를 분석하면서 강화학습에서 자주 사용되는 평가 지표**들이 어떤 의미를 가지는지도 함께 살펴보는 것이 목표이다.

### cartpole_sb3.ipynb 실행 결과

```
Eval num_timesteps=20000, episode_reward=307.00 +/- 98.85
Episode length: 307.00 +/- 98.85
-----------------------------------------
| eval/                  |              |
|    mean_ep_length      | 307          |
|    mean_reward         | 307          |
| time/                  |              |
|    total_timesteps     | 20000        |
| train/                 |              |
|    approx_kl           | 0.008404769  |
|    clip_fraction       | 0.0717       |
|    clip_range          | 0.2          |
|    entropy_loss        | -0.545       |
|    explained_variance  | 0.824        |
|    learning_rate       | 0.0003       |
|    loss                | 2.85         |
|    n_updates           | 90           |
|    policy_gradient_loss| -0.00483     |
|    value_loss          | 27.5         |
-----------------------------------------

-----------------------------------
| rollout/            |           |
|    ep_len_mean      | 145       |
|    ep_rew_mean      | 145       |
| time/               |           |
|    fps              | 1093      |
|    iterations       | 10        |
|    time_elapsed     | 18        |
|    total_timesteps  | 20480     |
-----------------------------------
```

항목은 크게 네 가지 범주로 나눌 수 있다: eval(평가 지표), train(학습 과정 지표), rollout(환경과의 상호작용), 그리고 time(학습 시간 관련 정보)이다. 각 범주는 모델이 얼마나 잘 학습되었는지, 학습이 얼마나 효율적으로 진행되었는지를 판단하는 데 중요한 정보를 제공한다.

## (1) 평가 지표(eval)

에이전트가 학습 후 환경에서 얼마나 잘 작동하는지를 정량적으로 측정한 값들이다. 모두 학습에 따라 변화하는 지표들이다.

- **mean_reward**: 307

  에이전트가 10회의 평가 에피소드에서 획득한 평균 보상이다. CartPole 환경의 최대 보상은 500이므로, 평균 307은 꽤 높은 성능을 의미한다. 학습이 안정적으로 진행되고 있다는 신호로 해석된다.

- **mean_ep_length**: 307

  한 에피소드가 평균적으로 307 타임스텝 동안 지속되었다는 의미이다. 막대가 쓰러지지 않고 오래 유지된 것으로 볼 수 있으며, 이는 보상 수치와 동일하게 작동한다.

## (2) 학습 과정 지표(train)

학습 과정 지표는 PPO 알고리즘이 실제로 어떻게 학습되고 있는지를 내부적으로 보여주는 핵심적인 수치들이다. 이 지표들은 단순히 모델의 결과만 보는 것이 아니라, **정책이 얼마나 안정적으로 업데이트되고 있는지, 가치 함수가 잘 작동하는지, 탐색과 수렴의 균형이 잘 맞는지** 등을 판단하는 데 큰 도움을 준다.

- **approx_kl**: 0.0084

  쿨백 라이블러 발산(Kullback – Leibler divergence, KLD)은 현재 정책과 이전 정책 간의 차이를 수치로 표현한 것이다. PPO에서는 정책이 너무 급격히 바뀌는 것을 방지하기 위해 KL 값이 너무 커지지 않도록 조절한다. 학습에 따라 변화하는 값이다.
  - ✓ 0.01 이하: 정책이 안정적으로 업데이트
  - ✓ 0.02 이상: 정책이 너무 급격하게 바뀌고 있음을 의미(learning_rate, clip_range 조정)

- **clip_fraction**: 0.0717

  PPO는 정책의 급격한 변화를 막기 위해 정책 비율이 일정 범위를 넘으면 그 값을 클리핑(clipping)한다. 이때 전체 업데이트 중 몇 퍼센트가 클리핑됐는지를 나타내는 것이 clip_fraction이다. 이 값이 0.1~0.2 사이 정도면 안정적인 학습으로 볼 수 있다. 너무 크면 학습이 억제되고, 너무 작으면 클리핑이 제대로 작동하지 않을 수 있다. 학습에 따라 변화하는 값이다.
  - ✓ 0.0 ~ 0.05: 거의 클리핑 없음. 정책이 너무 느리게 바뀜. 학습이 비효율적일 수 있음
  - ✓ 0.05 ~ 0.2: 적절한 클리핑 정책이 안정적이며 점진적으로 업데이트됨
  - ✓ 0.2 ~ 0.4: 클리핑 과다. 정책 업데이트가 과도하게 억제되고 있을 수 있음
  - ✓ 0.4 이상: 매우 높음. 정책이 너무 자주 클리핑되어 학습이 막히고 있음 가능성.

- **clip_range**: 0.2

  정책 비율이 허용되는 범위를 설정하는 값이다. 예를 들어 `clip_range=0.2`라면 새로운 정책이 기존 정책 확률의 ±20% 이내로만 바뀌도록 제한한다. 이 값은 PPO의 안정성을 확보하는 핵심적인 요소로, 너무 작으면 학습이 느려지고 너무 크면 정책이 흔들리게 된다. 초기 설정 값이며 고정된다.
  - ✓ 0.05 ~ 0.1: 매우 좁은 범위. 정책 변화 억제가 강함. 학습이 매우 느림, 수렴은 안정적
  - ✓ 0.1 ~ 0.2: 권장 범위. 적당한 안정성과 학습 속도 확보. 가장 일반적인 설정.
  - ✓ 0.2 ~ 0.3: 넓은 범위. 정책 변화가 큼 → 학습 속도는 빠르나 불안정할 수 있음.
  - ✓ 0.3 이상: 매우 넓음. 정책이 큰 폭으로 바뀜 → 학습이 흔들리거나 발산 위험 증가

- **entropy_loss**: −0.545

  entropy_loss는 강화학습에서 에이전트가 **얼마나 무작위적으로 행동을 선택하고 있는지를 나타내는 지표**이다. 이 값은 보통 음수로 나타나며, 절댓값이 작을수록 정책이 다양한 행동을 시도하고 있다는 뜻이다. 이는 에이전트가 아직 특정 행동에 대해 확신을 갖지 못하고 있다는 것을 의미하며, 학습 초기에는 자연스럽게 작은 절댓값을 가진다.

  학습이 진행되면서 에이전트는 점차 환경을 이해하게 되고, 보상이 높은 행동에 집중하게 되며, 그에 따라 entropy_loss의 절댓값은 점차 커진다. 즉, 정책이 무작위성에서 벗어나 점차 결정론적(deterministic)으로 변화하고 있는 것이다.

  이러한 탐색 성향은 `ent_coef`라는 하이퍼파라미터로 조절할 수 있다. `ent_coef`는 정책 손실에 엔트로피 항을 얼마나 반영할지 결정하며, 값을 높이면 더 많은 탐색을 유도하고, 낮추면 보다 수렴 중심의 정책을 만들 수 있다.
  - ✓ −2.0 이상: 작음. 탐색 거의 없음. 정책이 거의 결정론적으로 수렴한 상태.
  - ✓ −1.0 ~ −3.0: 적당함. 안정적인 탐색. 일반적인 학습 진행 중의 범위.
  - ✓ −3.0 ~ −6.0: 큼. 탐색이 활발함. 정책이 확신이 없고 다양한 행동 시도 중.
  - ✓ −6.0 이하: 매우 큼. 무작위성 과도. 학습이 불안정하거나 정책이 수렴하지 않음.

- **explained_variance**: 0.824

  이 값은 0에서 1 사이의 값을 가지며, 1에 가까울수록 가치 함수가 실제 보상과 비슷한 값을 예측하고 있음을 뜻한다. 0.8 이상이면 가치 추정이 매우 정확한 편이며, 0.5 이하이면 가치 함수의 학습이 부족하거나 학습률, 네트워크 구조 등을 재조정할 필요가 있다. 학습에 따라 변화하는 값이다.
  - ✓ 0 미만: 역상관. 예측이 오히려 보상과 반대 방향으로 틀림.
  - ✓ 0 ~ 0.5: 낮음. 가치 함수가 보상을 잘 예측하지 못함 → 학습 부족.
  - ✓ 0.5 ~ 0.8: 보통. 가치 함수가 어느 정도 예측함.
  - ✓ 0.8 ~ 1.0: 높음. 가치 예측이 매우 정확함 → 안정적인 학습 상태.

- **learning_rate**: 0.0003

  현재 사용되고 있는 학습률이며, 초기에는 고정값이지만 스케줄러를 사용하면 점차 감소하도

록 설정할 수도 있다. 학습률이 너무 크면 발산하고, 너무 작으면 수렴이 느려진다. SB3에서는 `learning_rate=3e-4`가 기본이며, `linear_schedule()`을 통해 동적으로 조정할 수 있다.

- **loss**: 2.85

  정책 손실 + 가치 손실 + 엔트로피 보너스를 모두 합친 총 손실 값이다. 이 값 자체의 절대적인 크기보다는, 학습 과정에서 꾸준히 줄어들고 있는지 여부가 중요하다. 불규칙하게 급등락하거나 계속 커진다면 학습이 불안정할 수 있다. 학습에 따라 변화하는 값이다.

- **n_updates**: 90

  지금까지 학습 중 몇 번 정책 네트워크를 업데이트했는지를 나타내는 값이다. 시간이 지남에 따라 선형적으로 증가하며, 얼마나 많은 학습이 이루어졌는지를 파악하는 데 도움을 준다. 학습이 진행될수록 증가한다.

- **policy_gradient_loss**: −0.00483

  `policy_gradient_loss`는 에이전트가 현재 상태에서 어떤 행동을 얼마나 '좋게' 평가하느냐에 따라 정책을 얼마나 조정할지를 결정하는 손실 함수 값이다. PPO는 기존의 정책에서 너무 멀리 벗어나지 않도록 **clipped objective**라는 안전장치를 사용해 정책을 업데이트한다.

  PPO는 이 손실 값을 **최소화**하는 것이 아니라 **최대화**하려고 하므로, 학습 루틴에서는 `policy_gradient_loss` 값이 **음수**로 표시된다. 즉, `policy_gradient_loss`가 −0.004라면 이건 실제로 0.004만큼 "좋은 방향"으로 정책이 업데이트되었음을 의미한다.

  이 값의 **절댓값이 클수록** 정책 업데이트가 활발하게 이루어지고 있다면 아직 학습이 진행 중이라는 신호이며, 이 값의 **절댓값이 작을수록** 정책 변화가 거의 없고 정책이 **수렴**하고 있다는 신호이다.

  이 값이 0에 가까워질수록 학습이 종료되었거나, 학습률이 너무 작거나, 탐색이 부족할 수도 있다는 신호로 볼 수 있으므로 단독으로 해석하기보다는 `entropy_loss`, `approx_kl`, `clip_fraction` 등과 함께 보는 것이 좋다.

  - ✓ −0.001 ~ −0.01: 적당함. 안정적인 정책 개선 진행 중.
  - ✓ −0.01 ~ −0.05: 적극적. 정책 업데이트가 강하게 일어나고 있음.
  - ✓ −0.05 이하: 과도함. 학습률이 너무 크거나 클리핑이 잘 안 됨. 불안정 가능성 있음.
  - ✓ 0 또는 양수: 비정상. PPO의 목표 방향과 어긋남. 구현 문제 또는 수렴 실패 가능성.

- **std**: none

  PPO 학습 로그의 std는 정책이 행동을 얼마나 무작위적으로 선택하는지를 나타내는 표준편차이다. 에이전트는 일반적으로 가우시안 분포를 따라 행동을 샘플링하며, 이때 std가 클수록 분포가 넓어져 다양한 행동을 시도하게 되고, 작을수록 특정 행동에 대한 확신이 높아져 결정론적이 된다.

  학습 초반에는 탐색을 위해 std가 높게 시작하는 것이 자연스럽고, 학습이 잘 진행되면 점차 줄어드는 경향을 보인다. 하지만 학습이 진행되어도 std가 계속 커진다면, 이는 탐색이 과도하거나 정책이 수렴하지 않고 있다는 신호일 수 있다. 이 경우 `ent_coef`나 `clip_range`와 같은 파라미터 조정이 필요하다. std는 정책의 탐색성과 수렴 정도를 판단할 수 있는 중요한 지표이다.

- ✓ 0.5 이하: 매우 좁은 분포, 결정론적 행동 선택. 학습이 수렴했거나 탐색 부족 상태.
  - ✓ 0.7 ~ 1.5: 적당한 무작위성. 정책이 안정적 학습 중. 탐색과 수렴의 균형 잡힌 상태.
  - ✓ 1.5 이상: 탐색성이 매우 큰 상태. 에이전트가 다양한 행동 무작위 시도.

- **value_loss**: 27.5

  가치 함수의 평균 손실이다. 너무 크면 보상 예측이 부정확하다는 의미이고, 너무 작으면 과적합의 가능성도 있다. 여기서는 약간 높은 편이나, CartPole에서는 큰 문제로 간주되지 않는다.

  value_loss가 너무 클 경우 가치 함수가 보상을 정확히 예측하지 못하고 있을 수 있으므로, 학습률이 너무 높거나, 네트워크 구조가 복잡하거나 부적절할 수 있다.

  value_loss가 너무 작을 경우, 너무 정밀하게 특정 훈련 데이터에 맞춘 경우(과적합)이므로 실제 환경에서는 일반화가 잘 안될 수 있다. 따라서 정책과 함께 해석되어야 하며, explained_variance 지표도 같이 고려하는 것이 바람직하다. 예를 들어 value_loss가 다소 높더라도 explained_variance가 0.8 이상이라면, 가치 함수가 보상의 전체 흐름을 잘 설명하고 있다고 볼 수 있다.

## (3) 환경 상호작용 지표(rollout)

에이전트가 환경과 상호작용하면서 얼마나 잘 수행하고 있는지를 보여준다. 학습 중 실시간으로 변화한다.

- **ep_len_mean**: 145

  ep_len_mean은 에이전트가 하나의 에피소드 동안 **얼마나 오랫동안 환경과 상호작용했는지를 나타내는 평균 길이**이다. 이 수치는 에이전트가 **실수 없이 환경에서 얼마나 오래 생존하거나 지속적으로 행동할 수 있었는지를 보여주는 간접적인 성능 지표**다. 보통 학습 초반에는 짧지만, 시간이 지날수록 점차 길어지는 경향을 보이면 학습이 잘 되고 있다는 긍정적인 신호로 해석할 수 있다.

  예를 들어 ep_len_mean = 145라면, 각 에피소드가 평균적으로 145 스텝까지 이어졌다는 뜻이다. 이 수치는 환경마다 최대 스텝 수가 다르기 때문에, **학습 초기 대비 얼마나 증가했는지**, 그리고 **최대치에 얼마나 근접했는지를 기준으로** 해석해야 한다.

- **ep_rew_mean**: 145

  ep_rew_mean은 학습 도중 환경과의 상호작용에서 에이전트가 얻은 **평균 보상**을 나타내는 지표이다. 이 값은 **정책의 성능이 실제 보상에 얼마나 영향을 주고 있는지를 직접적으로 보여주는 수치로**, 학습이 성공적으로 진행된다면 점차 증가하는 추세를 보여야 한다. ep_rew_mean = 145는 평균적으로 한 에피소드에서 145의 보상을 얻었다는 뜻이며, 환경이 허용하는 보상 범위 내에서 **얼마나 효율적으로 보상을 극대화하고 있는지를 판단하는 기준**이 된다.

### (4) 시간 관련 정보(time)

학습 속도 및 진행 상황을 보여주는 보조적인 시간 정보이다. 모두 학습 중 자동으로 증가한다.

- **fps**: 1093

  학습이 초당 몇 프레임으로 진행되었는지를 나타낸다. 숫자가 높을수록 빠르게 학습되었다는 뜻이다. 이는 CPU 성능이나 환경의 복잡도에 따라 달라질 수 있다.

- **iterations**: 10

  전체 학습 루프가 10회 반복되었다는 의미이다. PPO는 한 번의 루프마다 일정 타임스텝을 수집해 학습한다.

- **time_elapsed**: 18

  전체 학습에 걸린 시간(초)이다. 20,000 타임스텝을 학습하는 데 약 18초가 소요되었다는 의미이다.

- **total_timesteps**: 20480

  지금까지 학습한 전체 타임스텝 수이다. 초기 설정값(20,000)과 거의 동일하므로 정상적으로 학습이 완료되었음을 의미한다.

## 13.3.5 학습 결과 해석을 위한 핵심 지표

강화학습에서 학습이 잘 이루어졌는지를 해석하기 위해 확인해야 할 지표는 여러 가지가 있지만, 그중에서도 **가장 핵심적인 지표**는 다음 세 가지라고 할 수 있다.

### (1) 평균 보상(mean_reward)

에이전트가 환경에서 얼마나 많은 보상을 받았는지를 평균적으로 계산한 값으로, 보통 `evaluate_policy()` 함수의 결과나 eval/mean_reward 항목에서 확인할 수 있다. 이 값이 점점 증가한다면, 에이전트가 환경에서 유리한 행동을 학습하고 있다는 증거이다. 예를 들어, CartPole 환경에서는 평균 보상이 490~500에 도달하면 거의 완벽하게 학습된 상태로 본다.

이 지표는 에이전트의 외부 성과(performance)를 직접 측정하는 유일한 수치이기 때문에 매우 중요하다.

카트폴 기준으로 살펴보면 다음과 같다.

- 한 에피소드 최대 보상: 500
- 평균 보상 490 이상: 거의 완벽한 학습
- 평균 보상 300~400: 양호하지만 추가 학습 필요
- 평균 보상 200 이하: 학습 미흡 상태

평균 보상 하나만으로 학습 상태를 판단하는 것은 위험할 수 있다. 다음과 같은 지표들을 **함께 종합적으로 해석**해야 더욱 신뢰도 높은 평가가 가능하다.

- ep_rew_mean/ep_len_mean
  - ✓ 학습 로그에서 제공하는 롤아웃 기반 평균 보상과 평균 에피소드 길이
  - ✓ mean_reward와 유사하지만, 학습 중 수집된 데이터이므로 노이즈가 많을 수 있음
  - ✓ 추세는 비슷하게 움직이는지 확인 필요

- explained_variance
  - ✓ 가치 함수가 보상을 얼마나 잘 예측하는지를 나타냄
  - ✓ mean_reward가 오르더라도 explained_variance가 낮으면, 정책은 좋아졌지만 가치 추정이 불안정하다는 뜻

- entropy_loss
  - ✓ 너무 낮으면 정책이 지나치게 결정론적이 되어 로컬 최적에 빠질 수 있음
  - ✓ mean_reward 상승과 함께 엔트로피(entropy)가 일정 수준에서 점차 줄어드는 흐름이 이상적

- policy_gradient_loss
  - ✓ 너무 크면 정책이 불안정하게 급격히 변화 중일 수 있음
  - ✓ 적절한 범위에서 점진적으로 변화하면서 mean_reward가 함께 상승하면 바람직

- eval/mean_reward vs. train/ep_rew_mean
  - ✓ eval/mean_reward는 정책의 성능을 평가 모드로 본 수치
  - ✓ train/ep_rew_mean은 학습 중 수집된 샘플의 평균 보상이므로, 탐색성 영향을 받음
  - ✓ 두 수치가 일정하게 가까워지면, 정책이 수렴 중이라는 신호

### (2) Explained Variance(explained_variance)

가치 함수(Critic)가 얼마나 잘 작동하는지를 나타내는 대표 지표이다. 이 값은 상태의 가치를 예측하는 신경망이 실제 리턴과 얼마나 잘 일치하는지를 수치로 보여준다. 0.0이면 전혀 설명하지 못하는 상태, 1.0에 가까울수록 예측력이 높은 상태이다.

일반적으로 0.7 이상이면 매우 양호하고, 0.3 이하이면 가치 함수가 불안정하거나 학습이 덜 되었다고 해석한다.

PPO는 Actor – Critic 구조이므로, Critic이 부정확하면 잘못된 정보를 기반으로 정책이 학습될 수 있기 때문에 매우 중요하다.

수치 기준은 다음과 같다.

- 미만: 역상관. 예측이 오히려 보상과 반대 방향으로 틀림.
- ~ 0.5: 낮음. 가치 함수가 보상을 잘 예측하지 못함 → 학습 부족.
- 0.5 ~ 0.8: 보통. 가치 함수가 어느 정도 예측함.
- 0.8 ~ 1.0: 높음. 가치 예측이 매우 정확함 → 안정적인 학습 상태.

같이 봐야 할 보조 지표들은 다음과 같다.

- value_loss
  - Critic이 리턴을 얼마나 잘 추정하는지를 직접적으로 수치화한 손실 값
  - explained_variance가 낮고 value_loss가 높다면 → 가치 예측이 부정확하다는 강한 증거
- mean_reward / ep_rew_mean
  - Critic의 학습이 잘 이뤄지면 정책도 안정적으로 보상을 얻기 시작함
  - explained_variance가 높아지면 일반적으로 평균 보상도 함께 상승하는 경향
- policy_gradient_loss
  - Critic이 잘못된 Advantage를 제공하면, 정책 손실도 요동칠 수 있음
- loss(총 손실)
  - value_loss가 전체 손실에서 너무 큰 비중을 차지하고 있지는 않은지 확인 필요

### (3) Policy Gradient Loss(policy_gradient_loss)

정책이 실제로 얼마나 업데이트되고 있는지를 보여주는 내부 지표이다. PPO는 정책을 업데이트할 때 손실 값을 최소화하려는 방향으로 학습하며, 이 값은 보통 음수로 출력된다. 절댓값이 크면 아직 정책이 활발히 학습 중, 작으면 수렴되었거나 학습이 느려졌다는 신호이다. 너무 작을 경우 학습률이 너무 낮거나 탐색이 부족하거나, 이미 충분히 학습된 상태일 수 있다.

이 지표는 에이전트가 '실제로' 학습을 계속하고 있는지를 확인하는 정책 변화의 체온계 역할을 하기 때문에 매우 중요한 지표이다.

수치 기준은 다음과 같다.

- $-0.001 \sim -0.01$: 적당함. 안정적인 정책 개선 진행 중.
- $-0.01 \sim -0.05$: 적극적. 정책 업데이트가 강하게 일어나고 있음.
- $-0.05$ 이하: 과도함. 학습률이 너무 크거나 클리핑이 잘 안 됨. 불안정 가능성 있음.
- 0 또는 양수: 비정상. PPO의 목표 방향과 어긋남. 구현 문제 또는 수렴 실패 가능성.

같이 봐야 할 보조 지표들은 다음과 같다.

- clip_fraction
    - ✓ 정책 업데이트 중 얼마나 많은 비율이 클리핑되었는지를 나타냄
    - ✓ policy_gradient_loss가 커지면, 클리핑 비율도 높아지는 경향이 있음
    - ✓ 클리핑이 과도하게 일어나면 정책 개선이 억제될 수 있음, 일반적으로 clip_fraction은 0.1~0.2 사이가 안정적인 범위

- approx_kl
    - ✓ 현재 정책과 이전 정책 사이의 차이
    - ✓ policy_gradient_loss가 클 경우 approx_kl도 함께 증가할 수 있음
    - ✓ 너무 높으면 정책이 급격히 바뀌는 것으로, 불안정한 학습 가능성

- entropy_loss
    - ✓ 정책이 얼마나 무작위적으로 행동을 선택하고 있는지
    - ✓ policy_gradient_loss가 너무 낮고 entropy_loss도 작으면, 정책이 수렴해서 탐색이 거의 멈춘 상태
    - ✓ 너무 크면 탐색이 과도해서 정책이 안정되지 못할 수도 있음

- mean_reward/ep_rew_mean
    - ✓ policy_gradient_loss가 작아지면서 평균 보상이 높아지는 흐름이면, 정책이 안정적으로 수렴하고 있다는 신호
    - ✓ 반대로 policy_gradient_loss가 큰데도 평균 보상이 오르지 않으면, 잘못된 방향으로 업데이트되고 있을 가능성 있음

- explained_variance
    - ✓ Critic의 예측 성능 지표
    - ✓ policy_gradient_loss가 커도 explained_variance가 낮으면, 잘못된 advantage를 기반으로 정책을 업데이트하고 있을 수 있음

이처럼 강화학습의 학습 상태를 해석할 때는 평균 보상, 설명력, 정책 손실 세 가지 지표가 핵심적인 기준이 된다. 외부 성과와 내부 신호를 함께 살펴보면 학습이 얼마나 안정적이고 효과적으로 진행되고 있는지를 정확히 판단할 수 있다. 이러한 지표 해석 능력은 강화학습 실험을 성공적으로 이끌기 위한 중요한 실전 감각이다.

## 13.3.6 텐서보드

텐서보드(TensorBoard)는 구글에서 개발한 딥러닝 시각화 도구로, 모델 학습 중 수집된 로그 데이터를 그래프로 시각화해주는 도구이다. Stable-Baselines3(SB3)는 텐서보드를 기본 지원하므로, 별도 설정 없이 쉽게 연동할 수 있다.

주요 기능은 다음과 같다.

- 평균 보상, 손실 값, 학습률 등의 변화 추이 시각화
- 실시간 정책 수렴 여부 확인
- 여러 실험의 비교 분석
- 학습 이상 탐지(예: 손실이 튀는 시점 등)

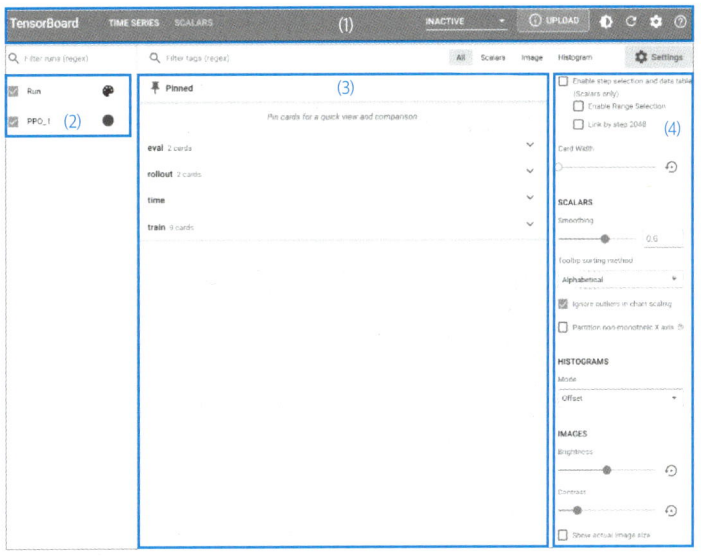

텐서보드 화면 설명

이 그림은 텐서보드 실행 후 보게 되는 기본 화면이다. 아래는 이 화면을 구성하는 주요 영역에 대한 설명이다. 각각 어떤 역할을 하는지 알면 텐서보드를 더 효율적으로 활용할 수 있다.

### (1) 상단 바(주황색 영역)
- 텐서보드 로고: 왼쪽 위에는 텐서보드 로고와 함께 현재 탭(TIME SERIES, SCALARS 등)이 표시된다.
- < UPLOAD > 버튼: 기존에 저장된 로그 파일을 업로드하여 로컬에서 시각화할 수 있다.
- 새로 고침, 설정, 도움말 아이콘: 로그 다시 로드, 텐서보드 설정, 도움말 보기 가능

### (2) 왼쪽 사이드바(실험 선택 영역)
- Run 선택 창: 어떤 실험(run)의 로그를 볼지 선택하는 영역이다. 현재는 PPO_1이라는 실험 하나가 선택되어 있다.
- 체크박스를 통해 특정 실험만 필터링하거나 비교해서 볼 수 있다. 여러 실험 결과를 동시에 비교할 때 매우 유용하다.

### (3) 중앙 메인 뷰(카드 뷰 영역)
- Pinned: 원하는 지표 그래프를 고정해서 항상 볼 수 있는 공간
- eval, rollout, time, train: 각각의 범주별로 로그가 정리되어 있다. 클릭하면 세부 지표가 펼쳐진다.

### (4) 오른쪽 설정 패널(Settings 패널)
- **SCALARS 영역**
  - ✓ Smoothing: 그래프의 흔들림을 줄여서 부드럽게 표현하는 정도
  - ✓ (기본값 0.6 → 흔들림 완화)
  - ✓ Tooltip 정렬 방법: 마우스를 그래프 위에 댔을 때 정보 정렬 방식
  - ✓ Ignore outliers: 이상치 무시 옵션(그래프 확대 방지)
- **HISTOGRAMS & IMAGES**
  - ✓ 이미지 로그가 있을 경우 밝기나 대비 조정 가능(강화학습에서는 보통 사용 안 함)

텐서보드를 활용하면 강화학습 중 중요한 지표들의 변화를 시각적으로 한눈에 파악할 수 있다. 예를 들어, 평균 보상 그래프를 통해 보상이 점차 상승하며 수렴하는 흐름을 직관적

으로 확인할 수 있고, 특정 시점에서 수치가 갑자기 튀거나 급락하는 경우도 쉽게 포착할 수 있다. 또한 정책 손실이 점차 감소하면서 안정적으로 수렴해가는 추이도 그래프로 확인할 수 있기 때문에, 학습이 잘 진행되고 있는지 여부를 빠르게 판단할 수 있다.

텐서보드의 우측 설정 패널에서는 Smoothing 기능을 활용할 수 있는데, 이 슬라이더를 조절하면 그래프의 요동치는 패턴을 부드럽게 만들어 전체적인 흐름을 더 명확하게 볼 수 있다. 특히 평균 보상이나 손실 값처럼 변화 폭이 큰 지표에서는 이 기능이 큰 도움이 된다.

또한 여러 실험을 비교하고자 할 때는 좌측 사이드바에서 실험별 체크박스를 활성화하여, 동일한 지표에 대한 여러 Run을 동시에 그래프로 표시할 수 있다. 이를 통해 다양한 하이퍼파라미터 설정이나 알고리즘 변화에 따른 학습 효과를 직관적으로 비교하고 분석할 수 있어, 실험 설계와 튜닝 과정에서 매우 유용하다.

텐서보드를 사용하기 위해서는 다음 2단계를 반드시 거쳐야 한다.

1단계에서는 SB3에서는 모델 생성 시 `tensorboard_log` 매개변수를 통해 텐서보드 로그 경로를 설정할 수 있다.

```python
from stable_baselines3 import PPO
import gym

# 환경 생성
env = gym.make("CartPole-v1")

# PPO 모델 생성(텐서보드 로그 저장 경로 지정)
model = PPO("MlpPolicy", env, tensorboard_log="./ppo_tensorboard/")

# 학습 시작(로그가 자동으로 기록됨)
model.learn(total_timesteps=100000)
```

Stable-Baselines3에서 텐서보드를 사용하려면, 모델을 생성할 때 `tensorboard_log` 매개변수를 설정해야 한다. 예를 들어 `tensorboard_log="./ppo_tensorboard/"`와 같이 지정하면, 학습 중 발생하는 다양한 로그 데이터들이 해당 경로에 자동으로 저장된다. 이 설정을 하지 않을 경우 텐서보드용 로그 파일이 생성되지 않기 때문에, 이후 텐서보드를 실행하더라도 시각화할 정보가 없게 된다.

지정한 로그 폴더 내부에는 학습을 시작할 때마다 PPO_1, PPO_2와 같은 이름의 하위 폴더가 자동으로 생성되며, 각각의 학습 실험(run)에 대한 로그가 이곳에 기록된다. 이 구조 덕분에 여러 번 실험을 반복하더라도 각 실험 결과를 분리해서 저장하고, 텐서보드에서 비교하여 시각화할 수 있다.

2단계에서는 학습 중 기록된 로그 파일을 기반으로 텐서보드를 실행하게 된다. 이때 중요한 점은, tensorboard_log로 지정했던 경로가 현재 디렉토리 기준이기 때문에, **반드시 학습 코드를 실행한 디렉토리에서 텐서보드를 실행해야 한다는 점**이다.

예를 들어, 학습 코드에서 다음과 같이 로그 경로를 설정했다면

```
tensorboard_log="./ppo_tensorboard/"
```

터미널에서 텐서보드를 실행할 때는 이 코드가 있는 디렉토리(즉, ppo_tensorboard/ 폴더가 존재하는 위치)로 이동한 뒤 다음과 같은 명령어를 입력해야 한다.

```
tensorboard --logdir=./ppo_tensorboard/
```

이 명령어를 실행하면 콘솔에 다음과 같은 메시지가 출력되며, 웹 브라우저에서 http://localhost:6006으로 접속하면 텐서보드 화면을 확인할 수 있다.

만약 코드와 다른 위치에서 텐서보드를 실행하거나 로그 경로를 잘못 지정하면, 시각화할 로그가 없다고 표시되므로 주의가 필요하다. 따라서 텐서보드를 실행할 때는 반드시 **학습 로그가 저장된 디렉토리에서**, 또는 **정확한 경로를 지정하여** 실행해야 정상적으로 작동한다.

지금까지 강화학습의 핵심 개념과 SB3를 활용한 실습을 통해 학습 과정을 분석하는 방법을 살펴보았다. 하지만 진정한 이해는 직접 손으로 실험하고 문제를 해결하는 과정에서 비롯된다. 앞으로 다양한 실무 예제를 통해 이론을 실제로 적용해보며, 강화학습의 원리를 몸으로 익히고, 더 나아가 진정한 인공지능 전문가로 성장하는 여정에 한걸음 더 다가가 보자.

# 14

## 인공지능 자산 배분 전략

인공지능 기술의 발전은 금융 투자 분야에도 큰 변화를 가져오고 있다. 특히 강화학습은 데이터 기반으로 스스로 학습하며 전략을 개선해 나가는 능력을 갖추고 있어, 전통적인 자산 배분 방식보다 더 유연하고 정교한 투자 전략 수립이 가능하다. 본 장에서는 레이 달리오의 올웨더 포트폴리오 개념을 바탕으로, 강화학습 알고리즘인 PPO를 활용한 자산 배분 전략을 구현하고자 한다. 이를 위해 시장 데이터 수집부터 사용자 정의 환경 설계, 모델 학습 및 평가까지의 전 과정을 단계별로 살펴보며, 인공지능이 이떻게 시장 데이터를 이해하고 자산 비중을 결정하는지를 구체적으로 알아본다. 이 과정을 통해 독자들은 강화학습 기반의 자산 배분 전략이 단순한 이론이 아닌, 실제 시장에서도 적용 가능한 실용적인 투자 도구가 될 수 있음을 체감하게 될 것이다.

# 14 인공지능 자산 배분 전략

## 14.1 자산 배분 전략이란?

자산 배분 전략이란, 투자자가 가진 전체 자산을 여러 자산군에 나누어 투자함으로써 수익을 추구하는 동시에 리스크를 관리하려는 투자 기법이다. 이 전략은 단일 자산이나 종목에 집중 투자하는 것보다 시장 변동성을 줄이고, 보다 안정적인 장기 수익을 확보하기 위한 방법으로 널리 활용된다.

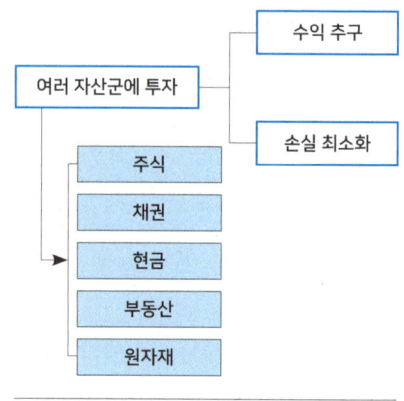

자산 배분 전략 개념

기본적으로 자산 배분은 주식, 채권, 현금, 원자재, 부동산 등 서로 상관관계가 낮은 자산군에 분산 투자함으로써, 하나의 자산군이 급락하더라도 전체 포트폴리오의 손실을 최소화하는 데 목적이 있다. 예를 들어, 주식 시장이 하락할 때 채권이나 금 같은 안전자산은 오히려 상승하거나 손실이 적은 경우가 많다. 이러한 상호 보완적인 움직임 덕분에 자산 배분은 포트폴리오의 변동성을 낮추는 데 효과적이다.

자산 배분 전략은 투자자의 투자 목표, 리스크 선호도, 투자 기간에 따라 다양하게 구성된다. 어떤 투자자는 성장 잠재력이 높은 주식에 높은 비중을 두고, 일부는 안정성을 위해 채권에 투자할 수 있다. 또 어떤 투자자는 시장 상황에 따라 비중을 유연하게 조절하는 동적 자산 배분(dynamic asset allocation) 전략을 선택하기도 한다. 반면, 사전에 정해진 비중을 일정 기간마다 유지하는 정적 자산 배분 전략도 있다. 대표적인 예로, 세계적인 헤지펀드 매니저인 레이 달리오(Ray Dalio)가 고안한 '올웨더 포트폴리오(all weather portfolio)'는 경제 환경 변화에 관계없이 안정적인 수익을 추구하기 위해 자산군을 균형 있게 배분한 전략으로 잘 알려져 있다.

이처럼 자산 배분 전략은 수익 극대화보다 리스크 관리와 장기적 안정성에 초점을 둔다는 점에서 투자 철학 자체가 다르다. 특히 변동성이 큰 금융 시장에서는 단기 수익을 쫓기보다 다양한 자산군에 체계적으로 분산 투자함으로써 예측 불가능한 시장 상황에 대비하는 안전판 역할을 한다.

본 서에서는 이러한 자산 배분 전략을 전통적인 방식이 아닌, 강화학습 기반의 알고리즘을 통해 어떻게 최적화할 수 있는지를 탐구하고자 한다. 기계가 데이터를 바탕으로 스스로 학습하고, 변화하는 시장 상황에 맞춰 최적의 투자 비중을 결정하는 과정을 통해, 기존의 자산 배분 전략보다 더 정교하고 유연한 접근이 가능함을 보여주는 것이 목표이다.

## >>> 14 인공지능 자산 배분 전략
## 14.2 레이달리오의 올웨더 포트폴리오

### 14.2.1 올웨더 포트폴리오란?

레이 달리오의 자산 배분 전략은 전 세계 투자자들 사이에서 널리 알려져 있는 '올웨더 포트폴리오(all weather portfolio)'를 기반으로 한다. 이 전략의 핵심은 경제가 어떤 국면에 있든지 간에 자산이 서로를 보완하며 **일관된 성과를 낼 수 있도록 포트폴리오를 구성하는 것**이다. 말 그대로 '모든 날씨(all weather)'에 대비하는 포트폴리오다.

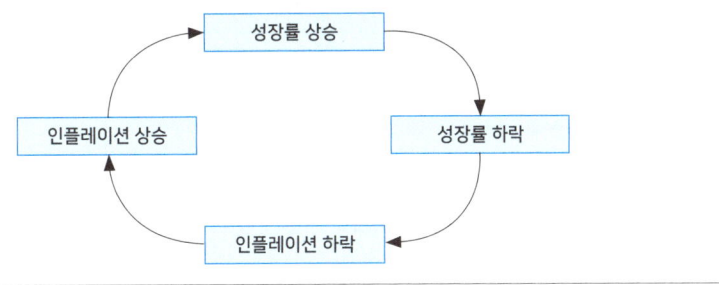

경제 환경 순환 구조

레이 달리오는 세계 최대 헤지펀드인 브리지워터 어소시에이츠(Bridgewater Associates)의 창립자이자, 거시경제를 기반으로 한 자산 배분 철학의 선구자로 평가받는다. 그는 경제가 다음 네 가지 환경 중 하나로 순환한다고 보았다:

- 성장률 상승
- 성장률 하락
- 인플레이션 상승
- 인플레이션 하락

이러한 경제 환경에 따라 자산의 성과가 달라지므로, 특정 자산군에만 집중하기보다는 각기 다른 환경에 강한 자산군을 조화롭게 배분해야 전체 포트폴리오가 안정적인 성과를 낼 수 있다는 것이 레이 달리오의 핵심 철학이다.

### 14.2.2 자산군별 역할

레이 달리오의 올웨더 포트폴리오(all weather portfolio) 전략을 현실에서 구현하기 위해 사용할 수 있는 ETF 조합 중 하나가 바로 SPY, TLT, GLD, DBC, SHY다. 각각의 자산은 서로 다른 경제 환경에서 포트폴리오를 지지해주는 고유한 역할을 수행한다.

| 자산 | 역할 |
|---|---|
| SPY 미국주식 | 성과, 위험자산 |
| SPY 미국주식 | 경기침체 방어 |
| GLD 금 | 물가상승, 통화가치 하락 방어 |
| DBC 원자재 | 물가상승 방어 |
| SHY 단기채권 | 유동성, 안전성 제공 |

자산군별 역할

우선 SPY(미국 주식)는 경제가 성장하고 인플레이션이 안정적인 시기에 강한 성과를 내는 위험자산이다. 기업들의 이익이 증가하고 소비가 활발해지는 경기 확장기에는 SPY가 포트폴리오의 성장을 이끈다. 반면 경기가 둔화되거나 위축되는 국면에서는 주식의 수익성이 떨어지는데, 이때 중요한 역할을 하는 것이 TLT(장기 국채)다. 장기 국채는 디플레이션이나 경기 침체 상황에서 안전자산으로서의 역할을 하며, 특히 금리가 하락할 때 가격이 상승하는 특성을 지닌다.

또한 GLD(금)은 인플레이션이 상승하거나 통화가치가 하락하는 시점에서 강한 성과를 보이는 자산이다. 정치적 불확실성이나 시장의 신뢰가 흔들리는 시기에도 안전자산으로서 투자자들이 선호하는 경향이 있어, 이러한 위기 상황에서 포트폴리오의 안정성을 높여준다. 이와 함께 DBC(원자재)는 물가 상승이 본격화될 때 강세를 보이는 자산이다. 특히 에너지나 곡물 같은 실물 자산 가격이 상승하면 DBC는 긍정적인 수익을 기록하며 인플레이션 환경에서 방어적인 기능을 한다.

마지막으로 SHY(단기 채권)는 포트폴리오 내에서 유동성과 안전성을 제공하는 역할을 맡는다. 단기 채권은 시장의 변동성이 높아질 때 자본 보존 수단으로 활용되며, 상대적으로 변동성이 낮기 때문에 리스크 완화 효과를 제공한다.

이처럼 각 자산은 특정 경제 국면에서 강점을 가지며, 전체적으로 균형 잡힌 구조를 이루어 다양한 시장 상황에서도 일정 수준 이상의 성과를 낼 수 있도록 돕는다. 레이 달리오의 올웨더 포트폴리오는 바로 이러한 원리를 바탕으로 구성된 전략으로, 예측하기 어려운 경제 변화 속에서도 안정적이고 일관된 투자를 가능하게 해준다.

| ETF | 자산군 | 주요 경제 국면 | 핵심 역할 | 특징 요약 |
| --- | --- | --- | --- | --- |
| SPY | 미국 주식 (S&P 500) | 경제 성장 + 낮은 인플레이션 | 성장 견인 | 위험자산/기업 실적 호조/소비 증가기에 강함 |
| TLT | 장기국채 (20년 이상) | 디플레이션, 경기침체 | 안전자산역할/가격상승 | 금리 하락 시 수익/경제 위축기에 수익성 증가 |
| GLD | 금 | 인플레이션 + 통화가치 하락/ 정치 불안 | 인플레이션 방어/ 위기 시 수요 증가 | 안전자산/시장 신뢰 하락 시 강세 |
| DBC | 원자재 (에너지, 곡물) | 본격적인 물가 상승기 | 실물 자산 기반 수익 창출 | 인플레이션 환경에서 강세/실물가격 상승 수혜 |
| SHY | 단기국채 (1~3년) | 시장 변동성 증가 시기 | 유동성 공급 + 리스크 완화 | 낮은 변동성/자본 보존 수단 |

자산군별 역할

### 14.2.3 레이 달리오의 자산 배분

이처럼 각 자산이 서로 다른 경제 상황에서 강점을 발휘하도록 구성된 올웨더 포트폴리오의 핵심은, 단순한 자산의 나열이 아닌 위험을 기준으로 한 균형 있는 배분에 있다. 레이 달리오가 제안한 초기 자산 구성은 다음과 같다.

- 장기국채(TLT) 30%
- 중기 또는 단기국채(SHY) 40%
- 주식(SPY) 15%
- 금(GLD) 7.5%
- 원자재(DBC) 7.5%

이 구성은 수익률 자체가 아니라 각 자산의 변동성(위험도)과 상관관계를 중심으로 설계된 것이다. 즉, 단순히 자산별로 동일한 금액을 투자하는 것이 아니라, 각 자산이 포트폴리오 전체에 미치는 리스크의 영향을 균등하게 조정하는 구조다. 이를 '위험 균형(risk parity)'이라고 부르며, 올웨더 전략의 핵심 설계 원칙이다.

예를 들어, 주식은 평균적으로 높은 수익률을 제공하지만 변동성 또한 크기 때문에, 포트폴리오 내 비중은 15%로 낮게 설정된다. 반면 채권은 변동성이 낮아 상대적으로 더 높은 비중을 배정할 수 있으며, 장기 국채와 단기 국채를 나누어 각각의 시장 대응력을 확보한다. 금과 원자재 역시 변동성 위험은 크지만 경제 환경에 따라 수익률의 상관관계가 다르기 때문에 각각 7.5%씩 배분되어, 포트폴리오 전반의 안정성을 높이는 역할을 한다.

이렇게 설계된 올웨더 포트폴리오는 경제가 성장하거나 둔화되거나, 인플레이션이 오르거나 내리는 다양한 상황 속에서도 포트폴리오 전체의 위험 수준을 일정하게 유지하며 꾸준한 수익을 추구하는 구조를 갖추고 있다. 따라서 이 전략은 시장 예측이 어려운 시대에 특히 강력한 투자 해법으로 평가받으며, 장기적인 투자 관점에서 안정성과 효율성을 동시에 추구하고자 하는 투자자에게 적합한 선택이 된다.

### 14.2.4 올웨더 포트폴리오의 장단점

이처럼 레이 달리오의 올웨더 포트폴리오는 다양한 경제 국면에 대응할 수 있는 체계적인 구조를 갖추고 있지만, 모든 투자 전략이 그렇듯 완벽하지는 않다. 이 전략은 분명한 강점과 함께 몇 가지 고려해야 할 한계도 지니고 있다.

| 장점 | 경기 침체 시에도 안정적 수익률 제공 |
|---|---|
| 단점 | 상대적 낮은 수익률(7~10%) |

장단점

먼저, **가장 큰 강점**은 경제 사이클이 어떻게 변화하든, 즉 성장기든 침체기든, 인플레이션이든 디플레이션이든 상관없이 **상대적으로 안정적인 수익률을 기대할 수 있다는 점**이다. 이는 자산군 간의 낮은 상관관계 덕분에 실현 가능하다. 어떤 자산이 하락하더라도 다른 자산이 이를 보완해주는 구조이기 때문에 전체 포트폴리오의 변동성이 줄어들고, 장기적으로는 복리의 힘이 작동할 수 있는 기반이 마련된다. 이러한 특성은 특히 단기 시장 움직임에 민감하지 않은 **장기 투자자에게 매우 적합한 전략**이라 할 수 있다.

반면, 몇 가지 **단점**도 존재한다. 우선, 주식 비중이 상대적으로 낮게 설정되어 있기 때문에, **주식시장이 강세를 보이는 시기에는 시장 평균 대비 수익률이 낮을 수 있다**. 이는 성장 중심의 투자자에게는 다소 답답하게 느껴질 수 있다. 또한, 포트폴리오의 절반 이상이 장기 및 단기 국채로 구성되어 있는 만큼, **금리가 빠르게 상승하는 시기에는 채권 가격이 하락하면서 포트폴리오 전체에 부정적인 영향을 줄 수 있다**.

마지막으로, 이 전략은 단순한 바이 앤 홀드 방식이 아니라, **자산 간 비중을 일정하게 유지하기 위한 정기적인 리밸런싱이 필수적**이다. 시간이 지남에 따라 자산별 수익률 차이로 인해 비중이 흔들리기 때문에, 원래의 구조를 유지하려면 주기적으로 포트폴리오를 재조정해야 한다. 이는 일정 수준의 관리 비용과 실행 복잡성을 수반한다.

> **Tip 바이 앤 홀드 전략**
>
> 바이 앤 홀드(buy & hold) 전략이란, 말 그대로 어떤 자산을 매수한 뒤 장기적으로 보유하는 투자 방식이다. 이 전략의 핵심은 단기적인 시장 변동이나 뉴스에 휘둘리지 않고, 자산의 장기적인 가치 상승을 믿고 인내하는 것이다.
> 예를 들어, 한 투자자가 2020년에 삼성전자 주식을 매수한 후, 이후 주가가 오르든 내리든 별다른 매매 없이 계속 보유하고 있다면, 이는 바이 앤 홀드 전략을 따르고 있는 셈이다. 마찬가지로 비트코인을 2015년에 구입하고 지금까지 그대로 보유하고 있는 투자자도 같은 전략을 사용하고 있는 것이다.

그럼에도 불구하고 올웨더 포트폴리오는 예측이 어려운 시장 상황 속에서도 비교적 일관된 성과를 내며, **위험을 통제하면서 안정적인 투자 결과를 추구하고자 하는 투자자에게 매우 설득력 있는 전략**으로 자리 잡고 있다. 본 프로젝트에서는 이러한 올웨더 전략의 구조를 바탕으로, 강화학습을 통해 보다 유연하고 지능적으로 진화된 자산 배분 전략을 모색하고자 한다.

## 14.2.5 올웨더 포트폴리오 투자성과 평가

올웨더 포트폴리오 전략은 경제의 다양한 국면에서도 안정적인 성과를 유지할 수 있도록 설계된 자산 배분 모델이다. 하지만 이 전략의 진정한 가치를 이해하기 위해서는 단순한 수익률 이상의 정교한 평가 지표가 필요하다. 올웨더 전략은 자산 간 상호 보완성과 리스크 분산을 핵심으로 하기 때문에, 그 성과를 정량적으로 평가할 때에도 **수익, 리스크, 효율성**을 균형 있게 반영하는 지표들이 활용된다.

우선, 자산 배분 전략의 안정성을 위협하는 주요 리스크 요인 중 하나는 최대 낙폭(max drawdown)이다. 최대 낙폭은 투자 기간 중 포트폴리오 가치가 최고점 대비 얼마나 깊이 하락했는지를 나타내는 지표로, 투자자가 감내해야 할 최대 손실 폭을 수치화해 보여준다. 특히 장기 투자를 지향하는 올웨더 전략에서는 일시적인 수익보다 낙폭 관리가 더 중요하며, 낙폭이 작을수록 전략의 방어적 성격이 잘 작동하고 있음을 의미한다.

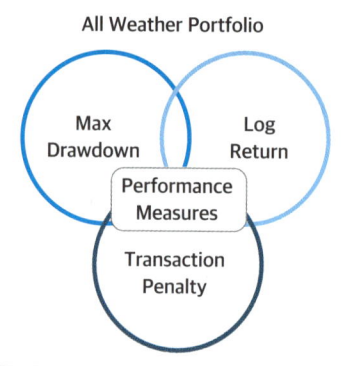

투자성과 지표

$$\text{로그 수익률} = \ln\left(\frac{P_t}{P_{t-1}}\right)$$

$P_t$는 시점 $t$의 자산 가격, $P_{t-1}$은 이전 시점의 가격

로그 수익률

또한 포트폴리오의 성장률을 보다 정확하게 측정하기 위해 로그 수익률(log return)이 사용된다. 로그 수익률은 자산의 현재 가치와 이전 가치 사이의 비율을 자연로그로 변환한

값이다. 로그 수익률은 단순 수익률보다 누적 수익률을 복리 기준으로 반영하는 특성이 있어, 장기적인 투자 성과를 평가하는 데 적합하다. 이는 특히 올웨더 전략처럼 긴 시간에 걸쳐 일관된 성과를 추구하는 전략에서는 누적 수익의 안정성을 확인할 수 있는 유용한 도구다.

이와 함께 평가에 포함되어야 할 또 하나의 요소는 거래 패널티(transaction penalty)다. 이는 포트폴리오 내 자산 비중을 얼마나 자주, 얼마나 크게 변경했는지를 나타내는 지표로, 자산 리밸런싱에 따른 거래 비용과 전략의 효율성을 측정한다. 자산 비중의 변화 폭이 클수록 거래가 잦아지고, 이는 수수료나 슬리피지(slippage)를 통해 수익률을 잠식할 수 있다. 따라서 거래 패널티는 포트폴리오 운용의 보수성과 안정성을 동시에 반영하는 지표로서, 투자 전략의 현실적 실행 가능성을 평가하는 데 매우 중요한 역할을 한다.

> **Tip 슬리피지**
>
> 슬리피지(slippage)란, 투자자가 매수나 매도 주문을 냈을 때 기대했던 가격과 실제 체결된 가격 사이에 차이가 발생하는 현상을 말한다. 즉, 주문을 낼 당시에는 특정 가격에 거래될 줄 알았지만, 시장 상황에 따라 실제로는 조금 다른 가격에 거래가 이루어지는 것이다.
>
> 예를 들어, 어떤 투자자가 비트코인을 10,000달러에 매수하려고 했는데 실제로는 10,050달러에 체결되었다면, 그 50달러가 바로 슬리피지에 해당한다. 마찬가지로 매도할 때도 예상보다 더 낮은 가격에 팔리면 손해가 발생한다.
>
> 슬리피지는 주로 시장의 변동성이 클 때, 거래량이 적은 종목일 때, 혹은 시장가 주문처럼 가격을 지정하지 않고 빠르게 체결하려 할 때 자주 발생한다. 자동매매나 고빈도매매에서도 민감하게 작용하는 요소 중 하나다.

이처럼 올웨더 포트폴리오 전략은 단순히 수익률 하나로 그 성과를 판단할 수 없다. 오히려 **최대 낙폭, 로그 수익률, 거래 패널티**와 같은 복합적인 지표들을 함께 고려함으로써, 전략의 본질인 리스크 관리 능력과 일관된 수익 창출 구조를 종합적으로 평가할 수 있다. 이러한 지표들은 단순히 숫자를 넘어, 올웨더 전략이 시장의 불확실성과 경제 사이클의 변화 속에서도 어떻게 포트폴리오의 안정성을 유지하고 있는지를 보여주는 중요한 척도이다.

### 14.2.6 올웨더 포트폴리오와 강화학습

이처럼 올웨더 포트폴리오는 다양한 경제 국면에 대응할 수 있도록 설계된 정적 자산 배분 전략이며, 그 성과를 평가할 때는 단순 수익률보다 로그 수익률, 최대 낙폭, 거래 패널티와 같은 정교한 지표들을 함께 고려해야 한다. 이러한 지표들은 수익뿐만 아니라 리스크와 효율성까지 함께 반영함으로써 전략의 안정성과 현실 적용 가능성을 입증하는 데 중요한 역할을 한다.

그렇다면 이처럼 구조적으로 정교하게 설계된 올웨더 포트폴리오에 **강화학습을 적용하면 어떤 이점이 있을까?** 이는 단순한 규칙 기반 전략의 한계를 넘어서, 시장 환경 변화에 능동적으로 대응하는 지능형 투자 전략으로 진화할 수 있다는 점에서 큰 의미를 가진다.

| 자산배분전략 강화학습 장점 | 시장 데이터를 기반으로 스스로 판단하고 학습하는 능력 |
| --- | --- |
| | 리스크와 거래비용까지 고려한 최적의 행동 정책을 학습 가능 |
| | 복잡한 상관관계와 시장 구조를 내재적으로 이해할 수 있는 능력 |
| | 포트폴리오 이론이 가진 정태성(staticity)을 극복 |

자산 배분 전략에서의 강화학습 장점

첫째, 강화학습은 고정된 자산 비중 대신 **시장 데이터를 기반으로 스스로 판단하고 학습하는 능력**을 갖는다. 전통적인 올웨더 포트폴리오는 경제 사이클에 대한 가정과 경험적 통계를 바탕으로 자산 비중을 고정하지만, 강화학습 에이전트는 실시간 또는 과거 데이터를 바탕으로 변화하는 패턴을 탐색하고, 그에 따라 자산 배분을 동적으로 조절할 수 있다. 이는 특히 예측이 어려운 시장 상황이나, 기존 통계가 작동하지 않는 뉴노멀 환경에서 큰 강점이 된다.

둘째, 강화학습은 **리스크와 거래 비용까지 고려한 최적의 행동 정책**을 학습할 수 있다. 본 시스템에서는 보상 함수에 로그 수익률뿐 아니라 최대 낙폭과 거래 패널티를 함께 포함시켜, 단순한 수익률 극대화가 아닌 **수익-리스크-효율성의 균형을 추구하는 포트폴리오 운용**을 유도한다. 이는 올웨더 전략이 추구하는 안정성과도 일맥상통하며, 정적인 자산 배분 규칙보다 더 정교하고 유연한 대안을 제공한다.

셋째, 강화학습은 반복 학습을 통해 **복잡한 상관관계와 시장 구조를 내재적으로 이해할 수 있는 능력**을 지닌다. 자산군 간의 상호작용, 특정 자산의 계절성, 글로벌 이벤트에 대한 민감도 등 사람이 직관적으로 파악하기 어려운 관계까지도 스스로 학습하면서 전략에 반영할 수 있다. 결과적으로 에이전트는 단순히 과거를 반영하는 것이 아니라, 변화하는 시장 속에서 스스로 최적의 포지셔닝을 수행하는 방향으로 진화하게 된다.

마지막으로, 강화학습 기반의 자산 배분 전략은 전통적인 포트폴리오 이론이 가진 정태성(staticity)을 극복하고, 적응성(adaptivity)이라는 중요한 무기를 갖춘다. 이는 투자 전략이 단지 과거 데이터를 해석하는 데 그치지 않고, **미래의 불확실성과 리스크까지 능동적으로 대응**할 수 있도록 해주는 핵심적인 기술 기반이 된다.

결과적으로 올웨더 포트폴리오에 강화학습을 결합하는 시도는 단순한 자동화 수준을 넘어서, 전통적 투자 이론과 현대 인공지능 기술이 만나는 지점이라 할 수 있다. 이는 투자자에게 안정성과 유연성을 동시에 제공하며, 기존 자산 배분 전략의 한계를 넘어서는 새로운 대안이 될 수 있다.

## 14.3 올웨더 포트폴리오 코드 구현 전략

이 절에서 야후 파이낸스에서 수집한 미국 주요 ETF 데이터를 바탕으로, Stable-Baselines3 라이브러리의 PPO 알고리즘을 활용하여 월 단위 리밸런싱을 수행하는 강화학습 기반 자산 배분 시스템의 구조와 학습 전략을 구체적으로 설명한다. 이는 단순한 수익 추구를 넘어, 낙폭 관리와 거래 비용 최소화, 그리고 샤프 비율을 고려하여 종합적인 포트폴리오 성과 향상을 목표로 한다.

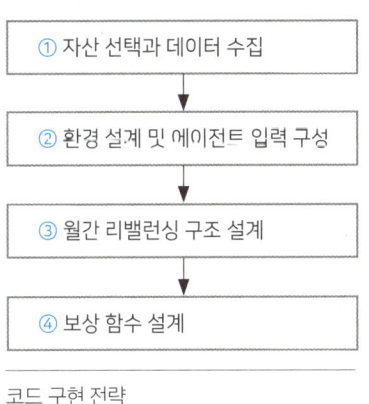

코드 구현 전략

## ① 자산 선택과 데이터 수집

본 코드의 핵심은 다양한 경제 환경에 강한 상호보완적 자산을 선별하여 포트폴리오를 구성하는 데 있다. 이를 위해 미국 대표 주식 ETF인 SPY, 장기국채 TLT, 금 GLD, 원자재 DBC, 단기국채 SHY, 총 5개 자산을 사용하였다. 이들은 각각 성장, 디플레이션, 인플레이션, 실물물가 상승, 유동성 위기 등 다양한 국면에서 포트폴리오를 방어하거나 성장을 이끄는 역할을 한다.

해당 자산에 대한 일간 종가 데이터는 yfinance 라이브러리를 통해 야후 파이낸스에서 직접 수집되며, 수익률 계산을 위해 일간 종가를 수익률 데이터로 변환한 후 사용된다. 학습에는 2005년부터 2023년까지의 데이터가 사용되고, 향후 성능 검증에는 2024년부터 2025년 3월까지의 데이터가 활용될 예정이다.

## ② 환경 설계 및 에이전트 입력 구성

강화학습 환경은 Gym 인터페이스를 따르며, PortfolioEnvMonthly라는 사용자 정의 환경으로 설계되었다. 이 환경에서는 과거 30일간의 자산별 수익률 시퀀스를 하나의 상태(observation)로 입력받는다. 에이전트는 이 상태를 기반으로 매 리밸런싱 시점마다 5개 자산에 대한 투자 비중(action)을 제안한다.

제안된 비중은 항상 0~1 사이의 값을 가지며, 합이 1이 되도록 정규화된다. 이를 통해 자산 전체에 100%의 자본이 분배되는 방식으로 포트폴리오가 구성된다.

## ③ 월간 리밸런싱 구조

포트폴리오의 비중 조정은 월 단위(20 거래일 간격)로 진행되며, 매 리밸런싱 시점마다 새롭게 결정된 비중으로 포트폴리오 수익률이 계산된다. 이때 이전 비중 대비 변경된 정도(turnover)에 따라 거래 비용이 발생하며, 이는 리워드 계산 시 감점 요소로 작용한다.

리밸런싱 주기 동안의 누적 수익은 일별 수익률을 가중 평균하여 계산되며, 포트폴리오 가치는 매일 갱신된다. 동시에 최고점 대비 현재 가치의 하락률인 낙폭(drawdown)도 함께 추적된다.

#### ④ 보상 함수 설계

보상 함수는 단순히 수익률만 고려하지 않고, 수익률의 안정성, 리스크 관리, 거래 효율성까지 포괄적으로 반영되도록 설계되었다. 이를 위해 다음과 같은 4가지 요소가 결합된 혼합 보상 함수를 사용하였다:

- 로그 수익률(log return): 포트폴리오의 누적 성장을 로그 스케일로 측정하여 보상의 핵심 척도로 사용
- 최대 낙폭(max drawdown): 리스크 패널티로 사용, 최근 리밸런싱 구간 중 가장 큰 낙폭에 $\lambda 1$ 배수를 곱해 감점
- 샤프 비율(sharpe ratio): 수익의 안정성을 의미하며, 평균 수익률을 표준편차로 나눈 값에 $\lambda 2$ 가중치를 더해 보상에 반영
- 거래 비용(transaction penalty): 리밸런싱 강도(비중 변화량)를 측정하여 $\lambda 3$ 계수만큼 보상에서 차감

이처럼 다양한 요소를 함께 고려함으로써, 단순히 수익을 극대화하는 것이 아니라 리스크 대비 수익률이 우수하고, 낙폭을 줄이며, 거래 비용도 최소화하는 균형 잡힌 전략이 학습될 수 있도록 유도한다.

## 14.4 올웨더 포트폴리오 전체 코드

먼저 레이 달리오의 올웨더 포트폴리오 전략을 기반으로 구현한 전체 코드의 구성과 흐름을 개략적으로 살펴보도록 하자. 이후에는 각 부분의 세부 동작을 하나씩 분석해보며 전략의 원리를 이해해보자.

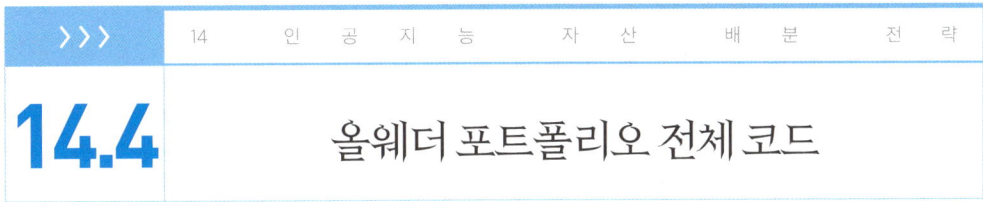

```
import gym
import numpy as np
import pandas as pd
```

```python
import yfinance as yf
from gym import spaces
from stable_baselines3 import PPO
import matplotlib.pyplot as plt
import torch
import random
import os
import time


# === STEP 0: 재현을 위한 시드 고정 ===
SEED = 42
#(1) NumPy 난수 생성기에 시드 고정
np.random.seed(SEED)

#(2) PyTorch 난수 생성기에 시드 고정
torch.manual_seed(SEED)

#Python 내장 random 모듈 난수 생성기 시드 고정
random.seed(SEED)

# === STEP 1: 데이터 수집 함수 ===
def fetch_data(start, end):
    #(1) 학습에 사용할 대표 ETF 5종의 심볼을 리스트로 저장
    tickers = ["SPY", "TLT", "GLD", "DBC", "SHY"]

    df = pd.DataFrame()
    #(2) 지정된 기간 동안의 일별 종가(Close) 데이터를 수집
    close_data = {}
    for ticker in tickers:
        df_temp = yf.download(ticker, start=start, end=end)["Close"]
        df = pd.concat([df, df_temp], axis=1)
        time.sleep(2)

    #(3) 결측치 제거
    df = df.dropna()

    #(4) 종가 데이터를 일간 수익률 데이터로 변환
    df = df.pct_change().dropna()
    return df

# === STEP 2. 사용자 정의 강화학습 환경 ===
class PortfolioEnvMonthly(gym.Env):
```

```python
#강화학습 환경의 기본 파라미터와 공간을 초기화
def __init__(self, df, window_size=30, transaction_cost=0.002, rebalance_interval=20):
    super().__init__()
    #(1) 수익률 데이터프레임(df) 저장
    self.df = df.reset_index(drop=True)

    #(2) 에이전트에게 제공할 입력의 기간 설정
    self.window_size = window_size

    #(3) 거래비용 설정
    self.transaction_cost = transaction_cost

    #(4) 자산 리밸런싱 주기 설정
    self.rebalance_interval = rebalance_interval

    #(5) 자산의 수(ETF 수)를 계산하여 저장
    self.asset_dim = df.shape[1]

    #(6) 에이전트 행동공간 정의
    self.action_space = spaces.Box(low=0, high=1, shape=(self.asset_dim,), dtype=np.
                                                                                float32)

    #(7) 관측 공간(observation space) 정의
    self.observation_space = spaces.Box(
        low=-np.inf, high=np.inf, shape=(window_size, self.asset_dim), dtype=np.
                                                                                float32)

    #(8) 환경 초기화
    self.seed(SEED)
    self.reset()

def seed(self, seed=None):
    np.random.seed(seed)
    random.seed(seed)
    return [seed]

def reset(self):
    #(1) 시뮬레이션 시작 시점 설정
    self.current_step = self.window_size

    #(2) 초기 포트폴리오 가치 설정
    self.portfolio_value = 1.0
```

```python
    #(3) 초기 자산 비중 설정
    self.weights = np.array([1.0 / self.asset_dim] * self.asset_dim)

    #(4) 수익률 및 낙폭 기록 초기화
    self.portfolio_returns = []
    self.drawdowns = []

    #(5) 초기 상태 반환
    return self._get_observation()

def _get_observation(self):
    return self.df.iloc[self.current_step - self.window_size:self.current_step].values

def step(self, action):
    #(1) 행동 정규화 및 유효성 검증
    action = np.clip(action, 0, 1)
    if np.sum(action) == 0: #합계가 0일 경우(비정상적 행동) → 균등분배로 대체
        action = np.ones_like(action) / len(action)
    else: #그 외에는 합이 1이 되도록 정규화
        action /= np.sum(action)

    #(2) 이전 자산 비중 저장 및 새 비중 적용
    prev_weights = self.weights
    self.weights = action

    #(3) 리밸런싱 구간 설정
    end_step = min(self.current_step + self.rebalance_interval, len(self.df))
    segment = self.df.iloc[self.current_step:end_step].values

    #(4) 리밸런싱 기간 동안의 수익률 누적 및 낙폭 계산
    peak_value = 0
    for daily_return in segment:
        #(4)-1 매일의 수익률 계산
        portfolio_return = np.dot(self.weights, daily_return)

        #(4)-2 포트폴리오 가치를 매일 누적 반영
        self.portfolio_value *= (1 + portfolio_return)

        #(4)-3 수익률 기록
        self.portfolio_returns.append(portfolio_return)

        #(4)-4 낙폭(drawdown) 계산: 최고점 대비 현재 가치의 하락률
        peak_value = max(peak_value, self.portfolio_value)
```

```python
        if peak_value > 0:  # 0으로 나누는 것을 방지
            drawdown = (peak_value - self.portfolio_value) / peak_value
        else:
            drawdown = 0  # 혹은 적절한 값
        self.drawdowns.append(drawdown)

    #(5) 거래 비용 적용
    turnover = np.sum(np.abs(action - prev_weights))
    cost = turnover * self.transaction_cost
    self.portfolio_value -= cost

    #(6) 보상 계산
    reward = self._calculate_reward()

    #(7) 시점 이동 및 종료 조건 확인
    self.current_step = end_step
    done = self.current_step >= len(self.df) - 1

    #(8) 다음 상태 반환
    return self._get_observation(), reward, done, {'portfolio_value': self.portfolio_
                                                                      value}


#한 리밸런싱 주기 동안의 투자성과를 평가하여 보상값으로 반환
def _calculate_reward(self):
    #(1) 하이퍼파라미터 λ 설정
    λ1, λ2, λ3 = 3.0, 1.5, 0.5

    #(2) 샤프 비율 계산: 수익의 안정성을 평가
    if len(self.portfolio_returns) >= self.rebalance_interval:
        window_returns = np.array(self.portfolio_returns[-self.rebalance_interval:])
        mean_return = np.mean(window_returns) #평균수익률
        std_return = np.std(window_returns) #수익률 표준편차
        sharpe = mean_return / (std_return + 1e-8) #샤프 비율 = 평균 / 표준편차, 1e-8은
                                                                   0으로 나누는 문제 방지
    else:
        sharpe = 0

    #(3) 최대 낙폭(Max Drawdown) 계산
    max_dd = max(self.drawdowns[-self.rebalance_interval:] or [0])

    #(4) 전체 로그 수익률 계산
    log_return = np.log(self.portfolio_value)  # 전체 로그 성장률
```

```python
    #(5) 거래 패널티 (리밸런싱 강도): 극단적인 집중 투자에 페널티를 주려는 의도
    transaction_penalty = np.sum(np.abs(self.weights))

    #(6) 보상값 계산
    reward = log_return - λ1 * max_dd + λ2 * sharpe - λ3 * transaction_penalty
    return reward

# === STEP 3: 학습용 데이터 로딩 및 학습 ===
#(1) 학습용 데이터 수집
train_df = fetch_data("2005-01-01", "2023-12-31")

#(2) 사용자 환경 설정
train_env = PortfolioEnvMonthly(train_df)
train_env.seed(SEED)

#(3) PPO 에이전트 초기화
model = PPO("MlpPolicy", train_env, verbose=1, seed=SEED)

#(4) 학습시작
model.learn(total_timesteps=300_000, log_interval=10)

# === STEP 4: 모델 저장 ===
#(1) 모델 저장 폴더 생성
os.makedirs("models", exist_ok=True)

#(2) 모델 경로 설정
model_path = "models/ray_dalio_portfolio_model"

#(3) 학습된 모델 저장
model.save(model_path)

print(f"모델 저장 완료: {model_path}.zip")
```

지금까지 강화학습 기반 자산 배분 시스템의 전체 코드 흐름을 개략적으로 살펴보았다. 이제부터는 각 구성 요소가 실제로 어떻게 작동하는지를 하나씩 자세히 분석해 보며, 포트폴리오 전략이 어떤 원리로 수립되고 최적화되는지를 깊이 있게 이해해보도록 하자.

## 14.5 올웨더 포트폴리오 세부 구조 살펴보기

`fetch_data()` 함수는 미국 주요 ETF들의 일간 수익률 데이터를 수집하기 위한 함수이다. 함수의 목적과 작동 원리를 순차적으로 설명하면 다음과 같다.

**allw_portfolio.ipynb 파일 fetch_data() 함수**

```python
def fetch_data(start, end):
    #(1) 학습에 사용할 대표 ETF 5종의 심볼을 리스트로 저장
    tickers = ["SPY", "TLT", "GLD", "DBC", "SHY"]
    
    df = pd.DataFrame()
    #(2) 지정된 기간 동안의 일별 종가(Close) 데이터를 수집
    close_data = {}
    for ticker in tickers:
        df_temp = yf.download(ticker, start=start, end=end)["Close"]
        df = pd.concat([df, df_temp], axis=1)
        time.sleep(2)
    
    #(3) 결측치 제거
    df = df.dropna()
    
    #(4) 종가 데이터를 일간 수익률 데이터로 변환
    df = df.pct_change().dropna()
    return df
```

SPY, TLT, GLD, DBC, SHY 등 5가지 ETF의 일간 종가 데이터를 야후 파이낸스에서 수집하고, 이를 일간 수익률 데이터로 변환하여 반환한다. 이렇게 반환된 데이터는 강화학습 기반 자산 배분 모델의 학습 데이터로 사용된다.

### (1) 학습에 사용할 대표 ETF 5종의 심볼을 리스트로 저장

- SPY: 미국 주식(S&P 500)
- GLD: 금
- SHY: 단기국채
- TLT: 장기국채(20년 이상)
- DBC: 원자재

### (2) 지정된 기간 동안의 일별 종가 데이터 수집

yfinance 라이브러리를 이용해 위 5개 ETF의 지정된 기간 동안의 일별 종가(Close) 데이터를 수집한다. 반환되는 df는 날짜를 인덱스로 하고, 각 ETF를 열(columns)로 가진 다중 시계열 데이터프레임이다.

> **Tip** yfinance
>
> yfinance는 야후 파이낸스에서 **주식, ETF, 지수, 환율 등의 금융 데이터를 손쉽게 내려받을** 수 있도록 도와주는 파이썬 라이브러리이다. 무료로 이용 가능하며, 백테스트나 포트폴리오 분석, 강화학습 기반 투자 모델을 만들 때 자주 사용된다. 주요 특징은 다음과 같다.
> * 과거 시세 데이터 수집(종가, 시가, 고가, 저가, 거래량 등)
> * 다양한 금융 자산 지원: 주식, ETF, 지수, 환율, 암호화폐 등
> * 간단한 문법: 한 줄로 데이터를 가져올 수 있어 매우 직관적
> * Pandas DataFrame 형식으로 출력되어 바로 분석 가능

### (3) 결측치 제거

결측치가 있는 행(날짜)을 제거한다. 일부 ETF는 특정 기간에 상장되지 않았을 수 있으므로, 모든 자산에 값이 있는 행만 남긴다.

### (4) 종가 데이터를 일간 수익률 데이터로 변환

> pct_change() − > (오늘 가격 − 어제 가격) / 어제 가격 계산

수익률 계산으로 인해 첫 행은 NaN이 되므로 다시 dropna()를 적용해 제거한다.

> **Tip** pct_change() 함수의 의미와 역할
>
> pct_change() 함수는 주어진 시계열 데이터에서 **두 시점 사이의 백분율 변화율**, 즉 **수익률**을 계산하는 데 사용된다. 이 함수는 오늘의 가격에서 어제의 가격을 뺀 값을 어제의 가격으로 나누는 방식으로 동작하며, 수학적으로는 다음과 같이 표현할 수 있다:
>
> 수익률 = (오늘 가격 − 어제 가격) / 어제 가격
>
> 예를 들어 어떤 자산의 어제 가격이 100이고 오늘 가격이 105라면, 수익률은 (105 − 100) / 100 = 0.05, 즉 **5%의 상승**으로 해석된다. 반대로 오늘 가격이 98이라면 수익률은 −2%가 되며, 이는 해당 자산의 가치가 하루 만에 2% 하락했다는 뜻이 된다.
>
> 이러한 수익률 계산은 단순한 가격 변화보다 훨씬 더 중요한 의미를 지닌다. 자산의 가격은 종종 수십, 수백 단위로 차이가 나기 때문에, 절대적인 가격 차이는 자산 간의 상대적인 성과를 비교하는 데 부적합하다. 예를 들어 5달러가 오른 주식과 0.5달러가 오른 주식 중 어느 것이 더 많이 오른 것인지를 판단하려면, 단순한 가격이 아니라 비율(수익률)로 봐야 정확한 비교가 가능하다.
>
> 또한 수익률은 **투자 성과의 핵심 지표**로, 포트폴리오 수익률, 변동성, 샤프 비율, 최대 낙폭 등 다양한 금융 지표의 기반이 된다. 강화학습 기반 자산 배분 전략을 구축할 때도, 에이전트는 가격 자체가 아니라 **수익률의 패턴**을 입력으로 받아 학습하게 된다. 이로써 에이전트는 시장 변동성에 적응하고, 수익률의 흐름을 기반으로 **합리적인 자산 비중 결정 전략**을 스스로 학습할 수 있다.
>
> 결론적으로, pct_change()를 통해 계산된 수익률은 가격의 단순한 변화보다 훨씬 더 정교하고 직관적인 정보를 제공하며, 자산 간 비교, 리스크 관리, 강화학습 학습 데이터 구성 등 **금융 데이터 분석의 모든 기초가 되는 핵심 지표**라고 할 수 있다.

**allw_portfolio.ipynb** 시드 고정

```python
# === STEP 0: 재현을 위한 시드 고정 ===
SEED = 42
np.random.seed(SEED)
torch.manual_seed(SEED)
random.seed(SEED)
```

강화학습이나 딥러닝 모델을 구현할 때, 동일한 코드를 여러 번 실행해도 결과가 달라지는 경우가 종종 있다. 이는 무작위성이 학습 과정 곳곳에 개입되어 있기 때문이다. 예를 들어 신경망의 가중치 초기화, 데이터 샘플링, 환경의 변화, 그리고 정책 네트워크가 출력하는 행동 자체도 확률적으로 결정되는 경우가 많다. 그래서 같은 코드를 두 번 실행해도 결과가 달라질 수 있다.

이러한 무작위성을 통제하고자 사용하는 것이 바로 **시드(seed) 고정**이다. 시드는 난수를 생성할 때 기준이 되는 숫자로, 이를 고정하면 같은 순서의 난수를 매번 재현할 수 있다. 즉, 동일한 환경과 입력값을 주었을 때 항상 같은 출력을 보장할 수 있다는 뜻이다. 결과적으로 시드 고정은 **재현 가능한 실험 결과를 얻기 위해 반드시 필요한 과정**이다.

코드에서 SEED = 42와 함께 다음 세 줄은 각각 주요 라이브러리의 난수 생성기를 동일한 시드값으로 고정하는 역할을 한다.

먼저 np.random.seed(SEED)는 NumPy에서 사용하는 난수 발생기를 고정한다. 이는 데이터 전처리나 관측값 생성, 무작위 선택 등에 영향을 준다. 예를 들어 학습 데이터 중 일부를 무작위로 선택할 때, 이 설정이 없으면 매번 선택되는 데이터가 달라지게 된다.

다음으로 torch.manual_seed(SEED)은 PyTorch의 난수 발생기를 고정한다. 이 설정은 딥러닝 모델의 초기 가중치나 Dropout 등에서 발생하는 무작위성을 통제하는 데 사용된다. 따라서 모델이 동일한 조건하에서 동일한 성능을 내도록 하려면 꼭 필요한 설정이다.

마지막으로 random.seed(SEED)은 파이썬 내장 random 모듈에서 생성되는 난수의 순서를 고정한다. 이 모듈은 종종 강화학습 환경 내부나 간단한 시뮬레이션 로직에서 사용되기 때문에, 이 역시 결과의 일관성을 유지하는 데 도움이 된다.

결론적으로 이 세 줄의 시드 고정 코드는 무작위성이 개입된 다양한 라이브러리에서 일관된 난수 발생을 보장함으로써, 실험의 신뢰성과 재현성을 확보하는 데 핵심적인 역할을 한다. 특히 강화학습처럼 결과가 민감하게 바뀌는 영역에서는 시드 고정이 실험의 시작이라 해도 과언이 아니다.

```
allw_portfolio.ipynb 파일 PortfolioEnvMonthly 클래스 __init__() 함수

# === STEP 2. 사용자 정의 강화학습 환경 ===
class PortfolioEnvMonthly(gym.Env):

    #강화학습 환경의 기본 파라미터와 공간을 초기화
    def __init__(self, df, window_size=30, transaction_cost=0.002, rebalance_interval=20):
        super().__init__()
        #(1) 수익률 데이터프레임(df) 저장
```

```python
        self.df = df.reset_index(drop=True)

        #(2) 에이전트에게 제공할 입력의 기간 설정
        self.window_size = window_size

        #(3) 거래비용 설정
        self.transaction_cost = transaction_cost

        #(4) 자산 리밸런싱 주기 설정
        self.rebalance_interval = rebalance_interval

        #(5) 자산의 수(ETF 수)를 계산하여 저장
        self.asset_dim = df.shape[1]

        #(6) 에이전트 행동공간 정의
        self.action_space = spaces.Box(low=0, high=1, shape=(self.asset_dim,), dtype=np.
                                                                                float32)

        #(7) 관측 공간(observation space) 정의
        self.observation_space = spaces.Box(
            low=-np.inf, high=np.inf, shape=(window_size, self.asset_dim), dtype=np.
                                                                                float32)

        #(8) 환경 초기화
        self.seed(SEED)
        self.reset()
```

PortfolioEnvMonthly 클래스는 사용자 정의 강화학습 환경으로, 에이전트가 자산의 과거 수익률 데이터를 바탕으로 **월 단위로 자산 비중을 조절**하며 투자 전략을 학습할 수 있도록 설계된 시뮬레이션 공간이다. 이 클래스는 OpenAI Gym의 Env 클래스를 상속받아, 강화학습 모델들이 학습할 수 있는 환경의 기본 규칙과 구조를 갖춘다.

먼저 \_\_init\_\_() 함수에 대해 살펴보자. 이 함수는 환경을 초기화하며 다음과 같은 핵심 요소들을 설정한다.

### (1) 수익률 데이터프레임(df) 저장

먼저 df는 자산의 수익률 데이터가 담긴 Pandas DataFrame이며, 각 열은 하나의 ETF

를 나타낸다. 이 데이터를 .reset_index(drop=True)를 통해 인덱스를 초기화한 후 클래스 내부 변수로 저장함으로써, 강화학습 환경에서 시계열 수익률 데이터를 기반으로 상태(state)를 구성할 수 있도록 한다.

## (2) 에이전트에 제공할 입력의 기간 설정

`window_size`는 에이전트가 관측하게 될 과거 데이터의 길이를 의미한다. 여기서는 기본적으로 30일로 설정되어 있으며, 에이전트는 이 30일 동안의 자산별 수익률 데이터를 입력으로 받아 다음 행동을 결정하게 된다. 이는 강화학습에서의 상태(state)를 구성하는 핵심 요소이다.

## (3) 거래 비용 설정

`transaction_cost`는 자산 비중을 변경할 때마다 발생하는 거래 비용을 비율로 설정한 값이다. 기본값은 0.002, 즉 0.2%로 설정되어 있으며, 자산 리밸런싱 과정에서 자산 간 비중 이동이 많을수록 높은 비용이 발생하게 된다. 이는 실제 시장에서 발생하는 수수료나 슬리피지를 모사하는 역할을 한다.

## (4) 자산 리밸런싱 주기 설정

`rebalance_interval`은 자산 리밸런싱의 주기를 설정하는 파라미터이다. 기본값은 20 거래일로, 이는 평균적으로 한 달에 해당하는 기간이며, 에이전트는 이 주기에 따라 새로운 자산 비중을 결정하게 된다. 이 구조는 현실적인 투자 전략을 반영하기 위해 사용된다.

## (5) 자산의 수를 계산하여 저장

`asset_dim`은 입력된 수익률 데이터프레임의 열 개수를 의미하며, 이는 투자 대상 자산의 수를 나타낸다. 예를 들어 SPY, TLT, GLD, DBC, SHY와 같이 5개의 ETF를 사용할 경우 `asset_dim`은 5가 된다. 이후 행동 공간과 관측 공간 설정에 활용된다.

## (6) 에이전트 행동 공간 정의

`action_space`는 에이전트가 선택할 수 있는 행동의 범위를 정의한 것이다. 여기서는 각

자산에 대해 0에서 1 사이의 실수 값을 가질 수 있도록 설정하였으며, 이는 해당 자산에 투자할 비중을 의미한다. 예를 들어 [0.2, 0.3, 0.1, 0.3, 0.1]과 같은 벡터는 총 자본을 5개 자산에 각각의 비율대로 분배하겠다는 의미가 된다.

### (7) 관측 공간 정의

`observation_space`는 에이전트가 환경으로부터 받아보는 입력 값의 범위를 설정한 것이다. 이 공간은 `window_size` × `asset_dim` 형태의 행렬로 구성되며, 이는 곧 최근 30일간의 각 자산별 수익률 데이터를 의미한다. 이를 통해 에이전트는 과거의 시장 움직임을 관찰하고 전략을 수립할 수 있다.

### (8) 환경 초기화

`self.seed(SEED)`는 환경의 난수 발생기를 고정된 시드값(SEED)으로 초기화하여 결과의 재현 가능성을 높인다. 마지막으로 `self.reset()`을 호출하여 환경을 초기화한다. 이 단계에서는 학습 에피소드가 시작되며, 초기 포트폴리오 가치와 자산 비중이 설정되고 첫 번째 관측 상태가 반환된다. 이를 통해 에이전트는 학습을 시작할 준비를 하게 된다.

이와 같이 `__init__()` 함수는 포트폴리오 환경에서 자산 수익률 데이터를 기반으로 관측-행동-보상 구조를 정의하고, 이를 통해 강화학습이 실제 투자 전략에 적용될 수 있도록 정교한 시뮬레이션 틀을 제공한다.

> **allw_portfolio.ipynb 파일 PortfolioEnvMonthly 클래스 seed() 함수**

```python
def seed(self, seed=None):
    np.random.seed(seed)
    random.seed(seed)
    return [seed]
```

`seed(self, seed=None)` 함수는 환경의 난수 발생 시드를 고정하기 위한 함수이다. 이를 통해 강화학습의 실험 결과를 반복 가능하게 만들 수 있으며, 같은 조건에서 모델을 학습했을 때 동일한 행동을 재현할 수 있도록 해준다.

함수 내부에서 먼저 `np.random.seed(seed)` 명령어를 사용해 NumPy의 난수 발생기를 고정한다. 이는 관측값의 초기화, 상태 샘플링, 데이터 전처리 등에서 NumPy 기반의 무작위 처리가 일관되게 이루어지도록 하기 위함이다.

그다음 `random.seed(seed)`를 호출하여 파이썬 표준 라이브러리의 random 모듈에 대해서도 동일한 시드를 설정한다. 파이썬의 random은 종종 데이터 섞기(shuffling), 무작위 샘플 선택 등의 작업에 사용되기 때문에 이 역시 고정해야 실험의 결과가 변하지 않는다.

마지막으로 [seed]라는 리스트를 반환하는데, 이는 OpenAI Gym의 일부 내부 함수와 인터페이스에서 시드값을 추적하고 기록하는 데 사용된다.

```
allw_portfolio.ipynb 파일 PortfolioEnvMonthly 클래스 reset() 함수

def reset(self):
    #(1) 시뮬레이션 시작 시점 설정
    self.current_step = self.window_size

    #(2) 초기 포트폴리오 가치 설정
    self.portfolio_value = 1.0

    #(3) 초기 자산 비중 설정
    self.weights = np.array([1.0 / self.asset_dim] * self.asset_dim)

    #(4) 수익률 및 낙폭 기록 초기화
    self.portfolio_returns = []
    self.drawdowns = []

    #(5) 초기 상태 반환
    return self._get_observation()
```

reset() 함수는 강화학습 환경에서 하나의 에피소드(투자 시뮬레이션)를 새롭게 시작할 때 호출되는 함수로, 포트폴리오 상태를 초기화하고 첫 번째 관측값을 반환하는 역할을 수행한다.

## (1) 시뮬레이션 시작 시점 설정

강화학습의 상태(state)는 과거 `self.window_size` 기간(기본 30일)의 수익률 데이터를 바

탕으로 구성되므로, 시뮬레이션의 시작 시점은 그보다 이후부터 시작해야 한다. 따라서 current_step을 window_size로 설정하면, self._get_observation() 함수가 현재 시점 기준으로 과거 30일간의 데이터를 잘라서 상태로 전달할 수 있게 된다.

### (2) 초기 포트폴리오 가치 설정

에피소드가 시작될 때, 포트폴리오의 전체 가치는 항상 1.0(즉 100%)으로 설정된다. 이 값은 이후 리밸런싱과 시장 변화에 따라 계속 갱신되며, 학습의 성과를 평가하는 기준이 된다.

### (3) 초기 자산 비중 설정

포트폴리오를 구성하는 각 자산에 대해 균등한 비중으로 자본을 분배한다. 예를 들어 자산이 5개라면 [0.2, 0.2, 0.2, 0.2, 0.2]로 시작한다. 이는 에이전트가 아직 어떤 전략도 선택하지 않은 상태에서의 기본값이며, 첫 번째 리밸런싱 시점에 새로운 비중이 적용될 수 있다.

### (4) 수익률 및 낙폭 기록 초기화

시뮬레이션 과정에서 매일의 포트폴리오 수익률과 낙폭(drawdown)이 기록될 리스트를 초기화한다. 이 데이터는 보상 계산에 활용되며, 전략의 안정성과 리스크 수준을 평가하는 데 중요한 지표로 사용된다.

### (5) 초기 상태 반환

현재 시점 기준으로 과거 30일간의 수익률 데이터를 잘라서 반환한다. 이 데이터는 에이전트가 첫 번째 행동(action)을 결정하기 위한 입력값으로 사용된다.

reset() 함수는 에이전트가 학습을 시작하기 전에 **환경을 초기 상태로 되돌리고, 초기 포트폴리오 가치와 자산 비중을 설정하며, 첫 번째 상태(state)를 반환**하는 역할을 한다. 이 함수는 매 에피소드마다 반복되므로, 환경이 학습을 위한 안정적이고 일관된 출발점을 제공하는 데 매우 중요하다.

> **allw_portfolio.ipynb 파일 PortfolioEnvMonthly 클래스 _get_observation() 함수**
>
> ```
> def _get_observation(self):
>     return self.df.iloc[self.current_step - self.window_size:self.current_step].values
> ```

이 함수는 에이전트가 투자 결정을 내릴 수 있도록 하기 위해, 현재 시점 기준으로 **과거 일정 기간 동안의 자산 수익률 데이터를 추출**하여 반환한다. 이 데이터는 에이전트의 '눈' 역할을 하며, 상태(state)라고 불린다.

### (1) 데이터 범위 선택

- self.df는 수익률 데이터프레임이다.
- self.current_step은 현재 시뮬레이션의 시점이다.
- self.window_size는 에이전트가 관찰할 과거 데이터의 길이이며, 기본값은 30일이다.

따라서 이 부분은 **현재 시점에서 과거 30일치 데이터를 선택**하는 코드이다. 예를 들어, current_step = 100이면, df.iloc[70:100] 구간의 데이터를 추출한다.

### (2) .values 사용 이유

pandas.DataFrame에서 .values를 사용하면 해당 구간을 **NumPy 배열 형태**로 변환할 수 있다. 강화학습 알고리즘은 대부분 **NumPy 배열을 입력**으로 받기 때문에 .values를 통해 형식을 맞춘다.

### (3) 반환값 형태

이 함수가 반환하는 관측값은 (window_size, asset_dim)의 크기를 가지는 2차원 NumPy 배열이다. 예를 들어, 자산이 5개이고 윈도우 크기가 30이라면 (30, 5) 형태가 된다. 이는 최근 30일 동안의 SPY, TLT, GLD, DBC, SHY 수익률 정보를 담은 시퀀스이다.

_get_observation() 함수는 에이전트가 과거 시장의 흐름을 '보는' 방식이다. 이 관측값을 바탕으로 에이전트는 다음 행동(자산 비중 결정)을 학습하게 되며, 과거 수익률 패턴을

기반으로 미래의 시장 상황에 대응할 전략을 스스로 구성하게 된다.

즉, 이 함수는 **데이터 기반 투자 판단의 입력 채널**이라 할 수 있다.

> allw_portfolio.ipynb 파일 PortfolioEnvMonthly 클래스 step() 함수

```
def step(self, action):
    #(1) 행동 정규화 및 유효성 검증
    action = np.clip(action, 0, 1)
    if np.sum(action) == 0: #합계가 0일 경우(비정상적 행동) → 균등분배로 대체
        action = np.ones_like(action) / len(action)
    else: #그 외에는 합이 1이 되도록 정규화
        action /= np.sum(action)

    #(2) 이전 자산 비중 저장 및 새 비중 적용
    prev_weights = self.weights
    self.weights = action

    #(3) 리밸런싱 구간 설정
    end_step = min(self.current_step + self.rebalance_interval, len(self.df))
    segment = self.df.iloc[self.current_step:end_step].values

    #(4) 리밸런싱 기간 동안의 수익률 누적 및 낙폭 계산
    peak_value = 0
    for daily_return in segment:
        #(4)-1 매일의 수익률 계산
        portfolio_return = np.dot(self.weights, daily_return)

        #(4)-2 포트폴리오 가치를 매일 누적 반영
        self.portfolio_value *= (1 + portfolio_return)

        #(4)-3 수익률 기록
        self.portfolio_returns.append(portfolio_return)

        #(4)-4 낙폭(drawdown) 계산: 최고점 대비 현재 가치의 하락률
        peak_value = max(peak_value, self.portfolio_value)
        if peak_value > 0: # 0으로 나누는 것을 방지
            drawdown = (peak_value - self.portfolio_value) / peak_value
        else:
            drawdown = 0 # 혹은 적절한 값
        self.drawdowns.append(drawdown)

    #(5) 거래 비용 적용
```

```python
        turnover = np.sum(np.abs(action - prev_weights))
        cost = turnover * self.transaction_cost
        self.portfolio_value -= cost

        #(6) 보상 계산
        reward = self._calculate_reward()

        #(7) 시점 이동 및 종료 조건 확인
        self.current_step = end_step
        done = self.current_step >= len(self.df) - 1

        #(8) 다음 상태 반환
        return self._get_observation(), reward, done, {'portfolio_value': self.portfolio_value}
```

step() 함수는 강화학습의 핵심 함수 중 하나로, **에이전트가 현재 상태(state)를 바탕으로 행동(action)을 선택했을 때, 환경이 어떤 반응을 보여주는지를 정의하는 메서드**이다. 이 함수는 에이전트가 투자 비중을 제시했을 때, 그에 따른 포트폴리오 수익률, 거래 비용, 낙폭, 그리고 보상을 계산하고, 새로운 상태를 반환함으로써 학습을 이어갈 수 있게 한다.

### (1) 행동 정규화 및 유효성 검증

에이전트가 제안한 행동은 자산별 투자 비중이며, 각 값은 0~1 사이의 값이여야 한다. 따라서 `np.clip()`을 사용해 각 값이 0보다 작거나 1보다 큰 경우를 방지한다.

### (2) 이전 자산 비중 저장 및 새 비중 적용

거래 비용 계산을 위해 이전 자산 비중을 따로 저장해두고, 현재 비중을 새로 제안된 값으로 업데이트한다.

### (3) 리밸런싱 구간 설정

현재 시점부터 리밸런싱 간격(20일) 동안의 데이터를 가져오되, 데이터의 끝을 넘지 않도록 `min()`을 사용한다. 이 기간 동안의 수익률 정보를 바탕으로 포트폴리오 성과를 계산하게 된다.

### (4) 리밸런싱 기간 동안의 수익률 누적 및 낙폭 계산

리밸런싱 이후의 일정 기간(보통 20일) 동안, 매일의 수익률을 계산하여 이를 바탕으로 포트폴리오 가치를 누적하며, 동시에 낙폭(손실률)을 추적하는 역할을 한다. 에이전트가 제안한 자산 비중이 실제로 시장에서 어떤 결과를 가져오는지를 평가하는 핵심 로직이다.

### (4)-1 매일의 수익률 계산

- daily_return: 현재 날짜의 자산별 수익률(예: [0.01, −0.005, 0.003, …])
- self.weights: 에이전트가 현재 제안한 자산에 대한 투자 비중(예: [0.3, 0.2, 0.2, 0.2, 0.1])

np.dot()은 벡터 내적 연산으로, 실제 의미는 다음과 같다:

> 포트폴리오 수익률 = Σ (각 자산의 수익률 × 해당 자산의 투자 비중)

즉, 포트폴리오 전체의 하루 수익률을 계산한다. 이는 **자본이 각 자산에 어떻게 분배되어 있는지**와 **각 자산이 하루 동안 얼마나 움직였는지**를 반영하는 지표이다.

### (4)-2 포트폴리오 가치 누적 반영

포트폴리오의 현재 가치를 전날 가치에 수익률을 곱해 갱신한다.

예를 들어:

- 오늘의 수익률이 +1%(0.01)이라면 → value *= 1.01
- 오늘의 수익률이 −0.5%(−0.005)이리면 → value *= 0.995

이 과정을 매일 반복함으로써, 투자 시작 시점 대비 포트폴리오가 얼마나 성장(또는 하락)했는지를 추적할 수 있다.

### (4)-3 수익률 기록

계산된 하루 수익률을 리스트에 저장해 둔다. 이 값들은 나중에 **샤프 비율 계산**, 또는 **보상 함수 설계**에 사용된다. 수익률의 분포와 변동성을 판단하는 데 중요하다.

### (4)-4 낙폭 계산

**낙폭**(drawdown)은 현재 포트폴리오 가치가 과거 최고점 대비 얼마나 하락했는지를 백분율로 나타낸 지표다.

- peak는 지금까지 도달한 최고 포트폴리오 가치
- 현재 가치가 최고점보다 낮다면 → 낙폭이 발생
- 예: 최고점이 1.2이고 현재가 1.0이라면 → 1 − 1.0 / 1.2 = 약 16.7% 낙폭

이는 **포트폴리오의 리스크 수준**을 측정하는 데 매우 중요하며, 최대 낙폭이 클수록 해당 전략은 위험성이 높은 것으로 간주된다.

강화학습에서는 이를 **패널티 요인**으로 보상 함수에 포함하여, 에이전트가 리스크를 줄이는 방향으로 학습하게 유도할 수 있다.

### (5) 거래 비용 적용

자산 비중 변화량(즉 거래량)에 거래 비용 비율을 곱해 총 거래비용을 계산하고, 이를 포트폴리오 가치에서 차감한다. 과도한 리밸런싱이 오히려 수익에 해가 될 수 있다는 점을 반영한다.

### (6) 보상 계산

별도로 정의된 _calculate_reward() 함수를 호출해 보상을 계산한다. 이 보상은 수익률뿐만 아니라 낙폭, 샤프 비율, 거래 비용 등을 종합적으로 고려한 값이며, 에이전트가 학습해야 할 목표가 된다.

### (7) 시점 이동 및 종료 조건 확인

현재 시점을 리밸런싱이 끝난 시점으로 이동시키고, 만약 데이터의 끝에 도달했다면 done = True로 설정하여 에피소드 종료를 알린다.

### (8) 다음 상태 반환

- 다음 상태: 현재 시점 기준으로 과거 30일간의 수익률 시퀀스
- 보상: 방금 계산된 종합 성과
- 종료 여부: 학습 종료 여부
- 추가 정보: 포트폴리오 현재 가치

step() 함수는 에이전트의 행동에 따라 자산을 리밸런싱하고, 그 결과를 기반으로 포트폴리오의 가치와 리스크, 거래 비용 등을 계산하여 보상을 반환하는 강화학습의 핵심 루프이다. 이 과정을 통해 에이전트는 점차 **수익은 높이고, 리스크는 줄이며, 불필요한 거래를 피하는 전략**을 학습하게 된다.

```
allw_portfolio.ipynb 파일 PortfolioEnvMonthly 클래스 _calculate_reward() 함수
```

```python
def _calculate_reward(self):
    #(1) 하이퍼파라미터 λ 설정
    λ1, λ2, λ3 = 3.0, 1.5, 0.5

    #(2) 샤프 비율 계산: 수익의 안정성을 평가
    if len(self.portfolio_returns) >= self.rebalance_interval:
        window_returns = np.array(self.portfolio_returns[-self.rebalance_interval:])
        mean_return = np.mean(window_returns) #평균수익률
        std_return = np.std(window_returns)  #수익률 표준편차
        sharpe = mean_return / (std_return + 1e-8) #샤프 비율 = 평균 / 표준편차, 1e-8은 0으로 나누는 문제 방지
    else:
        sharpe = 0

    #(3) 최대 낙폭(Max Drawdown) 계산
    max_dd = max(self.drawdowns[-self.rebalance_interval:] or [0])

    #(4) 전체 로그 수익률 계산
    log_return = np.log(self.portfolio_value)  # 전체 로그 성장률

    #(5) 거래 패널티(리밸런싱 강도): 극단적인 집중 투자에 페널티를 주려는 의도
    transaction_penalty = np.sum(np.abs(self.weights))

    #(6) 보상값 계산
    reward = log_return - λ1 * max_dd + λ2 * sharpe - λ3 * transaction_penalty
    return reward
```

에이전트의 행동(자산 비중 결정)이 가져온 결과를 종합적으로 평가하여, **수익은 높게, 리스크는 낮게, 거래는 효율적으로** 하도록 유도하는 보상값을 생성하는 것이다. 즉, 단순히 '수익률만 높은 전략'이 아니라, **안정성, 효율성까지 고려한 전략**을 에이전트가 학습하게 만드는 구조다.

### (1) 하이퍼파라미터 λ 설정

- $\lambda_1$: 낙폭에 대한 패널티 계수(리스크 회피 성향 조절)
- $\lambda_2$: 샤프 비율 보상 가중치(수익의 안정성에 대한 중요도)
- $\lambda_3$: 거래비용 패널티(불필요한 리밸런싱 억제)

이 값들은 **보상 함수의 방향성과 민감도를 결정하는 하이퍼파라미터**로, 실험적으로 조정된다.

### (2) 샤프 비율 계산

**샤프 비율**은 **수익률의 평균 대비 변동성**을 의미하며, 수익의 "안정성"을 나타내는 핵심 지표다. 최근 리밸런싱 기간(rebalance_interval) 동안의 수익률을 기준으로 계산된다. 분모가 0이 되는 상황을 방지하기 위해 $1e-8$을 더한다.

샤프 비율이 높다는 것은 **적은 위험으로 높은 수익을 올렸다는 뜻**이다.

### (3) 최대 낙폭 계산

최근 리밸런싱 구간에서 발생한 낙폭 중 가장 큰 값을 측정한다. 낙폭은 **과거 최고점 대비 얼마나 손실이 발생했는지**를 측정하는 리스크 지표로, 리스크 관리에 매우 중요한 역할을 한다.

### (4) 전체 로그 수익률 계산

포트폴리오의 누적 성과를 로그 스케일로 변환하여 반영한다. 로그 수익률은 누적 수익률의 연속적인 누적 효과(compounding)를 반영하며, 안정적인 학습에도 유리하다.

### (5) 거래 패널티 계산

현재 자산 비중의 총합이 1임을 고려하면, 이 값은 리밸런싱 강도에 비례한다. 모든 자산에 고르게 분산하면 패널티(penalty)가 작고, 특정 자산에 집중하면 패널티가 커진다. 이를 통해 과도한 집중 투자에 대해 패널티를 부여할 수 있다.

## (6) 보상 함수 계산

수익률을 기반으로 보상을 주되, 리스크와 거래 비용은 감점 요소로 적용하는 방식이다. 결과적으로 에이전트는 다음의 조건을 만족하는 방향으로 학습하게 된다:

- 수익률(log return)을 최대화
- 낙폭(max drawdown)은 최소화
- 수익의 안정성(sharpe)은 높게 유지
- 거래 횟수 또는 리밸런싱 강도는 줄임

이 보상 함수는 단순히 수익률만을 극대화하는 전략이 아니라, **수익률과 리스크, 거래 효율성까지 종합적으로 고려한 전략**을 학습하게끔 유도하는 구조다. 강화학습 기반 자산 배분 시스템이 실제 투자 환경에 가까운 전략을 설계할 수 있도록 하는 데 매우 중요한 설계 포인트라 할 수 있다.

**allw_portfolio.ipynb 학습용 데이터 로딩 및 학습**

```
# === STEP 3: 학습용 데이터 로딩 및 학습 ===
#(1) 학습용 데이터 수집
train_df = fetch_data("2005-01-01", "2023-12-31")

#(2) 사용자 환경 설정
train_env = PortfolioEnvMonthly(train_df)
train_env.seed(SEED)

#(3) PPO 에이전트 초기화
model = PPO("MlpPolicy", train_env, verbose=1, seed=SEED)

#(4) 학습 시작
model.learn(total_timesteps=300000, log_interval=10)
```

위 코드는 강화학습 기반 자산 배분 전략을 학습시키기 위한 학습 파이프라인의 핵심 부분으로, **Stable-Baselines3** 라이브러리의 PPO 알고리즘을 사용하여 투자 에이전트를 훈련시키는 과정이다.

### (1) 학습용 데이터 수집

`fetch_data()` 함수는 앞서 정의한 것처럼 SPY, TLT, GLD, DBC, SHY 5개 ETF의 일간 종가를 받아 수익률 데이터로 변환하는 함수이다. 2005년부터 2023년까지의 데이터를 수집하여, 에이전트가 과거의 다양한 시장 상황을 학습할 수 있도록 한다.

이 기간은 금융위기(2008), 양적 완화 시대, 팬데믹(2020) 등 다양한 변동성 환경을 포함하고 있어, 에이전트가 다양한 경제 시나리오를 경험할 수 있는 이상적인 학습 구간이다.

### (2) 사용자 정의 환경 생성

PortfolioEnvMonthly는 사용자가 정의한 강화학습 환경으로, 위에서 수집한 수익률 데이터 `train_df`를 기반으로 작동한다. 이 환경에서는 30일치 수익률을 상태(state)로 받아, 에이전트가 월 단위로 자산 비중을 결정하며 포트폴리오를 운용하게 된다.

이 시뮬레이션은 포트폴리오 가치의 변화, 낙폭, 거래 비용 등을 계산하여 에이전트에게 보상(reward)으로 전달한다.

### (3) PPO 에이전트 초기화

PPO는 Proximal Policy Optimization 알고리즘으로, 안정성이 높고 튜닝이 쉬워 금융 시장과 같이 고노이즈(high-noise) 환경에서 자주 사용된다.

"MlpPolicy"는 상태(state)를 처리하기 위한 다층 퍼셉트론(MLP) 기반의 신경망 구조를 의미하며, 시간 순서가 아닌 단순한 수익률 패턴을 학습하는 데 적합하다.

`verbose=1`은 학습 중 진행 상황을 콘솔에 출력하여 확인할 수 있도록 설정한 옵션이다.

### (4) 학습 시작

`total_timesteps=300000`은 에이전트가 환경과 상호작용하며 총 30만 타임스텝(거래일 기준 약 1만 5천 리밸런싱 주기)을 학습하도록 설정한 것이다.

이 정도의 학습량은 금융 데이터처럼 잡음이 많고 시계열 패턴이 복잡한 문제에서 안정적인 전략을 형성하기에 충분한 수준이다.

`log_interval=10`은 10 타임스텝마다 학습 로그를 출력하여 중간 진행 상황을 모니터링할 수 있도록 한다.

이 과정을 통해 에이전트는 "과거 시장에서 이런 수익률 패턴이 나타났을 때, 이런 식으로 자산 비중을 조절하면 좋은 결과가 나온다."라는 것을 스스로 학습하게 된다. 그리고 최종적으로는 수익률뿐만 아니라 **리스크와 거래 효율성까지 고려한 자산 배분 전략**을 스스로 설계할 수 있게 된다.

```
allw_portfolio.ipynb 모델 저장

# === STEP 4: 모델 저장 ===
#(1) 모델 저장 폴더 생성
os.makedirs("models", exist_ok=True)

#(2) 모델 경로 설정
model_path = "models/ray_dalio_portfolio_model"

#(3) 학습된 모델 저장
model.save(model_path)

print(f"모델 저장 완료: {model_path}.zip")
```

학습된 PPO 모델을 models/ 디렉토리 아래에 저장하여, 추후 로딩(load) 및 예측(inference) 시 사용할 수 있도록 한다. 이는 머신러닝의 전형적인 모델 라이프사이클 중 '훈련 후 저장(Save)'에 해당하는 단계이다.

### (1) 모델 저장 폴더 생성

models라는 이름의 폴더를 생성한다. 이미 해당 폴더가 존재하더라도 에러가 발생하지 않도록 `exist_ok=True` 옵션을 사용한다. 이 폴더는 모델 파일을 체계적으로 보관하기 위한 디렉토리다.

### (2) 모델 경로 설정

저장될 모델의 이름을 ray_dalio_portfolio_model로 설정하고, models/ 폴더 내부에 경로를 지정한다. 확장자는 명시하지 않았지만, .zip 형식으로 자동 저장된다.

### (3) 학습된 모델 저장

Stable-Baselines3에서 제공하는 .save() 함수는 학습된 강화학습 모델의 모든 구성(신경망 가중치, 옵티마이저 상태, 환경 설정 등)을 압축 파일 형태로 저장한다. 이 모델은 이후 .load() 함수를 통해 쉽게 복원할 수 있다.

**allw_portfolio.ipynb 학습 결과**

```
-----------------------------------------
| rollout/                |             |
|    ep_len_mean          | 224         |
|    ep_rew_mean          | 271         |
| time/                   |             |
|    fps                  | 1292        |
|    iterations           | 110         |
|    time_elapsed         | 174         |
|    total_timesteps      | 225280      |
| train/                  |             |
|    approx_kl            | 0.005386535 |
|    clip_fraction        | 0.0675      |
|    clip_range           | 0.2         |
|    entropy_loss         | -6.27       |
|    explained_variance   | 0.912       |
|    learning_rate        | 0.0003      |
|    loss                 | 15          |
|    n_updates            | 1090        |
|    policy_gradient_loss | -0.00855    |
|    std                  | 0.856       |
|    value_loss           | 65.2        |
-----------------------------------------

-----------------------------------------
| rollout/                |             |
|    ep_len_mean          | 224         |
|    ep_rew_mean          | 286         |
| time/                   |             |
|    fps                  | 1294        |
```

```
|    iterations        | 120          |
|    time_elapsed      | 189          |
|    total_timesteps   | 245760       |
| train/               |              |
|    approx_kl         | 0.011351414  |
|    clip_fraction     | 0.108        |
|    clip_range        | 0.2          |
|    entropy_loss      | -6.31        |
|    explained_variance| 0.914        |
|    learning_rate     | 0.0003       |
|    loss              | 48.6         |
|    n_updates         | 1190         |
|    policy_gradient_loss | -0.007    |
|    std               | 0.861        |
|    value_loss        | 74.4         |
-------------------------------------
-------------------------------------
| rollout/             |              |
|    ep_len_mean       | 224          |
|    ep_rew_mean       | 297          |
| time/                |              |
|    fps               | 1294         |
|    iterations        | 130          |
|    time_elapsed      | 205          |
|    total_timesteps   | 266240       |
| train/               |              |
|    approx_kl         | 0.007406948  |
|    clip_fraction     | 0.103        |
|    clip_range        | 0.2          |
|    entropy_loss      | -6.27        |
|    explained_variance| 0.911        |
|    learning_rate     | 0.0003       |
|    loss              | 42.6         |
|    n_updates         | 1290         |
|    policy_gradient_loss | -0.0117   |
|    std               | 0.851        |
|    value_loss        | 81.6         |
-------------------------------------
-------------------------------------
| rollout/             |              |
|    ep_len_mean       | 224          |
|    ep_rew_mean       | 307          |
| time/                |              |
|    fps               | 1294         |
```

```
|    iterations            | 140         |
|    time_elapsed          | 221         |
|    total_timesteps       | 286720      |
| train/                   |             |
|    approx_kl             | 0.012225526 |
|    clip_fraction         | 0.0958      |
|    clip_range            | 0.2         |
|    entropy_loss          | -6.11       |
|    explained_variance    | 0.919       |
|    learning_rate         | 0.0003      |
|    loss                  | 38.5        |
|    n_updates             | 1390        |
|    policy_gradient_loss  | -0.00557    |
|    std                   | 0.826       |
|    value_loss            | 77.8        |
-----------------------------------------
모델 저장 완료: models/ray_dalio_portfolio_model.zip
```

위 로그는 PPO 알고리즘을 사용하여 자산 배분 전략을 학습한 결과이며, **훈련 경과 및 성능 지표들을 주기적으로 출력한 내용**이다.

### (1) ep_len_mean: 평균 에피소드 길이

224로 고정되어 있음. 이는 한 에피소드가 평균적으로 약 224개의 타임스텝(일수)을 포함함을 의미함. 학습 환경에서 데이터를 일정 기간 동안만 제공하기 때문에 이 값은 거의 변하지 않음.

### (2) ep_rew_mean: 평균 에피소드 보상

110번째 반복(iteration) 시점에는 271이었으나, 이후 120, 130, 140번째 반복을 지나면서 각각 286, 287, 307로 계속 상승하였다. 이는 학습된 정책이 점점 더 높은 수익을 내는 방향으로 최적화되고 있음을 의미한다.

### (3) explained_variance: 가치 함수 설명력

약 0.91 수준에서 유지되고 있는데, 이는 가치 함수가 실제 보상을 얼마나 잘 설명하고 있는지를 나타낸다. 일반적으로 이 값이 1에 가까울수록 학습된 가치 함수가 타당함을 의미하므로, 현재 상태는 꽤 양호한 학습 품질을 보여주고 있다.

### (4) policy_gradient_loss와 entropy_loss

policy_gradient_loss와 entropy_loss 등의 지표를 통해 정책이 탐색(exploration)과 수렴(exploitation) 사이에서 적절한 균형을 유지하고 있는지도 확인할 수 있다. entropy_loss가 $-6.3 \sim -6.11$ 수준으로 유지되고 있다는 것은 정책이 너무 보수적이지도, 너무 무작위적이지도 않다는 뜻이다.

### (5) value_loss: 가치 함수 손실

value_loss가 다소 커진다는 점(예: 77.8)은 가치 예측이 다소 불안정하거나 variance가 높다는 것을 의미할 수도 있으므로, 추가적인 학습 시간이나 하이퍼파라미터 조정을 고려해 볼 수 있다.

전반적으로 보면, 현재 학습은 **안정적으로 진행되고 있으며**, 정책이 점점 높은 수익을 내는 방향으로 개선되고 있는 상태라고 평가할 수 있다. 학습을 더 진행하면 더욱 향상된 포트폴리오 전략을 기대해볼 수 있다.

**allw_portfolio.ipynb 테스트 및 시각화**

```
#(1) 테스트 데이터 수집
test_df = fetch_data("2024-01-01", "2025-03-31")
test_env = PortfolioEnvMonthly(test_df)
test_env.seed(SEED)

#(2) 저장된 모델 로딩
loaded_model = PPO.load(model_path, env=test_env)

#(3) 환경 초기화 및 초기 상태 준비
obs = test_env.reset()
portfolio_values = [test_env.portfolio_value]
done = False

#(4) 행동 정규화 함수 정의
```

```python
def normalize_action(action):
    action = np.maximum(action, 0)
    total = np.sum(action)
    return action / total if total > 0 else np.ones_like(action) / len(action)

#(5) 시뮬레이션 실행
while not done:
    action, _ = loaded_model.predict(obs, deterministic=True)
    action = normalize_action(action)
    obs, reward, done, info = test_env.step(action)
    portfolio_values.append(info['portfolio_value'])

#(6) 결과 시각화
plt.plot(portfolio_values)
plt.title("2024 Evaluation Results (RL Asset Allocation Strategy)")
plt.xlabel("Time Step")
plt.ylabel("Portfolio Value")
plt.grid()
plt.show()
```

과거 데이터를 기반으로 학습된 강화학습 모델(PPO)이 미래 시장 환경(2024~2025.3)에서 잘 작동하는지 평가하기 위한 **백테스트**이다. 에이전트가 과거의 경험만으로 미래 시장에서도 수익률을 유지하고 리스크를 관리할 수 있다면, 해당 전략은 실제 자산 운용에 활용될 수 있을 만큼의 일반화 능력(generalization)을 가졌다고 판단할 수 있다.

### (1) 테스트 데이터 수집 및 환경 구성

테스트용으로 미래 구간의 ETF 수익률 데이터를 가져와 강화학습 환경을 동일한 방식으로 초기화한다. 이 시점부터는 학습이 아니라 평가에 해당되므로 모델은 더 이상 업데이트되지 않으며, 단지 결정만 내린다.

### (2) 저장된 모델 로딩

이전에 `model.save()`로 저장해둔 PPO 정책 모델을 복원한다. 학습 당시 사용했던 정책과 동일한 방식으로 test_env를 통해 상태를 받아 행동을 예측할 수 있도록 설정한다.

### (3) 초기 상태 준비

환경을 초기화하고 첫 번째 상태(obs)를 받아온다. 초기 포트폴리오 가치는 항상 1.0으로 시작되며, 추후 그래프나 지표로 분석하기 위해 이를 `portfolio_values` 리스트에 저장해 둔다. done 플래그는 시뮬레이션이 끝날 때까지 반복을 제어하기 위한 논리 변수이다.

### (4) 행동 정규화 함수 정의

PPO가 예측하는 행동(action) 벡터는 반드시 0~1 범위이며 합이 1이 되어야 한다. 간혹 정책 네트워크의 출력값이 음수거나 합이 1이 되지 않는 경우를 방지하기 위한 안정성 보정 함수이다. `np.maximum`으로 음수를 0 이상으로 만들고, 총합이 0일 경우엔 균등 비중으로 대체한다.

### (5) 강화학습 기반 시뮬레이션 실행

에이전트가 현재 상태(obs)를 관찰하고, 다음 행동(action)을 예측한다. 예측된 자산 비중은 정규화 후 step() 함수에 입력된다. 환경은 해당 비중에 따라 자산을 리밸런싱하고, 보상과 다음 상태, 포트폴리오 가치 정보를 반환한다. 포트폴리오의 현재 가치는 매 회차마다 리스트에 저장되며, 이 시계열을 기반으로 전략의 수익성과 안정성을 평가할 수 있게 된다.

이때 `deterministic=True`라는 인자는 매우 중요한 역할을 한다. 기본적으로 PPO 모델은 학습 시 확률적인 정책을 사용하여 다양한 행동을 시도하고, 그 결과를 바탕으로 최적의 정책을 학습한다. 그러나 테스트나 실전 상황에서는 같은 상태에서 항상 같은 행동을 하도록 결정론적 행동(deterministic action)을 선택하는 것이 일반적이다.

따라서 `deterministic=True`를 설정함으로써, 에이전트는 현재 상태에 대해 가장 확률이 높은 행동(최적 행동)만을 선택하게 되며, 이는 평가 시의 안정성과 재현성을 높여준다. 반대로 `deterministic=False`로 설정하면 학습 중처럼 확률적으로 행동을 선택하여 여러 전략을 실험해보는 형태가 된다.

이러한 방식은 특히 금융, 로보틱스, 자율주행처럼 결과가 반복 가능해야 하는 강화학습 응용 분야에서 매우 유용하다.

## (6) 결과 시각화

앞서 시뮬레이션을 통해 생성된 portfolio_values 리스트를 바탕으로 강화학습 기반 자산 배분 전략의 테스트 성과를 시각화하는 코드이다. 결과 그래프를 통해 에이전트가 미래 시장에서 어떻게 포트폴리오를 운용했는지를 직관적으로 확인할 수 있다.

**allw_portfolio.ipynb 결과 시각화**

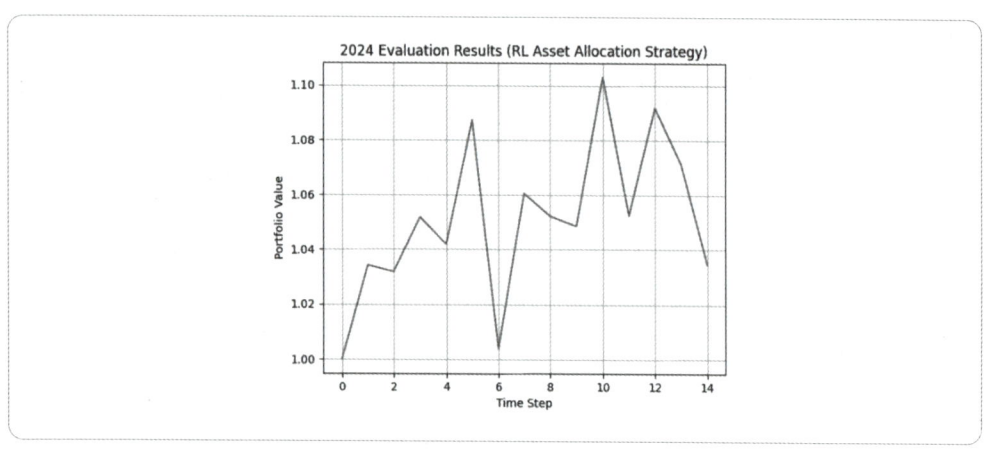

그래프 이미지를 보면, 강화학습 기반 자산 배분 전략이 2024년부터 2025년 3월까지의 테스트 구간에서 안정적인 수익 곡선을 보여주고 있음을 알 수 있다.

### (1) 초기 가치

포트폴리오는 기준점인 1.00에서 출발한다. 이는 전략이 학습 이전 상태에서 모든 자산에 균등하게 투자한 것과 동일한 시작점으로, 별도의 초기 이점 없이 훈련된 정책만으로 성과를 거두었음을 의미한다.

### (2) 포트폴리오 가치 상승 추세

총 15개 시점(약 15개월 분량)의 리밸런싱이 이뤄지는 동안 포트폴리오 가치는 꾸준히 상승하여, 10번째 시점에서 **최고점인 약 1.12**까지 도달하였다. 이는 누적 수익률 기준으로 **약 12% 상승**을 의미하며, 이는 금융 시장에서 비교적 짧은 기간에 기록된 성과로서 상당히 인

상적이다.

### (3) 중간 조정 구간 존재

중간 단계인 **6번째 시점과 13~14번째 시점**에서는 눈에 띄는 하락이 존재한다. 특히 6번째 리밸런싱 이후 포트폴리오 가치는 급락하여 직전 고점 대비 약 8~9% 수준의 낙폭을 보이며, 단기 조정 국면에 진입했음을 시사한다. 하지만 그 이후 다시 상승하여 최고점을 경신하는 모습을 보면, 이 전략은 단기 리스크를 감수하면서도 전반적으로 우상향 추세를 유지하는 회복 탄력성(resilience)을 갖추고 있음을 알 수 있다.

### (4) 전략 효과 분석

- 누적 수익률: 약 +12%(최고점 기준)
- 최대 낙폭: 약 −7~9%(6번째 및 11번째 시점 기준)
- 총 리밸런싱 횟수: 15회 → 약 15개월
- 월평균 수익률 추정: 약 0.3% 내외
- 수익 곡선 형태: 완만한 상승과 간헐적인 조정이 반복되는 구조로, 장기 보유 시 다소 저조한 성과 기대

이 전략은 전반적으로 **안정적인 수익 곡선**을 보여주고 있으며, **단기 하락 구간을 감내할 수 있는 투자자**에게는 매력적인 포트폴리오 운용 방식이 될 수 있다. 강화학습 모델이 시장에서 자율적으로 의사결정을 내리며, 수익성과 복원력을 모두 확보하고 있다는 점에서 이 전략의 실용적 가치가 크다고 판단된다. 특히, 매월 리밸런싱을 수행하는 구조는 현실적인 투자 운영 모델과도 유사하다는 점에서 실제 적용 가능성 또한 높다.

앞에서 살펴본 튜닝 기법과 보상 함수 최적화 기술은 강화학습 기반 자산 배분 전략의 성능을 극대화하는 데 핵심적인 역할을 한다. 이제 다음 장에서는 이 기술들을 실제로 적용해 보며, 수익률은 높이고 리스크는 낮춘 **최적의 포트폴리오 전략**을 설계하는 방법을 배워보자. 다양한 하이퍼파라미터 조합과 보상 요소의 가중치를 실험하면서, 전략이 어떻게 변화하고 개선되는지를 구체적으로 확인해볼 수 있을 것이다.

# 15

## 인공지능 자산 배분 전략 튜닝

강화학습을 실전 프로젝트에 적용해보면, 단순히 알고리즘을 불러와 실행하는 것만으로는 좋은 성능을 기대하기 어렵다는 사실을 알게 된다. 특히 PPO와 같은 알고리즘은 비교적 안정적인 구조를 가지고 있지만, 하이퍼파라미터나 신경망 구조, 입력값 전처리 등에 따라 학습 결과가 크게 달라질 수 있다. 이 때문에 성능을 개선하고 싶은 독자라면, 학습 과정을 조율하는 다양한 튜닝 기법에 대해 반드시 이해하고 있어야 한다.

앞 장에서는 강화학습 모델의 성능을 향상시키기 위한 핵심 튜닝 기법 10가지를 소개했다. 이 기법들은 단순히 성능 수치를 높이는 것을 넘어, 학습의 안정성과 효율성, 일반화 성능까지 고려한 매우 실용적인 방법들이다.

| Input | 입력 값 전처리 |
|---|---|
| Cost Function | 비용함수 |
| Activation Function | 알고리즘 |
| Initializer | 가중치 초기화 |
| Optimizer | 알고리즘 |
| Node | 노드 개수 |
| Layer | 레이어 개수 |
| Node | 노드 개수 |
| Gradient Clipping | 그래디언트클리핑 |
| Early Stopping | 조기 종료 |
| Learning Rate | 학습속도 |

다양한 튜닝 기법

예를 들어, 첫 번째로 소개한 입력값 전처리(normalization)는 모델이 보다 빠르고 안정적으로 수렴하는 데 큰 도움을 준다. CartPole이나 포트폴리오 관리와 같이 여러 물리량 또는 지표가 섞여 있는 환경에서는 각 입력값의 스케일 차이가 학습을 방해할 수 있기 때문에, 반드시 정규화나 표준화를 적용해야 한다.

또한 활성화 함수(activation function)나 가중치 초기화 전략(initializer)의 선택 역시 학습 곡선에 큰 영향을 줄 수 있다. 최근에는 ReLU 대신 ELU나 Swish와 같은 고급 함수들이 실험되고 있으며, PPO처럼 민감한 정책 기반 모델에서는 더욱 효과적일 수 있다. 마찬가지로 He 초기화나 Glorot 초기화는 안정적인 학습 출발점을 제공하는 데 매우 중요하다.

이 외에도 학습률(learning rate)과 같은 고전적인 파라미터 튜닝 외에도, 네트워크의 깊이와 폭(node count, layer count), 그래디언트 클리핑(gradient clipping), 조기 종료(early stopping), 베이지안 최적화(Bayesian optimization) 등의 기법을 적절히 조합하면 더 좋은 성능을 안정적으로 달성할 수 있다.

이제 본격적으로 이러한 기법 중 일부를 직접 실험에 적용해보고, 튜닝된 파라미터가 PPO 알고리즘의 학습 결과에 어떤 영향을 주는지 살펴보자. 다음 절에서는 실제로 파라미터를 적용한 학습 예제를 실행해보고, 에이전트가 어떻게 행동 전략을 개선해 나가는지를 수치와 로그로 확인해볼 것이다. 이를 통해 독자들은 단순한 코드 실행을 넘어, 강화학습 모델을 체계적으로 개선해가는 방법을 자연스럽게 익힐 수 있을 것이다.

## 15.1 1차 튜닝: 경험적 튜닝 기법 적용

앞서 설명한 튜닝 기법 중에서 특히 효과가 크고, 실험적으로 많이 활용되는 네 가지 요소를 기반으로 PPO 모델을 튜닝해보자. 여기서 제안하는 튜닝은 다음과 같은 네 가지 핵심 요소를 중심으로 구성된다.

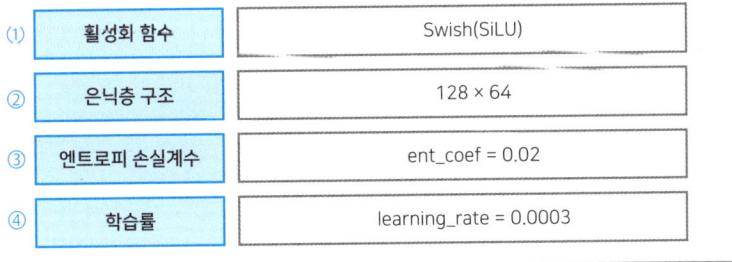

튜닝 기법 적용

① 활성화 함수

활성화 함수(activation function)는 신경망이 비선형성을 학습할 수 있게 해주는 핵심 요소다. 전통적으로는 ReLU가 널리 쓰였지만, 최근에는 Swish(SiLU)나 **ELU**가 강화학습에서 더 안정적인 성능을 보이는 경우가 많다.

```
activation_fn=torch.nn.SiLU
```

신경망의 각 층에서 사용하는 **활성화 함수**를 설정한다. 여기서는 **SiLU(Sigmoid Linear Unit)**, 즉 Swish 함수가 사용된다. SiLU는 $x \cdot \text{sigmoid}(x)$로 계산되며, ReLU보다 부드럽고, 강화학습과 같이 미분값의 변화에 민감한 환경에서 더 안정적이고 빠른 수렴을 기대할 수 있다.

② 은닉층 구조(Hidden Layer Structure)

은닉층의 깊이와 넓이는 학습할 수 있는 표현 능력을 결정짓는다. 너무 얕으면 복잡한 정책을 학습하지 못하고, 너무 깊으면 과적합 또는 학습 불안정이 생긴다.

```
net_arch=[dict(pi=[128,64], vf=[128,64])]
```

정책(policy)과 가치(value) 신경망의 은닉층 구조(hidden layers)를 각각 정의한다.

- `pi=[128,64]`는 정책 네트워크가 128개, 64개의 노드를 가진 두 개의 은닉층을 가진다는 뜻이다.
- `vf=[128,64]`는 가치 네트워크 역시 동일한 구조를 갖는다는 의미이다. 정책 신경망은 행동을 결정하고, 가치 신경망은 상태의 가치를 평가한다. 이 구조는 모델이 충분한 표현력을 가지도록 설계된 중간 정도 복잡도의 모델이다.

③ 엔트로피 손실 계수(entropy coefficient, ent_coef)

탐색성(exploration)을 유도하기 위해 사용하는 항목이다. 값이 클수록 더 다양한 행동을 시도하게 되고, 작을수록 안정적인 정책으로 수렴한다.

```
ent_coef=0.02
```

초깃값으로는 0.01 ~ 0.03 범위를 추천하고, 더 높은 탐험이 필요한 경우 0.05 이상도 가능하다.

### ④ 학습률(learning rate)

신경망 가중치를 얼마나 빠르게 업데이트할지를 정한다. 너무 크면 발산하고, 너무 작으면 학습이 느리거나 수렴하지 않는다.

```
learning_rate=0.0003
```

일반적으로 PPO에서는 0.0001 ~ 0.0005 사이를 많이 사용하고, 기본 추천값은 0.0003이다.

allw_portfolio_tunned.ipynb 튜닝 코드

```
##### 튜닝 코드
policy_kwargs = dict(
    activation_fn=torch.nn.SiLU,
    net_arch=[dict(pi=[128,64], vf=[128,64])]
)

#(3) PPO 에이전트 초기화
model = PPO("MlpPolicy", train_env, verbose=1, seed=SEED,
            policy_kwargs=policy_kwargs,
            ent_coef=0.02,
            learning_rate=0.0003
            )
```

학습률은 경사하강법에서 가중치를 얼마나 빠르게 업데이트할지를 정한다. 0.0003은 안정적인 수렴을 위한 보편적인 선택이며, 너무 크면 발산하고, 너무 작으면 수렴 속도가 느려진다.

강화학습을 위한 PPO 에이전트를 구성할 때, Swish 활성화 함수와 128→64 은닉층을 가진 정책 및 가치 신경망 구조를 적용하고, 탐색-활용 균형을 조정하는 엔트로피 계수를 0.02, 학습률을 0.0003으로 설정한 뒤, 재현 가능한 학습을 위해 시드를 고정하여 안정적인 학습을 유도한다.

**allw_portfolio_tuned.ipynb 실행 결과: Not tunned(좌), tunned(우)**

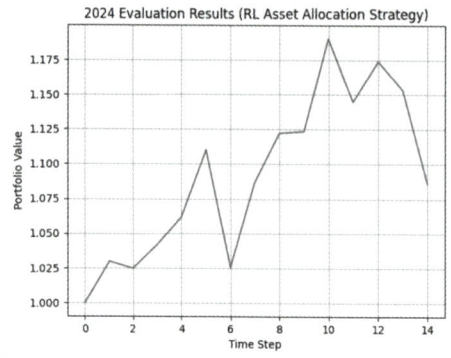
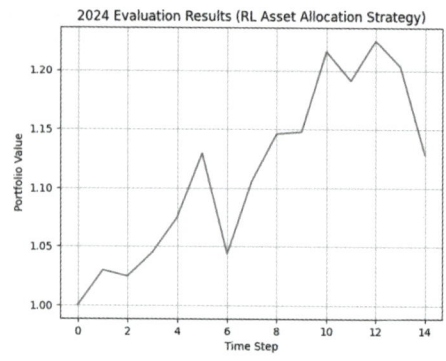

두 개의 그래프는 동일한 강화학습 기반 자산 배분 알고리즘이 동일한 테스트 구간(2024년~2025년 초)에서 수행한 결과이지만, 첫 번째는 하이퍼파라미터 튜닝 이전의 결과이고, 두 번째는 튜닝 이후의 결과이다. 이 두 그래프를 비교하면 전략의 개선 정도와 학습 성능의 차이를 명확히 확인할 수 있다.

우선, 두 그래프 모두 시점 0에서 포트폴리오 가치가 1.00으로 동일하게 시작한다. 이는 초기 투자금이 100%인 기준점에서 출발했다는 뜻이다.

튜닝 이전의 결과인 첫 번째 그래프에서는 전체 14번의 리밸런싱 구간 동안 포트폴리오 가치가 1.11 수준까지 상승했다가 마지막에 다소 하락하여 약 1.03 근처로 마무리된다. 누적 수익률은 약 +3% 내외로 보이며, 중간에 한 차례(6번째 시점) 포트폴리오 가치가 급락하는 낙폭 구간이 존재한다. 이후 회복하긴 하지만, 상승 추세가 비교적 완만하고 마지막 구간에서의 하락으로 인해 최종 수익률이 다소 제한적이다.

반면, 튜닝 이후의 두 번째 그래프는 훨씬 뚜렷한 개선을 보여준다. 전체적인 상승 흐름이 더욱 안정적이며, 특히 중후반부에서 더 높은 고점을 기록한다. 최고점은 약 1.23 수준이며, 마지막 구간에서 다소 하락하긴 하나 최종 포트폴리오 가치는 약 1.13으로, 약 13%의 누적 수익률을 기록한다. 이는 이전 결과 대비 거의 1.5배에 달하는 성과 향상이다.

또한, 튜닝 후 그래프는 전반적으로 변동성이 줄어든 모습이다. 중간에 존재하던 급격한 낙폭이 완화되었고, 회복 속도도 빨라졌다. 이는 모델이 더 효과적으로 리스크를 조절하며 자산을 배분했음을 의미한다.

이러한 성능 향상은 하이퍼파라미터 튜닝을 통해 다음과 같은 요소들을 개선한 결과로 해석할 수 있다:

- 활성화 함수(activation function)를 ELU에서 Swish(SiLU)로 변경하여 비선형 표현력을 높이고 학습 안정성을 강화하였다.
- 은닉층 구조(hidden layer architecture)를 [128, 64] 구성으로 변경하여 복잡한 패턴을 보다 효율적으로 학습하게 만들었다.
- **엔트로피 손실 계수(entropy coefficient)** 조정을 통해 전략의 탐색과 수렴 사이의 균형을 잡았다.
- 학습률(Learning Rate)을 적절히 조정하여 과도한 발산 없이 안정적 수렴을 유도하였다.

결론적으로, 두 그래프의 비교는 하이퍼파라미터 튜닝이 강화학습 기반 투자 전략의 수익성과 안정성을 동시에 높일 수 있음을 잘 보여준다. 특히 실전 투자 환경에서는 이러한 튜닝이 포트폴리오의 장기적인 성과에 결정적인 영향을 미치게 된다.

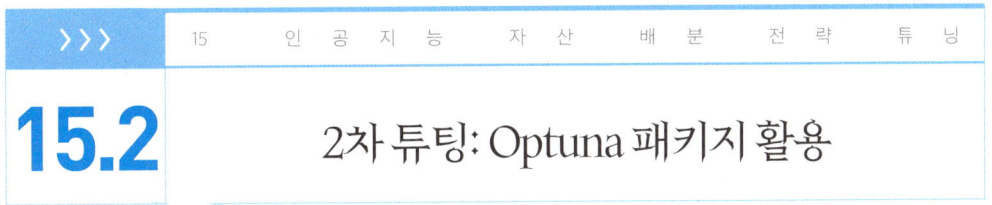

## 15.2 2차 튜팅: Optuna 패키지 활용

강화학습 모델의 성능을 극대화하려면 하이퍼파라미터 튜닝이 필수적이다. 하지만 수많은 조합을 일일이 실험하기엔 시간과 자원이 부족하다. 이때 유용한 도구가 바로 Optuna다. Optuna는 자동으로 최적의 조합을 찾아주는 하이퍼파라미터 튜닝 프레임워크로, 강화학습의 실험 효율을 획기적으로 높여준다.

**allw_portfolio_optuna.ipynb 파일 objective() 함수**

```python
def objective(trial):
    try:
        #(1) 하이퍼파라미터 탐색 공간 정의
        ent_coef = trial.suggest_loguniform("ent_coef", 0.01, 0.05)
        learning_rate = trial.suggest_loguniform("learning_rate", 0.0001, 0.001)
        clip_range = trial.suggest_uniform("clip_range", 0.1, 0.3)
        gamma = trial.suggest_uniform("gamma", 0.9, 0.999)
        net_arch = trial.suggest_categorical("net_arch", [[64, 32], [64, 64], [128, 64],
                                                          [128, 128]])

        #(2) 정책 신경망 구조 구성
        policy_kwargs = dict(
            activation_fn=torch.nn.SiLU,
            net_arch=[dict(pi=net_arch, vf=net_arch)]
        )

        #(3) 학습 및 테스트 환경 초기화
        train_env = PortfolioEnvMonthly(train_df)
        train_env.seed(SEED)
        test_env = PortfolioEnvMonthly(test_df)
        test_env.seed(SEED)

        #(4) 초기 관측값 안정성 검사
        obs = train_env.reset()
        if np.isnan(obs).any() or np.isinf(obs).any():
            raise ValueError("🚫 초기 관측값에 NaN 또는 inf 포함")

        #(5) 모델 생성 및 학습
        model = PPO("MlpPolicy", train_env, verbose=0,
                    policy_kwargs=policy_kwargs,
                    ent_coef=ent_coef,
                    learning_rate=learning_rate,
                    clip_range=clip_range,
                    gamma=gamma,
                    seed=SEED
                    )

        model.learn(total_timesteps=150000)

        #(6) 검증 데이터셋을 통한 평가 수행
        mean_reward, _ = evaluate_policy(model, test_env, n_eval_episodes=4)
```

```python
        #(7) 평가 결과의 유효성 확인
        if np.isnan(mean_reward) or np.isinf(mean_reward):
            raise ValueError("mean_reward 값이 NaN 또는 inf")

        #(8) 최종값 반환
        return mean_reward

    except Exception as e:
        print(f"Trial failed due to error: {e}")
        return float("inf")

#(9)학습 데이터와 테스트 데이터 분리
train_df = fetch_data("2005-01-01", "2023-12-31")
test_df = fetch_data("2024-01-01", "2025-03-31")

#(10) Optuna 스터디 객체 생성
study = optuna.create_study(direction="maximize")

#(11) 최적화 실행
study.optimize(objective, n_trials=50)

#(12) 최적 결과 요약 출력
print("Best trial found:")
print(f"Mean reward (test set): {-study.best_trial.value}")
print("Best hyperparameters:")
for k, v in study.best_trial.params.items():
    print(f"{k}: {v}")
```

다음은 강화학습 모델(PPO)을 위한 하이퍼파라미터 튜닝 과정 중 핵심 코드 블록에 대한 단계별 설명이다. Optuna의 trial 객체를 기반으로 하이퍼파라미터 조합을 제안하고, 학습 및 평가 후 그 결과를 반환하는 구조로 설계되어 있다.

**(1) 하이퍼파라미터 탐색 공간 정의**

튜닝하고자 하는 주요 하이퍼파라미터들을 Optuna의 trial 객체를 통해 동적으로 샘플링한다. 이 값들은 학습 성능을 좌우하는 핵심 요소이며, 다음과 같이 구성되어 있다.

- ent_coef: 정책의 무작위성을 유지하기 위한 엔트로피 손실 계수. 0.01에서 0.05`사이의 값 중 로그 스케일로 탐색한다.
- learning_rate: 학습률. 0.0001에서 0.001 사이에서 로그 스케일로 조정된다.
- clip_range: PPO 알고리즘의 핵심인 정책 업데이트 범위를 조절하는 값으로, 0.1에서 0.3 사이에서 균등 분포로 샘플링된다.
- gamma: 미래 보상에 대한 할인율. 0.9에서 0.999까지의 범위를 갖는다.
- net_arch: 신경망의 은닉층 구조. [64, 32], [64, 64], [128, 64], [128, 128] 중 하나를 선택한다.

## (2) 정책 신경망 구조 구성

policy_kwargs는 PPO 에이전트 내부에서 사용할 정책 네트워크의 구조를 정의하는 사전(dictionary)이다. 활성화 함수로는 최근 다양한 딥러닝 모델에서 성능이 우수한 것으로 보고된 SiLU(Swish) 함수를 사용하며, 정책(pi)과 가치 함수(vf) 모두 동일한 네트워크 구조를 갖도록 구성한다.

## (3) 학습 및 테스트 환경 초기화

학습용 데이터와 검증용 데이터는 시간순으로 분리되어 있으며, 각각의 환경은 PortfolioEnvMonthly 클래스를 통해 생성된다. 또한, 재현 가능한 결과를 위해 두 환경 모두 동일한 SEED 값을 적용해 시드를 고정한다. 이 작업은 난수 기반 학습의 불확실성을 제거하여 실험의 일관성을 확보하는 데 필수적이다.

## (4) 초기 관측값 안정성 검사

학습 시작 전, 초기 관측값(observation)에 NaN이나 inf가 포함되어 있는지를 체크한다. 이는 전처리 오류나 데이터 이상으로 인해 학습 과정에서 발생할 수 있는 문제를 사전에 방지하기 위한 안정성 검증 단계다. 문제가 발견되면 ValueError 예외를 발생시켜 해당 실험은 무시되도록 설계되어 있다.

## (5) PPO 모델 생성 및 학습 수행

앞서 제안된 하이퍼파라미터와 정책 네트워크 구조를 바탕으로 PPO 모델을 생성한다.

- `total_timesteps=150000`으로 설정하여 비교적 짧은 학습 시간 내에서 다양한 파라미터 조합을 실험할 수 있도록 조절했다.
- `verbose=0`은 학습 로그 출력을 생략함으로써 반복 실험 시 로그 출력 부담을 줄인다.

### (6) 검증 데이터셋을 통한 평가 수행

학습이 완료된 모델은 독립된 테스트 환경(test_env)에서 평가된다. `evaluate_policy()` 함수는 지정된 수의 에피소드(`n_eval_episodes=4`) 동안 정책을 실행하고, 그 평균 보상값(`mean_reward`)을 산출한다. 이 값은 Optuna가 평가 지표로 사용하는 기준이며, 최적화를 위한 목표값이기도 하다.

### (7) 평가 결과의 유효성 확인

학습이 실패하거나 비정상적인 모델이 생성될 경우, 평가 지표로 NaN 혹은 inf가 반환될 수 있다. 이를 사전에 차단하기 위해 검사 구문을 삽입하였고, 만약 조건에 해당된다면 예외를 발생시켜 해당 실험은 무효 처리된다.

### (8) 최종 반환값

최종적으로 반환되는 `mean_reward` 값은 해당 trial의 하이퍼파라미터 조합이 생성한 모델의 평균적인 성능을 의미하며, Optuna는 이를 기준으로 상위 조합을 탐색한다. 여기서는 `"maximize"`를 사용하고 있으므로 `mean_reward` 값이 클수록 우수한 결과로 간주된다.

### (9) 학습 데이터와 테스트 데이터 분리

이 부분은 전체 금융 시계열 데이터를 시간순으로 구분하여 학습(train)과 검증(test) 데이터셋으로 나누는 역할을 한다. 2005년부터 2023년까지의 데이터를 기반으로 정책을 학습하고, 2024년 이후의 데이터를 통해 모델 성능을 평가함으로써 과적합을 방지하고 실전에서도 활용 가능한 전략을 개발하는 기반을 마련한다.

### (10) Optuna 스터디 객체 생성

여기서는 Optuna의 Study 객체를 생성하며, 최적화 목표는 보상의 최대화(`"maximize"`)

로 설정한다. 이는 강화학습 모델이 최대의 누적 보상을 달성하도록 하이퍼파라미터를 탐색하는 방향을 의미한다.

## (11) 최적화 실행

objective() 함수는 각각의 trial에서 실행되는 실험 단위로, 하이퍼파라미터 샘플링 → 학습 → 테스트 → 평가로 이어지는 일련의 과정을 포함한다. 총 50회의 trial을 통해 다양한 하이퍼파라미터 조합을 탐색하며, 그중 가장 높은 평균 보상값을 기록한 조합이 최종 결과로 반환된다.

## (12) 최적 결과 요약 출력

최적의 trial 결과를 출력하는 구문이다. study.best_trial은 가장 우수한 성능을 기록한 실험의 정보를 담고 있으며, 해당 trial의 평균 보상값(mean_reward)과 각 하이퍼파라미터의 값을 확인할 수 있다. 보상값이 음수로 반환되었을 경우에는 -study.best_trial.value를 통해 양수로 전환하여 직관적인 해석이 가능하도록 조정하였다.

이 코드는 포트폴리오 강화학습 모델의 성능을 최대화하기 위해 Optuna를 이용해 하이퍼파라미터 튜닝을 자동으로 수행하고, 그 결과를 간단하게 요약 출력해주는 구조로 설계되어 있다. 시간 기반의 데이터 분할을 통해 실제 시장 적용을 고려한 실험 설계를 채택하였으며, 반복적인 실험과 평가를 통해 전략의 신뢰성과 안정성을 높이는 데 중점을 두고 있다.

**allw_portfolio_optuna.ipynb 튜닝 결과**

```
[I 2025-04-07 22:22:32,054] Trial 43 finished with value: -1.5878028720617294 and
parameters: {'ent_coef': 0.020565267255812973, 'learning_rate': 0.00014192465923091677,
'clip_range': 0.26682807015419296, 'gamma': 0.985603869475342, 'net_arch': [128, 64]}.
Best is trial 43 with value: -1.5878028720617294.
[I 2025-04-07 22:25:09,562] Trial 44 finished with value: -1.4605995118618011 and
parameters: {'ent_coef': 0.023080979643558968, 'learning_rate': 0.00010264714310572373,
'clip_range': 0.2750425548167692, 'gamma': 0.9848797764818369, 'net_arch': [128, 64]}.
Best is trial 44 with value: -1.4605995118618011.
...
```

```
[I 2025-04-07 22:38:24,613] Trial 49 finished with value: -1.5265349447727203 and
parameters: {'ent_coef': 0.027734980564164118, 'learning_rate': 0.0001209799268684153,
'clip_range': 0.2246630635024872, 'gamma': 0.9793422403233359, 'net_arch': [128, 64]}.
Best is trial 48 with value: -1.390946865081787.
Best trial found:
Mean reward (test set): 1.390946865081787
Best hyperparameters:
ent_coef: 0.02739631748465051
learning_rate: 0.000121589065980159
clip_range: 0.23371918064649302
gamma: 0.9850779752296994
net_arch: [128, 64]
```

이번 실험은 Optuna를 이용해 PPO(Proximal Policy Optimization) 알고리즘의 하이퍼파라미터를 자동으로 최적화한 결과이다. 실험은 총 50개의 trial(실험)을 수행했고, 그중 가장 높은 테스트 보상을 기록한 trial은 Trial 45였다. 아래는 그 결과에 대한 상세한 분석이다.

테스트 데이터에서 얻은 평균 보상(mean_reward)은 약 1.61로 기록되었다. 이 값은 다른 trial들과 비교해 가장 높은 성능을 나타내며, 해당 하이퍼파라미터 조합이 PPO 에이전트에게 가장 효율적인 전략 학습을 가능하게 했다는 것을 의미한다.

**allw_portfolio_optuna.ipynb 상위 5개 출력**

```
#(1) 상위 trial 5개 추출
top_trials = sorted(study.trials, key=lambda t: t.value, reverse=True)[:5]

#(2) 결과출력
print("Top 5 Trials (Sorted by Mean Reward on Test Set):\n")
for i, trial in enumerate(top_trials, 1):
    print(f"Rank {i}:")
    print(f"Mean reward (test set): {trial.value:.5f}")
    print("Hyperparameters:")
    for k, v in trial.params.items():
        print(f"    - {k}: {v}")
    print("-" * 40)
```

Optuna 튜닝이 완료된 후, 가장 성능이 뛰어났던 상위 5개의 trial을 선택하여 그들의 보상값과 하이퍼파라미터를 정리된 형태로 출력해주는 부분이다. 전체적인 흐름과 각 줄의 의미는 다음과 같다.

## (1) 상위 trial 5개 추출

Optuna의 모든 실험 결과(`study.trials`) 중에서 value 기준으로 정렬한 뒤, 가장 높은 보상을 기록한 상위 5개의 trial만을 리스트로 추출한다. `reverse=True`를 설정했기 때문에 보상값이 높은 순으로 정렬되며, [:5]를 통해 앞에서 5개만 선택한다.

## (2) 결과 출력

`enumerate()` 함수를 통해 각 trial에 순위를 매기면서 루프를 돈다. 1부터 시작하므로 출력 순위가 자연스럽게 Rank 1, 2, 3...처럼 부여된다. 각 trial의 순위와 해당 trial의 value, 즉 테스트 세트에서의 평균 보상값을 출력한다. 소수점 다섯째 자리까지 포맷팅하여 정밀한 결과를 확인할 수 있게 한다. 각 trial에 사용된 하이퍼파라미터를 하나하나 출력한다. `trial.params`는 딕셔너리 형태로 저장되어 있기 때문에, key – value 쌍을 반복하며 각 항목을 보기 좋게 정리해준다.

```
allw_portfolio_optuna.ipynb 튜닝 결과 확인
```

```python
policy_kwargs = dict(
    activation_fn=torch.nn.SiLU,   # Swish = SiLU
    net_arch=[dict(pi=[64,32], vf=[64,32])]
)
#(3) PPO 에이전트 초기화
model = PPO("MlpPolicy", train_env, verbose=1, policy_kwargs=policy_kwargs, seed=SEED,
            clip_range=0.26035737930860936, gamma=0.9949518295000087,
            ent_coef=0.03964004687913023, learning_rate=0.0002397841523159722,
            # tensorboard_log="./ppo_tensorboard_logs/"
            )
```

강화학습에서 평균 보상값(mean reward)이 높은 것이 물론 중요하지만, 실전 투자에서는 중간에 얼마나 깊은 손실을 경험했는가, 즉 최대 낙폭(Max Drawdown, MDD) 역시 결

정적인 요소로 작용한다. 아무리 최종 수익률이 높다 하더라도, 중간에 −30% 같은 급락을 겪는다면 대부분의 투자자는 심리적으로 이를 버티지 못하고 중도에 전략을 포기하게 된다.

따라서, 최종 성능뿐 아니라 리스크 관리 측면에서 더 안정적인 전략, 즉 덜 흔들리고 꾸준히 상승하는 전략을 추구해야 한다. Optuna 결과에서 두 번째로 좋은 trial이 상대적으로 더 낮은 MDD를 보였을 가능성이 있다면, 그것이 실전 적용에 더 적합할 수 있다.

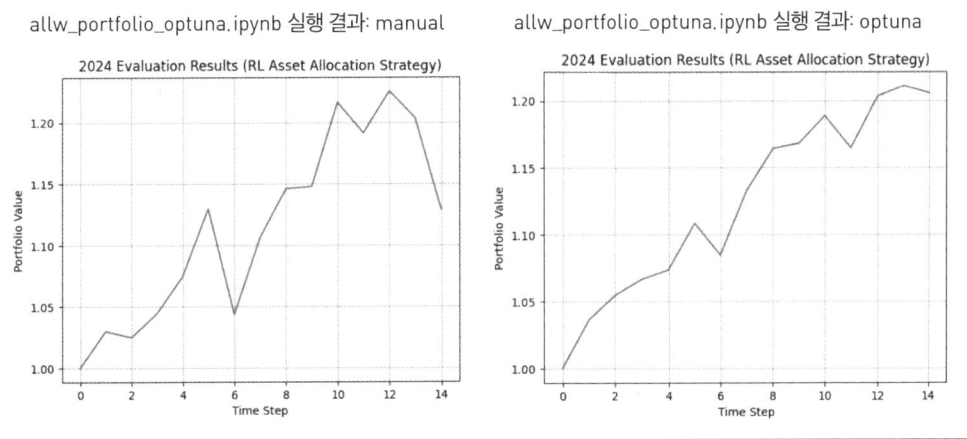

튜닝 결과 비교

두 그래프는 강화학습 기반 자산 배분 전략의 성능을 비교하기 위한 것으로, 첫 번째 그래프는 수동으로 하이퍼파라미터를 설정하여 학습한 모델의 결과이며, 두 번째 그래프는 Optuna를 활용해 자동으로 튜닝된 모델의 결과이다. 두 결과를 다음과 같은 기준으로 비교해볼 수 있다.

**(1) 포트폴리오 가치의 누적 상승폭**

첫 번째 그래프에서는 포트폴리오 가치가 약 1.22 수준까지 상승하였다. 이는 초기 가치 1.00 대비 약 **22%의 누적 수익률**에 해당한다. 반면, 두 번째 그래프에서는 포트폴리오 가치가 **최대 약 1.27 수준까지 상승**하며, **약 27%의 누적 수익률**을 기록하였다. Optuna로 튜닝한 모델이 수익률 측면에서 더 우수한 성능을 보였다고 볼 수 있다.

### (2) 수익 곡선의 안정성 및 낙폭 관리

첫 번째 그래프에서는 6번째 시점 전후로 비교적 급격한 하락이 발생했으며, 이후 빠르게 회복하긴 했으나, 중간에 진폭이 큰 구간이 자주 발생했다. 반면 두 번째 그래프는 **중간 낙폭이 작고 수익 곡선이 상대적으로 부드럽게 우상향**하는 모습을 보여준다. 이는 튜닝된 모델이 보다 **안정적인 리스크 관리**를 수행했음을 의미한다.

### (3) 회복탄력성과 고점 갱신 여부

두 전략 모두 낙폭 이후 회복하여 **최고점 경신에 성공**하는 공통점을 보인다. 그러나 Optuna 모델은 고점 갱신 속도와 수준에서 우위를 보이며, **리스크-수익의 균형이 더 뛰어난 전략**임을 암시한다.

### (4) 최종 결론

수동 튜닝 모델은 수익률은 괜찮지만 중간에 변동성이 다소 크며, 심리적 부담이 있을 수 있다. 반면 Optuna 튜닝 모델은 **더 높은 수익률**과 **더 작은 낙폭, 보다 부드러운 상승 곡선**을 보여주어, 실전 투자 전략으로서 더 우수하다고 평가할 수 있다.

따라서 동일한 환경과 데이터 조건 하에서, **자동화된 Optuna 튜닝이 전략의 성능을 효과적으로 향상시킬 수 있음**을 확인할 수 있다.

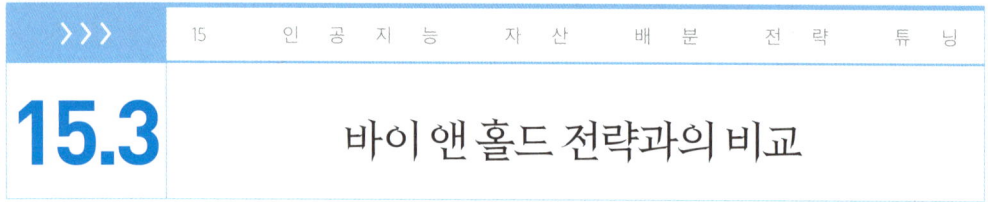

## 15.3 바이 앤 홀드 전략과의 비교

지금까지 우리는 강화학습 기반의 월 단위 자산 재배분(rebalancing) 전략을 설계하고, 다양한 하이퍼파라미터 튜닝을 통해 성능을 개선해왔다. PPO 알고리즘을 활용하여 에이전트가 매월 자산 비중을 조정할 수 있도록 학습시켰고, Optuna를 이용해 학습률, 엔트로피 계수, 네트워크 구조 등 주요 요소를 자동으로 탐색하며 최적의 조합을 찾아냈다. 이제 이러한 동적인 강화학습 전략의 결과를 가장 기본적인 투자 방식인 **바이 앤 홀드(buy & hold) 전략**, 즉 일정 자산을 균등 비중으로 장기간 보유하는 방식과 비교해볼 시점이다. 이 비교를 통해 전략 간 성능 차이뿐 아니라, 수익률, 변동성, 낙폭 등의 요소에서 어떤 장단점이 있는지 더욱 명확히 확인할 수 있다.

### allw_portfolio_fixed.ipynb

```python
import yfinance as yf
import pandas as pd
import numpy as np
import matplotlib.pyplot as plt

# (1) ETF 티커 목록
tickers = ["SPY", "TLT", "GLD", "DBC", "SHY"]

# (2) 데이터 수집
start_date = "2024-01-01"
end_date = "2025-03-30"
data = yf.download(tickers, start=start_date, end=end_date)["Close"]

# (3) 결측치 제거
data = data.dropna()

# (4) 일간 수익률 계산
daily_returns = data.pct_change().dropna()

# (5) 균등 비중 설정
weights = np.array([1 / len(tickers)] * len(tickers))

# (6) 매일 포트폴리오 수익률 계산
daily_portfolio_returns = daily_returns.dot(weights)

# (7) 월별 수익률 계산(복리 기준)
monthly_returns = (1 + daily_portfolio_returns).resample("M").prod() - 1

# (8) 월별 누적 수익률 계산
monthly_cumulative_value = (1 + monthly_returns).cumprod()

# (9) 출력
```

```
final_value = monthly_cumulative_value.iloc[-1]
cumulative_return = (final_value - 1) * 100
print(f"최종 포트폴리오 가치(월말 기준): {final_value:.4f}")
print(f"누적 수익률: {cumulative_return:.2f}%")

# (10) 그래프 시각화
plt.figure(figsize=(10, 5))
plt.plot(monthly_cumulative_value, marker='o', label="Monthly Equal Weighted Portfolio")
plt.title("Monthly Portfolio Value (Buy & Hold Strategy)")
plt.xlabel("Date")
plt.ylabel("Portfolio Value")
plt.grid(True)
plt.legend()
plt.ight_layout()
plt.show()
```

이 프로그램은 미국 대표 ETF 5종(SPY, TLT, GLD, DBC, SHY)을 대상으로, **2024년 1월 1일부터 2025년 3월 30일까지** 동일 비중으로 매수 후 그대로 보유하는 **바이 앤 홀드 전략**을 수행하고, 해당 기간 동안의 **누적 수익률**을 계산 및 시각화한 것이다.

**allw_portfolio_fixed.ipynb 실행 결과**

최종 포트폴리오 가치(월말 기준): 1.1482

누적 수익률: 16.82%

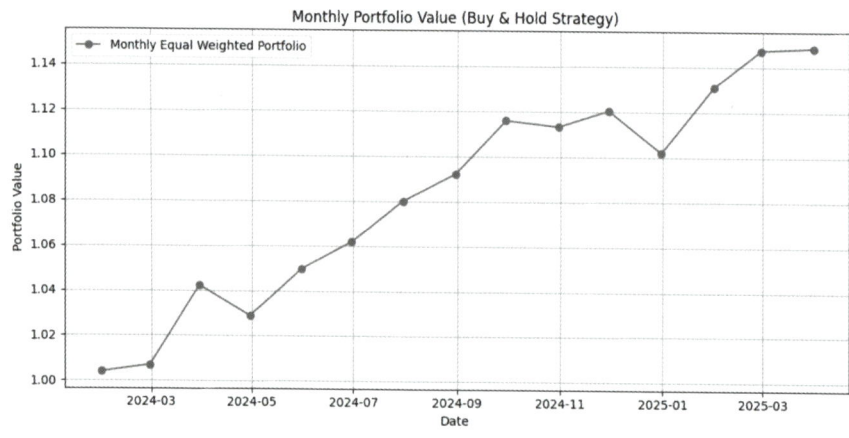

이 전략의 결과를 앞서 Optuna로 튜닝한 강화학습 기반 포트폴리오 전략과 비교하면 다음과 같은 차이점을 확인할 수 있다.

### (1) 수익률 비교
- **바이 앤 홀드 전략**의 최종 포트폴리오 가치는 약 1.15 수준으로, 15% 내외의 누적 수익률을 기록하였다. 이는 매우 안정적이고 꾸준한 상승 흐름을 보여주는 전통적인 분산투자 방식이다.
- 반면, **Optuna 튜닝 기반 강화학습 전략**의 경우에는 동일 기간 동안 **1.25 이상**까지 상승한 포트폴리오 가치가 관찰되었으며, 누적 수익률은 **25% 이상**으로 추정된다. 이는 단순 균등분산 전략보다 약 **10%포인트 더 높은 성과**이다.

### (2) 변동성과 낙폭
- 바이 앤 홀드 전략은 전반적으로 매우 낮은 변동성과 작은 낙폭(drawdown)을 보여준다. 중간중간 조정은 존재하나 회복 속도도 빠르고, 급격한 손실은 거의 없다.
- Optuna 기반 전략은 더 높은 수익률을 추구한 결과, 몇 차례 **급격한 하락 구간**이 존재하나 최대 낙폭이 상대적으로 작다. 특히 6번째 또는 14번째 시점 근방에서 최대 3%의 손실이 관측되었고, 이는 심리적 부담이 굉장히 적은 투자 기법이 될 수 있다.

### (3) 전략의 성격 비교
- 바이 앤 홀드 전략은 **수동적 투자 전략**으로, 어떤 시장 상황에서도 동일한 비중을 유지하며 안정성을 추구한다.
- Optuna를 통한 강화학습 전략은 **능동적이며 동적 자산배분**을 수행하며, 시장 상황에 맞춰 투자 비중을 조정해 **수익 극대화**를 목표로 한다. 하지만 이 과정에서 **리스크 또한 최소화**된다.

### (4) 실전 투자 관점에서의 시사점
- 장기적으로 안정적인 수익을 원하는 투자자에게는 바이 앤 홀드 전략이 여전히 유효하다.
- 그러나 보다 높은 수익률을 추구하고, 튜닝된 알고리즘의 전략을 신뢰할 수 있다면 강화학습 기반 전략은 보다 공격적인 자산증식 수단이 될 수 있다.
- 특히 Optuna로 자동화된 하이퍼파라미터 최적화는 기존보다 **더 빠르고 체계적인 전략 탐색**을 가능하게 해주며, 수익률 개선에 실제로 기여하는 것이 확인되었다.

결론적으로, 바이 앤 홀드 전략은 낮은 리스크와 꾸준한 수익을 제공하는 안정적인 방식으로, 시장을 장기적으로 신뢰하며 보수적으로 접근하는 투자자에게 적합하다. 반면, Optuna 를 통해 튜닝된 강화학습 기반 자산 재배분 전략은 보다 적극적인 운용을 통해 **높은 기대 수익률**을 실현할 수 있는 가능성을 보여준다. 물론, 일정 수준의 낙폭(drawdown)을 감내해야 할 수도 있지만, 이는 전략이 시장 변화에 능동적으로 대응하면서 발생하는 과정의 일부이다.

중요한 점은, 강화학습 전략도 하이퍼파라미터 튜닝이 충분히 잘 이루어진다면 **낮은 낙폭과 높은 수익률을 동시에 달성하는 안정적인 모델로 발전시킬 수 있다는 점**이다. 실제 실험에서도 수동 튜닝보다 Optuna로 자동 최적화한 결과가 더 뛰어난 수익성과 안정성을 보였으며, 이는 향후 실전 투자에 적용 가능한 가능성을 높여준다. 강화학습이 단순히 실험적인 방법론을 넘어서, **현실적인 자산운용 도구로서 활용될 수 있는 여지를 충분히 보여주는 결과**라 할 수 있다.

## 15.4 추가 튜닝 요소

강화학습 기반 자산 배분 전략의 성능을 극대화하기 위해서는 단순히 알고리즘을 구현하는 데 그치지 않고, 세심한 **튜닝 전략**이 필요하다. 특히 PPO 알고리즘은 튜닝 없이도 어느 정도의 성능을 발휘하지만, 자산 배분처럼 복잡한 보상 구조와 시장 변화에 민감한 문제에 적용할 경우에는 다양한 하이퍼파라미터와 구성 요소를 조율해야 최적의 결과를 얻을 수 있다. 다음 세 가지 관점에서 성능 향상을 위한 튜닝 요소를 추가로 시도해볼 수 있다.

- 보상 함수 계수(λ)의 세분화 및 적응형 조정
- 자산군 구성의 확장과 다변화 실험
- PPO 내부 하이퍼파라미터의 정교한 조율

추가 튜닝 요소

## (1) 보상 함수 계수(λ)의 세분화 및 적응형 조정

강화학습에서 보상 함수는 에이전트의 행동을 유도하는 가장 중요한 요소이다. 특히 자산 배분 환경에서는 단순한 수익률 외에도 낙폭 방지, 수익 안정성, 거래 비용 등을 함께 고려해야 하므로, 이들을 반영하는 가중치 $\lambda_1, \lambda_2, \lambda_3$의 설정이 핵심이다.

- $\lambda_1$은 포트폴리오의 낙폭(downside risk)에 대한 패널티로, 에이전트가 리스크를 얼마나 회피할지를 조절한다.
- $\lambda_2$는 샤프 비율 보상으로, 수익 대비 변동성을 고려하여 안정적인 수익률을 추구하도록 만든다.
- $\lambda_3$은 리밸런싱에 따른 거래 비용에 대한 패널티이며, 빈번한 매매를 억제하는 기능을 한다.

이들 계수는 고정값으로만 설정하기보다는 학습 단계나 시장 상황에 따라 유동적으로 변화시키는 것이 더 효과적이다. 예를 들어, 학습 초반에는 $\lambda_1$을 낮게 설정해 탐색을 유도하고, 후반에는 $\lambda_1$을 높여 안정성과 보수성을 강화할 수 있다. 또는 시장의 변동성이 클 때 $\lambda_2$를 높여 변동성 방어 성향을 강화하는 방식도 가능하다. 이처럼 $\lambda$값을 동적으로 조절하는 전략은 정책 학습의 방향성을 정교하게 설계할 수 있게 해준다.

## (2) 자산군 구성의 확장과 다변화 실험

많은 자산 배분 모델은 대표적인 ETF 몇 개(SPY, TLT, GLD, DBC, SHY 등)로만 구성되지만, 실전에서는 이보다 다양한 자산군을 고려할 수 있다. 보다 다양한 시장 환경에 대응하려면 포트폴리오 구성의 폭을 넓히는 것이 필요하다.

- 섹터 ETF 예: XLK(IT), XLE(에너지), XLV(헬스케어) 등 산업별 ETF를 포함시켜, 경기순환에 따른 자산 분산 효과를 누릴 수 있다.
- 글로벌 ETF 예: EFA(선진국), EEM(신흥국), VNQ(부동산), IAU(소형 금 ETF) 등을 활용하면 미국 중심의 리스크에서 벗어나 글로벌 분산이 가능하다.
- 대체자산 및 환율 예: BITO(비트코인 ETF), UUP(달러 인덱스), FXY(엔화), URA(우라늄) 등은 기존 자산과의 상관관계가 낮아, 새로운 차원의 리스크 헷지 수단이 된다.

이 외에도 다양한 시계열 구간, 즉 고성장기, 저성장기, 금융위기, 회복기 등 국면별 테스트를 통해 전략의 강건성(robustness)을 확인하는 것이 중요하다. 결국 자산군을 다양화하고 구조화함으로써 에이전트가 다양한 시장 패턴을 학습하고 적응하는 기회를 제공하게 된다.

**(3) PPO 내부 하이퍼파라미터의 정교한 조율**

PPO는 대표적인 정책 기반(policy gradient) 알고리즘으로, 적절한 설정만 되어 있다면 기본적인 학습 성능은 양호하다. 그러나 복잡한 자산 배분 환경에서는 다음과 같은 하이퍼파라미터 튜닝을 통해 더욱 정교한 결과를 얻을 수 있다.

- n_steps: 한 번의 학습 주기에서 에이전트가 얼마나 많은 환경 상호작용을 수집할지를 결정한다. 추천 범위는 128~4,096이지만, 자산 배분처럼 장기 전략은 1024 이상을 추천한다.
- batch_size: 업데이트 시 사용되는 샘플의 크기이다. batch_size는 n_steps의 약수여야 한다. 작은 배치는 노이즈를 더 반영하지만 빠른 반응 가능하다.
- max_grad_norm: 역전파 시 그래디언트 폭주를 방지하기 위한 클리핑 한도를 설정한다.
- n_epochs: 하나의 데이터셋을 몇 번 반복해서 학습할지를 결정한다.
- gae_lambda: GAE의 보정 계수로, 학습 안정성과 편향 간의 균형을 조절한다.
- target_kl: KL 발산 제어 기준으로, 급격한 정책 변경을 억제하는 데 쓰인다.

PPO는 기본 구현만으로도 강력한 성능을 보여주지만, **하이퍼파라미터 튜닝을 통해 전략에 맞는 정교한 조정이 이루어질 때 그 잠재력이 극대화된다.** 특히 자산 배분처럼 환경 구조가 복잡하고 보상 지표가 다면적인 경우에는 위에서 소개한 각 요소들을 조합하여 반복적인 실험과 검증을 수행하는 것이 필수적이다.

자산 배분 문제는 단순한 수치 최적화가 아닌 경제적 맥락과 시장 구조를 고려한 학습 설계가 핵심이다. 따라서 보상 구조($\lambda$) 튜닝, 자산군 구성 다변화, PPO 내부 파라미터 조정은 그 자체로 강화학습 전략의 완성도를 결정짓는 결정적인 요소다. 강화학습이 실제 투자 전략으로 자리 잡기 위해서는 단지 알고리즘을 구현하는 수준을 넘어, 시장 변화에 적응하는 유연한 설계와 치밀한 실험 설계가 병행되어야 한다.

이처럼 정교한 튜닝을 통해 우리는 강화학습 모델이 단기 수익률을 넘어 안정성과 실전 적응력까지 갖춘 장기적 투자 전략으로 진화할 수 있음을 확인할 수 있다. 다음 단계에서는 이러한 튜닝 전략을 실제 실험에 적용하여, 성능 변화와 포트폴리오 안정성의 상관관계를 구체적으로 분석해보자.

# 찾아보기

## G
GAE ..... 347

## P
PPO ..... 335
PyTorch ..... 440

## Q
Q 러닝 ..... 157
Q 함수 ..... 84

## S
SARSA ..... 131
SGD ..... 205
Stable-Baselines3 ..... 437
Swish 함수 ..... 392

## T
TD 오차 ..... 219
TensorFlow ..... 188
TRPO ..... 335

## ㄱ
가중치 초기화 ..... 380
가치 신경망 ..... 301
가치 함수 ..... 261
감가율 ..... 50
경사상승법 ..... 201
경사하강법 ..... 201, 260
교차 엔트로피 ..... 387
그래디언트 ..... 199
그래디언트 클리핑 ..... 401
그래디언트 폭주 ..... 401
그리드 월드 ..... 109
기댓값 ..... 54
기울기 ..... 193
기울기 소실 ..... 380

## ㄴ
낙폭 ..... 480
노드 ..... 179
노름 ..... 384
누적 보상 ..... 16
뉴런 ..... 175

## ㄷ
다이나믹 프로그래밍 ..... 105
다층 퍼셉트론 ..... 377
데이터셋 ..... 182
데이터 전처리 ..... 383
동적 자산 배분 ..... 470
딥러닝 ..... 175

## ㄹ

| | |
|---|---|
| 레이 달리오 | 469 |
| 레이어 수 | 179 |
| 로그 수익률 | 476 |
| 리밸런싱 | 475 |
| 리플레이 메모리 | 224 |

## ㅁ

| | |
|---|---|
| 마르코프 결정 과정 | 66 |
| 마르코프 보상 과정 | 47 |
| 마르코프 속성 | 28, 29 |
| 마르코프 연쇄 | 33 |
| 머신러닝 | 166 |
| 모델 기반 | 103 |
| 모델 프리 | 103 |
| 모멘텀 | 397 |
| 몬테카를로 방법 | 105 |
| 미니배치 샘플링 | 242 |
| 미분 | 191 |

## ㅂ

| | |
|---|---|
| 바이 앤 홀드 | 475 |
| 반환값 | 52 |
| 베이지안 최적화 | 414 |
| 베이지안 확률 | 418 |
| 벨만 방정식 | 60 |
| 보상 함수 | 49 |
| 보편 근사 정리 | 258 |
| 브라운 운동 | 24 |
| 비용 함수 | 170 |
| 비지도 학습 | 166 |
| 빈도주의 확률 | 418 |

## ㅅ

| | |
|---|---|
| 사전 확률 | 419 |
| 사후 확률 | 419 |
| 상태 | 17 |
| 상태 가치 함수 | 54 |
| 상태 전이 매트릭스 | 68 |
| 소프트맥스 함수 | 270 |
| 손실 함수 | 183 |
| 수익률 | 6 |
| 스칼라 | 197 |
| 슬리피지 | 477 |
| 시간차 학습 | 131 |
| 시그모이드 함수 | 173 |
| 심층 신경망 | 178 |

## ㅇ

| | |
|---|---|
| 아다그래드 | 398 |
| 아담 | 187 |
| 액터-크리틱 | 299 |
| 어드밴티지 | 304 |
| 어드밴티지 액터-크리틱 | 304 |
| 에이전트 | 16 |
| 에피소드 | 45 |
| 오차 역전파 | 389 |
| 오프폴리시 | 148 |
| 온폴리시 | 338 |
| 올웨더 포트폴리오 | 471 |
| 옵티마이저 | 187 |
| 원-핫 인코딩 | 284 |
| 은닉층 | 178 |
| 입력값 전처리 | 379 |
| 입실론 탐욕 정책 | 223 |

## ㅈ

| | |
|---|---|
| 자산 배분 | 470 |
| 정규 분포 | 395 |
| 정규화 | 286 |

| 정적 자산 배분 전략 | 470 |
| 정책 | 70 |
| 정책 그래디언트 | 264 |
| 정책 목적 함수 | 259 |
| 정책 제어 | 102 |
| 정책 평가 | 75 |
| 조기 종료 | 401 |
| 중요도 비율 | 341 |
| 중요도 샘플링 | 338 |
| 증분 평균 | 123 |
| 지도 학습 | 167 |

## ㅊ

| 최적 가치 함수 | 94 |
| 최적 정책 | 95 |
| 최적화 알고리즘 | 395 |
| 최적화 이론 | 106 |

## ㅋ

| 카트폴 | 222 |
| 콜백 | 444 |
| 클리핑 | 342 |

## ㅌ

| 타겟 정책 | 148 |
| 탐욕 | 223 |
| 탐험 | 151, 223 |
| 텐서보드 | 465 |
| 텐서플로 | 188 |
| 튜닝 | 376 |

## ㅍ

| 편미분 | 171 |
| 편향 | 301 |
| 평균 변화율 | 192 |
| 평균제곱오차 | 212 |

## ㅎ

| 확률 | 18 |
| 확률 과정 | 22 |
| 확률 변수 | 151 |
| 확률적 경사하강법 | 205 |
| 활성화 함수 | 234 |